5단계 반복 학습으로 배우는

C 언어 마스터

지은이 **문석재** msj8086@kw.ac.kr

광운대학교 대학원 컴퓨터과학과에서 박사 학위를 취득했다. 2018년부터 광운대학교 교수로 재직 중이며, 한국인터넷방송통신학회 산업 이사, 융복합지식학회 국제학술위원장으로도 활동하고 있다. 주요 강의 분야는 객체 디자인 패턴, 스프링 프레임워크, 빅데이터 분석, 인터넷 보안, C 언어, 자바 등이다. 또한 작업 분배 알고리즘 설계와 최적화, 빅데이터 상호 운용성, 데이터 통합 및 처리 기술, 이종 데이터 시스템 간의 호환성 향상, 실시간 데이터 처리 메커니즘 개발 등 다양한 분야의 연구 활동을 이어가고 있다.

5단계 반복 학습으로 배우는 C 언어 마스터

초판발행 2025년 1월 9일
2쇄발행 2026년 1월 31일

지은이 문석재 / **펴낸이** 전태호
펴낸곳 한빛아카데미(주) / **주소** 서울시 서대문구 연희로2길 62 한빛아카데미(주) 2층
전화 02-336-7112 / **팩스** 02-336-7199
등록 2013년 1월 14일 제2017-000063호 / **ISBN** 979-11-7340-013-1 93000

총괄 박현진 / **기획** 김성무 / **편집** 박하나 / **교정** 박민정 / **진행** 박하나
디자인 표지 박정우 내지 이아란 / **전산편집** 송여경 / **삽화** 임의영 / **제작** 박성우, 김정우
영업 김성삼, 이정훈, 임현기, 이성훈, 김주성, 심지연

이 책에 대한 의견이나 오탈자 및 잘못된 내용은 출판사 홈페이지나 아래 이메일로 알려주십시오.
파본은 구매처에서 교환하실 수 있습니다. 책값은 뒤표지에 표시되어 있습니다.
홈페이지 www.hanbit.co.kr / 이메일 question@hanbit.co.kr

Published by HANBIT Academy, Inc. Printed in Korea

5단계 반복 학습으로 배우는

C 언어 마스터

문석재 지음

한빛아카데미
Hanbit Academy, Inc.

C 언어, 누구나 마스터할 수 있습니다!

C 프로그램을 처음 배우는 독자라면 'C 언어 마스터'를 학습 목표로 설정하는 것이 쉽지 않은 도전일 수 있습니다. 하지만 누구나 충분히 해낼 수 있는 목표이기도 합니다. C 언어는 기초적인 프로그래밍 개념부터 하드웨어와 가까운 저수준 프로그래밍까지 폭넓은 내용을 포함하고 있어 처음 배울 때는 어렵게 느껴질 수 있습니다. 그런데 이러한 특성은 프로그래밍의 핵심 원리와 컴퓨터의 내부 동작 방식을 정확히 이해하는 데 도움이 됩니다. 또한 이는 파이썬, 자바와 같은 다른 프로그래밍 언어를 배우는 데 디딤돌이 될 뿐만 아니라, 개발자로서 자신감을 얻는 데 큰 힘이 됩니다. C 언어를 마스터하려면 무엇보다 꾸준한 학습과 실습을 병행하는 것이 중요합니다. 현직 개발자들 역시 이 방법으로 C 언어를 익혔습니다. 자신의 능력을 믿고 긍정적인 마음가짐으로 C 언어 공부를 시작해보세요.

이 책을 집필할 때 특별히 공들인 부분은 무엇인가요?

C 언어의 개념을 정확하고 알기 쉽게 설명하는 데 중점을 두었습니다. 프로그래밍 경험이 거의 없는 독자도 C 프로그래밍의 개념을 이해할 수 있도록 쉬운 언어로 설명하였으며, 이론을 직관적으로 전달하려고 노력했습니다. 그리고 배운 내용을 단계적으로 쌓아갈 수 있도록 점검하는 '확인문제', 주요 개념을 활용하여 다양한 프로그램을 작성해보는 'LAB'을 수록하고, 각 장 마지막에서는 'REAL PROJECT' 실습을 통해 학습 내용을 종합적으로 정리하도록 구성했습니다. 또한 C 언어의 난해한 개념 중 하나인 메모리 관리, 포인터 등을 명확하게 이해할 수 있도록 다양한 예시와 시각 자료를 사용했습니다.

이 책을 효과적으로 공부하는 방법은 무엇인가요?

이 책의 목표는 C 언어 공부를 시작하는 독자가 단계별 학습으로 자신감을 얻고, 실제 개발에 필요한 기초 실력을 쌓아 C 언어를 마스터하도록 돕는 것입니다. 이 책을 효과적으로 공부하기 위해 다음 순서를 따를 것을 권장합니다.

① **설명을 자세히 읽기:** 본문에서 설명한 개념을 정확히 이해합니다. 이해되지 않는 부분은 다시 읽거나 다른 자료를 참고합니다.

② **예제 실습하기:** 예제를 직접 코딩하면서 프로그램의 동작 원리를 경험해봅니다.

③ **확인문제 풀기:** C 언어의 개념을 제대로 이해했는지 점검하기 위해 각 절 끝의 확인문제를 풀어봅니다.

④ **LAB 해결하기:** 실습문제를 풀며 개념을 응용하는 과정으로, 코딩의 어려움을 극복하면서 실력을 향상할 수 있습니다.

⑤ **REAL PROJECT 해결하기:** 종합 프로젝트를 해결하면서 실제 개발 환경을 경험하는 과정으로, 학습 내용이 실무에서 어떻게 활용되는지 체득할 수 있습니다.

⑥ **연습문제와 프로그래밍 문제 해결하기:** 연습문제와 프로그래밍 문제를 풀면서 궁금한 점은 코딩 커뮤니티, 스터디 그룹, 선생님, 동료 학생들에게 질문하거나 토론해보세요. 이 과정에서 문제를 해결하는 새로운 관점을 얻을 수 있습니다.

이러한 단계를 충실히 따라가며 실습과 문제 해결 과정을 반복한다면 C 언어를 마스터할 수 있습니다. 이때 중요한 것은 포기하지 않고 꾸준히 학습하는 자세입니다.

C 언어를 배우려는 독자에게 전하고 싶은 말이 있나요?

C 언어는 강력하고 유연한 프로그래밍 언어입니다. 프로그래밍의 세계를 깊이 이해할 수 있는 중요한 언어로서 시스템 프로그래밍, 운영체제, 임베디드 시스템 등 다양한 분야에서 중요한 역할을 합니다. 그러나 C 언어를 처음 배울 때는 메모리 관리, 포인터와 같은 개념이 어렵게 느껴지기도 하는데, 이를 극복하면 컴퓨터가 실제로 어떻게 동작하는지 이해하게 될 것입니다.

프로그래밍이라는 것은 논리적 사고와 창의력을 기를 수 있는 재미있는 도전입니다. C 언어를 배우는 여정에서 항상 호기심을 품고 도전을 즐기길 바랍니다. 이 책으로 학습하는 과정에서 부딪히는 어려움을 해결하다 보면 실력이 쌓이고 쌓여 개발자로 성장할 수 있을 것입니다. 이 책의 예제와 연습문제를 충분히 활용해보세요. 작은 성공을 거듭하면서 실력을 다지면 어느새 C 언어 전문가가 되어 있을 것입니다. C 언어를 배우며 겪는 모든 경험은 앞으로의 프로그래밍 여정에 큰 자산이 될 것입니다. 독자의 성장을 진심으로 응원하며, 이 책이 거기에 한몫을 하기를 바랍니다.

끝으로 집필 과정에 많은 도움을 준 광운대학교 스마트융합대학원의 윤채연 연구원, 한빛아카데미㈜ 박하나 사원님 그리고 가족 모두에게 깊이 감사드립니다. 여러분의 응원과 조언 덕분에 완성된 이 책이 C 언어 입문자들에게 길잡이가 되기를 희망합니다.

지은이 문석재

C 언어의 개념을 마스터할 수 있는 알찬 구성!

포인터 간접 연산자 *

포인터를 선언하려면 포인터가 가리키는 변수명 앞에 **간접 연산자**indirection operator 또는 역참조 연산자라고 불리는 *를 붙인다. 포인터 변수를 선언하는 형식은 다음과 같다.

| Syntax | 포인터 변수 선언

```
자료형 *변수명;
int *p;
```

문법 박스

C 언어의 주요 문법을 간결하게 설명합니다.

예제 3-1 정수형 변수를 선언하고 값 출력하기 ex03_01.c

↳ 부호 있는 short, int 정수형 변수를 선언하고 해당 유효 범위를 출력해보자.

```
01 #include <stdio.h>
02
03 int main()
04 {
05     signed short smallest_short = -32768;
06     signed short largest_short = 32767;
07
08     signed int smallest_int = -2147483648;
09     signed int largest_int = 2147483647;
10
11     printf("signed short: %d ~ %d\n", smallest_short, largest_short);
12     printf("signed int: %d ~ %d\n", smallest_int, largest_int);
13
14     return 0;
15
16 }
```

```
signed short: -32768 ~ 32767
signed int: -2147483648 ~ 2147483647
```

SELF STUDY

비주얼 스튜디오 2022에서 [예제 3-1]을 실행하면 데이터 범위 확장 변경으로 오류가 발생할 수 있다. 이를 해결하려면 8행의 값을 –2147483648LL로 변경하거나 코드의 첫 행에 `#pragma warning (disable:4146)`을 추가한다.

예제

C 프로그래밍의 주요 개념을 적용한 코드 예제로, 본문에서 학습한 내용을 직접 프로그램으로 구현해봅니다.

SELF STUDY

이론과 코드 예제에 적용해볼 수 있는 간단한 문제로, 오류를 해결하고 프로그램을 실행하는 다양한 방법을 배울 수 있습니다.

하나 더 알기 2차원 배열의 메모리 구성

2차원 배열은 1차원 배열의 연속이므로 쉼표를 사용하여 초깃값을 순서대로 나열해도 된다. 이는 실제로 [그림 9-16]과 같은 메모리 구조로 초기화된다.

```
int a[2][3] = { 10, 20, 30, 40, 50, 60 };
```

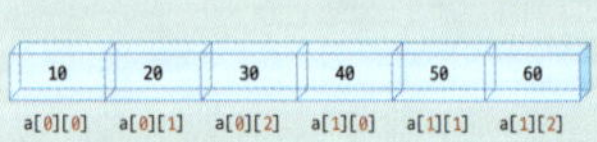

그림 9-16 2차원 배열의 메모리 구성

하나 더 알기

본문의 설명과 관련된 도움말 또는 참고로 알아두면 좋은 정보를 담고 있습니다.

한 번 더 ✓ 체크 아스키코드 표

제어 문자			출력 가능 문자								
10진수	16진수	문자	10진수	16진수	문자	10진수	16진수	문자	10진수	16진수	문자
000	00	NULL	032	20	SP	064	40	@	096	60	`
001	01	SOH	033	21	!	065	41	A	097	61	a
002	02	STX	034	22	"	066	42	B	098	62	b
003	03	ETX	035	23	#	067	43	C	099	63	c
004	04	EOT	036	24	$	068	44	D	100	64	d

한 번 더 체크

C 언어의 더 깊이 있는 개념 또는 본문의 설명을 확장한 내용을 수록했습니다.

5단계 반복 학습으로 C 언어 프로그래밍을 마스터하자!

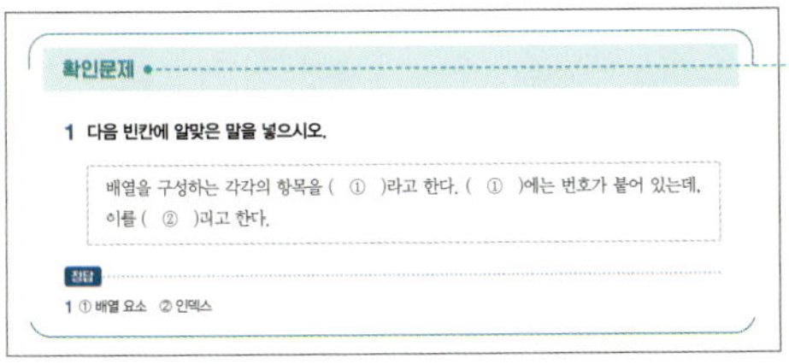
확인문제

1 다음 빈칸에 알맞은 말을 넣으시오.

배열을 구성하는 각각의 항목을 (①)라고 한다. (①)에는 번호가 붙어 있는데, 이를 (②)라고 한다.

정답

1 ① 배열 요소 ② 인덱스

1단계: 확인문제

핵심 개념과 문법을 복습하는 단답형 문제입니다. 문제를 푼 다음 정답을 바로 확인하여 학습 수준을 점검할 수 있습니다.

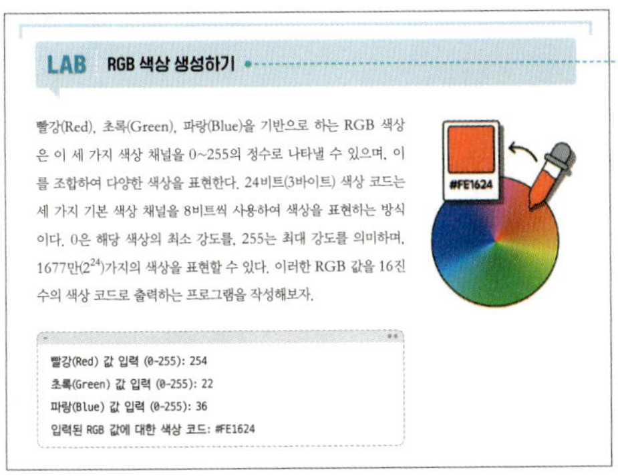
LAB RGB 색상 생성하기

빨강(Red), 초록(Green), 파랑(Blue)을 기반으로 하는 RGB 색상은 이 세 가지 색상 채널을 0~255의 정수로 나타낼 수 있으며, 이를 조합하여 다양한 색상을 표현한다. 24비트(3바이트) 색상 코드는 세 가지 기본 색상 채널을 8비트씩 사용하여 색상을 표현하는 방식이다. 0은 해당 색상의 최소 강도를, 255는 최대 강도를 의미하며, 1677만(2^{24})가지의 색상을 표현할 수 있다. 이러한 RGB 값을 16진수의 색상 코드로 출력하는 프로그램을 작성해보자.


```
빨강(Red) 값 입력 (0-255): 254
초록(Green) 값 입력 (0-255): 22
파랑(Blue) 값 입력 (0-255): 36
입력된 RGB 값에 대한 색상 코드: #FE1624
```

2단계: LAB

각 절에서 공부한 내용을 적용하여 LAB을 풀어봅니다. 실생활 관련 문제, 수학·과학 문제 등 다양한 주제의 프로그램을 작성해봅니다.

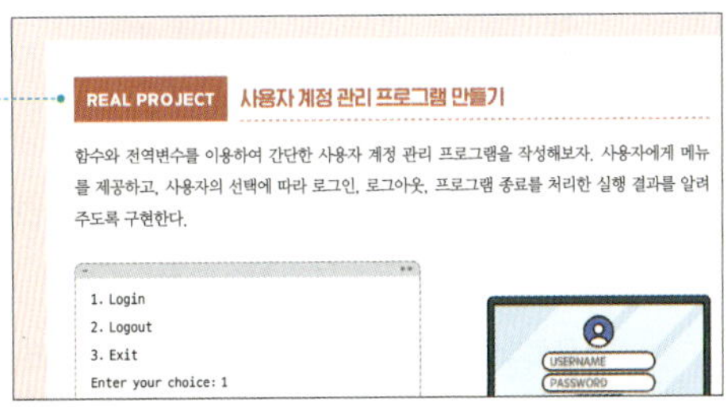
REAL PROJECT 사용자 계정 관리 프로그램 만들기

함수와 전역변수를 이용하여 간단한 사용자 계정 관리 프로그램을 작성해보자. 사용자에게 메뉴를 제공하고, 사용자의 선택에 따라 로그인, 로그아웃, 프로그램 종료를 처리한 실행 결과를 알려주도록 구현한다.

```
1. Login
2. Logout
3. Exit
Enter your choice: 1
```


3단계: REAL PROJECT

각 장에서 공부한 내용을 총체적으로 적용할 수 있는 종합 프로젝트입니다. 힌트와 조건에 따라 온전한 프로그램을 만들어보는 기회가 됩니다.

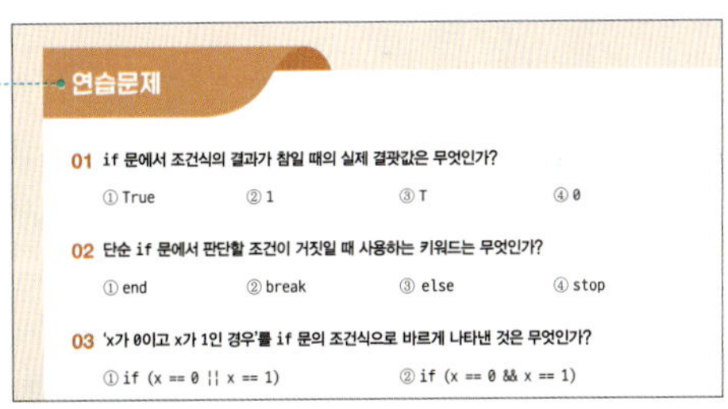
연습문제

01 if 문에서 조건식의 결과가 참일 때의 실제 결괏값은 무엇인가?

① True ② 1 ③ T ④ 0

02 단순 if 문에서 판단할 조건이 거짓일 때 사용하는 키워드는 무엇인가?

① end ② break ③ else ④ stop

03 'x가 0이고 x가 1인 경우'를 if 문의 조건식으로 바르게 나타낸 것은 무엇인가?

① if (x == 0 || x == 1) ② if (x == 0 && x == 1)

4단계: 연습문제

각 장에서 배운 핵심 개념과 문법을 확인하고 코드를 분석하는 문제입니다. 객관식 문제로 이론 학습을 점검하고 소스 코드를 분석함으로써 문제 해결력을 키울 수 있습니다.

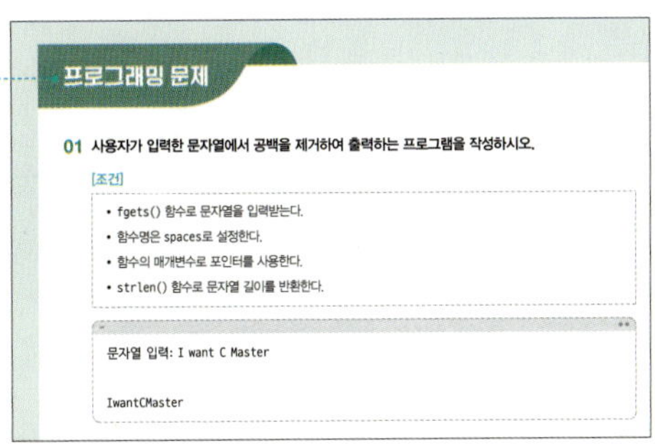
프로그래밍 문제

01 사용자가 입력한 문자열에서 공백을 제거하여 출력하는 프로그램을 작성하시오.

[조건]
- fgets() 함수로 문자열을 입력받는다.
- 함수명은 spaces로 설정한다.
- 함수의 매개변수로 포인터를 사용한다.
- strlen() 함수로 문자열 길이를 반환한다.

```
문자열 입력: I want C Master

IwantCMaster
```

5단계: 프로그래밍 문제

독자 스스로 프로그램을 작성하도록 다양한 프로그래밍 문제를 담았습니다. 주어진 조건과 학습 내용을 활용하여 C 프로그램을 구현해봅니다.

강의 보조 자료

한빛아카데미 홈페이지에서 '교수회원'으로 가입한 분은 인증 후 교수용 강의 보조 자료를 제공받을 수 있습니다. 한빛아카데미 홈페이지 상단의 〈교수전용공간〉 메뉴를 클릭하세요.

http://www.hanbit.co.kr/academy

연습문제 안내

이 책은 대학 강의용 교재로 개발되었으므로 연습문제 해답을 제공하지 않습니다.

실습 환경과 예제 소스

- **운영체제:** Windows 10/11 또는 macOS
- **편집기:** 비주얼 스튜디오 2022(권장), 비주얼 스튜디오 2019
- **예제 소스:** http://www.hanbit.co.kr/src/41013

다루는 내용

C 언어 입문	C 언어 기초 문법	C 언어 고급 문법
1장 프로그램과 C 언어	3장 변수와 자료형	10장 포인터 기초
2장 C 프로그램의 구성	4장 연산자	11장 문자와 문자열
	5장 조건문	12장 포인터 활용
	6장 반복문	13장 구조체
	7장 함수	14장 파일 입출력
	8장 함수와 변수 영역	15장 전처리기
	9장 배열	

■ 강의 계획표

다음은 16주 강의를 기준으로 구성된 강의 계획표입니다. 컴퓨터 전공자를 대상으로 하는 강의에 이 계획표를 권장합니다.

주	해당 장	강의 내용	학습 날짜
1	1~2장	프로그램과 프로그래밍 언어, C 언어의 개요, C 프로그램의 구성 요소, 표준 출력 함수, 표준 입력 함수	(/)
2	3장	변수, 자료형, 상수, 자료형 변환	(/)
3	4장	연산자의 개요, 산술·대입·증감·논리·조건·관계 연산자, 연산자의 우선순위	(/)
4	5장	제어문, if 문, 다중 선택문	(/)
5	6장	반복 구조, while 문, do~while 문, for 문, 분기문	(/)
6	7장	함수의 개념, 함수 선언, 표준 라이브러리 함수	(/)
7	8장	변수의 속성과 지속 기간, 가변 매개변수 함수, 재귀 함수	(/)
8	중간고사		
9	9장	배열의 개요, 배열 선언과 초기화, 배열의 활용, 다차원 배열	(/)
10	10장	포인터의 개요, 포인터와 연산, void형 포인터, 포인터와 함수, 포인터와 배열	(/)
11	11장	문자와 문자열의 개요, 문자 입출력, 문자열 입출력	(/)
12	12장	이중 포인터, 삼중 포인터, 포인터와 배열의 응용, 함수 포인터, 동적 메모리 할당	(/)
13	13장	구조체의 활용, 구조체 배열, 공용체, 열거형	(/)
14	14장	파일의 개요, 텍스트 파일 처리, 이진 파일 처리	(/)
15	15장	전처리기의 개요, 단순 매크로, 조건부 컴파일 지시문, 시스템 내장 매크로, 분할 컴파일	(/)
16	기말고사		

PART 01 C 언어 입문

CHAPTER 01 | 프로그램과 C 언어

1.1 **프로그램과 프로그래밍 언어** ··· 024
- 1 프로그램의 개념 ··· 024
- 2 프로그래밍의 개념 ··· 024
- 3 프로그래밍 언어의 개념 ··· 025
- 4 프로그래밍 언어의 종류 ··· 027

1.2 **C 언어의 개요** ··· 029
- 1 C 언어의 탄생 ··· 029
- 2 C 언어의 특징 ··· 029

1.3 **C 프로그램 개발 환경 구축** ··· 031
- 1 프로그램 개발 과정 ··· 031
- 2 C 프로그램 작성과 실행 ··· 032
- 3 컴파일러의 종류 ··· 035
- 4 비주얼 스튜디오 2022 설치 ··· 036

1.4 **C 프로그램 작성** ··· 039
- 1 솔루션과 프로젝트 ··· 039
- 2 프로젝트 생성 ··· 040
- 3 소스 코드 작성 ··· 042
- 4 빌드 ··· 044
- 5 디버깅과 실행 ··· 044
- 6 프로젝트 불러오기 ··· 045
- LAB 자기소개 출력하기 ··· 047

요약 ··· 048

연습문제 / 프로그래밍 문제 ··· 049

CHAPTER 02 | C 프로그램의 구성

2.1 **C 프로그램의 구성 요소** ··· 054
- 1 C 프로그램의 기본 구조 ··· 054
- 2 전처리기 ··· 055
- 3 main() 함수 ··· 055
- 4 주석 ··· 058

2.2 **표준 출력 함수** ··· 060
- 1 printf() 함수 ··· 060
- 2 printf() 함수의 변환 서식 ··· 065

LAB 형식 지정자 필드 옵션 지정하기 ··· 069
2.3 **표준 입력 함수** ··· 071
1 scanf() 함수 ··· 071
2 키보드 입력 ··· 071
LAB 변숫값 입력받고 출력하기 ··· 077
REAL PROJECT 원의 면적과 둘레 구하기 ··· 079
한 번 더 ✓ 체크 비주얼 스튜디오 2022와 scanf_s() 함수 ··· 081
요약 ··· 083
연습문제 / 프로그래밍 문제 ··· 085

PART 02 C 언어 기초 문법

CHAPTER 03 | 변수와 자료형

3.1 **변수** ··· 094
1 변수의 개념 ··· 094
2 변수의 사용 ··· 095
3.2 **자료형** ··· 100
1 자료형의 개념 ··· 100
2 자료형의 종류 ··· 101
3 정수형 ··· 102
4 실수형 ··· 110
5 문자형 ··· 113
3.3 **상수** ··· 115
1 상수의 개념 ··· 115
2 정수형 상수 ··· 116
3 실수형 상수 ··· 117
4 문자형 상수 ··· 121
5 기호 상수 ··· 122
3.4 **자료형 변환** ··· 126
1 자료형 변환의 정의 ··· 126
2 자동 형 변환 ··· 127
3 명시적 형 변환 ··· 127
LAB 음식 가격에 부가세 적용하기 ··· 131
LAB 전기 요금 계산하기 ··· 132
REAL PROJECT 자동차의 평균 속도와 입력값의 크기 출력하기 ··· 134
한 번 더 ✓ 체크 아스키코드 표 ··· 136

요약 137
연습문제 / 프로그래밍 문제 139

CHAPTER 04 | 연산자

4.1 **연산자의 개요** 146
1 수식과 연산자 146
4.2 **산술·대입·증감 연산자** 147
1 산술 연산자 147
2 대입 연산자 150
3 복합 대입 연산자 151
4 증감 연산자 153
4.3 **논리·조건·관계 연산자** 159
1 논리 연산자 159
2 조건 연산자 161
3 관계 연산자 162
LAB 학점 판별하기 165
4.4 **기타 연산자** 167
1 비트 연산자 167
2 주소 연산자와 주소 참조 연산자 171
LAB 전구 상태 변경하기 173
LAB RGB 색상 생성하기 174
4.5 **연산자의 우선순위** 176
1 연산자의 우선순위와 결합 방향 176
REAL PROJECT 날씨 프로그램 만들기 179
한 번 더 ✓ 체크 보수 181
요약 182
연습문제 / 프로그래밍 문제 183

CHAPTER 05 | 조건문

5.1 **제어문** 192
1 제어문의 개념 192
2 제어문의 구조 193
5.2 **if 문** 195
1 단순 if 문 195
2 if~else 문 198
3 다중 if~else 문 201
4 중첩 if 문 205

LAB 윤년 계산하기 ···· 209
LAB 좌표 위치 확인하기 ···· 211
5.3 다중 선택문 ···· 212
1 switch case 문 ···· 212
LAB 로봇 시뮬레이션 프로그램 만들기 ···· 216
REAL PROJECT 서울시 택시 요금 계산하기 ···· 219
한 번 더 ✓ 체크 switch 문과 다중 if~else 문의 차이 ···· 222
요약 ···· 223
연습문제 / 프로그래밍 문제 ···· 224

CHAPTER 06 | 반복문

6.1 반복문의 개요 ···· 234
1 반복문의 개념 ···· 234
2 반복문의 특징 ···· 234
6.2 while 문 ···· 235
1 while 문의 구조 ···· 235
2 while 문의 동작 원리 ···· 236
LAB 저축 계획 세우기 ···· 240
6.3 do~while 문 ···· 242
1 do~while 문의 구조 ···· 242
2 do~while 문의 동작 원리 ···· 243
6.4 for 문 ···· 247
1 for 문의 구조 ···· 247
2 for 문의 동작 원리 ···· 247
3 다중 for 문의 구조 ···· 250
4 다중 for 문의 동작 원리 ···· 251
LAB 계좌 이자 계산하기 ···· 255
LAB 암스트롱 수 구하기 ···· 256
6.5 분기문 ···· 259
1 break 문 ···· 259
2 continue 문 ···· 261
REAL PROJECT 피라미드 쌓기 프로그램 만들기 ···· 264
한 번 더 ✓ 체크 goto 문 ···· 266
요약 ···· 268
연습문제 / 프로그래밍 문제 ···· 270

CHAPTER 07 | 함수

7.1 함수의 개요 ······ 280
- 1 함수의 개념 ······ 280
- 2 함수의 장점 ······ 281
- 3 함수의 종류 ······ 283

7.2 함수 선언과 정의 ······ 284
- 1 사용자 정의 함수 ······ 284
- 2 함수의 형태 ······ 289

7.3 표준 라이브러리 함수 ······ 294
- 1 라이브러리 함수의 사용법 ······ 294
- 2 난수 함수 ······ 295
- 3 수학 함수 ······ 300
- LAB 주사위 게임 만들기 ······ 303
- LAB 소수 판별기 만들기 ······ 305

REAL PROJECT 커피 전문점 시뮬레이션 프로그램 만들기 ······ 307

요약 ······ 311

연습문제 / 프로그래밍 문제 ······ 312

CHAPTER 08 | 함수와 변수 영역

8.1 변수의 속성과 범위 ······ 322
- 1 변수의 속성 ······ 322
- 2 지역변수 ······ 323
- 3 전역변수 ······ 327

8.2 변수의 지속 기간 ······ 331
- 1 정적 할당 ······ 332
- 2 자동 할당 ······ 332
- 3 저장 유형 지정자 ······ 332
- LAB 변수의 지속 시간 추정하기 ······ 337

8.3 가변 매개변수 함수 ······ 338
- 1 가변 매개변수 ······ 338
- 2 가변 매개변수 함수의 요소 ······ 339

8.4 재귀 함수 ······ 340
- LAB 피보나치수열의 n번째 요소 출력하기 ······ 342

8.5 변수와 함수의 연결 ······ 344
- 1 내부 연결 ······ 344
- 2 외부 연결 ······ 346

REAL PROJECT 사용자 계정 관리 프로그램 만들기 ······ 348

요약 ··· 351
연습문제 / 프로그래밍 문제 ··· 353

CHAPTER 09 | 배열

9.1 **배열의 개요** ··· 364
1 변수와 배열 ··· 364
2 배열의 구조 ··· 365
3 배열의 특징 ··· 366
9.2 **배열 선언과 초기화** ··· 366
1 배열 선언 ··· 366
2 배열의 접근과 사용 ··· 368
3 배열 초기화 ··· 372
9.3 **배열과 함수** ··· 377
1 배열과 함수 전달 ··· 377
2 배열과 매개변수 ··· 378
9.4 **배열의 활용** ··· 382
1 배열과 최댓값 ··· 382
2 배열과 역순 출력 ··· 383
3 배열과 정렬 ··· 385
LAB 주민등록번호 뒷자리 임의 생성하기 ··· 388
9.5 **2차원 배열** ··· 391
1 2차원 배열의 개념 ··· 391
2 2차원 배열의 요소 참조 ··· 392
3 2차원 배열 초기화 ··· 393
4 2차원 배열의 함수 전달 ··· 396
LAB 로또 번호 맞히기 ··· 398
9.6 **다차원 배열** ··· 401
1 다차원 배열의 개념 ··· 401
2 3차원 배열 선언 ··· 402
3 3차원 배열 초기화 ··· 403
LAB 객실 예약 시스템 만들기 ··· 406
REAL PROJECT 비밀번호 유효성 검사 프로그램 만들기 ··· 410
한 번 더 체크 배열의 원본을 유지하는 방법 ··· 413
요약 ··· 414
연습문제 / 프로그래밍 문제 ··· 415

PART 03 C 언어 고급 문법

CHAPTER 10 | 포인터 기초

10.1 포인터의 개요 ········· 430
- 1 포인터의 개념 ········· 430
- 2 포인터 선언과 초기화 ········· 432
- 3 포인터의 중요성 ········· 438

10.2 포인터와 연산 ········· 439
- 1 포인터 연산 ········· 439
- 2 포인터 증감 연산 ········· 441

10.3 void형 포인터 ········· 444
- 1 void형 포인터의 개념 ········· 444
- 2 void형 포인터 변수의 사용 ········· 447

10.4 포인터와 함수 ········· 450
- 1 포인터를 이용한 함수 호출 ········· 450
- 2 값에 의한 전달 ········· 450
- 3 참조에 의한 전달 ········· 452

10.5 포인터와 배열 ········· 455
- 1 포인터와 배열의 관계 ········· 455
- 2 포인터를 이용한 배열 요소 접근 ········· 456
- LAB 배열 요소를 반전하여 출력하기 ········· 460
- LAB 파일 전송 대역폭 계산하기 ········· 461
- LAB 학생 성적 정렬하기 ········· 463

REAL PROJECT 주식 거래 프로그램 만들기 ········· 466

한 번 더 체크 시스템에 따른 포인터의 크기 ········· 471

요약 ········· 472

연습문제 / 프로그래밍 문제 ········· 473

CHAPTER 11 | 문자와 문자열

11.1 문자와 문자열의 개요 ········· 486
- 1 문자와 문자열의 개념 ········· 486
- 2 문자열 초기화 ········· 487
- 3 문자열 상수와 포인터 변수 ········· 491
- 4 문자열 포인터와 문자열 배열 ········· 494

11.2 문자 입출력과 함수 ········· 495
- 1 문자 입출력 함수 ········· 495

2 문자 처리 함수 500

11.3 **문자열 입출력과 함수** 503

1 문자열 입출력 함수 503

2 문자열 처리 함수 507

LAB 모스 부호 변환 프로그램 만들기 513

LAB 팰린드롬 판별 프로그램 만들기 515

REAL PROJECT 수강 신청 프로그램 만들기 519

요약 523

연습문제 / 프로그래밍 문제 524

CHAPTER 12 | 포인터 활용

12.1 **이중 포인터** 534

1 이중 포인터의 개요 534

2 이중 포인터 선언 536

3 삼중 포인터 선언 536

12.2 **포인터와 배열의 응용** 539

1 정수형 포인터 배열 539

2 문자형 포인터 배열 540

12.3 **함수 포인터** 543

1 함수 포인터의 개요 543

2 함수 포인터 선언 544

3 함수 포인터 배열 546

4 함수 포인터 매개변수 547

12.4 **main() 함수의 매개변수** 549

1 main() 함수의 매개변수 형태 549

12.5 **동적 메모리 할당** 552

1 동적 메모리 할당의 개요 552

2 malloc() 함수 552

3 calloc() 함수 555

4 realloc() 함수 557

5 free() 함수 558

LAB 투표 결과 집계 프로그램 만들기 560

LAB 비즈네르 암호화 프로그램 만들기 562

REAL PROJECT 재고 정리 시스템 만들기 565

한 번 더 체크 메모리 영역과 메모리 할당 569

요약 570

연습문제 / 프로그래밍 문제 571

CHAPTER 13 | 구조체

13.1 구조체의 개요 ···· 582
1 구조체의 개념 ···· 582
2 배열과 구조체의 차이 ···· 583

13.2 구조체의 활용 ···· 584
1 구조체와 구조체 변수 선언 ···· 584
2 구조체 변수의 사용법 ···· 586
3 중첩 구조체 ···· 596
LAB 분수 곱셈 프로그램 만들기 ···· 599

13.3 구조체 배열 ···· 600
1 구조체 배열의 개요 ···· 600
2 구조체 배열 선언과 초기화 ···· 601

13.4 구조체 포인터와 함수 ···· 605
1 구조체를 참조하는 포인터 ···· 605
2 구조체와 함수 ···· 608
LAB 방사성 물질의 붕괴 비율 구하기 ···· 613
LAB 픽셀 번호 그림판 만들기 ···· 615

13.5 공용체 ···· 618
1 공용체의 개요 ···· 618
2 공용체 선언 ···· 619

13.6 열거형 ···· 622
1 열거형의 개요 ···· 622
2 열거형의 사용법 ···· 623

REAL PROJECT 와인 분류 프로그램 만들기 ···· 625
요약 ···· 629
연습문제 / 프로그래밍 문제 ···· 630

CHAPTER 14 | 파일 입출력

14.1 파일의 개요 ···· 642
1 파일의 개념 ···· 642
2 파일의 구조 ···· 642
3 파일 처리 ···· 643

14.2 텍스트 파일 처리 ···· 652
1 문자 단위 파일 처리 ···· 652
2 문자열 단위 파일 처리 ···· 654
3 서식화된 파일 처리 ···· 658
LAB 간단한 메모장 만들기 ···· 661

LAB 데이터 압축 프로그램 만들기 ···· 663

14.3 이진 파일 처리 ···· 665

1 이진 파일의 개요 ···· 665

2 이진 파일 처리 ···· 666

REAL PROJECT 회원 관리 프로그램 만들기 ···· 672

요약 ···· 676

연습문제 / 프로그래밍 문제 ···· 677

CHAPTER 15 | 전처리기

15.1 전처리기의 개요 ···· 694

1 전처리기의 개념 ···· 694

2 전처리 지시문 ···· 695

15.2 단순 매크로와 매크로 함수 ···· 696

1 단순 매크로 ···· 696

2 매크로 함수 ···· 699

15.3 조건부 컴파일 지시문 ···· 703

1 조건부 컴파일 지시문의 개요 ···· 703

2 #ifdef, #endif ···· 704

3 #if, #else, #endif ···· 706

4 #undef, #error, #line ···· 708

15.4 시스템 내장 매크로 ···· 711

15.5 분할 컴파일 ···· 714

1 분할 컴파일의 개요 ···· 714

2 분할 컴파일의 과정 ···· 714

LAB 간단한 수학 함수 만들기 ···· 719

REAL PROJECT 할인 적용 프로그램 만들기 ···· 721

요약 ···· 724

연습문제 / 프로그래밍 문제 ···· 725

찾아보기 ···· 732

C Master

CHAPTER 01 프로그램과 C 언어
CHAPTER 02 C 프로그램의 구성

PART 01

C 언어 입문

CHAPTER 01

프로그램과 C 언어

1.1 프로그램과 프로그래밍 언어

1.2 C 언어의 개요

1.3 C 프로그램 개발 환경 구축

1.4 C 프로그램 작성

LAB 자기소개 출력하기

요약

연습문제 / 프로그래밍 문제

학습목표

- 프로그램과 프로그래밍 언어의 개념을 이해한다.
- C 언어의 유래와 특징을 파악하고 C 언어가 중요한 이유를 알아본다.
- C 프로그램의 개발에 필요한 비주얼 스튜디오 2022를 설치한다.
- 간단한 C 프로그램을 작성한다.

Preview

컴퓨터에서 프로그램은 어떤 의미가 있고 왜 필요한지 알아본다. 또한 프로그래밍 언어인 C 언어의 주요 특징, 다른 프로그래밍 언어와의 차이점을 살펴본다. 그리고 C 언어 프로그래밍을 하기 위한 준비로 비주얼 스튜디오 2022를 설치하고, 간단한 C 프로그램을 작성하면서 C 언어의 기본적인 동작 원리와 코드의 구조를 이해한다.

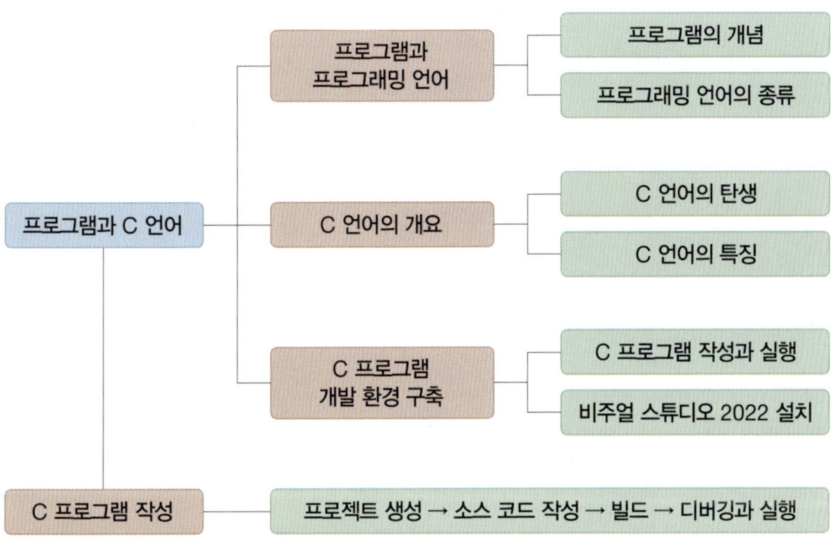

1.1 프로그램과 프로그래밍 언어

1 프로그램의 개념

컴퓨터를 활용하여 제안서를 작성하고, 데이터를 분석하고, 사진과 동영상을 편집하려면 워드프로세서, 엑셀, 포토샵과 같은 프로그램을 사용해야 한다. 이렇게 컴퓨터가 특정 작업을 수행하도록 지시하는 명령어의 집합을 **프로그램**program이라고 한다.

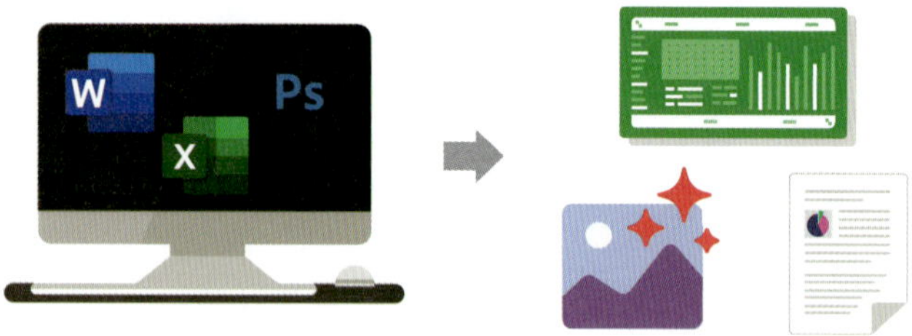

그림 1-1 프로그램을 사용한 작업 실행

프로그래머

만약 컴퓨터에 설치된 프로그램이 없고 컴퓨터를 구성하는 기계, 즉 **하드웨어**hardware만 존재한다면 앞에서 언급한 특정 작업을 수행하지 못할 것이다. 운영체제(윈도우, 유닉스 등)와 다양한 응용 프로그램을 설치해야만 컴퓨터로 다양한 작업을 할 수 있다.

이처럼 하드웨어를 동작시키는 프로그램을 만드는 사람을 **프로그래머**programmer라고 한다. 프로그래머는 소프트웨어, 웹사이트, 애플리케이션, 시스템 등을 생성하고 유지·보수하는 전문가이다. 이들은 다양한 분야에서 활동하고 있으며 사용하는 기술, 전문 분야, 프로젝트의 요구 사항에 따라 역할이 달라진다. 컴퓨터가 도입된 초창기와 달리 오늘날에는 인공지능이 급속히 발전하고 있어 코딩의 기본적인 지식과 규칙만 배우면 누구나 프로그래머가 될 수 있다.

2 프로그래밍의 개념

프로그램은 컴퓨터에 작업을 지시하는 명령 문서라고 할 수 있다. 처리해야 할 내용이 무엇인지 정의하고, 처리하는 방법과 순서 등 일련의 내용을 컴퓨터에 전달하면 컴퓨터가 이를 처리한다. 이러한 명령 문서인 프로그램을 만드는 작업을 **프로그래밍**programming이라고 한다. 컴퓨터에 명령을 내리는 과정이라고 할 수 있는 프로그래밍은 디지털 시대에 중심적인 역할을 하고 있다. 바로 이 컴퓨터 프로그래밍으로 웹사이트를 제작하고, 데이터를 분석하고, 애플리케이션을 개발하고, 기계를 제어할 수 있기 때문이다.

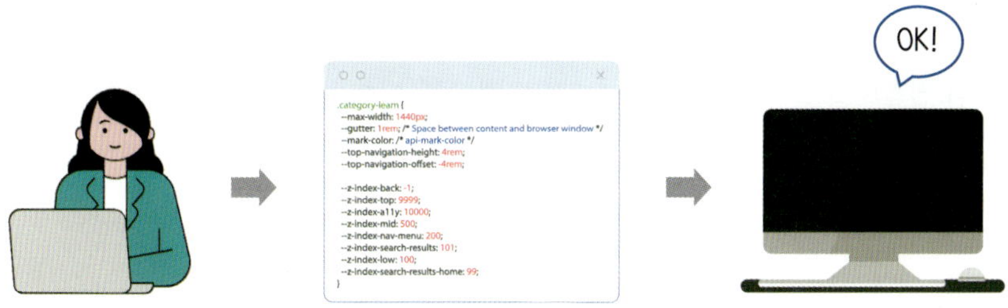

그림 1-2 프로그래밍 과정

3 프로그래밍 언어의 개념

프로그램을 만들기 위해서는 컴퓨터에 명령하는 언어가 필요한데, 이때 사용하는 언어를 **프로그래밍 언어**programming language라고 한다. 컴퓨터는 프로그래밍 언어로 작성된 명령어를 해석하여 실행한 프로그램을 통해 다양한 작업을 수행한다.

프로그래밍 언어는 다양한 수준과 목적에 맞게 설계되어 있다. 고급 언어는 인간의 언어와 비슷하여 학습하기 쉽고, 저급 언어는 기계어에 가까워 실행 속도가 더 빠르다. 최근에 등장한 프로그래밍 언어는 개발자가 더 효율적으로 프로그램 코드를 작성하고 편하게 유지·보수할 수 있도록 다양한 기능과 라이브러리library를 제공한다.

기계어

저급 언어low-level language에는 기계어와 어셈블리어가 있다. **기계어**machine language는 가장 기본적인 언어로, 컴퓨터가 이해하고 실행할 수 있는 **2진수**binary number인 0과 1로 이루어진다. 모든 프로그래밍 언어는 결국 컴퓨터가 이해할 수 있는 기계어로 변환되어 실행되므로, 기계어는 컴퓨터와 직접 소통하는 일차적인 방법이다.

하나 더 알기 **프로그래밍 언어와 라이브러리**

프로그래밍 언어에서 라이브러리는 미리 작성된 코드의 집합을 말한다. 이러한 코드는 특정 작업을 수행하는 함수나 도구로 구성되어 있어 프로그래머가 일반적인 문제를 빠르게 해결할 수 있도록 도와준다. 라이브러리는 자주 사용되는 기능을 모아놓은 도구 상자와 같아서 필요한 기능을 쉽게 가져다 쓸 수 있다.

어셈블리어

어셈블리어assembly language는 기계어와 고급 언어의 중간 단계에 해당하는 프로그래밍 언어로, 컴퓨터가 이해하는 기계어를 사람이 이해하기 쉬운 기호나 단어로 나타낸 것이다. 어셈블리어는 컴퓨터의 하드웨어와 밀접하게 연관되며, 특정 프로세서에 특화되어 있다. 프로그래머가 어셈블리어를 사용하면 컴퓨터의 작동 방식을 더 세밀하게 제어할 수 있지만, 어셈블리어는 고급 언어에 비하여 배우기가 어렵고 사용하기도 복잡하다.

고급 언어

고급 언어high-level language는 인간이 이해하기 쉽게 설계된 프로그래밍 언어로, 인간의 자연어와 비슷한 문법을 사용하여 프로그래머가 컴퓨터에 명령을 내리는 과정을 간소화한 언어이다. 대표적인 예로는 C, C++, 파이썬Python, 자바Java를 들 수 있다. 고급 언어로 작성된 코드는 컴퓨터가 직접 이해할 수 없기 때문에 컴파일러나 인터프리터와 같은 도구를 사용하여 기계어로 변환해야 한다.

기계어

```
01011110 10011111
01101010 11110000
00011001 10011100
01010101 10101111
```

어셈블리어

```
LOAD A1
ADD A1, 100
MOV A1, M1
SUB B1, A1
```

고급 언어

```
#include <stdio.h>

int main()
{
    printf("Hello\n");
}
```

그림 1-3 기계어, 어셈블리어, 고급 언어의 예

컴파일러

컴파일러comiler는 프로그래밍 언어로 작성된 코드 전체를 컴퓨터가 이해할 수 있는 기계어로 변환하는 프로그램이다. 이렇게 변환하는 과정을 **컴파일**compile이라고 하며, 변환된 코드는 실행 파일 형태로 저장된다. 컴파일 과정에서 프로그램의 문법 오류를 모두 검사하기 때문에 오류가 없어야 실행 파일이 생성된다. 또한 컴파일러를 사용하는 언어는 실행 전에 코드 전체를 분석하므로 실행 속도가 빠르다는 것이 장점이다. 대표적인 컴파일 언어는 C, C++, 자바 등이다.

인터프리터

인터프리터interpreter는 프로그래밍 언어로 작성된 코드를 한 줄씩 읽어 해당 명령을 실행하는 프

로그램이다. 코드를 별도의 기계어 파일로 변환하지 않으며, 프로그램 실행 시점에 코드를 해석하고 실행한다. 이러한 방식은 프로그램 개발 과정에서 수정 사항을 바로 확인할 수 있어 편리하지만, 컴파일러를 사용하는 언어에 비하여 실행 속도가 느릴 수 있다. 인터프리터 방식은 개발과 테스트가 동시에 이루어져야 하는 상황에서 유리하고, 코드를 단계별로 실행하며 디버깅하기 쉽다는 것이 장점이다. 대표적인 인터프리터 언어는 파이썬, 루비Ruby, 자바스크립트JavaScript 등이다.

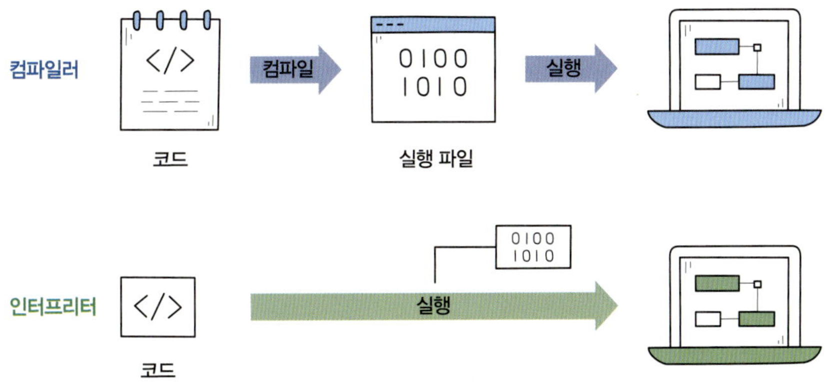

그림 1-4 컴파일러와 인터프리터

4 프로그래밍 언어의 종류

프로그래밍 언어는 이론적 개발 방식에 따라 크게 절차적 프로그래밍 언어, 객체지향 프로그래밍 언어, 함수형 프로그래밍 언어로 구분할 수 있다.

절차적 프로그래밍 언어

절차적 프로그래밍 언어procedural programming language는 프로그램을 일련의 절차나 작업의 순서로 본다는 관점을 기반으로 한다. 이 방식은 프로그램을 연속적인 계산 단계로 나누고 각 단계에서 특정 작업을 수행하는 것이 특징이다. 또한 함수 집합으로 구성되어 있고 데이터와 함수를 별개로 취급하며, 데이터를 전역변수나 지역변수로 관리한다. 대표적인 절차적 프로그래밍 언어는 C, 포트란FORTRAN, 코볼COBOL 등이다.

객체지향 프로그래밍 언어

객체지향 프로그래밍 언어object-oriented programming language는 데이터와 해당 데이터를 처리하는 함수(메서드)를 '객체'라는 하나의 단위로 묶는 방식을 사용한다. 이 방식은 프로그램을 데이터와 그 데이터에 작용하는 연산의 모임으로 보며, 이를 통해 코드의 재사용성과 모듈성을 높이는 것이 특징이다. 다시 말해 데이터와 함수를 객체로 캡슐화하고, 클래스로 객체의 구조와 행동을 정의한다. 그리고 상속, 다형성, 캡슐화와 같은 특성을 지원한다. 대표적인 객체지향 프로그래밍 언어는 C++, 자바, 파이썬 등이다.

함수형 프로그래밍 언어

함수형 프로그래밍 언어functional programming language는 자료 처리를 수학적 함수의 계산으로 취급하고 상태와 가변 데이터를 멀리하는 프로그래밍 언어이다. 순수 함수, 불변성, 고차 함수, 함수 합성과 같은 함수형 프로그래밍의 핵심 개념을 쉽게 적용할 수 있는 것이 특징이다. 이러한 프로그래밍 언어를 사용함으로써 프로그래머는 부작용을 줄이고, 코드의 재사용성과 테스트 용이성을 높이며, 복잡한 시스템을 보다 명확하게 모델링할 수 있다. 대표적인 함수형 프로그래밍 언어는 하스켈Haskell, 스칼라Scala, 얼랭Erlang, F#, 클로저Clojure 등이며, 이 밖에도 자바스크립트, 파이썬, 자바 같은 다목적 프로그래밍 언어도 함수형 프로그래밍 개념을 지원하고 채택한다.

확인문제

1 다음 빈칸에 알맞은 말을 넣으시오.

① 컴퓨터가 특정 작업을 수행하도록 지시하는 명령어의 집합을 ( ), 이를 만드는 사람을 ( )라고 한다.

② ( )은 컴퓨터에 명령을 내리는 프로그램을 만드는 작업이며, 이때 사용하는 언어를 ( )라고 한다.

③ ( )는 프로그래밍 언어로 작성된 코드 전체를 컴퓨터가 이해할 수 있는 기계어로 한 번에 변환하는 프로그램이다.

④ ( )는 프로그래밍 언어로 작성된 코드를 한 줄씩 읽어 해당 명령을 실행하는 프로그램이다.

정답

1 ① 프로그램, 프로그래머 ② 프로그래밍, 프로그래밍 언어 ③ 컴파일러 ④ 인터프리터

1.2 C 언어의 개요

우리가 C 언어를 배우는 이유는 간단하다. 컴퓨터에 명령을 내릴 때 사용하는 프로그래밍 언어 중에서도 C 언어가 가장 대표적이기 때문이다. C 언어는 오늘날 많이 사용하는 C++, 파이썬, 자바의 기반이 되는 언어이며, 시스템을 제어하는 윈도우, 리눅스 등의 운영체제와 스마트폰, 로봇 청소기, 전자레인지 등의 전자 기기처럼 프로그램을 설치하지 않아도 바로 동작하는 임베디드 시스템 개발에 널리 사용된다. 이러한 C 언어에 대해 자세히 알아보자.

1 C 언어의 탄생

C 언어는 미국 AT&T 벨연구소의 데니스 리치Dennis Ritchie와 켄 톰프슨Ken Thompson이 1972년에 개발한 프로그래밍 언어이다. 이들은 운영체제인 유닉스를 재작성하기 위해 C 언어를 개발했다. 당시 어셈블리어로 작성되어 있었던 유닉스는 특정 하드웨어에 매우 의존적이어서 다른 컴퓨터 시스템으로의 이식성이 낮았다. 이러한 문제를 해결하기 위해 고급 언어의 장점과 어셈블리어의 하드웨어 제어 능력 간 균형을 맞추려고 했으며, 결과적으로 C 언어는 효율적인 추상화를 제공하면서도 시스템 하드웨어를 직접 제어할 수 있는 능력을 유지했다. 이와 같은 특성 덕분에 C 언어는 시스템 프로그래밍과 응용 프로그래밍에 광범위하게 사용되는 언어로 자리 잡았다.

(a) 데니스 리치　　　(b) C 언어의 로고

그림 1-5 C 언어의 창시자와 로고 © High Tech History

2 C 언어의 특징

C 언어는 다른 언어보다 기계어에 가장 가까운 언어이다. 그래서 프로그래머들은 C 언어가 프

로그래밍 언어 중에서 가장 어려운 언어 중 하나라고 생각하지만, 하드웨어의 동작 원리와 운영체제 기반의 컴퓨터 작동 원리를 잘 이해하고 접근할 수 있는 언어라고도 한다. 그래서 C 언어를 사용하면 가장 안정적인 컴퓨터 프로그램을 개발할 수 있다. C 언어의 대표적인 특징은 다음과 같다.

범용적인 프로그래밍 언어

C 언어는 다양한 프로그래밍 분야에 사용 가능하여 범용성이 있다. 시스템 프로그래밍, 응용 프로그래밍, 임베디드 시스템 개발, 운영체제, 컴퓨터 게임, 그래픽 처리 등 폭넓은 영역에서 C 언어가 활용된다. 이는 C 언어의 유연성과 효율성 때문이다.

저급 언어와 고급 언어의 장점이 반영된 언어

C 언어는 저급 언어의 하드웨어 제어 능력과 고급 언어의 개발 편의성을 모두 갖추고 있다. 따라서 프로그래머는 하드웨어를 직접 제어하면서도, 비교적 이해하기 쉬운 문법으로 프로그램을 작성할 수 있다. C 언어를 사용하면 효율적이고 세밀한 제어가 필요한 프로그램을 개발할 수 있다.

TIP 컴퓨터 프로그래밍을 처음 배우는 입문자의 입장에서 C 언어는 파이썬, 리액트와 같은 최근 프로그래밍 언어에 비해 문법이 복잡하고 어려운 것이 사실이다.

간결한 표현이 가능한 언어

C 언어는 간결하면서도 강력한 표현력을 지닌 프로그래밍 언어이다. 복잡한 로직도 몇 줄의 코드로 표현 가능하여 프로그램의 가독성과 유지·보수성이 향상된다. 또한 C 언어의 문법은 많은 현대 프로그래밍 언어의 기반이므로, C 언어를 배우면 다른 프로그래밍 언어를 배우는 데에도 도움이 된다.

이식성이 좋은 언어

어떤 시스템에서 C 언어로 작성된 프로그램을 다른 시스템으로 가져갔을 때 코드의 일부분만 수정하거나 아예 수정하지 않고도 실행할 수 있다. 그 이유는 C 언어가 광범위하게 표준화되어 있고, 다양한 플랫폼에서 C 컴파일러를 제공하기 때문이다. 이처럼 한 시스템에서 개발한 소프트웨어를 다른 시스템으로 옮겼을 때 최소한의 변경만으로도 잘 작동하는 것을 이식성이 높다고 일컫는다. 이러한 특성 덕분에 C 언어는 크로스 플랫폼 개발에 매우 유용하다.

TIP 크로스 플랫폼 개발은 여러 플랫폼(iOS, 안드로이드, 웹)에서 동일한 소스 코드를 사용하여 앱을 개발하는 방법이다.

확인문제

1 다음 각각의 내용을 읽고 맞으면 O, 틀리면 × 표시를 하시오.

① C 언어는 미국 AT&T 벨연구소의 데니스 리치와 켄 톰프슨이 1972년에 개발한 프로그래밍 언어이다. (O, ×)

② C 언어는 하드웨어를 직접 제어하기 어렵다. (O, ×)

③ C 언어는 가독성과 유지·보수성이 뛰어나다. (O, ×)

정답

1 ① O ② × ③ O

1.3 C 프로그램 개발 환경 구축

1 프로그램 개발 과정

우리가 사용하는 일반적인 프로그램 또는 앱을 개발하는 과정은 다음과 같은 단계로 이루어진다.

그림 1-6 프로그램 개발을 위한 5단계

❶ 요구 사항 분석

요구 사항 분석requirements analysis은 개발할 프로그램의 목적, 사용자와 시스템에 필요한 요구 사항을 파악하는 단계이다. 프로그래머와 프로젝트 관리자는 이해관계자로부터 요구 사항을 수집하고 문서화하며, 이를 바탕으로 프로젝트의 범위와 목표를 정한다. 프로그램으로 해결할 문제점과 사용자의 요구 사항을 명확하게 분석하는 것은 프로젝트의 성공에 매우 중요한 요소이다.

❷ 설계

설계design는 요구 사항 분석으로 얻은 정보를 토대로 시스템의 아키텍처를 설계하는 단계이다. 이 단계에서는 소프트웨어의 전체 구조, 컴포넌트, 인터페이스, 데이터 흐름 등을 결정하게 된다. 개발 과정에서 중요한 지침서 역할을 하는 설계 문서는 종종 UMLUnified Modeling Language 같은 시각적 도구로 나타내곤 한다. 그러나 이 책에서는 기초적인 C 언어 코드를 학습하므로 설계를 생략했다.

❸ 구현

구현implementation은 설계 단계에서 정의된 아키텍처에 따라 실제 코드를 작성하는 단계이다. 프로그래머는 프로그래밍 언어를 사용하여 요구 사항을 충족하는 기능을 개발한다. 특히 구현은 대부분의 프로젝트에서 시간이 가장 많이 소요되는 단계로, 코드의 품질과 효율성을 중요하게 여긴다.

❹ 테스트

테스트test는 개발된 소프트웨어가 설계대로 정확히 작동하는지 검증하는 단계로, 단위 테스트, 통합 테스트, 시스템 테스트, 사용성 테스트 등을 수행하여 버그를 찾고 수정한다. 일반적인 개발 과정에서는 이를 통해 소프트웨어의 품질을 보장하기 때문에 많은 시간을 들여 반복적으로 테스트를 수행한다. 이 책에서도 완성된 C 코드를 테스트하는 것을 학습할 수 있다.

❺ 유지·보수

소프트웨어가 배포된 후에도 지속적인 관리가 필요하며, 이러한 유지·보수maintenance 단계에서는 버그 수정, 성능 개선, 업데이트 및 기능 추가 등이 수행된다. 유지·보수는 사용자의 피드백을 반영하여 소프트웨어를 지속적으로 개선하는 과정으로, 프로젝트의 규모와 복잡성에 따라 각 단계의 구체적인 작업과 중요도가 다를 수 있다.

2 C 프로그램 작성과 실행

C 언어로 프로그램을 작성할 때는 일반적으로 [그림 1-7]과 같은 단계로 진행한다.

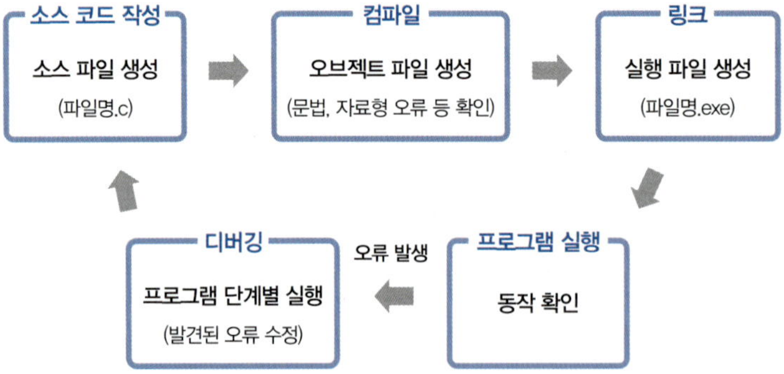

그림 1-7 C 프로그램 작성 순서

❶ 소스 코드 작성

C 언어를 활용하여 프로그램의 소스 코드를 작성하는 단계이다. 소스 코드란 컴퓨터에 지시하는 명령어의 모음으로, 노트패드Notepad나 비주얼 스튜디오 2022 같은 편집기를 사용하여 작성한다. 이러한 코드는 고급 언어로 작성되어 컴퓨터가 아닌 사람이 읽고 이해할 수 있는 형태이며, 확장자가 '.c'인 파일에 저장된다. 소스 코드 작성 단계는 C 언어의 문법에 맞춰 변수를 선언하고, 함수를 정의하며, 제어 구조를 사용하는 등 프로그램의 로직을 구축하는 과정이다.

❷ 컴파일과 링크

소스 코드를 작성하고 나면 다음 단계인 컴파일과 **링크**link로 넘어간다. 컴파일 단계에서는 소스 코드를 컴퓨터가 이해하는 기계어 또는 오브젝트 코드로 변환하며, 이 과정에서 소스 코드의 문법 오류나 자료형 불일치와 같은 다양한 문제가 드러날 수 있다. 또한 링크 단계에서는 컴파일로 생성된 하나 혹은 여러 개의 오브젝트 파일을 모아 하나의 실행 파일executive file로 결합한다. 이때 프로그램이 필요로 하는 라이브러리 함수가 최종 실행 파일 안에 포함되고 모든 코드가 연결된다.

컴파일과 링크 과정은 대체로 개발 환경에서 자동으로 처리된다. 그러나 프로젝트가 복잡해지면 프로그래머가 직접 옵션을 조절하거나 링커 스크립트를 작성해야 할 수도 있다.

❸ 프로그램 실행과 디버깅

컴파일과 링크 과정에서 생성된 실행 파일로 프로그램을 실행하여 그 동작을 확인한다. 이때 실행 과정에서 발생할 수 있는 런타임 오류에 주의를 기울여야 한다. 만약 실행 중 오류나 예상치 못한 동작이 발견된다면 **디버깅**debugging이 필요하다. 디버깅은 프로그램을 단계별로 실행하여 오류의 근원을 찾아내고 변수의 상태를 점검함으로써 문제를 수정하는 중요한 과정이다. 프로그램을 보다 안정적이고 효율적으로 만들기 위해서는 디버깅을 반드시 거쳐야 한다.

C 프로그램 개발

`Hello C Language`를 출력하는 간단한 C 프로그램을 개발하면서 C 프로그램 작성 단계를 이해해보자.

❶ 소스 코드 작성

`Hello C Language`를 출력하는 C 프로그램의 소스 코드를 작성한다. 이때 노트패드, 비주얼 스튜디오 2022와 같은 편집기를 사용한다.

C 프로그램 개발 hello_c.c

```c
#include <stdio.h>

int main(void)
{
    printf("Hello C Language");
    return 0;
}
```

이는 표준 출력 함수인 printf()를 사용하여 "Hello C Language"라는 문장을 출력하는 코드이다. 작성된 코드는 확장자가 '.c'인 파일로 저장하는데, 여기서는 'hello_c.c'라는 파일명으로 저장했다.

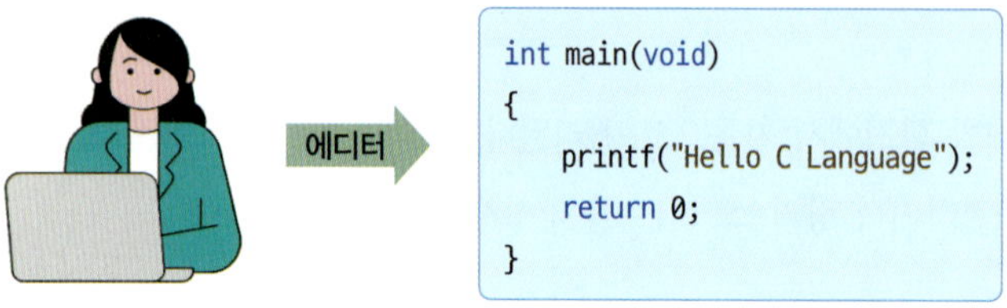

그림 1-8 소스 코드 작성

❷ 컴파일과 링크

소스 코드 hello_c.c가 준비되면 컴파일러를 사용하여 컴퓨터가 이해할 수 있는 기계어로 변환한다. [그림 1-9]는 hello_c.c를 컴파일하고 실행 가능한 파일인 hello_c.exe가 완성되는 과정을 보여준다. 여기서 컴파일러는 소스 코드를 분석하고, 오브젝트 파일을 생성한 뒤, 필요한 라이브러리와 연결하여 최종 실행 파일을 만든다.

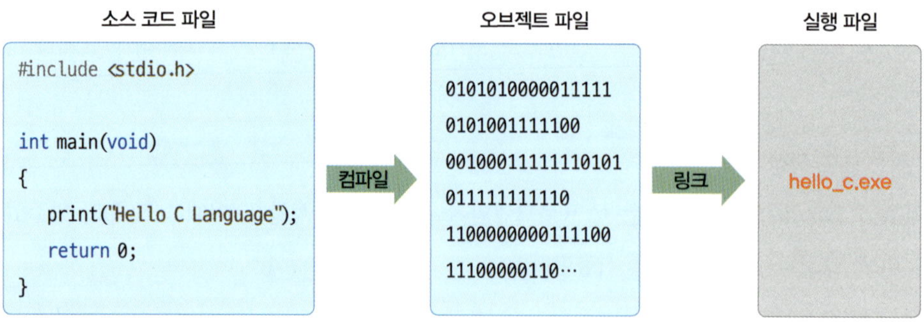

그림 1-9 오브젝트 파일 생성

❸ 프로그램 실행과 디버깅

실행 파일 hello_c.exe를 실행하면 프로그램은 `Hello C Language`를 출력한다. 만약 프로그램 실행 도중 오류가 발생하거나 예상치 못한 결과가 나온다면 GDB와 같은 디버거를 사용하여 프로그램을 단계별로 실행하며, 변수의 상태를 검사하여 문제를 진단하고 소스 코드를 수정 및 실행하는 과정을 반복한다.

그림 1-10 프로그램 출력

3 컴파일러의 종류

컴파일러는 프로그래밍 언어와 플랫폼에 따라 여러 가지 종류가 있으며 C, C++, 자바, 파이썬 등의 언어와 운영체제에 맞게 설계되어 있다. 예를 들어 C 언어의 경우 GCC, 클랭Clang, 마이크로소프트 비주얼 C++와 같은 컴파일러가 있다.

통합 개발 환경(IDE)

통합 개발 환경 Integrated Development Environment(IDE)이란 프로그래머가 소프트웨어를 효율적으로 개발하도록 돕는 소프트웨어 애플리케이션이다. 소프트웨어 편집, 빌드, 테스트, 패키징과 같은 기능을 사용하기 쉬운 하나의 애플리케이션에 통합하여 개발자의 생산성을 높여준다. C 프로그래밍을 위한 대표적인 통합 개발 환경으로는 Dev C++와 비주얼 스튜디오 2022가 있다.

❶ Dev C++

C와 C++를 위한 무료 통합 개발 환경이다. 블러드셰드소프트웨어Bloodshed Software가 개발했으며, GCC를 내부 컴파일러로 사용한다. Dev C++는 윈도우 운영체제에서 C 또는 C++로 소프트웨어 개발을 시작할 때 필요한 모든 기본적인 기능을 제공하여 초보자와 학생들에게 적합하다.

❷ 비주얼 스튜디오 2022

마이크로소프트가 개발한 통합 개발 환경 중 하나로, C, C++, C#, 비주얼 베이직 등 다양한 프로그래밍 언어를 지원한다. 특히 C 언어 개발자에게는 마이크로소프트 비주얼 C++ 컴파일러를 통해 윈도우 기반 애플리케이션 개발에 필요한 강력한 도구와 기능을 제공한다. 비주얼 스튜디오 2022는 사용자 친화적인 인터페이스, 코드 자동 완성, 디버깅 도구, 코드 분석 기능 등을 포함하고 있어 효율적인 프로그램 개발이 가능하다. 또한 닷넷.NET 플랫폼과의 통합, 다양한 라이브러리와 API 접근성, 다양한 개발 프로젝트와 애플리케이션을 지원하는 확장성을 갖추고 있다. 비주얼 스튜디오 2022를 사용하면 코드 작성과 오류 검사 및 수정을 효율적으로 하고 애플리케이션 빌드 및 디버깅 등의 작업을 원활하게 수행할 수 있다. 따라서 개발 시간을 단축하고 프로젝트의 품질을 향상할 수 있다.

4 비주얼 스튜디오 2022 설치

C 프로그램을 작성할 때 사용하는 도구 중 가장 대표적인 컴파일러인 비주얼 스튜디오 2022를 설치해보자. 이 책의 모든 예제는 비주얼 스튜디오 2022를 기반으로 작성되었다.

01 https://visualstudio.microsoft.com/ko/downloads/에 접속하여 커뮤니티 항목의 〈무료 다운로드〉를 클릭한다.

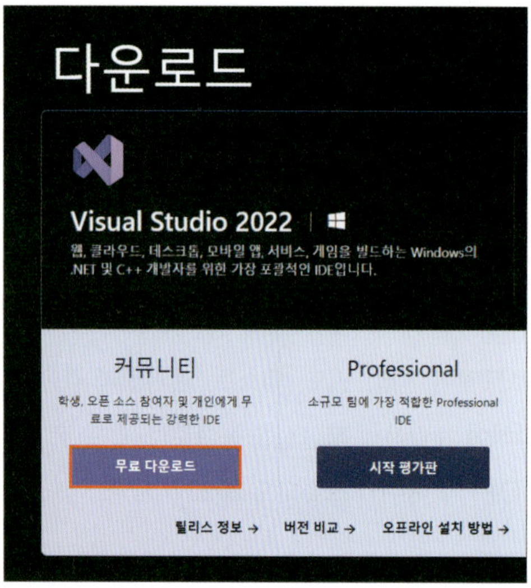

TIP 한빛아카데미 유튜브에서 비주얼 스튜디오 2022 설치 영상을 제공한다. 아래 QR 코드로 접속할 수 있다.

02 잠시 기다리면 설치 파일인 'VisualStudioSetup.exe'가 자동으로 다운로드된다. 만약 다운로드되지 않는다면 〈여기를 클릭하여 다시 시도하세요〉를 클릭한다.

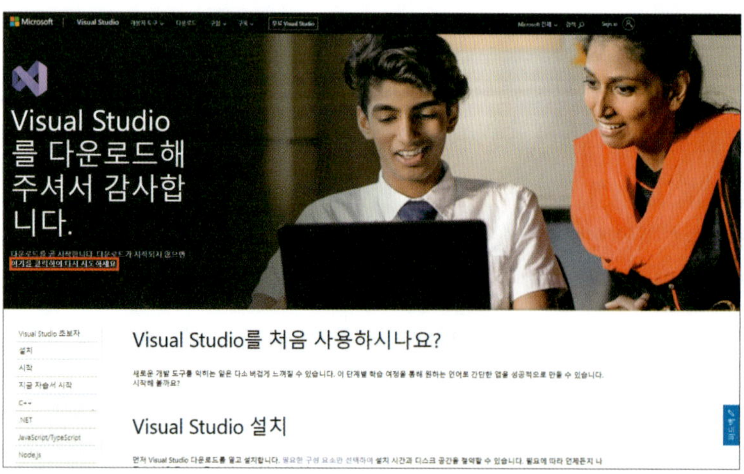

03 다운로드한 파일을 실행하고 〈계속〉을 클릭한다.

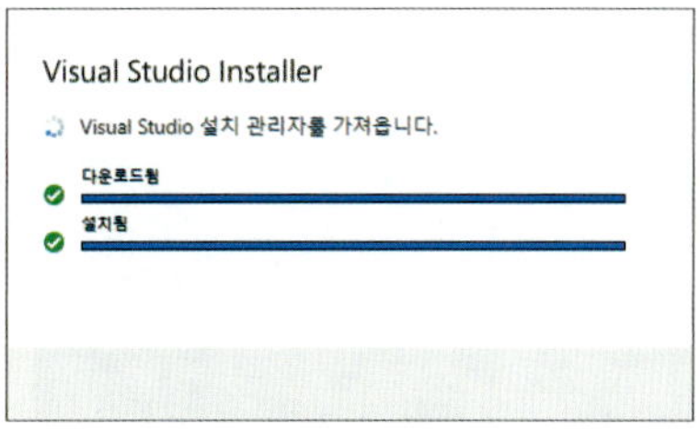

04 설치 화면이 나타나면 [C++를 사용한 데스크톱 개발]을 선택한 후 오른쪽 하단의 [모두 다운로드한 후 설치]를 선택하고 〈설치〉를 클릭한다.

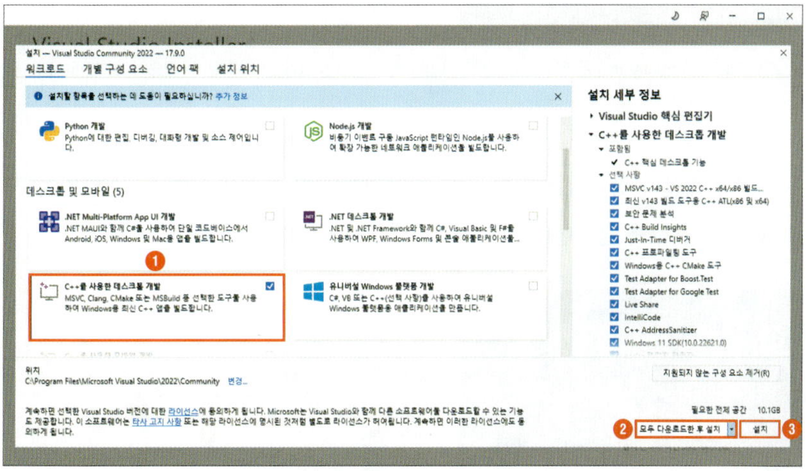

TIP 비주얼 스튜디오 2022를 설치할 때 요구되는 용량은 20~50GB이다. 그런데 [다운로드하면서 설치]를 선택하면 인터넷 속도와 컴퓨터 사양에 따라 상당한 시간이 걸린다. 반면에 [모두 다운로드한 후 설치]를 선택하면 다운로드 작업과 설치 작업이 분리됨으로써 시간이 단축된다.

05 다음과 같은 화면이 나타나면 설치가 완료될 때까지 대기한다. 컴퓨터의 성능이나 인터넷 속도에 따라 설치 시간이 다소 길어질 수도 있다.

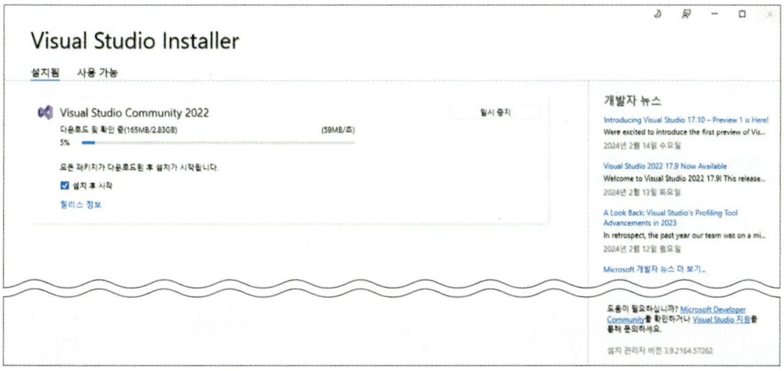

06 설치가 완료되면 다음과 같은 화면이 나타난다. 마이크로소프트 계정이 있다면 로그인을 하고, 계정이 없다면 계정을 생성하여 로그인을 한다.

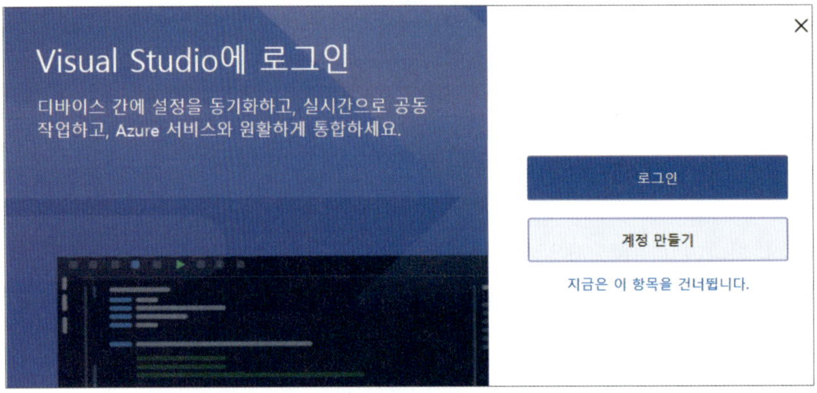

TIP 비주얼 스튜디오 2022의 Community 버전은 무료이다. 단, 로그인을 하지 않으면 30일만 사용할 수 있으니 로그인을 하는 것이 좋다.

07 로그인이 완료되면 개발 설정을 진행한다. [Visual C++]를 선택하고 원하는 색 테마를 지정한 후 〈Visual Studio 시작〉을 클릭한다.

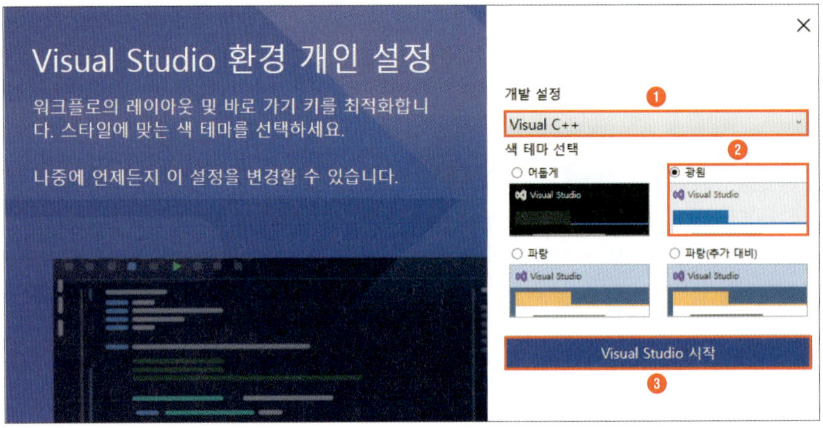

확인문제

1 다음 빈칸에 알맞은 말을 넣으시오.

일반적인 프로그램 또는 앱의 개발 과정은 다음 5단계로 이루어진다.

(　　　　) ▸ (　　　　) ▸ 구현 ▸ (　　　　) ▸ 유지·보수

2 C 프로그래밍의 실행 순서 중 다음 설명에 해당하는 과정을 고르시오.

> 소스 코드를 컴퓨터가 이해하는 기계어 또는 오브젝트 코드로 변환하는 과정이며, 소스 코드의 문법 오류나 자료형 불일치 등의 문제가 드러날 수 있다.

① 링크 ② 컴파일 ③ 소스 코드 작성 ④ 디버깅

3 다음 빈칸에 들어갈 말을 고르시오.

> (   )이란 프로그래머가 소프트웨어를 효율적으로 개발하도록 돕는 소프트웨어 애플리케이션이다.

① 파이썬 ② 통합 개발 환경 ③ Dev C++ ④ 노트패드

정답

1 요구 사항 분석, 설계, 테스트 2 ② 3 ②

1.4 C 프로그램 작성

비주얼 스튜디오 2022를 실행하여 C 프로그램을 작성하기 전에 알아야 할 필수 개념인 솔루션과 프로젝트에 대해 살펴보자.

1 솔루션과 프로젝트

솔루션과 프로젝트는 마이크로소프트의 비주얼 스튜디오와 같은 통합 개발 환경에서 사용되는 중요한 개념이다. 이 두 용어는 소프트웨어 개발 과정에서 코드와 관련 자원을 조직화하고 관리하는 방법을 정의한다.

솔루션

솔루션solution은 하나 이상의 프로젝트를 묶어 관리하는 컨테이너로, 프로젝트들의 관계, 빌드 순서, 공통 설정 등을 정의한 것이다. 대형 소프트웨어 개발 프로젝트는 여러 개의 서브 프로젝트(라이브러리, 실행 파일, 테스트 프로젝트 등)로 구성되곤 하며, 이는 모두 솔루션 내에서 관리된다. 솔루션은 프로젝트 간의 의존성을 관리하고, 프로그래머가 여러 프로젝트를 동시에 빌드

하고 디버깅할 수 있게 해준다. 하지만 이 책의 독자는 C 언어를 처음 배우기 시작하여 중급 단계로 성장하는 과정에 있으니 이 책에서는 하나의 솔루션과 하나의 프로젝트를 생성하여 학습한다.

프로젝트

프로젝트$_{project}$는 관련 파일, 소스 코드, 설정 등이 포함된 개발 작업의 기본 단위이다. 프로젝트는 일반적으로 한 가지 프로그램 또는 애플리케이션을 개발하는 데 필요한 모든 것을 담고 있다. 프로젝트에는 실행 파일을 생성하기 위해 컴파일되는 소스 코드 파일, 리소스 파일(이미지, 아이콘 등), 참조한 라이브러리, 컴파일러 옵션 설정 등이 포함될 수 있다. 각 프로젝트는 특정 프로그래밍 언어와 플랫폼 목표에 맞게 설정된다.

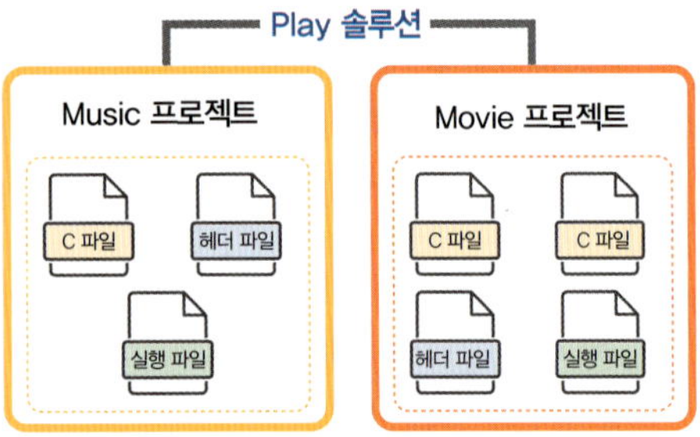

그림 1-11 솔루션과 프로젝트의 범위

2 프로젝트 생성

비주얼 스튜디오 2022를 사용하여 C 프로그램을 작성하는 과정을 실습해보자.

01 비주얼 스튜디오 2022를 실행하면 다음과 같이 C 언어를 실행할 수 있는 화면이 나타난다. 오른쪽의 시작 항목에서 [새 프로젝트 만들기]를 선택한다.

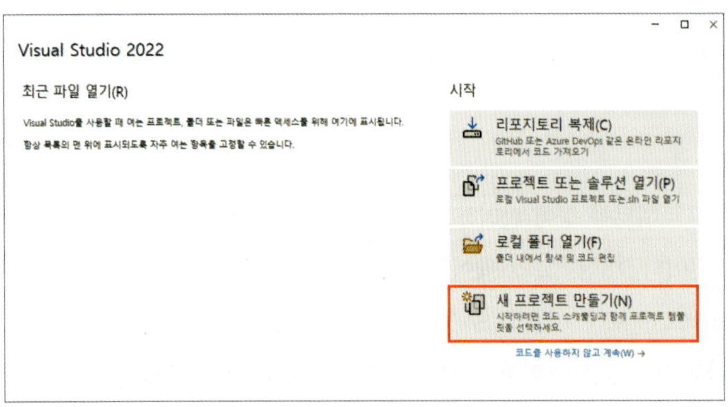

02 [C++]로 설정한 뒤 [빈 프로젝트]를 선택하고 〈다음〉을 클릭한다.

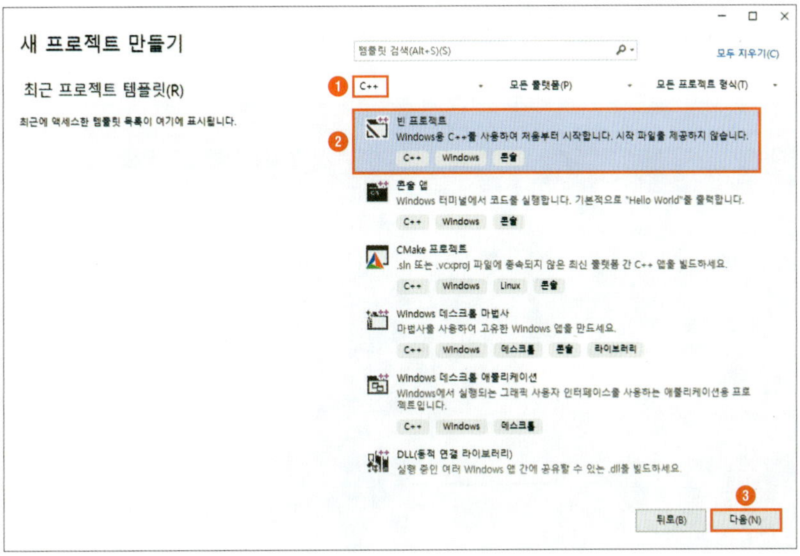

TIP 비주얼 스튜디오 2022에서 C 코드를 실행하기 위해 C++ 프로젝트를 사용하는 것은 환경 설정과 호환성 때문이다. C와 C++를 지원하지만 C 전용 프로젝트 템플릿을 별도로 제공하지는 않는다. 그래서 C 코드를 작성하고 실행하기 위해 C++ 프로젝트 템플릿을 사용하는 것이 일반적이다.

03 새 프로젝트를 구성하는 화면이 나타난다. '프로젝트 이름', '위치', '솔루션 이름'을 설정하고 〈만들기〉를 클릭한다.

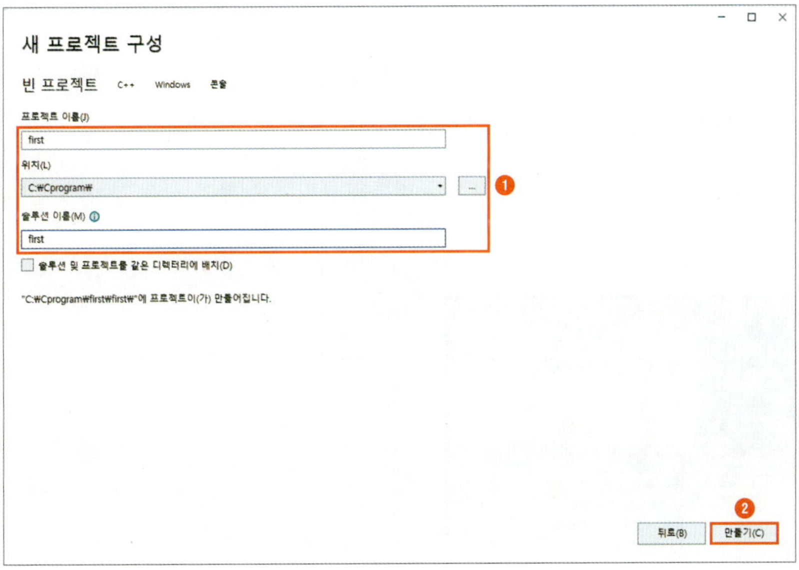

TIP 첫 프로젝트의 이름은 'first'로 작성한다. 이 책에서는 C 드라이브에 'Cprogram' 폴더를 생성하고 디렉터리로 설정했다. 디렉터리는 사용자가 편한 위치(바탕화면)를 설정하면 된다.

04 C 언어를 실행할 수 있는 최종 화면은 다음과 같다. 오른쪽의 솔루션 탐색기 영역에서 프로젝트에 사용할 C 코드와 소스 파일을 추가할 수 있으며, 가운데 영역은 C 코드를 작성하고 편집하는 공간이다.

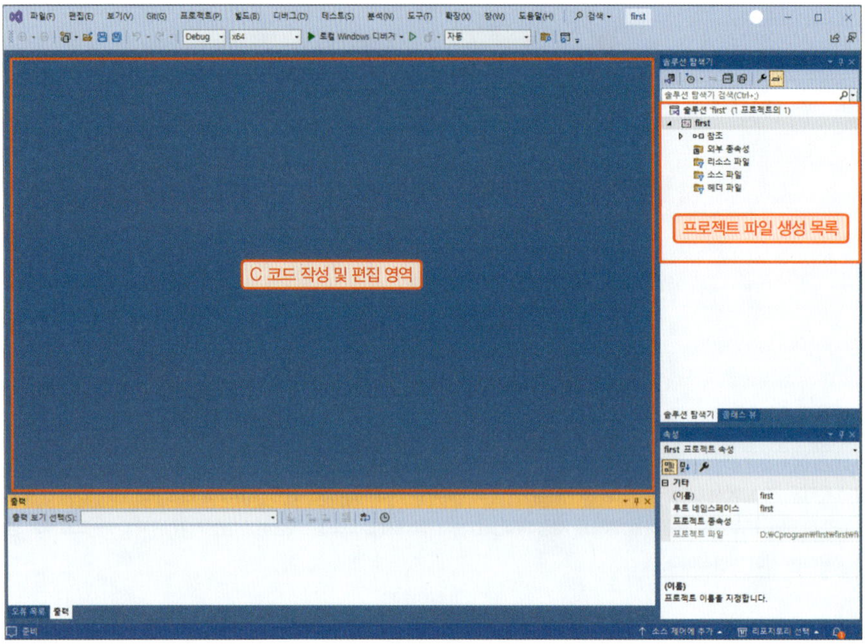

3 소스 코드 작성

생성한 'first' 프로젝트에 소스 파일을 추가한다. 프로그래밍 언어를 처음 배울 때 맨 먼저 작성하는 코드인 "Hello World" 출력 소스 파일을 만들어보자.

01 솔루션 탐색기의 [소스 파일]에서 마우스 오른쪽 버튼을 클릭하고 [추가]–[새 항목]을 선택한다.

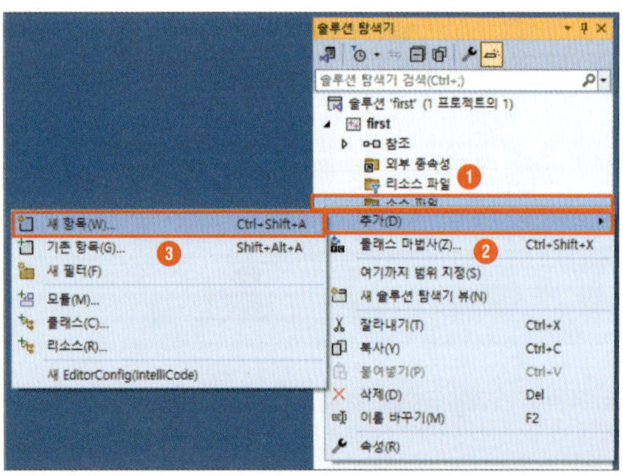

02 'C++ 파일(.cpp)'을 선택한 뒤 이름에 'helloworld.c'를 입력하고 〈추가〉를 클릭한다.

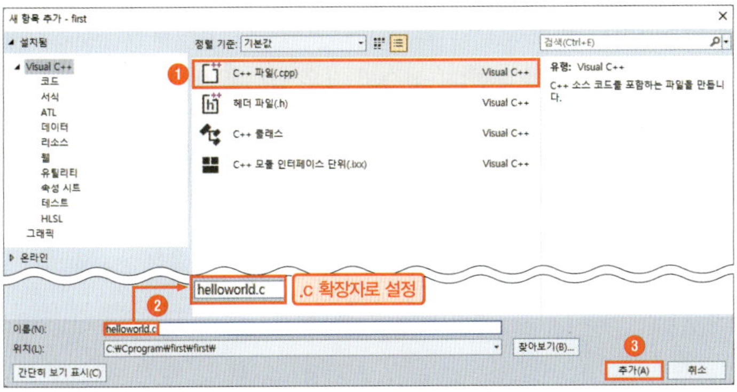

03 소스 파일이 생성되면 코드 편집기에서 다음과 같이 코드를 작성한다.

첫 프로그램 만들기

helloworld.c

```c
#include <stdio.h>

int main(void)
{

    printf("Hello World!");

    return 0;
}
```

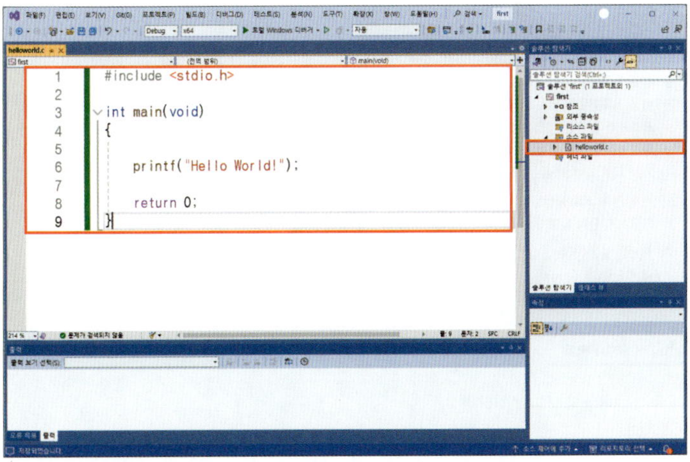

TIP 코드의 철자가 틀리면 프로그램에 오류가 발생할 수 있으니 주의하여 작성한다.

4 빌드

소스 코드가 작성된 프로젝트는 컴파일과 링크를 하여 'first' 프로젝트가 실행될 수 있는 실행 파일로 만들어야 하는데, 이 과정을 **빌드**build라고 한다. 실습의 경우 빌드를 생략할 수 있다.

01 상단에서 [빌드]–[솔루션 빌드]를 선택한다.

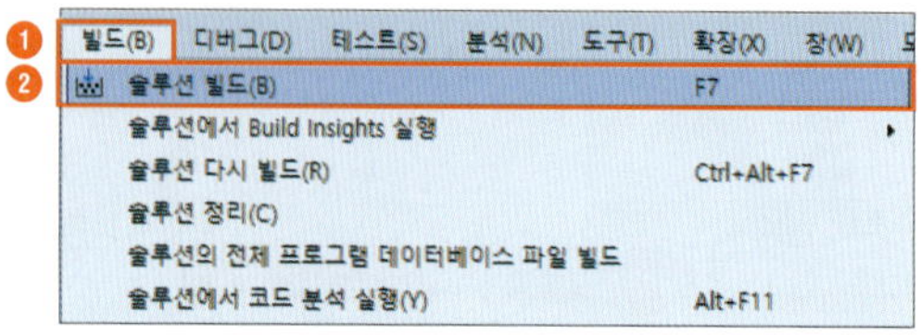

02 빌드에 성공하면 다음과 같이 '빌드: 1개 성공, 0개 실패, 0개 최신 상태, 0개 건너뜀'이라는 메시지를 확인할 수 있다.

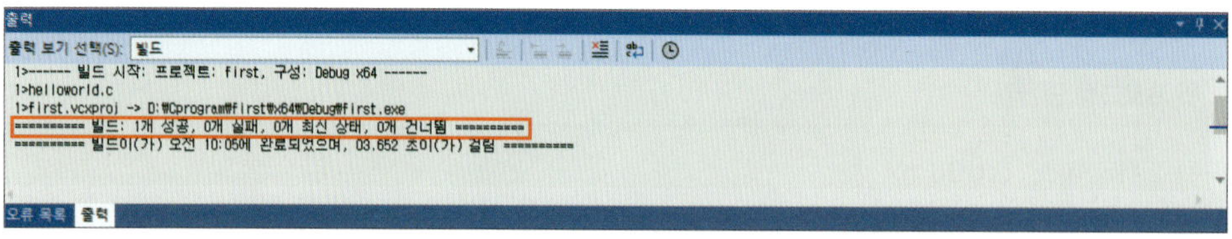

5 디버깅과 실행

01 앞의 과정이 제대로 진행되었다면 [디버그]–[디버그하지 않고 시작]을 선택한다. 단축키는 Ctrl + F5이다.

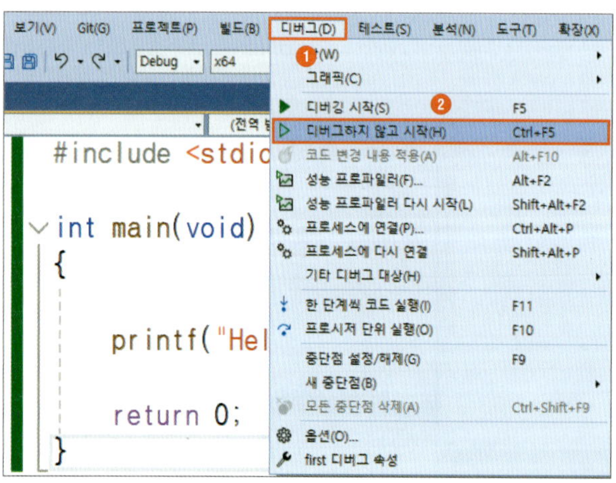

02 별다른 오류가 발견되지 않는다면 다음과 같이 콘솔창이 나타나고 `Hello World!`가 출력된다. 아무 키를 누르거나 [X]를 클릭하면 실행이 종료되고 창이 닫힌다.

6 프로젝트 불러오기

기존의 프로젝트를 불러와서 추가로 코딩하거나 코드를 수정하는 경우도 있는데, 이때는 해당 프로젝트를 불러와서 작업을 이어가야 한다. 프로젝트를 다시 불러오는 방법은 두 가지이다.

솔루션 선택하기

프로젝트를 저장한 C:₩Cprogram₩first 폴더에 저장된 first.sln 파일을 더블클릭하면 기존의 프로젝트와 코드를 확인할 수 있다.

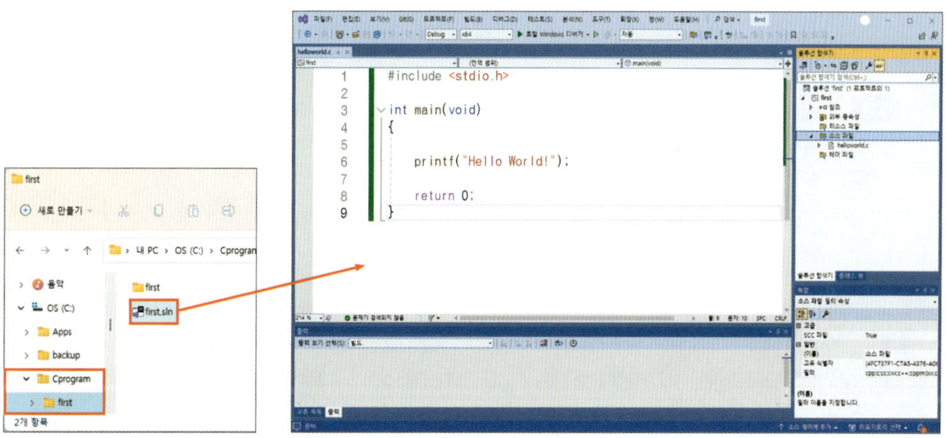

비주얼 스튜디오 2022로 불러오기

비주얼 스튜디오 2022를 실행한다. 왼쪽 목록에서 최근에 작성한 프로젝트를 확인할 수 있는데, 여기서 원하는 솔루션을 선택하여 작업을 이어간다. 만약 목록에 없다면 [프로젝트 또는 솔루션 열기]를 선택하여 C:₩Cprogram₩first 폴더에 저장된 first.sln 파일을 선택한다.

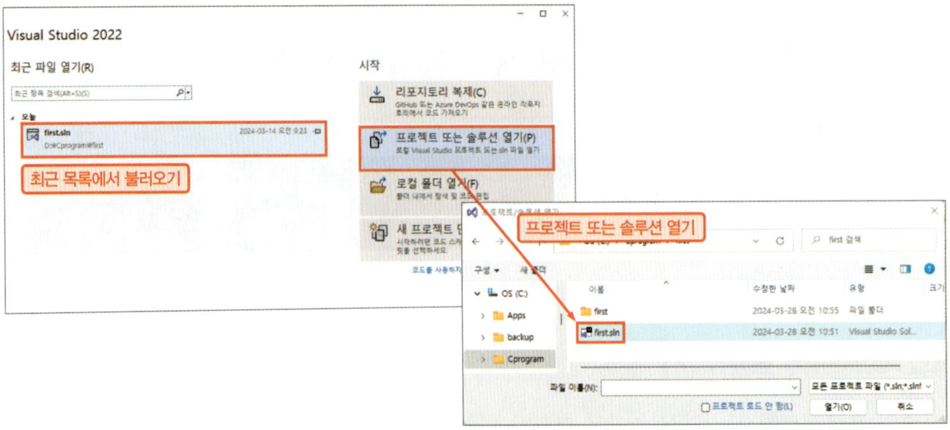

확인문제

1 다음과 같은 결과가 출력되도록 'helloworld.c'의 코드를 수정하시오.

```
Hello World!
Happy World!
```

정답

1 6행: `printf("Hello World!\n");`
7행: `printf("Happy World!\n");`

하나 더 알기 **"Hello World!" 프로그램의 유래**

"Hello World!" 프로그램은 1978년에 출간된 《C 프로그래밍 언어(The C Programming Language)》에서 비롯되었다. 이 책에서 C 언어를 소개하는 내용 중에 "Hello World!" 프로그램이 포함되어 있었는데, 이 프로그램은 간결하면서도 C 프로그래밍의 주요 요소를 모두 담고 있다. 이러한 이유로 프로그래밍 언어를 처음 접하는 사람들에게 프로그래밍의 기초를 소개하는 이상적인 예제가 되었다. 프로그래밍 언어 교육 과정에서 처음으로 배우는 전통적인 프로그램인 "Hello World!" 프로그램은 새로운 프로그래밍 언어나 기술 스택을 테스트하는 데에도 널리 사용되었다.

그림 1-12 "Hello World!" 프로그램

LAB 자기소개 출력하기

Hello World!를 출력하는 예제와 비슷하게 간단한 자기소개를 출력하는 코드를 작성해보자.

```
이름: 한 빛
학번: 202410023
학과명: 인공지능학과
취미: 수영
```

TIP 'LAB'은 이런 과정으로 확인하자. 먼저 문제와 실행 결과를 확인하고 조건과 힌트를 참조하여 스스로 문제를 풀어본다. 이후 [문제 해결]의 코드와 본인이 작성한 코드를 비교해 본다. 이후의 'LAB'도 같은 과정으로 진행한다.

힌트

- printf() 함수를 사용하여 4개의 문장을 출력한다.
- 줄을 바꾸기 위해 제어 문자 '\n'을 사용한다.
- 1.4절의 C 프로그램 작성 과정에 따라 진행한다.

문제 해결 LAB_1-1.c

```c
#include <stdio.h>

int main(void)
{
    printf("이름: 한 빛 \n");
    printf("학번: 202410023 \n");
    printf("학과명: 인공지능학과 \n");
    printf("취미: 수영 \n");

    return 0;
}
```

요약

01 프로그램, 프로그래밍, 프로그래밍 언어

❶ 프로그램: 컴퓨터가 특정 작업을 수행하도록 지시하는 명령어의 집합이다.

❷ 프로그래머: 컴퓨터에서 실행되는 프로그램을 만드는 사람이다.

❸ 프로그래밍: 컴퓨터에 작업을 지시하는 명령 문서인 프로그램을 만드는 작업이다.

❹ 프로그래밍 언어: 프로그램을 만들기 위해 컴퓨터에 명령하는 언어이다.

02 프로그래밍 언어의 개념

❶ 기계어: 컴퓨터가 이해하고 실행할 수 있는 2진수인 0과 1로 이루어진 언어이다.

❷ 어셈블리어: 기계어와 고급 언어의 중간 단계에 해당하는 프로그래밍 언어이다.

❸ 고급 언어: 인간의 자연어와 비슷한 문법을 사용하는 프로그래밍 언어이다(예 C, C++, 파이썬, 자바).

❹ 컴파일러: 작성된 코드 전체를 컴퓨터가 이해할 수 있는 기계어로 변환하는 프로그램이다.

❺ 인터프리터: 작성된 코드를 한 줄씩 읽어 해당 명령을 실행하는 프로그램이다.

03 C 프로그램 작성 과정

소스 코드 작성 ➡ 컴파일과 링크 ➡ 프로그램 실행과 디버깅

❶ 소스 코드 작성: C 언어를 활용하여 프로그램의 소스 코드를 작성한다.

❷ 컴파일: 소스 코드를 컴퓨터가 이해하는 기계어 또는 오브젝트 코드로 변환한다.

❸ 링크: 오브젝트 파일을 모아 하나의 실행 파일로 결합한다.

❹ 프로그램 실행: 실행 파일로 프로그램을 실행하여 그 동작을 확인한다.

❺ 디버깅: 프로그램을 단계별로 실행하여 오류의 근원을 찾아내고 수정한다.

연습문제

01 **프로그램의 정의를 작성하시오.**

02 **컴퓨터에 하드웨어만 존재했을 때의 기능으로 옳지 않은 것은 무엇인가?**

① 입출력 제어: 키보드, 마우스, 디스플레이 등 입출력 장치의 기본적인 작동

② 데이터 저장: 하드디스크, SSD 등 저장 장치의 데이터 읽고 쓰기

③ 연산 처리: CPU의 기본적인 산술 및 논리 연산

④ 응용 프로그램 실행: 문서 편집 프로그램을 활용하여 문서 작성

03 **프로그래밍 언어에 대한 설명으로 옳은 것을 모두 고르시오.**

① 기계어는 컴퓨터가 이해할 수 있는 0과 1로 이루어진 언어이다.

② 어셈블리어는 인간의 자연어와 비슷한 문법을 사용한다.

③ C, 자바, 파이썬은 대표적인 고급 언어이다.

④ 컴파일러는 프로그래밍 언어로 작성된 코드를 한 줄씩 읽어 해당 명령을 실행하는 프로그램이다.

04 **C 프로그램 작성과 실행 순서에 대한 설명으로 옳지 않은 것은 무엇인가?**

① 컴파일과 링크는 소스 코드 작성이 완료된 이후에 진행된다.

② 소스 코드 작성은 프로그램을 작성하는 단계이다.

③ 프로그래밍 실행과 디버깅은 중간 실행 단계로 생략이 가능하다.

④ C 언어의 최종 완성 단계는 실행 파일을 생성하여 프로그램을 실행하는 것이다.

05 **C 언어가 중요한 이유를 생각해보고 다른 언어와의 차이점을 설명하시오.**

06 **C 언어의 특징과 장점으로 옳지 않은 것은 무엇인가?**

① 간결하고 명확한 문법　　② 높은 표현력

③ 자동 메모리 관리　　④ 다양한 라이브러리 지원

07 다음 빈칸에 알맞은 말을 넣으시오.

① (   )은 개발할 프로그램의 목적, 사용자와 시스템에 필요한 요구 사항을 파악하는 단계이다.

② (   )는 요구 사항 분석으로 얻은 정보를 토대로 시스템의 아키텍처를 설계하는 단계이다.

③ (   )은 설계 단계에서 정의된 아키텍처에 따라 실제 코드를 작성하는 단계이다.

④ (   )는 개발된 소프트웨어가 설계대로 정확히 작동하는지 검증하는 단계로, 버그를 찾고 수정한다.

⑤ 소프트웨어가 배포된 후에도 지속적으로 관리하기 위한 (   ) 단계에서는 버그 수정, 성능 개선, 업데이트 및 기능 추가 등이 수행된다.

08 다음 코드의 빈칸을 채우시오.

```
#include <stdio.h>

int [        ]
{
    printf("문자열이 출력 가능하다. [    ]");
    printf("숫자도 출력 가능하다. [    ]");
    [        ]
}
```

```
문자열이 출력 가능하다.
숫자도 출력 가능하다.
```

프로그래밍 문제

01 **다음과 같은 결과가 출력되도록 프로그램을 작성하시오.**

```
= 개인정보 =
아이디: temp1234
이메일: temp1234@hanbitx.xxx
전화번호: 010-1xxx-2xxx
생년월일: 2000.03.01
```

CHAPTER 02

C 프로그램의 구성

2.1 C 프로그램의 구성 요소

2.2 표준 출력 함수

LAB 형식 지정자 필드 옵션 지정하기

2.3 표준 입력 함수

LAB 변숫값 입력받고 출력하기

REAL PROJECT 원의 면적과 둘레 구하기

한 번 더 체크 비주얼 스튜디오 2022와 scanf_s( ) 함수

요약

연습문제 / 프로그래밍 문제

학습목표

- 프로그램을 구성하는 기본 요소에 대해 알아본다.
- C 언어의 표준 입출력 함수에 대해 알아본다.
- printf(), scanf() 함수를 이해하고 사용법을 익힌다.
- 문자열, 정수, 실수를 입출력하는 문법을 익힌다.
- 비주얼 스튜디오 2022에서 scanf() 함수를 사용하는 방법을 익힌다.

Preview

C 언어를 처음 배울 때 알아야 할 C 프로그램 코드의 기본적인 구성을 이해한다. 그리고 C 언어 프로그램의 기초인 입력과 출력에 대해 알아보고, 비주얼 스튜디오에서 프로그램을 실행하는 방법을 익힌다.

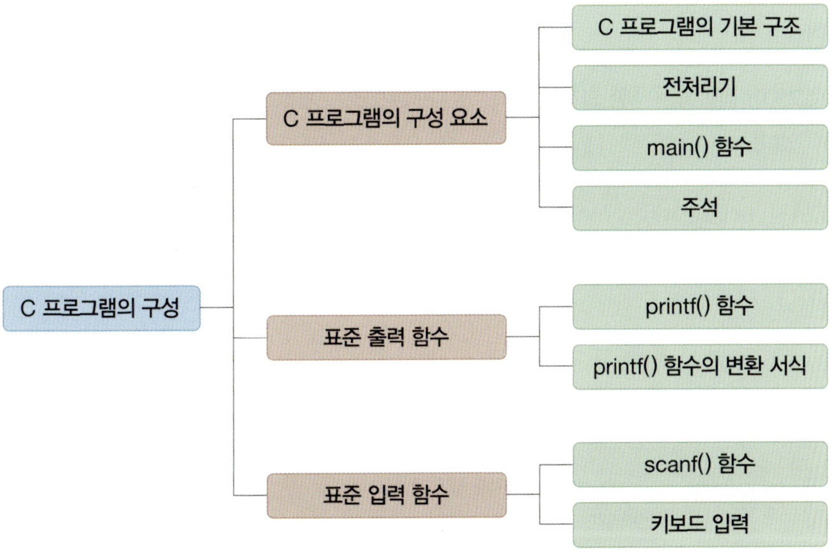

2.1 C 프로그램의 구성 요소

1 C 프로그램의 기본 구조

절차적 프로그래밍 언어인 C 언어는 프로그램을 여러 함수의 집합으로 구성하여 각 함수가 작업을 수행하는 데 중점을 둔다. C 프로그램의 기본적인 구조는 다음과 같다.

- **헤더 파일**: 프로그램에서 사용할 표준 라이브러리나 다른 라이브러리를 포함하고 있다. 대표적인 전처리기인 `#include <stdio.h>`는 표준 입출력 함수를 사용하는 데 필요하다.
- **함수 정의**: C 프로그램은 하나 이상의 함수로 구성된다. `main()` 함수는 모든 C 프로그램의 진입점으로, 프로그램 실행 시 가장 먼저 호출된다.
- **변수 선언**: 프로그램에서 사용될 변수를 선언한다. C 언어에서는 변수를 사용하기 전에 변수의 자료형을 먼저 선언해야 한다.
- **실행문**: 프로그램이 작업하는 수행 과정과 로직으로 구성된 코드 영역이다. 제어, 반복, 함수 호출 등이 포함될 수 있다.

1장에서 작성했던 'helloworld.c' 코드는 C 프로그램의 구조와 핵심적인 개념을 이해하기에 좋은 예이다. 해당 코드를 다시 살펴보며 C 언어로 작성된 프로그램의 기본적인 구조와 구성 요소에 대해 알아보자.

C 언어의 기본 구조 helloworld.c

```c
#include <stdio.h>            // 헤더 파일 포함

int main(void)
{

    printf("Hello World!");   // 프로그램 본문

    return 0;                 // 반환
}
```

전처리기

프로그램 시작: main() 함수

반환문

프로그램 끝

```
Hello World!
```

2 전처리기

```
01 #include <stdio.h>            // 헤더 파일 포함
```

1행에 작성된 이 문장은 대표적인 전처리 지시문으로, 코드를 컴파일 과정에 맞춰 조정하고 변환하는 역할을 한다. 대표적인 전처리기인 `#include <stdio.h>`는 표준 입출력 함수를 사용하는 데 필요하다. 전처리 지시문은 코드를 실행하기 전에 `<stdio.h>` 헤더 파일의 내용을 현재 소스 코드에 포함하라는 지시를 컴파일러에 내린다. 이렇게 헤더 파일을 포함하는 내용을 미리 정의하기 때문에 프로그램은 `printf()`, `scanf()`와 같은 표준 입출력 함수를 사용할 수 있다.

`#include`는 일반적으로 라이브러리 함수, 매크로 정의, 전역변수 등의 정보가 담긴 파일을 포함할 때 사용하는 지시문이고, `<stdio.h>`와 같은 코드를 **헤더 파일**header file이라고 부른다. 헤더 파일은 별도의 파일에 정의하고 필요할 때마다 사용하여 코드의 중복을 줄이고, 프로그램의 구조를 체계적으로 관리할 수 있게 해준다.

TIP 전처리기와 관련된 내용은 15장에서 자세히 살펴볼 것이다. 앞으로 코드를 작성할 때 `#include <stdio.h>`를 반드시 포함하기 바란다.

3 main() 함수

```
03 int main(void)
```

3행에 작성된 `main()` 함수는 모든 C 프로그램의 실질적인 시작점이라고 할 수 있으며, 운영체제가 프로그램을 실행할 때 `int main(void)` 함수가 자동으로 호출된다. 흔히 C 언어를 함수 기반의 언어라고 하는데, 그 함수는 `main()`을 의미하기도 한다. **함수**function는 수학에서의 함수와 비슷한 개념으로, 특정한 작업을 수행하도록 설계된 독립적인 코드 블록이다. 예를 들어 수식 'y = x * 2'의 x에 값을 넣으면 y 값이 나오는 것처럼 프로그래밍에서도 함수에 입력값이 주어지면 출력값이 나온다. 함수는 7, 8장에서 자세히 다룰 것이며, 지금은 C 프로그램의 시작이 `main()`이라는 것만 기억해두자.

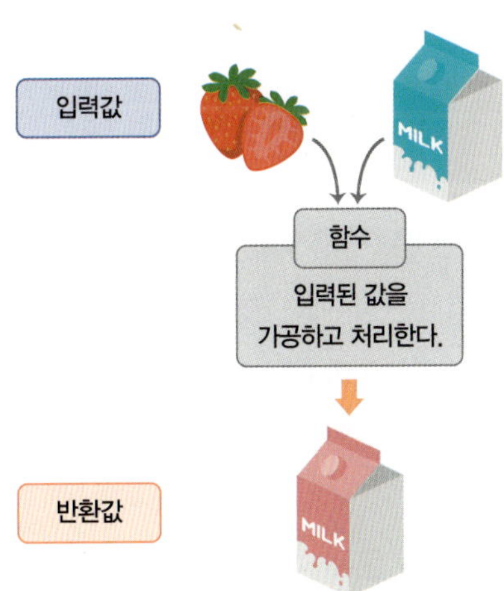

그림 2-1 프로그램에서 함수의 개념

main() 함수의 구조

main() 함수는 3행부터 9행에 걸쳐 연결되어 있다. 4행의 열린 중괄호({) 기호로 함수가 시작되어 다음 행부터 실행할 코드를 작성하고, 닫힌 중괄호(}) 기호로 함수를 끝맺는다. 중괄호 안에는 앞으로 배우게 될 C 언어의 모든 문법과 알고리즘을 활용한 코드가 들어간다. [그림 2-2]는 이러한 main() 함수의 구조를 보여준다. 앞으로 main()은 계속 등장할 함수인데, 다음 장부터는 int main()으로 고정하여 작성할 것이다.

함수의 헤더

```
int main(void)      // 함수명, 정의
```

함수의 몸체

```
{
    // 실행 코드 작성

    return 0;
}
```

그림 2-2 main() **함수의 구조**

TIP C 프로그램에서 닫힌 중괄호와 열린 중괄호는 무조건 짝을 이룬다. 코드를 작성하다 보면 간혹 빠뜨릴 수도 있는데 항상 주의해야 한다.

소스 코드

```
06  printf("Hello World!");
```

6행은 문자열을 화면에 출력할 때 사용하는 소스 코드이다. printf()는 형식에 맞춰 데이터를 출력하는 함수로, 1행에 작성된 <stdio.h> 헤더 파일에 의해 표준 출력 함수로 정의되어 있다. 'printf'는 'print formatted'의 약자이고 '프린트 에프'라고 읽는다. 또한 "Hello World!"는 출력할 문자열이며, 큰따옴표(" ") 안에 있는 텍스트가 그대로 출력된다.

return 문

```
08  return 0;
```

8행의 return 문은 모든 함수가 작업을 다 끝내고 나면 실행을 즉시 중단하고, 함수가 호출된 곳으로 값을 반환할 때 사용한다. 함수에서 값의 반환 및 종료를 의미하므로 중요한 키워드이다. 값을 반환하려면 return 키워드 다음에 값 또는 변수명 등을 추가하면 된다. 만약 정숫값을 반환하려면 다음과 같이 작성한다.

| Syntax | return 문

```
return 0;
```

세미콜론

main() 함수와 return 문

main() 함수는 운영체제의 호출로 실행되고, 마지막에 작성되는 return 문은 프로그램을 종료할 때 사용한다. 일반적으로 'return 0'은 프로그램이 성공적으로 실행(정상적으로 종료)되었음을 나타낸다. 다른 값이 반환된다면 오류 또는 특정 종료 조건을 의미한다.

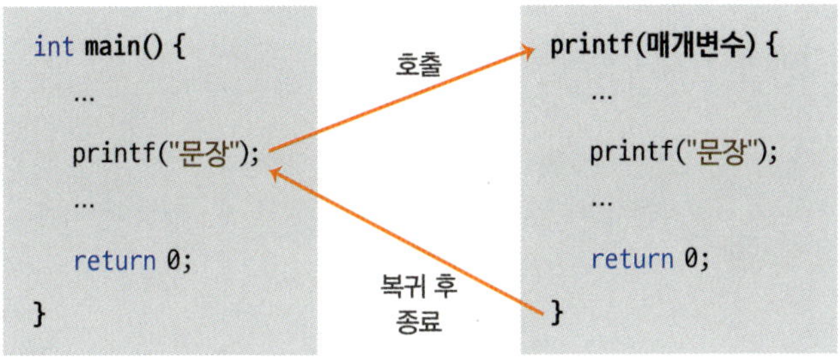

그림 2-3 main() 함수에서의 return 문 수행 과정

하나 더 알기 **return 0과 return 1**

전통적으로 main() 함수에서는 프로그램이 정상적으로 종료되었음을 운영체제에 알리는 방법으로 return 0을 사용한다. 대부분의 운영체제는 프로그램이 정상적으로 종료될 때 0을 반환하는 것이 관례이며, main() 함수가 0을 반환하면 프로그램이 성공적으로 실행되었음을 의미한다. 반대로 return 1은 프로그램이 성공적으로 실행되지 못했음을 의미하는데, 일반적으로 프로그램 실행 중에 오류가 발생하거나, 프로그램이 요구 사항을 충족하지 못한 것이다. 예를 들어 파일을 열 수 없는 프로그램, 사용자 입력이 잘못된 프로그램 등의 경우 return 1을 통해 프로그램이 비정상적으로 종료되었음을 알린다.

세미콜론(;)

C 언어로 프로그래밍을 할 때는 모든 문장의 맨 마지막에 세미콜론(;)을 작성해야 한다. 세미콜론은 문장의 종결을 나타내는 기호로, 한 문장이 끝나고 다음 문장이 시작된다는 것을 컴파일러에 알려주는 역할을 한다. C 프로그램에서 세미콜론을 사용하지 않거나 잘못 사용하면 컴파일러가 오류를 일으키므로 C 프로그램을 작성할 때는 각 문장의 끝에 반드시 세미콜론을 붙여야 한다.

TIP C 프로그램에서 세미콜론을 사용하지 않아도 되는 경우가 있다. 예를 들어 조건문이나 반복문에서 블록을 사용할 때는 세미콜론이 필요하지 않다.

4 주석

주석comment은 소스 코드의 이해를 돕는 설명으로, 컴파일러가 무시하기 때문에 프로그램 실행에 직접적인 영향을 미치지 않는다. 주석을 반드시 작성해야 하는 것은 아니나, 일반적으로 프로젝트의 개선 및 주의 사항 등 개발자가 참고할 내용이나 다른 개발자와 공유할 정보를 기록할 때 유용하다. C 언어에는 다음과 같이 두 가지 유형의 주석이 있다.

| Syntax | 주석

```
// 한 줄 주석: 코드 한 줄이 주석으로 처리된다.

/*    주석 시작
   여러 줄 주석: 여러 줄로 작성한 문장이 모두
   주석으로 처리된다.
*/    주석 끝
```

예제 2-1 | 주석 사용하기 ex02_01.c

↳ 간단한 C 프로그램을 작성하고 주석을 작성한 뒤 실행 결과를 확인해보자.

```c
#include <stdio.h>

int main()
{
    // 변수 선언
    int a = 5;
    int b = 10;
```

```
08
09      /*
10         여기서는 두 변수 a, b의 합을 계산하고
11         결과를 화면에 출력합니다.
12         이 부분은 여러 줄 주석으로 처리되었습니다.
13      */
14
15      // 아래 코드는 현재 비활성화되어 있습니다.
16      // printf("a + b = %d\n", (a+b));
17
18      return 0;
19  }
```

6, 7행에서 변수 a, b를 선언했다. 그러나 16행의 출력문이 주석으로 처리되어 있어 실행 결과가 출력되지 않는다.

하나 더 알기 **주석의 또 다른 용도**

다음 주석은 프로그램 개발 시 파일 또는 프로그램의 정보, 작성자, 작성일, 버전, 자세한 설명 등의 정보를 기록하는 데 주로 사용된다.

주석의 예 comment.c

```
/********************************
* 파일명: comment.c
* 프로그램 설명: 주석에 대한 예시입니다.
* 작성일: 2024.01.28
* 작성자: 문석재
* 버전: v0.1
* 설명: comment.c와 같은 코드는 실행 시 결과가 나오지 않는다.
********************************/
```

확인문제

1 다음 빈칸에 알맞은 말을 넣으시오.

① (   ) 함수는 모든 C 프로그램의 실질적인 시작점이라고 할 수 있다. 운영체제가 프로그램을 실행할 때 (   ) 함수가 자동으로 호출된다.

② return 문은 함수에서 값을 (   )하거나 함수의 실행을 종료하는 데 사용되는 중요한 키워드이다.

③ (   )은 소스 코드의 이해를 돕는 설명으로, 컴파일러가 무시하기 때문에 프로그램의 실행에 직접적인 영향을 미치지 않는다.

④ 주석의 종류에는 한 줄 주석인 (   ), 여러 줄 주석인 (   )이 있다.

정답

1 ① main() ② 반환 ③ 주석 ④ //, /* */

2.2 표준 출력 함수

1 printf() 함수

C 언어는 출력을 위한 다양한 라이브러리를 제공한다. 그중에서 printf() 함수는 모니터에 데이터를 출력할 때 사용하는 표준 출력 함수로, 출력 함수 중 가장 기본적인 함수이다. 많은 개발자는 프로그래밍 과정에서 다양한 변수에 저장된 값을 확인할 때 printf() 함수를 활용한다. printf()는 <stdio.h> 헤더 파일에 정의되어 있으며, 매우 다양한 형식으로 사용될 수 있다.

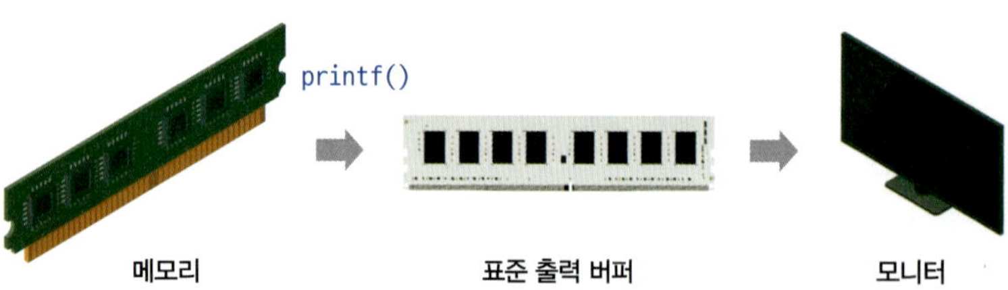

그림 2-4 표준 출력 버퍼를 이용한 printf() 함수 수행 과정

TIP C 프로그램에서 표준 출력 버퍼는 프로그램이 출력할 데이터를 임시로 저장하는 메모리 영역으로, 마트의 카트와 같은 역할을 한다. 출력 함수는 데이터를 콘솔 화면과 같은 표준 출력 장치로 즉시 전송하지 않고 출력 버퍼에 먼저 저장한다.

문자열 출력

C 언어에서 문자열(" ")을 출력할 때는 printf() 함수를 호출하여 사용하며, 출력하려는 문자열을 괄호 안에 작성하면 된다. 문자열을 출력하는 printf() 함수의 기본 구조는 다음과 같다.

| Syntax | 문자열 출력

```
printf("출력할 문자열 입력");
```

예를 들어 "Hello C language"를 모니터에 출력하려면 다음과 같이 작성한다.

```
printf("Hello C language");
```

프로그래밍 언어에서는 함수에 데이터를 전달하는 경우가 많다. 위의 코드는 문자열 "Hello C language"를 출력하라는 명령이지만, printf() 함수에 입력값으로 문자열 "Hello C language"를 전달하라는 의미도 된다. printf() 함수는 매우 유연하여 문자열 외에 숫자, 부동 소수점 수 등 다양한 유형의 데이터를 형식에 맞게 출력할 수 있다.

정수와 실수 출력

C 언어에서 printf() 함수는 형식 지정자를 이용하여 정수와 실수를 출력하는 기능도 제공한다. 정숫값과 실숫값을 출력하는 printf() 함수의 기본 구조는 다음과 같다.

| Syntax | 정수, 실수 출력

```
printf("%d", 정숫값);    정수 출력 형식 지정자
printf("%f", 실숫값);    실수 출력 형식 지정자
```

예를 들어 정수 100, 실수 2.5를 모니터로 출력하려면 다음과 같이 코드를 작성한다.

```
printf("%d", 100);       // 정수 100 출력
printf("%f", 2.5);       // 실수 2.5 출력(실행하면 2.500000이 출력됨)
```

printf() 함수로 값을 출력하려면 기본적인 형식 지정자를 활용해야 한다. 형식 지정자format specifier는 printf(), scanf()와 같은 입출력 함수에서 쓰이는 특수 문자로, 출력 데이터의 형식을 지정하는 데 사용된다. 형식 지정자를 사용하면 출력 데이터의 정렬, 너비, 소수점 자릿수 등을 제어할 수 있다. 즉 형식 지정자는 변수의 자료형에 따라 데이터를 어떻게 해석하고 출력할

지 지정하는 문자 기호이다. 형식 지정자는 % 기호 뒤에 오는 문자로 구성된다.

printf("%d", 100)은 정수 100을 출력하라는 의미이고, 여기서는 정수를 출력하기 위한 형식 지정자로 %d를 사용했다. 그리고 printf("%f", 2.5)는 실수 2.5를 출력하라는 의미이고, 여기서 %f는 부동 소수점 수를 출력할 때 사용하는 형식 지정자이다.

100을 %d 위치에 출력 2.5를 %f 위치에 출력

```
printf("%d", 100);      printf("%f", 2.5);
```

그림 2-5 printf() 함수에서 정수와 실수가 출력되는 방식

TIP %f 형식 지정자는 소수점 아래 여섯째 자리까지 출력하도록 지정되어 있다. 따라서 printf("%f", 2.5)의 출력 결과는 소수점 아래 여섯째 자리까지 표시된 2.500000이다.

자주 사용되는 출력 형식 지정자는 [표 2-1]과 같다.

표 2-1 출력 형식 지정자

형식 지정자	설명	예	출력 결과
%d	정수를 출력한다.	printf("%d", 10);	10
%f	실수를 출력한다.	printf("%f", 3.14);	3.140000
%c	단일 문자를 출력한다.	printf("%c", 'K');	K
%s	문자열을 출력한다.	printf("%s", "Master");	Master

예제 2-2 printf() 함수를 사용하여 정수, 실수, 문자, 문자열 출력하기 ex02_02.c

↳ printf() 함수와 형식 지정자를 사용하여 정수, 실수, 문자, 문자열을 출력해보자.

```
#include <stdio.h>

int main()
{
   printf("정수: %d\n", 100);            // 정수 100 출력
   printf("실수: %f\n", 10.123);         // 실수 10.123 출력
   printf("문자: %c\n", 'A');            // 문자 A 출력
   printf("문자열: %s\n", "Hello, C!");  // 문자열 Hello, C 출력

   return 0;
}
```

문자열을 출력한 뒤 줄 바꿈

```
정수: 100
실수: 10.123000
문자: A
문자열: Hello, C!
```

하나 더 알기 **이스케이프 시퀀스**

\n은 이스케이프 시퀀스(escape sequence) 중 하나로 줄 바꿈을 의미한다. 프로그램이 출력하는 텍스트의 배열을 제어하는 \n은 문자열 내에서 사용된다. printf() 함수에서 \n을 사용하면 해당 위치에서 줄 바꿈이 되어 다음 문장이 새로운 줄에 출력된다. [표 2-2]와 같이 이스케이프 시퀀스에는 다양한 종류가 있다.

표 2-2 이스케이프 시퀀스의 종류

기호	의미	예
\n	줄 바꿈	printf("Hello,\nworld!\n");
\t	수평 탭	printf("Hello,\tworld!\n");
\"	이중 인용 부호	printf("She said, \"Hello!\"\n");
\'	작은따옴표	printf("I\'m here.\n");
\\	역슬래시	printf("directory is c:\\Program Files\\.\n");
\b	백스페이스	printf("Back\bSpace\n");
\r	캐리지 리턴	printf("Carriage\rReturn\n");
\f	페이지 넘기기	printf("Page\fFeed\n");
\v	수직 탭	printf("Vertical\vTab\n");
\a	벨 소리	printf("Be\aAlert\n");
\?	물음표	printf("What\?!\n");

SELF STUDY

이스케이프 시퀀스의 예시 코드를 참고하여 C 코드를 작성하고 결과를 확인해보자.

TIP 가끔 \n이 ₩n으로 나타나는 경우가 있다. 이때는 비주얼 스튜디오 2022의 메뉴에서 [도구]-[옵션]-[환경]-[글꼴 및 색]을 선택하고 글꼴을 'Consolas'로 설정하면 된다.

변수 출력

C 언어에서 `printf()` 함수는 형식 지정자를 이용하여 변수 안에 저장된 데이터를 출력하는 기능을 제공한다. 변수를 출력하는 `printf()` 함수의 기본 구조는 다음과 같다.

| Syntax | 변수 출력

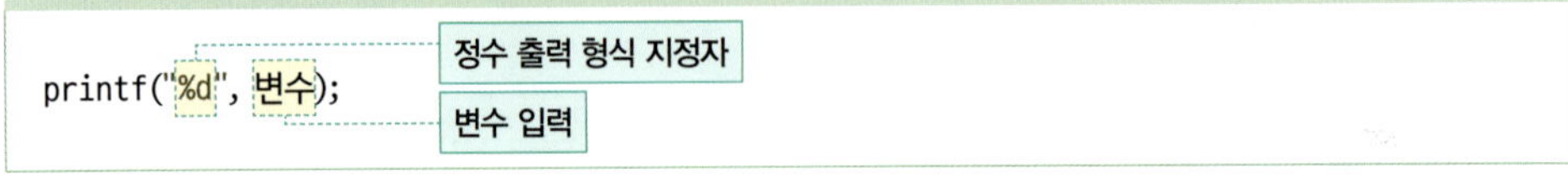

예를 들어 총점 89를 가지고 있는 변수 `total`을 출력하려면 다음과 같이 작성한다.

```
printf("%d", total);        // 변수 total에 저장된 값 '89' 출력
```

이 코드는 변수 `total`에 정수 89가 저장되어 있다는 가정하에 `total`에 있는 변숫값을 10진수 정수 형식으로 출력하라는 의미이다.

또한 `printf()` 함수의 변수 출력에서 형식 지정자를 이용하여 1개 이상의 변수를 출력할 수도 있다. 예를 들어 값 89가 저장된 변수 `total`과 `95.2`가 저장된 변수 `average`를 출력하려면 다음과 같이 작성한다.

```
printf("%d %f", total, average);    // 변수 total과 average 출력
```

정수 데이터인 변수 `total`의 값을 출력하는 데 `%d` 형식 지정자가 사용되고, 부동 소수점 데이터인 변수 `average`의 값을 출력하는 데 `%f` 형식 지정자가 사용되었다. 이때 주의할 점은 형식 지정자와 자료형이 반드시 일치해야 하고 출력되는 위치도 같아야 한다는 것이다. 만약 정수형 변수인 `total`이 `%f`로 지정되거나, 변수 `average`와 위치가 뒤바뀌면 잘못된 값이 출력된다.

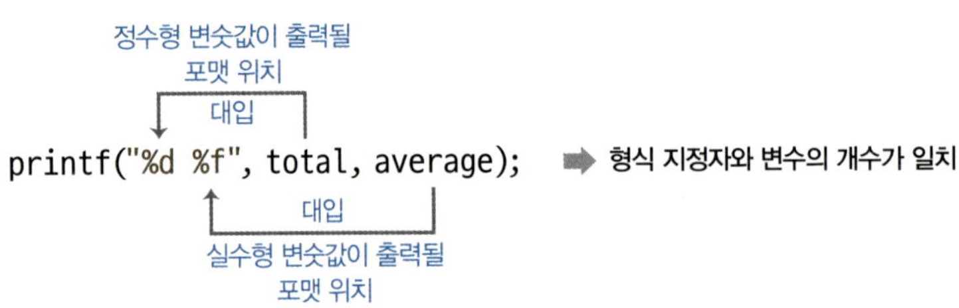

그림 2-6 `printf()` **함수에서 변수** `total`, `average`**가 출력되는 방식**

예제 2-3 printf() 함수를 사용하여 변수 출력하기 ex02_03.c

↳ 총점과 평균을 저장할 변수를 선언하고 초기화한 후 printf() 함수와 형식 지정자를 사용하여 이를 출력해 보자.

```c
#include <stdio.h>

int main()
{
    int total = 89;           // 총점
    float average = 95.2f;    // 평균

    printf("총점: %d\n", total);         // 총점 출력
    printf("평균: %.2f\n", average);     // 평균 출력
    printf("총점: %d, 평균: %.2f\n", total, average);

    return 0;
}
```

정수형 변수를 선언하고 변숫값 89 저장

부동 소수점(float) 변수를 선언하고 변숫값 95.2f 저장

%d 형식 지정자는 변수 total의 정숫값을 문자열에 포함함(위치 지정)

%.2f 형식 지정자는 변수 average의 실숫값을 소수점 아래 둘째 자리까지 출력

```
총점: 89
평균: 95.20
총점: 89, 평균 95.20
```

2 printf() 함수의 변환 서식

printf() 함수로 데이터를 출력할 때 출력되는 위치나 너비를 지정할 수 있다. 일반적으로 % 뒤에 숫자를 넣어 출력 필드의 최소 너비를 지정하는데, 이렇게 하면 최소한의 공간에 출력할 수 있다. 또한 % 뒤에 마침표(.)를 사용하여 소수점 아래 자릿수를 제한할 수 있다.

정수 출력 형식 지정자

정수 출력 형식 지정자 %d로 정수 98765를 출력하는 코드와 실행 결과는 다음과 같다.

```c
printf("%d\n", 98765);
printf("%-d\n", 98765);
printf("%10d\n", 98765);
printf("%-10d\n", 98765);
```

```
98765          // 일반 출력
98765          // 왼쪽 정렬
_____98765     // 너비 10, 오른쪽 정렬
98765_____     // 너비 10, 왼쪽 정렬
```

세 번째 코드에서는 출력할 공간의 너비를 10으로 설정했는데, 98765는 다섯 자리 숫자이므로 왼쪽에 5개의 공백이 추가되어 출력된다. 네 번째 코드에서는 출력할 공간의 최소 너비를 10으로 설정했는데, - 기호는 왼쪽 정렬을 의미하므로 숫자가 왼쪽에 정렬되고 오른쪽에 5개의 공백이 추가되어 출력된다.

실수 출력 형식 지정자

다음은 실수 출력 형식 지정자 %f로 실숫값을 출력하는 코드와 실행 결과이다.

```
printf("%f\n", 95.12345);
printf("%.2f\n", 95.12345);
printf("%10f\n", 95.12345);
printf("%-10f\n", 95.12345);
printf("%10.2f\n", 95.12645);
printf("%-10.2f\n", 95.12645);
```

```
95.123450      // 소수점 아래 여섯 자리
95.12          // 소수점 아래 두 자리(반올림하지 않음)
_95.123450     // 너비 10, 오른쪽 정렬
95.123450_     // 너비 10, 왼쪽 정렬
_____95.13     // 소수점 아래 두 자리(반올림함)
95.13_____     // 소수점 아래 두 자리(반올림함)
```

두 번째 코드에서는 소수점 아래 둘째 자리까지 반올림하지 않아 95.12가 출력된다. 세 번째 코드에서는 출력할 공간의 너비를 10으로 설정하고 오른쪽 정렬을 했으며, 네 번째 코드에서는 출력할 공간의 너비를 10으로 설정하고 왼쪽 정렬을 했다. 다섯 번째 코드에서는 출력할 공간의 너비를 10으로 설정하고 소수점 아래 둘째 자리까지 반올림했으며, 여섯 번째 코드에서는 출력할 공간의 너비를 10으로 설정하고 소수점 아래 둘째 자리까지 반올림하면서 왼쪽 정렬을 했다.

TIP printf() 함수에서 %.2f와 같은 형식 지정자는 소수점 아래 셋째 자리에서 반올림하여 소수점 아래 둘째 자리까지 표시하도록 설정되어 있으므로 자동으로 반올림이 적용된다.

표 2-3 printf() 함수의 변환 형식 지정자

float f = 123.45f, int x = 52342			
형식	설명	예	출력 결과
숫자.숫자	소수점 아래 자릿수를 의미한다.	printf("%3.2f", f);	123.45
-	서식 문자를 왼쪽부터 채운다.	printf("%-10d", x);	52342 _ _ _ _ _
.	최대 출력 너비와 문자 수를 구분한다.	printf("%5.2s","abcd"); printf("%3.2f", f);	_ _ _ ab 123.45
l	long형으로 출력한다.	printf("%ld", x);	long형 출력

예제 2-4 printf() 함수 변환 형식 지정자 사용하기 1 ex02_04.c

↳ 변환 형식 지정자를 다양하게 사용하여 출력해보자.

```c
#include <stdio.h>

int main()
{
    printf("%d %c %f\n", 10, 'z', 11.23);         // 각 필드에 공백 삽입
    printf("%d\t %c\t %f\n", 10, 'z', 14.23);     // 탭(\t) 문자, 줄 바꿈(\n)
    printf("슬램덩크 강백호는 %d 등번호\n", 10);
    printf("등번호 %6d\n", 10);
    printf("등번호 %-6d\n", 10);
    printf("강백호의 올해 필드 성공률이 %8.2f으로 오른 것으로 보인다.\n", 11.23);
    printf("강백호의 올해 자유투 성공률이 %08.2f으로 오른 것으로 보인다.\n", 14.23);

    return 0;
}
```

\t 탭만큼 너비 이동

```
10 z 11.230000
10      z       14.230000
슬램덩크 강백호는 10 등번호
등번호     10
등번호 10
강백호의 올해 필드 성공률이      11.23으로 오른 것으로 보인다.
강백호의 올해 자유투 성공률이 00014.23으로 오른 것으로 보인다.
```

예제 2-5 printf() 함수 변환 형식 지정자 사용하기 2 ex02_05.c

↳ printf() 함수와 형식 지정자를 사용하여 출력 너비, 정렬 방식, 부호 표시, 공백 채움 등을 지정하고 문자와 실수를 출력해보자.

```c
#include <stdio.h>

int main()
{
    int a = 1234;
    // 최소 너비 8칸 출력
    printf("[%d]\n", a);         // 정수 출력
```

```c
    printf("[%8d]\n", a);       // 오른쪽 정렬
    printf("[%-8d]\n", a);      // 왼쪽 정렬
    printf("[%+8d]\n", a);      // 오른쪽 정렬, 부호 표시
    printf("[%08d]\n", a);      // 공백 채움
    printf("[%+08d]\n", a);     // 부호 표시, 공백 채움

    char b = 'A';
    double c = 3.14159;

    printf("[%c]\n", b);        // 문자 출력
    printf("[%8c]\n", b);       // 오른쪽 정렬
    printf("[%-8c]\n", b);      // 왼쪽 정렬
    printf("[%f]\n", c);        // 소수점 아래 여섯 자리 실수 출력
    printf("[%8.3f]\n", c);     // 오른쪽 정렬, 소수점 아래 세 자리 출력
    printf("[%-8.3f]\n", c);    // 왼쪽 정렬, 소수점 아래 세 자리 출력
    printf("[%+8.3f]\n", c);    // 부호 표시, 소수점 아래 세 자리 출력
    printf("[%08.3f]\n", c);    // 공백 채움, 소수점 아래 세 자리 출력
    printf("[%+08.3f]\n", c);   // 부호 표시, 공백 채움, 소수점 아래 세 자리 출력

}
```

```
[1234]
[    1234]
[1234    ]
[   +1234]
[00001234]
[+0001234]
[A]
[       A]
[A       ]
[3.141590]
[   3.142]
[3.142   ]
[  +3.142]
[0003.142]
[+003.142]
```

하나 더 알기 **형식 지정자와 변환 형식 지정자**

데이터의 입력과 출력을 처리할 때 사용되는 형식 지정자(format specifier)와 변환 형식 지정자(translation format specifier)는 그 용도와 맥락에 차이가 있다.

- **형식 지정자**: `printf()`와 같은 출력 함수에서 사용되며, 출력할 데이터의 형식을 지정하여 화면에 표시하는 역할을 한다.

  예 %d: 10진수 정수 출력　%f: 부동 소수점 수 출력　%s: 문자열 출력
- **변환 형식 지정자**: `scanf()`와 같은 입력 함수에서 사용된다. 입력받은 데이터의 형식을 정의하고, 입력된 데이터를 특정 형식으로 변환하여 변수에 저장한다.

  예 %d: 10진수 정수를 입력받아 정수형 변수에 저장

  %f: 부동 소수점 수를 입력받아 실수형 변수에 저장

  %s: 문자열을 입력받아 문자 배열에 저장

확인문제

1 **printf() 함수에서 변숫값을 정수형으로 출력하는 형식 지정자와 실수형으로 출력하는 형식 지정자는 각각 무엇인가?**

2 **정수형 변수 h를 출력할 공간을 10으로 설정하고 오른쪽 정렬로 출력하는 코드를 작성하시오.**

정답

1 %d, %f　2 `printf("10%d", h);`

LAB 형식 지정자 필드 옵션 지정하기

C 언어에서는 다양한 유형의 데이터를 모니터에 출력할 때 `printf()` 함수를 이용한다. 본문에서 배운 표준 출력의 개념을 이해하기 위해 다음과 같은 실행 결과가 출력되는 프로그램을 작성해보자.

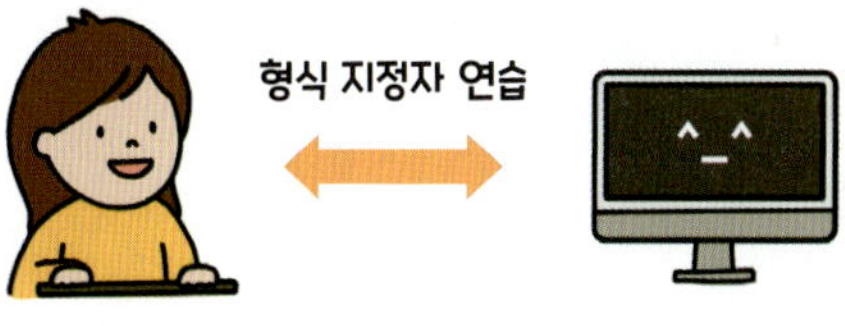

```
### 형식 지정자 적용 ###
12345678901234567890
         A
       128
  3.141593
     3.142
      Love
```

힌트

- [표 2-3]을 참조한다. 각 형식 지정자가 어떤 유형의 데이터를 어떻게 나타내는지, 출력 형식을 어떻게 조절하는지 확인한다.

문제 해결 LAB_2-1.c

```c
#include <stdio.h>

int main()
{
    printf("### 형식 지정자 적용 ###\n");
    printf("12345678901234567890\n"); // 숫자로 구성된 문자열
    printf("%10c\n", 'A');   // 문자, 오른쪽 정렬
    printf("%10d\n", 128);   // 정수, 너비 10, 오른쪽 정렬
    printf("%10lf\n", 3.1415926);    // 실수, 너비 10, 오른쪽 정렬
    printf("%10.3lf\n", 3.1415926); // 소수점 아래 셋째 자리까지 출력, 오른쪽 정렬
    printf("%10.4s\n", "Love is");   // 문자열 네 자리 출력, 오른쪽 정렬

    return 0;
}
```

줄 바꿈

%c는 문자를 출력하는 형식 지정자, 10은 출력 너비

%d는 정수를 출력하는 형식 지정자, 10은 출력 너비

%s는 문자열을 출력하는 형식 지정자, 10은 출력 너비, 4는 최대 4개의 문자 출력

%lf는 double형 변수를 출력하는 형식 지정자, 10은 출력 너비

2.3 표준 입력 함수

1 scanf() 함수

C 언어는 데이터를 입력할 때 사용하는 라이브러리를 제공한다. 그중 표준 입력 함수인 scanf()는 키보드로 다양한 값을 입력받을 때 사용하는 함수이다. scanf()는 입력 함수 중에서도 가장 기본적인 함수이며, <stdio.h> 헤더 파일에 정의되어 있다.

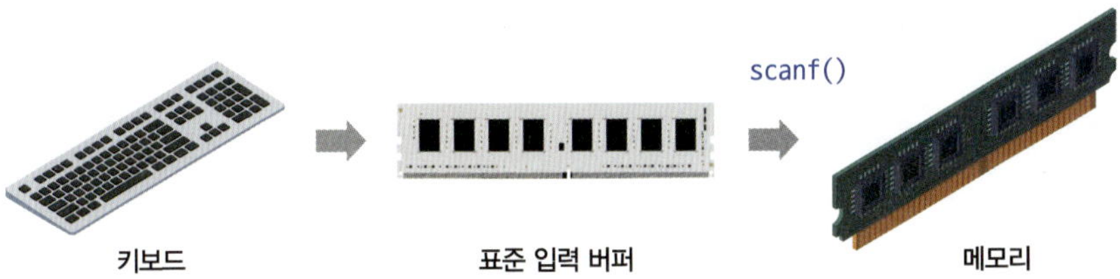

그림 2-7 표준 입력 버퍼를 이용한 scanf() 함수 수행 과정

TIP C 프로그램에서 표준 입력 버퍼는 사용자가 키보드로 입력한 데이터가 임시로 저장되는 공간이다. 우편함처럼 이 버퍼는 사용자가 입력한 데이터를 잠시 저장해둔다. 이후 C 코드에서 이 버퍼의 데이터를 읽어들여 변수에 할당하거나 처리한다.

2 키보드 입력

C 언어에서 정수 또는 실수 데이터를 키보드로 입력할 때는 scanf() 함수를 호출하여 사용하며, 입력받으려는 정수 또는 실수를 괄호 안에 작성하면 된다. 정수를 입력받는 scanf() 함수의 기본 구조는 다음과 같다.

| Syntax | 정수, 실수 입력

```
scanf("%d", &변수);
```

- %d: 형식 지정자
- &: 변수의 메모리 주소

예를 들어 정수형 변수 num에 정수 23을 입력받는 코드는 다음과 같이 작성한다.

```
scanf("%d", &num);
```

scanf() 함수에서는 형식 지정자를 사용하여 데이터를 입력받아야 한다. scanf() 함수에서 %d는 입력받은 데이터를 정수형으로 해석하고 저장하라는 의미이며, %f는 입력받은 데이터를 실수형으로 해석하고 저장하라는 의미이다. `printf()` 함수에서 사용한 `%d`, `%f`와는 정반대의 개념이라고 할 수 있다. 그리고 쉼표 뒤에 `&num`을 넣는데, **&(앰퍼샌드)**는 변수 `num`의 주소를 나타낸다. C 언어에서 `scanf()` 함수를 사용할 때는 함수가 해당 변수의 메모리 위치에 직접 접근하여 값을 저장할 수 있도록 변수의 주소를 전달해야 한다.

> **하나 더 알기** **주소 연산자 &**
>
> 변수는 모두 메모리에 저장된다. 그런데 우리는 실제 메모리 주소를 알 수가 없으므로 C 언어에서는 변수명 앞에 주소 연산자 &를 붙여서 변수의 메모리 주소를 나타낸다.
>
> 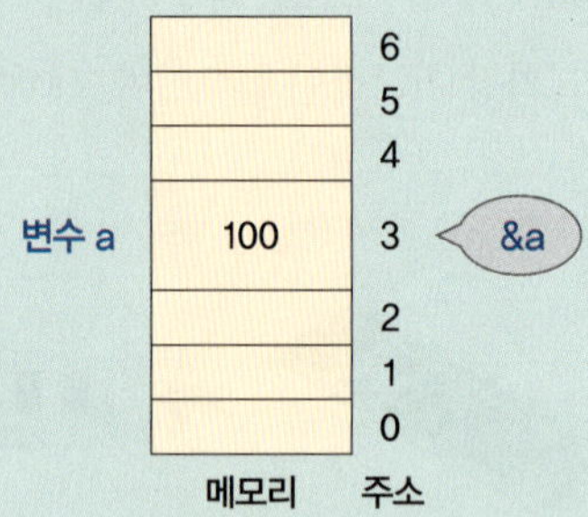
>
>
> **그림 2-8** 메모리 변수 주소

정수와 실수 입력

`scanf()` 함수가 실행되면 컴퓨터는 사용자로부터 정수 또는 실수를 입력받아 이 값을 변수 `num`에 저장한다. 사용자가 숫자를 입력하고 Enter↵를 누르면 그 값이 변수 `num`에 저장되고 다음 코드가 실행된다. `printf()` 함수와 마찬가지로 `scanf()` 함수로 값을 입력받을 때도 기본적인 형식 지정자를 사용해야 한다.

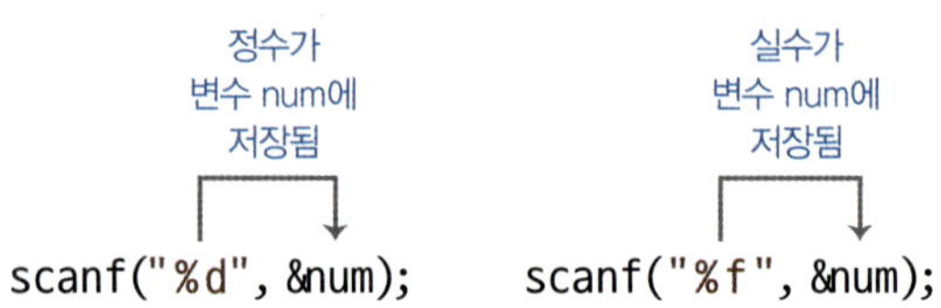

그림 2-9 `scanf()` 함수에서 정수와 실수가 입력되는 방식

`scanf()` 함수의 형식 지정자는 `%` 기호 뒤에 오는 문자로 구성되며, 자주 사용되는 형식 지정자는 [표 2-4]와 같다.

표 2-4 입력 형식 지정자

형식 지정자	설명	예
%d	정수(int)를 입력한다.	int num; scanf("%d", &num);
%f	실수(float)를 입력한다.	float pi; scanf("%f", &pi);
%lf	실수(double)를 입력한다.	double pi; scanf("%lf", &pi);
%c	단일 문자(char)를 입력한다.	char ch; scanf("%c", &ch);
%s	문자열(string)을 입력한다.	char str[10]; scanf("%s", str);

문자와 문자열 입력

scanf() 함수를 사용하면 문자 또는 문자열을 입력할 수 있다. 사용자가 1개의 문자 또는 최대 10개의 문자로 구성된 문자열을 입력하는 코드는 다음과 같다.

```
char ch;                // 문자 1개를 저장할 변수 선언
scanf("%c", &ch);

char str[10];           // 문자 10개를 저장할 변수 선언(배열)
scanf("%s", str);       // 사용자로부터 문자열을 입력받아 변수 str에 저장
```

scanf("%c", &ch)는 입력된 1개의 문자를 변수 ch에 저장하고, scanf("%s", str)은 최대 10개의 문자를 배열 변수 str에 저장한다. 특히 배열 변수 str에는 문자열 끝에 자동으로 널null 종료 문자('\0')가 추가된다. 이에 대해서는 11장에서 자세히 설명할 것이다.

예제 2-6 scanf() 함수를 사용하여 정수, 실수, 문자, 문자열 입력하기 ex02_06.c

↳ 정수, 실수, 문자, 문자열을 입력받아 각각 변수에 저장하고, 저장된 값을 출력해보자.

```
#include <stdio.h>

int main()
{
    char ch;         // 문자 1개를 저장할 변수 선언
```

```c
    char str[10];       // 문자 10개를 저장할 문자열(배열) 변수 선언
    int i;              // 정수를 저장하기 위한 변수 i 선언
    float f;            // 실수를 저장하기 위한 변수 f 선언

    printf("문자를 입력하세요: ");
    scanf("%c", &ch);

    printf("문자열을 입력하세요: ");
    scanf("%s", str);

    printf("입력받은 문자: %c\n", ch);          // 입력받은 문자 ch 출력
    printf("입력받은 문자열: %s\n", str);       // 입력받은 문자열 str 출력

    printf("정수를 입력하세요: ");
    scanf("%d", &i);

    printf("실수를 입력하세요: ");
    scanf("%f", &f);

    printf("입력받은 정수: %d\n", i);      // 입력받은 정수 i 출력
    printf("입력받은 실수: %f\n", f);      // 입력받은 실수 f 출력

    return 0;
}
```

%d는 정수를 입력받는 형식 지정자, &i는 변수 i의 메모리 주소를 의미

%f는 실수를 입력받는 형식 지정자, &f는 변수 f의 메모리 주소를 의미

return 0; : 정상적인 프로그램 종료를 나타내며, main() 함수에서 0을 반환

```
문자를 입력하세요: H
문자열을 입력하세요: Hello
입력받은 문자: H
입력받은 문자열: Hello
정수를 입력하세요: 63
실수를 입력하세요: 8.3
입력받은 정수: 63
입력받은 실수: 8.300000
```

키보드로 값을 입력한 후 Enter↵

키보드로 값을 입력한 후 Enter↵

하나 더 알기 **scanf() 함수 사용 시 주의점**

[예제 2-6]을 실행하면 다음과 같은 오류가 발생한다. 이는 키보드로 입력받는 scanf() 함수가 있을 때 발생하는 주요 오류이다.

	C4996	'scanf': This function or variable may be unsafe. Consider using scanf_s instead. To disable deprecation, use _CRT_SECURE_NO_WARNINGS. See online help for details.

그림 2-10 scanf() **함수의 오류 내용**

C 언어에서 scanf() 함수는 입력된 데이터의 크기를 검사하지 않기 때문에, 사용자가 예상보다 많은 데이터를 입력하면 버퍼 오버플로가 발생할 수 있다. 예를 들어 10개의 문자를 저장할 공간이 있는데 사용자가 10개 이상의 문자를 입력하면 인접한 메모리의 영역을 침범할 수 있고, 이는 데이터 손상으로 이어져 보안 문제를 일으키기도 한다. 이러한 문제가 발생하지 않도록 비주얼 스튜디오 등의 개발 환경에서는 scanf()와 같은 함수를 사용했을 때 컴파일 과정에서 경고를 발생시킨다. 이는 프로그래머에게 더 안전하고 현대적인 함수를 사용할 것을 권장하는 방법이다. [예제 2-6]의 코드를 오류 없이 컴파일하려면 다음 구문 중 하나를 전체 코드의 맨 윗줄에 추가해야 한다.

```
① #pragma warning(disable: 4996)
② #define _CRT_SECURE_NO_WARNINGS
```

①번 구문은 C 언어에서 사용되는 전처리기 중 하나로, 특정 경고 메시지를 비활성화하는 데 사용된다. 여기서 4996은 보안상의 이유로 사용을 권장하지 않는 함수[예 scanf(), strcpy() 등]를 사용했을 때 발생하는 경고 번호이다. 이 지시문을 사용하면 해당 경고가 발생하지 않도록 설정할 수 있어 코드 컴파일 시 불필요한 경고 메시지를 제거할 수 있다.

②번 구문은 CRT_SECURE_NO_WARNINGS라는 매크로를 정의하여, 비주얼 스튜디오에서 보안상의 이유로 경고가 발생하는 함수를 사용할 때 경고를 무시하게 한다. 이 매크로를 정의하면 보안 관련 경고가 발생하지 않기 때문에, 기존의 C 표준 함수를 사용하고자 할 때 유용하다.

SELF STUDY

[예제 2-6] 코드의 맨 윗줄에 #pragma warning(disable: 4996) 또는 #define _CRT_SECURE_NO_WARNINGS를 삽입하고 실행해보자.

여러 개의 변수 입력

프로그램을 작성하다 보면 scanf() 함수를 사용하여 1개 이상의 변수에 데이터를 동시에 입력받을 때가 있다. 예를 들어 정수형 변수 a, 문자형 변수 op, 정수형 변수 b를 순차적으로 입력받으려면 다음과 같이 작성한다.

| Syntax | 1개 이상의 변수를 순차적으로 입력

```
scanf("%d %c %d", &a, &op, &b);
```

- "%d %c %d": 형식 지정자
- &a, &op, &b: 변수 a, op, b의 메모리 주소

예제 2-7 scanf() 함수를 사용하여 덧셈 프로그램 만들기 ex02_07.c

↳ 2개의 정수와 연산자를 입력받아 덧셈 결과를 출력하는 프로그램을 작성해보자.

```
#pragma warning(disable: 4996)      // 컴파일러 경고 비활성화
#include <stdio.h>                  // 표준 라이브러리 헤더 포함

int main()
{
    int a, b;
    char op;

    printf("두 정수 덧셈 (ex 10 + 20): ");
    scanf("%d %c %d", &a, &op, &b);

    printf("%d %c %d = %d\n", a, op, b, a + b);

    return 0;
}
```

- #pragma warning(disable: 4996): scanf() 함수 보안 경고 회피
- %c: 문자를 입력받는 형식 지정자, 연산자 입력

```
두 정수 덧셈 (ex 10 + 20): 10 + 20
10 + 20 = 30
```

확인문제

1 키보드로 입력받은 정수를 변수 score에 저장하는 코드를 작성하시오.

2 키보드로 입력받은 문자를 변수 grade에 저장하는 코드를 작성하시오.

정답

1 scanf("%d", &score); 2 scanf("%c", &grade);

LAB 변숫값 입력받고 출력하기

scanf() 함수를 이용하여 키보드로 입력받은 정수, 문자, 실수를 출력하는 프로그램을 작성해보자.

```
정수를 입력하세요: 300
문자를 입력하세요: M
실수를 입력하세요: 4.56

입력받은 정수: 300
입력받은 문자: M
입력받은 실수: 4.560000
```

키보드로 입력

힌트

- 문법: scanf("형식 문자열", 변수들의 주소);
- 형식 문자열: 입력받을 자료형을 지정하는 형식 지정자를 포함한다.
  예 정수: %d　　실수: %f　　문자: %c
- 변수들의 주소: 입력받은 데이터를 저장하도록 변수 앞에 & 연산자를 사용한다.

문제 해결 LAB_2-2.c

```c
#pragma warning(disable: 4996)
#include <stdio.h>

int main()
{
    int integerVal;
    char charVal;
    double doubleVal;

    // 정수 입력받기
    printf("정수를 입력하세요: ");
    scanf("%d", &integerVal);

    // 문자 입력받기
```

컴파일러 경고(4996) 비활성화

변수 선언

```
15     printf("문자를 입력하세요: ");
16     scanf(" %c", &charVal);
17
18     // 실수 입력받기
19     printf("실수를 입력하세요: ");
20     scanf("%lf", &doubleVal);
21
22     // 입력받은 값 출력
23     printf("\n입력받은 정수: %d\n", integerVal);
24     printf("입력받은 문자: %c\n", charVal);
25     printf("입력받은 실수: %lf\n", doubleVal);
26
27     return 0;
28 }
```

공백은 scanf() 함수 호출 후 남은 줄 바꿈 문자(Enter↵)를 무시: 비주얼 스튜디오가 아닌 gcc 컴파일러로 실행할 때 사용하는 방법(1행 코드 적용 제외)

REAL PROJECT 원의 면적과 둘레 구하기

원의 반지름을 입력받아 원의 면적과 둘레를 계산하여 모니터에 출력하는 프로그램을 작성해보자.

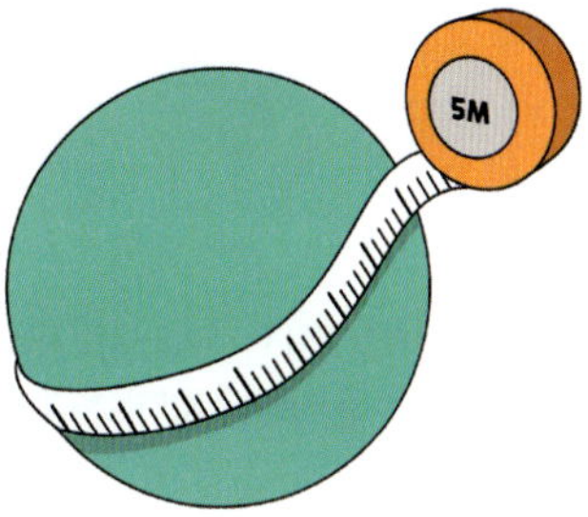


```
원의 반지름을 입력하세요: 7      ← 키보드로 입력
원의 면적: 153.86
원의 둘레: 43.96
```

조건

- 변수는 double형으로 설정한다.
- 원의 면적 계산: 3.14 * 반지름 * 반지름
- 원의 둘레 계산: 2 * 3.14 * 반지름
- 소수점 아래 둘째 자리까지 출력한다.

문제 해결 REAL_circle.c

```c
#pragma warning(disable: 4996)
#include <stdio.h>

int main()
{
    double radius, area, circumference;

    // 사용자로부터 반지름 입력받기
    printf("원의 반지름을 입력하세요: ");
    scanf("%lf", &radius);

    // 원의 면적 계산
    area = 3.14 * radius * radius;

    // 원의 둘레 계산
    circumference = 2 * 3.14 * radius;

    // 결과 출력(소수점 아래 둘째 자리까지)
```

```
    printf("원의 면적: %.2lf\n", area);
    printf("원의 둘레: %.2lf\n", circumference);

    return 0;
}
```

%.lf는 double형 변수를 출력하는 형식 지정자, 2는 출력 자릿수

TIP π의 정확한 값이 아니라 3.14를 사용했기 때문에 계산 결과가 정확하지 않을 수 있다. 보다 정확하게 계산하려면 `#include <math.h>`를 포함하고 `M_PI` 상수를 사용해야 한다.

한 번 더 ✓ 체크 비주얼 스튜디오 2022와 scanf_s() 함수

C 코드를 실행할 때 비주얼 스튜디오 2022에서 `scanf()` 함수를 사용하면 보안 문제로 경고가 발생하여 실행되지 않는다. 다음 코드를 실행해보자.

scanf_s() 함수 사용 scanf_ex.c

```
01 #include <stdio.h>
02
03 int main()
04 {
05     int a;
06     float b;
07
08     printf("정수 입력 : ");
09     scanf("%d", &a);
10                          scanf() 보안 오류 발생
11     printf("실수 입력 : ");
12     scanf("%f", &b);
13                          scanf() 보안 오류 발생
14     printf("a = %d, b = %f\n", a, b);
15
16     return 0;
17 }
```

```
error C4996 'scanf': This function or variable may be unsafe. Consider using scanf_s instead. To disable deprecation, use _CRT_SECURE_NO_WARNINGS. See online help for details."
```

오류의 내용은 `scanf()` 함수가 안전하지 않으니 대신 `scanf_s()`를 사용하라는 것이다. 9행과 12행의 `scanf()`를 `scanf_s()`로 변경하여 실행하면 경고가 사라지고 문제없이 실행된다.

```
scanf_s("%d", &a);    // 9행
scanf_s("%f", &b);    // 12행
```

하지만 C 언어를 공부할 때 코드를 매번 수정하기가 번거로울 것이다. 이럴 때 비주얼 스튜디오에서는 프로젝트 속성을 다음과 같이 설정하면 된다.

01 소스 코드 파일에서 마우스 오른쪽 버튼을 클릭하고 [속성]을 선택한다.

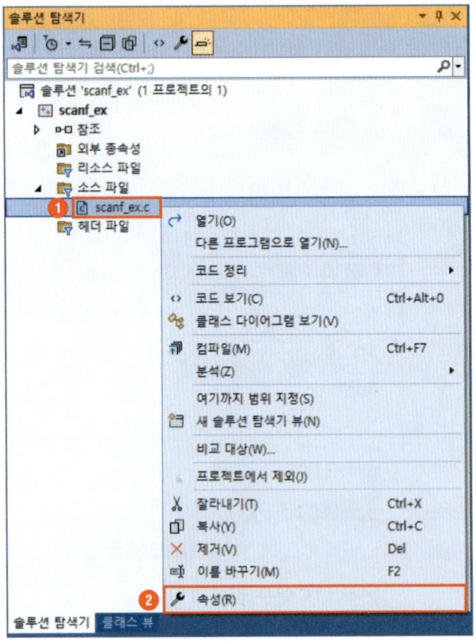

TIP 상단 메뉴의 [프로젝트]에서 [속성]을 선택하는 방법도 있다.

02 [C/C++]의 'SDL 검사'를 '아니요'로 설정하고 〈적용〉을 클릭한다.

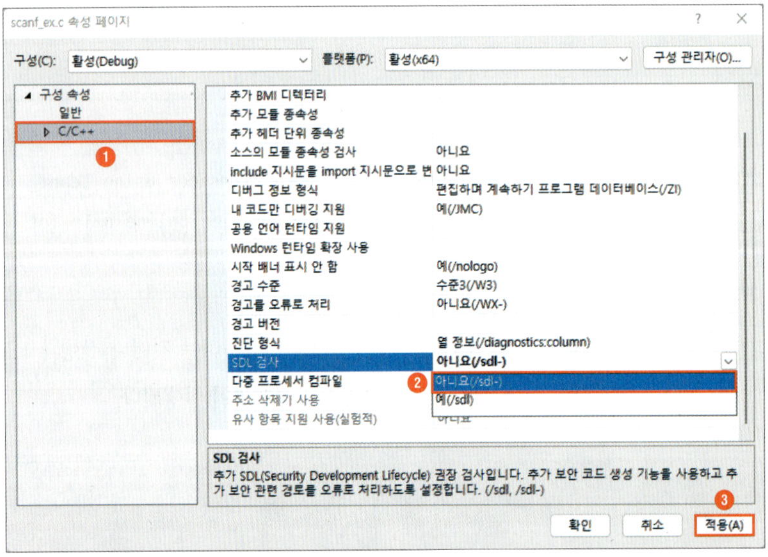

요약

01 C 프로그램의 기본 구조

❶ 헤더 파일: 프로그램에서 사용할 표준 라이브러리나 다른 라이브러리를 포함하고 있다.

❷ 함수 정의: C 프로그램은 하나 이상의 함수로 구성된다. main() 함수는 모든 C 프로그램의 진입점으로, 프로그램 실행 시 가장 먼저 호출된다.

❸ 변수 선언: 프로그램에서 사용될 변수를 선언한다. C 언어에서는 변수를 사용하기 전에 변수의 자료형을 먼저 선언해야 한다.

❹ 실행문: 프로그램이 작업하는 수행 과정과 로직으로 구성된 코드 영역이다.

02 C 프로그램의 구성 요소

❶ 전처리기: 프로그램에서 헤더 파일을 정의하는 지시문으로, #include <stdio.h>가 대표적이다.

❷ main() 함수: C 프로그램의 실질적인 시작점이며 다음과 같은 구조로 이루어진다.

함수의 헤더

```
int main(void)    // 함수명, 정의
```

함수의 몸체

```
{
    // 실행 코드 작성

    return 0;
}
```

❸ return 문: return 0은 프로그램이 정상적으로 종료되었음을 운영체제에 알려준다.

❹ 주석: 소스 코드의 이해를 돕는 설명으로, 컴파일러가 무시하기 때문에 프로그램 실행에 직접적인 영향을 미치지 않는다.

```
// 한 줄 주석
/*
여러 줄 주석
*/
```

03 표준 출력 함수

❶ printf() 함수: 모니터에 데이터를 출력할 때 사용하는 표준 출력 함수이다.

❷ 문자열 출력 형식: printf("출력할 문자열 입력");

❸ 변수 출력 형식: printf("형식 지정자", 변수);

❹ 형식 지정자와 자료형이 반드시 일치해야 하고 출력되는 위치도 같아야 한다.

04 표준 입력 함수

❶ scanf() 함수: 키보드로 다양한 값을 입력받을 때 사용하는 표준 입력 함수이다.

❷ 기본 입력 형식: scanf("%형식 지정자", &변수);

❸ 여러 개의 변수 입력 형식: scanf("%d %c %d", &a, &op, &b);

❹ &(앰퍼샌드): 변수의 주소를 나타내는 연산자로, 변수에 값을 입력받을 때 사용한다.

05 printf() 함수와 scanf() 함수에서 사용되는 형식 지정자

형식 지정자	의미	예
%d	정수 형식 지정자	scanf("%d", &a); printf("%d", 10);

%f
%lf
	실수 형식 지정자	scanf("%f", &f);
		scanf("%lf", &f);
		printf("%f", 3.14f);
		printf("%lf", 3.14);

%c	단일 문자 형식 지정자	scanf("%c", &ch); printf("%c", 'K');
%s	문자열 형식 지정자	scanf("%s", &str); printf("%s", "Master");

연습문제

01 C 프로그램의 기본 구조에 대한 설명으로 옳은 것을 모두 고르시오.

① 헤더 파일은 프로그램에서 사용할 표준 라이브러리나 다른 라이브러리를 포함하고 있다.

② 일반 함수인 main() 함수는 컴파일러가 맨 나중에 호출한다.

③ C 프로그램에서는 변수를 사용하기 전에 자료형을 선언해야 한다.

④ 실행 코드에는 제어문, 루프, 함수 호출 등이 포함될 수 있다.

02 주석에 대한 설명으로 옳지 않은 것을 모두 고르시오.

① 주석은 실행되는 코드이다.

② 주석이 많아도 실행 파일에는 영향을 미치지 않는다.

③ 주석을 표시하는 방법으로 /* */, //가 있다.

④ 주석은 한 줄만 작성할 수 있다.

03 return 문에 대한 설명으로 옳지 않은 것은 무엇인가?

① return 문은 함수에서 값을 반환하거나 함수의 실행을 종료하는 데 사용된다.

② 모든 함수에서 일반적으로 가장 마지막에 나오는 중요한 키워드이다.

③ 값을 반환하려면 return 키워드 다음에 값 또는 변수명 등을 추가한다.

④ return 문은 정숫값으로만 사용된다.

04 scanf() 함수에서 float형 변수를 키보드로 입력받을 때 사용하는 형식 지정자는 무엇인가?

① %d ② %c ③ %f ④ %s

05 printf() 함수에서 문자를 출력하는 형식 지정자는 무엇인가?

① %d ② %c ③ %f ④ %s

06 다음 표의 빈칸을 채우시오.

형식 지정자	설명
	정수(int)를 출력한다.
	실수(float 또는 double)를 출력한다.
	단일 문자(char)를 출력한다.
	문자열(string)을 출력한다.

07 다음 코드의 실행 결과를 작성하시오.

```
printf("%d\n", 98765);
printf("%-d\n", 98765);
printf("%10d\n", 98765);
printf("%-10d\n", 98765);
```

08 다음 코드의 실행 결과를 작성하시오.

```
printf("%f\n", 95.12345);
printf("%.2f\n", 95.12345);
printf("%10f\n", 95.12345);
printf("%-10f\n", 95.12345);
printf("%10.2f\n", 95.12645);
printf("%-10.2f\n", 95.12645);
```

09 다음은 비주얼 스튜디오 2022에서 scanf()를 사용할 때 발생하는 오류이다. 이 오류를 해결하는 방법을 작성하시오.

```
error C4996 'scanf': This function or variable may be unsafe. Consider using scanf_
s instead. To disable deprecation, use _CRT_SECURE_NO_WARNINGS. See online help for
details."
```

10 다음은 문자열을 입력받아 출력하는 프로그램이다. 실행 결과를 참고하여 코드의 빈칸을 채우시오.

```
문자열 입력: Hello
입력한 문자열: Hello
```

```
#pragma warning(disable : 4996)
#include <stdio.h>

int main()
{
    char str[100];
```

```
    [          ]
    [          ]

    [          ]

    return 0;
}
```

11 다음 코드에서 잘못된 부분을 찾아 바르게 고치고 이유를 설명하시오.

```
#include <stdio.h>

int main()
{
    int age;

    printf("나이를 입력하세요: ");
    scanf("%s", &age);

    return 0;
}
```

프로그래밍 문제

01 "Hello World"를 두 번 출력하는 코드를 작성하시오.

02 printf() 함수로 정수 1000, 5000을 출력하는 코드를 작성하시오.

03 다음 실행 결과를 참고하여 키보드로 정수를 입력받아 출력하는 프로그램을 작성하시오.

```
정수를 입력하세요: 3
입력한 숫자는 3입니다.
```

04 다음 실행 결과를 참고하여 키보드로 정수를 입력받아 삼각형의 넓이를 출력하는 프로그램을 작성하시오.

```
밑변: 3
높이: 7
넓이: 10.5
```

05 다음 실행 결과를 참고하여 실수를 입력받아 제곱을 출력하는 프로그램을 작성하시오.

```
실수를 입력하세요: 2.3
입력한 숫자의 제곱은 5.29입니다.
```

06 다음과 같은 결과가 출력되도록 프로그램을 작성하시오.

```
안녕하세요.
제 이름은 홍길동입니다.
나이는 25살입니다.
```

C Master

CHAPTER 03 변수와 자료형

CHAPTER 04 연산자

CHAPTER 05 조건문

CHAPTER 06 반복문

CHAPTER 07 함수

CHAPTER 08 함수와 변수 영역

CHAPTER 09 배열

PART 02

C 언어 기초 문법

CHAPTER 03

변수와 자료형

3.1 변수

3.2 자료형

3.3 상수

3.4 자료형 변환

LAB 음식 가격에 부가세 적용하기

LAB 전기 요금 계산하기

REAL PROJECT 자동차의 평균 속도와 입력값의 크기 출력하기

한 번 더 체크 아스키코드 표

요약

연습문제 / 프로그래밍 문제

학습목표

- C 언어에서 쓰이는 변수와 자료형에 대해 알아본다.
- C 언어에서 쓰이는 자료형의 크기와 범위를 이해한다.
- C 언어에서 쓰이는 상수의 개념을 이해한다.
- 자료형을 변환하는 방법을 익힌다.

Preview

프로그래밍을 할 때 데이터를 저장하기 위해 변수를 사용하며, 변수에 저장할 데이터의 종류와 크기는 자료형에 따라 결정된다. 이 장에서는 C 컴파일러의 변수와 자료형의 개념을 이해한 뒤 자료형을 활용한 변수 사용법을 익힌다. 또한 상수의 개념과 종류를 살펴보고, 특정 자료형에서 다른 자료형으로 변수를 변환하는 형 변환에 대해 알아본다.

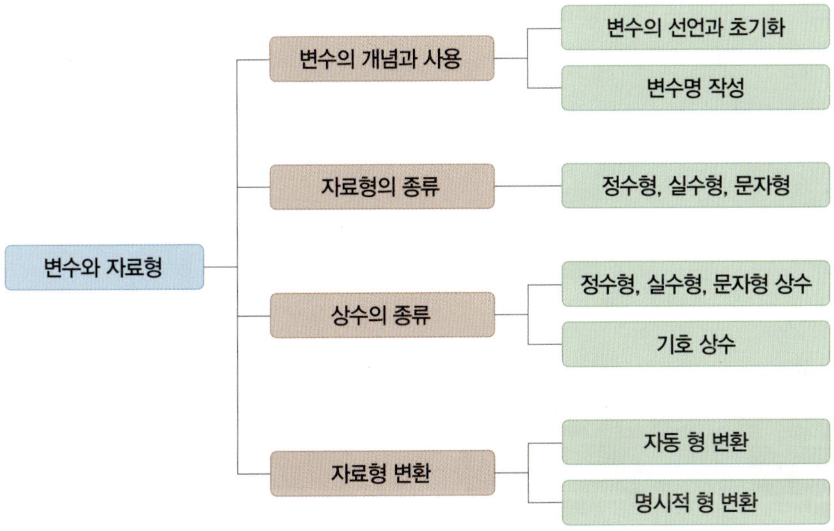

3.1 변수

1 변수의 개념

변수variable는 컴퓨터 프로그램이 실행되는 동안 데이터를 저장하고 그 데이터를 참조하거나 수정하기 위해 사용하는 식별자를 의미한다. 프로그래머가 데이터를 입력받거나 연산 처리를 수행하면 결과를 저장할 메모리 공간이 필요한데, 변수는 바로 이 메모리를 말한다.

변수를 선언하면 메모리에 공간이 할당되고 해당 메모리 위치에 데이터가 저장된다. 변수를 흔히 상자에 비유하곤 한다. 상자에 담기는 물건이 바뀌듯이 변수에 저장되는 값은 프로그램의 실행 흐름에 따라 언제든 바뀔 수 있다. 변수는 정수, 실수, 문자, 문자열 등을 대입하기 위한 메모리 공간으로 사용되기도 한다.

예를 들어 [그림 3-1]에서는 변수 `num1`, `num2`, `ch`를 선언하고 각각 정수 `500`, 실수 `2.5`, 문자 `'H'` 값을 저장했다. 이때 메모리 공간은 데이터의 크기에 맞춰 4바이트, 4바이트 또는 8바이트, 1바이트가 확보된다.

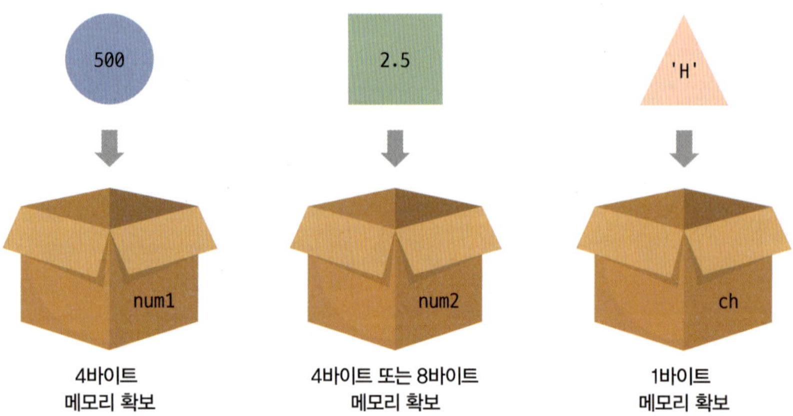

그림 3-1 선언된 변수와 데이터 크기에 따른 메모리 공간

이렇게 선언된 변수는 [그림 3-2]와 같이 자료형의 크기만큼 **RAM**Random Access Memory에 공간을 할당받고, 해당 변수에 값이 저장된다.

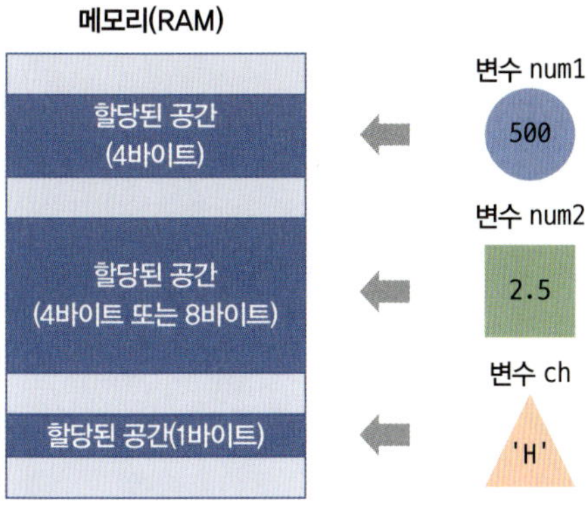

그림 3-2 메모리 공간에 할당된 변수 num1, num2, ch

2 변수의 사용

변수의 사용은 크게 두 단계로 나눌 수 있다. 변수의 이름과 자료형을 지정하여 변수를 생성하는 과정인 '변수 선언' 그리고 생성한 변수에 초깃값을 할당하는 과정인 '변수 초기화'이다. 이를 자세히 알아보자.

변수 선언

C 언어에서 변수를 사용하려면 먼저 변수를 선언해야 한다. 변수 선언은 변수의 이름(식별자)과 자료형을 지정하는 것으로, 이렇게 하면 해당 변수에 대한 메모리 공간이 할당된다. 변수를 선언하는 기본 형식은 다음과 같다.

| Syntax | 변수 선언

```
자료형 변수명;
int var;
```

위 문법에서 int는 변수에 저장될 정수 자료형을 나타내고, 변수명 var는 변수에 부여할 식별자이다. 변수를 선언하고 나면 값을 대입할 수 있는데, 이는 변수에 데이터를 저장하는 것을 의미한다. 다음은 변수 myVariable을 선언하고 정수 17을 대입하는 예시이고, 이를 그림으로 나타내면 [그림 3-3]과 같다.

```
int myVariable;      // 정수형 변수 myVariable 선언
myVariable = 17;     // 변수에 정수 17 대입
```

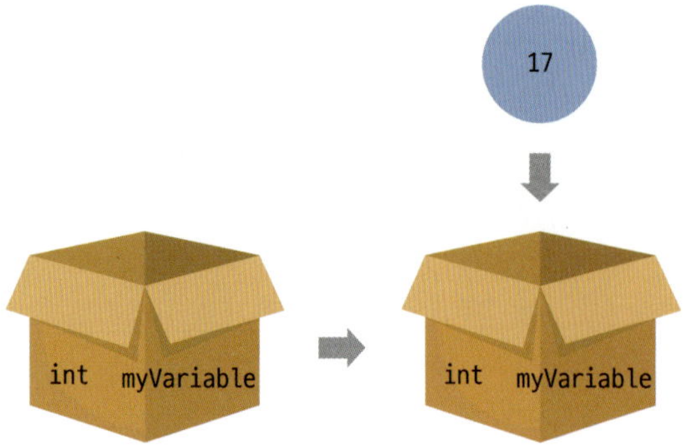

그림 3-3 변수 선언과 값 대입의 개념

변수 초기화

변수 초기화는 변수를 선언하는 동시에 초깃값을 할당하는 것을 말한다. 일반적으로 C 언어에서는 이전에 어떤 프로그램의 변수가 메모리를 사용했는지 알 수 없기 때문에 메모리 안에 쓰레깃값이 저장되어 있을 수 있다. 그래서 변수를 선언한 뒤에는 반드시 값을 할당하여 오류를 방지하는 것이 좋다. 변수를 초기화하는 형식은 다음과 같다.

| Syntax | 변수 초기화

```
자료형 변수명 = 값;
int xNum = 0;          // 4바이트 크기, int형 변숫값을 0으로 초기화
double yNum = 3.3;     // 8바이트 크기, double형 변숫값을 3.3으로 초기화
```

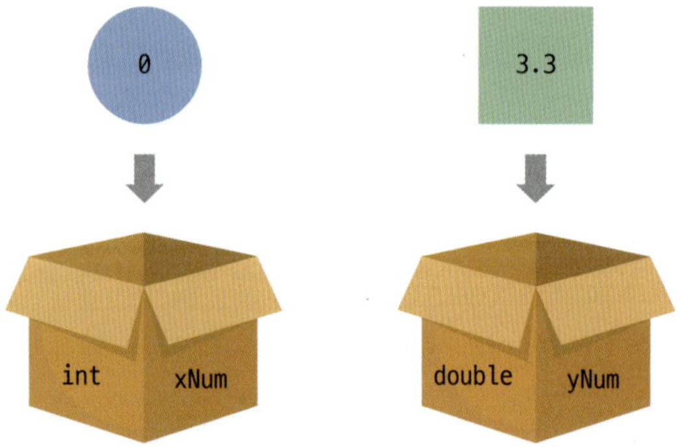

그림 3-4 변수 초기화

TIP 앞의 '변수 선언'에서 살펴본 정수형 변수 myVariable을 선언만 하고 이후에 값을 대입하는 방법으로도 변수를 초기화할 수 있다.

하나 더 알기 **변수 선언과 대입 연산자**

변수를 선언하고 값을 할당하기 위해 연산자 =를 사용한다. 수학에서 =는 양쪽이 같다는 의미로 사용하지만, C 언어에서 =는 오른쪽의 값을 왼쪽에 대입(할당)한다는 의미의 연산자이다. 이 대입 연산자는 무조건 오른쪽에 있는 코드를 먼저 수행한 후 그 결과를 왼쪽 변수에 대입한다. 연산자에 관한 내용은 4장에서 자세히 다룰 것이다.

변수명 작성

C 언어에서는 사용자가 직접 알파벳, 숫자, 특수(특정) 기호를 조합하여 변수명을 지을 수 있다. 이때 용도에 맞는 이름을 선언하는 것이 좋은데, 특히 대입되는 데이터의 특성을 쉽게 파악할 수 있도록 사전적 의미가 드러나는 형식이 좋다. 예를 들어 총점을 저장하는 정수형 변수를 선언한다면 `total`을 나타내는 `tot1`, `tot2` 또는 `sum`과 같은 변수명을 사용할 수 있다.

변수명을 작성할 때는 다음 규칙을 따라야 한다.

- 영문자(대·소문자), 숫자, 언더바(_)를 사용할 수 있다.
- 변수명의 첫 글자는 숫자로 시작할 수 없다.
- 대문자와 소문자를 구분한다.
  예 `TotalScore`와 `totalscore`는 다른 변수이다.
- 변수명 중간에 공백(Space Bar)을 사용할 수 없다.
- C 언어의 예약어를 사용할 수 없다.

TIP 예외적으로 예약어에 특수 기호(_)를 넣어 변수명을 지을 수 있으나 권장하지는 않는다(**예** `__int__`).

위의 규칙을 적용한 변수명의 예를 살펴보자. 대·소문자는 아스키코드 값으로 구분되므로 같은 철자라도 다른 변수로 인식된다.

```
countValue, student_code, _personName, DATETIME, …   // 올바른 변수명
15_value, #Test, sum value, …                        // 잘못된 변수명
Master, master, MASTER, mAsTer                       // 각기 다른 변수
```

의미상 명확하고 직관적인 단어를 사용하여 변수명을 짓는 것이 좋다. 변수명만으로 의미를 파악할 수 있다면 코드를 이해하기가 한결 쉬워지기 때문이다. 또한 변수명을 간결하게 지으면 코드의 가독성이 높아진다.

하나 더 알기 **변수명에 관한 일반적 상식**

개발 실무에서 사용하는 변수명은 식별자의 일반적인 규칙만 따르면 문제가 없다. 하지만 변수의 의미를 직접적으로 전달하면 코드의 이해도와 가독성이 높아져 협업하는 개발자 간의 의견 조율이 쉽고 유지·보수 비용이 줄어든다. 이러한 이유로 개발자들은 다음과 같은 변수명 관례를 선호하는 편이다.

- **카멜 표기법**(camel case): 여러 단어로 이루어진 변수명의 경우 각 단어의 첫 글자를 대문자 또는 소문자로 표기하고 언더바 없이 단어들을 연결한다.
  예 MyVariableName, numberOfStudents
- **스네이크 표기법**(snake case): 여러 단어로 이루어진 변수명에서 각 단어를 언더바로 구분한다.
  예 my_variable_name, number_of_students
- **대문자 스네이크 표기법**(upper snake case): 대문자 상수 표기법이라고도 불리며, 상수를 나타내는 변수명에 사용된다. 모든 글자를 대문자로 표기하고 각 단어를 언더바로 구분한다.
  예 MAX_VALUE, PI_VALUE

변수를 사용하는 이유

❶ 값을 저장하는 메모리 공간으로 사용

변수는 값을 저장하는 메모리 공간으로 사용된다. 프로그램에서 연산 결과, 사용자 입력값, 중간값 등을 변수에 저장하면 필요한 시점에 참조하거나 변경할 수 있다.

❷ 데이터 유지와 재사용 가능

변수를 사용하면 프로그램의 실행부터 종료 전까지 데이터를 유지할 수 있다. 그럼으로써 프로그램의 상태를 유지하고 이전 연산 결과를 재사용할 수 있다.

❸ 효율적인 계산과 연산 가능

변수는 수학적인 계산과 다양한 연산에 사용된다. 변수에 값을 대입하고 이를 사용하여 산술 연산, 논리 연산, 비트 연산 등을 수행할 수 있다. 다음은 변수를 사용하여 간단한 연산을 수행하는 예제이다.

변수를 사용한 간단한 연산 variable.c

```c
#include <stdio.h>

int main()
{
    int a, b, tot;

    a = 200;
```

정수형 변수 a, b, tot 선언

a의 초깃값에 200 대입

```c
    b = 100;            // b의 초깃값에 100 대입
    tot = a + b;

    printf("%d", tot);  // tot 출력

    return 0;
}
```

```
300
```

❹ 프로그램 상태 표현에 사용

프로그램의 상태를 나타내는 데에도 변수를 사용할 수 있다. 예를 들어 C 코드를 활용한 팩맨 게임의 경우, 게임 요소의 이름을 변수로 생성하고 다음과 같이 팩맨의 생명력, 유령의 위칫값을 저장하여 상태를 표현할 수 있다.

```c
int pacman_hp = 25000;          // 팩맨의 생명력값 저장
float ghost_locX = 120.2f;      // 유령의 x 좌푯값 저장
float ghost_locY = 150.5f;      // 유령의 y 좌푯값 저장
```

변수 pacman_hp, ghost_locX, ghost_locY는 각각 팩맨의 생명력, 유령의 x 좌표, y 좌표를 의미한다. 여기에 알약, 체리, 바나나를 새로운 변수로 생성하고 생명력과 위치의 값을 각각 저장하면 또 다른 게임 요소를 표현할 수 있다.

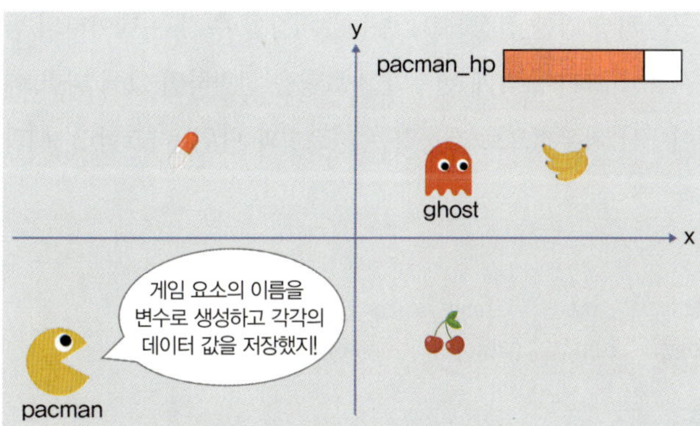

그림 3-5 변수를 활용한 게임 프로그램의 상태 표현

이처럼 변수는 값을 읽거나 변경할 때뿐만 아니라 프로그램의 모든 부분에서 사용될 수 있다. 사용자의 입력값 저장, 연산 수행 등 다양한 용도에 활용되는 변수는 프로그램의 상태를 유지하고 구성하는 데 중요한 역할을 한다.

확인문제

1 다음 빈칸에 알맞은 말을 넣으시오.

① 변수 초기화는 변수를 선언하면서 (　　　　)을 변수에 할당하는 것을 의미한다.

② 어떤 프로그램의 변수가 메모리를 사용했는지 모르기 때문에 메모리가 깨끗하게 정리되지 않아 (　　　　)이 저장되어 있을 수도 있다.

③ 변수명 관례 중 (　　　　)은 각 단어의 첫 글자를 대문자 또는 소문자로 표기하고, (　　　　)은 각 단어를 언더바로 구분한다.

2 정수를 저장하는 변수 number를 선언하는 코드를 작성하시오.

정답

1 ① 초깃값 ② 쓰레깃값 ③ 카멜 표기법, 스네이크 표기법　　2 int number;

3.2 자료형

1 자료형의 개념

자료형data type은 변수에 데이터를 저장할 때 데이터의 종류와 크기를 정의하는 단위를 의미한다. 자료형은 변수가 차지하는 메모리 공간의 크기를 결정하고, 변수에 저장될 수 있는 데이터의 범위와 형태를 제한한다. 다시 말해 사용할 크기에 맞게 변수와 자료형을 선언하면 그에 따라 메모리 저장 공간이 할당된다. C 언어에서 기본적으로 제공하는 자료형과 단위는 [그림 3-6]과 같다.

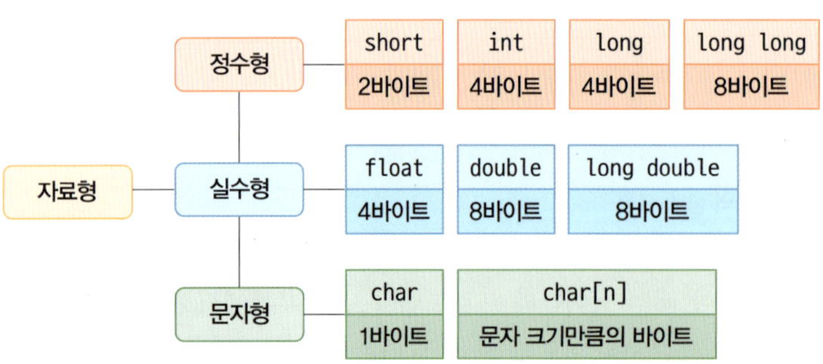

그림 3-6 자료형별 바이트 단위

[그림 3-6]에서 보듯이 메모리 저장 공간으로 정수형은 2바이트, 4바이트, 8바이트를, 실수형은 4바이트, 8바이트를, 문자형은 1바이트 또는 문자 크기만큼을 사용한다. 만약 메모리 공간을 너무 많이 차지하는 자료형을 사용하면 메모리가 낭비되므로 변수에 맞는 자료형을 사용해야 한다.

그림 3-7 데이터의 유형과 크기에 맞는 자료형 사용

2 자료형의 종류

C 언어에서 제공하는 자료형은 정수형, 실수형, 문자형으로 구분된다.

표 3-1 C 언어에서 제공하는 자료형의 종류

자료형		설명
정수형	short	int보다 작은 범위의 정수를 표현하는 데 사용된다.
	int	정수를 표현하는 데 사용되는 가장 일반적인 정수형이다.
	long	int보다 큰 범위의 정수를 표현하는 데 사용된다.
	long long	long보다 큰 범위의 정수를 표현하는 데 사용된다. 매우 큰 수를 다루거나 정밀한 연산을 할 때 유용하다.
실수형	float	단정밀도 부동 소수점 수를 표현하는 데 사용된다.
	double	배정밀도 부동 소수점 수를 표현하는 데 사용된다.
	long double	배정밀도 부동 소수점 수를 표현하는 데 사용된다. C 표준에서는 double의 최소 크기를 정의하고 있으며, long double은 그 이상의 크기와 정밀도를 나타낸다.
문자형	char	문자 1개를 표현하는 데 사용된다.
	char[n]	문자 n개를 표현하는 데 사용된다.

TIP 실수형에서 단정밀도(single precision)는 32비트를 사용하고 배정밀도(double precision)는 64비트를 사용한다. 즉 배정밀도로 표현할 수 있는 데이터의 양이 더 크다.

자료형은 프로그램에서 처리할 데이터의 크기와 입출력 데이터의 유형에 따라 선택해야 한다. 예를 들어 어떤 프로그램의 연산 결과가 500이라면 이 값을 저장할 변수는 정수형 범위에서 선언하면 된다. 다음 절부터 자료형의 종류와 범위를 자세히 알아보자.

> **하나 더 알기** **변수 선언 시 자료형 범위의 오류**
>
> 변수를 선언할 때 자료형과 저장되는 값의 범위가 맞지 않으면 메모리 공간을 할당할 때 오류가 발생한다. 하지만 비주얼 스튜디오 2022와 같은 에디터에서는 자료형 범위에 벗어난 값을 정의하면 빨간색 밑줄과 함께 오류 내용이 나타난다.
>
> 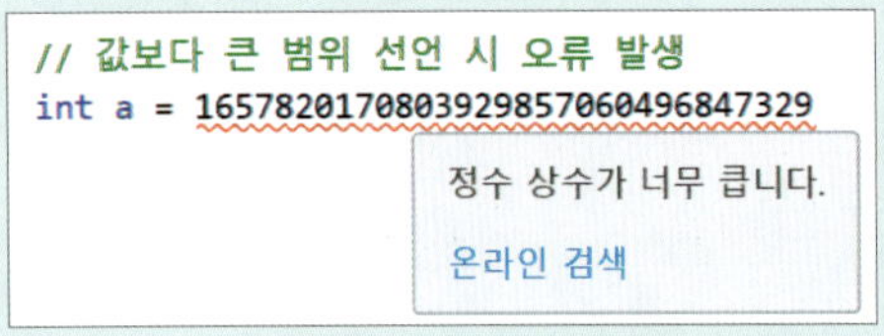
>
>
> **그림 3-8** 비주얼 스튜디오 2022의 오류 표시

3 정수형

정수형의 종류와 유효 범위

정수형integer type은 프로그래밍에서 사용하는 변수의 유형 중 하나로, 정수(양수, 0, 음수)를 표현하기 위한 자료형이다. 정수형 변수를 선언할 때는 대입하려는 값의 최댓값과 최솟값을 저장할 수 있는 자료형으로 선언해야 한다. C 언어에서 제공하는 정수형은 메모리 저장 공간의 크기와 표현할 수 있는 수의 범위에 따라 `short`, `int`, `long`, `long long`으로 구분된다.

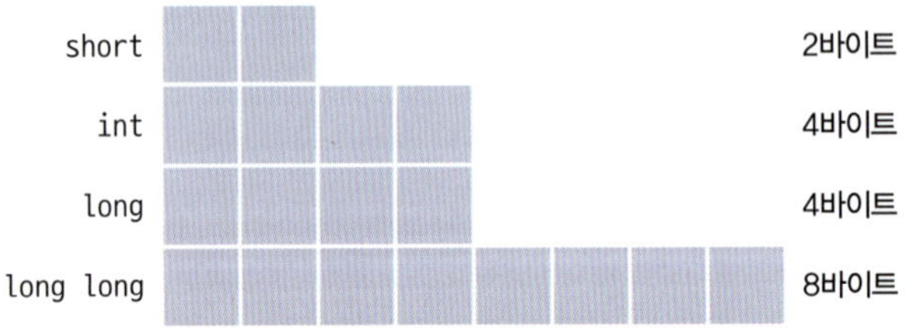

그림 3-9 정수형의 종류와 메모리 저장 공간

메모리 저장 공간의 크기는 곧 표현할 수 있는 수의 범위를 나타낸다. 따라서 메모리 저장 공간의 크기는 해당 정수형이 표현할 수 있는 값의 범위에 직접적인 영향을 미치며, 표현 가능한 값의 범위는 해당 메모리에서 값이 어떻게 부호화되는지에 따라 달라진다. C 언어에서 제공하는 정수형의 종류와 유효 범위는 [표 3-2]와 같다.

표 3-2 정수형의 종류와 유효 범위

정수형		크기	유효 범위
short	signed short	2바이트	-32,768~32,767
	unsigned short		0~65,535
int	signed int	4바이트	-2,147,483,648~2,147,483,647
	unsigned int		0~4,294,987,295
long	signed long	4바이트	-2,147,483,648~2,147,483,647
	unsigned long		0~4,294,967,295
long long	signed long long	8바이트	-9,223,372,036,854,775,808~9,223,372,036,854,775,807
	unsigned long long		0~18,446,744,073,709,551,615

예제 3-1 정수형 변수를 선언하고 값 출력하기 ex03_01.c

↳ 부호 있는 short, int 정수형 변수를 선언하고 해당 유효 범위를 출력해보자.

```
01 #include <stdio.h>
02
03 int main()
04 {
05     signed short smallest_short = -32768;
06     signed short largest_short = 32767;
07
08     signed int smallest_int = -2147483648;
09     signed int largest_int = 2147483647;
10
11     printf("signed short: %d ~ %d\n", smallest_short, largest_short);
12     printf("signed int: %d ~ %d\n", smallest_int, largest_int);
13
14     return 0;
15
16 }
```

```
signed short: -32768 ~ 32767
signed int: -2147483648 ~ 2147483647
```

SELF STUDY

비주얼 스튜디오 2022에서 [예제 3-1]을 실행하면 데이터 범위 확장 변경으로 오류가 발생할 수 있다. 이를 해결하려면 8행의 값을 -2147483648LL로 변경하거나 코드의 첫 행에 `#pragma warning (disable:4146)`을 추가한다.

sizeof 연산자

sizeof 연산자는 주어진 변수나 자료형의 크기를 바이트 단위로 알려준다. 변수 또는 자료형을 괄호 안에 넣으면 그 크기를 알 수 있는데, sizeof 연산자로 확인한 크기는 컴파일 시에 확정된다. 컴파일러가 연산자를 분석하고 실행 파일을 생성할 때 이미 크기 정보를 결정하고 할당하기 때문이다. sizeof 연산자는 동적 메모리 할당, 자료의 크기 등을 확인할 수 있어 유용하게 사용되는 연산자이다. sizeof 연산자를 사용하는 기본 문법은 다음과 같다.

| Syntax | sizeof 연산자

```
sizeof (피연산자);  ---- 자료형, 변수, 상수도 사용 가능
sizeof 변수명;      ---- 자료형 사용 불가
```

예제 3-2 sizeof 연산자를 사용하여 정수형의 크기 출력하기 ex03_02.c

↳ sizeof 연산자를 사용하여 정수형의 할당 메모리 크기를 출력해보자.

```c
#include <stdio.h>

int main()
{
    short sh = 12;          // short 정수형 변수
    int nt = 155;           // int 정수형 변수
    long long on = 1666;    // long long 정수형 변수

    printf("자료형의 크기를 알아보는 코드 \n");
    printf("1. short : %dbyte, %dbyte \n", sizeof(sh), sizeof sh);
    printf("2. int : %dbyte, %dbyte \n", sizeof(nt), sizeof nt);
    printf("3. long long : %dbyte, %dbyte \n", sizeof(on), sizeof on);

    return 0;
}
```

```
자료형의 크기를 알아보는 코드
1. short : 2byte, 2byte
2. int : 4byte, 4byte
3. long long : 8byte, 8byte
```

SELF STUDY

비주얼 스튜디오 2022에서 [예제 3-2]를 작성하면 [그림 3-10]과 같이 초록색 경고줄이 나타난다. `sizeof` 연산자의 반환 유형이 `unsingned long long`이기 때문이다. GCC 환경에서는 반환 유형이 `unsingned long`이므로, 경고줄을 없애려면 형식 지정자 `%d`를 `%lld`로 수정한다.

```
    printf("자료형의 크기를 알아보는 코드 \n");
    printf("1. short : %d바이트, %d바이트 \n", sizeof(sh), sizeof sh);
    printf("2. int : %d바이트, %d바이트 \n", sizeof(nt), sizeof nt);
    printf("3. long long : %d바이트, %d바이트 \n", sizeof(on), sizeof on);
```

그림 3-10 비주얼 스튜디오 2022의 경고 표시

정수형의 부호

정수형 변수를 선언할 때 부호를 생략할지 말지 결정해야 한다. C 언어에서 부호를 구분하는 키워드는 `signed`와 `unsigned`이며, 부호에 따라 표현할 수 있는 정수의 범위가 달라진다. 예를 들어 4바이트(32비트) 크기의 정수형 변수 `int`를 부호 있는 자료형과 부호 없는 자료형으로 구분하여 선언하면 [그림 3-11]과 같다. 부호 있는 정수로 선언했을 때 첫 번째 비트는 부호를 나타내는 부호 비트로 사용되고, 부호가 양수이면 `0`, 부호가 음수이면 `1`로 나타낸다.

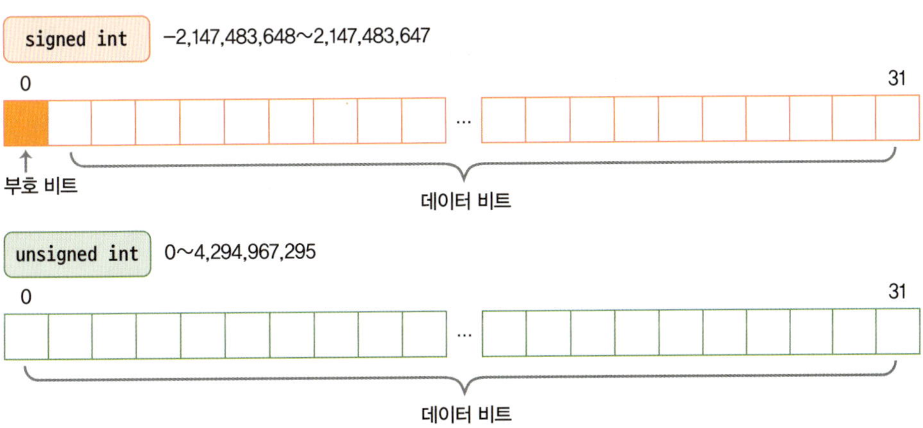

그림 3-11 부호 표시 여부에 따라 달라지는 `int`형

부호 있는 정수 signed

`signed` 키워드는 부호 있는 정수를 나타내며 양수, 0, 음수를 포함하는 모든 정숫값을 저장할 수 있다. 일반적으로 `signed int`는 키워드를 생략하고 `int`로 표현한다. 부호 비트를 제외한 나머지 비트로 데이터를 표현하므로 `signed int`의 표현 범위는 다음과 같다.

$$-2^{31}, \cdots, -1, 0, 1, \cdots, 2^{31}-1$$
$$-2{,}147{,}483{,}648 \sim +2{,}147{,}483{,}647$$

C 언어에서 `int`형은 대개 2의 보수로 표현된다. 그리고 `signed int`의 크기는 운영체제에 따라 다를 수 있지만 대체로 2바이트 또는 4바이트이다.

부호 없는 정수 unsigned

unsigned 키워드는 부호 없는 정수를 나타내며 0과 양수만 저장할 수 있다. 부호 비트 없이 32비트로 전부 데이터를 표현하기 때문에 더 넓은 범위의 양수를 저장할 수 있다. `unsigned int`의 표현 범위는 다음과 같다.

$$0, 1, 2, \cdots, 2^{32}-1$$
$$0 \sim +4{,}294{,}967{,}295$$

`unsigned int`의 크기는 운영체제와 컴파일러에 따라 다를 수 있지만 대체로 2바이트 또는 4바이트이다. 오늘날의 시스템에서는 대부분 4바이트로 사용된다.

다음은 부호 있는 정수와 부호 없는 정수를 나타내는 간단한 코드이다.

```
signed int myNumber = -1024;            // 부호 있는 정수
unsigned int positiveNumber = 1024;     // 부호 없는 정수
```

`signed int`는 보편적으로 사용하는 정수 자료형이지만, 음수가 필요하지 않거나 양수의 범위를 더 확보해야 할 때는 `unsigned int`로 선언하면 메모리 범위와 관련된 오류를 예방할 수 있다. 그러나 `unsigned int`를 사용할 때는 오버플로와 관련된 문제를 피하기 위해 적절한 범위를 고려해야 한다.

오버플로

오버플로overflow란 선언된 변수 자료형의 범위를 초과하는 값을 저장할 때 발생하는 현상이다. 이를 쉽게 이해할 수 있도록 비유를 들어보겠다. 250mL 용량의 컵에 100mL, 70mL, 50mL의 물을 담는다. 총 220mL가 담겨 있고 30mL의 용량이 남아 있기 때문에 아직까지는 문제가 없다. 그런데 여기에 50mL의 물을 또 담으면 어떻게 될까? 컵의 최대 용량인 250mL를 초과하는 20mL의 물이 컵 밖으로 흘러넘치는데, 이것이 바로 오버플로이다.

그림 3-12 오버플로의 개념

예제 3-3 | int 자료형에서 오버플로가 발생하는 경우 ex03_03.c

↳ int와 unsigned int 자료형을 이용하여 정수의 오버플로를 살펴보자.

```
#include <stdio.h>

int main()
{
    int maxInt = 2147483647;        // int의 최댓값으로 초기화
    int overflow1 = maxInt + 1;
                                    오버플로가 발생하는 연산
    printf("maxInt: %d\n", maxInt);
    printf("overflow1: %d\n", overflow1);

    unsigned int maxUint = 4294967295U;     // unsigned int의 최댓값
    unsigned int overflow2 = maxUint + 1;
                                            오버플로가 발생하는 연산
    printf("maxUint: %u\n", maxUint);
    printf("overflow2: %u\n", overflow2);

    return 0;
}
```

```
maxInt: 2147483647
overflow1: -2147483648
maxUint: 4294967295
overflow2: 0
```

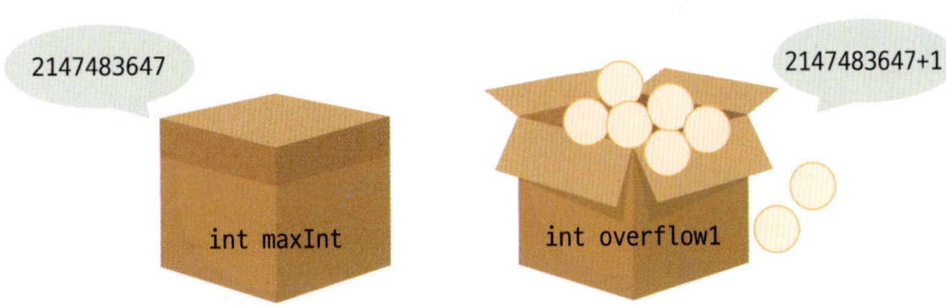

그림 3-13 변수의 최댓값을 초과하는 오버플로

실행 결과를 보면 변수 overflow1의 경우 음숫값인 –2147483648이 출력되고, 변수 overflow2의 경우 0이 출력되었다. 변수 범위에서 오버플로가 발생하면 다시 처음으로 되돌아가는 연산

인 롤오버rollover가 이루어지기 때문이다. 즉 int 자료형은 음수부터 값이 시작되므로 음의 최솟값으로 되돌아가고, unsigned int 자료형은 음숫값을 가질 수 없으므로 0으로 되돌아간다. int 자료형의 범위를 초과하는 연산은 잘못된 실행 결과를 유발하며, 이러한 오버플로 문제를 피하려면 프로그램에서 다루려는 값의 범위를 고려하여 적절한 자료형을 사용해야 한다.

언더플로

언더플로underflow는 변수로 선언한 자료형의 유효 범위보다 더 작은 값이 대입될 때 발생하는 현상이다.

예제 3-4 int 자료형에서 언더플로가 발생하는 경우 ex03_04.c

↳ int와 unsigned int 자료형을 이용하여 정수의 언더플로를 살펴보자.

```
#include <stdio.h>

int main()
{
    int minInt1 = -2147483648LL;      // int의 최솟값으로 초기화
    int underflow1 = minInt1 - 1;
                                 언더플로가 발생하는 연산
    printf("minInt: %d\n", minInt1);
    printf("underflow1: %d\n", underflow1);

    unsigned int minInt2 = 0;         // 부호 없는 int 0으로 초기화
    unsigned int underflow2 = minInt2 - 1;
                                 언더플로가 발생하는 연산
    printf("minInt: %d\n", minInt2);
    printf("underflow2: %u\n", underflow2);

    return 0;
}
```

```
minInt: -2147483648
underflow1: 2147483647
minInt: 0
underflow2: 4294967295
```

5~6행에서 변수 minInt1의 최솟값인 -2147483648에서 1을 빼면 -2147483649이지만 이 값은 int 자료형의 표현 범위를 초과하므로 언더플로가 발생한다. 11~12행에서 변수 minInt2는 부호 없는 정수 자료형으로, 0에서 1을 빼면 언더플로가 발생하여 unsigned int의 최댓값인 4294967295로 롤오버된다. 언더플로는 이처럼 최솟값 아래로 더 이상 감소할 수 없어 최댓값 쪽으로 롤오버되는 현상을 말한다.

하나 더 알기 **롤오버**

C 언어에서 롤오버는 특정한 범위의 한계를 초과하여 다시 시작점으로 돌아가는 현상을 의미한다. 주로 정수형의 오버플로 또는 언더플로 상황에서 발생한다.

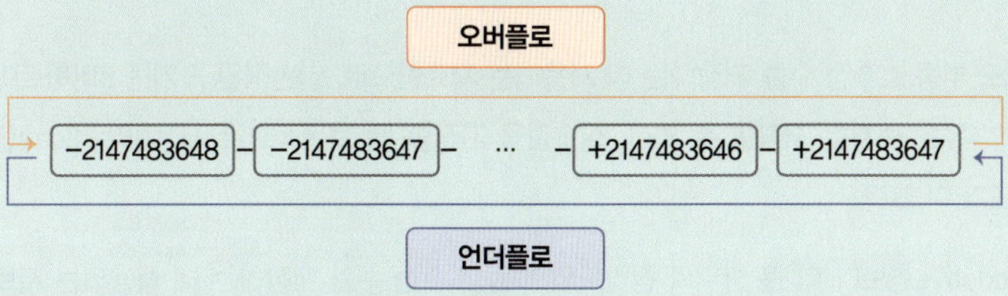

그림 3-14 int 자료형의 롤오버 작동 방식

확인문제

1 다음 빈칸에 알맞은 말을 넣으시오.

① 2바이트 정수형 short에는 ( ) short와 ( ) short가 있다.

② 변수의 자료형을 long long으로 선언했을 때 할당되는 메모리 저장 공간의 크기는 ( ) 이다.

2 다음 설명에 해당하는 것을 고르시오.

> C 언어에서는 변수에 선언한 자료형이 정상적으로 처리하는 유효 범위의 최솟값보다 더 작은 값이 대입되면 이 현상이 발생한다.

① 롤오버 ② 오버플로 ③ 언더플로 ④ signed int

정답

1 ① signed, unsigned ② 8바이트 2 ③

4 실수형

실수형의 종류와 유효 범위

실수형float type은 소수점이 있는 수를 저장하기 위한 자료형으로, 부동 소수점 방식으로 수를 표현한다. 부동 소수점 방식floating-point system은 소수점의 위치를 고정하지 않고 가수와 지수를 사용하여 실수를 표현하는 것을 말한다. 여기서 가수는 유효 숫자를 나타내고, 지수는 소수점의 위치를 나타낸다. C 언어에서 실수형은 `float`, `double`, `long double`로 구분된다.

- **`float`**: 단정밀도 부동 소수점 수를 저장하는 데 사용되는 자료형으로, 일반적인 크기는 4바이트이고 약 6~7자리의 유효 숫자를 저장할 수 있다. 예를 들어 `3.14`나 `2.71828`은 `float`형 변수에 할당할 수 있다.
- **`double`**: 배정밀도 부동 소수점 수를 저장하는 데 사용되는 자료형으로, 일반적인 크기는 8바이트이고 약 15~16자리의 유효 숫자를 저장할 수 있다. 실숫값을 저장할 때 보편적으로 사용하며, `float`형보다 범위와 정밀도가 더 크다.
- **`long double`**: `double`형보다 더 큰 범위와 정밀도의 부동 소수점 수를 저장하는 데 사용되는 자료형이다. 일반적인 크기는 8바이트 이상으로, 시스템에 따라 10바이트 또는 16바이트가 될 수 있으며, 정밀도는 18자리 이상이다.

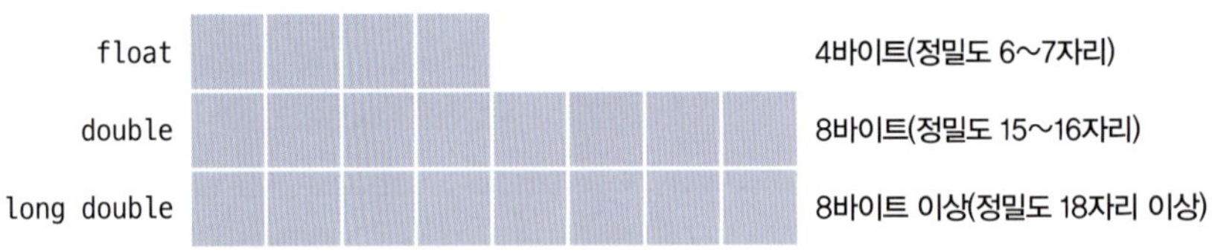

그림 3-15 실수형의 종류와 메모리 저장 공간

C 언어에서 제공하는 실수형의 종류에 따른 정밀도와 유효 범위는 [표 3-3]과 같다.

표 3-3 실수형의 종류와 정밀도, 유효 범위

실수형	크기	정밀도(유효 숫자)	유효 범위
`float`	4바이트	6~7자리	최솟값: 1.175494351E−38
			최댓값: 3.402823466E+38
`double`	8바이트	15~16자리	최솟값: ±2.2250738585072014E−308
			최댓값: ±1.7976931348623157E+308
`long double`	8바이트 이상	18자리 이상	최솟값: ±3.36210314311209350626E−4932
			최댓값: ±1.18973149535723176502E+4932

TIP 최솟값, 최댓값, 정밀도는 실제 시스템과 컴파일러의 구현에 따라 다를 수 있다. 범위는 IEEE 754 표준에 따라 정의되어 있으며, 대부분의 C 컴파일러는 이 표준을 준수한다.

예제 3-5 실수형 변수를 사용하여 사칙 연산하기 ex03_05.c

↳ 실수형 변수를 선언하고 간단한 사칙 연산의 결과를 출력해보자.

```c
#include <stdio.h>

int main()
{
    float floatValue1 = 3.14f;      // float형 변수 선언과 값 할당
    float floatValue2 = 2.718f;     // float형 변수 선언과 값 할당
    float sumFloat = floatValue1 + floatValue2;
    float productFloat = floatValue1 * floatValue2;

    printf("Sum (Float): %f\n", sumFloat);
    printf("Product (Float): %f\n", productFloat);

    double doubleValue1 = 123.456;      // double형 변수 선언과 값 할당
    double doubleValue2 = 789.012;      // double형 변수 선언과 값 할당
    double sumDouble = doubleValue1 + doubleValue2;
    double productDouble = doubleValue1 * doubleValue2;

    printf("Sum (Double): %lf\n", sumDouble);
    printf("Product (Double): %lf\n", productDouble);

    return 0;
}
```

변수 sumFloat에 두 변수의 덧셈 결과 저장

변수 productFloat에 두 변수의 곱셈 결과 저장

변수 sumDouble에 두 변수의 덧셈 결과 저장

변수 productDouble에 두 변수의 곱셈 결과 저장

```
Sum (Float): 5.858000
Product (Float): 8.534520
Sum (Double): 912.468000
Product (Double): 97408.265472
```

TIP C 언어에서는 float, double 값을 구분하기 위해 float형의 데이터 맨 뒤에 f를 추가해야 한다.

```c
float floatValue1 = 3.14f;
double doubleValue1 = 123.456;
```

예제 3-6 실수형 변수를 사용하여 삼각형과 사각형의 넓이 계산하기 ex03_06.c

↳ 실수형 변수와 사칙 연산을 활용하여 삼각형과 사각형의 넓이를 계산해보자. 출력 형식 지정자 %f와 %lf를 사용하여 소수점 아래 자릿수를 조정한다.

```
#include <stdio.h>

int main()
{
    float base = 5.0;
    float height = 3.0;
    float triangleArea = (base * height) / 2.0;        삼각형의 넓이를 계산하는 함수

    printf("삼각형 넓이: %.2f\n", triangleArea);        삼각형의 넓이 출력

    double width = 4.0;
    double rheight = 6.0;
    double rectangleArea = width * rheight;        사각형의 넓이를 계산하는 함수

    printf("사각형 넓이: %.2lf\n", rectangleArea);        사각형의 넓이 출력

    return 0;
}
```

```
삼각형 넓이: 7.50
사각형 넓이: 24.00
```

확인문제

1 다음 빈칸에 알맞은 말을 넣으시오.

① (　　　　)는 단정밀도 부동 소수점 수를 저장하는 데 사용되는 자료형이다.

② (　　　　)은 배정밀도 부동 소수점 수를 저장하는 데 사용되는 자료형이다.

③ (　　　　)은 double형보다 더 큰 범위와 정밀도의 부동 소수점 수를 저장하는 데 사용되는 자료형이다.

정답

1 ① float ② double ③ long double

5 문자형

문자형character data type은 단일 문자를 저장하기 위한 자료형이다. char형을 사용하여 변수를 선언하며, char형은 signed char, unsigned char로 구분된다.

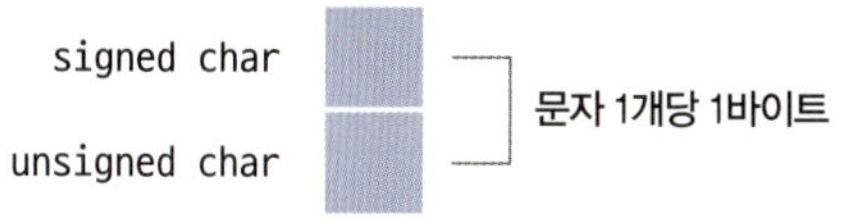

그림 3-16 문자형의 종류

모든 문자는 아스키코드로 표현되고, 알파벳 문자 하나가 1바이트를 차지한다. 따라서 char형의 크기는 1바이트이며, 부호 있는 형태 또는 부호 없는 형태로 사용할 수 있다. 부호 있는 char형 값의 범위는 −128부터 127까지이고, 부호 없는 char형 값의 범위는 0부터 255까지이다.

표 3-4 문자형의 종류와 유효 범위

문자형		크기	유효 범위
char	signed char	1바이트	−128~127
	unsigned char		0~255

다음은 문자형 변수 myChar를 선언하여 문자를 저장하는 코드이다.

```
char myChar;      // 문자형 변수 선언
myChar = 'A';     // 문자 'A' 저장
```

단일 문자를 저장하는 문자형 변수에는 아스키코드 또는 유니코드의 문자를 저장할 수 있다. 따라서 문자형 변수에 'A', 'b', '1', '@'과 같은 단일 문자를 대입할 때는 다음과 같이 정숫값을 할당할 수도 있다. C 언어에서는 문자와 해당 아스키코드 값 간의 변환이 가능하다.

```
char myChar;      // 문자형 변수 선언
myChar = 65;      // 아스키코드에서 'A'의 값
```

하나 더 알기 **문자형 변수와 문자열**

문자형 변수와 문자열은 다른 개념이다. 문자형 변수는 하나의 문자만을 저장할 수 있는 자료형이고, 문자열은 여러 개의 문자로 이루어진 배열이다. 문자형 변수는 하나의 문자를 표현하거나 문자열의 일부 문자에 접근할 때 사용하고, 문자열은 문장, 단어, 문서 등의 연속된 텍스트 데이터를 저장하는 데 사용할 수 있다. 이에 대해서는 11장에서 자세히 다룰 것이다.

아스키코드

아스키ASCII(American Standard Code for Information Interchange)는 C 언어가 처음 개발되었을 당시에 주로 사용되던 문자 인코딩 체계 중 하나이다. C 언어와 아스키코드가 공존하면서 발전했기에 C 언어의 문자와 문자열은 아스키코드로 변환되며, 현재 다른 언어들은 유니코드를 지원한다.

아스키코드는 컴퓨터에서 문자를 숫자로 나타내기 위한 표준 인코딩 체계로, 7비트(0부터 127까지)로 모든 알파벳, 숫자, 주요 특수 문자를 표현할 수 있다. 대부분의 컴퓨터 시스템과 프로그래밍 언어에서 지원되는 아스키코드의 각 문자는 0부터 127까지의 정수로 표현된다. 따라서 대문자 A는 65로, 소문자 a는 97로 나타낼 수 있다.

TIP 아스키코드 표는 136쪽의 [한 번 더 체크]를 참조하기 바란다.

예제 3-7 알파벳의 아스키코드 값 출력하기 ex03_07.c

↳ 알파벳 문자의 아스키코드 값이 무엇인지 알아보는 예제이다.

```
#include <stdio.h>

int main()
{
    char alphabet = 'T';

    printf("alphabet 변수의 값: %c\n", alphabet);
    printf("알파벳 'T'에 해당하는 ASCII 코드 값: %d\n", alphabet);

    return 0;
}
```

- char alphabet = 'T'; — 문자형 변수 alphabet에 'T' 저장
- printf("alphabet 변수의 값: %c\n", alphabet); — 변수 alphabet의 값 출력
- printf("알파벳 'T'에 해당하는 ASCII 코드 값: %d\n", alphabet); — 알파벳 'T'에 해당하는 아스키코드 값 출력

```
alphabet 변수의 값: T
알파벳 'T'에 해당하는 ASCII 코드 값: 84
```

확인문제

1 자료형의 종류 중 문자형에 대한 설명으로 옳은 것을 고르시오.

① 문자형은 문자열을 저장할 때 사용한다.

② 문자형은 부호 없는 형태로만 사용할 수 있다.

③ 문자형은 단일 문자를 저장할 때 사용한다.

④ string형을 사용하여 단일 문자를 변수에 저장한다.

2 다음 빈칸에 알맞은 말을 넣으시오.

① 아스키코드는 (　　　)비트로 모든 알파벳을 표현할 수 있다.

② 아스키코드의 체계에 따르면 대문자 V를 (　　　)으로, 소문자 (　　　)를 118로 나타낼 수 있다.

정답

1 ③　　2 ① 7　② 86, v

TIP 현대 컴퓨터 시스템은 8비트, 즉 1바이트를 기본 단위로 사용하기 때문에 아스키코드의 문자를 저장할 때 일반적으로 여덟 번째 비트가 0으로 설정된다.

3.3 상수

1 상수의 개념

상수constant는 프로그램에서 고정된 값을 나타내는 식별자이다. 변수와 달리 상수는 값을 변경할 수 없으며, 한 번 정의하면 그 값이 유지되므로 프로그램에서 변하지 않는 값을 나타낼 때 유용하다. 예를 들어 수학적인 상수인 원주율(π)이나 특정한 문자를 나타낼 때 상수를 사용한다.

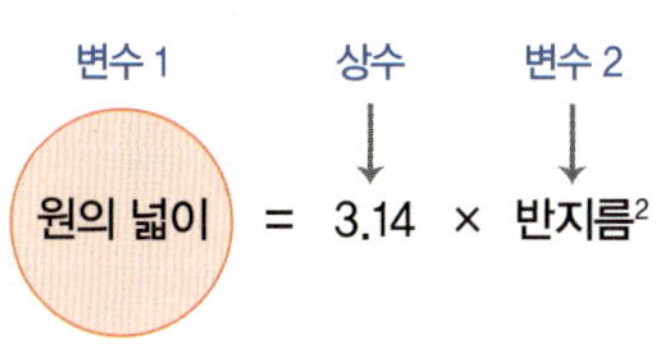

그림 3-17 원의 넓이를 구하는 공식의 상수와 변수

C 언어에서 사용할 수 있는 상수의 종류와 예는 다음과 같다.

- **정수형 상수**: 정숫값을 나타내는 상수이다.

  예 `0, 10, -5`

- **실수형 상수**: 실숫값을 나타내는 상수이다.

  예 `3.14, 1.23e-5`

- **문자형 상수**: 단일 문자를 나타내는 상수로, 작은따옴표(' ')로 감싼다.

  예 `'A', 'b', '@'`

- **문자열 상수**: 여러 개의 문자로 이루어진 문자열을 나타내는 상수로, 큰따옴표(" ")로 감싼다.

  예 `"Hello", "World"`

2 정수형 상수

정숫값을 나타내는 상수인 **정수형 상수**integer constant는 정수형 변수에 대입되는 값을 의미한다. 모든 정수형 상수의 값은 변경할 수 없을 뿐만 아니라 프로그램 실행 도중에 변경되지 않아야 한다. 정수형 상수는 진법에 따라 10진수, 16진수, 8진수, 2진수로 구분된다.

10진수

42, −10, 0 등 10진수 형식으로 표현된 정숫값을 말한다. 예를 들어 42는 10진수로 표현된 값이므로 `%d` 형식 지정자를 사용하여 출력하며, 출력 결과는 `Decimal: 42`이다.

```
printf("Decimal: %d\n", 42);
```

10진수 정수를 출력하는 형식 지정자

16진수

16진수 형식으로 표현된 정숫값으로, 접두사 0x 또는 0X를 사용하며 숫자 0부터 9와 알파벳 A부터 F로 표현한다. 예를 들어 0x2A는 16진수로 표현된 값이므로 `%x` 형식 지정자를 사용하여 출력하며, 출력 결과는 `Hexadecimal: 2a`이다.

```
printf("Hexadecimal: %x\n", 0x2A);
```

16진수 정수를 출력하는 형식 지정자

8진수

8진수 형식으로 표현된 정숫값으로, 숫자 0부터 7로 표현한다. 예를 들어 052는 8진수로 표현된 값이므로 `%o` 형식 지정자를 사용하여 출력하며, 출력 결과는 `Octal: 52`이다.

```
printf("Octal: %o\n", 052);
```

8진수 정수를 출력하는 형식 지정자

2진수

2진수 형식으로 표현된 정숫값으로, 접두사 0b 또는 0B를 사용하며 숫자 0과 1로만 표현한다. 예를 들어 0b101010는 2진수로 표현된 값이지만 C 언어 표준에는 내장된 2진수 출력 형식이 없으므로 몇몇 컴파일러에서는 0b 또는 0B 접두사를 지원하기도 한다. 대개는 `%d` 형식 지정자를 사용하여 10진수로 출력하며, 출력 결과는 `Binary: 42`이다.

```
printf("Binary: %d\n", 0b101010);
```

10진수 정수를 출력하는 형식 지정자

예제 3-8 10진수, 16진수, 8진수, 2진수 상수 출력하기 ex03_08.c

↳ C 언어에서 지원하는 다양한 진법 표현 방식을 사용하여 정수형 상수를 선언하고 출력해보자.

```c
#include <stdio.h>

int main()
{
    int decimal = 42;            // 10진수 상수
    int hexadecimal = 0x2A;      // 16진수 상수
    int octal = 052;             // 8진수 상수
    int binary = 0b101010;       // 2진수 상수

    printf("Decimal: %d\n", decimal);
    printf("Hexadecimal: %x\n", hexadecimal);
    printf("Octal: %o\n", octal);
    printf("Binary: %d\n", binary);

    return 0;
}
```

```
Decimal: 42
Hexadecimal: 2a
Octal: 52
Binary: 42
```

3 실수형 상수

실숫값을 나타내는 상수인 **실수형 상수**floating-point constant는 부동 소수점 형식으로 표현되며, 값을 변경할 수 없다. 실수형 상수를 나타내는 진수 정의의 예는 다음과 같다.

- **10진수 상수**: 10진수 형식으로 나타낸 실수이다.

  예 3.14, −2.5, 0.0

- **16진수 상수**: 16진수 형식으로 나타낸 실수이다.

  예 0x1.8p2는 1.8×2^2을 나타낸다.

- **지수 표기법**: 실수를 지수 형식으로 표현하는 방법으로, e 또는 E를 사용하여 지수를 나타낸다.

  예 1.23e−5는 1.23×10^{-5}을 나타낸다.

지수 형식

실수를 표현하는 방법 중 하나인 **지수 형식**exponential notation은 지수mantissa와 가수exponent의 조합으로 실수를 나타낸다.

- **가수**: 실수의 유효 숫자 부분을 말하며 소수점 앞뒤의 숫자가 포함된다. 일반적으로 부동 소수점 형식으로 표현된다.
- **지수**: 실수를 곱하는 지수를 말한다. 10^2은 10의 거듭제곱이다.

지수 형식은 큰 수나 작은 수를 나타낼 때 유용하며 다음과 같이 구성된다.

그림 3-18 지수 형식의 구성 요소

지수 형식에서 실수는 [그림 3−19]와 같이 알파벳 소문자 e와 대문자 E를 사용하여 3.14e+16 또는 3.14E+16으로 나타낼 수도 있다. 지수 형식을 사용하면 부동 소수점 형식으로 직접 나타내기 어려운 매우 큰 수와 매우 작은 수를 간단하게 효율적으로 나타낼 수 있다. 또한 지수 형식은 과학적 또는 수학적 계산에서 사용되는 상수와 값을 표현하는 데에도 널리 사용된다.

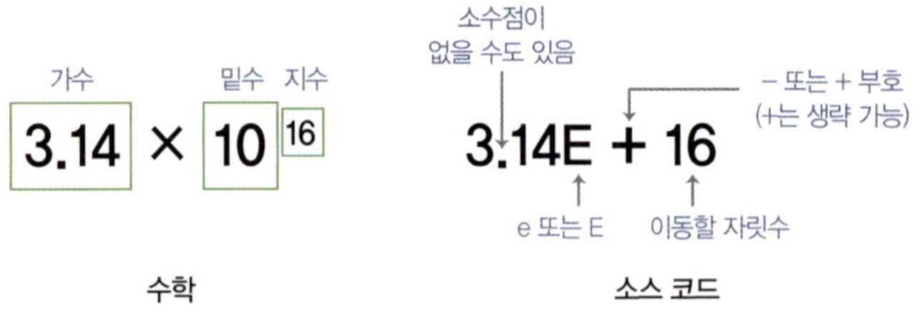

그림 3-19 지수 형식으로 나타낸 실수형 상수

float형 상수

실수형 상수 중 float형 상수는 다음과 같이 나타낸다.

```
float fscore;
fscore = 589.734F;
```

float형 상수 표현 형식으로 f 또는 F를 사용

float형 상수는 32비트 부동 소수점 형식으로 표현되는 실숫값으로, 접미사 f 또는 F를 사용하여 나타낸다. 소수점 이하 숫자를 포함하거나, 지수 표기법을 사용하여 표현할 수 있다. 또한 정수와 소수점 이하 숫자를 함께 사용하여 표현할 수도 있다.

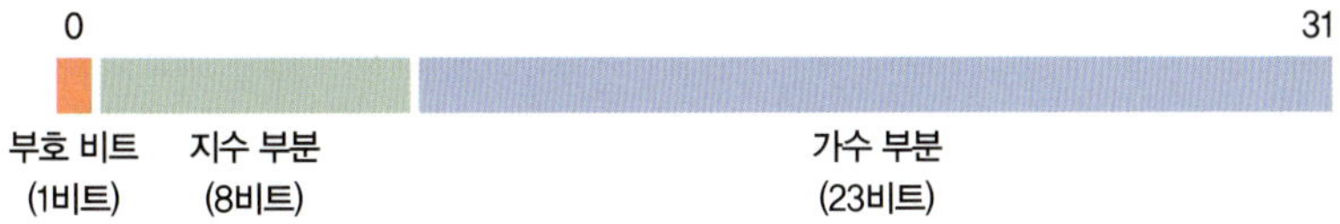

그림 3-20 float형 상수의 비트 자릿수 구성

예제 3-9 float형 상수 출력하기 ex03_09.c

↳ float형 변수 fscore를 선언하여 실숫값을 할당하고 다양한 형식으로 출력해보자.

```
#include <stdio.h>

int main()
{
    float fscore;
    fscore = 589.73456F;

    printf("fscore: %f\n", fscore);
    printf("fscore: %.2f\n", fscore);
    printf("fscore: %e\n", fscore);
    printf("fscore: %E\n", fscore);

    return 0;
}
```

float형 상수 589.73456

소수점 아래 둘째 자리까지 출력

지수 형식 e로 출력

지수 형식 E로 출력

TIP printf()에 %E를 사용하면 대문자 E를 포함한 지수 형식으로 출력되고, %e를 사용하면 소문자 e를 포함한 지수 형식으로 출력된다.

```
fscore: 589.734558
fscore: 589.73
fscore: 5.897346e+02
fscore: 5.897346E+02
```

double형 상수

실수형 상수 중 double형 상수는 다음과 같이 나타낸다.

```
double dscore;
dscore = 589.73456;
```

double형 상수는 64비트 부동 소수점 형식으로 표현되는 실숫값으로, 접미사 없이 나타낸다.

그림 3-21 double형 상수의 비트 자릿수 구성

예제 3-10 double형 상수 출력하기 ex03_10.c

↳ double형 변수 dscore를 선언하여 실숫값을 할당하고 다양한 형식으로 출력해보자.

```
#include <stdio.h>

int main()
{
    double dscore;
    dscore = 589.73456;

    printf("dscore: %lf\n", dscore);
    printf("dscore: %.2lf\n", dscore);
    printf("dscore: %e\n", dscore);
    printf("dscore: %E\n", dscore);

    return 0;
}
```

double형 상수 589.73456

소수점 아래 여섯째 자리까지 출력

소수점 아래 두 자리 정밀도로 double 값 출력

지수 형식 e로 출력

지수 형식 E로 출력

```
dscore: 589.734560
dscore: 589.73
dscore: 5.897346e+02
dscore: 5.897346E+02
```

확인문제

1 다음 빈칸에 알맞은 말을 넣으시오.

① float형 상수는 (   ) 형식으로 표현되는 실숫값이다.

② double형 상수는 (   ) 형식으로 표현되는 실숫값이다.

정답

1 ① 32비트 부동 소수점 ② 64비트 부동 소수점

4 문자형 상수

문자형 상수character constant는 단일 문자를 나타내는 상수로, 작은따옴표로 감싼다. C 언어에서 문자형 상수는 해당 문자의 아스키코드 값으로 표현되며, 몇 가지 예는 다음과 같다.

- **알파벳 대문자**: 알파벳 대문자를 나타내는 문자형 상수이다.

  예 'A', 'B', 'C'

- **알파벳 소문자**: 알파벳 소문자를 나타내는 문자형 상수이다.

  예 'a', 'b', 'c'

- **숫자**: 숫자를 나타내는 문자형 상수로, 숫자가 실제 연산에 사용되는 피연산자가 아닌 문자로 처리된다.

  예 '0', '1', '2'

- **특수 문자**: 특수 문자를 나타내는 문자형 상수로, 특수 문자가 문자열이나 문자 기반 작업에서 사용될 수 있다.

  예 '$', '%', '@'

예제 3-11 **문자형 상수를 아스키코드로 출력하기** ex03_11.c

↳ 문자형 상수를 저장하는 변수를 선언하고 문자와 아스키코드 값을 출력해보자.

```c
#include <stdio.h>

int main()
{
    char grade = 'A';
    char dollar = '$';
    char digit = '7';

    printf("Grade 값: %c\n", grade);
    printf("Grade 아스키코드: %d\n", grade);

    printf("Dollar Sign 값: %c\n", dollar);
    printf("Dollar Sign 아스키코드: %d\n", dollar);

    printf("Digit 값: %c\n", digit);
    printf("Digit 아스키코드: %d\n", digit);

    return 0;
}
```

문자를 출력하는 형식 지정자 (%c)

문자 '7'에 해당하는 아스키코드 값 출력 (printf("Digit 아스키코드: %d\n", digit);)

```
Grade 값: A
Grade 아스키코드: 65
Dollar Sign 값: $
Dollar Sign 아스키코드: 36
Digit 값: 7
Digit 아스키코드: 55
```

5 기호 상수

기호 상수symbolic constant는 프로그래밍을 할 때 반복적으로 사용하는 값이나 매직 넘버를 대체하기 위해 이름으로 정의된 상수를 말한다. 기호 상수를 사용하면 중복되는 코드를 최소화하여 가독성을 높일 수 있으며, 값이 변경될 때는 기호 상수가 정의된 부분만 수정하면 되기 때문에 유지·보수 작업이 간단하고 안전하다. 기호 상수는 전역상수로 선언되며, 일반적으로 대문자와 언더바(_)를 사용하여 이름을 작성한다.

하나 더 알기 **매직 넘버**

C 언어에서 매직 넘버(magic number)는 소스 코드 내에서 문맥 없이 사용된 특정 숫자를 의미한다. 이러한 숫자는 코드의 명확성을 감소시키며, 다른 사람들이 코드를 읽을 때 그 숫자가 무엇을 의미하는지, 왜 그러한 값이 선택되었는지 알기 어렵다. 다음 코드를 살펴보자.

```
if (salary > 40000)      // 매직 넘버
{
    // do something
}
```

여기서 숫자 '40000'은 매직 넘버로, 코드만 보아서는 이 숫자의 의미가 명확하지 않다. 이럴 때 다음과 같이 UPPER_LIMIT_SALARY라는 기호 상수를 사용하면 해당 숫자가 최대 급여 한도를 의미한다는 것을 쉽게 알 수 있다.

```
const int UPPER_LIMIT_SALARY = 40000;   // 기호 상수를 정의하는 구문
if (salary > UPPER_LIMIT_SALARY)        // 숫자 대신 기호 상수 입력
{
    // do something
}
```

이처럼 매직 넘버 대신 의미 있는 이름의 상수나 변수를 사용하면 코드를 직관적으로 이해할 수 있어 중요한 값이 변경되는 것을 방지함으로써 오류가 발생할 가능성도 줄어든다.

#define 지시문을 사용하여 정의

기호 상수를 정의하는 방법은 두 가지인데, 먼저 #define 전처리 지시문을 사용하여 기호 상수를 정의하는 형식은 다음과 같다.

| Syntax | #define 지시문

```
지시문 기호 상수 상숫값
#define PI 3.14159
```

#define 지시문은 반드시 main() 함수 코드 밖에서 선언되어야 하며, #define 끝에는 세미콜론을 붙이지 않는다. #는 다른 코드보다 먼저 컴파일하여 수행하라는 의미를 띠고 있다. #define은 값이 변경될 일이 없는 고정된 상수를 정의할 때 사용되며, 컴파일 시 상수명을 해당 값으로 단순히 치환한다.

예제 3-12 #define 지시문으로 기호 상수 정의하고 활용하기 ex03_12.c

↳ #define 지시문을 사용하여 원주율을 기호 상수로 정의하고 반지름과 원의 넓이를 구해보자.

```c
#include <stdio.h>

#define PI 3.14159265

int main()
{
    float radius = 5.0f;
    float area = 0;

    area = PI * radius * radius;

    printf("반지름: %.2f\n", radius);
    printf("기호 상수 PI: %.8f\n", PI);
    printf("원의 넓이: %.8f\n", area);

    return 0;
}
```

#define 지시문으로 기호 상수 정의

기호 상수 PI를 이용한 연산 코드

소수점 아래 여덟째 짜리까지 출력

```
반지름: 5.00
기호 상수 PI: 3.14159265
원의 넓이: 78.53981781
```

하나 더 알기 **C 언어의 전처리기**

C 언어에서 전처리기는 컴파일 과정 이전에 소스 코드의 초기 처리를 담당하는 도구이다. 전처리 지시문은 # 기호로 시작하며, 어떤 특별한 처리를 해야 하는지를 컴파일러에 알려준다. 대표적인 전처리 지시문은 #include, #define, #ifdef, #ifndef, #else, #endif 등이다.

const 명령어를 사용하여 정의

기호 상수를 정의하는 두 번째 방법으로, const 명령어를 사용하여 기호 상수로 정의하는 형식은 다음과 같다.

| Syntax | const 명령어

```
명령어 자료형 기호 상수 상숫값;
const double PI 3.14159;
```

const 명령어로 선언된 변수는 초기화 후 값이 변경되지 않아야 한다. 또한 읽기 전용으로 선언되었기 때문에 프로그램 실행 도중에 다른 값을 할당하거나 수정할 수 없다. 따라서 값의 변경을 방지하기 때문에 프로그램의 안정성을 높이는 데 도움이 된다.

예제 3-13 const 명령어로 기호 상수 정의하고 활용하기 ex03_13.c

↳ const 명령어를 사용하여 원주율을 기호 상수로 정의하고 반지름과 원의 넓이를 구해보자.

```c
#include <stdio.h>

int main()
{
    const double PI = 3.14159265;

    double radius = 5.0;
    double area = 0;

    area = PI * radius * radius;

    printf("반지름: %.2lf\n", radius);
    printf("기호 상수 PI: %.8lf\n", PI);
    printf("원의 넓이: %.8lf\n", area);

    return 0;
}
```

const 명령어로 기호 상수 선언

```
반지름: 5.00
기호 상수 PI: 3.14159265
원의 넓이: 78.53981781
```

확인문제

1 다음 빈칸에 알맞은 말을 넣으시오.

① 프로그램에서 고정된 문자를 나타내는 데 사용되는 문자형 상수는 (   )로 감싼다.

② 기호 상수를 정의하는 방법에는 (   ) 지시문을 사용하는 방법과 (   ) 명령어를 사용하는 방법이 있다.

정답

1 ① 작은따옴표 ② #define, const

3.4 자료형 변환

1 자료형 변환의 정의

자료형 변환type conversion은 어떤 자료형의 데이터를 다른 자료형으로 변환하는 과정을 말한다. C 언어에서 변수를 선언하고 프로그램을 실행하다 보면 연산 처리 과정에서 원치 않는 결괏값이 산출될 때가 있다. 예를 들어 정수와 정수의 나눗셈 연산을 수행하여 실수형 변수에 결괏값을 대입했을 때 실수가 아닌 정수가 실행 결과로 출력될 수 있다.

정수와 정수의 나눗셈 연산 Division.c

```c
#include <stdio.h>

int main()
{

    int a = 5;      // int형 변수 a를 선언하고 5로 초기화
    int b = 3;      // int형 변수 b를 선언하고 3으로 초기화
    float c = a / b;

    printf("%d / %d = %f \n", a, b, c);

    return 0;
}
```

```
5 / 3 = 1.000000
```

1.000000 → 정수 부분만을 반환(소수점 공간이 없음)

1.666667이라는 실행 결과를 예상하고 float형 변수 c를 선언했는데 소수점이 0으로 반환되었다. 정수의 나눗셈 연산은 소수 부분을 버리고 정수 부분만을 반환하기 때문이다. 이러한 연산을 할 때 소수 부분까지 출력하려면 피연산자 중 하나를 실수형으로 변환해야 하는데, 이때 필요한 것이 자료형 변환이다.

자료형 변환에는 두 가지 방식이 있다. C 컴파일러가 자동으로 자료형을 변환하는 자동 형 변환과 프로그래머가 직접 자료형을 변환하는 명시적 형 변환이 그것이다.

2 자동 형 변환

자동 형 변환implicit conversion은 특정 연산에서 다른 자료형이 함께 사용될 때 컴파일러가 어떤 자료형을 다른 자료형으로 자동으로 변환하는 것으로, 묵시적 형 변환이라고도 일컫는다. 이때 크기가 작은 자료형에서 크기가 큰 자료형으로 자동으로 변환된다.

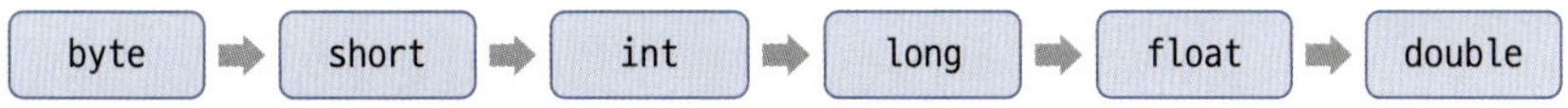

그림 3-22 자동 형 변환의 순서

이러한 변환 순서는 연산 과정에서 정확성과 일관성을 유지하기 위한 것이다. int형과 float형을 함께 연산하는 다음 코드를 살펴보자.

```
int i = 10;              // int형 변수 i를 선언하고 10으로 초기화
float f = 2.5;           // float형 변수 f를 선언하고 2.5로 초기화
float result = i * f;    // i가 float형으로 자동으로 변환됨
```

이 코드의 연산 순서는 다음과 같다.

① 먼저 int형의 값이 데이터 크기가 더 큰 float형으로 자동으로 변환된다.

② 따라서 두 float 값의 곱셈 연산이 수행되어 결괏값이 float형으로 반환된다.

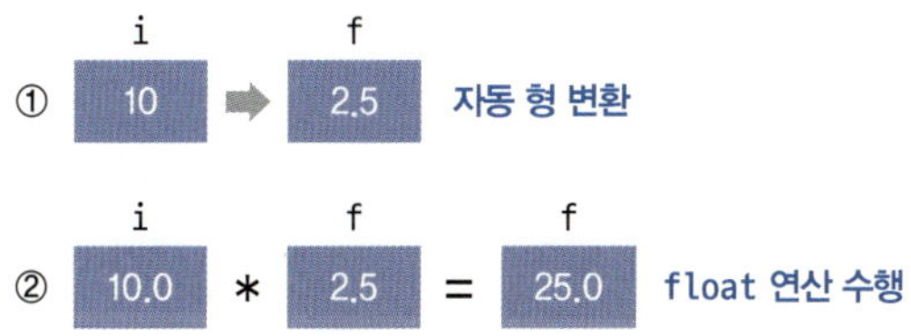

그림 3-23 자동 형 변환의 연산 과정

3 명시적 형 변환

명시적 형 변환explicit conversion은 프로그래머가 직접 자료형 변환을 지시하는 방식이다. 다음과 같이 괄호 안에는 변환하고자 하는 자료형을 넣고 피연산자에는 값을 작성하는데, 이때 사용하는 연산자를 **형 변환 연산자**type cast라고 한다.

| Syntax | **형 변환 연산자**

```
(자료형)피연산자
(int)2.78
```

예를 들어 (int)2.78을 선언하면 명시적 형 변환이 이루어져 일시적으로 메모리상에서만 정수 2가 되며, 이렇게 변환된 값은 수식의 앞부분에서 사용될 수 있다.

다음은 int형과 float형의 연산 수행 시 float형을 명시적으로 int형으로 변환하여 연산을 수행하는 코드이다.

```
int i = 10;                  // int형 변수 i를 선언하고 10으로 초기화
float f = 2.5;               // float형 변수 f를 선언하고 2.5로 초기화
int result = (int)f * i;     // 형 변환 연산자를 사용하여 변수 f를 int형으로 변환
```

하지만 이러한 형 변환이 항상 안전한 것은 아니다. 예를 들어 float형인 큰 수를 int형으로 변환하면 의도적으로 형을 변환하는 과정에서 데이터 손실이 발생할 수 있으므로 자료형을 변환할 때는 주의가 필요하다.

예제 3-14 자동 형 변환과 명시적 형 변환으로 연산 수행하기 ex03_14.c

↳ 변수의 자료형을 이용하여 자동 형 변환과 명시적 형 변환을 실습해보자.

```
#include <stdio.h>

int main()
{
    int i = 5;
    double d = 2.2;
    double result1 = i + d;
    double result2 = i * d;
    double result3 = (double)i - d;
    double result4 = (double)i / d;

    printf("덧셈 결과: %lf\n", result1);
    printf("곱셈 결과: %lf\n", result2);
    printf("뺄셈 결과: %lf\n", result3);
    printf("나눗셈 결과: %lf\n", result4);
```

연산 과정에서 int형 변수 i가 double형으로 자동 형 변환

형 변환 연산자를 이용하여 int형 변수 i를 double형으로 명시적 형 변환

```
    return 0;
}
```

```
덧셈 결과: 7.200000
곱셈 결과: 11.000000
뺄셈 결과: 2.800000
나눗셈 결과: 2.272727
```

예제 3-15 double형에서 int형으로 자동 형 변환 수행하기 ex03_15.c

↳ double형 변수에서 int형 변수로 자동 형 변환이 이루어지는 예제이다.

```
#include <stdio.h>

int main()
{
    double d = 5.0;
    int i;

    i = d;

    printf("i의 값: %d\n", i);

    return 0;
}
```

double형 변수 d의 값을 int형 변수 i에 대입

큰 수의 자료형에서 작은 수의 자료형으로 자동 형 변환

```
i의 값: 5
```

소수 부분이 제거되고 정수 부분만 반환

예제 3-16 double형에서 int형으로 명시적 형 변환 수행하기 ex03_16.c

↳ [예제 3-15]와 달리 double형 변수를 int형으로 명시적 형 변환을 하는 예제이다.

```
#include <stdio.h>

int main()
{
```

```
05      double d = 5.0;
06      int i;
07
08      i = (int)d;
09
10      printf("i의 값: %d\n", i);
11
12      return 0;
13  }
```

double형 변수 d의 값을 int형으로 명시적 형 변환을 한 후 그 결과를 변수 i에 할당

큰 수의 자료형에서 작은 수의 자료형으로 명시적 형 변환

```
i의 값: 5
```

소수 부분이 제거되고 정수 부분만 반환

[예제 3-15]와 [예제 3-16]의 실행 결과는 동일하지만 코드 진행 과정에 큰 차이가 있다. [예제 3-15]의 8행에서는 `double`형 변수에 저장된 값 `5.0`을 `int`형 변수에 할당하여 컴파일러에 의해 자동으로 형 변환이 되었다. 반면에 [예제 3-16]의 8행에서는 `double`형이 `int`형으로 변환할 때 소수점이 생략되는 것을 감안하여 명시적 형 변환을 수행했다.

하나 더 알기 **데이터 손실의 유형**

명시적 형 변환은 데이터 손실을 최소화하는 형 변환 방법 중 하나이다. 그러므로 크기가 큰 자료형에서 크기가 작은 자료형으로 변환할 때는 명시적 형 변환을 사용하는 것이 좋다. 명시적 형 변환을 하지 않으면 데이터 손실이 발생하는 주요 이유는 다음과 같다.

- **다른 표현 범위**: 자료형에 따라 표현할 수 있는 값의 범위가 다르다. 일반적으로 `int`형이 표현할 수 있는 범위가 `short`형보다 더 크기 때문에 `int`형을 `short`형으로 자동 형 변환을 하면 데이터 손실이 발생할 수 있다.
- **소수점 아래 값 삭제**: `float`형이나 `double`형과 같은 실수형을 정수형으로 변환할 때 소수점 아래 값이 삭제된다. 예를 들어 `float`형으로 선언된 값 `2.5`를 `int`형으로 자동 형 변환을 하면 2가 된다.
- **정밀도 손실**: `double`형은 `float`형보다 정밀도가 더 크다. 따라서 큰 값인 `double`형을 `float`형으로 변환하면 정밀도 손실이 발생할 수 있다.
- **부동 소수점과 정수의 표현**: 정수와 달리 부동 소수점 수는 가수와 지수로 표현된다. 따라서 큰 부동 소수점 수를 정수로 변환하거나 큰 정수를 부동 소수점 수로 변환하면 데이터 손실이 발생할 수 있다.

확인문제

1 다음 빈칸에 알맞은 말을 넣으시오.

① (　　　　　)은 C 컴파일러가 자동으로 자료형을 변환하는 방식이다.

② (　　　　　)은 프로그래머가 직접 자료형을 변환하는 방식이다.

2 다음과 같이 명시적 형 변환을 했을 때 출력되는 i의 값은 무엇인가?

```
float f = 3.5;
int = i;
i=(int)f;
```

① 0.35　　② 3.5　　③ 3.0　　④ 3

정답

1 ① 자동 형 변환 ② 명시적 형 변환　　2 ④

LAB 음식 가격에 부가세 적용하기

식당에서 카드로 결제하고 받은 영수증을 살펴보면 부가세가 붙어 있다. 이 장에서 배운 변수와 상수의 개념을 활용하여 부가세율을 정의하고 음식 가격에 부가세를 적용하는 프로그램을 작성해보자.

```
음식의 가격을 입력하세요(원): 8000
부가세 포함 총가격: 8320.00원
```

조건

- 음식 가격을 입력받는다.
- 입력받은 음식 가격에 4%의 부가세를 덧붙여 총가격을 계산한다.
- 부가세가 포함된 총가격을 소수점 아래 둘째 자리까지 화면에 출력한다.

힌트

- 상수를 사용하여 부가세율을 0.04로 정의한다.
- 부가세가 포함된 총가격은 입력받은 음식 가격에 부가세율을 곱한 값을 더하여 계산한다.
- printf() 함수의 형식 지정자를 사용하여 소수점 아래 둘째 자리까지 출력한다.
- 음식 가격을 입력받아 변수를 선언하고, 이 변수에 부가세율을 적용하여 총가격을 계산한다. 단, 음식 가격을 입력받기 전 변수의 초깃값을 확인해야 한다.

문제 해결 LAB_3-1.c

```c
#pragma warning(disable: 4996)
#include <stdio.h>
#define VAT_RATE 0.04          // 상수 선언, 부가세율 0.04

int main()
{
    double foodPrice;          // 음식 가격 초기화
    double totalPrice = 0.0;   // 총가격 초기화

    printf("음식의 가격을 입력하세요(원): ");
    scanf("%lf", &foodPrice);

    totalPrice = foodPrice + (foodPrice * VAT_RATE);  // 총가격 계산

    printf("부가세 포함 총가격: %.2lf원\n", totalPrice);

    return 0;
}
```

부가세율을 나타내는 상수 정의

음식 가격을 나타내는 변수 foodPrice 선언

부가세가 포함된 가격을 나타내는 변수 totalPrice 선언 및 초기화

부동 소수점 수를 입력받기 위한 형식 지정자

소수점 아래 둘째 자리까지 출력하는 형식 지정자

LAB 전기 요금 계산하기

전력 사용량과 전력 요금을 입력받아 전기 요금을 계산하는 프로그램을 작성해보자.

```
사용한 전력량(kW)을 입력하세요: 150
전력 요금(1kW당 비용)을 입력하세요: 20
전기 요금: 3000
```

조건

- 전력 사용량(kW)과 전력 요금(1kW당 비용)을 정수형으로 입력받는다.
- 전력 요금을 계산할 때 오버플로를 방지하기 위해 `int`형보다 큰 범위의 정수를 저장할 수 있도록 형 변환을 수행한다.

힌트

- 전기 요금은 전력 사용량과 전력 요금을 곱하여 계산한다.
  `long long 전기 요금 = (long long)전력 사용량 * 전력 요금;`
- `printf()` 함수의 형식 지정자 `%lld`를 사용하여 전기 요금을 출력한다.

문제 해결 LAB_3-2.c

```c
#pragma warning(disable: 4996)
#include <stdio.h>

int main()
{
    int powerConsumed, costPerkW;        // 정수형 변수 선언

    printf("사용한 전력량(kW)을 입력하세요: ");
    scanf("%d", &powerConsumed);
    printf("전력 요금(1kW당 비용)을 입력하세요: ");
    scanf("%d", &costPerkW);

    long long totalCost = (long long)powerConsumed * costPerkW;

    printf("전기 요금: %lld\n", totalCost);

    return 0;
}
```

- 전력 사용량과 전력 요금을 입력받아 저장하기 위한 형식 지정자 %d
- 오버플로를 방지하기 위한 명시적 형 변환
- long long 자료형에 대한 형식 지정자 %lld

REAL PROJECT 자동차의 평균 속도와 입력값의 크기 출력하기

자동차로 이동한 거리와 소요 시간을 입력받아 평균 속도를 계산하고, 입력받은 값의 크기와 평균 속도를 출력하는 프로그램을 작성해보자.

```
이동 거리를 입력하세요 (km): 150
소요 시간을 입력하세요 (시간): 2

=== 입력받은 값들의 크기 ===
이동 거리의 메모리 크기: 4 bytes
소요 시간의 메모리 크기: 4 bytes

=== 속도 계산 결과 ===
평균 속도: 75 km/h
```

조건

- 이동 거리(km)와 소요 시간을 입력받는다.
- 모든 변수를 부호 없는 정수형으로 선언한다.
- #define 전처리 지시문을 사용하여 1시간의 초를 정의한다.
- 입력받은 값의 크기를 출력하기 위해 sizeof 연산자를 사용한다.

문제 해결

REAL_speed.c

```c
#pragma warning(disable: 4996)
#include <stdio.h>
#define SECONDS_PER_HOUR 3600

int main()
{
    unsigned int distance, time, averageSpeed;
    printf("이동 거리를 입력하세요 (km): ");
    scanf("%u", &distance);

    printf("소요 시간을 입력하세요 (시간): ");
    scanf("%u", &time);
```

- 1시간을 초로 나타내는 상수 정의
- 부호 없는 정수형 변수 선언
- 이동 거리와 소요 시간을 입력받아 각 변수에 저장
- 부호 없는 정수를 입력받을 때 사용하는 형식 지정자 %u

```

    printf("\n=== 입력받은 값들의 크기 ===\n");
    printf("이동 거리의 메모리 크기: %lu bytes\n", sizeof(distance));
    printf("소요 시간의 메모리 크기: %lu bytes\n", sizeof(time));

    averageSpeed = distance / (time * SECONDS_PER_HOUR / SECONDS_PER_HOUR);

    printf("\n=== 속도 계산 결과 ===\n");
    printf("평균 속도: %u km/h\n", averageSpeed);

    return 0;
}
```

한 번 더 ✓ 체크 아스키코드 표

제어 문자			출력 가능 문자								
10진수	16진수	문자	10진수	16진수	문자	10진수	16진수	문자	10진수	16진수	문자
000	00	NULL	032	20	SP	064	40	@	096	60	`
001	01	SOH	033	21	!	065	41	A	097	61	a
002	02	STX	034	22	"	066	42	B	098	62	b
003	03	ETX	035	23	#	067	43	C	099	63	c
004	04	EOT	036	24	$	068	44	D	100	64	d
005	05	ENQ	037	25	%	069	45	E	101	65	e
006	06	ACK	038	26	&	070	46	F	102	66	f
007	07	BEL	039	27	'	071	47	G	103	67	g
008	08	BS	040	28	(	072	48	H	104	68	h
009	09	HT	041	29	)	073	49	I	105	69	i
010	0A	LF	042	2A	*	074	4A	J	106	6A	j
011	0B	VT	043	2B	+	075	4B	K	107	6B	k
012	0C	FF	044	2C	,	076	4C	L	108	6C	l
013	0D	CR	045	2D	-	077	4D	M	109	6D	m
014	0E	SOH	046	2E	.	078	4E	N	110	6E	n
015	0F	SI	047	2F	/	079	4F	O	111	6F	o
016	10	DLE	048	30	0	080	50	P	112	70	p
017	11	DC1	049	31	1	081	51	Q	113	71	q
018	12	DC2	050	32	2	082	52	R	114	72	r
019	13	DC3	051	33	3	083	53	S	115	73	s
020	14	DC4	052	34	4	084	54	T	116	74	t
021	15	NAK	053	35	5	085	55	U	117	75	u
022	16	SYN	054	36	6	086	56	V	118	76	v
023	17	ETB	055	37	7	087	57	W	119	77	w
024	18	CAN	056	38	8	088	58	X	120	78	x
025	19	EM	057	39	9	089	59	Y	121	79	y
026	1A	SUB	058	3A	:	090	5A	Z	122	7A	z
027	1B	ESC	059	3B	;	091	5B	[	123	7B	{
028	1C	FS	060	3C	〈	092	5C	\	124	7C	|
029	1D	GS	061	3D	=	093	5D	]	125	7D	}
030	1E	RS	062	3E	〉	094	5E	^	126	7E	~
031	1F	US	063	3F	?	095	5F	_	127	7F	DEL

요약

01 변수

❶ 변수: 컴퓨터 프로그램이 실행되는 동안 데이터를 저장하고 이후에 참조하기 위해 사용하는 식별자이다.

❷ 변수 선언의 형식: **자료형 변수명;**

❸ 변수 초기화: 변수를 선언하면서 초깃값을 할당하는 것을 말한다.

❹ 변수명을 작성할 때는 다음 규칙을 따라야 한다.

- 영문자(대·소문자), 숫자, 언더바(_)를 사용할 수 있다.
- 변수명의 첫 글자는 숫자로 시작할 수 없다.
- 대문자와 소문자를 구분한다(예 `TotalScore`와 `totalscore`는 다른 변수이다).
- 변수명 중간에 공백(Space Bar)을 사용할 수 없다.
- C 언어의 예약어를 사용할 수 없다.

02 자료형

❶ 자료형: 변수에 데이터를 저장할 때 데이터의 종류와 크기를 정의하는 단위이다.

❷ 정수형: 정수를 표현하기 위한 자료형으로 `short`, `int`, `long`, `long long`이 있다.

❸ 실수형: 소수점이 있는 수를 저장하기 위한 자료형으로 `float`, `double`, `long double`이 있다.

❹ 문자형: 단일 문자를 저장하기 위한 자료형으로, `char`형을 사용하여 변수를 선언한다.

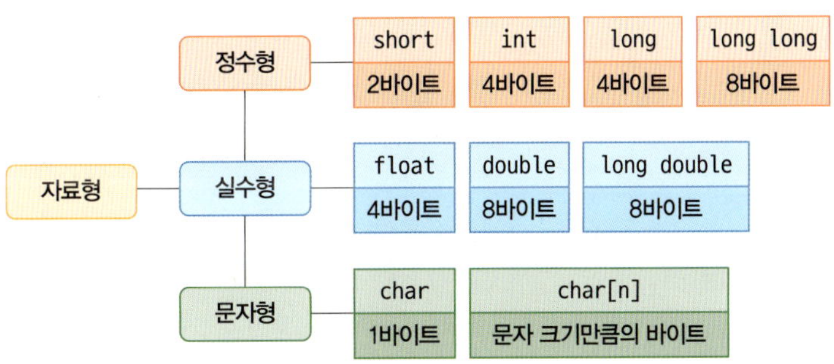

❺ 오버플로: 선언된 변수 자료형의 범위를 초과하는 값을 저장할 때 발생하는 현상이다.

❻ 언더플로: 변수로 선언한 자료형의 유효 범위보다 더 작은 값이 대입될 때 발생하는 현상이다.

❼ 아스키코드: 컴퓨터에서 문자를 숫자로 나타내기 위한 표준 인코딩 체계이다.

❽ `sizeof` 연산자: 주어진 변수나 자료형의 크기를 바이트 단위로 알려준다.

❾ `sizeof` 연산자의 형식: `sizeof (피연산자);`

03 상수

❶ 상수: 프로그램에서 고정된 값을 나타내는 식별자이다. 상수는 값을 변경할 수 없으며, 한 번 정의하면 그 값이 유지된다.

❷ 문자형 상수: 단일 문자를 나타내는 상수로, C 언어에서 문자형 상수는 해당 문자의 아스키코드 값으로 표현된다.

❸ 기호 상수: 프로그래밍을 할 때 반복적으로 사용하는 값이나 매직 넘버를 대체하기 위해 이름으로 정의된 상수이다.

04 자료형 변환

❶ 자동 형 변환: 특정 연산에서 다른 자료형이 함께 사용될 때 컴파일러가 어떤 자료형을 다른 자료형으로 자동으로 변환하는 것을 말한다.

❷ 명시적 형 변환: 프로그래머가 직접 자료형 변환을 지시하는 방식을 말한다.

❸ 명시적 형 변환의 형식: (자료형)피연산자

연습문제

01 프로그램 실행 도중 값이 변할 수 있는 것은 무엇인가?

① 상수 ② 실수 ③ 변수 ④ 문자

02 변하지 않는 값을 정의할 때 사용하는 식별자는 무엇인가?

① 변수 ② 주석 ③ 상수 ④ 키워드

03 다음 중 변수명으로 적절한 것은 무엇인가?

① `9_number1` ② `_helloWorld` ③ `123data` ④ `white space`

04 상수에 이름을 부여하는 개념은 무엇인가?

① 기호 상수 ② 상수 표기법 ③ 문자 상수 ④ 문자열 상수

05 선언된 변수의 자료형이 수용할 수 있는 범위를 초과하는 값을 할당했을 때 발생하는 현상은 무엇인가?

① 언더플로 ② 오버플로 ③ 컴파일 오류 ④ 시스템 중단

06 다음 중 변수명으로 적절한 것을 모두 고르시오.

① `$data` ② `count7` ③ `student_name` ④ `space zone`

⑤ `_test` ⑥ `5335_cha`

07 다음은 자동 형 변환의 순서이다. 빈칸을 채우시오.

byte ➡ short ➡ ① ➡ long ➡ ② ➡ double

08 다음 코드를 실행하면 어떤 현상이 발생하는지 설명하시오.

```
short shNum = 32769;
printf("shNum = %d", shNum);
```

09 다음 코드의 3행으로 인해 어떤 현상이 발생하는지 설명하시오.

```
01 double d = 5.0;
02 int i;
03 i = (int)d;
```

10 다음 코드의 3행으로 인해 어떤 현상이 발생하는지 설명하시오.

```
01 int intValue = 65;
02 char charValue;
03 charValue = (char)intValue;
04 printf("아스키코드 %d는 문자 '%c'에 해당합니다.\n", intValue, charValue);
```

11 변수명을 작성할 때의 규칙을 네 가지 이상 제시하시오.

12 다음은 a와 b에 저장된 값을 교환하는 프로그램이다. 실행 결과를 작성하시오.

```
#include <stdio.h>

int main(void)
{
   int a, b;
   int temp;

   a = 2;
   b = 4;

   printf("전 a=%d b=%d\n", a, b);

   temp = a;
   a = b;
   b = temp;

   printf("후 a=%d b=%d\n", a, b);
```

```
    return 0;
}
```

[힌트]

- a와 b의 값을 교환할 때 사용할 temp를 선언한다.
- a의 값 2를 temp에 저장하고 b의 값 4를 a에 저장한다. 즉 temp에는 2가, a에는 4가 들어 있다.
- temp의 값인 2를 b에 넣으면 b의 값이 2가 되면서 a와 b의 값이 바뀐다.

13 다음 코드에서 오류가 발생하는 부분을 찾아 바르게 수정하고 그 이유를 설명하시오.

```
#include <stdio.h>

int main(void)
{
    char dollar = "$";

    printf("Dollar Sign 값: %c\n", dollar);
    printf("Dollar Sign 아스키코드: %d\n", dollar);
    return 0;
}
```

14 다음 코드에서 오류가 발생하는 부분을 찾아 바르게 수정하고 그 이유를 설명하시오.

```
#include <stdio.h>

int main(void)
{
    int num;

    printf("num = %d", num);
    return 0;
}
```

프로그래밍 문제

01 알파벳을 입력받아 아스키코드 값을 출력하는 프로그램을 작성하시오.

```
알파벳을 입력하세요: G
G의 아스키코드: 71
```

02 정수를 입력받아 8진수, 10진수, 16진수로 출력하는 프로그램을 작성하시오.

[조건]

- 16진수는 대문자와 소문자를 구분하여 출력한다.

```
정수 입력: 14
8진수: 16
10진수: 14
16진수(대문자): E
16진수(소문자): e
```

03 월급을 입력받아 연봉을 계산하는 프로그램을 작성하시오.

[조건]

- 월급과 연봉의 단위는 만 원으로 한다.
- 세금을 적용하지 않고 단순 계산을 한다.

```
월급: 250
연봉: 3000
```

04 삼각형의 밑변과 높이(cm)를 입력받아 삼각형의 넓이(cm^2)를 계산하는 프로그램을 작성하시오.

```
밑변, 높이의 길이: 25 10
삼각형의 넓이: 125
```

05 양의 정수를 2개 입력받아 덧셈, 뺄셈, 곱셈, 나눗셈, 나머지를 구하는 프로그램을 작성하시오.

```
첫 번째 양의 정수를 입력하세요: 20
두 번째 양의 정수를 입력하세요: 3
덧셈: 23
뺄셈: 17
곱셈: 60
나눗셈: 6
나머지: 2
```

06 원기둥 밑면의 반지름과 높이(cm)를 입력받아 원기둥의 부피(cm^3)를 계산하는 프로그램을 작성하시오.

[조건]

- 원기둥 밑면의 반지름과 높이를 실수형으로 입력받는다.
- 원주율(π) 3.14를 변수로 설정하여 사용한다.
- 원기둥의 부피를 소수점 둘째 자리까지 출력한다.

```
원기둥 밑면의 반지름을 입력하세요(cm): 4.5
원기둥의 높이를 입력하세요(cm): 10.4
원기둥의 부피(cm³): 661.28
```

CHAPTER 04

연산자

4.1 연산자의 개요

4.2 산술·대입·증감 연산자

4.3 논리·조건·관계 연산자

LAB 학점 판별하기

4.4 기타 연산자

LAB 전구 상태 변경하기

LAB RGB 색상 생성하기

4.5 연산자의 우선순위

REAL PROJECT 날씨 프로그램 만들기

한 번 더 체크 보수

요약

연습문제 / 프로그래밍 문제

학습목표

- C 언어에서 쓰이는 수식과 연산자의 개념을 이해한다.
- C 언어에서 제공하는 연산자의 종류를 파악하고 사용법을 익힌다.
- 연산자의 우선순위와 결합 방향에 대해 알아본다.

Preview

계산과 연산을 빠르고 정확하게 수행하기 위해 C 언어에서 사용하는 수식과 연산자에 대해 알아본다. 연산자의 종류를 파악하고 사용법을 익히며, 연산자의 우선순위와 연산자를 복합적으로 사용하는 방법을 살펴본다.

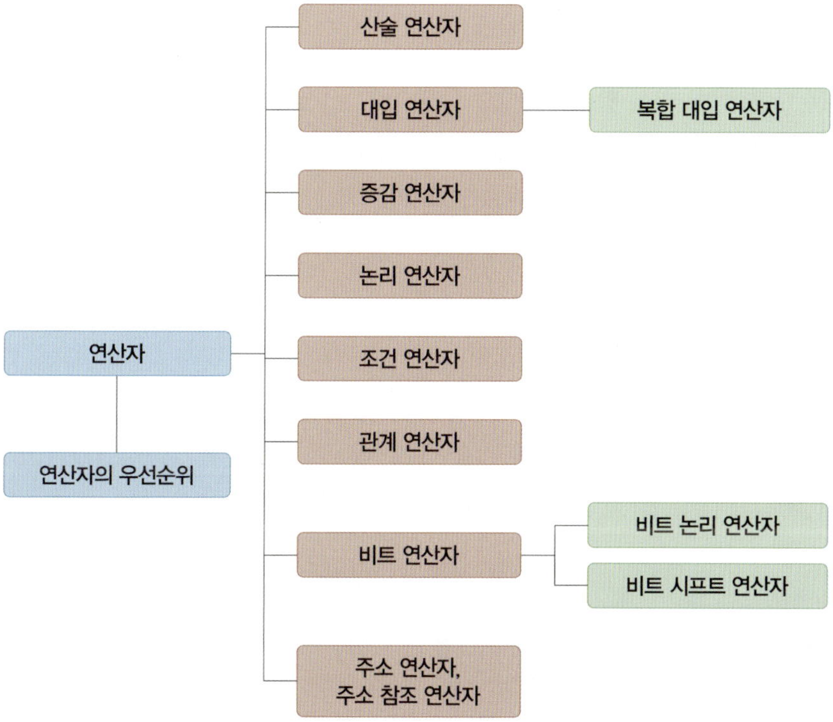

4.1 연산자의 개요

1 수식과 연산자

수식expression은 하나 이상의 값, 변수, 연산자를 결합하여 새로운 값을 만들어내는 구문을 말한다. C 언어의 수식은 수학에서 사용하는 수식과 비슷한 형태이다. 쉽게 말해 C 언어의 수식은 값을 계산하기 위한 코드의 기본 단위로, 상수나 변수가 하나인 매우 단순한 형태일 수도 있고 여러 연산자와 변수, 상수가 결합된 복잡한 형태일 수도 있다. 수식은 하나의 값이나 변수가 될 수 있으며, 연산으로 계산된 결과는 다른 변수에 할당되거나 출력될 수 있다.

수식은 [그림 4-1]과 같이 **연산자**operator와 **피연산자**operand로 구성된다. 수식에서 연산자는 특정 연산을 수행하는 기호이고, 피연산자는 연산의 대상이 되는 값을 말한다.

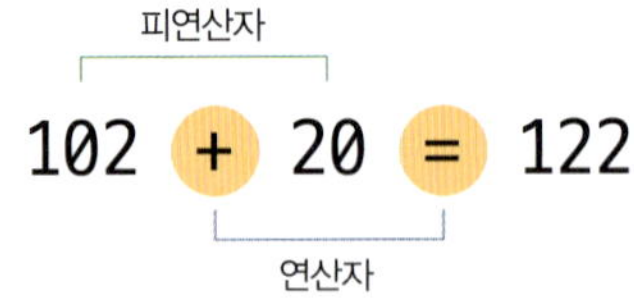

그림 4-1 수식의 기본 형태

C 언어에서는 다양한 연산자를 활용하여 산술 연산, 비교 연산, 논리 연산, 대입 연산 등을 수행할 수 있으며, 그 결과가 다른 수식이나 명령문에 사용되기도 한다. 프로그래밍에서는 다음과 같은 산술·관계·논리·복합 수식을 작성할 수 있다.

- **산술 수식**: `22 * 3 = 66`
- **관계 수식**: `100 > 200 = 0`
- **논리 수식**: `(32 < 53) && (12 > 6) = 1`
- **복합 수식**: `(10 + 2) * (20 - 3) = 204`

TIP 관계 수식과 논리 수식에서 결괏값 0은 거짓을, 1은 참을 의미한다.

> **하나 더 알기** C 언어에서의 수식 활용
>
> C 언어에서는 102 + 20 = 122와 같은 수식을 다음과 같은 개념에 적용할 수 있다.
>
> - **변수 선언**: 102와 20은 정수형 상수이며, 해당 값을 저장하고 연산하기 위한 정수형 변수를 선언한다.
> - **산술 연산**: +는 덧셈 연산자로, 두 피연산자를 합산한다. 102와 20을 더한 결과는 122이다.
> - **대입 연산**: =는 대입 연산자로, 연산의 결괏값을 정수형 변수에 할당한다.

확인문제

1 다음 빈칸에 알맞은 말을 넣으시오.

① C 언어에서는 (　　　　) 연산, (　　　　) 연산, (　　　　) 연산, (　　　　) 연산 등을 수행할 수 있으며, 그 결과가 다른 수식이나 명령문에 사용되기도 한다.

② (　　　　)는 특정 연산을 수행하는 기호이다.

정답

1 ① 산술, 비교, 논리, 대입 ② 연산자

4.2 산술·대입·증감 연산자

1 산술 연산자

산술 연산자arithmetic operator는 덧셈, 뺄셈과 같은 수학적 계산을 수행하기 위한 연산자이다. 따라서 산술 연산자는 2개 이상의 피연산자를 이용하여 연산을 수행하고 결과를 반환한다. 산술 연산자에는 숫자 자료형을 사용하며, 반환되는 결괏값도 숫자 자료형이다. C 언어에서 제공하는 산술 연산자의 종류는 [표 4-1]과 같다.

표 4-1 산술 연산자의 종류

산술 연산자		예	결괏값
덧셈 연산자	+	`int sum = 5 + 3;`	8
뺄셈 연산자	-	`int difference = 5 - 3;`	2
곱셈 연산자	*	`int product = 5 * 3;`	15
나눗셈 연산자	/	`int quotient = 5 / 3;`	1
나머지 연산자	%	`int remainder = 5 % 3;`	2

TIP 산술 연산자의 정확한 연산 결과는 피연산자의 자료형에 따라 달라질 수 있다.

산술 연산자는 복잡한 수학적 계산을 수행하는 데 필수적인 도구로서 프로그래밍에서 자주 사용된다. 산술 연산자의 특징은 다음과 같다.

❶ 2개 이상의 피연산자가 필요

대부분의 산술 연산자는 이항 연산자로, 2개 이상의 피연산자를 사용한다.

예 a + b, a - b, a * b, a / b

❷ 피연산자의 자료형

산술 연산자는 정수, 실수와 같은 숫자 자료형의 피연산자를 사용한다.

❸ 연산 결괏값의 자료형

피연산자의 자료형에 따라 결괏값의 자료형이 결정된다. 예를 들어 두 정수의 나눗셈 연산 결과는 정수이고, 두 실수의 나눗셈 연산 결과는 실수이다.

```
int result = (10 * 2) / (20 - 3)    // 정수형 연산은 정수형 결괏값 반환
float area = (7 * 7) * 3.14          // 실수형 연산은 실수형 결괏값 반환
```

❹ 산술 연산자의 우선순위

산술 연산자 중에서 곱셈, 나눗셈, 나머지 연산자는 덧셈, 뺄셈 연산자보다 우선순위가 높다. 다만 괄호를 사용하여 연산 순서를 명시적으로 지정할 수 있다.

❺ 나눗셈의 특별한 경우

정수의 나눗셈에서 나누는 수가 0일 때 프로그램이 정의되지 않은 동작을 수행함으로써 오류로 이어질 수 있다.

❻ 산술 연산의 형 변환

산술 연산에서 두 피연산자의 자료형이 다를 때는 크기가 작은 자료형에서 큰 자료형으로 자동 형 변환이 일어난다. 예를 들어 `int`형 변숫값 5와 `double`형 변숫값 `6.7`을 더하면 `int`형 변수의 정숫값이 실수로 변환된 후 연산이 수행된다.

```
int integerNumber = 5;        // 정수
double floatNumber = 6.7;     // 실수
double result = integerNumber + floatNumber;    // 정수와 실수를 더하는 연산
```

예제 4-1 | 산술 연산자 사용하여 계산하기 ex04_01.c

↳ 산술 연산자를 활용하여 다양한 계산을 하는 프로그램을 작성해보자.

```
#include <stdio.h>

```

```c
int main()
{
    int a = 15, b = 4;

    int sum = a + b;            // 정수의 덧셈
    int difference = a - b;     // 정수의 뺄셈
    int product = a * b;        // 정수의 곱셈
    int quotient = a / b;       // 정수의 나눗셈

    printf("sum: %d\n", sum);
    printf("difference: %d\n", difference);
    printf("product: %d\n", product);
    printf("quotient: %d\n", quotient);

    float x = 5.5, y = 2.3;

    float floatSum = x + y;           // 부동 소수점 수의 덧셈
    float floatDifference = x - y;    // 부동 소수점 수의 뺄셈
    float floatProduct = x * y;       // 부동 소수점 수의 곱셈
    float floatQuotient = x / y;      // 부동 소수점 수의 나눗셈

    printf("floatSum: %f\n", floatSum);
    printf("floatDifference: %f\n", floatDifference);
    printf("floatProduct: %f\n", floatProduct);
    printf("floatQuotient: %f\n", floatQuotient);

    return 0;
}
```

정수형 변수 a, b 선언 및 초기화

실수형 변수 x, y 선언 및 초기화

```
sum: 19
difference: 11
product: 60
quotient: 3
floatSum: 7.800000
floatDifference: 3.200000
floatProduct: 12.650000
floatQuotient: 2.391304
```

2 대입 연산자

대입 연산자assignment operator는 변수에 값을 저장할 때 사용하는 연산자로, '할당 연산자'라고도 부른다. 대입 연산자의 기호는 =인데, 수학에서 =는 '같다'를 의미하지만, C 언어의 대입 연산자는 오른쪽의 값을 왼쪽의 변수에 할당한다는 의미이다. 대입 연산자의 기본 형식은 다음과 같다.

| Syntax | **대입 연산자**

```
변수 = 상수;
변수 = 수식;
변수 = 다른 변수;
```

```
a = 25;
a = 5 * 3.4;
a = other;
```

또한 대입 연산자는 다음과 같은 특징이 있다.

- 대입 연산자의 왼쪽에는 상수, 수식, 변수가 위치한다.
- 대입 연산의 결과는 대입 연산자의 왼쪽 피연산자에 할당된 값이다.

다음은 2개의 변수 a와 b를 선언하고 두 변숫값을 모두 5로 초기화하는 코드이다.

```
int a, b;     // int형 변수 a와 b 선언
a = b = 5;    // 변수 b에 5를 대입한 후 변수 a에 변수 b의 값 대입
```

대입 연산자의 연산은 오른쪽에서 왼쪽으로 진행되므로 두 번째 행에서는 2개의 대입 연산이 연속으로 이루어진다. 먼저 b = 5가 실행되어 b에 5가 대입되고 그 결괏값이 다시 a에 대입되어 최종적으로 변수 a와 b 모두 5가 된다.

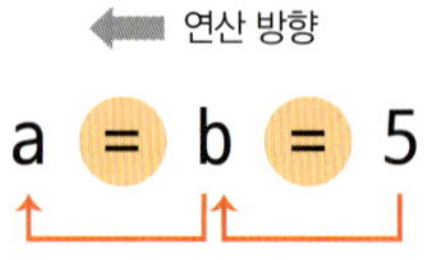

그림 4-2 대입 연산자의 연산 방향

예제 4-2 대입 연산자 사용하기 ex04_02.c

↳ 대입 연산자를 다양하게 활용해보자.

```c
#include <stdio.h>

int main()
{
    int a = 10;
    printf("a = %d\n", a);

    int x, y, z;
    x = y = z = 20;
    printf("x = %d, y = %d, z = %d\n", x, y, z);

    int num = 5, score = 3;
    num += 3;           // num = num + 3
    score *= 2;         // score = score * 2
    printf("num = %d\n", num);
    printf("score = %d\n", score);

    return 0;
}
```

- `int a = 10;` : 변수 a 선언 및 초기화
- `printf("a = %d\n", a);` : a의 값 출력
- `int x, y, z;` : 변수 x, y, z 선언
- `x = y = z = 20;` : 동일한 값 20을 연쇄적으로 대입

```
a = 10
x = 20, y = 20, z = 20
num = 8
score = 6
```

3 복합 대입 연산자

복합 대입 연산자compound assignment operator는 특정 연산과 대입 연산을 동시에 수행하기 위한 연산자이다. 다시 말해 변수의 값을 연산하는 동시에 그 결과를 다시 변수에 저장하는 연산자이다. 예를 들어 `x = x + 1`은 `x += 1`로 간단히 나타낼 수 있다. 다음은 복합 대입 연산자의 몇 가지의 예로, 변수 x의 값이 어떻게 변하는지 주의 깊게 살펴보자.

```c
int x = 10;    // int형 변수 x에 10 저장
x += 5;        // x의 값은 15
x *= 2;        // x의 값은 30
x /= 5;        // x의 값은 6
x %= 5;        // x의 값은 0
```

C 언어에서 쓰이는 복합 대입 연산자의 종류는 [표 4-2]와 같다.

표 4-2 복합 대입 연산자의 종류

복합 대입 연산자	설명	예
+=	왼쪽 피연산자에 오른쪽 피연산자를 더한 값을 왼쪽 피연산자에 대입한다.	a += b; a = a + b;
-=	왼쪽 피연산자에서 오른쪽 피연산자를 뺀 값을 왼쪽 피연산자에 대입한다.	a -= b; a = a - b;
*=	왼쪽 피연산자에 오른쪽 피연산자를 곱한 값을 왼쪽 피연산자에 대입한다.	a *= b; a = a * b;
/=	왼쪽 피연산자를 오른쪽 피연산자로 나눈 값을 왼쪽 피연산자에 대입한다.	a /= b; a = a / b;
%=	왼쪽 피연산자를 오른쪽 피연산자로 나눈 값의 나머지를 왼쪽 피연산자에 대입한다.	a %= b; a = a % b;
&=	두 피연산자의 비트를 AND 연산한 값을 왼쪽 피연산자에 대입한다.	a &= b; a = a & b;
|=	두 피연산자의 비트를 OR 연산한 값을 왼쪽 피연산자에 대입한다.	a |= b; a = a | b;
^=	두 피연산자의 비트를 XOR 연산한 값을 왼쪽 피연산자에 대입한다.	a ^= b; a = a ^ b;
<<=	왼쪽 피연산자의 비트를 오른쪽 피연산자의 값만큼 왼쪽으로 이동한 뒤 그 결과를 왼쪽 피연산자에 대입한다.	a <<= b; a = a << b;
>>=	왼쪽 피연산자의 비트를 오른쪽 피연산자의 값만큼 오른쪽으로 이동한 뒤 그 결과를 왼쪽 피연산자에 대입한다.	a >>= b; a = a >> b;

일부 컴파일러는 복합 대입 연산자를 사용하는 코드에 최적화를 수행하는데, 이를 통해 코드의 실행 속도가 약간 빨라진다. 복합 대입 연산자는 쉽게 읽고 이해할 수 있는 코드를 작성하는 데 도움을 주며, 연산의 의도가 명확해짐으로써 코드의 가독성이 향상된다.

예제 4-3 복합 대입 연산자 사용하기 ex04_03.c

↳ 다양한 복합 대입 연산자를 활용하여 연산을 수행해보자.

```
#include <stdio.h>

int main()
{
    int num = 10;
```

```
    printf("num 변수의 초기 상태 값: %d\n", num);

    num += 5;     // num = num + 5;
    printf("num += 5 연산 후: %d\n", num);

    num -= 3;     // num = num - 3;
    printf("num -= 3 연산 후: %d\n", num);

    num *= 4;     // num = num * 4;
    printf("num *= 4 연산 후: %d\n", num);

    num /= 2;     // num = num / 2;
    printf("num /= 2 연산 후: %d\n", num);

    num %= 7;     // num = num % 7;
    printf("num %%= 7 연산 후: %d\n", num);

    return 0;
}
```

```
num 변수의 초기 상태 값: 10
num += 5 연산 후: 15
num -= 3 연산 후: 12
num *= 4 연산 후: 48
num /= 2 연산 후: 24
num %= 7 연산 후: 3
```

누적 연산에 따른 num 값의 변화

4 증감 연산자

증감 연산자increment and decrement operator는 변수의 값을 1씩 증가시키거나 감소시키는 연산자로, 하나의 피연산자를 사용하는 단항 연산자이다. 증감 연산자는 다양한 상황에서 유용하게 사용할 수 있으며, [표 4-3]과 같이 두 가지 유형이 있다.

표 4-3 증감 연산자의 종류

증감 연산자		설명	예
증가 연산자	++	변수의 값을 1만큼 증가시킨다.	a++ ++a
감소 연산자	--	변수의 값을 1만큼 감소시킨다.	a-- --a

TIP 증감 연산자는 반복문에서 카운터 값을 조절하거나, 배열과 포인터에서 인덱스를 조정하거나, 함수 호출 시 인잣값을 조정할 때 효과적으로 사용할 수 있다.

전위 증감 연산자

전위 증감 연산자prefix increment and decrement operator는 연산자 다음에 오는 변수의 값을 즉시 증가시키거나 감소시킨다. 다음과 같이 전위 증감 연산자는 변수 앞에 사용한다.

```
i = 1;              i 값을 1 증가시킨 후 num에 i 값 대입
num = ++i;          // 전위 증가 연산자
```

변수 i의 초깃값이 1일 때, 먼저 변수 i의 값을 1 증가시킨 다음 num에 증가된 i 값을 대입하므로 num은 2가 된다.

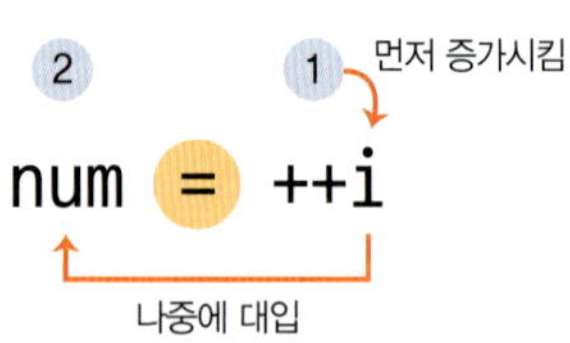

그림 4-3 전위 증감 연산자의 연산 방식

후위 증감 연산자

후위 증감 연산자postfix increment and decrement operator는 현재 변숫값을 먼저 반환하고 나서 변숫값을 증가시키거나 감소시킨다. 다음과 같이 후위 증감 연산자는 변수 뒤에 사용한다.

```
i = 1;              num에 i 값을 대입한 후 i 값을 1 증가시킴
num = i++;          // 후위 증가 연산자
```

변수 i의 초깃값이 1일 때, 일단 num에 현재 변숫값을 저장하므로 num은 1이 되고, 그 후 i의

값을 1 증가시키므로 num에 2가 대입된다.

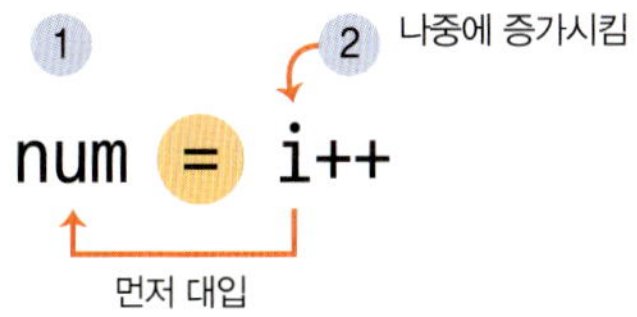

그림 4-4 후위 증감 연산자의 연산 방식

전위·후위 감소 연산자의 연산 방식도 마찬가지이다.

```
i = 1;
num = --i;     // 전위 감소 연산자
i = 1;
num = i--;     // 후위 감소 연산자
```

- `num = --i;` : i 값을 1 감소시킨 후 num에 i 값 대입
- `num = i--;` : num에 i 값을 대입한 후 i 값을 1 감소시킴

예제 4-4 | 증감 연산자 사용하기 ex04_04.c

↳ 이 예제를 통해 전위 증감 연산자와 후위 증감 연산자의 차이를 알아보자.

```c
#include <stdio.h>

int main()
{
    int a = 5, b = 5;

    printf("초기상태 a: %d\n", a);
    printf("초기상태 b: %d\n", b);

    printf("전위 연산자 사용 후, a: %d\n", ++a);
    printf("후위 연산자 사용 후, b: %d\n", b++);

    printf("연산 후 결과 a: %d\n", a);
    printf("연산 후 결과 b: %d\n", b);

    return 0;
}
```

- `int a = 5, b = 5;` : int형 변수 선언 및 초기화
- `printf("초기상태 a: %d\n", a);` / `printf("초기상태 b: %d\n", b);` : 변수 a, b의 값 출력
- `++a` : 변수 a의 값을 1 증가시킨 후 출력
- `b++` : 변수 b의 값을 출력한 후 b의 값을 1 증가시킴

```
초기상태 a: 5
초기상태 b: 5
전위 연산자 사용 후, a: 6
후위 연산자 사용 후, b: 5
연산 후 결과 a: 6
연산 후 결과 b: 6
```

TIP 증감 연산자를 단독으로 사용하면 1을 증가시키거나 감소시키지만, 대입 연산자와 함께 사용하면 우선순위에 따라 대입되는 값이 달라질 수 있으므로 주의해야 한다.

예제 4-5 | 증감 연산자 사용하여 연산하기 1 ex04_05.c

↳ 증감 연산자를 사용할 때 유의해야 하는 상황을 보여주는 예제이다.

```c
#include <stdio.h>

int main()
{
    int a = 5, b = 5;
    int re1 = 0, re2 = 0;

    printf("초기상태 a: %d, b: %d\n", a, b);
    printf("초기상태 re1: %d, re2: %d\n", re1, re2);

    a++;
    re1 = a;
    re2 = b++;

    printf("연산 후 결과 a: %d, b: %d\n", a, b);
    printf("연산 후 결과 re1: %d, re2: %d\n", re1, re2);

    return 0;
}
```

- a++; : a의 값을 나중에 1 증가시키는 후위 연산
- re1 = a; : 연산 후 a의 값(6)을 re1에 대입
- re2 = b++; : b의 값(5)을 re2에 대입한 후 b의 값을 1 증가시킴

```
초기상태 a: 5, b: 5
초기상태 re1: 0, re2: 0
연산 후 결과 a: 6, b: 6
연산 후 결과 re1: 6, re2: 5
```

11행에서 a++에 의해 후위 연산이 이루어지는데, 이미 a가 1 증가한 후 re1에 대입되므로 a++와 ++a의 결괏값에 차이가 없다. 즉 증감 연산자의 우선순위가 영향을 미치지 못한다. 반면에 13행에서 b++에 의한 후위 연산은 b의 원래 값이 re2에 대입된 후 b가 증가하므로 후위 연산 특유의 동작이 반영된다. 즉 증감 연산자의 전위 또는 후위 형태가 결과에 영향을 미친다.

예제 4-6 | 증감 연산자 사용하여 연산하기 2 ex04_06.c

↳ [예제 4-5]와 [예제 4-6]을 비교하여 살펴보자.

```
01  #include <stdio.h>
02
03  int main()
04  {
05      int a = 5, b = 5;
06      int re1 = 0, re2 = 0;
07
08      printf("초기상태 a: %d, b: %d\n", a, b);
09      printf("초기상태 re1: %d, re2: %d\n", re1, re2);
10
11      ++a;            a의 값을 1 증가시키는 전위 연산
12      re1 = a;        연산 후 a의 값(6)을 re1에 대입
13      re2 = b++;      // b의 값을 re2에 대입한 후 b의 값을 1 증가시킴
14
15      printf("연산 후 결과 a: %d, b: %d\n", a, b);
16      printf("연산 후 결과 re1: %d, re2: %d\n", re1, re2);
17
18      return 0;
19  }
```

```
초기상태 a: 5, b: 5
초기상태 re1: 0, re2: 0
연산 후 결과 a: 6, b: 6
연산 후 결과 re1: 6, re2: 5
```

a++ 연산과 ++a 연산의 결과인 re1의 값이 똑같이 6이다. 즉 증감 연산자는 대입 연산자와 같이 사용하지 않으면 먼저 증가시키든 나중에 증가시키든 차이가 없다. 이는 오류가 아니라 코드의 실행 흐름에 따른 결과일 뿐이다.

예제 4-7 이항 연산자와 증감 연산자 사용하기 ex04_07.c

↳ 이항 연산자와 증감 연산자를 함께 활용해보자.

```c
#include <stdio.h>

int main()
{
    int a = 5;      // 5로 초기화
    int b = 3;      // 3으로 초기화
    int result;

    result = a * b + (++a);     // 이항 연산자 *와 증가 연산자 ++ 사용
    printf("결과 = %d\n", result);

    int c = 6;      // 6으로 초기화
    int d = 4;      // 4로 초기화

    result = c * d + (c--);     // 이항 연산자 *와 감소 연산자 -- 사용
    printf("결과 = %d\n", result);

    return 0;
}
```

- `printf("결과 = %d\n", result);` (첫 번째): 6(증가된 a의 값) * 3 + 6(증가된 a의 값) = 24
- `printf("결과 = %d\n", result);` (두 번째): 6(현재 c의 값) * 4 + 6(현재 c의 값) = 30

```
결과 = 24
결과 = 30
```

확인문제

1 다음 코드의 실행 결괏값은 무엇인가?

```c
int a = 10, b = 5, c = 6;
result = ++a * --b + (++c);
```

정답

1 51

4.3 논리·조건·관계 연산자

1 논리 연산자

논리 연산자logical operation는 특정 조건을 참(true) 또는 거짓(false)으로 결정하기 위한 연산자로, 조건문과 반복문에서 주로 사용된다. 2개 이상의 조건을 결합하거나 조건의 참, 거짓 여부를 반전하는 등 논리 연산을 수행할 때 사용하며, AND 연산자는 &&로, OR 연산자는 ||로, NOT 연산자는 !로 나타낸다.

표 4-4 논리 연산자의 종류

논리 연산자		설명	예
AND 연산자	&&	x와 y 두 조건 모두 참이면 결과가 참이다.	x && y
OR 연산자	||	x와 y 두 조건 중 하나라도 참이면 결과가 참이다.	x || y
NOT 연산자	!	주어진 조건의 반댓값을 반환한다. 즉 조건이 참이면 거짓을 반환하고, 조건이 거짓이면 참을 반환한다.	!x

AND 연산자(&&)

AND 연산자는 논리곱을 의미하고 기호는 &&이다. 2개 이상의 조건이 모두 참이면 1을 반환하고, 조건 중에 어느 하나라도 거짓이면 0을 반환한다.

```
X = 15, Y = 5, W = 6, Z = 16일 때          참
(X > Y) && (W < Z)의 결과로 1을 반환        참
```

OR 연산자(||)

OR 연산자는 논리합을 의미하고 기호는 ||이다. 2개 이상의 조건 중 어느 하나라도 참이면 1을 반환하고, 모든 조건이 거짓일 때만 0을 반환한다.

```
X = 15, Y = 5, W = 6, Z = 16일 때          참
(X > Y) || (W > Z)의 결과로 1을 반환        거짓
```

NOT 연산자(!)

NOT 연산자는 부정을 의미하고 기호는 !이다. 조건의 결과를 반대로 변환하므로 조건이 참이면 거짓을 반환하고, 조건이 거짓이면 참을 반환한다.

```
X = 15, Y = 5일 때
!(X > Y)의 결과로 0을 반환    참
```

[표 4-5]는 C 언어에서 제공하는 논리 연산자의 진리표이다.

표 4-5 논리 연산자의 진리표

X	Y	X && Y	X ¦¦ Y	!X	!(X && Y)	!(X ¦¦ Y)
0	0	0	0	1	1	1
0	1	0	1	1	1	0
1	0	0	1	0	1	0
1	1	1	1	0	0	0

예제 4-8 | 논리 연산자 사용하기 ex04_08.c

↳ 논리 연산자를 활용하여 변수 a, b, c의 관계를 확인해보자.

```
#include <stdio.h>

int main()
{
   int a = 52, b = 31, c = 15;
   int res1, res2, res3;       // 결괏값을 저장할 변수 선언
                                AND 연산자: 두 조건이 모두 참이면 참
   res1 = a < b && b < c;
   printf("a는 b보다 작고, b는 c보다 작습니다.\n");
   printf("a < b && b < c -> %d\n", res1);
                                OR 연산자: 두 조건 중 하나라도 참이면 참
   res2 = a < b ¦¦ a > c;
   printf("a는 b보다 작거나, a는 c보다 큽니다.\n");
   printf("a < b ¦¦ a > c -> %d\n", res2);
                                NOT 연산자: 결과의 반댓값 반환
   res3 = !(a < b);
   printf("a는 b보다 작습니다.\n");
```

```
    printf("!(a < b) -> %d\n", res3);

    return 0;
}
```

```
a는 b보다 작고, b는 c보다 작습니다.
a < b && b < c -> 0
a는 b보다 작거나, a는 c보다 큽니다.
a < b || a > c -> 1
a는 b보다 작습니다.
!(a < b) -> 1
```

2 조건 연산자

'삼항 연산자ternary operator'라고도 불리는 **조건 연산자**conditional operator는 특정 조건에 따라 두 가지 표현식 중 하나를 선택하는 데 사용된다. 조건 연산자의 기본 형식과 동작 방식은 다음과 같다.

| Syntax | 조건 연산자

```
조건 ? 표현식1 : 표현식2
```

① 조건 평가: 조건을 평가한다.

② 조건에 따른 값 반환: 조건이 참이면 표현식1을 반환하고, 조건이 거짓이면 표현식2를 반환한다.

③ 값 대입: 반환된 값을 왼쪽 변수에 대입한다.

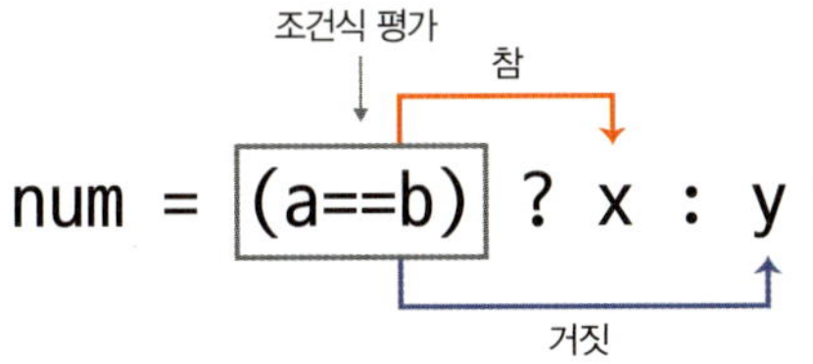

그림 4-5 조건 연산자의 동작 방식

예제 4-9 | **조건 연산자를 사용하여 큰 수 찾기** ex04_09.c

↳ 조건 연산자를 활용하여 두 변수의 값 중 더 큰 수를 찾아보자.

```c
#include <stdio.h>

int main()
{
   int maxV, minV;
   int a = 900, b = 800;

   maxV = (a > b) ? a : b;   // a가 b보다 크면 maxV에 a 값을 대입, 그렇지 않으면 b 값을 대입
   minV = (a < b) ? a : b;   // a가 b보다 작으면 minV에 a 값을 대입, 그렇지 않으면 b 값을 대입

   printf("900과 800 중에 더 큰 수: %d\n", maxV);
   printf("900과 800 중에 더 작은 수: %d\n", minV);

   return 0;
}
```

```
900과 800 중에 더 큰 수: 900
900과 800 중에 더 작은 수: 800
```

3 관계 연산자

관계 연산자relational operator는 두 값을 비교하여 그 결과가 참(true)인지 거짓(false)인지 판단하기 위한 연산자이다. 조건문과 반복문에서 조건을 설정하고 판별할 때 주로 사용되고, 프로그램의 흐름을 제어하는 데 중요한 역할을 한다. C 언어에서 쓰이는 관계 연산자의 종류는 [표 4-6]과 같으며, 결과가 참이면 1을 반환하고 거짓이면 0을 반환한다.

표 4-6 관계 연산자의 종류

관계 연산자	설명	예
==	두 값이 같다.	a == b(a와 b가 같으면 참)
!=	두 값이 같지 않다.	a != b(a와 b가 다르면 참)
>	왼쪽 값이 오른쪽 값보다 크다.	a > b(a가 b보다 크면 참)
<	왼쪽 값이 오른쪽 값보다 작다.	a < b(a가 b보다 작으면 참)
>=	왼쪽 값이 오른쪽 값보다 크거나 같다.	a >= b(a가 b보다 크거나 같으면 참)
<=	왼쪽 값이 오른쪽 값보다 작거나 같다.	a <= b(a가 b보다 작거나 같으면 참)

예제 4-10 관계 연산자 사용하기 ex04_10.c

↳ 관계 연산자를 활용하여 변수 a와 b의 크기를 비교해보자.

```c
#include <stdio.h>

int main()
{
    int a = 10;
    int b = 20;

    printf("a == b: %d\n", a == b); // a와 b가 같은지 확인
    printf("a != b: %d\n", a != b); // a와 b가 다른지 확인
    printf("a > b: %d\n", a > b);   // a가 b보다 큰지 확인
    printf("a < b: %d\n", a < b);   // a가 b보다 작은지 확인
    printf("a >= b: %d\n", a >= b); // a가 b보다 크거나 같은지 확인
    printf("a <= b: %d\n", a <= b); // a가 b보다 작거나 같은지 확인

    return 0;
}
```

```
a == b: 0
a != b: 1
a > b: 0
a < b: 1
a >= b: 0
a <= b: 1
```

하나 더 알기 관계 연산자 사용 시 주의점

다음은 관계 연산자를 사용할 때 흔히 발생하는 실수이므로 주의해야 한다.

- **동등 비교 연산자와 대입 연산자 혼동**: 동등 비교 연산자(==)는 두 값을 비교할 때 사용하고, 대입 연산자(=)는 값을 할당할 때 사용한다.
  예 a와 b가 같은지 비교하는 경우: a = b (×) a == b (○)
- **부정 연산자의 잘못된 사용**: NOT 연산자(!)는 논리 연산자인데 관계 연산자와 혼동할 수 있다.
  예 a와 b가 다른지 비교하는 경우: !a == b (×) a != b (○)
- **부등호의 방향 혼동**: 복잡한 조건문에서 부등호의 방향 오류는 흔한 실수이다.
  예 a가 b보다 큼을 판별하는 경우: a < b (×) a > b (○)
- **피연산자의 자료형 무시**: 비교하는 두 피연산자의 자료형이 다를 때 예상치 못한 결과가 나올 수 있다.
  예 부동 소수점을 무시하고 비교하는 경우: 10 > 10.0 (×)
  명시적 형 변환을 사용하는 경우: (float)a == b 또는 a == (int)b

예제 4-11 | 관계 연산자로 부동 소수점 수 비교하기 ex04_11.c

↳ 부동 소수점 연산의 근삿값 특성을 이용하여 관계 연산자로 값을 비교해보자. 이 예제를 통해 부동 소수점 수를 직접 비교할 때의 문제점을 확인하고, 작은 오차 범위를 허용하여 두 수가 사실상 같은 값인지 비교하는 방법을 알아본다.

```c
01 #include <stdio.h>
02
03 int main()
04 {
05     float a = 0.1f;
06     float b = 0.1f + 0.2f - 0.2f;
07
08     // 직접 비교
09     printf("a와 b는 %s\n", (a == b) ? "같습니다." : "같지 않습니다.");
10
11     // 오차 범위를 설정하여 비교
12     float epsilon = 0.000001;
13     printf("지정된 오차 범위 내에서 a와 b는 %s\n", ((a - b) < epsilon && (b - a) < epsilon)
               ? "같습니다." : "같지 않습니다.");
14
15     return 0;
16 }
```

float형 변수 a를 0.1로 초기화

수식 계산을 이용한 초기화

a와 b의 값이 같은지 비교

오차 범위 epsilon 선언

a와 b의 차이가 허용 오차 범위보다 작은지 확인

```
a와 b는 같지 않습니다.
지정된 오차 범위 내에서 a와 b는 같습니다.
```

5행과 6행에서 float형 변수 a는 0.1로 초기화되고, b는 수식 계산으로 값이 초기화되었다. 수학적 계산으로 볼 때 a와 b는 같아야 하지만, 부동 소수점 연산의 근삿값 특성으로 인해 b의 값이 정확히 0.1이 아닐 수 있다. 부동 소수점 연산에서는 작은 오차가 포함될 수 있으므로 오차 범위를 지정하여 값을 비교하는 것이 더 정확하다.

확인문제

1 논리 연산자와 기호를 바르게 연결하시오.

① AND 연산자 •	• ⓐ ||
② OR 연산자 •	• ⓑ !
③ NOT 연산자 •	• ⓒ &&

2 관계 연산자의 의미와 기호를 바르게 연결하시오.

① 두 값이 같지 않다. •	• ⓐ ==
② 왼쪽 값이 오른쪽 값보다 크거나 같다. •	• ⓑ !=
③ 두 값이 같다. •	• ⓒ >=
④ 왼쪽 값이 오른쪽 값보다 작거나 같다. •	• ⓓ <=

정답

1 ①–ⓒ, ②–ⓐ, ③–ⓑ　　2 ①–ⓑ, ②–ⓒ, ③–ⓐ, ④–ⓓ

LAB 학점 판별하기

대학교에서 학점은 학생의 과목별 성취도를 평가하는 중요한 지표이다. 사용자로부터 입력받은 점수에 따라 학점을 판별하는 프로그램을 작성해보자.

```
학생의 점수를 입력하세요: 96
학점: A

학생의 점수를 입력하세요: 88
학점: B

학생의 점수를 입력하세요: 55
학점: F
```

조건

- 정수 범위의 점수를 입력받는다.
- 학점 판별 조건에는 중첩된 삼항 연산자와 관계 연산자를 사용한다.
- 점수별 학점 기준은 90점 이상은 A 학점, 80~89점은 B 학점, 70~79점은 C 학점, 60~69점은 D 학점, 60점 미만은 F 학점이다.

문제 해결 LAB_4-1.c

```c
#pragma warning(disable: 4996)
#include <stdio.h>

int main()
{
    int score;
    char grade;

    // 사용자로부터 점수 입력받기
    printf("학생의 점수를 입력하세요: ");
    scanf("%d", &score);

    // 중첩된 삼항 연산자를 사용하여 학점 판별
    grade = (score >= 90) ? 'A' :
        (score >= 80) ? 'B' :
        (score >= 70) ? 'C' :
        (score >= 60) ? 'D' : 'F';

    printf("학점: %c\n", grade);

    return 0;
}
```

4.4 기타 연산자

1 비트 연산자

비트 연산자bitwise operator는 데이터를 비트 단위로 계산하여 연산을 수행할 때 사용하는 연산자로, 크게 '비트 논리 연산자'와 '비트 시프트 연산자'로 나뉜다. 비트 연산자는 컴퓨터 하드웨어에 가까운 저수준 프로그래밍 작업인 하드웨어 제어, 메모리와 성능 최적화, 시스템 프로그래밍 등에 주로 사용되며, 문자 자료형(`char`)을 비롯해 정수 계산이 가능한 정수 자료형(`char`, `short`, `int`, `long` 등)에서만 동작한다.

TIP 비트(bit)는 컴퓨터의 정보량을 나타내는 가장 작은 단위로, 0 또는 1의 값을 가진다.

표 4-7 비트 연산자의 종류

비트 연산자		설명
비트 논리 연산자	`~a`	a의 보수 연산(NOT)
	`a & b`	a와 b의 비트 단위 논리곱(AND)
	`a ¦ b`	a와 b의 비트 단위 논리합(OR)
	`a ^ b`	a와 b의 비트 단위 배타적 논리합(XOR)
비트 시프트 연산자	`a << c`	a의 각 비트를 왼쪽으로 c만큼 이동
	`a >> c`	a의 각 비트를 오른쪽으로 c만큼 이동

비트 보수 연산자(~)

비트 보수 연산자는 비트 NOT 연산자 또는 비트 반전 연산자라고도 부르며, ~ 기호로 나타낸다. 비트 보수 연산자는 비트의 숫자를 반전하므로 `0`은 `1`이 되고 `1`은 `0`이 된다. [그림 4-6]은 비트 보수 연산자를 사용하여 바이트 변수 `a`의 각 비트를 반전한 결과를 반환하는 연산 과정을 보여준다.

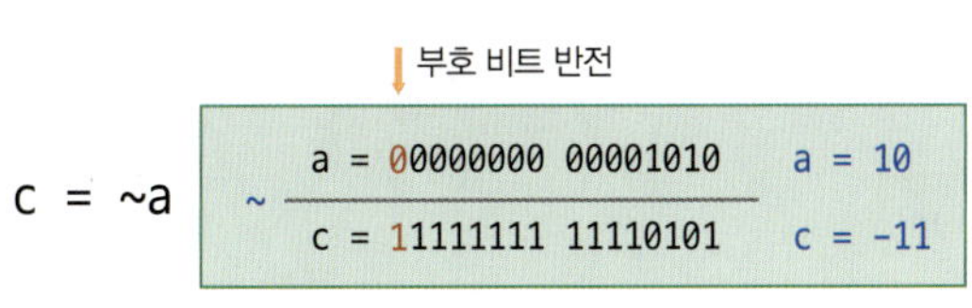

그림 4-6 `c = ~a`의 내부적 비트 연산 과정

비트 논리곱 연산자(&)

비트 AND 연산을 수행하는 비트 논리곱 연산자는 & 기호로 나타낸다. 비트 AND 연산에서는 두 2진수의 각 비트를 비교하여 둘 다 1이면 1을 반환하고, 둘 중 하나라도 1이 아니면 0을 반환한다. [그림 4-7]은 바이트 변수 a와 b의 비트 단위 논리곱을 수행하는 연산 과정으로, 비트 논리곱 연산자는 특정 비트 값을 0으로 만들 때 주로 사용된다.

```
          a = 00000000 00001010    a = 10
a & b     b = 00000000 00000101    b = 5
        & ------------------------
          c = 00000000 00000000    c = 0
```

그림 4-7 a & b의 내부적 비트 연산 과정

비트 논리합 연산자(|)

비트 OR 연산을 수행하는 비트 논리합 연산자는 ¦ 기호로 나타낸다. 비트 OR 연산에서는 두 2진수의 각 비트를 비교하여 둘 중 하나라도 1이면 1을 반환하고, 둘 다 0이면 0을 반환한다. [그림 4-8]은 바이트 변수 a와 b의 비트 단위 논리합을 수행하는 연산 과정으로, 비트 논리합 연산자는 특정 비트 값을 1로 만들 때 주로 사용된다.

```
          a = 00000000 00001010    a = 10
a ¦ b     b = 00000000 00000101    b = 5
        ¦ ------------------------
          c = 00000000 00001111    c = 15
```

그림 4-8 a ¦ b의 내부적 비트 연산 과정

비트 배타적 논리합 연산자(^)

비트 XOR 연산을 수행하는 비트 배타적 논리합은 ^ 기호로 나타낸다. 비트 XOR 연산에서는 두 2진수의 각 비트를 비교하여 둘 중 하나만 1일 때 1을 반환한다. 다음은 바이트 변수 a와 b의 비트 단위 배타적 논리합을 수행하는 연산 과정으로, 각각의 비트가 서로 다를 때 1이 반환되는 것을 알 수 있다.

```
          a = 00000000 00001010    a = 10
a ^ b     b = 00000000 00000101    b = 5
        ^ ------------------------
          c = 00000000 00001111    c = 15
```

그림 4-9 a ^ b의 내부적 비트 연산 과정

비트 시프트 연산자(<<, >>)

비트 시프트 연산자는 비트 이동 연산자라고도 부르며, << 또는 >> 기호로 나타낸다. 비트 단위로 값을 왼쪽 또는 오른쪽으로 이동하는 연산을 수행하는데, << 연산자는 변수의 비트를 지정된 수만큼 왼쪽으로 이동한다. [그림 4-10]에서 보듯이 비트 이동으로 인해 왼쪽의 넘치는 비트가 버려지고 오른쪽에 0이 채워진다.

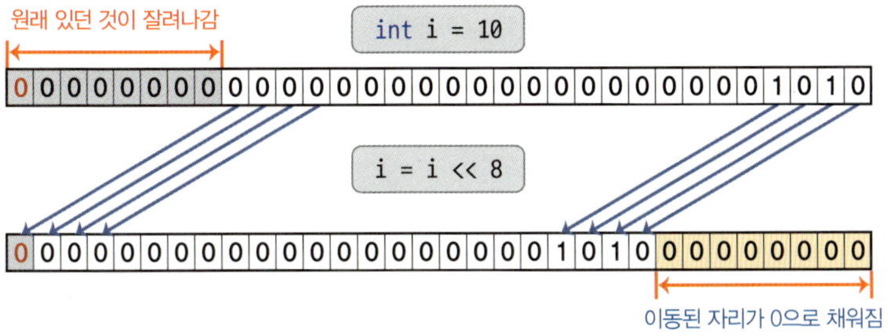

그림 4-10 i = i << 8의 내부적 비트 연산 과정

>> 연산자는 변수의 비트를 지정된 수만큼 오른쪽으로 이동한다. [그림 4-11]에서 보듯이 부호 비트에 따라 왼쪽에 0 또는 1이 채워지는데, 부호 있는 정수라면 음수의 경우 1이, 양수의 경우 0이 채워진다. 또한 부호 없는 정수일 때는 항상 0이 채워진다.

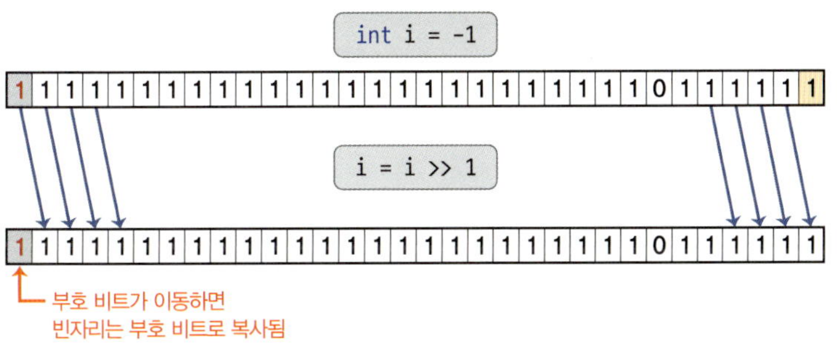

그림 4-11 i = i >> 1의 내부적 비트 연산 과정

TIP float형과 double형의 경우 비트 연산을 할 수 없다.

예제 4-12 비트 논리 연산자 사용하기 ex04_12.c

↳ 비트 논리 연산자를 활용하여 간단한 연산을 수행해보자.

```
#include <stdio.h>

int main()
```

```c
{
    int a = 0x5555, b = 0x00ff;

    printf("a = %x, b = %x\n", a, b);
    printf("~a = %x, ~b = %x\n", ~a, ~b);    // 비트 NOT 연산
    printf("a & b = %x\n", a & b);           // 비트 AND 연산
    printf("a | b = %x\n", a | b);           // 비트 OR 연산
    printf("a ^ b = %x\n", a ^ b);           // 비트 XOR 연산

    return 0;
}
```

변숫값을 16진수로 초기화

```
a = 5555, b = ff
~a = ffffaaaa, ~b = ffffff00
a & b = 55
a | b = 55ff
a ^ b = 55aa
```

예제 4-13 비트 시프트 연산자 사용하기 ex04_13.c

↳ 비트 시프트 연산자를 이용하여 왼쪽으로 비트를 이동할 때 값이 어떻게 변하는지 살펴보자.

```c
#include <stdio.h>

int main()
{
    int a = 30;

    // 왼쪽으로 1비트씩 이동할 때마다 값이 2배가 됨
    printf("a << 1 = %d\n", a << 1);
    printf("a << 2 = %d\n", a << 2);
    printf("a << 3 = %d\n", a << 3);
    printf("a << 4 = %d\n", a << 4);

    return 0;
}
```

```
a << 1 = 60
a << 2 = 120
a << 3 = 240
a << 4 = 480
```

2 주소 연산자와 주소 참조 연산자

주소 연산자 &는 변수의 메모리 주소를 가져오고, 참조 연산자 *는 포인터가 가리키는 주소에 있는 값을 참조할 때 사용한다. 포인터에서 이 두 연산자를 이용하면 메모리 주소와 그 주소에 저장된 값을 직접 다룰 수 있다.

주소 연산자(&)

주소 연산자 &는 변수의 메모리 주소를 반환하며, 사용 형식은 다음과 같다.

| Syntax | 주소 연산자 &

```
&변수명
&x
```

예를 들어 `int x = 5`일 때 &x는 변수 x가 메모리에 저장된 위치의 주소를 반환한다.

주소 참조 연산자(*)

주소 참조 연산자 *는 '역참조 연산자'라고도 부르며, 주소 연산자와 반대의 역할을 한다. 즉 포인터가 가리키는 변수의 값을 반환하며, 사용 형식은 다음과 같다.

| Syntax | 주소 참조 연산자 *

```
자료형 *변수명
int *x
```

```
int x = 10;
int *p = &x;          // p는 x의 주소를 저장
printf("%d", *p);     // p가 가리키는 변수의 값인 10을 출력
```

주소 연산자와 주소 참조 연산자는 C 언어의 포인터에서 자주 사용된다. 포인터를 통해 메모리 주소에 직접 접근하거나 해당 주소에 저장된 값을 조작할 수 있다. 주소 참조 연산자는 10장에서 자세히 다룰 것이니 여기서는 메모리에 할당된 변수의 주솟값을 참조한다는 정도만 알고 넘어가자.

예제 4-14 주소 참조 연산자 사용하기

ex04_14.c

↳ 주소 참조 연산자를 활용하여 포인터 p로 변수의 값을 간접적으로 참조하고 변경해보자.

```
#include <stdio.h>

int main()
{
    int x = 10;     // 정수 변수
    int *p;         // 정수 포인터 선언

    p = &x;

    printf("x의 값: %d\n", x);
    printf("x의 주소: %p\n", &x);
    printf("p가 가리키는 주소: %p\n", p);
    printf("p가 가리키는 값 (참조): %d\n", *p);

    // p를 통해 x의 값을 변경
    *p = 20;

    printf("변경된 x의 값: %d\n", x);

    return 0;
}
```

p = &x; — 변수 x의 메모리 주소를 반환한 후 p에 대입

*p = 20; — 포인터 p가 가리키는 메모리 위치의 값 반환

```
x의 값: 10
x의 주소: 000000E0E174F514
p가 가리키는 주소: 000000E0E174F514
p가 가리키는 값 (참조): 10
변경된 x의 값: 20
```

실행할 때마다 값이 달라짐

확인문제

1 다음 빈칸에 알맞은 말을 넣으시오.

① (　　　　)는 주어진 숫자의 각 비트를 반전하므로 `0`은 1이 되고 1은 `0`이 된다.

② (　　　　)는 두 2진수의 각 비트를 비교하여 둘 다 1이면 1을 반환하고, 둘 중 하나라도 1이 아니면 `0`을 반환한다.

③ (　　　　)는 두 2진수의 각 비트를 비교하여 둘 중 하나라도 1이면 1을 반환하고, 둘 다 `0`이면 `0`을 반환한다.

④ (　　　　)는 변수의 비트를 지정된 수만큼 왼쪽으로 이동한다.

⑤ (　　　　)는 변수의 비트를 지정된 수만큼 오른쪽으로 이동한다.

정답

1 ① 비트 보수 연산자(비트 NOT 연산) ② 비트 논리곱 연산자(비트 AND 연산) ③ 비트 논리합 연산자(비트 OR 연산) ④ « 연산자 ⑤ » 연산자

LAB 전구 상태 변경하기

2의 보수는 정숫값의 부호를 변환하는 연산자로 많이 활용되는데, 일반적으로 양(+)의 정숫값을 음(−)으로, 음(−)의 정숫값을 양(+)으로 바꾼다. 이를 이용하여 전구의 상태를 변경하는 프로그램을 작성해보자.

```
전구의 현재 상태를 입력하세요 (-1 또는 1): 1   사용자 입력
변경된 전구의 상태: -1
```

조건

- 전구의 현재 상태를 −1(꺼진 상태) 또는 1(켜진 상태)로 입력받는다.
- ~ 연산자를 사용하여 전구의 상태를 변경한다.
- 변경된 전구의 상태를 출력한다.

힌트

- 1의 보수는 ~ 연산자를 사용하여 얻을 수 있다.
- 1의 보수를 구한 후 1을 더하면 2의 보수를 얻을 수 있다.

문제 해결 LAB_4-2.c

```c
#pragma warning(disable:4996)
#include <stdio.h>

int main()
{
    int bulbState;

    printf("전구의 현재 상태를 입력하세요 (-1 또는 1): ");
    scanf("%d", &bulbState);

    bulbState = ~bulbState + 1;

    printf("변경된 전구의 상태: %d\n", bulbState);

    return 0;
}
```

LAB RGB 색상 생성하기

빨강(Red), 초록(Green), 파랑(Blue)을 기반으로 하는 RGB 색상은 이 세 가지 색상 채널을 0~255의 정수로 나타낼 수 있으며, 이를 조합하여 다양한 색상을 표현한다. 24비트(3바이트) 색상 코드는 세 가지 기본 색상 채널을 8비트씩 사용하여 색상을 표현하는 방식이다. 0은 해당 색상의 최소 강도를, 255는 최대 강도를 의미하며, 1677만(2^{24})가지의 색상을 표현할 수 있다. 이러한 RGB 값을 16진수의 색상 코드로 출력하는 프로그램을 작성해보자.

```
빨강(Red) 값 입력 (0-255): 254
초록(Green) 값 입력 (0-255): 22
파랑(Blue) 값 입력 (0-255): 36
입력된 RGB 값에 대한 색상 코드: #FE1624
```

조건

- 빨강(Red), 초록(Green), 파랑(Blue) 값을 0~255의 정수로 입력받는다.
- RGB 색상은 24비트로 표현된다. 비트 시프트 연산자를 사용하여 각 색상의 값을 올바른 위치에 배치하고, 비트 OR 연산자를 사용하여 조합한다.
- `printf()` 함수에서 `%06X` 서식 지정자를 사용하여 색상 코드를 16진수로 출력한다.

힌트

- `red << 16`: 빨강(Red) 값을 왼쪽으로 16비트 이동한다. 2^{16}을 계산하는 것과 같으며, 빨강 값이 색상 코드의 왼쪽에 위치한다.
- `green << 8`: 초록(Green) 값을 왼쪽으로 8비트 이동한다. 2^{8}을 계산하는 것과 같으며, 초록 값이 색상 코드의 중간에 위치한다.
- `blue`: 파랑(Blue) 값은 그대로 사용되며, 색상 코드의 오른쪽에 위치한다.
- `|`: 비트 OR 연산자로 세 가지 값을 결합하며 빨강, 초록, 파랑의 각 비트가 모두 합쳐져서 하나의 24비트 색상 코드가 생성된다.
- `%X`: 16진수를 출력하는 서식 지정자를 사용한다. `%06X`는 출력될 16진수의 최소 자릿수를 여섯 자리로 지정한다. 여섯 자리보다 짧으면 앞에 0으로 채워지므로 출력 결과는 `#RRGGBB` 형태가 된다.

문제 해결 LAB_4-3.c

```c
#pragma warning(disable: 4996)
#include <stdio.h>

int main()
{
    int red, green, blue;

    printf("빨강(Red) 값 입력 (0-255): ");
    scanf("%d", &red);
    printf("초록(Green) 값 입력 (0-255): ");
    scanf("%d", &green);
    printf("파랑(Blue) 값 입력 (0-255): ");
    scanf("%d", &blue);

    int colorCode = (red << 16) | (green << 8) | blue;
    printf("입력된 RGB 값에 대한 색상 코드: #%06X\n", colorCode);

    return 0;
}
```

RGB 값을 입력받음

시프트 연산자와 비트 OR 연산자를 사용하여 하나의 24비트 색상 코드 생성

생성된 24비트 색상 코드를 16진수로 출력

4.5 연산자의 우선순위

1 연산자의 우선순위와 결합 방향

프로그램에서 여러 개의 연산자를 사용할 때 연산 순서는 연산자의 우선순위에 의해 결정된다. 기본적으로 우선순위가 높은 연산자가 우선순위가 낮은 연산자보다 먼저 연산되고, 우선순위가 같은 연산자들은 결합 방향에 따라 우선순위가 결정된다.

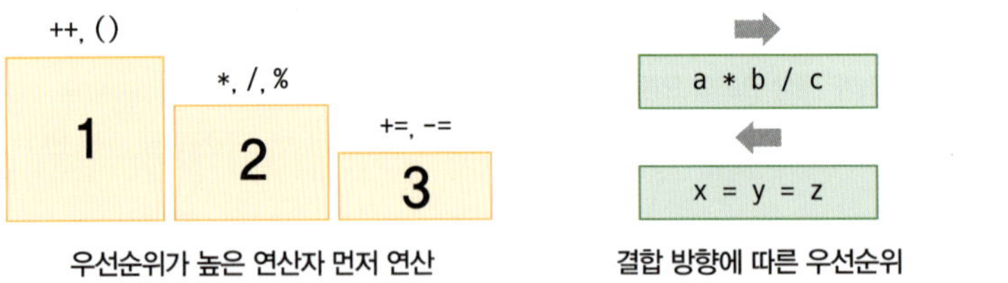

(a) 연산자의 우선순위가 다른 경우

(b) 연산자의 우선순위가 같은 경우

그림 4-12 연산자의 우선순위

예제 4-15 연산자의 우선순위 사용하기 ex04_15.c

↳ 정수형 변수 a, b, c에 대한 비교 연산을 수행하고 그 결과를 출력해보자.

```c
#include <stdio.h>

int main()
{
    int a = 5;
    int b = 10;
    int c = 5;

    // == 연산자와 > 연산자는 && 연산자보다 우선순위가 높다.
    int result = a == c && b > a;
    printf("Result: %d\n", result);     // 출력: 1 (true)

    return 0;
}
```

```
Result: 1
```

C 언어에서 제공하는 연산자의 우선순위와 결합 방향을 [표 4-8]에 정리했다.

표 4-8 연산자의 우선순위와 결합 방향

우선순위	연산자	설명	결합 방향
1	p++, p--	후위 증감 연산자	→
	( )	괄호, 함수 호출	
	[ ]	배열 첨자	
	.	구조체	
	->	포인터로 구조체 접근	
	(자료형){값}	복합 리터럴	
2	++p, --p	전위 증감 연산자	←
	+p, -p	양의 부호, 음의 부호	
	!	논리 NOT	
	~	비트 NOT	
	(자료형)	자료형 변환	
	*p	포인터 p 역참조	
	&x	x의 주소	
	sizeof	자료형의 크기	
3	*, /, %	곱셈, 나눗셈, 나머지	→
4	+, -	덧셈, 뺄셈	→
5	<<	비트를 왼쪽으로 이동	→
	>>	비트를 오른쪽으로 이동	
6	<	작음	→
	<=	작거나 같음	
	>	큼	
	>=	크거나 같음	
7	==	같음	→
	!=	다름	
8	&	비트 AND	→
9	^	비트 XOR	→
10	¦	비트 OR	→
11	&&	논리 AND	→
12	¦¦	논리 OR	→
13	?, :	조건(삼항) 연산자	←
14	=	대입 연산자	←
	+=, -=	복합 대입 연산자	
	*=, /=, %=	복합 대입 연산자	
	<<=, >>=	복합 대입 연산자	
	&=, ^=, ¦=	복합 대입 연산자	
15	,	콤마 연산자	→

하나 더 알기 **연산자의 우선순위와 결합 방향**

연산자의 우선순위는 어떤 연산이 먼저 수행될지를 결정하며, 우선순위가 높은 연산자가 먼저 연산된다.

- ***, / 연산자는 +, - 연산자보다 우선순위가 높다.**
  예 '2 + 3 * 4'는 '2 + (3 * 4)'이므로 결괏값이 14이다.
- **괄호는 모든 연산자 중 우선순위가 가장 높다.**
  예 '(2 + 3) * 4'는 '5 * 4'이므로 결괏값이 20이다.

결합 방향은 우선순위가 같은 연산자들 사이에서 어느 방향으로 연산할지를 결정하며, 대부분의 연산자는 왼쪽에서 오른쪽으로 결합한다.

- **대입 연산자(=)는 오른쪽에서 왼쪽으로 결합한다.**
  예 'a = b = 5'는 'a = (b = 5)'이다.
- **+, - 연산자는 왼쪽에서 오른쪽으로 결합한다.**
  예 'a - b + c'는 '(a - b) + c'이다.

확인문제

1 연산자의 우선순위에 대한 설명 중 옳지 않은 것을 고르시오.

① 연산자의 우선순위가 높을수록 연산이 먼저 수행된다.

② 여러 개의 연산자를 사용할 때 결합 방향은 왼쪽에서 오른쪽으로 모두 동일하다.

③ ++a, --a 연산자가 a++, a-- 연산자보다 먼저 수행된다.

④ 연산자의 우선순위가 같은 경우 결합 방향에 따라 순서가 결정된다.

정답

1 ②

REAL PROJECT 날씨 프로그램 만들기

계량 체계를 통일하려는 움직임에도 불구하고 우리나라처럼 섭씨온도를 사용하는 나라도 있고 미국처럼 화씨온도를 사용하는 나라도 있다. 섭씨온도를 입력받아 화씨온도로 변환하고, 온도에 따라 날씨 상태를 판단하여 출력하는 프로그램을 작성해보자.

```
섭씨온도를 입력하세요: 23
화씨온도: 73.40 ℉
현재 날씨 상태는 23.00℃로 따뜻합니다.
```

조건

- 온도는 소수점 아래 둘째 자리까지 출력한다.
- 섭씨온도를 화씨온도로 변경하는 비율과 화씨온도상으로 얼음이 녹는 온도를 상수로 선언한다.
  - 섭씨(Celsius): 어는점이 0℃, 끓는점이 100℃이다. 1℃는 1도의 온도 차이를 나타낸다.
  - 화씨(Fahrenheit): 어는점이 32℉, 끓는점이 212℉이다. 1℉는 1도의 온도 차이를 나타내며 섭씨보다 간격이 좀 더 크다.
- 섭씨온도를 화씨온도로 변경하는 공식은 '화씨온도 = (섭씨온도 * 9.0 / 5.0) + 32'이다.
- 날씨 상태를 판단하여 출력할 때는 삼항 연산자를 사용한다.
- 날씨 상태는 섭씨온도를 기준으로 다음과 같이 출력한다.
  - 30℃ 이상: 매우 덥습니다.
  - 20℃ 이상 30℃ 미만: 따뜻합니다.
  - 10℃ 이상 20℃ 미만: 쾌적합니다.
  - 0℃ 이상 10℃ 미만: 쌀쌀합니다.
  - 0℃ 미만: 추워요.

문제 해결 REAL_temperature.c

```c
#pragma warning(disable:4996)
#include <stdio.h>

int main()
{
    const float CELSIUS_TO_FAHRENHEIT_SCALE = 9.0 / 5.0;
    const int FAHRENHEIT_FREEZING_POINT = 32;
```

화씨로 변환하는 비율을 상수로 정의

화씨에서 어는점을 상수로 정의

```c

    float celsius, fahrenheit;

    printf("섭씨온도를 입력하세요: ");
    scanf("%f", &celsius);

    fahrenheit = celsius * CELSIUS_TO_FAHRENHEIT_SCALE + FAHRENHEIT_FREEZING_POINT;

    printf("화씨온도: %.2f°F\n", fahrenheit);

    printf("현재 날씨 상태는 %.2f℃로 %s\n", celsius, (celsius >= 30) ? "매우 덥습니다." :
        (celsius >= 20) ? "따뜻합니다." :
        (celsius >= 10) ? "쾌적합니다." :
        (celsius >= 0) ? "쌀쌀합니다." :
        "추워요.");

    return 0;
}
```

입력받은 섭씨온도를 화씨온도로 변환

변환된 화씨온도를 소수점 아래 둘째 자리까지 출력

삼항 연산자를 사용하여 섭씨 온도에 따라 날씨 상태 출력

한 번 더 ✓ 체크 보수

보수complement는 수학적 개념으로는 어떤 값의 보완이라는 의미이다. 다시 말해 어떤 수에 대한 보수는 그 수를 만드는 데 필요한 수이다. 예를 들어 10에 대한 9의 보수는 1이다. 9에 1을 더하면 10이 되기 때문이다. 컴퓨터 과학의 보수는 수학의 보수와 다른 개념이지만 비슷한 면도 있다. 컴퓨터 과학에서는 주로 2진수의 표현에 보수가 사용된다.

2진수의 음수 표현

1의 보수와 2의 보수는 컴퓨터에서 음수를 표현하기 위한 방법 중 하나로, 특히 2진수의 음수를 표현할 때 사용한다. 16비트 시스템에서 1의 보수와 2의 보수의 개념은 다음과 같다.

❶ 1의 보수

16비트 수의 1의 보수는 각 비트를 반전한 것이다. 즉 0은 1로, 1은 0으로 변환된다.

```
16비트 수    00000000 10101010
 1의 보수    11111111 01010101
```

1의 보수 시스템에서 음수는 양수의 1의 보수로 표현된다. 그런데 이 방식의 단점은 0의 표현 방식이 두 가지이므로 00000000 00000000과 11111111 11111111 모두 0을 의미할 수 있다는 것이다.

❷ 2의 보수

2의 보수는 음수를 표현하는 가장 보편적인 방식으로, 1의 보수를 구한 후 1을 더하면 2의 보수가 된다.

```
16비트 수    00000000 10101010
 1의 보수    11111111 01010101  ---- 위의 비트를 반전한 값
          +                 1
 2의 보수    11111111 01010110  ---- 1의 보숫값에 1을 더한 값
```

이 방식의 장점은 0이 유일하게 하나만 존재하며, 뺄셈을 덧셈으로 간단하게 변환할 수 있어 연산 구현이 단순화된다는 것이다. 또한 오버플로 처리가 용이하여 컴퓨터 시스템에서 산술 연산을 효율적으로 구현할 수 있다.

요약

01 연산자의 개요

❶ 수식: 하나 이상의 값, 변수, 연산자를 결합하여 새로운 값을 만들어내는 구문을 말한다.

❷ 연산자: 특정 연산을 수행하는 기호이다.

02 산술·대입·증감 연산자

❶ 산술 연산자: 덧셈, 뺄셈과 같은 수학적 계산을 수행하기 위한 연산자이다.

❷ 대입 연산자: 변수에 값을 저장할 때 사용하는 연산자로, '할당 연산자'라고도 부른다.

❸ 복합 대입 연산자: 특정 연산과 대입 연산을 동시에 수행하기 위한 연산자이다.

❹ 증감 연산자: 변수의 값을 1씩 증가시키거나 감소시키는 연산자이다.

03 논리·조건·관계 연산자

❶ 논리 연산자: 특정 조건을 참 또는 거짓으로 결정하기 위한 연산자이다.

❷ 조건 연산자: 특정 조건에 따라 두 가지 표현식 중 하나를 선택하는 데 사용되는 연산자로, '삼항 연산자'라고도 부른다.

❸ 조건 연산자의 형식: **조건 ? 표현식1 : 표현식2**

❹ 관계 연산자: 두 값을 비교하여 그 결과가 참인지 거짓인지 판단하기 위한 연산자이다.

04 기타 연산자

❶ 비트 연산자: 데이터를 비트 단위로 계산하여 연산을 수행할 때 사용하는 연산자이다.

❷ 주소 연산자: 변수의 메모리 주소를 반환하는 연산자로, 포인터에서 주로 사용된다.

❸ 주소 연산자의 형식: **&변수명**

❹ 주소 참조 연산자: 포인터가 가리키는 변수의 값을 반환하는 연산자로, '역참조 연산자'라고도 부른다.

❺ 주소 참조 연산자의 형식: **자료형 *변수명**

05 연산자의 우선순위

❶ 연산자의 우선순위: 우선순위가 높은 연산자가 우선순위가 낮은 연산자보다 먼저 연산된다.

❷ 결합 방향: 우선순위가 같은 연산자들은 결합 방향에 따라 우선순위가 결정된다.

연습문제

01 조건 연산자의 형식은 무엇인가?

① 조건 ? 표현식1 : 표현식2　　② 표현식1 ? 조건 : 표현식2

③ 표현식1 : 표현식2 ? 조건　　④ 조건 ? 표현식1 || 표현식2

02 a와 b 중 a의 값이 더 클 때 그 값을 max에 저장하기 위해 조건 연산자를 올바르게 사용한 것은 무엇인가?

① max = (a < b) ? a : b;　　② max = (a < b) ? b : a;

③ max = (a > b) ? b : a;　　④ max = (a > b) ? a : b;

03 비트 배타적 논리합 연산자에 대한 설명으로 옳은 것은 무엇인가?

① 두 비트 중 하나가 1이면 1을 반환하고, 아니면 0을 반환한다.

② 두 비트가 모두 1이면 1을 반환하고, 아니면 0을 반환한다.

③ 두 비트가 같으면 0을 반환하고, 다르면 1을 반환한다.

④ 두 비트를 비교하여 같은 값이면 1을 반환하고, 다르면 0을 반환한다.

04 다음 논리 연산의 결과는 무엇인가?

```
int p = 1, q = 0;
int result = (p && q);
```

① result = 0　　② result = 0

③ result = -1　　④ result = false

05 다음 진리표의 빈칸을 채우시오.

X	Y	X && Y	X || Y	!X	!(X && Y)	!(X || Y)
0	0					
0	1					
1	0					
1	1					

06 **복합 대입 연산자에 대한 설명으로 옳은 것을 모두 고르시오.**

① 복합 대입 연산자는 특정 연산과 대입을 동시에 수행하는 연산자이다.

② 복합 대입 연산자로 대입 연산자와 덧셈, 뺄셈 연산자만 사용 가능하다.

③ 복합 대입 연산자를 사용하면 기존 코드가 더욱 복잡해진다.

④ 'x = x + 5'는 'x += 5'로 작성할 수 있다.

07 **비트 연산자의 종류와 기호가 올바른 것은 무엇인가?**

① 비트 보수 연산자: ~

② 비트 시프트 연산자: ^

③ 비트 논리합 연산자: >>

④ 비트 논리곱 연산자: ++

08 **다음 조건을 나타내는 논리 연산식을 작성하시오.**

[조건]

ATM 기기에서 현금을 인출하려면 인출 금액(Account)이 통장 잔액(Amount)보다 작아야 하고, 인출 금액이 ATM 기기의 한도(Limit)를 초과하면 안 된다.

09 **다음 조건을 나타내는 논리 연산식을 작성하시오.**

[조건]

놀이공원에서 롤러코스터를 타려면 나이(Age)가 12세 이상이거나, 키(Height)가 145cm 이상이어야 한다.

10 **다음 조건을 나타내는 논리 연산식을 작성하시오.**

[조건]

조기 졸업을 하려면 평균 학점(GPA)이 3.0 이상이고, 영어 점수가 토익(TOEIC) 700점 이상이거나 토플(TOEFL) 300점 이상이어야 한다.

11 비트 시프트 연산자를 사용한 다음 코드의 결괏값을 2진수와 10진수로 작성하시오.

```
#include <stdio.h>

int main()
{
    int x = 5;
    int result = x << 2;

    printf("x << 2 = %d\n", result);

    return 0;
}
```

12 비트 시프트 연산자를 사용한 다음 코드의 결괏값을 2진수와 10진수로 작성하시오.

```
#include <stdio.h>

int main()
{
    int x = 16;
    int result = x >> 3;

    printf("x >> 3 = %d\n", result);

    return 0;
}
```

13 다음 코드의 실행 결과를 작성하시오.

```
#include <stdio.h>

int main()
{
    int x = 10;
    int* p;

    p = &x;

    printf("x의 값: %d\n", x);
    printf("p가 가리키는 주소: %p\n", p);

    return 0;
}
```

14 다음 코드의 실행 결과를 작성하시오.

```
#include <stdio.h>

int main()
{
    int a = 5, b = 3, c = 7;
    int result = a > b ? a > c ? a : c : b;

    printf("%d\n", result);

    return 0;
}
```

15 다음 코드에서 오류가 발생하는 부분을 찾아 바르게 수정하고 그 이유를 설명하시오.

```
#pragma warning(disable:4996)
#include <stdio.h>

int main(void)
{
    int x, y;

    printf("x, y: ");
    scanf("%f %f", &x, &y);

    printf("%d + %d = %d", x, y, x + y);

    return 0;
}
```

16 다음 코드에서 오류가 발생하는 부분을 찾아 바르게 수정하고 그 이유를 설명하시오.

```
#include <stdio.h>

int main(void)
{
    int x = 3;
    int y = 5;

    --x;
    y = 5++;

    printf("%d %d", x, y);

    return 0;
}
```

프로그래밍 문제

01 정수를 입력받아 그 정수의 2의 보수를 반환하는 프로그램을 작성하시오.

[조건]

- 비트 NOT 연산자로 보수 연산을 수행하면 num의 1의 보수가 계산된다.
- 1을 result 변수에 더하여 num의 2의 보수를 계산한다.

```
정수 입력 : 11
2의 보수 : -11
```

02 증감 연산자를 사용하여 프로그램을 작성하시오.

[조건]

- a는 후위 증가로 6이 되었다가 전위 감소하여 다시 5가 된다.
- b는 전위 감소로 3이 되고, b의 값을 d에 대입한 후 b가 후위 증가로 1 증가한다. 즉 d는 3이 되고 b는 4가 된다.

```
a = 5
b = 5
d = 4
```

03 실수를 입력받아 주어진 다항식을 계산하는 프로그램을 작성하시오.

[조건]

- 다항식: $5x^3 + 6x^2 - 2x + 3$
- 소수점 아래 둘째 자리까지 출력한다.

```
x의 값을 입력하시오: 3.3
다항식의 값은 241.42
```

04 거리와 속력을 입력받아 자동차 주행 시간을 출력하는 프로그램을 작성하시오.

```
거리(km), 속력: 192 85
소요 시간: 2시간 15분 31초
```

CHAPTER 05

조건문

5.1 제어문
5.2 if 문
LAB 윤년 계산하기
LAB 좌표 위치 확인하기
5.3 다중 선택문
LAB 로봇 시뮬레이션 프로그램 만들기
REAL PROJECT 서울시 택시 요금 계산하기
한 번 더 체크 switch 문과 다중 if~else 문의 차이
요약
연습문제 / 프로그래밍 문제

학습목표

- C 언어에서 쓰이는 제어문의 개념을 이해한다.
- C 언어의 제어문인 if 문과 다중 선택문인 switch case 문에 대해 알아본다.
- 중첩된 조건문을 사용하여 복잡한 논리를 구현하는 방법을 알아본다.

Preview

프로그래밍에서는 다양한 조건에 따라 프로그램의 흐름을 제어할 수 있어야 한다. 이 장에서는 C 언어에서 사용되는 제어문의 개념을 이해하고 제어문을 효율적으로 사용하는 방법을 배운다. 특히 조건문의 단순 if 문, if~else 문, 다중 if~else 문, 중첩 if 문에 대해 알아보고 다양한 조건 처리 방법을 익힌다. 또한 다중 선택 조건이 있을 때 사용하는 switch case 문의 활용법을 익힌다.

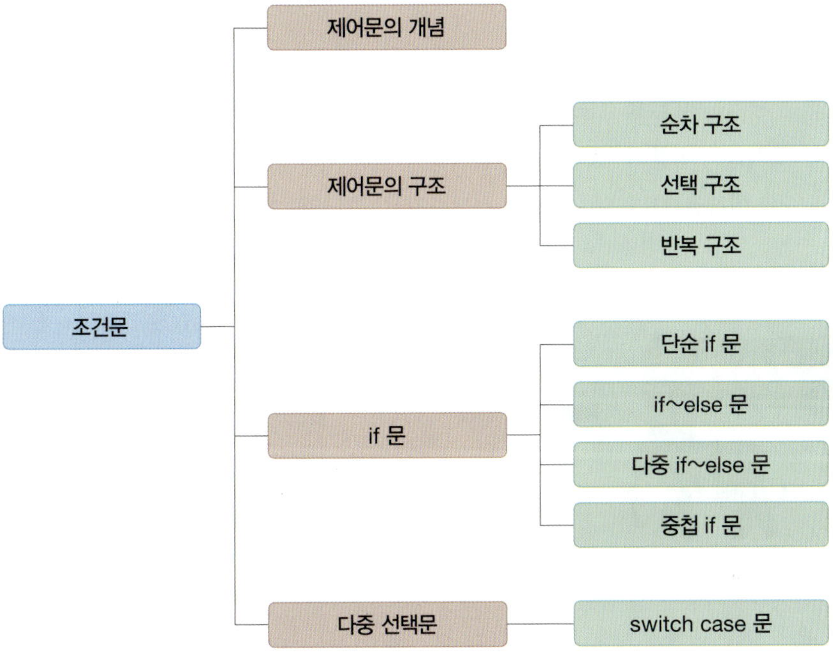

5.1 제어문

1 제어문의 개념

우리는 일상생활 속에서 특정 행동을 반복하고 무언가를 선택한다. 예컨대 등하교 또는 출퇴근을 반복하고 점심시간에는 메뉴를 고른다. 이처럼 프로그래밍에서도 반복하는 코드와 선택하는 코드가 많이 활용되는데, 이때 필요한 것이 **제어문**control statement이다.

제어문은 프로그램에서 명령어의 실행 흐름을 제어하는 문장이다. 일반적으로 프로그램은 위에서 아래로 순차적으로 실행되기 때문에 특정 상황에서 다른 실행 흐름을 선택해야 할 때, 특정 문장을 반복적으로 실행해야 할 때, 다른 문장으로 이동해야 할 때 제어문을 사용한다. 주요 제어문에는 조건문과 반복문이 있다.

조건문

조건문conditional statement은 주어진 조건이 참인지 거짓인지를 판단하고 그 결과에 따라 다른 코드 블록을 실행하는 제어문이다. 조건문을 사용하면 프로그램의 실행 흐름을 분기하여 다양한 상황에 대응하는 로직을 구현할 수 있다. 예를 들어 7세 이하 어린이는 동물원에 무료로 입장할 수 있는 경우, '7세 이하인가요?'라는 조건을 설정하고 참, 거짓에 따라 입장권 구매 여부를 판단할 수 있다.

그림 5-1 조건의 참, 거짓에 따른 실행 구조

조건문은 한 번의 판단으로 명령어의 흐름을 변경할 수도 있고, 여러 번의 판단으로 명령어의 흐름을 조정할 수도 있다. 이러한 조건문을 통해 다양한 입력값과 상황에 유연하게 대응하는 프로그램을 작성할 수 있다.

반복문

반복문repetitive statement은 프로그램에서 특정 코드를 반복하여 실행하는 제어문이다. 주어진 조건을 충족하는 동안 코드가 계속 실행되며, 조건을 더 이상 충족하지 않으면 반복을 중단하고 다음 코드를 실행한다. 예를 들어 게임을 한 시간 동안 한 후 게임이 끝났을 때 게임을 계속할지 종료할지 선택하는 경우에 반복문을 사용할 수 있다. 만약 '예'를 선택하면 다시 게임이 시작되고, '아니요'를 선택하면 게임이 종료된다.

그림 5-2 조건의 판단 결과에 따라 반복을 수행하는 구조

반복문은 작업을 여러 번 실행해야 할 때 유용하며, 9장에서 배울 배열과 같이 데이터 구조를 처리하거나 숫자를 증가시키면서 작업을 이어나가야 할 때 효과적인 문법이다. 이 장에서는 조건문을 살펴보고 반복문은 6장에서 자세히 다룰 것이다.

2 제어문의 구조

프로그램의 실행 흐름을 제어하거나 분기하기 위한 제어 구조에는 다음과 같이 세 가지 유형이 있다.

- **순차 구조**sequential structure: 프로그램의 문장이 순서대로 실행되는 구조로, 프로그램의 시작부터 끝까지 위에서 아래로 순차적으로 진행되는 방식이다.

• **선택 구조**selection structure: 프로그램의 흐름을 조건에 따라 다르게 제어하는 구조로, 특정 조건을 충족할 때 특정 문장 블록이 실행되는 방식이다.

• **반복 구조**iteration structure: 프로그램에서 실행되는 문장 블록이 특정 조건을 충족할 때까지 반복적으로 실행되는 방식이다.

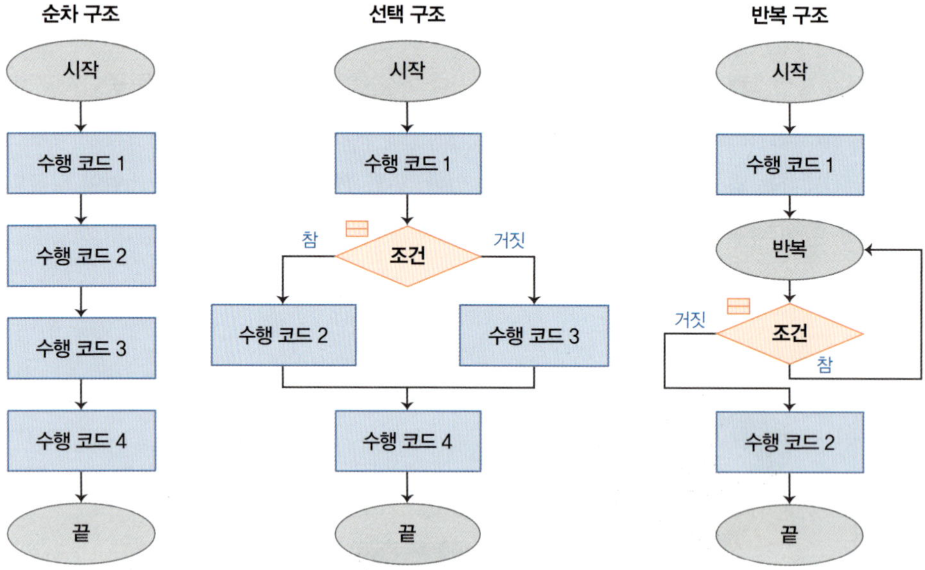

그림 5-3 제어문의 세 가지 구조를 나타낸 순서도

확인문제

1 다음 빈칸에 알맞은 말을 넣으시오.

① 조건이 참인지 거짓인지 판단하여 명령을 선택적으로 다르게 실행하는 명령문은 (　　　　)이다.

② 조건이 참인지 거짓인지 판단하여 명령을 반복적으로 실행하는 명령문은 (　　　　)이다.

정답

1 ① 조건문　② 반복문

5.2 if 문

if 문은 주어진 조건을 평가하여 참이면 특정 코드 블록을 실행하는 선택 구조이며, 이를 통해 프로그램의 실행 흐름을 분기하여 다양한 상황에 대응하는 로직을 구현할 수 있다. if 문은 크게 단순 if 문, if~else 문, 다중 if~else 문, 중첩 if 문으로 구분된다.

1 단순 if 문

단순 if 문은 조건식의 결과가 참일 때만 특정 코드 블록을 실행하고, 조건식의 결과가 거짓이면 해당 코드 블록을 실행하지 않는다.

| Syntax | 단순 if 문

```
if (조건식)
{
    // 조건식이 참일 때 실행될 코드 블록
}
```

[그림 5-4]는 단순 if 문의 순서도로, 조건식이 참이면 수행 코드 1을 실행한 후 순차적으로 수행 코드 2가 실행되고, 조건식이 거짓이면 수행 코드 1을 실행하지 않고 바로 수행 코드 2로 넘어간다.

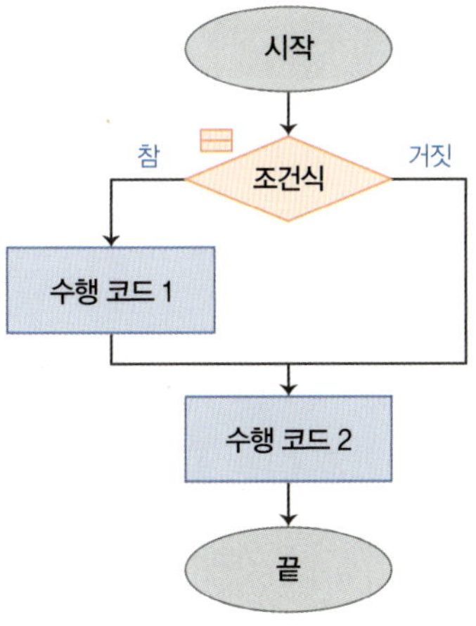

그림 5-4 단순 if 문의 순서도

단순 if 문의 특징

❶ 조건식 평가

단순 if 문에서는 조건식을 판단하여 참인지 거짓인지 결정한다. 조건식은 비교 연산자, 논리 연산자, 비트 연산자 등을 사용하여 복합적으로 구성할 수 있다.

❷ 조건이 참일 때만 실행

조건식의 결과가 참이면 if 문에 속한 코드 블록을 실행하고, 거짓이면 if 문에 속한 코드 블록을 건너뛰고 실행한다.

❸ 선택적 실행 가능

주어진 조건에 따라 선택적으로 코드 블록을 실행하고 다양한 상황에 대응하는 로직을 구현할 수 있다.

❹ 간결한 구조

단순 if 문은 조건식과 실행할 코드 블록만으로 구성되어 간결하고 명확한 구조이다.

예제 5-1 단순 if 문을 사용하여 변수 증감 여부 판단하기 ex05_01.c

↳ 입력받은 숫자를 판단하여 특정 값일 때만 변수의 값을 증가시키는 데 단순 if 문을 활용해보자.

```
#pragma warning(disable: 4996)
#include <stdio.h>

int main()
{
    int i, a = 10;

    printf("i 값 입력: ");
    scanf("%d", &i);

    if (i == 3) {
        a++;
    }

    printf("판단 이후 a 값은?: %d ", a);

    return 0;
}
```

입력된 i 값이 3일 때만 a++가 실행됨

```
i 값 입력: 3
판단 이후 a 값은? 11
```

```
i 값 입력: 2
판단 이후 a 값은? 10
```

예제 5-2 단순 if 문을 사용하여 정수 판단하기 ex05_02.c

↳ 입력받은 정수가 양수인지, 음수인지, 0인지 판단하여 결과를 출력하기 위해 단순 if 문을 활용해보자.

```c
01 #pragma warning(disable: 4996)
02 #include <stdio.h>
03
04 int main()
05 {
06     int num;
07     printf("정수를 입력하세요: ");
08     scanf("%d", &num);
09     // 10, 13, 16행에서는 if 문에 포함된 코드가 하나이므로 중괄호를 생략함
10     if (num > 0)         // num이 양수인지 확인
11         printf("%d는 양수입니다.\n", num);
12
13     if (num < 0)         // num이 음수인지 확인
14         printf("%d는 음수입니다.\n", num);
15
16     if (num == 0)        // num이 0인지 확인
17         printf("0입니다.\n", num);
18
19     return 0;
20 }
```

```
정수를 입력하세요: 555
555는 양수입니다.
```

```
정수를 입력하세요: -555
-555는 음수입니다.
```

```
정수를 입력하세요: 0
0입니다.
```

하나 더 알기 **중괄호의 의미**

C 언어에서 코드 블록을 정의할 때 중괄호({ })를 사용한다. 중괄호 안의 코드는 하나의 코드 블록으로 취급되며, 여러 문장을 묶어 하나의 단위로 처리한다. if 문의 조건식이 참일 때 실행되는 코드가 한 줄이라면 중괄호를 생략할 수 있다. 그러나 두 줄 이상의 코드를 실행하려면 중괄호를 사용하여 코드 블록을 지정해야 한다.

중괄호는 다음과 같은 다양한 상황에 사용할 수 있다.

- **제어문**: if, else, while, for 등의 제어문에서 조건을 충족할 때 실행되는 코드 블록을 정의한다. 여는 중괄호는 다음과 같이 작성할 수 있다.

```
if (조건식) {        여는 중괄호는 조건식과 같은 행에 작성 가능
    // 조건식이 참일 때 실행될 코드 1
    // 조건식이 참일 때 실행될 코드 2
}
```

- **복합문**: 여러 문장을 하나의 코드 블록으로 묶어 복합문을 만든다. 복합문에는 변수 선언, 제어문, 함수 호출 등 다양한 문장이 포함될 수 있다.

```
{
    // 복합문 내의 코드 블록
    int a = 10;
    printf("a = %d\n", a);
}
```

- **함수 정의**: 함수의 본문을 정의할 때 중괄호를 사용하여 함수 내의 코드를 묶는다.

```
void myFunction()
{
    // 함수 내의 코드 블록
}
```

2 if~else 문

if~else 문은 조건식의 결과에 따라 2개의 코드 블록 중 하나를 선택하여 실행한다. 조건식의 결과가 참이면 if 문에 속한 코드 블록을 실행하고, 거짓이면 else 문에 속한 코드 블록을 실행한다.

| Syntax | **if~else 문**

```
if (조건식)
{
   // 조건식이 참일 때 실행될 코드 블록
}
else
{
   // 조건식이 거짓일 때 실행될 코드 블록
}
```

[그림 5-5]에서는 조건식이 참이면 수행 코드 1을 실행한 후 수행 코드 3을 실행하고, 조건식이 거짓이면 수행 코드 2를 실행한 후 수행 코드 3을 실행한다. 즉 수행 코드 3은 조건식의 결과와 상관없이 반드시 실행된다.

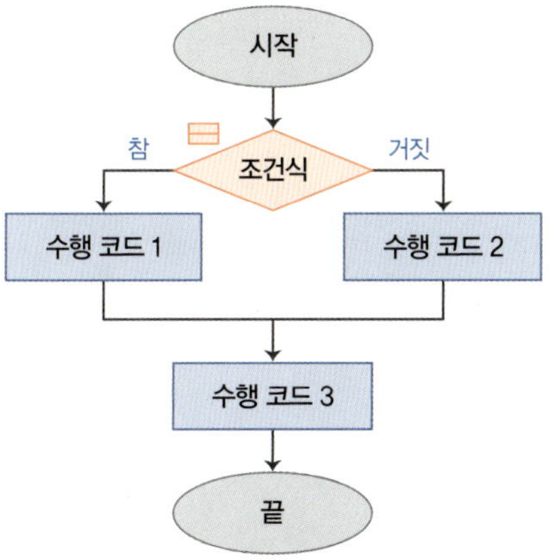

그림 5-5 if~else 문의 순서도

if~else 문의 특징

❶ 조건식에 따른 실행

주어진 조건이 참인지 거짓인지에 따라 다른 코드 블록이 실행된다. `if` 부분에는 괄호 안에 조건식이 들어가고, 조건식의 판단 결과가 참일 때 `if` 문에 속한 코드 블록이 실행된다.

❷ 대체 실행 경로

조건식이 거짓이면 `else` 블록에 있는 코드가 실행된다. `else` 문의 코드 블록은 선택적으로 사용할 수 있으며, `else` 블록을 작성하지 않으면 조건이 거짓일 때 수행될 코드가 없으므로 아무 작업도 실행되지 않는다.

❸ 조건의 다양성

조건식에 비교 연산자, 논리 연산자, 기타 표현식을 사용하여 다양한 조건을 표현할 수 있다.

❹ 코드 블록

if와 **else** 각각의 코드 블록은 여러 문장을 중괄호로 묶어 나타낼 수 있다. 단일 문장만 있는 경우에는 중괄호를 생략할 수 있다.

❺ 읽기 쉽고 명확한 코드

일반적으로 **if~else** 구조는 읽기 쉽고 프로그램의 흐름을 명확하게 나타낼 수 있다.

예제 5-3 | if~else 문을 사용하여 알파벳 출력하기 ex05_03.c

↳ 입력받은 정수가 100이면 문자 'A'를 출력하고, 100이 아니면 'A' 다음의 'B'를 출력해보자.

```c
#pragma warning(disable: 4996)
#include <stdio.h>

int main()
{
    int ku;
    char cd = 'A';

    printf("정수 숫자 입력: ");
    scanf("%d", &ku);

    if (ku != 100) {
        cd++;
        printf("cd: %c", cd);
    }
    else {
        printf("cd: %c", cd);
    }

    return 0;
}
```

- (ku != 100): 입력받은 값이 100이 아닌지 확인
- cd++;: 100이 아니면 값을 1 증가시킴
- else { printf("cd: %c", cd); }: 100이면 'A' 출력

```
정수 숫자 입력: 100
cd: A
```

```
정수 숫자 입력: 50
cd: B
```

예제 5-4 if~else 문을 사용하여 알파벳 문자 변경하기 ex05_04.c

↳ 입력받은 알파벳이 소문자이면 알파벳 순서상 뒤의 세 번째 소문자로 변경하고, 대문자이면 알파벳 순서상 뒤의 세 번째 대문자로 변경해보자.

```c
#pragma warning(disable: 4996)
#include <stdio.h>
#include <ctype.h>

int main()
{
    char ch;
    printf("알파벳을 입력하세요: ");
    scanf(" %c", &ch);

    if (ch >= 'a' && ch <= 'z') {
        ch = (ch - 'a' + 3) % 26 + 'a';
    }
    else {
        ch = (ch - 'A' + 3) % 26 + 'A';
    }

    printf("변경된 문자: %c\n", ch);

    return 0;
}
```

문자 관련 함수를 사용하기 위한 헤더 파일 선언

입력된 문자가 소문자인지 확인

세 칸 뒤로 이동

입력된 문자가 대문자일 때 수행

```
알파벳을 입력하세요: A
변경된 문자: D
```

```
알파벳을 입력하세요: a
변경된 문자: d
```

3 다중 if~else 문

다중 if~else 문은 다양한 조건을 평가하고 여러 코드 블록 중 하나를 선택하여 실행하는 제어문으로, **if~else if~else 문**이라고도 한다. if 문의 조건식이 거짓이고 else if 문의 조건식이 참이면 else if 문에 속한 코드 블록을 실행한다. 만약 if 문의 조건식이 거짓이고 else if 문의 조건식도 거짓이면 다음 else if 문의 조건식을 평가하거나 else 문의 코드 블록을 실행한다.

| Syntax | **다중 if~else 문**

```
if (조건식 1)
{
    // 조건식 1이 참일 때 실행될 코드 블록
}
else if (조건식 2)
{
    // 조건식 1이 거짓이고 조건식 2가 참일 때 실행될 코드 블록
}
else
{
    // 조건식 2가 거짓일 때 실행될 코드 블록
}
```

[그림 5-6]에서 보듯이 조건식 1의 결과가 참이면 수행 코드 1이 실행되고, 거짓이면 `else if` 문의 조건식 2의 결과를 판단한다. 조건식 2가 참이면 수행 코드 2가 실행되고, 거짓이면 `else` 문의 수행 코드 3이 실행된다.

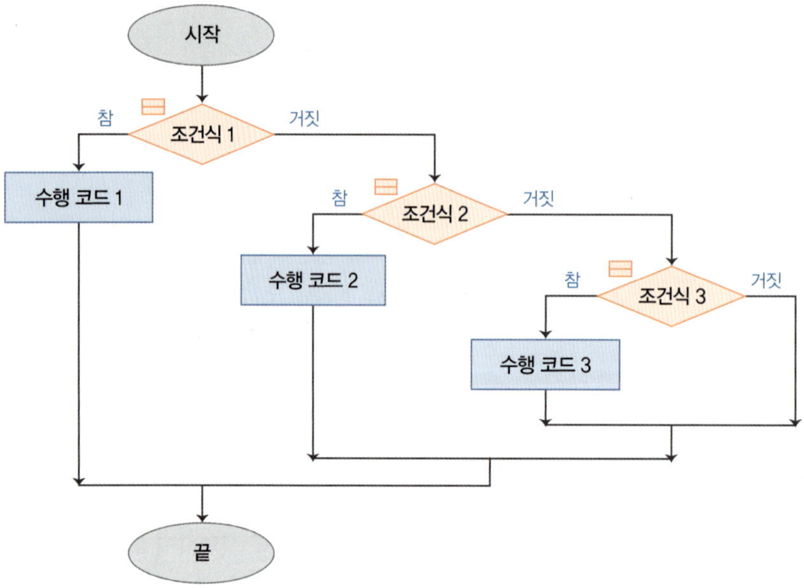

그림 5-6 다중 if~else 문의 순서도

다중 if~else 문의 특징

❶ 다중 조건 검사

else if 문을 사용하여 여러 조건을 순차적으로 평가할 수 있다. 조건식은 비교 연산자, 논리 연산자, 비트 연산자 등을 사용하여 구성할 수 있다.

❷ 선택적 실행

else if 문을 사용하여 다양한 조건에 대응하는 다른 코드 블록을 실행함으로써 다양한 상황에 대응하는 로직을 구현할 수 있다.

❸ 순차적 평가

else if 문의 조건식은 위에서부터 순차적으로 판단된다. 만약 조건식이 참이면 해당 코드 블록을 실행하고 나머지 조건식을 판단하지 않는다.

❹ 간결한 구조

else if 문은 if 문과 else 문을 결합하여 여러 조건을 간결하게 처리할 수 있다.

예제 5-5 다중 if~else 문을 사용하여 학점 판별하기 ex05_05.c

↳ 입력받은 점수에 따라 A~F 학점을 판별하여 출력해보자.

```
#pragma warning(disable: 4996)
#include <stdio.h>

int main()
{
    int outcome;
    char grades;

    printf("결과 점수를 입력하세요(0-100): ");
    scanf("%d", &outcome);

    if (outcome >= 90) {
        grades = 'A';
    }
    else if (outcome >= 80) {
        grades = 'B';
    }
    else if (outcome >= 70) {
```

점수에 따라 학점을 결정하는 다중 if~else 문

```c
        grades = 'C';
    }
    else if (outcome >= 60) {
        grades = 'D';
    }
    else {
        grades = 'F';

    } printf("학점은: %c \n", grades);
    return 0;
}
```

```
결과 점수를 입력하세요(0-100): 95
학점은: A
```

```
결과 점수를 입력하세요(0-100): 85
학점은: B
```

예제 5-6 다중 if~else 문을 사용하여 요금 계산하기 ex05_06.c

↳ 입력받은 나이에 따라 요금을 계산하고 출력해보자.

```c
#pragma warning(disable: 4996)
#include <stdio.h>

int main()
{
    int age, fee;

    printf("나이를 입력하세요: ");
    scanf("%d", &age);

    if (age <= 5) {
        fee = 0;
    }
    else if (age <= 12) {
        fee = 1000;
    }
    else if (age <= 18) {
        fee = 1500;
```

나이에 따라 요금을 결정하는 다중 if~else 문

```c
    }
    else if (age <= 60) {
        fee = 3000;
    }
    else {
        fee = 0;
    }
    printf("요금은: %d원\n", fee);

    return 0;
}
```

```
나이를 입력하세요: 5
요금은: 0원
```

```
나이를 입력하세요: 25
요금은: 3000원
```

4 중첩 if 문

중첩 if 문은 if 문 또는 else 문 내부에 다른 if 문 또는 else 문이 포함된 구조로, 복잡한 조건 논리를 처리할 때 사용한다. 이 구조를 사용하면 조건이 여러 단계로 나뉘었을 때 단계별로 조건을 평가할 수 있어 더욱 세밀한 흐름 제어가 가능하다.

| Syntax | 중첩 if 문

```c
if (조건식 1)
{
    if (조건식 2)
    {
        // 조건식 1과 조건식 2가 모두 참일 때 실행될 코드 블록
    }
    else
    {
        // 조건식 1이 참이고 조건식 2가 거짓일 때 실행될 코드 블록
    }
}
else
{
    if (조건식 3)
```

```
    {
        // 조건식 1이 거짓이고 조건식 3이 참일 때 실행될 코드 블록
    }
    else
    {
        // 조건식 1과 조건식 3이 모두 거짓일 때 실행될 코드 블록
    }
}
```

조건식 1의 결과가 참이면 조건식 2를 판단하며, 조건식 2의 결과가 참이면 수행 코드 2가 실행되고, 거짓이면 수행 코드 3이 실행된다. 그러나 조건식 1의 결과가 거짓이면 조건식 3을 판단하며, 조건식 3의 결과가 참이면 수행 코드 4가 실행되고, 거짓이면 수행 코드 5가 실행된다.

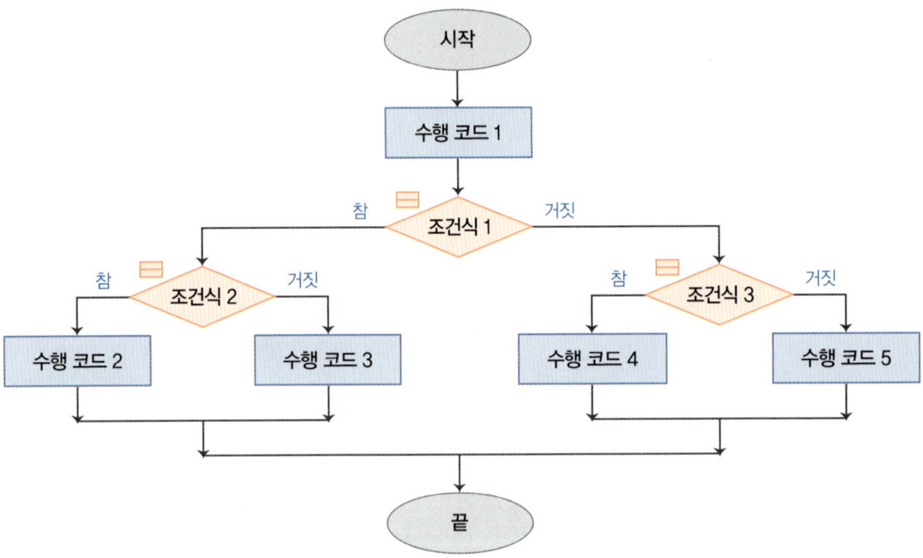

그림 5-7 중첩 if 문의 순서도

중첩 if 문의 특징

❶ 복잡한 조건 처리

중첩 if 문을 사용하면 여러 조건을 복합적으로 검사하고 해당 조건에 따라 다양한 작업을 수행할 수 있다.

❷ 순차적 평가

다중으로 구성된 if 문의 조건은 순차적으로 평가된다. 상위 if 문의 조건이 거짓이면 내부에

포함된 if 문이 실행되지 않는다.

❸ 구조의 복잡성

중첩 if 문을 과도하게 사용하면 코드의 가독성이 떨어질 수 있다. 따라서 가능한 한 중첩의 깊이를 최소화하는 것이 좋다.

❹ 분기의 다양성

중첩 if 문을 통해 다양한 조건에 따른 실행 경로를 생성할 수 있다.

예제 5-7 | 중첩 if 문을 사용하여 MBTI 판별하기 ex05_07.c

↳ MBTI의 유형을 두 글자씩 나누어 입력받아 각 부분에 해당하는 성격 특성을 출력해보자.

```c
#pragma warning(disable:4996)
#include <stdio.h>

int main()
{
    char first, second;    // MBTI의 첫 번째(E/I), 두 번째(N/S) 글자를 저장할 변수
    printf("MBTI의 첫 번째와 두 번째 글자를 입력하세요 (예: E/I, N/S): ");
    scanf(" %c %c", &first, &second);

    // 첫 번째 글자가 'E'(외향)인지 'I'(내향)인지에 따라 출력
    if (first == 'E') {
        printf("당신은 외향적인 성격을 가지고 있습니다.\n");
        if (second == 'S') {
            printf("감각형입니다.\n");
        }
        else if (second == 'N') {
            printf("직관형입니다.\n");
        }
    }
    else if (first == 'I') {
        printf("당신은 내향적인 성격을 가지고 있습니다.\n");
        if (second == 'S') {
            printf("감각형입니다.\n");
        }
        else if (second == 'N') {
            printf("직관형입니다.\n");
```

첫 번째, 두 번째 글자 판별

첫 번째 글자가 E이면 '당신은 외향적인 성격을 가지고 있습니다.'를 출력

두 번째 글자가 S이면 '감각형입니다.'를 출력하고, 그렇지 않으면 '직관형입니다.'를 출력

첫 번째 글자가 I이면 '당신은 내향적인 성격을 가지고 있습니다.'를 출력

```c
        }
    }

    char third, fourth;    // MBTI의 세 번째(T/F), 네 번째(J/P) 글자를 저장할 변수

    printf("MBTI의 세 번째와 네 번째 글자를 입력하세요 (예: F/T, P/J): ");
    scanf(" %c %c", &third, &fourth);

    // 세 번째 글자가 'T'(사고형)인지 'F'(감정형)인지에 따라 출력
    if (third == 'T') {
        printf("논리적이고 객관적으로 판단하는 사고형입니다.\n");
        if (fourth == 'J') {
            printf("계획형입니다.\n");
        }
        else if (fourth == 'P') {
            printf("즉흥적입니다.\n");
        }
    }
    else if (third == 'F') {
        printf("감정적이고 사람 중심적으로 판단하는 감정형입니다.\n");
        if (fourth == 'J') {
            printf("계획형입니다.\n");
        }
        else if (fourth == 'P') {
            printf("즉흥적입니다.\n");
        }
    }
    return 0;    // 프로그램 종료
}
```

세 번째, 네 번째 글자 판별

세 번째 글자가 T이면 '논리적이고 객관적으로 판단하는 사고형입니다.'를 출력

네 번째 글자가 J이면 '계획형입니다.'를 출력하고, 그렇지 않으면 '즉흥적입니다.'를 출력

세 번째 글자가 F이면 '감정적이고 사람 중심적으로 판단하는 감정형입니다.'를 출력

```
MBTI의 첫 번째와 두 번째 글자를 입력하세요 (예: E/I, N/S): I N
당신은 내향적인 성격을 가지고 있습니다.
직관형입니다.
MBTI의 세 번째와 네 번째 글자를 입력하세요 (예: F/T, P/J): F J
감정적이고 사람 중심적으로 판단하는 감정형입니다.
계획형입니다.
```

확인문제

1 다음 빈칸에 알맞은 말을 넣으시오.

> `if~else` 문은 조건식의 결과가 참이면 `if` 문에 속한 코드 블록이 실행되고, 거짓이면 (　　　　) 문에 속한 코드 블록이 실행된다.

2 중첩 `if` 문의 특징에 대한 설명으로 옳지 않은 것을 고르시오.

① 중첩 `if` 문을 사용하면 여러 조건을 복합적으로 검사하고 조건에 따른 다양한 작업을 수행할 수 있다.

② 중첩 `if` 문의 조건은 순차적으로 평가되며, 상위 `if` 문의 조건이 거짓이면 내부에 포함된 `if` 문이 실행될 수 있다.

③ 중첩 `if` 문을 과도하게 사용하면 코드의 가독성이 떨어질 수 있어 가능한 한 깊이를 최소화하는 것이 좋다.

④ 중첩 `if` 문을 사용하면 다양한 조건에 따른 실행 경로를 생성할 수 있다.

정답

1 `else`　　2 ②

LAB 윤년 계산하기

윤년은 그레고리력(태양력)에서 1년이 366일이 되는 해로, 이는 지구의 자전 주기와 공전 주기가 정확히 맞아떨어지지 않는 데에서 비롯된다. 지구의 공전 주기는 365.2422일인데, 하루는 자전 주기를 기준으로 하기 때문에 0.2422일이 남는다. 이 오차를 네 번 모으면 하루에 근접하기 때문에 4년마다 하루가 추가되는 해가 윤년이며, 날수가 가장 적은 2월에 추가되므로 4년마다 2월 29일이 돌아온다. 사용자가 입력한 연도가 윤년인지 아닌지 판별하는 프로그램을 작성해보자.

```
연도를 입력하세요 : 2024
윤년입니다.
```

```
연도를 입력하세요 : 2023
평년입니다.
```

조건

- 연도를 입력받는다.
- 윤년인지 판별하는 `if` 문을 작성한다. AND 연산자(&&)보다 OR 연산자(||)의 우선순위가 높으므로 괄호를 사용하여 조건식을 작성한다.
- `if~else` 문으로 작성한다.

힌트

윤년을 계산하는 규칙은 다음과 같다.

- 연도가 4로 나누어떨어지는 해는 윤년이다. 예 2004, 2008, 2012
- 연도가 4로 나누어떨어지면서 100으로도 나누어떨어지는 해는 윤년이 아니다. 예 1900, 2100, 2200
- 연도가 400으로 나누어떨어지는 해는 윤년이다. 예 1600, 2000, 2400

문제 해결 LAB_5-1.c

```c
#pragma warning(disable:4996)
#include <stdio.h>

int main(void)
{
    int year;

    printf("연도를 입력하세요 : ");
    scanf("%d", &year);

    if ((year % 4 == 0 && year % 100 != 0) || year % 400 == 0) {
        printf("윤년입니다\n");
    }
    else {
        printf("평년입니다\n");
    }

    return 0;
}
```

- `int year;` : 입력받을 연도를 저장할 변수 선언
- `if ((year % 4 == 0 && year % 100 != 0) || year % 400 == 0)` : 윤년을 판별하는 조건문
- `else { ... }` : 위의 조건이 모두 거짓일 때 실행

SELF STUDY

`if~else` 문으로 작성한 윤년 계산 프로그램을 다중 `if~else` 문으로 변경하여 작성해보자. 코드는 예제 소스의 'LAB_5-1A.c'를 참고하기 바란다.

LAB 좌표 위치 확인하기

수학과 프로그래밍에서 사용되는 사분면은 좌표평면을 4개로 나눈 영역으로, x 축과 y 축이 원점에서 만나고 x 축의 양의 방향은 오른쪽으로, y 축의 양의 방향은 위쪽으로 정의된다. 프로그래밍에서는 조건문을 사용하여 사분면의 위치를 판단하는 논리를 구현할 수 있다. 사용자가 입력한 x 좌표와 y 좌표가 어느 사분면에 속하는지 확인하는 프로그램을 작성해보자.

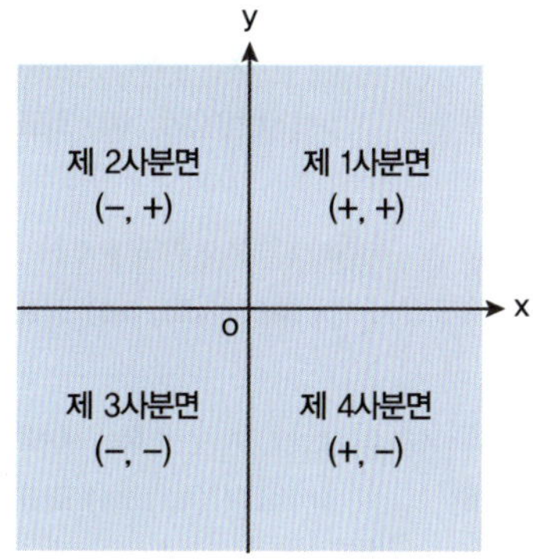


```
x 좌표를 입력하세요: 5
y 좌표를 입력하세요: -2
(5, -2) 좌표는 제 4사분면에 있습니다.
```

```
x 좌표를 입력하세요: -2
y 좌표를 입력하세요: 4
(-2, 4) 좌표는 제 2사분면에 있습니다.
```

조건

- x 좌표와 y 좌표를 입력받는다.
- 좌표를 판별하는 if 문을 작성할 때 AND 연산자를 사용하여 조건식을 구성한다.

문제 해결 LAB_5-2.c

```c
#pragma warning(disable: 4996)
#include <stdio.h>

int main()
{
    int x, y;

    printf("x 좌표를 입력하세요: ");
    scanf("%d", &x);
    printf("y 좌표를 입력하세요: ");
    scanf("%d", &y);

    if (x > 0 && y > 0) {
        printf("(%d, %d) 좌표는 제 1사분면에 있습니다.\n", x, y);
```

x, y 좌표 입력받기

x, y 좌표가 모두 양수일 때

```
    }                                x 좌표는 음수, y 좌표는 양수일 때
    else if (x < 0 && y > 0) {
        printf("(%d, %d) 좌표는 제 2사분면에 있습니다.\n", x, y);
    }                                x, y 좌표가 모두 음수일 때
    else if (x < 0 && y < 0) {
        printf("(%d, %d) 좌표는 제 3사분면에 있습니다.\n", x, y);
    }                                x 좌표는 양수, y 좌표는 음수일 때
    else if (x > 0 && y < 0) {
        printf("(%d, %d) 좌표는 제 4사분면에 있습니다.\n", x, y);
    }                                x, y 좌표가 모두 0일 때
    else if (x == 0 && y == 0) {
        printf("(%d, %d) 좌표는 원점입니다.\n", x, y);
    }                                x 좌표가 0일 때
    else if (x == 0) {
        printf("(%d, %d) 좌표는 y 축 위에 있습니다.\n", x, y);
    }
    else {
        printf("(%d, %d) 좌표는 x 축 위에 있습니다.\n", x, y);
    }

    return 0;
}
```

5.3 다중 선택문

1 switch case 문

switch case 문은 C 언어의 제어문 중 하나로, 하나의 변수나 표현식의 값에 따라 여러 가지 선택 사항 중 하나를 선택하여 실행할 때 사용한다. 값이나 상태에 따라 각기 다른 코드 블록을 실행해야 할 때 유용하며, 메뉴나 자판기 시스템 등에서 활용된다. switch case 문을 사용하면 특정 값에 따른 다양한 선택 구조에 맞는 작업을 간결하게 구성할 수 있다.

| Syntax | **switch case 문**

```
switch (표현식)
{
    case 1:
        // case 1에 해당할 때 실행될 코드
        break;
    case 2:
        // case 2에 해당할 때 실행될 코드
        break;
    ...
    default:
        // 어떤 case에도 해당하지 않을 때 실행될 코드
}
```

[그림 5-8]과 같이 switch case 문은 표현식 값을 평가하여 표현식의 결과에 따라 일치하는 case가 실행되는 구조로, 일치하는 case가 없으면 default 블록이 실행된다.

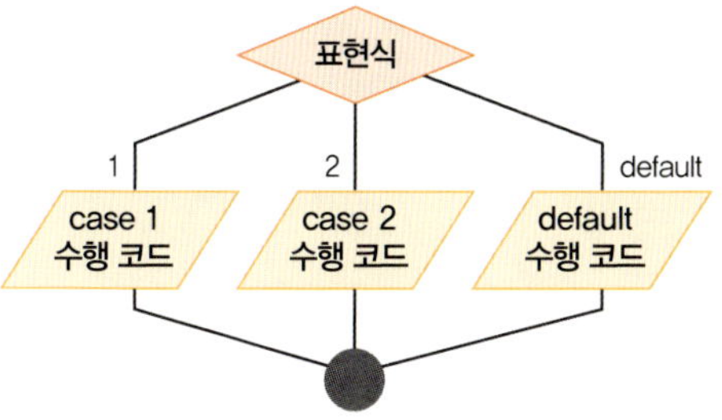

그림 5-8 switch case 문의 순서도

switch case 문의 특징

❶ 값에 따른 분기

표현식의 결괏값과 일치하는 case 블록을 실행하기 때문에 값에 따라 프로그램의 흐름을 다양하게 분기할 수 있다.

❷ 정수 및 열거형 값만 가능

switch 문의 표현식과 case 값은 정수나 열거형 값이어야 하며, 문자열과 부동 소수점이 있는 실수는 사용할 수 없다.

❸ case 값의 유일성

중복된 case 값이 있으면 컴파일 오류가 발생하므로 case 값은 유일해야 한다.

❹ break 문의 중요성

case 블록 끝에 break 문을 사용하여 해당 case 블록의 코드 실행을 중지하고 switch 문을 종료한다. break 문을 빠트리면 해당 case 이후의 모든 case 블록이 순차적으로 실행된다.

TIP break 문은 현재의 case 블록을 종료하고 switch case 문 바깥의 코드 실행을 이어가는데, 이를 'fall-through'라고 일컫는다.

❺ default 절

default 절은 선택적으로 사용할 수 있는데, 프로그램 흐름상 모든 case 조건에 부합하지 않을 때 실행할 코드를 포함한다. 일반적으로 default 절에는 break 문을 작성하지 않는다.

예제 5-8 switch 문을 사용하여 음료 자판기 상태 확인하기 ex05_08.c

↳ 자판기의 현재 상태를 입력받아 이에 대응하는 메시지를 출력해보자. 입력된 상태에 따라 다른 동작을 수행하도록 switch 문을 사용한다.

```c
#pragma warning(disable: 4996)
#include <stdio.h>

int main()
{
    int currentState;

    printf("\n현재 상태 (0: 동전 투입, 1: 음료 선택, 2: 음료 제공, 3: 대기로 돌아가기) : ");
    scanf("%d", &currentState);

    switch (currentState) {
    case 0:
        printf("대기 중\n");
        printf("0. 동전 투입\n");
        break;
    case 1:
        printf("동전 투입 상태\n");
        printf("1. 음료 선택\n");
        break;
    case 2:
        printf("음료 선택 중\n");
        printf("2. 음료 제공\n");
```

case 값에 따라 출력할 메시지 지정

각 case 코드의 실행을 마무리하고 switch 블록을 빠져나옴

```
23          break;
24      case 3:
25          printf("음료 제공 중\n");
26          printf("3. 대기 상태로 돌아가기\n");
27          break;
28      default:
29          printf("알 수 없는 상태\n");
30          return 1;
31      }
32      return 0;
33  }
```

비정상적 프로그램 종료

```
현재 상태 (0: 동전 투입, 1: 음료 선택, 2: 음료 제공, 3: 대기로 돌아가기) : 0
대기 중
0. 동전 투입
```

11행에서 각 상태에 대응하는 메시지를 출력하기 위해 switch 문을 사용했다. 각 case 블록 끝에 작성한 break 문으로 switch 문을 벗어나며, default 블록은 입력된 값이 0, 1, 2, 3이 아닐 때 실행된다. 이렇게 프로그램을 구성하면 예상치 못한 입력값이 들어왔을 때 처리하기가 수월하다.

확인문제

1 다음 빈칸에 알맞은 말을 넣으시오.

① (　　　　) 문은 case 블록 끝에 작성하며, 해당 case 블록의 코드 실행을 중지하고 switch 문을 종료하는 기능을 한다. default 절에는 (　　　　) 문을 작성하지 않는다.

② switch 문의 조건식과 case 값으로는 정수와 문자만 가능하고 (　　　　)를 사용하면 오류가 발생한다.

정답

1 ① break ② 실수

LAB 로봇 시뮬레이션 프로그램 만들기

switch 문을 응용하여 로봇의 상태를 시뮬레이션하는 프로그램을 작성해보자. 로봇의 몇 가지 상태를 정의하여 입력값에 따라 로봇의 상태를 관리할 수 있도록 구현한다.

```
로봇 시작 상태입니다.
(1) 이동 상태로 변경
상태 입력>> 1
입력하신 번호: 1
로봇 이동 중입니다.
(2) 작업 상태로 변경
```

```
로봇 시작 상태입니다.
(1) 이동 상태로 변경
상태 입력>> 5
입력하신 번호: 5
잘못된 입력입니다. 다시 입력하세요.
```

조건

- 로봇은 시작 상태에서 출발한다.
- 로봇을 이동 상태로 전환할 수 있다. 이동 상태에서는 작업 상태로 전환할 수 있고, 작업 상태에서는 종료 상태로 전환할 수 있다.
- 사용자는 각 상태에서 특정한 입력을 통해 로봇을 다음 상태로 전환한다. 즉 각 상태에서 전환이 가능한 다음 상태의 번호를 입력한다.

힌트

- 각 상태에서 잘못된 번호가 입력되었을 때의 처리 방법을 고려한다.

문제 해결 LAB_5-3.c

```c
#pragma warning(disable:4996)
#include <stdio.h>

#define START 0
#define MOVE 1
```

```c
#define WORK 2
#define STOP 3

int main() {
    int currentState = START;
    int input;      // 사용자의 입력을 받을 변수

    while (1) {
        switch (currentState) {
        case START:
            printf("로봇 시작 상태입니다.\n");
            printf("(1) 이동 상태로 변경\n");
            printf("상태 입력>> ");
            scanf("%d", &input);
            printf("입력하신 번호: %d\n", input);       // 입력된 번호 출력
            if (input == 1) {
                currentState = MOVE;
            }
            else {
                printf("잘못된 입력입니다. 다시 입력하세요.\n");
            }
            break;
        case MOVE:
            printf("로봇 이동 중입니다.\n");
            printf("(2) 작업 상태로 변경\n");
            printf("상태 입력>> ");
            scanf("%d", &input);
            printf("입력하신 번호: %d\n", input);       // 입력된 번호 출력
            if (input == 2) {
                currentState = WORK;
            }
            else {
                printf("잘못된 입력입니다. 다시 입력하세요.\n");
            }
            break;
        case WORK:
            printf("로봇 작업 중입니다.\n");
            printf("(3) 종료 상태로 변경");
```

- `int currentState = START;` — 로봇의 초기 상태를 START로 설정
- `switch (currentState)` — 현재 상태에 따라 다른 동작을 수행
- `scanf("%d", &input);` — 사용자의 입력으로 로봇의 상태 전환
- `if (input == 1) { currentState = MOVE; }` — START 상태에서 1을 입력받으면 MOVE로 전환
- `if (input == 2) { currentState = WORK; }` — MOVE 상태에서 2를 입력받으면 WORK로 전환

```
            printf("상태 입력>> ");
            scanf("%d", &input);
            printf("입력하신 번호: %d\n", input);        // 입력된 번호 출력
            if (input == 3) {
                currentState = STOP;
            }
            else {
                printf("잘못된 입력입니다. 다시 입력하세요.\n");
            }
            break;
        case STOP:
            printf("로봇이 종료되었습니다.\n");
            return 0;
        default:
            printf("알 수 없는 상태입니다.\n");
            return 1;
        }
    }
    return 0;
}
```

WORK 상태에서 3을 입력받으면 STOP으로 전환

STOP 상태가 되면 프로그램 종료

비정상적 프로그램 종료

REAL PROJECT 서울시 택시 요금 계산하기

2024년 서울시의 택시 기본요금은 4,800원, 주행 기본 거리는 1.6km이고, 추가 거리 요금은 131m당 100원, 심야 할증 시간은 밤 10시부터 오전 4시까지이다. 또한 프리미엄 택시에는 추가 요금 2,200원이 붙는다. 이를 적용하여 서울시 택시 요금 계산 프로그램을 작성해보자.

```
택시 이용 거리를 미터 단위로 입력하세요: 9000
택시 이용 시간을 입력하세요: 13
프리미엄 택시를 이용하십니까? (예: 1, 아니요: 0): 0
총 택시 요금은 12420원입니다.
```

```
택시 이용 거리를 미터 단위로 입력하세요: 9000
택시 이용 시간을 입력하세요: 23
프리미엄 택시를 이용하십니까? (예: 1, 아니요: 0): 1
총 택시 요금은 14620원입니다.
```

조건

- 서울시 택시 요금표

시간대	기본요금(1.6km 기준)	거리 요금(131m당)	시간 요금(30초당)
주간	4,800원	100원	100원
22~23시	5,800원	120원	120원
23~2시	6,700원	140원	140원
2~4시	5,800원	120원	120원

- 프리미엄 택시 추가 요금: 2,200원
- 택시 요금 계산법: 기본요금 + 거리 요금 + 프리미엄 택시 추가 요금
- 이 프로젝트에서는 택시 요금 계산 시 시간 요금을 제외하고, 이용 거리는 정수로 입력받는다.

문제 해결 REAL_taxi.c

```c
#pragma warning(disable:4996)
#include <stdio.h>

int main()
{
    int distance, time, fare;
    int baseFare = 4800;          // 기본요금
    int baseDistance = 1600;      // 기본 거리(미터)
    int perMeterFare = 100;       // 추가 요금 단위(131m당 100원)
    int lateNightExtra = 0;       // 심야 할증
    int premiumCabExtra = 0;      // 프리미엄 택시 할증

    // 사용자 입력
    printf("택시 이용 거리를 미터 단위로 입력하세요: ");
    scanf("%d", &distance);
    printf("택시 이용 시간을 입력하세요: ");
    scanf("%d", &time);

    // 심야 할증 계산
    if (time >= 2200 || time <= 400) {
        if (time >= 2300 || time <= 200) {
            lateNightExtra = baseFare * 0.4;    // 40% 할증
        }
        else {
            lateNightExtra = baseFare * 0.2;    // 20% 할증
        }
    }

    // 기본요금 계산
    if (distance <= baseDistance) {
        fare = baseFare;
    }
    else {
        // 추가 거리 요금 계산
        int extraDistance = distance - baseDistance;
```

심야 시간 범위: 22:00~04:00

기본 거리 이하일 때

```c
        int extraFare = (extraDistance/131 + (extraDistance%131 != 0)) * perMeterFare;
        fare = baseFare + extraFare;
    }

    printf("프리미엄 택시를 이용하십니까? (예: 1, 아니요: 0): ");
    int premiumCab;
    scanf("%d", &premiumCab);
    if (premiumCab) {
        premiumCabExtra = 2200;    // 프리미엄 택시 추가 요금
    }

    // 최종 요금 계산
    fare += lateNightExtra + premiumCabExtra;
    printf("총 택시 요금은 %d원입니다.\n", fare);

    return 0;
}
```

131m당 100원씩 계산+나머지 거리 요금 부과

한 번 더 ✓ 체크 switch 문과 다중 if~else 문의 차이

다중 if~else 문은 각 조건을 하나씩 검사하고, 해당하는 조건을 찾을 때까지 계속해서 다음 조건을 판단한다. 반면에 switch 문은 입력값에 따라 분기를 결정하고 한 번에 해당 코드로 이동하여 프로그램을 처리한다. 따라서 다중 if~else 문과 switch 문 중 어떤 것을 사용할지 결정할 때는 코드의 가독성과 유지·보수 측면을 고려해야 한다. 일반적으로 switch 문은 프로그램에 명확한 분기가 있는 경우에 더 적합하고, 다중 if~else 문은 복잡한 조건이 필요한 경우에 더 유용하다.

switch 문과 다중 if~else 문 작성 예시

다음은 사용자의 입력값에 따라 선택된 과일을 출력하는 프로그램을 switch 문과 다중 if~else 문으로 작성한 것이다.

switch 문

```
switch (choice) {
    case 1:
        printf("사과를 선택했습니다.\n");
        break;
    case 2:
        printf("바나나를 선택했습니다.\n");
        break;
    case 3:
        printf("오렌지를 선택했습니다.\n");
        break;
    default:
        printf("잘못된 선택입니다.\n");
        break;
}
```

다중 if~else 문

```
if (choice == 1) {
    printf("사과를 선택했습니다.\n");
}
else if (choice == 2) {
    printf("바나나를 선택했습니다.\n");
}
else if (choice == 3) {
    printf("오렌지를 선택했습니다.\n");
}
else {
    printf("잘못된 선택입니다.\n");
}
```

요약

01 제어문

❶ 제어문: 프로그램에서 명령어의 실행 흐름을 제어하는 문장이다.

❷ 조건문: 주어진 조건이 참인지 거짓인지를 판단하고 그 결과에 따라 다른 코드 블록을 실행하는 제어문이다.

❸ 반복문: 프로그램에서 특정 코드를 반복하여 실행하는 제어문이다.

❹ 제어문의 구조: 순차 구조, 선택 구조, 반복 구조가 있다.

02 if 문

❶ 단순 if 문: 조건식의 결과가 참일 때만 특정 코드 블록을 실행하고, 조건식의 결과가 거짓이면 해당 코드 블록을 실행하지 않는다.

```
if (조건식) {
    // 조건식이 참일 때 실행될 코드
}
```

❷ if~else 문: 조건식의 결과에 따라 2개의 코드 블록 중 하나를 선택하여 실행한다.

```
if (조건식) {
    // 조건식이 참일 때 실행될 코드 블록
} else {
    // 조건식이 거짓일 때 실행될 코드 블록
}
```

❸ 다중 if~else 문: 다양한 조건을 평가하고 여러 코드 블록 중 하나를 선택하여 실행하며, if~else if~else 문이라고도 한다.

❹ 중첩 if 문: if 문 또는 else 문 내부에 다른 if 문 또는 else 문이 포함된 구조이다.

03 다중 선택문

❶ switch case 문: 여러 가지 선택 사항 중 하나를 선택하여 실행할 때 사용하는 제어문으로, 값이나 상태에 따라 다른 코드 블록을 실행해야 할 때 유용하다.

연습문제

01 if 문에서 조건식의 결과가 참일 때의 실제 결괏값은 무엇인가?

① True　② 1　③ T　④ 0

02 단순 if 문에서 판단할 조건이 거짓일 때 사용하는 키워드는 무엇인가?

① end　② break　③ else　④ stop

03 'x가 0이고 x가 1인 경우'를 if 문의 조건식으로 바르게 나타낸 것은 무엇인가?

① if (x == 0 || x == 1)　② if (x == 0 && x == 1)

③ if ((x & ~1) == 0)　④ if (!(x != 0 && x != 1))

04 수식 !(!((1 + 1) >= 2))의 결괏값은 무엇인가?

① True　② 0　③ 1　④ False

05 수식 (!(10 > 20)) && (20 > 10)의 결괏값은 무엇인가?

① True　② 0　③ false　④ 1

06 다음은 제어문의 세 가지 제어 구조를 나타낸 순서도이다. ①, ②, ③의 순서도 유형을 작성하시오.

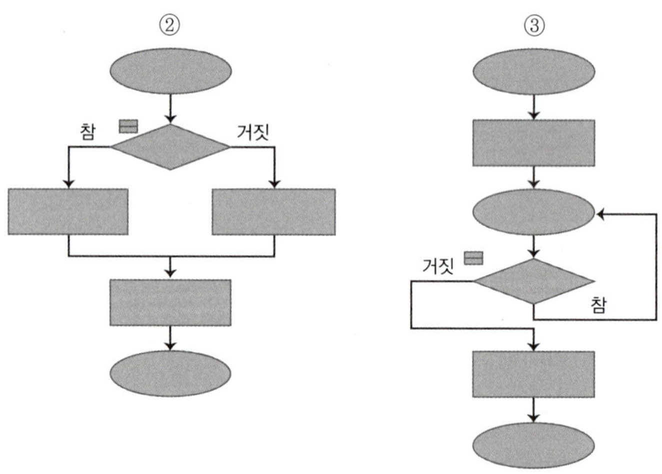

07 다음 코드에서 오류가 발생하는 부분을 찾아 바르게 수정하고 그 이유를 설명하시오.

```
if (number % 2 == 0)
    printf("%d는 짝수입니다.\n", number);
    printf("또한 %d는 2의 배수입니다.\n", number);
else
    printf("%d는 홀수이며, 2의 배수가 아닙니다.\n", number);
```

08 다음 코드의 if~else 문을 switch 문으로 변경하여 작성하시오.

```
if (number == 1) {
    printf("입력한 숫자는 1입니다.\n");
}

else if (number == 2) {
    printf("입력한 숫자는 2입니다.\n");
}

else if (number == 3) {
    printf("입력한 숫자는 3입니다.\n");
}

else {
    printf("입력한 숫자는 1, 2, 3이 아닙니다.\n");
}
```

09 다음 코드의 switch 문을 if~else 문으로 변경하여 작성하시오.

```
switch (number % 2) {
case 0:
   printf("입력한 숫자는 짝수입니다.\n");
   break;

case 1:
   printf("입력한 숫자는 홀수입니다.\n");
   break;
}
```

10 다음은 2개의 수를 입력받아 둘 중에서 더 큰 수를 출력하는 프로그램이다. 파란색으로 표시된 부분을 if 문으로 변경하여 작성하시오.

```
int main() {
   int num1, num2;

   printf("두 개의 숫자를 입력하세요: ");
   scanf("%d %d", &num1, &num2);

   int big = (num1 > num2) ? num1 : num2;
   printf("더 큰 수는 %d입니다.\n", big);

   int smaller = (num1 < num2) ? num1 : num2;
   printf("더 작은 수는 %d입니다.\n", smaller);

   return 0;
}
```

[11~13] 다음은 만 나이와 회원 여부를 입력받아 영화 티켓의 할인 여부를 판별하는 프로그램이다.

회원 구분	나이(18세 이하)	나이(18세 초과)
회원 O	관람 불가	30% 할인
회원 ×		정가

```
#pragma warning(disable:4996)
#include <stdio.h>

int main() {
    int age;
    char isMember;

    printf("만 나이를 입력하세요: ");
    scanf("%d", &age);

    printf("회원이십니까? (Y/N): ");
    scanf(" %c", &isMember);      // 공백을 사용하여 버퍼 비우기

    if (          ⓐ          ) {
        if (          ⓑ          ) {
          printf("영화 티켓을 30% 할인받을 수 있습니다.\n");
  ⓒ     } else {
          printf("영화 티켓을 정가로 구매해야 합니다.\n");
        }
    } else {
        printf("미성년자는 영화를 볼 수 없습니다.\n");
    }

    return 0;
}
```

11 빈칸 ⓐ, ⓑ에 들어갈 코드를 작성하시오.

12 사용자가 다음과 같이 입력했을 때의 실행 결과를 작성하시오.

```
(1) 만 나이를 입력하세요: 20
회원이십니까? (Y/N): Y
(2) 만 나이를 입력하세요: 17
회원이십니까? (Y/N): N
(3) 만 나이를 입력하세요: 24
회원이십니까? (Y/N): Y
```

13 © 부분을 switch 문으로 변경하여 작성하시오.

14 다음은 입력된 점수에 따라 등급을 책정하는 프로그램이다. 사용자가 76점을 입력했을 때의 실행 결과를 작성하시오.

```
data = score / 10;

switch (data) {
   case 10:
   case 9:
      grade = 'A';
      break;
   case 8:
      grade = 'B';
      break;
   case 7:
      grade = 'C';
      break;
   case 6:
      grade = 'D';
      break;
   default:
      grade = 'F';
      break;
}
printf("\n%c 학점\n", grade);
```

15 다음은 삼각형 세 변의 길이를 입력받아 삼각형의 종류와 둘레의 길이를 출력하는 프로그램이다. 사용자가 a, b, c에 각각 5, 8, 4를 입력했을 때의 실행 결과를 작성하시오.

```
if (a + b <= c || a + c <= b || b + c <= a) {
    printf("삼각형이 아닙니다.\n");
}

else if (a * a + b * b == c * c || a * a + c * c == b * b || c * c + b * b == a * a) {
    printf("직각삼각형\n");
}

else if (a * a + b * b < c * c || a * a + c * c < b * b || c * c + b * b < a * a) {
    printf("둔각삼각형\n");
}

else {
    printf("예각삼각형\n");
}

len = a + b + c;
printf("삼각형 둘레는 %d이다.\n", len);
```

16 어린이 보호 구역에서 시속 30km 미만이면 '정상 속도'를 출력하고, 시속 30km 이상이면 '과속'을 출력하는 프로그램의 조건문을 작성하시오.

17 정수 2개를 각각 a, b로 입력받아 둘을 비교하고, 큰 값은 Max에 저장하고 작은 값은 Min에 저장하는 프로그램의 조건문을 작성하시오.

18 **난수를 생성하여 컴퓨터와 사용자가 가위바위보 게임을 하는 프로그램의 조건문을 작성하시오.**

```
번호 선택(1: 가위 2: 바위 3: 보): 2
무승부!

번호 선택(1: 가위 2: 바위 3: 보): 3
패배!

번호 선택(1: 가위 2: 바위 3: 보): 1
승리!
```

[조건]

- 난수 생성 함수인 `srand((unsigned)time(NULL))`과 `#include <time.h>` 헤더 파일을 사용한다.
- 난수를 생성하여 컴퓨터의 선택을 결정하기 위해 `com = rand() % 3 + 1`을 사용한다.
- 사용자의 가위바위보 선택 번호는 가위는 1번, 바위는 2번, 보는 3번으로 한다.
- 무승부, 승리, 패배로 나누는 `if` 문을 작성한다.
- 사용자가 승리하면 `break` 문으로 빠져나온다.

프로그래밍 문제

01 **종합 소득을 입력받아 소득세를 계산하는 프로그램을 작성하시오.**

```
종합 소득을 입력하세요(만 원): 3000
소득세는 342.00만 원입니다.
```

[조건]

- 소득세(tax) = 종합 소득(income) * 세율 - 누진 공제액
- 다음은 종합 소득과 세율, 누진 공제액 조건표이다.

종합 소득	세율	누진 공제액
1,200만 원 이하	6%	0원
1,200만 원 초과~4,600만 원 이하	15%	108만 원
4,600만 원 초과~8,800만 원 이하	24%	522만 원
8,800만 원 초과~1억 5,000만 원 이하	35%	1,490만 원
1억 5,000만 원 초과~3억 원 이하	38%	1,940만 원
3억 원 초과~5억 원 이하	40%	2,540만 원
5억 원 초과~10억 원 이하	42%	3,540만 원
10억 원 초과	45%	6,540만 원

02 **체중과 키를 입력받아 BMI를 계산하는 프로그램을 작성하시오.**

```
체중(kg)을 입력하세요: 55
키(m)를 입력하세요: 1.6
당신의 BMI는 21.48입니다.
표준 체중입니다.
```

[조건]

- BMI = 체중(kg) / (키(m) * 키(m))
- 저체중은 BMI < 18.5, 표준 체중은 18.5 <= BMI < 24.9, 과체중은 BMI >= 24.9이다.

CHAPTER 06

반복문

6.1 반복문의 개요

6.2 while 문

LAB 저축 계획 세우기

6.3 do~while 문

6.4 for 문

LAB 계좌 이자 계산하기

LAB 암스트롱 수 구하기

6.5 분기문

REAL PROJECT 피라미드 쌓기 프로그램 만들기

한 번 더 체크 goto 문

요약

연습문제 / 프로그래밍 문제

학습목표

- C 언어에서 쓰이는 반복문의 개념과 필요성을 이해한다.
- C 언어의 반복문인 while 문, do~while 문, for 문의 구조와 동작 방식을 알아본다.
- C 언어의 분기문인 break 문, continue 문에 대해 알아본다.

Preview

C 언어의 명령문에는 특정한 조건에 의해 코드가 반복적으로 실행되는 문법인 반복문이 있다. 이 장에서는 반복문의 개념을 이해하고, C 언어의 대표적인 반복문인 while 문, do~while 문, for 문, 다중 for 문의 형식과 특징을 알아본다. 또한 반복문에서 흐름을 조정하는 분기문인 break 문과 continue 문도 살펴본다.

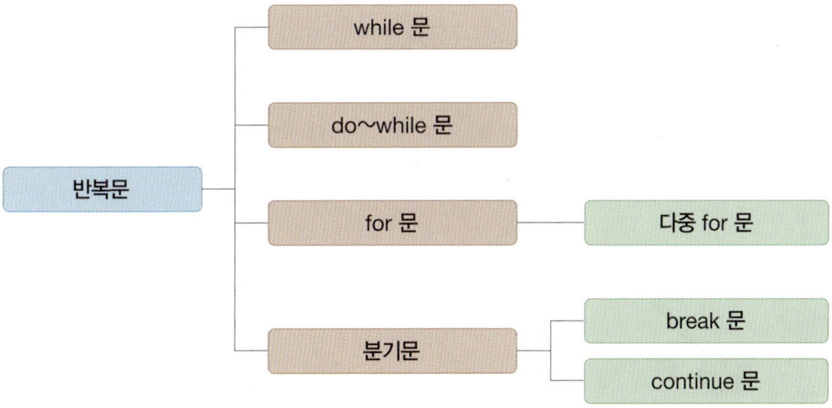

6.1 반복문의 개요

1 반복문의 개념

반복문repetitive statement은 특정 작업을 여러 번 반복적으로 실행할 때 사용하는 명령문이다. 프로그램에서 데이터 목록을 처리하거나, 같은 작업을 정해진 횟수만큼 반복하거나, 특정 조건을 충족할 때까지 계속해서 작업을 수행해야 할 때 유용하다. 예를 들어 사용자가 '종료'를 입력할 때까지 메시지를 계속 출력하는 프로그램의 경우 반복문을 이용하면 효율적으로 개발할 수 있다.

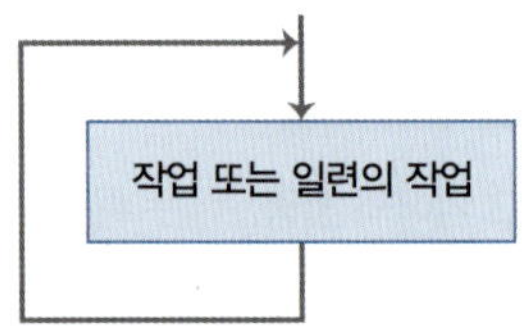

그림 6-1 반복의 개념

반복문을 사용하는 것은 요리의 조리법을 따르는 것과 비슷하다. 가령 쿠키를 만드는 조리법이 '쿠키 반죽을 한 숟가락씩 떠서 팬 위에 올린 뒤 오븐에서 180℃로 10분간 굽기'라고 하자. 여기서 '쿠키 반죽을 한 숟가락씩 떠서 팬 위에 올리는' 동작을 '반죽이 모두 소진될 때까지' 반복적으로 수행한다면 이는 프로그래밍의 '반복문'에 해당한다. 즉 반복문은 특정 조건이 충족될 때까지 같은 명령 또는 명령의 집합을 계속해서 실행하는 구조이며, 이를 통해 같은 코드를 여러 번 쓰지 않고도 동일한 작업을 반복적으로 수행할 수 있다.

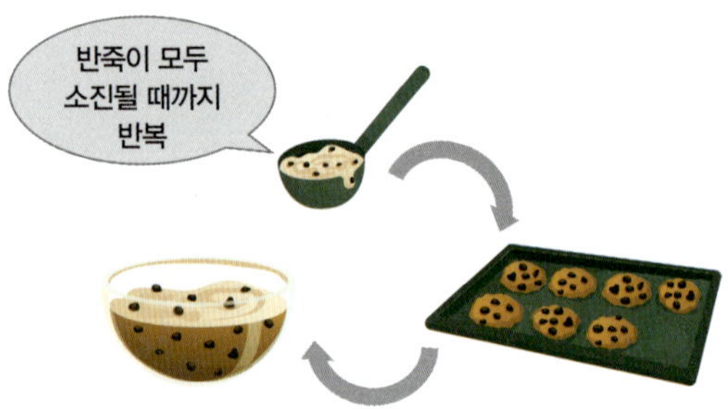

그림 6-2 쿠키 조리법에 비유되는 반복문

2 반복문의 특징

C 언어에서 제공하는 반복문은 `while` 문, `do~while` 문, `for` 문이며, 특정 상황과 요구 사항에 따라 적절한 것을 사용하는 것이 좋다. 반복문을 올바르게 사용하면 코드의 효율성과 가독성이 크게 향상되지만, 잘못 사용하면 프로그램의 성능이 떨어지고 무한 반복과 같은 문제를 초래할 수 있다.

확인문제

1 다음 빈칸에 알맞은 말을 넣으시오.

C 언어에서 제공하는 반복문은 (   ), (   ), (   )이다.

정답

1 while 문, do~while 문, for 문

6.2 while 문

1 while 문의 구조

while 문은 주어진 조건이 참인 동안 특정 코드 블록을 반복적으로 실행하는 제어 명령문이다. 반복문을 시작하기 전에 조건을 검사하는 수행 전 검사 루프$_{\text{pretest loop}}$ 구조로 초깃값을 설정하며, 조건식을 선언하여 반복 여부를 결정한다. 또한 코드 블록 내에 증감식을 작성하여 반복 횟수를 제어한다. 이때 조건식이 참인 동안에만 코드 블록이 반복 실행된다.

| Syntax | while 문

```
while (조건식)
{
    // 조건식이 참일 때 실행될 코드
}
```

[그림 6-3]에 나타낸 실행 흐름에서 보듯이 while 문에 진입할 때마다 항상 조건식을 평가하며, 조건식의 결과가 참(1)이면 수행 코드로 넘어가고 거짓(0)이면 즉시 while 문을 빠져나온다.

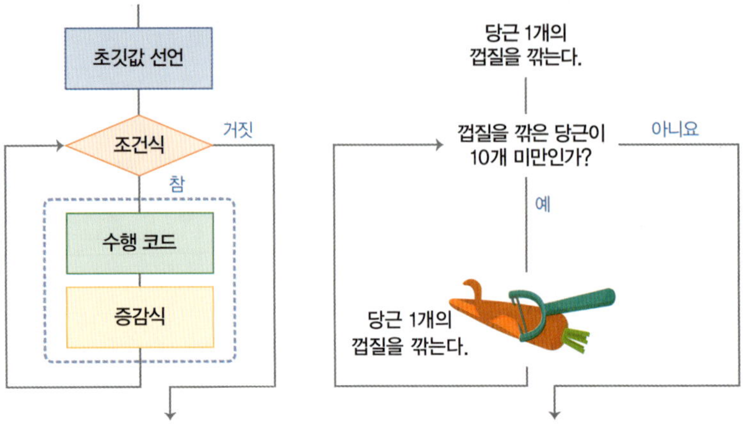

그림 6-3 while 문의 실행 흐름

2 while 문의 동작 원리

while 문의 동작 원리를 단계별로 살펴보자.

❶ 조건식: 반복문 실행 여부를 결정하는 조건식을 평가한다.

❷ 코드 실행: 조건식의 결과가 참이면 중괄호 안의 수행 코드를 실행한다.

❸ 조건식 평가 반복: 수행 코드와 증감식을 실행한 후 조건식으로 되돌아가 다시 평가하고, 결과가 참이면 수행 코드를 다시 실행한다.

❹ 프로그램 종료: ❶~❸을 반복하다 조건식의 결과가 거짓이면 반복문을 빠져나온다.

다음은 이러한 동작 원리가 반영된 코드로, 변수 count가 5보다 작으면 중괄호 안의 수행 코드가 반복적으로 실행된다.

```
int count = 0;              // 초깃값
while (count < 5) {         // 반복 조건문
    printf("count: %d\n", count);
    count++;                // 증감식
}
```

하나 더 알기 **while 문 사용 시 주의점**

while 문에서 조건식의 결과가 무조건 참이 되도록 설정하면 블록 내부의 코드가 계속 반복되는 무한 루프에 빠진다. 그러므로 while 문을 작성할 때는 조건식의 결과가 거짓이 되어 반복문을 종료하는 로직을 반드시 포함해야 한다.

예제 6-1 while 문을 사용하여 숫자 출력하기 ex06_01.c

↳ 1부터 100 사이의 숫자를 입력받아 해당 숫자부터 1까지를 역순으로 출력해보자. 이때 한 줄에 최대 10개의 숫자를 출력한다.

```c
#pragma warning(disable:4996)
#include <stdio.h>

int main()
{
    int n, lineCnt;

    printf("1~100 사이 숫자 입력: ");
    scanf("%d", &n);

    if (n > 100) n = 100;

    lineCnt = 0;
    while (n > 0) {
        if (lineCnt < 10) {
            lineCnt++;
        }
        else {
            printf("\n");
            lineCnt = 1;
        }
        printf("%3d ", n--);
    }
}
```

- `if (n > 100) n = 100;`: 100을 초과하는 숫자가 입력되면 n을 100으로 조정
- `while (n > 0)`: n이 0보다 크면 다음 작업을 반복
- `if (lineCnt < 10) { lineCnt++; }`: lineCnt가 10보다 작으면 lineCnt를 1 증가시킴
- `printf("\n"); lineCnt = 1;`: lineCnt가 10이면 줄 바꿈(\n) 후 lineCnt를 1로 초기화
- `printf("%3d ", n--);`: n의 값을 세 자리 공간에 오른쪽 정렬로 출력하고 n의 값을 1 감소시킴

```
1~100 사이 숫자 입력: 50
50  49  48  47  46  45  44  43  42  41
40  39  38  37  36  35  34  33  32  31
30  29  28  27  26  25  24  23  22  21
20  19  18  17  16  15  14  13  12  11
10   9   8   7   6   5   4   3   2   1
```

예제 6-2 while 문을 사용하여 정수의 각 자릿수 개수와 합 출력하기 ex06_02.c

↳ 정수를 입력받아 각 자릿수의 개수와 입력받은 정수의 합을 출력해보자.

```c
#pragma warning(disable:4996)
#include <stdio.h>

int main()
{
    int number, count = 0, sum = 0;

    printf("\n정수 입력: ");
    scanf("%d", &number);
    printf("당신이 입력한 수: %d\n\n", number);

    while (number != 0) {
        count++;
        sum += number % 10;
        number /= 10;
    }
    printf("정수의 각 자릿수 개수: %d\n", count);
    printf("입력한 숫자의 합계: %d\n", sum);

    return 0;
}
```

number가 0이 아닌 동안 다음 작업을 반복

```
정수 입력: 12345
당신이 입력한 수: 12345

정수의 각 자릿수 개수: 5
입력한 숫자의 합계: 15
```

예제 6-3 while 문을 사용하여 여러 번 입력된 정수의 합 출력하기 ex06_03.c

↳ 사용자가 여러 번 입력한 정수를 누적하여 합을 출력해보자.

```c
#pragma warning(disable:4996)
#include <stdio.h>

int main()
{
    int n = 0, sum = 0;

    printf("숫자 입력(종료:ctrl+z) : \n");

    while (scanf("%d", &n) != EOF) {
        sum = sum + n;
    }
    printf("\n 합계 : %d \n", sum);

    return 0;
}
```

종료 방법인 Ctrl + Z 안내

scanf() 함수의 반환값이 EOF가 아닌 동안 다음 작업을 반복

```
숫자 입력(종료:ctrl+z) :
1
2
3
4
5
^Z
^Z
^Z
합계 : 15
```

Ctrl + Z + Enter↵

SELF STUDY

이 예제를 실행해보면 반복문이 종료되지 않는다. 이 예제의 반복문을 종료하려면 Ctrl + Z를 입력해야 하는데, 비주얼 스튜디오 2022에서는 세 번을 입력해야 한다. Ctrl + Z + Enter↵를 세 번 입력하여 반복문을 종료해보자.

하나 더 알기 윈도우 환경의 EOF

Ctrl + Z는 윈도우 환경에서 특별한 의미가 있는 키 조합으로 'EOF(End Of File)', 즉 파일의 끝을 나타낸다. 명령 프롬프트(cmd)나 터미널에서 프로그램과 상호 작용을 할 때 중요한 역할을 하는 EOF 신호는 파일을 읽는 동안 시스템이 파일의 끝에 도달했음을 알린다.

- **명령 프롬프트에서의 EOF**: 윈도우 환경의 명령 프롬프트나 터미널에서 키보드로 데이터를 입력받는 프로그램을 실행할 때 Ctrl + Z를 누르면 시스템은 EOF 신호를 수신한 것으로 간주한다. 이는 '더 이상 입력할 데이터가 없음'을 의미하며, 프로그램은 입력을 종료하고 다음 동작으로 넘어간다.
- **프로그래밍 언어에서의 EOF**: 대부분의 프로그래밍 언어에서는 EOF 신호를 감지하여 입력을 종료하고 프로그램의 다음 부분을 진행한다. 예를 들어 C 또는 C++에서는 `scanf()` 함수나 `cin` 객체와 같은 입력 함수가 EOF를 만나면 입력을 종료하고 특정 반환값을 제공한다.

확인문제

1 **`while` 문의 동작 원리에 따라 다음 설명을 순서대로 나열하시오.**

ⓐ 반복 수행을 하다 조건식의 결과가 거짓이면 반복문을 빠져나온다.

ⓑ 수행 코드를 실행한 후 조건식으로 되돌아가 다시 평가하고, 결과가 참이면 수행 코드를 다시 실행한다.

ⓒ 조건식의 결과가 참이면 중괄호 안의 수행 코드를 실행한다.

ⓓ 조건식을 평가한다.

2 **윈도우 환경에서 '파일의 끝'을 의미하는 EOF의 키 조합은 무엇인가?**

① Ctrl + C ② Ctrl + V ③ Ctrl + Z ④ Alt + T

정답

1 ⓓ-ⓒ-ⓑ-ⓐ 2 ③

LAB 저축 계획 세우기

미래에 대비하여 개인의 목표와 상황에 맞게 저축액과 저축 방식을 계획해야 한다. 월급과 월간 지출, 저축 목표 금액을 입력받아 목표 금액을 달성하는 데 걸리는 기간을 출력하는 프로그램을 작성해 보자.

```
월급을 입력하세요(만 원 단위로 입력하세요): 300
월간 지출을 입력하세요(만 원 단위로 입력하세요): 100
목표 금액을 입력하세요(만 원 단위로 입력하세요): 1000

월급 300만 원
월간 지출 100만 원
목표 금액 1000만 원

# 목표 금액을 달성하는 데 5개월이 걸립니다.
```

힌트

- 현재까지 저축한 금액이 목표 금액보다 적으면 루프를 계속 반복한다.
  while (현재까지 저축한 금액 < 목표 금액)

문제 해결 LAB_6-1.c

```
#pragma warning(disable:4996)
#include <stdio.h>

int main()
{
    int salary, monthlyExpense, targetAmount; // 월급, 월간 지출, 목표 금액
    int totalSavings = 0;                     // 저축액=월급-월간 지출
    int months = 0;                           // 개월 수

    printf("월급을 입력하세요(만 원 단위로 입력하세요): ");
    scanf("%d", &salary);

    printf("월간 지출을 입력하세요(만 원 단위로 입력하세요): ");
    scanf("%d", &monthlyExpense);

    printf("목표 금액을 입력하세요(만 원 단위로 입력하세요): ");
    scanf("%d", &targetAmount);

    while (totalSavings < targetAmount) {
        totalSavings += (salary - monthlyExpense);
        months++;
}
```

저축 금액이 목표 금액보다 적은 동안 반복

한 달이 지났으므로 개월 수를 증가시킴

```
    printf("\n월급 %d만 원\n", salary);
    printf("월간 지출 %d만 원\n", monthlyExpense);
    printf("목표 금액 %d만 원\n\n", targetAmount);
    printf("# 목표 금액을 달성하는 데 %d개월이 걸립니다.\n", months);

    return 0;
}
```

SELF STUDY

이 예제에서 월급보다 더 큰 월간 지출액이 입력되면 목표 개월 수가 이상하게 출력되는데, 이는 오버플로 때문이다. 이러한 내부적 오류를 해결하는 프로그램을 작성해보자. 코드는 예제 소스의 'LAB_6_1A.c'를 참고하기 바란다.

6.3 do~while 문

1 do~while 문의 구조

while 문의 변형인 **do~while 문**은 주어진 조건이 참인 동안 블록 내부의 코드를 반복적으로 실행하는 제어 명령문이다. do~while 문은 while 문과 달리 블록 내부의 코드를 최소한 한 번은 실행한 후 조건식을 평가한다.

| Syntax | do~while 문

```
do
{
    // 반복적으로 실행될 코드
} while (조건식);
```

세미콜론 작성

[그림 6-4]와 같이 do~while 문에 진입하면 무조건 블록 내부의 수행 코드를 실행한다. 그런 다음 조건식을 평가하며, 조건식의 결과가 참(1)이면 수행 코드로 되돌아가 실행을 반복하고 거짓(0)이면 do~while 문을 빠져나온다.

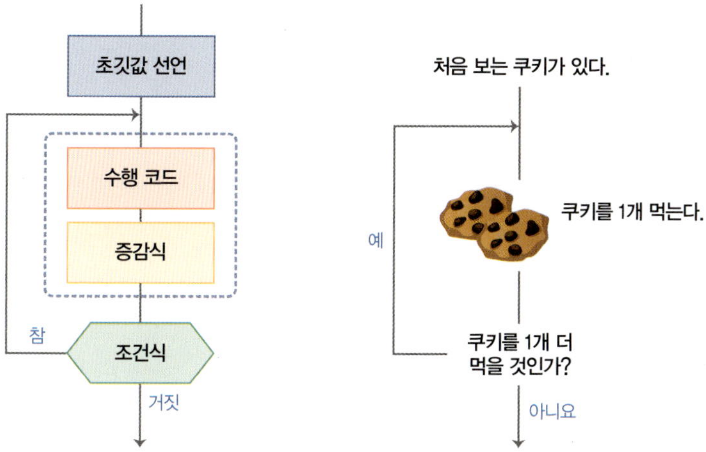

그림 6-4 do~while 문의 실행 흐름

2 do~while 문의 동작 원리

do~while 문의 동작 원리를 단계별로 살펴보자.

❶ 코드 실행: do 키워드 다음의 수행 코드를 먼저 실행한다. 이는 do~while 문의 중요한 특징으로, 조건식의 참, 거짓 여부와 관계없이 최소한 한 번은 실행한다.

❷ 조건식: 수행 코드와 증감식을 실행한 후 while 문의 조건식을 평가한다.

❸ 조건식의 결과에 따른 코드 실행: 조건식의 결과에 따라 다음과 같이 실행한다.

- 참일 때: 수행 코드를 다시 실행한 후 조건식을 재평가한다.
- 거짓일 때: do~while 문을 종료하고 중괄호 밖의 명령문을 실행한다.

다음은 이러한 동작 원리가 반영된 코드이다. 변수 count를 0으로 초기화하고 do 아래의 코드를 일단 수행한다. 그런 다음 count 값이 5보다 작으면 do~while 문 내의 수행 코드를 반복적으로 실행한다.

```
int count = 0;            // 초깃값
do
{
   printf("This will run at least once.\n");
   count++;               // 증감식
} while (count < 5);      // 반복 조건문
```

예제 6-4 do~while 문을 사용하여 숫자 출력하기

ex06_04.c

↳ while 문으로 작성한 [예제 6-1]을 do~while 문으로 변경해보자.

```c
#pragma warning(disable:4996)
#include <stdio.h>

int main()
{
   int n, lineCnt;

   printf("1~100 사이 숫자 입력: ");
   scanf("%d", &n);

   if (n > 100) n = 100;

   lineCnt = 0;
   do {
      if (lineCnt < 10) {
         lineCnt++;
      }
      else {
         printf("\n");
         lineCnt = 1;
      }
      printf("%3d  ", n--);
   } while (n > 0);
}
```

n이 100보다 크면 n의 값을 100으로 변경

lineCnt가 10보다 작으면 lineCnt를 1 증가시킴

lineCnt가 10이면 줄 바꿈(\n) 후 lineCnt를 1로 초기화

```
1~100 사이 숫자 입력: 50
50   49   48   47   46   45   44   43   42   41
40   39   38   37   36   35   34   33   32   31
30   29   28   27   26   25   24   23   22   21
20   19   18   17   16   15   14   13   12   11
10    9    8    7    6    5    4    3    2    1
```

예제 6-5 do~while 문을 사용하여 성적 등급 출력하기 ex06_05.c

↳ 입력받은 점수에 따라 성적 등급을 출력해보자. 이때 사용자가 다른 성적을 입력하고자 하면 계속 반복하고 그렇지 않으면 프로그램이 종료되도록 구현한다.

```c
#pragma warning(disable:4996)
#include <stdio.h>

int main()
{
    int score;
    char choice;

    do {
        printf("성적을 입력하세요 (0~100): ");
        scanf("%d", &score);

        if (score >= 90) {
            printf("등급: A\n");
        }
        else if (score >= 80) {
            printf("등급: B\n");
        }
        else if (score >= 70) {
            printf("등급: C\n");
        }
        else if (score >= 60) {
            printf("등급: D\n");
        }
        else {
            printf("등급: F\n");
        }

        printf("다른 성적을 입력하시겠습니까? (Y/N): ");
        scanf(" %c", &choice);

    } while (choice == 'Y' || choice == 'y');

    return 0;
}
```

- choice: 사용자의 선택을 저장하는 문자 변수로, 반복 여부를 결정할 때 사용
- if (score >= 90): 성적 등급을 판별하는 조건식
- " %c": scanf()에서 Enter↵를 입력받았을 때 남은 버퍼를 비우기 위한 공백
- while (choice == 'Y' || choice == 'y');: 사용자가 Y 또는 y를 입력하면 do~while 문을 반복

```
성적을 입력하세요 (0~100): 85
등급: B
다른 성적을 입력하시겠습니까? (Y/N): Y
성적을 입력하세요 (0~100): 90
등급: A
다른 성적을 입력하시겠습니까? (Y/N): N
```

하나 더 알기 **do~while 문 사용 시 주의점**

- **반복문을 종료하는 거짓 로직을 반드시 포함**: do~while 문은 while 문과 마찬가지로 조건식의 결과가 항상 참이면 무한 루프에 빠진다. 그러므로 조건식의 결과가 거짓이 되는 로직을 반드시 포함해야 한다.
- **세미콜론 입력**: do~while 문은 조건식 뒤에 세미콜론(;)을 넣어야 한다. 반복문을 처음 배우는 사람은 while 문과 혼동하여 세미콜론을 빠트리곤 하는데, 세미콜론이 누락되면 오류가 발생한다.

확인문제

1 다음 코드에서 오류가 발생하는 부분을 찾아 바르게 수정하고 그 이유를 설명하시오.

```
int count = 0;
do {
    printf("This will run at least once.\n");
    count++;
} while (count < 10)
```

정답

1 마지막 조건식에 세미콜론(;)이 누락되었다.
```
while (count < 10);
```

6.4 for 문

1 for 문의 구조

for 문은 주어진 조건이 참인 동안 특정 코드 블록을 반복적으로 실행하는 반복 제어문이다. 다음과 같이 반복을 위한 초깃값, 조건식 평가, 반복을 제어하는 증감식 연산이 한 줄에 모두 포함된 간결한 문법이다.

| Syntax | for 문

```
for (초기화; 조건식; 증감식)
{
    // 반복적으로 실행될 코드
}
```

for 문은 반복 횟수가 정해져 있을 때 사용한다. for 문의 구성 요소인 초기화, 조건식, 증감식은 반복의 시작, 지속, 종료에 중요한 역할을 한다.

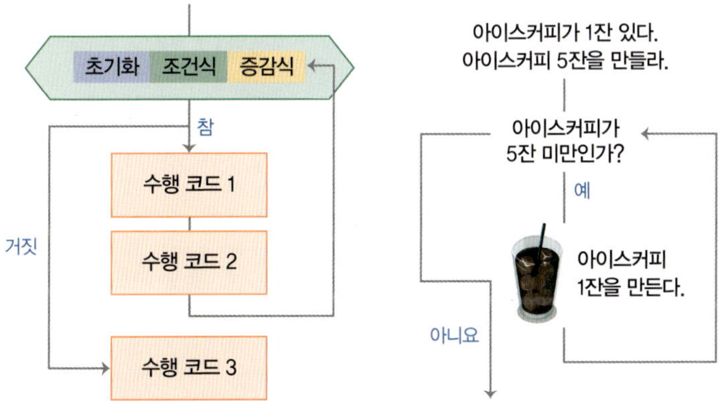

그림 6-5 for 문의 동작 흐름

2 for 문의 동작 원리

for 문의 동작 원리를 단계별로 살펴보자.

❶ 초기화: 반복 횟수를 저장할 변수를 선언하거나 초기화하는 단계로, for 문이 시작될 때 한 번만 실행된다.

❷ 조건식: 각 반복이 시작되기 전에 조건식을 평가하며, 조건식의 결과가 참이면 중괄호 안의 수행 코드 블록을 실행하고 거짓이면 반복을 종료한다. 따라서 조건식의 결과가 참이어야 반복할 코드가 실행되어 for 문의 시작점으로 되돌아온다.

❸ 증감식: 반복문의 변숫값을 증가시키거나 감소시킬 때 사용하며, 반복할 코드를 실행할 때마다 연산이 수행된다.

다음은 이러한 동작 원리가 반영된 코드이다. 변수 i를 0으로 초기화한 뒤 i의 값이 10보다 작은지 평가하는데, 이때 최초의 반복은 참이다. 그리고 printf() 함수를 호출하여 i의 값을 출력한 뒤 i의 값을 1 증가시키고 조건식(i < 10)이 참인지 다시 평가한다. 이러한 과정은 조건식이 거짓이 될 때, 즉 i의 값이 10이 될 때까지 반복된다.

```
int i = 0;
for (i = 0; i < 10; i++) {
    printf("%d\n", i);
}
```

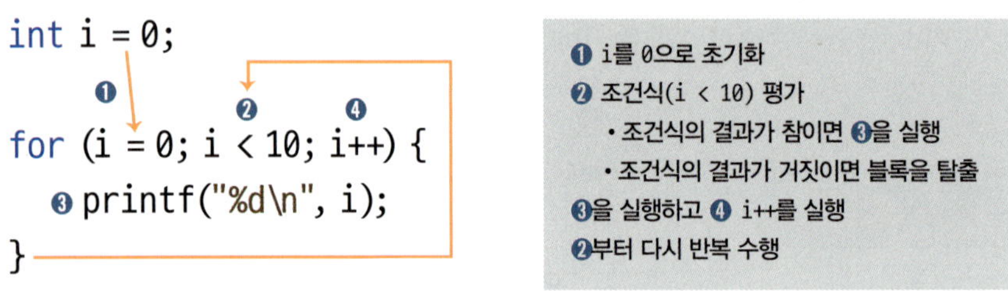

그림 6-6 for 문의 실행 순서

예제 6-6 for 문을 사용하여 반복 횟수 출력하기 ex06_06.c

↳ 반복 횟수를 입력받아 1부터 입력된 숫자까지 순서대로 출력해보자.

```
#pragma warning(disable:4996)
#include <stdio.h>

int main()
{
    int i, limit;

    printf("반복 횟수를 입력: ");
    scanf("%d", &limit);
```

```c

    for (i = 1; i <= limit; i++) {
        printf(" %d \n", i);
    }

    return 0;
}
```

1부터 limit의 값까지 1씩 증가시키며 반복

반복문 내에서 현재 i의 값을 출력

```
반복 횟수를 입력: 3
 1
 2
 3
```

예제 6-7 | for 문을 사용하여 정수의 제곱 출력하기 ex06_07.c

↳ 입력받은 정수 n까지의 각 숫자와 그 제곱을 출력해보자.

```c
#pragma warning(disable:4996)
#include <stdio.h>

int main()
{
    int n;

    printf("정수를 입력: ");
    scanf("%d", &n);

    for (int i = 1; i <= n; i++) {
        printf("%d의 제곱: %d\n", i, i * i);
    }

    return 0;
}
```

현재 i의 값과 그 제곱을 출력

```
정수를 입력: 5
1의 제곱: 1
2의 제곱: 4
3의 제곱: 9
4의 제곱: 16
5의 제곱: 25
```

예제 6-8 for 문을 사용하여 A부터 Z까지 출력하기 ex06_08.c

↳ A부터 Z까지 모든 알파벳 대문자를 출력해보자. 이때 각 대문자를 공백 한 칸으로 구분한다.

```c
#pragma warning(disable:4996)
#include <stdio.h>

int main()
{
    char ch;

    for (ch = 'A'; ch <= 'Z'; ch++) {
        printf("%c ", ch);
    }

    return 0;
}
```

char ch; : 반복문에서 사용될 대문자 카운터 변수로 작용하는 문자형 변수

```
A B C D E F G H I J K L M N O P Q R S T U V W X Y Z
```

TIP char는 한 문자만 저장되는 문자형 변수이지만 내부적으로는 문자가 저장되어 있어도 아스키코드 값으로 처리된다. 따라서 A는 65라는 코드 값이라 for 문에서 자동으로 변수 ch가 정수로 카운트된다.

3 다중 for 문의 구조

다중 for 문은 for 문 안에 또 다른 for 문이 포함된 구조로, 이중, 삼중 또는 그 이상으로 중첩할 수 있어 '중첩 반복문'이라고도 부른다. 이 구조에서는 외부 반복문이 내부 반복문보다 먼저 시작되며, 외부 반복문의 각 반복마다 내부 반복문이 전체적으로 실행된다. 내부 반복문이 종료되면 외부 반복문의 증감식이 실행되고 다시 내부 반복문이 시작된다. 이러한 과정은 외부 반복

문의 조건식이 거짓이 될 때까지 반복된다.

| Syntax | 다중 for 문

```
for (초기화; 조건식; 증감식)
{
    // 외부 반복문에서 실행될 코드
    for (초기화 2; 조건식 2; 증감식 2)
    {
        // 내부 반복문에서 실행될 코드
    }
}
```

다중 for 문은 다차원 배열 처리나 복잡한 반복 패턴을 구현할 때 유용하게 사용된다.

4 다중 for 문의 동작 원리

다중 for 문의 동작 원리를 이해하기 위해 간단한 출력 코드를 살펴보자. 다음은 중첩 반복문을 사용하여 # 기호로 이루어진 특정 패턴을 출력하는 예제이다.

개수를 증가시켜 출력하기

ex_multiple.for.c

```
#include <stdio.h>

int main()
{
    int i, j;
    for (i = 0; i <= 5; i++) {
        for (j = 0; j <= i; j++) {
            printf("#");
        }
        printf("\n");
    }
        return 0;
}
```

외부 반복문의 제어 변수 i, 내부 반복문의 제어 변수 j 선언

출력될 패턴의 행수를 결정하기 위한 외부 반복문

각 행마다 출력될 문자의 수를 결정하기 위한 내부 반복문

각 행의 문자 출력이 끝나면 줄 바꿈

```
#
##
###
####
#####
######
```

예제 6-9 다중 for 문을 사용하여 2차원 배열의 요소 출력하기 ex06_09.c

↳ 3×3 크기 행렬의 모든 인덱스 위치를 행과 열의 형태로 출력해보자.

```c
#pragma warning(disable:4996)
#include <stdio.h>

int main()
{
    int i, j;
    for (i = 0; i < 3; i++) {           // 외부 반복문
        for (j = 0; j < 3; j++) {       // 내부 반복문
            printf("[%d, %d]", i, j);   // 행렬의 인덱스 출력
        }
        printf("\n");   // 각 행이 끝날 때마다 줄 바꿈
    }
    return 0;
}
```

```
[0, 0] [0, 1] [0, 2]
[1, 0] [1, 1] [1, 2]
[2, 0] [2, 1] [2, 2]
```

예제 6-10 다중 for 문을 사용하여 구구단 출력하기 ex06_10.c

↳ 외부 반복문과 내부 반복문의 구조를 이해하기에 좋은 구구단 출력 프로그램을 작성해보자.

```c
#pragma warning(disable:4996)
#include <stdio.h>

int main()
{
    int i, j;

```

```c
    for (i = 2; i <= 9; i++) {
        for (j = 1; j <= 9; j++) {
            printf("%d * %d = %2d \n", i, j, i * j);
        }
    }
    return 0;
}
```

2부터 9까지 1씩 증가시키며 단을 반복하는 외부 반복문

1부터 9까지 각 단에서의 곱셈 연산을 반복하는 내부 반복문

```
2 * 1 = 2
2 * 2 = 4
2 * 3 = 6
…
9 * 7 = 63
9 * 8 = 72
9 * 9 = 81
```

예제 6-11 다중 for 문을 사용하여 구구단을 가로로 출력하기 ex06_11.c

↳ [예제 6-10]의 구구단 출력 결과가 가로 형식으로 출력되도록 변형해보자.

```c
#pragma warning(disable:4996)
#include <stdio.h>

int main()
{
    int i, j;

    for (i = 1; i <= 9; i++) {
        for (j = 2; j <= 9; j++) {
            printf("%d * %d = %2d ", j, i, i * j);
        }
        printf("\n");
    }
    return 0;
}
```

2부터 9까지 1씩 증가시키며 단을 반복하는 외부 반복문

1부터 9까지 각 단에서의 곱셈 연산을 반복하는 내부 반복문

```
2*1= 2 3*1= 3 4*1= 4 5*1= 5 6*1= 6 7*1= 7 8*1= 8 9*1= 9
2*2= 4 3*2= 6 4*2= 8 5*2=10 6*2=12 7*2=14 8*2=16 9*2=18
...
2*8=16 3*8=24 4*8=32 5*8=40 6*8=48 7*8=56 8*8=64 9*8=72
2*9=18 3*9=27 4*9=36 5*9=45 6*9=54 7*9=63 8*9=72 9*9=81
```

TIP 다중 for 문을 이용한 예제를 살펴본 결과, 외부 반복문이 한 번 반복될 때마다 내부 반복문이 전체적으로 실행된다는 것을 알 수 있다. 다중 for 문의 원리를 사용하면 9장에서 학습할 2차원 배열 구조를 효율적으로 순회하고 처리할 수 있다.

확인문제

1 for 문을 사용하여 알파벳을 역순으로 출력하는 코드를 작성하시오.

2 for 문을 사용하여 알파벳을 역순으로 출력하는 코드를 작성하시오. 단, 아스키코드를 이용하시오.

3 다중 for 문을 사용하여 다음과 같은 결과가 출력되는 코드를 작성하시오.

```
######
#####
####
###
##
#
```

정답

1
```
char ch;
for (ch = 'Z'; ch >= 'A'; ch--) {
  printf("%c ", ch);
}
```

2
```
int ch;
for (ch = 90; ch >= 65; ch--) {
  printf("%c ", ch);
}
```

3
```
int a, b;
for (a = 6; a > 0; a--) {
  for (b = 0; b < a; b++) {
    printf("#");
  }
  printf("\n");
}
```

LAB 계좌 이자 계산하기

저축 기간에 따른 예금액과 이자를 계산하는 프로그램을 작성해보자.

```
초기 예금액을 입력하세요: 3000000
연 이자율을 입력하세요 (퍼센트): 3.0
저축 기간을 입력하세요 (년): 5
1년: 예금액= 3090000.00, 이자= 90000.00
2년: 예금액= 3182700.00, 이자= 92700.00
3년: 예금액= 3278181.00, 이자= 95481.00
4년: 예금액= 3376526.43, 이자= 98345.43
5년: 예금액= 3477822.22, 이자= 101295.79
```

조건

- 초기 예금액, 연 이자율(퍼센트), 저축 기간(년)을 입력받는다.
- 퍼센트인 연 이자율을 소수로 변환하여 계산에 사용한다.
- 초기 예금액에 연 이자율을 곱하여 각 연도의 이자를 계산한다.
  이자 = (현재 연도의 예금액 * 연 이자율 / 100)
- 계산된 이자와 갱신된 예금액을 연도별로 소수점 아래 둘째 자리까지 출력한다.

힌트

- 현재 연도가 저축 기간보다 작은 동안 연도를 1씩 증가시키면서 반복한다.
  `for ( 연도 = 1; 연도 <= 저축기간; 연도++ )`

문제 해결 LAB_6-2.c

```c
#pragma warning(disable:4996)
#include <stdio.h>

int main()
{
    double initialDeposit;                   // 초기 예금액
    double annualInterestRate, interest;     // 연 이자율
    int year, numYears;                      // 저축 기간(년)

    printf("초기 예금액을 입력하세요: ");
```

```
    scanf("%lf", &initialDeposit);

    printf("연 이자율을 입력하세요 (퍼센트): ");
    scanf("%lf", &annualInterestRate);

    printf("저축 기간을 입력하세요 (년): ");
    scanf("%d", &numYears);

    // 저축 기간에 따른 예금액과 이자를 계산하고 출력하는 for 문
    for (year = 1; year <= numYears; year++) {
        interest = (initialDeposit * annualInterestRate / 100);
        initialDeposit += interest;

        printf("%d년: 예금액= %.2lf, 이자= %.2lf\n", year, initialDeposit, interest);
    }

    return 0;
}
```

변수 year를 1부터 numYears까지 증가시키며 반복

현재 예금에 대한 이자를 계산하여 변수 interest에 저장

현재 예금에 이자를 더하여 새로운 예금액을 계산

LAB 암스트롱 수 구하기

암스트롱 수Armstrong number는 세 자리로 된 정수 중에서 각 자리의 수를 세제곱하여 더한 값이 원래의 수와 같은 수를 말한다. 이를 수식으로 나타내면 다음과 같다.

$$n = a^3 + b^3 + c^3$$

예를 들면 153은 '$1^3 + 5^3 + 3^3 = 1 + 125 + 27 = 153$'이므로 암스트롱 수이다. 암스트롱 수를 찾을 때는 주어진 자릿수에 따라 모든 경우의 수를 검사하여 해당 조건을 충족하는지 확인해야 한다. 사용자가 입력한 최대 범위 내에서 암스트롱 수를 찾아 출력하는 프로그램을 작성해보자.

```
최대 범위를 입력하세요. : 900
최대 범위 내의 암스트롱 수를 찾습니다.
1 2 3 4 5 6 7 8 9 153 370 371 407
```

조건

- 최대 범위를 입력받는다.
- 반복문을 사용하여 1부터 최대 범위까지의 숫자를 검사한다.
- 각 자리의 수를 분리하여 세제곱하고 그 값을 더한다.
- 더한 값이 원래의 수와 같으면 암스트롱 수로 판단한다.
- 암스트롱 수를 공백으로 구분하여 출력한다.

힌트

- 주어진 범위 내에서 암스트롱 수를 찾기 위해 반복문과 조건문을 이용한다.

```
for (숫자 = 1; 숫자 <= 최대 범위; 숫자++)
    // 1부터 사용자가 입력한 최대 범위(limit)까지 모든 숫자를 반복 확인한다.
    // 각 자리의 수를 계산할 때 log10 함수를 사용한다.
    while (숫자 > 0)
        // 각 자리의 수를 분리한 후 n 제곱값을 계산할 때 pow() 함수를 사용한다.
    if (합 == 숫자)
        // 각 자리의 수를 n 제곱하여 합한 값이 원래 수와 같은지 확인한다.
            // 계산된 합이 원래 수와 같다면 암스트롱 수로 판별하여 출력한다.
```

문제 해결 LAB_6-3.c

```c
#pragma warning(disable:4996)
#include <stdio.h>
#include <math.h>

int main()
{
    int limit, num, sum, temp, n, digit;   // 변수 선언

    printf("최대 범위를 입력하세요. : ");
    scanf("%d", &limit);

    printf("최대 범위 내의 암스트롱 수를 찾습니다.\n");
    for (num = 1; num <= limit; num++) {
        sum = 0;
        temp = num;
        n = log10(num) + 1;   // 숫자의 자릿수를 계산하여 변수 n에 저장

        while (temp > 0) {
```

```
19            digit = temp % 10;
20            sum += pow(digit, n);      현재 자릿수를 n 제곱한 값을 sum에 누적
21            temp /= 10;
22        }
23                                       현재 숫자가 암스트롱 수인지 확인
24        if (sum == num) {
25            printf("%d ", num);
26        }
27    }
28    return 0;
29 }
```

하나 더 알기 **변수 sum을 for 문 내부에서 초기화하는 이유**

for 문 내부인 14행에서 변수 sum을 초기화하는 것은, 암스트롱 수 여부를 판단할 때 각 숫자에 대해 독립적인 sum 값을 계산해야 하기 때문이다. 만약 sum을 루프 바깥에서 초기화하면 이전 숫자의 sum 값이 현재 숫자 계산에 누적되어 영향을 미친다. 즉 다음 코드와 같이 각 자리의 수를 n 제곱하여 합한 값이 초기화되지 않고, 이전 계산에 잔여 값이 더해진 상태에서 비교되므로 올바른 결과를 얻을 수 없다.

```
int sum = 0;     // for 문 바깥에서 선언 및 초기화
for (num = 1; num <= limit; num++) {
    // 이전 숫자에서 남아 있는 sum 값을 초기화하지 않으므로 누적 합 발생
    while (temp > 0) {
        digit = temp % 10;
        sum += pow(digit, n);     // 이전 반복 sum 값의 영향을 받음
        temp /= 10;
    }
    if (sum == num) {
        printf("%d ", num);
    }
}
```

반대로 sum을 for 문 내부에서 초기화하면 각 반복에서 독립적인 sum 값을 사용하므로 각 숫자에 대한 올바른 결과를 얻을 수 있다.

6.5 분기문

분기문은 프로그램의 흐름을 조건에 따라 나누는 구문으로, C 언어에서 제공하는 분기문은 break 문, continue 문, goto 문, return 문이다. 분기문을 사용하면 조건에 따라 특정 위치의 코드 블록으로 이동하여 코드를 실행하고 해당 실행을 종료할 수 있다.

1 break 문

break 문은 제어 흐름 문장 중 하나로, 반복문 또는 switch 문에서 현재 실행 중인 코드를 즉시 종료하고 해당 블록 바로 다음의 코드로 제어를 전달한다.

- **반복문에서의** break **문**: 해당 반복문의 실행을 즉시 중단하고 반복문 바로 다음의 코드로 제어가 이동한다.
- switch **문에서의** break **문**: case 문이 실행될 때 break 문이 등장하면 해당 case 문을 즉시 중단하고 switch 블록을 벗어난다. 만약 break 문이 생략되면 이후의 case 문이 실행되는데, 이를 fall-through라고 한다.

TIP case 문에서의 break 사용법은 5장에서 다루었다.

for 문

```
for ( ; ; ){
    …
    if (condition)
        break;
}
```

while 문

```
while () {
    …
    if (condition)
        break;
    else
        …
}
```

switch 문

```
switch (){
    case value1:
        …
        break;
    case value2:
        …
        break;
}
```

예제 6-12 for 문에서 break 문 사용하기 ex06_12.c

↳ 1부터 100까지의 정수를 차례대로 더하다 누적 합이 50을 초과하면 합산을 멈추고 결과를 출력해보자.

```
#pragma warning(disable:4996)
#include <stdio.h>

int main()
{
    int sum = 0;
    for (int i = 1; i <= 100; i++) {
        sum = sum + i;
        if (sum > 50) {
            printf("1부터 %d까지의 합은 %d입니다.\n", i, sum);
            break;
        }
    }
    return 0;
}
```

- for (int i = 1; i <= 100; i++): i의 값을 1부터 100까지 1씩 증가시키며 반복
- if (sum > 50): sum 값이 50을 초과하면 아래 코드 실행
- break;: for 문을 즉시 종료

```
1부터 10까지의 합은 55입니다.
```

예제 6-13 while 문에서 break 문 사용하기 ex06_13.c

↳ 사용자로부터 숫자를 계속 입력받아 합계를 계산하다가 사용자가 −1을 입력하면 숫자 입력을 중단하고 합계를 출력해보자.

```
#pragma warning(disable:4996)
#include <stdio.h>

int main()
{
    int sum = 0;
    int input;

    while (1) {
        printf("숫자를 입력하세요 (-1을 입력하면 종료): ");
        scanf("%d", &input);

```

- while (1): 조건이 항상 참이므로 무한 반복

```c
        if (input == -1) {
            break;
        }
        sum += input;
    }
    printf("입력된 숫자의 합계는 %d입니다.\n", sum);

    return 0;
}
```

- `if (input == -1) {` : 사용자가 입력한 값이 -1인지 확인
- `break;` : 사용자가 -1을 입력하면 즉시 종료
- `sum += input;` : 사용자가 입력한 숫자를 sum에 더하여 합계를 갱신

```
숫자를 입력하세요 (-1을 입력하면 종료): 75
숫자를 입력하세요 (-1을 입력하면 종료): 11
숫자를 입력하세요 (-1을 입력하면 종료): -1
입력된 숫자의 합계는 86입니다.
```

2 continue 문

continue 문은 반복문 내에서 사용되며, 현재의 반복 주기를 즉시 종료하고 다음 반복 주기로 넘어가게 한다. 즉 해당 반복 주기에서 `continue` 문 이후의 코드가 실행되지 않는다.

continue 문의 동작 원리

반복문에서 `continue` 문이 실행되면 해당 반복문의 나머지 코드를 건너뛰고 반복문의 조건 판단 부분으로 제어가 이동한다. `for` 문의 경우 `continue` 문이 실행되면 조건 판단 전에 증감식이 먼저 실행되고, `while` 문과 `do~while` 문의 경우 증감식 없이 바로 조건식을 다시 검사한다.

for 문

```c
for (초기화; 조건식; 증감식) {
  ...
  if (condition)
      continue;
    printf("%d\n", i);
}
```

while 문

```c
while (조건식) {
  ...
  if (condition)
      continue;
  else
      ...
}
```

예제 6-14 for 문에서 continue 문 사용하기

ex06_14.c

↳ 1부터 10까지의 정수를 반복적으로 검사한 뒤 짝수만 출력해보자.

```c
#pragma warning(disable:4996)
#include <stdio.h>

int main()
{
    for (int i = 1; i <= 10; i++) {
        if (i % 2 != 0) {
            continue;
        }
        printf("%d\n", i);
    }
    return 0;
}
```

- for (int i = 1; i <= 10; i++) { : i의 값을 1부터 10까지 1씩 증가시키며 반복
- if (i % 2 != 0) { : i의 값을 2로 나눈 나머지가 0이 아닌지 확인
- continue; : i의 값이 홀수이면 다음 반복 주기를 실행
- printf("%d\n", i); : i의 값이 홀수일 때 실행되지 않음

```
2
4
6
8
10
```

예제 6-15 while 문에서 continue 문 사용하기

ex06_15.c

↳ 사용자로부터 숫자를 계속 입력받아 양수의 합계를 계산하다가 사용자가 -1을 입력하면 숫자 입력을 중단하고 합계를 출력해보자.

```c
#pragma warning(disable:4996)
#include <stdio.h>

int main()
{
    int sum = 0;
    int input;

    while (1) {                 // 조건이 항상 참이므로 무한 반복
        printf("양수를 입력하세요 (-1을 입력하면 종료): ");
        scanf("%d", &input);

        if (input == -1) {      // 사용자가 입력한 값이 -1인지 확인
            break;
        }
        if (input < 0) {
```

- break; : 사용자가 -1을 입력하면 즉시 종료
- if (input < 0) { : 사용자가 입력한 숫자가 음수인지 확인

```
            printf("음수는 무시됩니다.\n");
            continue;
        }

        sum += input;
    }
    printf("입력된 양수의 합계는 %d입니다.\n", sum);

    return 0;
}
```

음수가 입력되면 sum += input; 구문을 건너뛰고 다음 반복을 이어감

```
양수를 입력하세요 (-1을 입력하면 종료): 45
양수를 입력하세요 (-1을 입력하면 종료): -17
음수는 무시됩니다.
양수를 입력하세요 (-1을 입력하면 종료): 15
양수를 입력하세요 (-1을 입력하면 종료): -1
입력된 양수의 합계는 60입니다.
```

[예제 6-15]처럼 특정 조건에서 반복을 완전히 중단할 때 break 문을 사용하고, 특정 조건에서 현재 반복 주기를 건너뛰고 다음 반복으로 넘어가려면 continue 문을 사용한다. 이러한 break 문과 continue 문을 활용하면 반복문의 흐름을 세밀하게 제어할 수 있다.

확인문제

1 다음 빈칸에 알맞은 말을 넣으시오.

(　　　) 문은 특정 조건에서 반복을 완전히 중단할 때 사용하고, (　　　) 문은 특정 조건에서 해당 반복 주기를 건너뛸 때 사용한다.

정답

1 break, continue

REAL PROJECT 피라미드 쌓기 프로그램 만들기

꼭대기에 1개의 블록이 있고 아래로 갈수록 블록이 2개씩 증가하는 피라미드가 있다. 이 피라미드에는 수열의 각 항 간 차이가 일정한 등차수열의 원리를 적용할 수 있으며, 그 일정한 차이를 '공차'라고 한다. 따라서 이 피라미드의 공차는 2인데, 사용자로부터 입력받은 벽돌 개수로 피라미드를 몇 단까지 쌓을 수 있는지 구하는 프로그램을 작성해보자.

```
블록의 총개수를 입력하세요: 23
23개의 블록 중에 16개를 사용하여 4단의 피라미드를 쌓을 수 있습니다.
```

```
블록의 총개수를 입력하세요: 50
50개의 블록 중에 49개를 사용하여 7단의 피라미드를 쌓을 수 있습니다.
```

조건

- 주어진 등차수열의 합 공식에 따라 반복문을 사용하여 피라미드의 높이를 계산한다.
- n의 최댓값을 계산할 때는 math.h 라이브러리의 pow() 함수를 사용한다.
- 등차수열의 합 공식은 다음과 같다(a는 첫 번째 항을, d는 공차를 나타낸다).

  $$S_n = \frac{n}{2}(2a + (n - 1)d)$$

- a가 1, d가 2인 등차수열의 피라미드 쌓기 공식은 다음과 같다.

  $$a_n = 2n - 1$$

- n 층인 피라미드에 사용된 블록의 총개수는 다음과 같이 구할 수 있다.

  $$S_n = \frac{n}{2}(2 + 2(n - 1) = n^2$$

문제 해결 REAL_pyramid.c

```c
#pragma warning(disable:4996)
#include <stdio.h>
#include <math.h>

int main()
```

```c
}
    int total_bricks;
    int pyramid_height;

    printf("블록의 총개수를 입력하세요: ");
    scanf("%d", &total_bricks);

    int i = 1;
    int bricks_used = 0;

    while (pow(i, 2) <= total_bricks) {
        pyramid_height = i;
        bricks_used += ((2 * i) - 1);
        i++;
    }
    printf("%d개의 블록 중에 %d개를 사용하여 %d단의 피라미드를 쌓을 수 있습니다.\n",
          total_bricks,bricks_used, pyramid_height);

    return 0;
}
```

한 번 더 ✓ 체크 goto 문

C 프로그램에서 goto 문은 제어의 흐름을 다른 부분(지정된 레이블)으로 이동하는 기능을 한다. 세계적으로 저명한 컴퓨터 공학 교재에서는 goto 문을 남용하면 프로그램의 구조가 복잡해지므로 되도록 사용하지 말 것을 권장하지만, 특정 상황에서는 goto 문이 유용할 수도 있다.

goto 문의 사용법과 원리

goto 문은 프로그램의 실행 흐름을 지정된 레이블로 강제적으로 전송하는 구문으로, goto 키워드와 함께 이동할 레이블명을 명시한다. 그러면 goto 키워드 다음에 지정된 레이블로 이동하여 코드가 실행된다. 다음 예제에서는 i의 값이 6이 되면 goto 문으로 end_loop 레이블로 이동하여 반복문이 종료된다.

goto 문 사용하기 ex_goto.c

```
#pragma warning(disable:4996)
#include <stdio.h>

int main()
{
    int i;

    for (i = 0; i <= 10; i++) {
        if (i == 6) {
            goto end_loop;
        }
        printf("%d ", i);
        printf("\n");
    }

end_loop:
    printf("반복이 끝난 후 i 값은 %d\n", i);

    return 0;
}
```

goto 키워드 + 이동할 레이블 지정

해당 레이블로 이동하여 프로그램 종료

```
0
1
2
3
4
5
반복이 끝난 후 i 값은 6
```

goto 문을 남용하면 코드의 가독성과 유지·보수성을 해칠 수 있으므로 신중하게 사용해야 한다. 대부분의 프로그램에서는 goto 문을 사용하지 않고도 동일한 로직을 구현할 수 있다.

요약

01 반복문

❶ 반복문: 특정 작업을 여러 번 반복적으로 실행할 때 사용하는 명령문이다.

❷ C 언어의 반복문: `while` 문, `do~while` 문, `for` 문이 있다.

02 while 문

❶ `while` 문: 주어진 조건이 참인 동안 특정 코드 블록을 반복적으로 실행하는 제어 명령문이다.

❷ `while` 문의 형식

```
while (조건식)
{
    // 조건식이 참일 때 실행될 코드
}
```

03 do~while 문

❶ `do~while` 문: 주어진 조건이 참인 동안 블록 내부의 코드를 반복적으로 실행하는 제어 명령문이다.

❷ `do~while` 문의 형식

```
do
{
    // 반복적으로 실행될 코드
} while (조건식);
```

❸ `do~while` 문은 `while` 문과 달리 블록 내부의 코드를 최소한 한 번은 실행한 후 조건식을 평가한다.

04 for 문

❶ for 문: 주어진 조건이 참인 동안 특정 코드 블록을 반복적으로 실행하는 반복 제어문이다.

❷ for 문의 형식

```
for (초깃값; 조건식; 증감식)
{
    // 반복적으로 실행될 코드
}
```

❸ 다중 for 문: for 문 안에 또 다른 for 문이 포함된 구조로, '중첩 반복문'이라고도 부른다.

05 분기문

❶ break 문: 제어 흐름 문장 중 하나로, 반복문 또는 switch 문에서 현재 실행 중인 코드를 즉시 종료하고 해당 블록 바로 다음의 코드로 제어를 전달한다.

❷ continue 문: 반복문 내에서 사용되며, 현재의 반복 주기를 즉시 종료하고 다음 반복 주기로 넘어가게 한다.

연습문제

01 C 언어의 반복문 중 for 문의 구조는 무엇인가?

① for (초기화; 조건식; 증감식)
② for (초기화; 증감식; 조건식)
③ for (조건식; 초기화; 증감식)
④ for (증감식; 초기화; 조건식)

02 C 언어의 반복문 중 while 문의 구조는 무엇인가?

① while {조건식} { 실행문; }
② while (조건식) { 실행문; }
③ while [조건식] [실행문]
④ while <조건식> <실행문; >

[3~5] 다음은 for 문을 사용하여 1부터 50까지의 합을 계산하다 누적 합이 200을 초과하면 합산을 멈추는 프로그램이다.

```
#include <stdio.h>

int main() {
    int count, hap;
    hap = 0;

    for ____________________ {
        hap += count;
    }

    printf("누적된 합: %d\n", hap);

    return 0;
}
```

03 빈칸에 알맞은 코드는 무엇인가?

① (count = 1; count <= 50 || hap <= 200; count++)
② (count = 1; count <= 50 && hap > 200; count++)
③ (count = 1; count <= 50 || hap > 200; count++)
④ (count = 1; count <= 50 && hap <= 200; count++)

04 반복문이 멈춘 후의 count 값은 얼마인가?

① 22　　　② 21　　　③ 20　　　④ 19

05 변수 count가 1부터 100까지 증가되도록 for 문의 조건식을 수정하시오.

[6~7] 다음은 입력받은 숫자의 약수를 구하는 프로그램이다.

```
#pragma warning(disable:4996)
#include <stdio.h>

int main() {
    int num;

    printf("약수를 찾을 숫자를 입력하세요: ");
    scanf("%d", &num);

    if (num <= 0) {
        printf("양수를 입력하세요.\n");
          return 1;
        }

    printf("%d의 약수: ", num);

    for [          ⓐ          ] {
        if [          ⓑ          ] {
          printf("%d ", i);
        }
    }

    printf("\n");

    return 0;
}
```

06 빈칸 ⓐ, ⓑ에 들어갈 코드를 작성하시오.

07 이 프로그램의 실행 결과를 작성하시오.

08 다음은 0부터 20 중에서 짝수의 합을 계산하여 출력하는 프로그램이다. 오류가 발생하는 부분을 찾아 바르게 수정하고 그 이유를 설명하시오.

```
#include <stdio.h>

int main() {
    int sum = 0;

    for (int a = 0; a <= 20; a += 2); {
        printf("%d\n", a);
        sum += a;
    }

    printf("총합: %d", sum);

    return 0;
}
```

09 다음은 변수 a가 5보다 작은 동안 "a : "와 a의 값을 출력하는 프로그램이다. 오류가 발생하는 부분을 찾아 바르게 수정하고 그 이유를 설명하시오.

```
int main() {
    int a = 0;

    while (a < 5)
        printf("a : %d", a);
}
```

10 다음은 화씨온도를 섭씨온도로 변환하여 출력하는 프로그램이다. 입력값이 없을 때의 실행 결과를 작성하시오.

```
#include <stdio.h>

int main() {
    int c, f = 0;

    while (f <= 100) {
        c = (f - 32) / 1.8;
        printf("화씨 %d도\t섭씨 %d도\n", f, c);
        f += 10;
    }

    return 0;
}
```

11 다음은 문자열을 입력받아 그 문자열을 역순으로 출력하는 프로그램이다. 사용자가 "Hello! C Master!!"를 입력했을 때의 실행 결과를 작성하시오.

```
#pragma warning(disable:4996)
#include <stdio.h>

int main()
{
    printf("문자열을 입력하세요 : ");
    char input[50];
    int length = 0;

    // 문자열 입력받기
    scanf("%s", input);

    // 문자열 길이 계산
    while (input[length] != '\0') {
        length++;
    }
```

```
    // 결과를 역순으로 출력
    printf("결과 : ");
    for (int i = length - 1; i >= 0; i--) {
        printf("%d", input[i]);;
    }

    return 0;
}
```

12 다음은 라이프니츠의 원주율 공식을 활용하여 원주율(π) 값을 구하는 프로그램이다. 반복 횟수에 100000을 입력했을 때의 실행 결과를 작성하시오.

```
#pragma warning(disable:4996)
#include <stdio.h>

int main() {
    double x, y, sum;
    int count;

    x = 1.0;
    y = 4.0;
    sum = 0.0;

    printf("반복 횟수 : ");
    scanf("%d", &count);

    while (count > 0) {
        sum = sum + y / x;
        y = -1.0 * y;
        x = x + 2;
        count--;
    }

    printf("값 = %f\n", sum);
    return 0;
}
```

하나 더 알기 **라이프니츠 공식**

라이프니츠 공식은 원주율의 근삿값을 구할 때 사용하는 수학 공식으로, 1에서 시작하여 매 항마다 양수와 음수를 번갈아 더한다. 예를 들면 $\frac{\pi}{4} = 1 - \frac{1}{3} + \frac{1}{5} - \frac{1}{7} + \frac{1}{9} - \frac{1}{11} + \cdots$, 즉 $\pi = 4 \times (1 - \frac{1}{3} + \frac{1}{5} - \frac{1}{7} + \frac{1}{9} - \frac{1}{11} + \cdots)$이다.

13 **다음은 순열의 값을 구하는 프로그램이다. n에 8을, r에 5를 입력했을 때의 실행 결과를 작성하시오.**

```
#pragma warning(disable:4996)
#include <stdio.h>

int main() {
   int n, r;
   int result = 1;

   printf("n, r: ");
   scanf("%d %d", &n, &r);

   for (int i = n; i >= (n - r + 1); i--)
      result = result * i;

   printf("nPr = %d\n", result);

   return 0;
}
```

하나 더 알기 **순열**

순열은 n개 중에서 r개를 뽑아 순서대로 나열하는 방법을 말하며, 공식은 ${}_nP_r = \frac{n!}{(n-r)!}$이다.

프로그래밍 문제

01 **사용자가 입력한 항까지 피보나치수열을 생성하는 프로그램을 `if` 문과 `for` 문을 사용하여 작성하시오.**

[조건]

① 피보나치수열은 다음 두 가지 규칙을 가진 수열을 말한다.

- 첫 번째 항과 두 번째 항이 모두 1이다.

  예 (F(1) = 1, F(2) = 1)

- 세 번째 항부터는 이전 두 항을 합한 값이다.

  예 F(n) = F(n−1) + F(n−2) (n ≥ 3)

② ①의 규칙에 의한 피보나치수열을 다음과 같다.

1, 1, 2, 3, 5, 8, 13, 21, 34, …

③ 첫 번째 항(first) = 1, 두 번째 항(second) = 1, 그다음 항은 next

```
몇 항까지의 피보나치수열을 생성할까요? 9
피보나치수열: 1 1 2 3 5 8 13 21 34
```

02 **1 이상의 정수를 입력받아 조화수열의 식과 합을 구하는 프로그램을 `if` 문과 `for` 문을 사용하여 작성하시오.**

[조건]

- 조화수열은 일반적으로 역수의 형태로 표현되는 수열을 말한다. 첫 번째 항이 임의의 양수 a일 때 다음 항부터는 이전 항의 역수에 1을 더한 값이다.

  예 $H(n) = \frac{1}{1} + \frac{1}{2} + \frac{1}{3} + \frac{1}{4} + \frac{1}{5} + \cdots + \frac{1}{n}$

- 1 미만의 정수가 입력되면 오류 메시지를 출력한다.
- 조화수열의 식은 1 + 1/2 + … +와 같이 나타낸다.
- 조화수열의 합을 소수점 아래 넷째 자리까지 출력한다.

```
몇 개의 조화수열 항을 생성하시겠습니까? 100
조화수열의 식 : 1 + 1/2 + … + 1/100
조화수열의 합 = 5.1874
```

03 양의 정수 2개를 입력받아 최소 공배수를 구하는 프로그램을 for 문과 if 문을 사용하여 작성하시오.

```
양의 정수를 2개 입력하시오: 30 40
최소공배수 = 120
```

04 양의 정수 2개를 입력받아 두 정수 사이의 소수를 찾아내는 프로그램을 다중 for 문을 사용하여 작성하시오.

[조건]

소수는 1과 그 수 자신 이외의 자연수로는 나눌 수 없는 자연수이다. 따라서 소수를 판별하려면 다음 두 조건을 충족해야 한다.

- 주어진 정수가 1보다 크거나 같아야 한다.
- 1과 그 수 자신 이외의 자연수로 나누어지면 안 된다.

```
두 개의 양의 정수를 입력하세요: 2 50
소수 범위 [2, 50] 내의 소수:
2 3 5 7 11 13 17 19 23 29 31 37 41 43 47
```

05 1부터 29까지의 정수 중에서 3, 6, 9로 끝나면 해당 정수 대신 '짝'을 출력하는 369 게임 프로그램을 작성하시오.

```
1 2 짝 4 5 짝 7 8 짝 10
11 12 짝 14 15 짝 17 18 짝 20
21 22 짝 24 25 짝 27 28 짝
```

CHAPTER 07

함수

7.1 함수의 개요

7.2 함수 선언과 정의

7.3 표준 라이브러리 함수

LAB 주사위 게임 만들기

LAB 소수 판별기 만들기

REAL PROJECT 커피 전문점 시뮬레이션 프로그램 만들기

요약

연습문제 / 프로그래밍 문제

학습목표

- C 언어에서 쓰이는 함수의 개념을 이해한다.
- 사용자 정의 함수와 매개변수, 반환값에 대해 알아본다.
- 표준 라이브러리 함수와 사용자 정의 함수에 대해 알아본다.

Preview

C 프로그램의 코드는 main() 함수로 시작하여 return 문으로 종료된다. 그러나 프로젝트 단위의 큰 프로그램은 구현해야 할 기능이 많아 다양한 문법과 알고리즘이 필요하므로 main() 함수만으로 모든 코드를 작성할 수 없다. 이러한 대규모 프로젝트에서는 기능과 로직을 개별적으로 관리해야 하는데, 이때 필요한 것이 함수이다. 이 장에서는 함수의 개념을 이해하고 사용법을 익힌다.

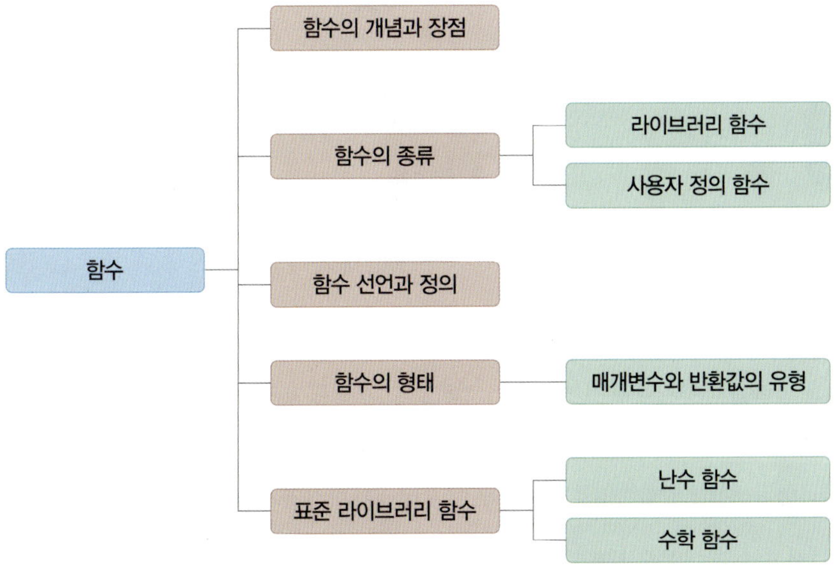

7.1 함수의 개요

1 함수의 개념

함수function는 프로그램에서 특정 작업을 수행하도록 정의된 독립적인 단위이다. 다시 말해 함수는 일련의 명령어와 연산으로 이루어진 독립적인 코드 블록이다. 이러한 함수는 매개변수를 입력받아 작업을 수행한 후 필요시 반환값을 출력하도록 구성되어 있다. 함수는 먼저 함수명을 선언 및 정의한 다음 코드에서 이를 호출하여 사용한다.

함수의 개념을 쉽게 이해하기 위해 일상생활에서 사용하는 기기에 빗대어 살펴보자. 토스터가 함수라면 '식빵'을 입력하여 '구운 식빵'을 출력하는 동작을 수행한다. 또 다른 예로 커피머신이라는 함수는 '커피 캡슐'을 입력받아 '커피'를 출력한다.

그림 7-1 함수의 개념

함수는 주어진 입력을 바탕으로 특정 작업을 수행하고 그 결과를 반환하는 일련의 절차나 규칙이라고 할 수 있다. 함수는 동일한 입력에 대해 같은 작업을 여러 번 수행할 수 있다는 것이 장점이며, 프로그래밍에서는 반복적이고 구조화된 작업을 수행하기 위해 함수를 사용한다.

C 프로그램에서 함수가 어떻게 활용되는지 간단한 코드를 통해 살펴보자. 다음은 정수형 변수 x의 값 25를 제곱하여 변수 square에 저장하는 코드이다.

```
int x = 25;
int square = 0;
square = x * x;
printf("square = %d ", x);
```

이를 프로그램의 여러 영역에서 사용해야 한다면 다음과 같이 반복될 것이다.

```
int x = 25;
int square = 0;
square = x * x;
printf("square = %d ", x);

··· 다른 코드가 있음 ···

int x = 25;
int square = 0;
square = x * x;
printf("square = %d ", x);

··· 다른 코드가 있음 ···
```

반복 사용

이렇게 동일한 작업을 하는 코드가 100줄 이상이라면 프로그램이 상당히 복잡해질 것이다. 이때 반복되는 코드를 [그림 7-2]와 같이 함수로 만들면 동일한 수행 부분을 한 묶음으로 모아 언제든 호출하여 사용할 수 있으므로 합리적이고 프로그램이 간략해진다.

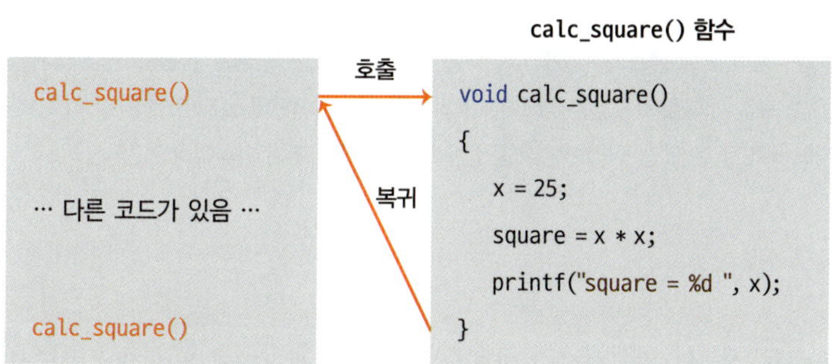

그림 7-2 함수의 활용 예

2 함수의 장점

프로그램을 작성할 때 함수를 이용하면 다음과 같은 장점이 있다.

코드의 재사용 용이

특정 작업을 수행하는 코드를 함수로 만들면 필요할 때마다 여러 번 호출할 수 있다. 즉 동일한 코드를 여러 번 작성하지 않고도 쉽게 재사용할 수 있다.

모듈화

큰 프로그램을 작은 단위의 **모듈**module로 나누면 각 부분의 기능과 책임이 명확해진다. 함수를 사용하면 코드를 논리적인 단위의 모듈로 분리할 수 있으며, 해당 기능이 필요할 때마다 재사용이 가능하다. 그럼으로써 코드의 중복이 줄어들고 유지·보수가 쉬워 개발 및 디버깅 과정이 간단해진다.

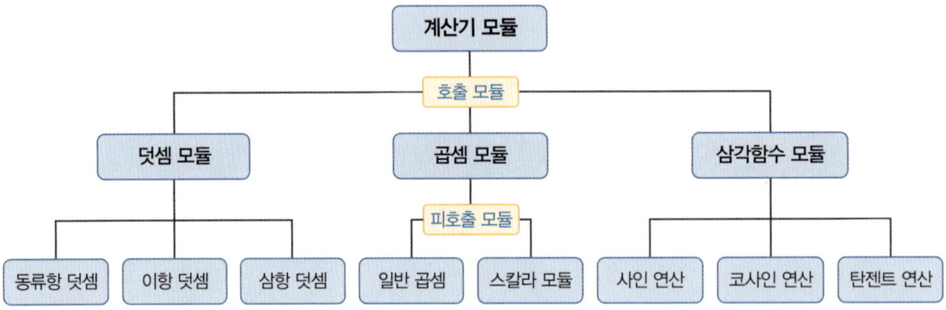

그림 7-3 함수 모듈화의 구성

하나 더 알기 **모듈화**

프로그램의 구조를 잘 정의된 여러 개의 독립적 단위나 구성 요소로 분리하는 과정을 모듈화라고 한다. 각 모듈은 특정 기능이나 연산을 수행하도록 설계되며, 인터페이스를 통해 다른 모듈과 상호 작용을 한다. [그림 7-3]에서 곱셈 모듈의 호출 모듈과 피호출 모듈은 각 모듈이 독립적으로 정의되어 있지만 호출 및 피호출 관계를 통해 서로 연계되어 동작할 수 있다. 이러한 관계를 함수와 함수 간의 협력 방식이라고 한다.

코드의 가독성 향상

각 함수는 하나의 특정 작업을 수행하므로 코드의 명확성과 구조가 개선되어 전반적인 가독성이 향상된다. 또한 함수의 이름을 통해 해당 코드 블록의 기능을 빨리 파악할 수 있다.

유지·보수의 용이

함수로 코드를 분리하면 문제가 발생한 부분을 더 쉽게 찾을 수 있다. 또한 특정 기능에 문제가 있다면 해당 함수만 고치면 되기 때문에 프로그램의 수정이 간단해진다.

추상화

함수는 복잡한 연산이나 알고리즘을 단순한 호출로 추상화한 것이기 때문에 개발자는 구현의 세부 사항을 몰라도 함수를 사용할 수 있다.

코드의 일관성 유지

함수를 사용하면 코드의 일관성을 유지할 수 있다. 프로그램에서 특정 함수의 코드 변경이 필요할 때 함수의 내부 코드만 변경하면 해당 함수가 사용된 모든 부분의 동작이 일관되게 바뀐다.

매개변수와 반환값을 통한 데이터 반환

함수는 매개변수를 통해 데이터를 전달받고, 처리된 결괏값을 반환한다. 따라서 모듈 간 데이터의 흐름을 명확하게 관리하고 조작할 수 있다.

3 함수의 종류

함수는 C 언어에서 제공하는 함수와 사용자가 직접 만드는 함수로 구분된다. C 언어에서 제공하는 함수는 표준 라이브러리 함수라고 하며, 앞에서 다루었던 `printf()`, `scanf()` 등이 여기에 속한다. 표준 라이브러리 함수는 사용자가 필요로 하는 다양한 기능을 지원하여 프로그래밍의 효율성을 높여준다. 하지만 사용자가 원하는 모든 기능을 지원하지는 않기 때문에 사용자가 각 프로그램에 맞는 함수를 직접 만들기도 하는데, 이러한 함수를 사용자 정의 함수라고 한다.

그림 7-4 라이브러리 함수와 사용자 정의 함수

표준 라이브러리 함수는 검증된 코드로 구성되어 신뢰성이 높고 범용성이 있으므로 다양한 프로그램에서 효율적으로 사용할 수 있다. 그러나 일반적인 프로그램 작업에 초점이 맞춰져 있어 특수한 기능을 처리하거나 함수 내부 동작을 수정할 수 없다. 이를 보완하는 방법은 사용자의 요구에 맞는 맞춤형 기능의 사용자 정의 함수를 만드는 것이다. 사용자 정의 함수는 코드 관리와 협업에 유리하며, 프로젝트를 모듈화할 수 있다. 또한 사용자 정의 라이브러리를 만들어 표준 라이브러리를 확장함으로써 프로젝트 전반에 걸쳐 재사용할 수도 있다.

확인문제

1 다음 빈칸에 알맞은 말을 넣으시오.

> 함수는 크게 C 언어에서 제공하는 (   ) 함수와 사용자가 직접 만든 (   ) 함수로 구분된다.

2 하나의 큰 프로그램을 독립적인 단위나 구성 요소로 분리하는 과정을 무엇이라고 하는가?

① 모듈화　　② 디버깅　　③ 추상화　　④ 인자

정답

1 표준 라이브러리, 사용자 정의　　2 ①

7.2 함수 선언과 정의

1 사용자 정의 함수

사용자 정의 함수user-defined function는 프로그래머가 특정 작업을 수행하기 위해 직접 만드는 함수를 말한다. C 언어에서는 표준 라이브러리 함수를 사용할 수 있을 뿐만 아니라 필요시 자신만의 함수를 만들 수도 있다.

함수 정의

사용자 정의 함수를 구성하는 기본 요소는 함수명function name, 매개변수parameter variable, 반환형return type, 함수 몸체function body이며, 함수를 정의하는 형식은 다음과 같다.

| Syntax | 함수 정의

```
반환형 함수명 (매개변수 1, 매개변수 2)
{
    // 함수 몸체
    // 실행될 문장
}
```

[그림 7-5]에서 보듯이 반환형, 함수명, 매개변수는 함수 헤더function header에 포함되고, 중괄호 부분인 함수 몸체는 함수에서 실행될 문장으로 이루어진다.

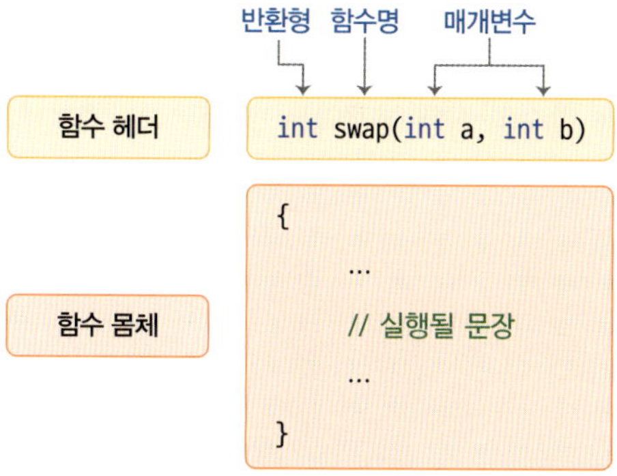

그림 7-5 사용자 정의 함수의 구성

함수 정의에 포함되는 요소를 자세히 살펴보자.

❶ 함수명

함수를 호출할 때 사용하는 이름인 함수명은 식별자 규칙에 따라 작성해야 하며, 코드의 가독성을 고려하여 의미 있는 이름을 부여하는 것이 좋다.

TIP C 언어에서는 함수명의 길이에 제한이 없지만, 코드의 가독성을 위해서는 너무 길게 작성하지 않는 것이 바람직하다.

❷ 매개변수

매개변수는 함수가 호출될 때 받을 입력값의 형태와 개수를 지정하는 '형식적인' 변수이다. 함수에서는 매개변수가 0개 이상 필요하고, 매개변수에는 자료형과 이름을 지정한다. 매개변수가 2개 이상이면 쉼표로 구분하며, 매개변수가 없는 경우에는 `void` 키워드를 사용하거나 아무것도 적지 않는다.

```
int example (int x, char c)           // 2개 이상의 매개변수는 쉼표로 구분
int sample(void) or int sample()      // 매개변수가 없을 때는 void를 사용
```

❸ 반환형

반환형은 함수 수행이 종료된 후 함수를 호출한 곳으로 되돌아갈 때 반환되는 자료형을 말한다. 함수가 반환하는 값의 자료형을 지정하며, 반환값이 없을 때는 `void` 반환형을 사용한다.

❹ 함수 몸체

함수 몸체는 함수의 주요 코드 부분으로, 중괄호 안에 작성한다. 함수가 수행하는 작업에 필요

한 문장이 포함되며, C 언어에서 사용되는 모든 문법과 로직으로 작성할 수 있다.

함수 선언

함수 원형function prototype을 나타내는 함수 선언은 함수명, 반환형, 매개변수의 자료형을 컴파일러에 알려주는 역할을 한다. 함수 선언은 프로그램 내 함수의 실제 본체와는 별개로 해당 함수의 기본 정보를 컴파일러에 알리기 위한 것이다.

```
#include <stdio.h>
int example (int x, char c);      // 함수 선언

int example (int x, char c) {     // 함수 정의
    // 실행될 코드
}
```

TIP 함수 원형은 함수명, 반환형, 매개변수 리스트 등을 명시한 것으로, 함수에 대한 선언문이다. 컴파일러는 이를 통해 해당 함수에 대한 정보를 미리 알 수 있다.

함수 호출

함수가 정의되었다면 함수를 호출하여 사용할 수 있다. 함수를 호출하려면 함수명을 작성하는데, 이때 괄호 안에 매개변수의 자료형과 개수, 반환받을 변수의 자료형을 정확히 작성해야 한다. 함수가 호출되기 전까지는 함수 안의 코드가 실행되지 않으며, 함수를 호출하면 현재 실행 중인 코드가 잠시 중단되고, 호출된 함수로 이동하여 함수의 실행 코드를 순차적으로 실행한다. 호출된 함수의 실행이 종료되면 함수를 호출한 위치로 되돌아가고, 중단되었던 코드가 다시 실행된다.

[그림 7-6]은 함수 정의와 호출의 관계를 보여준다. `void greeting(void)` 함수를 먼저 선언한 뒤, 프로그램 실행 시작점인 `int main(void)` 함수 내부가 순차적으로 실행된다. 여기서 `greeting()` 함수를 호출하면 바로 피호출 함수인 `void greeting(void)` 함수로 이동하여 프로그램이 실행된다. 함수 실행이 종료되면 `greeting()` 함수를 호출한 곳으로 되돌아가 남은 코드를 수행한다.

TIP 함수 선언 시 매개변수가 없는 경우에는 `void greeting(void)`라고 작성하나, 편의상 `void greeting()`이라고 작성해도 된다. 따라서 매개변수가 없는 함수를 호출할 때 일반적으로 **함수명()**을 사용한다.

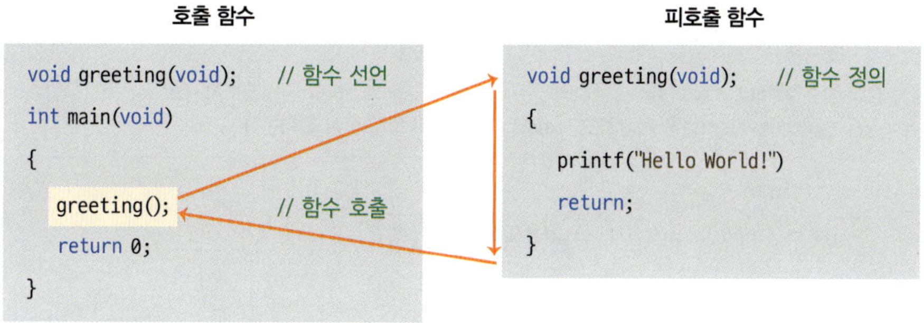

그림 7-6 호출 함수와 피호출 함수의 관계

예제 7-1 사용자 정의 함수를 사용하여 삼각형의 넓이 계산하기 ex07_01.c

↳ 사용자가 입력한 삼각형의 밑변과 높이로 삼각형의 넓이를 계산하고 출력해보자. 이를 위해 사용자 정의 함수인 triangleArea()를 활용한다.

```c
#include <stdio.h>
double triangleArea(double base, double height) ;

double triangleArea(double base, double height)
{
    return (base * height) / 2.0;
}

int main()
{
    double base = 10.0, height = 5.0;
    double area = 0.0;

    area = triangleArea(base, height);

    printf("삼각형의 밑변이 %.2lf, 높이가 %.2lf일 때\n", base, height);
    printf("삼각형의 넓이는 %.2lf입니다.\n", area);

    return 0;
}
```

- 사용자 정의 함수 선언 (double triangleArea(double base, double height) ;)
- 함수의 반환값 (return (base * height) / 2.0;)
- triangleArea() 함수를 호출하여 base와 height의 값을 전달하고, 반환되는 삼각형의 넓이를 변수 area에 저장 (area = triangleArea(base, height);)

```
삼각형의 밑변이 10.00, 높이가 5.00일 때
삼각형의 넓이는 25.00입니다.
```

예제 7-2 | 사용자 정의 함수를 사용하여 팩토리얼 계산하기 ex07_02.c

↳ 사용자 정의 함수인 `factorial()`을 활용하여 정수의 팩토리얼을 계산하고 출력해보자. `factorial()` 함수는 `for` 문을 이용하여 팩토리얼을 계산하고, `main()` 함수는 이 값을 받아 출력한다.

```c
#include <stdio.h>
long factorial(int n);

long factorial(int n)
{
    long fac = 1;
    for (int i = n; i >= 1; i--)
        fac = fac * i;
    return fac;
}

int main()
{
    int number = 5;
    long result = factorial(number);

    printf("%d! = %ld\n", number, result);

    return 0;
}
```

사용자 정의 함수 선언

n부터 1까지를 역순으로 반복하며 변수 fac에 차례대로 곱하는 for 문

factorial() 함수를 호출하여 number의 팩토리얼 값을 계산하고, 그 결과를 변수 result에 저장

```
5! = 120
```

하나 더 알기 매개변수, 인수, 인자

함수와 관련된 용어인 매개변수, 인수, 인자는 혼용되기도 하지만 각각의 의미는 다음과 같이 차이가 있다.

- **매개변수**: 함수를 정의할 때 함수 선언부에 나열되는 매개변수는 함수 호출 시 받을 입력값을 지정하는 변수이다. 이는 함수가 어떤 입력을 받아들일지를 정의하는 부분이며, 예를 들어 `int add(int a, int b)`에서 a와 b는 매개변수이다.
- **인수**: 함수 호출 시 실제로 전달되는 값인 인수(argument)는 함수의 실행에 필요한 '실제' 데이터이다. 함수 호출 시 괄호 안에 들어가는 값으로, 예를 들어 `add(3, 5)`에서 3과 5는 인수이다.
- **인자**: 인자는 보통 매개변수와 인수를 통칭하는 용어로 사용된다. 매개변수나 인수를 가리키는 비공식적인 용어이므로 문맥에 따라 매개변수일 수도 있고 인수일 수도 있다.

즉 매개변수는 함수가 정의될 때 이름을 부여받은 '형식적인' 변수이고, 인수는 함수가 호출될 때 전달되는 '실제' 데이터이며, 인자는 매개변수와 인자를 포괄하는 개념이다.

2 함수의 형태

함수는 매개변수와 반환값의 관계에 따라 그 형태가 다양하며, 매개변수와 반환값의 유무에 따라 다음과 같이 구분할 수 있다.

매개변수와 반환값이 없는 함수

매개변수와 반환값이 없는 함수는 호출 시 전달하는 인자가 없고, 호출된 함수의 실행이 완료된 후 반환값을 받지 않는 구조이다. 이는 화면 출력, 데이터 입력 등의 입출력 작업을 수행할 때 주로 사용된다. 예를 들어 메시지를 출력하여 사용자에게 보여주거나 사용자로부터 키보드로 입력받을 때 이러한 함수를 사용할 수 있다.

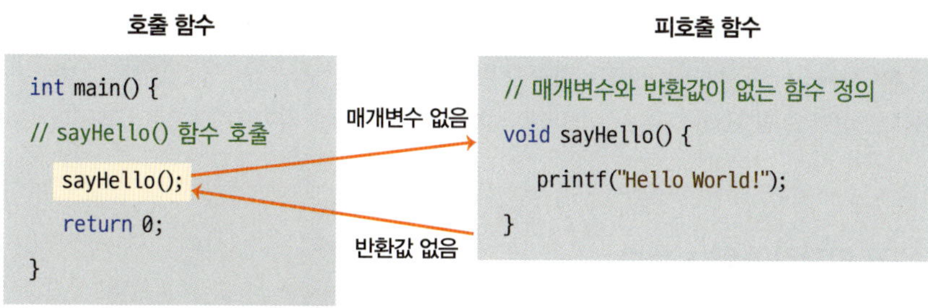

그림 7-7 매개변수와 반환값이 없는 함수의 구조

예제 7-3 | 매개변수와 반환값이 없는 함수 사용하기 ex07_03.c

↳ 매개변수와 반환값이 없는 function1() 함수를 정의하고 main() 함수에서 호출해보자.

```c
#include <stdio.h>

void function1()
{
    printf("매개변수도 없고 반환값도 없는 함수\n");
    printf("매개변수: 없음\n");
    printf("반환값 없음: void\n");
}

int main()
{
    function1();        // 매개변수와 반환값이 없는 함수 호출
}
```

매개변수와 반환값이 없음

```
매개변수도 없고 반환값도 없는 함수
매개변수: 없음
반환값 없음: void
```

하나 더 알기 **반환값이 없을 때의 return 키워드 사용법**

사용자 정의 함수의 반환값이 없을 때 다음 두 가지 방식으로 처리할 수 있다.

- **return 문을 사용하는 방식**: 함수의 반환형을 void로 선언하고 함수 내부에서 return 키워드를 작성하여 함수를 종료할 수 있다. 이는 함수가 명시적으로 반환할 값이 없다는 문법이다.
- **return 문을 사용하지 않는 방식**: 함수의 반환형을 void로 선언하고, 함수 내부에서 return 키워드를 작성하지 않는다. 이는 함수가 암묵적으로 반환할 값이 없다는 문법이다.

두 가지 방식 모두 함수의 반환형이 void이므로 함수가 값을 반환하지 않는다. 다만 첫 번째 방식에서는 return을 통해 명시적으로 함수를 종료할 수 있으며, 두 번째 방식에서는 함수 끝까지 자동으로 실행된다.

매개변수가 있고 반환값이 없는 함수

매개변수가 있고 반환값이 없는 함수는 함수 호출 시 인자로 전달받은 값을 사용하여 작업을 수행하지만, 함수가 실행된 후 결과를 반환하지 않는 구조이다. 이러한 함수는 전달된 인자에 따라 작업을 수행하거나 상태를 변경하는 데 주로 사용되며, 값을 출력하거나 특정 조건에 따라 동작을 다르게 하는 경우를 예로 들 수 있다.

[그림 7-8]에서 main() 함수는 sayHello() 함수를 호출하며, 이때 sayHello() 함수의 int value가 100을 전달받는다. 이후 문자열 "100, Hello World!"를 출력하고 반환되는데, 반환값이 없는 상태로 main()으로 돌아간다.

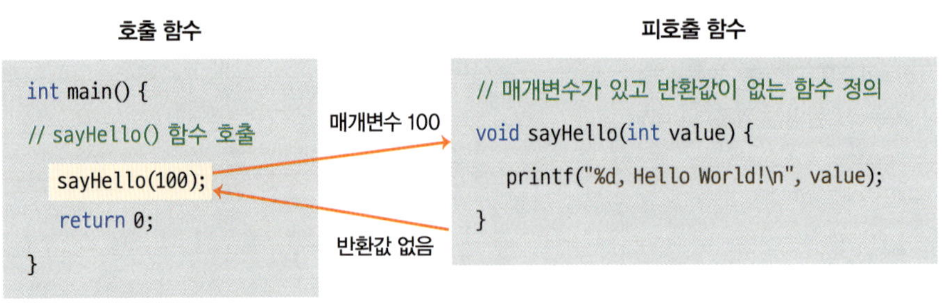

그림 7-8 매개변수가 있고 반환값이 없는 함수의 구조

예제 7-4 매개변수가 있고 반환값이 없는 함수 사용하기 ex07_04.c

↳ 매개변수가 있고 반환값이 없는 function2() 함수를 정의하고 main() 함수에서 호출해보자.

```c
#include <stdio.h>

void function2(int x, int y)
{
    printf("매개변수가 있고 반환값이 없는 함수\n");
    printf("두 개의 매개변수: %d, %d\n", x, y);
    printf("반환값 없음: void\n");
}

int main()
{
    int a = 5, b = 7;
    function2(a, b);

    return 0;
}
```

매개변수 x, y가 있고 반환값이 없음

function2() 함수 호출 시 매개변수인 a, b의 값이 function2()의 x, y로 전달됨

```
매개변수가 있고 반환값이 없는 함수
두 개의 매개변수: 5, 7
반환값 없음: void
```

매개변수가 없고 반환값이 있는 함수

매개변수가 없고 반환값이 있는 함수는 함수 호출 시 인자로 값을 전달받지 않으며, 함수가 실행된 후 결과를 반환하는 구조이다. 이러한 함수는 내부적으로 계산이나 처리를 수행한 결과를 반환하는 데 주로 사용된다.

[그림 7-9]에서 sayHello() 함수는 main() 함수에서 매개변수 없이 호출된다. sayHello() 함수는 "Hello World!"를 출력하고 정숫값 300이 반환되며, 300은 변수 int value에 저장된다.

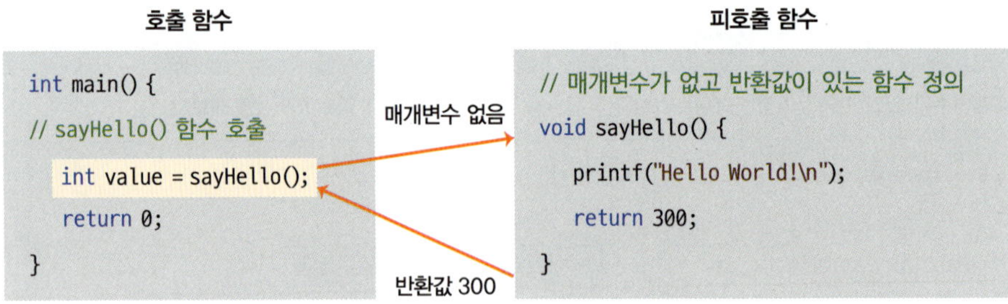

그림 7-9 매개변수가 없고 반환값이 있는 함수의 구조

예제 7-5 매개변수가 없고 반환값이 있는 함수 사용하기 ex07_05.c

↳ 매개변수가 없고 반환값이 있는 function3() 함수를 정의하고 main() 함수에서 호출해보자.

```
#include <stdio.h>

int function3()
{
    printf("매개변수가 없고 반환값이 있는 함수\n");
    printf("매개변수: 없음\n");
    printf("반환값 있음: 42\n");

    return 42;
}

int main()
{
    int result3 = function3();
    printf("function3의 반환값: %d\n", result3);

    return 0;
}
```

- int function3(): 함수 호출 시 매개변수를 전달받지 않음
- return 42;: 반환값
- int result3 = function3();: function3() 함수를 호출하고 반환값을 정수형 변수 result3에 저장

```
매개변수가 없고 반환값이 있는 함수
매개변수: 없음
반환값 있음: 42
function3의 반환값: 42
```

매개변수와 반환값이 있는 함수

매개변수가 있고 반환값이 있는 함수는 인자로 전달받은 값을 활용하여 계산 또는 다른 연산을 수행한 후 결과를 반환하는 구조이다. 이러한 함수는 전달받은 매개변수를 활용하여 다양한 작업을 수행하고, 함수를 호출했던 곳으로 결과를 반환하는 데 사용된다.

[그림 7-10]에서는 `sayHello()` 함수가 호출되면 인자 `10`이 변수 `int value`에 전달되며, `int sqr = value * value`가 수행되고 반환된 정숫값 `100`이 `main()` 함수의 변수 `value`에 저장된다.

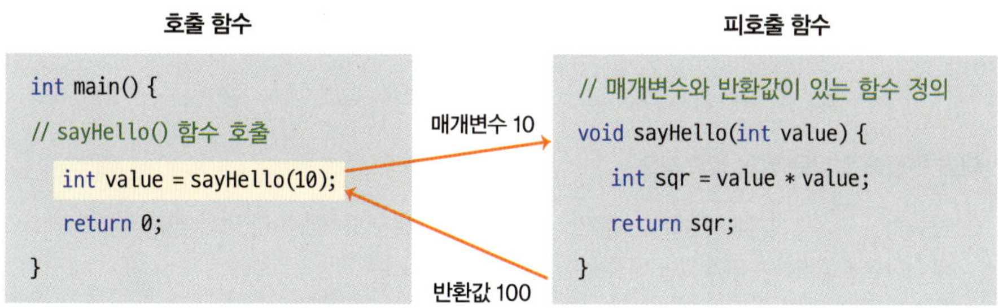

그림 7-10 매개변수와 반환값이 있는 함수의 구조

예제 7-6 매개변수와 반환값이 있는 함수 사용하기 ex07_06.c

↳ 2개의 정수형 매개변수를 전달받아 그 합을 반환하는 `function4()` 함수를 정의하고 `main()` 함수에서 호출해 보자.

```c
#include <stdio.h>

int function4(int x, int y)      // 매개변수 x, y가 있음
{
    printf("두 개의 매개변수: %d, %d\n", x, y);
    printf("반환값 있음: %d\n", x+y);

    return x + y;                // 반환값
}

int main()
{
    int a = 10, b = 6;
    int result4 = function4(a, b);   // 함수 호출 시 매개변수인 a, b의 값이 function4()의 x, y에 전달되고 반환값을 정수형 변수 result4에 저장
    printf("function4의 반환값: %d\n", result4);
```

```
    return 0;
}
```

```
두 개의 매개변수: 10, 6
반환값 있음: 16
function4의 반환값: 16
```

확인문제

1 다음 빈칸에 알맞은 말을 넣으시오.

① 함수를 (   )할 때 사용하는 이름인 (   )은 식별자 규칙에 따라 작성해야 하며, 코드의 가독성을 고려하여 의미 있는 이름을 부여하는 것이 좋다.

② (   )는 함수가 호출될 때 받을 입력값을 지정하기 위한 변수이다.

정답

1 ① 호출, 함수명 ② 매개변수

7.3 표준 라이브러리 함수

C 언어에서 자체적으로 제공하는 **표준 라이브러리 함수**standard library function는 많은 분야에 걸쳐 매우 다양하다. 이 절에서는 라이브러리 함수의 사용법을 살펴본 뒤 대표적인 라이브러리 함수인 수학 연산 함수에 대해 알아보자.

1 라이브러리 함수의 사용법

라이브러리 함수를 사용하려면 먼저 함수 원형을 선언해야 하는데, 일반적으로 라이브러리 함수의 원형은 헤더 파일에 포함되어 있으므로 헤더 파일을 선언하면 된다. 예를 들어 수학과 관련된 함수를 사용하려면 `<math.h>`를 선언해야 한다.

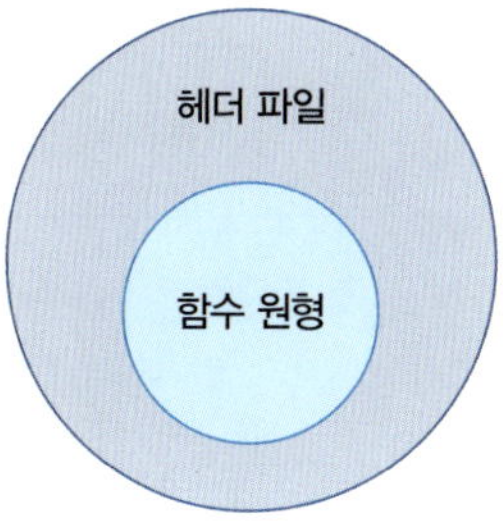

그림 7-11 헤더 파일과 함수 원형의 관계

2 난수 함수

난수random number는 일정한 범위 내에서 무작위로 생성된 수를 말한다. C 언어의 표준 라이브러리에는 이러한 난수를 생성하는 함수가 포함되어 있는데, 대표적으로 `rand()` 함수와 `srand()` 함수를 꼽을 수 있다.

rand( ) 함수

헤더 파일 `<stdlib.h>`에 정의되어 있는 `rand()` 함수는 호출할 때마다 `0`부터 `RAND_MAX` 사이의 무작위 정수를 반환한다.

```
rand();
```

TIP 운영체제에 따라 다를 수 있지만 RAND_MAX는 일반적으로 정수 32767을 의미한다.

예제 7-7 rand() 함수를 사용하여 난수 생성하기 1 ex07_07.c

↳ rand() 함수를 이용하여 난수 10개를 생성해보자.

```
#include <stdio.h>
#include <stdlib.h>

int main()
{
   int i;
   for (i = 0; i < 10; i++) {       // 0~9까지 반복
      printf("난수 발생 %d -> %d\n", i, rand());
   }

```

```c
    return 0;
}
```

```
난수 발생 0 -> 41
난수 발생 1 -> 18467
난수 발생 2 -> 6334
난수 발생 3 -> 26500
...
```

실행 결과를 보면 난수 10개가 생성되었지만 범위의 일관성이 없다는 것을 확인할 수 있다.

예제 7-8 rand() 함수를 사용하여 난수 생성하기 2 ex07_08.c

↳ 이번에는 1부터 100까지 범위를 설정하고 난수 10개를 생성해보자.

```c
#include <stdio.h>
#include <stdlib.h>

int main()
{
    int i;
    for (i = 0; i < 10; i++) {
        printf("%d ", rand() % 100);
    }

    printf("\n");

    for (i = 0; i < 10; i++) {
        printf("%d ", 1 + rand() % 100);
    }

    return 0;
}
```

rand() % 100은 0부터 99 사이의 값을 반환

1 + rand() % 100은 1부터 100 사이의 값을 반환

```
41 67 34 0 69 24 78 58 62 64
6 46 82 28 62 92 96 43 28 37
```

난수 10개가 생성되었지만 한 가지 문제가 있다. 코드 실행을 열 번 반복하다 보면 같은 난수가 생성된다는 것이다. 만약 다른 값의 난수를 생성하고자 한다면 **시드**seed라는 개념이 적용된 `srand()` 함수를 이용해야 한다.

srand() 함수

`srand()` 함수는 `rand()` 함수에 의해 생성되는 난수 시퀀스의 시드를 설정하는 데 사용된다. 시드를 설정하면 `rand()` 함수가 의사 난수를 생성할 때 시드 값을 기준으로 균등하게 분포된 난수인 난수 시퀀스를 시작한다. 동일한 시드 값을 사용하면 동일한 난수 시퀀스가 생성되며, 시드를 다르게 설정하면 다른 난수 시퀀스를 얻을 수 있다. 시드에는 어떤 값이든 설정할 수 있지만 가장 흔히 사용되는 시드 값은 현재 시간이다. 프로그램이 실행되는 시간이 각기 다르기 때문이다.

```
srand();
```

TIP 난수에서 시퀀스(sequence)는 난수 생성기(Random Number Generator, RNG)가 특정 시드를 기반으로 생성하는 난수의 수열을 의미한다. 이는 난수 생성기의 내부 알고리즘에 따라 시드 값을 시작점으로 하여 순차적으로 생성된 수들의 집합이다.

예제 7-9 srand() 함수를 사용하여 난수 생성하기 1 ex07_09.c

↳ `srand()` 함수로 현재 시간을 시드 값으로 설정하고 `rand()` 함수로 난수를 생성해보자. 이때 `time(NULL)` 함수는 현재 시간을 초 단위로 반환하는데, 이를 `srand()` 함수의 매개변수로 전달하여 시드 값을 설정한다.

```c
#include <stdio.h>
#include <stdlib.h>
#include <time.h>              // 날짜와 시간 관련 기능을 제공하는 헤더 파일

int main()
{
    srand(time(NULL));         // 현재 시간을 시드 값으로 설정
    printf("%d\n", rand());    // 난수 출력

    return 0;
}
```

```
12271
```

실행 시 값이 달라짐

[예제 7-9]를 실행하면 매번 다른 값의 난수가 출력된다. 7행의 srand(time(NULL))을 사용하여 현재 시간을 시드 값으로 설정했기 때문이다. time(NULL) 함수는 실행 시점의 현재 시간을 초 단위로 반환하는데, 이 값을 시드로 사용하면 rand() 함수가 의사 난수를 생성할 때 매번 다른 난수 시퀀스가 생성된다. 즉 프로그램을 실행하는 시간이 달라지면서 시드 값과 반환되는 난수가 달라진다.

예제 7-10 | srand() 함수를 사용하여 난수 생성하기 2 ex07_10.c

↳ srand() 함수로 현재 시간을 시드 값으로 설정하고 rand() 함수로 난수 9개를 생성해보자.

```c
#include <stdio.h>
#include <stdlib.h>
#include <time.h>

int main()
{
   int i;

   srand(time(NULL));

   for (i = 0; i < 9; i++) {
      printf("시드 값 적용 난수 발생 %d - %d\n", i, rand());
   }

   return 0;
}
```

현재 시간을 시드 값으로 설정하여 난수 발생기를 초기화

0부터 RAND_MAX 사이의 난수를 생성 및 반환

```
시드 값 적용 난수 발생 0 - 13182
시드 값 적용 난수 발생 1 - 23258
시드 값 적용 난수 발생 2 - 7562
시드 값 적용 난수 발생 3 - 6433
...
```

실행 시 값이 달라짐

예제 7-11 srand() 함수를 사용하여 난수 생성하기 3 ex07_11.c

↳ srand() 함수로 현재 시간을 시드 값으로 설정하고 rand() 함수로 1부터 100 사이의 난수 9개를 생성해보자.

```c
#include <stdio.h>
#include <stdlib.h>
#include <time.h>

int main()
{
    int i;
    srand(time(NULL));

    for (i = 0; i < 9; i++) {
        printf("시드 값 적용 난수 발생 %d - %d\n", i, 1 + rand() % 100);
    }

    return 0;
}
```

srand(time(NULL)); : 현재 시간을 시드 값으로 설정하여 난수 발생기를 초기화

1 + rand() % 100 : 1~100까지의 난수 생성

```
시드 값 적용 난수 발생 0 - 33
시드 값 적용 난수 발생 1 - 58
시드 값 적용 난수 발생 2 - 86
시드 값 적용 난수 발생 3 - 5
...
```

실행 시 값이 달라짐

여기서 for 문은 총 아홉 번 반복되며, 각 반복에서 rand() 함수를 사용하여 1부터 100 사이의 난수를 생성한다. 이때 1 + rand() % 100은 난숫값의 범위를 제한하는 수식으로, 난수가 항상 이 범위 안에서 생성되게 한다.

하나 더 알기 **난수 발생기 초기화**

무작위 난수를 생성하려면 난수 발생기를 초기화해야 한다. rand() 함수는 실행할 때마다 같은 순서의 난수를 생성하기 때문에, 초깃값을 바꿈으로써 무작위 난수를 생성할 수 있다. 일반적으로 프로그램이 실행될 때마다 다른 초깃값을 사용하여 더욱 다양한 난수를 얻는데, 이를 위해 현재 시간을 시드 값으로 설정한다. 이때 사용하는 time(NULL) 함수는 시스템에서 현재 시간을 초 단위로 반환함으로써 초깃값을 매번 바꿔주는 역할을 한다.

3 수학 함수

수학 함수는 특정 수학적 연산이나 계산을 수행하는 함수를 말한다. C 언어의 표준 라이브러리에는 다양한 수학 함수가 포함되어 있으며, 이는 대부분 실수 연산에 초점을 맞추고 있다. 헤더 파일 <math.h>에서 제공하는 수학 함수는 [표 7-1]과 같다.

표 7-1 수학 함수

구분	함수	설명
삼각 함수	sin(x)	x의 사인 값을 반환한다.
	cos(x)	x의 코사인 값을 반환한다.
	tan(x)	x의 탄젠트 값을 반환한다.
역삼각 함수	asin(x)	x의 역사인 값을 반환한다.
	acos(x)	x의 역코사인 값을 반환한다.
	atan(x)	x의 역탄젠트 값을 반환한다.
	atan2(y, x)	(y, x)에 대한 역탄젠트 값을 반환한다.
쌍곡선 함수	sinh(x)	x의 하이퍼볼릭 사인 값을 반환한다.
	cosh(x)	x의 하이퍼볼릭 코사인 값을 반환한다.
	tanh(x)	x의 하이퍼볼릭 탄젠트 값을 반환한다.
지수 함수와 로그 함수	exp(x)	e^x 값을 반환한다.
	log(x)	x의 자연로그 값을 반환한다.
	log10(x)	x의 상용로그 값을 반환한다.
	pow(x, y)	x^y 값을 반환한다.
	sqrt(x)	x의 제곱근 값을 반환한다.
반올림 함수와 나머지 함수	ceil(x)	x 이상의 최소 정수를 반환한다.
	floor(x)	x 이하의 최대 정수를 반환한다.
	fmod(x, y)	x를 y로 나눈 나머지를 반환한다.
기타 함수	fabs(x)	x의 절댓값을 반환한다.
	hypot(x, y)	직각 삼각형의 빗변 길이를 반환한다.
	ldexp(x, exp)	x에 2의 exp 제곱을 곱한 결과를 반환한다.

TIP 수학 함수의 매개변수와 변환값은 double형이다.

<math.h>에서 제공하는 함수 중 몇 가지를 예제를 통해 살펴보자.

예제 7-12 sin(), cos(), tan() 함수 사용하기

ex07_12.c

↳ 각도를 라디안 단위로 입력받아 삼각 함수로 해당 각도의 사인, 코사인, 탄젠트 값을 계산하여 출력해보자.

```c
#pragma warning(disable:4996)
#include <stdio.h>
#include <math.h>

int main()
{
    double angle, sin_val, cos_val, tan_val;

    printf("각도(라디안) 입력: ");
    scanf("%lf", &angle);       // 각도(라디안) 입력 요청

    // sin, cos, tan 값 계산
    sin_val = sin(angle);
    cos_val = cos(angle);
    tan_val = tan(angle);

    printf("sin(%.2lf) = %lf\n", angle, sin_val);
    printf("cos(%.2lf) = %lf\n", angle, cos_val);
    printf("tan(%.2lf) = %lf\n", angle, tan_val);

    return 0;
}
```

입력받은 각도의 사인, 코사인, 탄젠트 값을 각각 sin_val, cos_val, tan_val에 저장

```
각도(라디안) 입력: 5
sin(5.00) = -0.958924
cos(5.00) = 0.283662
tan(5.00) = -3.380515
```

TIP 실제로는 각도를 도(degree) 단위로 입력받는 경우가 많다. 도를 라디안으로 변환하는 공식은 '도 * (π/180)'이다.

예제 7-13 | sqrt(), pow() 함수 사용하기 ex07_13.c

↳ 입력받은 실수의 제곱근과 제곱을 계산하고, 양수일 경우 자연로그를 계산하여 출력해보자. 이때 sqrt() 함수로 제곱근을 계산하고 pow() 함수로 제곱을 계산한다.

```c
#pragma warning(disable:4996)
#include <stdio.h>
#include <math.h>

int main()
{
   double num, base, sqrt_val, pow_val, log_val;
   printf("실수 입력: ");
   scanf("%lf", &num);

   sqrt_val = sqrt(num);        // sqrt() 함수로 제곱근 계산
   pow_val = pow(num, 2);       // pow() 함수로 제곱 계산

   // log() 함수로 자연로그 계산(입력값이 양수여야 함)
   if (num <= 0) {
      printf("0 이하의 값에 대해 로그를 계산할 수 없습니다.\n");
   }
   else {
      log_val = log(num);
   }
   printf("제곱근 of %.2lf = %lf\n", num, sqrt_val);
   printf("%.2lf 제곱 = %lf\n", num, pow_val);

   if (num > 0) {
      printf("자연로그 %.2lf = %lf\n", num, log_val);
   }

   return 0;
}
```

```
실수 입력: 5.2
제곱근 of 5.20 = 2.280351
5.20 제곱 = 27.040000
자연로그 5.20 = 1.648659
```

확인문제

1 다음 빈칸에 알맞은 말을 넣으시오.

① C 언어에서 자체적으로 제공하는 함수를 (　　　　　)라고 한다. 일반적으로 라이브러리 함수의 원형은 (　　　　　)에 포함되어 있다.

② 난수를 생성하는 대표적인 함수는 (　　　　　)와 (　　　　　)이다.

③ <math.h>에서 제공하는 삼각 함수는 (　　　　　), (　　　　　), (　　　　　)이다.

정답

1 ① 표준 라이브러리 함수, 헤더 파일　② rand(), srand()　③ sin(), cos(), tan()

LAB 주사위 게임 만들기

주사위를 던져서 나오는 숫자는 무작위이므로 난수라고 할 수 있다. 난수 함수를 활용하여 주사위의 숫자를 예상하는 주사위 게임 프로그램을 작성해보자.

```
주사위 숫자 맞히기 게임을 시작합니다.
주사위를 던져 나올 숫자를 맞혀보세요 (1에서 6까지): 3
주사위 결과: 3
축하합니다! 숫자를 맞혔습니다.

주사위를 던져 나올 숫자를 맞혀보세요 (1에서 6까지): 2
주사위 결과: 4
아쉽습니다. 다시 시도하세요.
```

조건

- 다음과 같은 함수를 작성한다.
  - 1부터 6까지의 무작위 숫자를 생성하는 함수
  - 사용자로부터 숫자를 입력받는 함수
  - 사용자가 예상한 숫자와 주사위를 던져서 나오는 숫자가 일치하는지를 조건문으로 판단하는 함수
- 사용자가 0을 입력할 때까지 게임이 계속 반복된다.

힌트

- 주사위를 던져서 나오는 숫자는 rand() 함수로 구현할 수 있다.
- main() 함수에서 srand(time(NULL))로 난수 발생기를 초기화하면 매번 다른 결과를 얻을 수 있다. #include <stdlib.h>와 #include <time.h> 헤더 파일을 추가한다.

문제 해결 LAB_7-1.c

```
#pragma warning(disable:4996)
#include <stdio.h>      // 표준 입출력 관련 기능을 제공하는 헤더 파일
#include <stdlib.h>     // 표준 라이브러리 함수
#include <time.h>       // 날짜와 시간 관련 기능을 제공하는 헤더 파일

int throwDice();
int getUserGuess();     // 사용자 정의 함수 선언
void playGuessingGame();

int throwDice() {
    return rand() % 6 + 1;
}

int getUserGuess() {
    int guess;
    printf("주사위를 던져 나올 숫자를 맞혀보세요 (1에서 6까지): ");
    scanf("%d", &guess);

    return guess;
}

void playGuessingGame() {
    int userGuess, diceResult;

    do {
        userGuess = getUserGuess();
        diceResult = throwDice();
        printf("주사위 결과: %d\n", diceResult);
        if (userGuess == diceResult) {
            printf("축하합니다! 숫자를 맞혔습니다.\n");
        }
        else {
```

1부터 6까지의 무작위 숫자 반환

입력받은 숫자를 반환하는 함수

사용자가 0을 입력할 때까지 게임을 반복하기 위한 do~while 문

```
            printf("아쉽습니다. 다시 시도하세요.\n");
        }
    } while (userGuess != 0);
}

int main() {

    srand(time(NULL));

    printf("주사위 숫자 맞히기 게임을 시작합니다.\n");

    playGuessingGame();

    printf("게임 종료\n");

    return 0;
}
```

난수 발생 초기화

LAB 소수 판별기 만들기

소수prime number는 1과 그 수 자신만을 약수로 가지는 양의 정수이다. 소수는 1보다 큰 자연수 중에서 정의되는데, 1은 자신만을 약수로 가지기 때문에 소수로 간주되지 않는다. 사용자가 입력한 정수가 소수인지 아닌지 판별하는 프로그램을 작성해보자.

```
정수를 입력하세요: 23
23는 소수입니다.
```

조건

- 정수를 입력받는다.
- 입력받은 정수가 소수인지 판별하는 사용자 정의 함수를 작성하는데, 소수이면 1을 반환하고 아니면 0을 반환한다.
- 소수 여부에 따라 결과를 출력한다.

힌트

- 소수를 판별할 때는 제곱근을 계산하는 sqrt() 함수를 사용한다. 어떤 수를 제곱한 값은 해당 수의 제곱근이며, 예를 들어 4의 제곱근은 2이다. sqrt() 함수는 <math.h> 헤더 파일에 있다.

문제 해결

LAB_7-2.c

```c
#pragma warning(disable:4996)
#include <stdio.h>          // 표준 입출력 관련 기능을 제공하는 헤더 파일
#include <math.h>           // 수학 함수를 제공하는 헤더 파일

int isPrime(int num);       // 소수를 판별하는 사용자 정의 함수 선언

int isPrime(int num) {

    if (num <= 1) return 0;

    for (int i = 2; i <= sqrt(num); ++i) {
        if (num % i == 0) return 0;
    }

    return 1;
}

int main()
{
    int num;

    printf("정수를 입력하세요: ");
    scanf("%d", &num);

    if (isPrime(num)) {
        printf("%d는 소수입니다.\n", num);
    }
    else {
        printf("%d는 소수가 아닙니다.\n", num);
    }

    return 0;
}
```

- `if (num <= 1) return 0;`: num이 1보다 작거나 같으면 0을 반환
- `for (int i = 2; i <= sqrt(num); ++i)`: 2부터 입력된 정수의 제곱근까지 반복 수행
- `num`: isPrime() 함수의 매개변수로, 함수 내부에서 사용되는 지역 변수
- `if (isPrime(num))`: 반환값에 따라 소수 여부 메시지 출력

REAL PROJECT 커피 전문점 시뮬레이션 프로그램 만들기

카페에서 음료를 선택하고 주문하면 바리스타가 주문대로 음료를 만들어 제공한다. 이러한 과정을 구현하기 위해 표준 라이브러리 함수와 사용자 정의 함수를 활용하여 커피 전문점 시뮬레이션 프로그램을 작성해보자.

```
1. 아메리카노
2. 카페모카
3. 레모네이드
메뉴를 선택하세요: 2

컵을 준비합니다...
에스프레소를 추출합니다...
초콜릿 시럽을 추가합니다...
우유 거품기로 거품을 내고 덮습니다...
카페모카가 완성되었습니다!

음료에 시럽을 추가하시겠습니까? (y/n): y
어떤 시럽을 추가하시겠습니까?
1. 설탕
2. 초콜릿
3. 레몬
시럽 선택 (1/2/3): 1

설탕 시럽을 추가했습니다. 맛있게 드세요!
```

조건

- 사용자에게 메뉴를 보여주고 음료 선택을 요청한다.
- 사용자가 음료를 선택하면 해당 음료를 만드는 함수를 호출한다.
- 사용자에게 시럽 추가 여부를 묻고 대답에 대응하는 함수를 작성한다.

힌트

- 음료를 제조하는 과정을 출력할 때 `Sleep()` 함수를 활용한다. 음료를 제조할 때 약간의 시간이 걸리듯이, 각 과정 사이에 `Sleep()` 함수를 추가하면 설정한 시간이 지난 후 다음 과정이 출력된다.
- `Sleep()` 함수를 사용하기 위해 `#include <window.h>` 헤더 파일을 추가한다.

문제 해결 REAL_coffee.c

```c
#pragma warning(disable:4996)
#include <stdio.h>
#include <windows.h>
```

윈도우 운영체제에서 제공하는 API 함수와 매크로를 사용하기 위해 포함된 헤더 파일

```c

void prepareAmericano();
void prepareCafeMocha();
void prepareLemonade();
void prepareBeverage(int menuChoice);
void addMore();

```

아메리카노를 준비하는 함수

```c
void prepareAmericano() {
    printf("\n컵을 준비합니다...\n");
    printf("물을 추가합니다...\n");
    printf("에스프레소를 추출합니다...\n");
    Sleep(2000);
```

프로그램 실행을 2초 동안 멈춤

```c
    printf("뚜껑을 덮습니다...\n");
    printf("아메리카노가 완성되었습니다!\n\n");
}

```

카페모카를 준비하는 함수

```c
void prepareCafeMocha() {
    printf("\n컵을 준비합니다...\n");
    printf("에스프레소를 추출합니다...\n");
    Sleep(2000);
    printf("초콜릿 시럽을 추가합니다...\n");
    Sleep(1000);
    printf("우유 거품기로 거품을 내고 덮습니다...\n");
    Sleep(2000);
    printf("카페모카가 완성되었습니다!\n\n");
}

```

레모네이드를 준비하는 함수

```c
void prepareLemonade() {
    printf("\n컵을 준비합니다...\n");
    printf("레몬 시럽을 넣습니다...\n");
    printf("탄산수를 추가합니다...\n");
    printf("얼음을 넣고 잘 저어줍니다...\n");
```

```c
    Sleep(2000);
    printf("레모네이드가 완성되었습니다!\n\n");
}

```

사용자가 선택한 음료를 준비하는 함수

```c
void prepareBeverage(int menuChoice) {
    switch (menuChoice) {
    case 1:
        prepareAmericano();
        break;
    case 2:
        prepareCafeMocha();
        break;
    case 3:
        prepareLemonade();
        break;
    default:
        printf("선택한 메뉴가 없습니다.\n\n");
        break;
    }
}

```

음료에 추가할 시럽을 선택하는 함수

```c
void addMore() {

    int syrupChoice;

    printf("어떤 시럽을 추가하시겠습니까?\n");
    printf("1. 설탕\n");
    printf("2. 초콜릿\n");
    printf("3. 레몬\n");
    printf("시럽 선택 (1/2/3/추가하지 않으려면 0을 입력하세요): ");
    scanf("%d", &syrupChoice);

    switch (syrupChoice) {
    case 1:
        printf("\n설탕 시럽을 추가했습니다. 맛있게 드세요!");
        break;
    case 2:
```

```c
        printf("\n초콜릿 시럽을 추가했습니다. 맛있게 드세요!");
        break;
    case 3:
        printf("\n레몬 시럽을 추가했습니다. 맛있게 드세요!");
        break;
    default:
        if (syrupChoice != 0) {
            printf("/n시럽을 추가하지 않았습니다.\n");
        }
        break;
    }
}

int main() {
    int menuChoice;
    char wantMore;

    printf("1. 아메리카노\n");
    printf("2. 카페모카\n");
    printf("3. 레모네이드\n");
    printf("메뉴를 선택하세요: ");
    scanf("%d", &menuChoice);

    if (menuChoice >= 1 && menuChoice <= 5)
        prepareBeverage(menuChoice);

    printf("\n음료에 시럽을 추가하시겠습니까? (y/n): ");
    scanf(" %c", &wantMore);

    if (wantMore == 'y' || wantMore == 'Y') {
        addMore();
    }

    return 0;
}
```

함수를 활용한 메인 코드

요약

01 함수

❶ 함수: 프로그램에서 특정 작업을 수행하도록 정의된 독립적인 단위이다.

❷ 함수의 장점: 코드의 재사용 용이, 모듈화, 코드의 가독성 향상, 유지·보수의 용이, 추상화, 코드의 일관성 유지, 매개변수와 반환값을 통한 데이터 반환 등이다.

❸ 모듈화: 프로그램의 구조를 잘 정의된 여러 개의 독립적 단위나 구성 요소로 분리하는 과정을 말한다.

❹ 함수의 종류: C 언어에서 제공하는 표준 라이브러리 함수와 사용자가 직접 만드는 사용자 정의 함수가 있다.

02 함수 선언과 정의

❶ 사용자 정의 함수: 프로그래머가 특정 작업을 수행하기 위해 직접 작성하는 함수로, 표준 라이브러리 함수와 달리 특정 프로그램의 요구에 맞게 설계된 것이다.

❷ 함수 정의: 사용자 정의 함수를 구성하는 기본 요소는 함수명, 매개변수, 반환형, 함수 몸체이다.

```
반환형 함수명 (매개변수 1, 매개변수 2)
{
    // 함수 몸체
    // 실행될 문장
}
```

❸ 함수의 형태: 함수는 매개변수와 반환값의 관계에 따라 그 형태가 다양하며, 매개변수와 반환값이 없는 함수, 매개변수가 있고 반환값이 없는 함수, 매개변수가 없고 반환값이 있는 함수, 매개변수와 반환값이 있는 함수로 구분할 수 있다.

03 표준 라이브러리 함수

❶ 표준 라이브러리 함수: C 언어에서 자체적으로 제공하는 함수이다.

❷ 난수 함수: `0`부터 `RAND_MAX`까지의 난수를 생성하는 `rand()` 함수와 시드 값을 설정하여 사용하는 `srand()` 함수가 있다.

❸ 수학 함수: 수학 관련 함수를 사용하려면 `<math.h>` 헤더 파일을 선언해야 한다.

연습문제

01 **함수의 매개변수와 인수에 대한 설명으로 옳은 것은 무엇인가?**

① 매개변수는 함수 내부에서 사용되는 값이고, 인수는 함수 호출 시 전달되는 값이다.

② 매개변수는 함수 호출 시 전달되는 값이고, 인수는 함수 내부에서 사용되는 값이다.

③ 매개변수와 인수에는 서로 다른 자료형을 지정한다.

④ 매개변수와 인수는 함수 이외의 전역 영역에서 사용할 수 있다.

02 **함수 호출 시 인수를 전달할 때 인수와 매개변수의 관계에 대한 설명으로 옳은 것은 무엇인가?**

① 인수의 개수, 자료형은 함수의 매개변수와 관련이 없다.

② 인수의 개수, 자료형은 자유롭게 선택할 수 있다.

③ 인수의 개수, 자료형은 매개변수의 개수, 자료형과 정확히 일치해야 한다.

④ 인수의 개수는 매개변수의 개수와 일치해야 하지만 자료형은 일치하지 않아도 된다.

03 **함수의 반환 유형이 `void`일 때의 반환값은 무엇인가?**

① `0` ② `1`

③ 실행 오류 ④ 아무것도 반환하지 않음

04 **C 언어에서 사용자 정의 함수를 선언할 때 필요하지 않은 개념은 무엇인가?**

① 함수 정의 ② 함수 선언

③ 함수 호출 ④ 함수 해제

05 **함수 원형 정의로 옳지 않은 것은 무엇인가?**

① `int calculateSum(int a, int b);`

② `char findMaxValue(int x, y);`

③ `float computeAverage(float arr[], int size);`

④ `void printScores(double num[]);`

06 **사용자 정의 함수를 구성하는 기본 요소에 해당하지 않는 것은 무엇인가?**

① 매개변수 ② 함수명

③ 반환형 ④ 결괏값

07 문자형 매개변수 message를 받아서 아무것도 반환하지 않는 printMessage() 함수의 원형을 작성하시오.

08 정수형 매개변수 a, b를 받아서 정수형 결괏값을 반환하는 calculateSum() 함수의 원형을 작성하시오.

09 정수형 매개변수 score를 받아서 문자형 결괏값을 반환하는 getGrade() 함수의 원형을 작성하시오.

10 실수형 매개변수 radius를 받아서 실수형 결괏값을 반환하는 calculateCircleArea() 함수의 원형 네 가지를 작성하시오.

11 문자형 매개변수 text와 정수형 매개변수 count를 받아서 문자형 결괏값을 반환하는 repeatString() 함수의 원형을 작성하시오.

[12~13] 다음은 3개의 정수를 입력받아 가장 큰 수와 가장 작은 수를 출력하는 프로그램이다.

```
int main(void) {
    int num1, num2, num3;

    printf("정수 3개 입력: ");
    scanf("%d %d %d", &num1, &num2, &num3);

ⓐ   printf("가장 큰 수: %d\n", max(num1, num2, num3));
ⓑ   printf("가장 작은 수: %d \n", min(num1, num2, num3));

    return 0;
}
```

12 ⓐ, ⓑ의 함수 호출 부분에 해당하는 사용자 정의 함수의 원형을 작성하시오.

13 min() 함수와 max() 함수의 수행 코드를 각각 작성하시오.

[14~19] 다음은 실수 x를 입력받아 다항식 함수의 결과를 출력하는 프로그램이다.

```
#include <stdio.h>
#include <math.h>




int main() {
    double x;

    printf("x 값을 입력하시오: ");
    scanf("%lf", &x);

    double result = MathFunction(x);

    printf("f(%.2f) = %.2f\n", x, result);

    return 0;
}
```

14 빈칸에 들어갈 사용자 정의 함수가 다음 다항식을 나타내도록 작성하시오.

$f(x) = x^3 - 2x^2 + 4x - 8$

15 x 값으로 3.55를 입력했을 때의 실행 결과를 작성하시오.

16 빈칸에 들어갈 사용자 정의 함수가 다음 다항식을 나타내도록 작성하시오.

$f(x) = e^x \times \cos(x)$

17 x 값으로 -1을 입력했을 때의 실행 결과를 작성하시오.

18 빈칸에 들어갈 사용자 정의 함수가 다음 다항식을 나타내도록 작성하시오.

$f(x) = \sqrt{x} + 2\log(x)$

19 x 값으로 10을 입력했을 때의 실행 결과를 작성하시오.

20 다음 코드에서 오류가 발생하는 부분을 찾아 바르게 수정하고 그 이유를 설명하시오.

```
void one() {
    int a = 10, b = 30;
    return a * b;
}
```

21 다음 코드에서 함수 선언과 관련된 오류가 발생하는 부분을 찾아 바르게 수정하고 그 이유를 설명하시오.

```
int main() {
    int x = 53;
    int y = 47;
    Add(x, y);
}

void Add(int a, int b) {
    printf("%d", a + b);
}
```

프로그래밍 문제

01 할인율을 계산하는 프로그램을 작성하시오.

```
상품 가격 : 43000
할인율(%) : 15
할인 가격은 36550
```

[조건]

- 사용자 정의 함수인 discountedPrice() 함수를 선언하고 정의한다.
- 실행 결과에 맞게 main() 함수를 작성한다.

02 사용자에게 점의 좌표 2개를 입력받아 3차원 평면에서 두 점 사이의 거리를 구하는 프로그램을 작성하시오. 단, 조건에 맞게 distance() 함수와 main() 코드를 사용하시오.

```
A(x, y, z) : 4 -3 9
B(x, y, z) : 1 -5 7
D = 4.12
```

[조건]

- 제곱근을 반환하는 sqrt() 함수를 사용한다.
- 두 점 사이의 거리를 구할 때는 다음 공식을 이용한다.

  $D = \sqrt{(x2 - x1)^2 + (y2 - y1)^2 + (z2 - z1)^2}$
- distance()의 매개변수는 double x1, double y1, double z1, double x2, double y2, double z2로 지정한다.

03 sin 삼각 함수 그래프를 * 기호로 그리는 사용자 정의 함수의 코드를 작성하시오.

```
sin(  0)의 값은 +0.00               *
sin( 15)의 값은 +0.26                  *
sin( 30)의 값은 +0.50                      *
sin( 45)의 값은 +0.71                          *
sin( 60)의 값은 +0.87                             *
sin( 75)의 값은 +0.97                                 *
sin( 90)의 값은 +1.00                                  *
sin(105)의 값은 +0.97                                 *
sin(120)의 값은 +0.87                             *
sin(135)의 값은 +0.71                         *
sin(150)의 값은 +0.50                      *
sin(165)의 값은 +0.26                  *
sin(180)의 값은 +0.00               *
sin(195)의 값은 -0.26           *
sin(210)의 값은 -0.50         *
sin(225)의 값은 -0.71       *
sin(240)의 값은 -0.87      *
sin(255)의 값은 -0.97    *
sin(270)의 값은 -1.00    *
sin(285)의 값은 -0.97    *
sin(300)의 값은 -0.87      *
sin(315)의 값은 -0.71       *
sin(330)의 값은 -0.50         *
sin(345)의 값은 -0.26           *
sin(360)의 값은 +0.00               *
```

[조건]

- i가 360 이하일 때까지 15씩 증가시키는 for 문을 작성한다.
- 현재 각도 i에 대한 sin 값을 x에 저장할 때는 다음 공식을 이용한다.

  $i \times \frac{\Pi}{180}$
- i와 x의 값을 세 자리 정수로 소수점 아래 둘째 자리까지 출력한다.
- j를 -20으로 초기화하고, j가 x의 10배보다 작을 때까지 for 문이 실행되게 한다.
- *를 사용하여 그래프를 그린다.

• main() 함수는 다음과 같다.

```
#include <stdio.h>
#include <math.h>

#define PI 3.14159265358979323846

int main(void) {
   int i = 0, j = 0;
   double x = 0;
   sin_e(i, j, x);
}
```

CHAPTER 08

함수와 변수 영역

8.1 변수의 속성과 범위

8.2 변수의 지속 기간

LAB 변수의 지속 시간 추정하기

8.3 가변 매개변수 함수

8.4 재귀 함수

LAB 피보나치수열의 n번째 요소 출력하기

8.5 변수와 함수의 연결

REAL PROJECT 사용자 계정 관리 프로그램 만들기

요약

연습문제 / 프로그래밍 문제

학습목표

- C 언어에서 쓰이는 변수의 속성과 범위를 이해한다.
- 지역변수와 전역변수의 개념을 이해한다.
- 변수가 함수에 적용되는 범위와 접근 규칙에 대해 알아본다.
- 변수의 지속 기간과 저장 유형별 변수에 대해 알아본다.
- 가변 매개변수 함수와 재귀 함수의 동작 원리를 이해하고 구현 방법을 익힌다.
- 변수와 함수를 외부에 연결하여 사용하는 방법을 알아본다.

Preview

C 언어의 변수는 속성과 범위에 따라 사용 사례와 추가적인 접근 규칙에 차이가 있다. 변수의 수명과 저장 방식에 맞게 최적의 변수 사용 전략을 세우는 것은 중요한 프로그래밍 기술이다. 이 장에서는 함수와 변수의 관계를 이해한 뒤 지역변수, 전역변수, 변수 통용 범위와 규칙을 배우고 해당 변수를 활용한 함수까지 살펴본다.

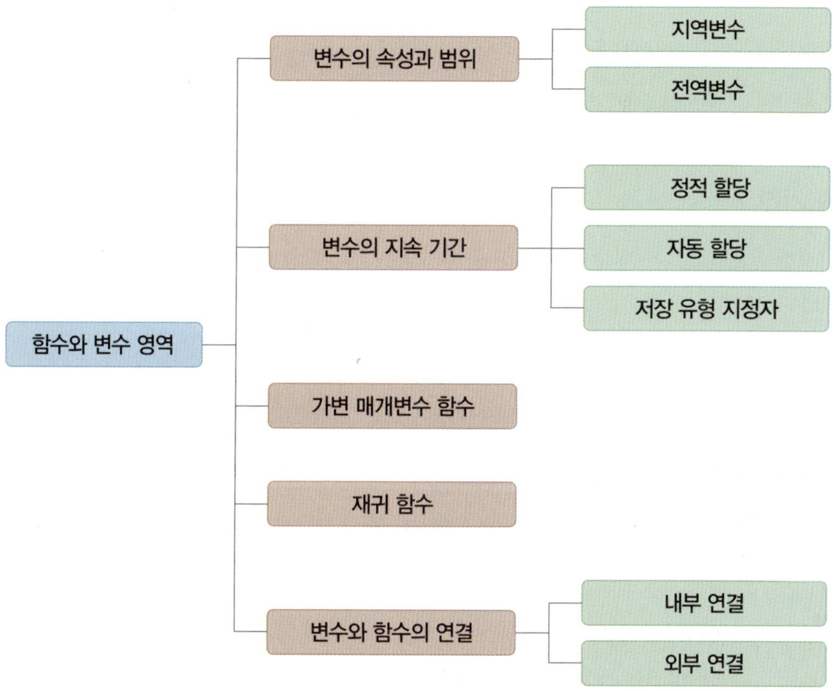

8.1 변수의 속성과 범위

1 변수의 속성

함수에서 변수를 사용하는 데에는 몇 가지 기본적인 규칙이 있다. 이러한 규칙은 변수의 속성으로 정리할 수 있으며, 크게 변수의 범위, 지속 기간, 연결로 구분된다.

변수의 범위

선언된 변수에 따라 프로그램 내에서 접근할 수 있는 위치가 다른데, 이러한 **변수의 범위**variable scope에 따라 지역변수와 전역변수로 나뉜다.

- **지역변수**: 함수 내부에서 선언되어 함수 내에서만 접근이 가능한 변수를 말하며, 대표적인 지역변수는 함수의 매개변수이다. 지역변수는 선언된 내부 함수가 종료되면 메모리에서 해제된다.
- **전역변수**: 함수 외부에서 선언되어 프로그램의 어디에서나 접근이 가능한 변수를 말한다. 전역변수는 프로그램이 시작될 때 메모리에 할당되고, 프로그램이 종료되면 메모리에서 해제된다.

변수의 지속 기간

변수의 지속 기간variable duration은 변수가 메모리에 유지되는 기간으로, 자동 지속 기간과 정적 지속 기간으로 나뉜다. 변수의 범위와 지속 기간에 따라 변수의 초기화가 다르게 동작할 수 있다.

- **자동 지속 기간**: 함수 호출이 시작될 때 메모리에 할당되고, 함수 호출이 종료되면 메모리에서 해제되는 방식이다. 지역변수처럼 함수 내부에서 선언된 변수의 지속 기간이 이에 해당한다.
- **정적 지속 기간**: 프로그램의 실행 시작부터 종료까지 메모리에 존재하는 방식이다. 전역변수와 static 지정자로 선언된 지역변수의 지속 기간이 이에 해당한다.

변수의 연결

변수의 연결variable linkage은 변수의 범위와 수명을 정의하는 속성으로, 변수나 함수가 여러 파일 또는 여러 번의 정의에서 어떻게 접근되고 사용될 수 있는지를 결정한다. C 언어에서 변수의 연결은 다음과 같이 구분된다.

- **내부 연결**: static 지정자로 선언된 전역변수는 파일 내부에서만 접근할 수 있다.
- **외부 연결**: 일반적인 전역변수는 외부 연결을 할 수 있으며, 다른 소스 파일에서 extern 키워드를 사

용하여 접근할 수 있다.

함수와 변수는 밀접한 관계이다. 특히 변수 선언 위치가 함수 내부인지 외부인지에 따라 변수의 속성과 범위가 달라지므로 지역변수와 전역변수에 대해 자세히 살펴보자.

> **하나 더 알기** **컴퓨터 내부 기억장치**
>
> 변수의 속성은 컴퓨터 내부 기억장치와 깊은 관련이 있다. 컴퓨터 내부 기억장치는 CPU 레지스터, 주기억장치로 구성되고, 주기억장치는 크게 데이터 영역, 스택, 힙 영역으로 구분할 수 있다.
>
> - **데이터 영역**(data segment): 전역변수, 정적 변수가 저장되는 영역으로, 프로그램의 시작과 함께 할당되고 프로그램이 종료될 때 해제된다.
> - **스택 영역**(stack segment): 스택은 프로그램 실행 중 함수 호출과 관련된 정보를 저장하는 메모리 영역이다. 마지막에 들어간 데이터가 가장 먼저 나오는 LIFO(Last In First Out) 방식이므로 함수 호출 및 반환의 순서와 일치한다. 또한 함수 호출과 관련된 정보인 반환값 주소, 매개변수, 지역변수 등이 저장되는 영역으로, 함수 호출 시 해당 함수의 정보를 위한 공간이 스택에 할당되고, 함수 호출이 종료되면 해제된다.
> - **힙 영역**(heap segment): 프로그래머는 `malloc()`, `calloc()`, `realloc()` 등의 함수를 사용하여 메모리를 동적으로 할당받을 수 있다.

2 지역변수

함수 내부에서 선언되는 **지역변수**local variable는 해당 함수 블록 안에서만 접근할 수 있다. 선언된 함수 안에서만 사용할 수 있기 때문에 함수가 종료되면 지역변수는 메모리에서 해제된다. [그림 8-1]은 지역변수가 접근할 수 있는 함수 블록의 영역을 보여준다.

```
int other(void)
{
   int found = 0;
   ...
   if ( found == 0 )
   {
      int mode = 2;
      ...
   }
   mode = 0;    // 블록 밖에 있으므로 지역변수 mode는 접근 불가능
   found = 100;
}
```

지역변수 found가 접근 가능한 영역

지역변수 mode가 접근 가능한 영역

그림 8-1 지역변수가 접근 가능한 영역

지역변수의 선언과 사용

지역변수는 선언 위치에 따라 그 쓰임이 구별된다. [그림 8-2]에서 변수 **num**, **alp**의 선언 위치는 (a)의 경우 매개변수 영역에, (b)의 경우 **other()** 함수 영역 안에 있다. 둘 다 지역변수이고 **other()** 함수 블록 안에서 사용할 수 있지만 쓰임이 조금 다르다. (a)에서는 함수 호출 시 값을 전달하는 매개변수로 사용되며, (b)에서는 함수 블록 안에서 사용되는 일반 변수이다.

```c
int other(int num, char alp)
{
    if ( found == 0 )
    {
        int mode = 2;
    }
    num = 10;
    alp = 'F';
}
```

선언 위치

(a) 변수를 매개변수로 사용

```c
int other()
{
    int num;
    char alp;

    if ( found == 0 )
    {
        int mode = 2;
    }
    num = 10;
    alp = 'F';
}
```

선언 위치

(b) 함수 블록 내 일반 변수로 사용

그림 8-2 지역변수 선언 위치와 사용 예

[그림 8-3]은 변수의 선언 위치가 다르지만 변수명이 같은 경우를 보여준다. 일반적으로 이는 매개변수를 이용하여 함수를 호출할 때 자주 발생한다. **main()** 함수에서 선언된 **num**, **res**, **alp**는 지역변수로서 **other()** 함수를 호출할 때 매개변수로 전달되고, **other()** 함수는 전달받은 매개변수로 **num**, **alp**를 선언했다. 언뜻 보기에는 같은 변수이지만 내부적으로는 전혀 다르게 사용된다. 즉 변수명이 동일하더라도 선언 위치가 다르면 각기 다른 변수로 인식된다.

TIP C 언어에서 호출 쪽의 변수명과 피호출 함수의 매개변수명을 동일하게 하는 것은 필수적인 규칙이 아니다. 그러나 호출 쪽의 변수명과 피호출 함수의 매개변수명이 같으면 코드를 쉽게 이해할 수 있으며, 함수 호출 시 전달되는 값이 어떤 목적으로 사용되는지가 명확해진다. 동일한 변수명을 사용하면 코드의 일관성을 유지할 수 있어 대규모 프로젝트에서 여러 개발자가 협업하는 데 도움이 된다.

```c
int main()
{
    int num, res;
    char alp;

    num = 100;
    alp = 'F';

    res = other(num, alp);
}
```

선언 위치

```c
int other(int num, char alp)
{

    …
    num = num * 10;
    printf("alp = %c \n", alp);
    …

    return 50;
}
```

선언 위치

그림 8-3 지역변수명이 같지만 선언 위치가 다른 경우

지역변수의 지속 기간

지역변수가 선언된 블록의 실행이 시작될 때 스택 메모리에 지역변수가 할당된다. 지역변수의 지속 기간은 메모리에 존재하는 시간을 의미하며, 이는 일반적으로 해당 지역변수가 선언된 함수의 실행 시간에 국한된다. 즉 함수 블록의 실행이 시작될 때부터 메모리에 지역변수가 존재하다가 블록이 종료되면 지역변수에 할당된 메모리가 반환되고 지역변수도 소멸된다. 이러한 지역변수의 지속 기간 개념을 [예제 8-1], [예제 8-2]에서 살펴보자.

예제 8-1 함수의 중첩 블록 내 지역변수의 지속 기간 변경하기 ex08_01.c

↳ main() 함수의 중첩 블록 내에서 지역변수의 유효 범위와 값을 변경해보자.

```c
#include <stdio.h>

int main() {
    int mainVar = 5;         // main() 함수의 지역변수
    printf("main 함수의 초기 mainVar = %d\n", mainVar);

    {
        int blockVar = 10;   // 중첩 블록의 지역변수
        printf("블록 안에서 blockVar = %d\n", blockVar);

        mainVar = 20;        // main() 함수의 지역변숫값 변경
        printf("블록 안에서 변경된 mainVar = %d\n", mainVar);
    }
```

중첩 블록 바깥에서는 지역변수 blockVar를 사용할 수 없음

```
    printf("블록 바깥에서 mainVar = %d\n", mainVar);

    return 0;
}
```

```
main 함수의 초기 mainVar = 5
블록 안에서 blockVar = 10
블록 안에서 변경된 mainVar = 20
블록 바깥에서 mainVar = 20
```

중첩 블록 내에서 선언된 **blockVar**는 해당 블록 내에서만 유효하며, 블록 내에서 **mainVar**의 값을 변경하면 블록 밖에서도 변경된 값이 유지된다. 즉 **mainVar**는 **main()** 함수 전체에서 유효하지만 **blockVar**는 중첩 블록 내에서만 유효하다.

예제 8-2 매개변수에서의 변수 접근 범위와 지역변수의 지속 기간 변경하기 ex08_02.c

↳ main() 함수와 modifyMainVar() 함수를 구분하여 지역변수의 유효 범위와 값을 변경해보자.

```c
#include <stdio.h>

void modifyMainVar(int mainVar) {

   int blockVar = 10;           // 중첩 블록의 지역변수
   printf("블록 안에서 blockVar = %d\n", blockVar);

   mainVar = 20;                // main() 함수의 지역변수값 변경
   printf("블록 안에서 변경된 mainVar = %d\n", mainVar);
}
int main() {

   int mainVar = 5;             // main 함수의 지역변수
   printf("main 함수의 초기 mainVar = %d\n", mainVar);

   modifyMainVar(mainVar);   // 함수 호출로 mainVar 값 변경
   printf("블록 바깥에서 mainVar = %d\n", mainVar);

   return 0;
}
```

```
main 함수의 초기 mainVar = 5
블록 안에서 blockVar = 10
블록 안에서 변경된 mainVar = 20
블록 바깥에서 mainVar = 5
```

[예제 8-2]는 값에 의한 전달 방식으로, 함수 내부에서의 매개변수 변경이 호출자의 원래 변수에 영향을 주지 않는다는 것을 확인할 수 있다. `main()` 함수에서 `mainVar`를 초기화하고 출력한 후 `modifyMainVar()` 함수에 값을 전달한다. `modifyMainVar()` 함수 내에서는 `blockVar`를 선언하고 출력한 후, 전달된 `mainVar` 값을 `20`으로 변경하여 출력한다. 그러나 이 변경은 함수 내에서만 유효하며, `main()` 함수의 `mainVar` 값에는 영향을 미치지 않는다.

이 예제는 함수 간 변수 전달 시 값이 복사된다는 것을 보여주는데, 이는 **값에 의한 호출**call by value 개념이다. 이 밖에도 **참조에 의한 호출**call by reference 개념이 있는데, 이는 뒤에서 자세히 살펴보자.

하나 더 알기 **지역변수 초기화**

지역변수를 사용할 때는 초기화 과정이 필요하다. 다음 코드를 살펴보자.

```
int main() {
    int number;     // 지역변수를 초기화하지 않아 오류 발생
    printf("number = %d \n", number);
    return 0;
}
```

지역변수에 초깃값을 지정하지 않으면 메모리에 남아 있던 값이 들어갈 수 있는데, 이를 쓰레깃값(garbage value)이라고 한다. 만약 비주얼 스튜디오에서 지역변수 number를 초기화하지 않고 바로 출력하면 다음과 같은 오류가 발생한다.

C4700	초기화되지 않은 'number' 지역 변수를 사용했습니다.	CBookSource(2024)	지역변수 초기화.c	5

그림 8-4 지역변수를 초기화하지 않았을 때의 오류

3 전역변수

함수 외부에서 선언되는 **전역변수**global variable는 전체 프로그램의 어떤 함수에서도 접근할 수 있는 변수이다. 일반적으로 전역변수는 모든 함수의 외부(위나 아래)에 선언된다.

전역변수의 특징

전역변수와 관련된 주요 특징은 다음과 같다.

- **정의 위치**: 전역변수는 함수의 외부 또는 소스 파일의 상단에 선언된다.
- **초기화**: 전역변수를 명시적으로 초기화하지 않으면 0 또는 해당 자료형의 초깃값으로 자동 초기화된다.
- **지속 기간**: 전역변수는 프로그램의 실행 시작부터 종료까지 메모리에 유지된다.
- **저장 영역**: 일반적으로 전역변수는 메모리의 데이터 영역에 저장된다.
- **접근 범위**: 전역변수는 프로그램의 어디에서나 접근 및 수정이 가능하므로 모든 함수가 해당 변수에 접근할 수 있다.

[그림 8-5]에 나타낸 전역변수와 지역변수의 접근 범위를 살펴보자. 전역변수 mode는 함수 외부에서 선언되어 선언 위치부터 프로그램의 끝까지 영향을 미친다. 또한 모든 함수가 전역변수 mode를 사용할 수 있다. 그러나 지역변수인 ch, temp, found는 함수 안에서 선언되어 함수가 끝날 때 함께 종료된다.

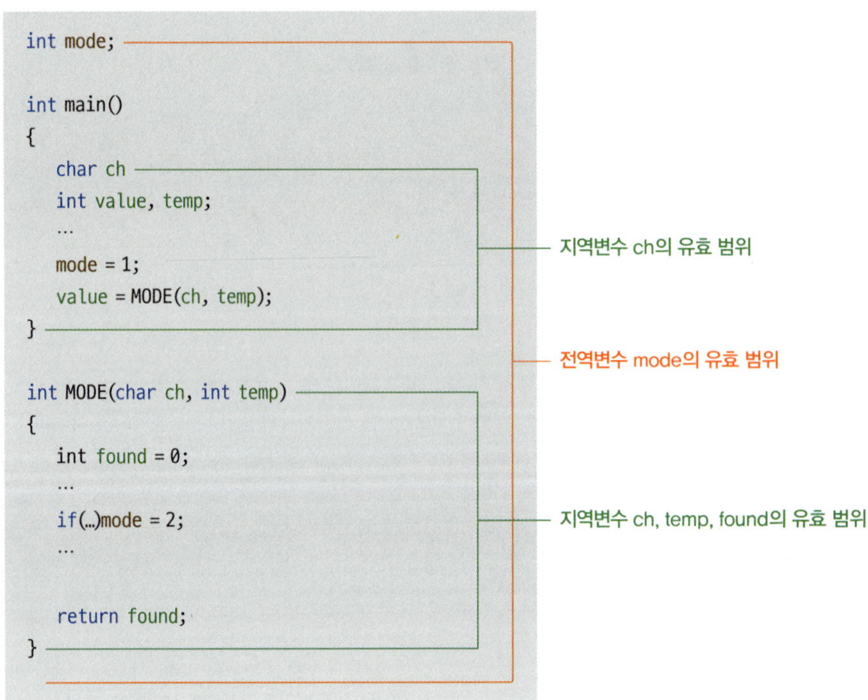

그림 8-5 지역변수와 전역변수

전역변수 사용 시 주의점

전역변수는 여러 함수에서 공유될 수 있으므로 데이터의 동기화나 상태 관리에 주의해야 한다. 전역변수를 남용하면 변수의 사용 범위와 캡슐화를 깨트릴 위험이 있기 때문에 필요한 경우에만 전역변수를 사용하는 것이 바람직하다. 또한 여러 파일에서 같은 이름의 전역변수를 사용하면 충돌이 발생할 수 있는데, 이를 피하려면 `static` 지정자를 사용하여 해당 파일 내에서만 접근 가능한 전역변수로 선언한다.

예제 8-3 | **전역변수의 범위 변경하기** ex08_03.c

↳ 전역변수 globalVar의 초깃값 10을 출력한 후 이를 20으로 변경하여 다시 출력해보자.

```c
#include <stdio.h>

int globalVar = 10;

void printValue() {
    printf("globalVar = %d\n", globalVar);
}

int main()
{
    printValue();
    globalVar = 20;
    printValue();

    return 0;
}
```

- `int globalVar = 10;` : 전역변수 globalVar 선언 및 초기화
- `printValue()` 함수 정의 : 전역변수의 현재 값을 출력하는 함수
- `printValue();` : printValue() 함수 호출
- `globalVar = 20;` : 전역변수 globalVar의 값을 20으로 변경

```
globalVar = 10
globalVar = 20
```

전역변수의 초깃값과 지속 기간

전역변수의 지속 기간은 프로그램의 전체 실행 시간과 같다. 또한 전역변수는 하나의 함수 호출이 끝나고 다른 함수가 호출되더라도 그 값이 유지되는 반면, 지역변수는 함수 호출이 종료되면 함수 내의 지역변수 자체가 소멸된다. 그러므로 전역변수는 프로그램 실행 도중 상태를 계속 유지해야 하는 정보를 저장할 때 유용하게 사용할 수 있다. 이러한 전역변수는 컴파일러에 의해 자동으로 초기화된다.

예제 8-4 전역변수 자동 초기화하기 ex08_04.c

↳ 세 전역변수의 초깃값을 출력해보자. 전역변수는 명시적으로 초기화하지 않아도 자동 초깃값으로 설정된다.

```c
#include <stdio.h>

int count;
char element;
float fvalue;

int main()
{
   printf("count = %d \n", count);
   printf("element = %c \n", element);
   printf("fvalue = %f \n", fvalue);

   return 0;
}
```

3개의 전역변수 선언

```
count = 0
element = 
fvalue = 0.000000
```

NULL 문자가 출력되어 문자가 보이지 않음

count, element, fvalue는 함수 외부에서 선언된 전역변수이다. 이러한 변수는 함수 호출과 관련이 없으므로 프로그램 전체에서 접근이 가능하다. 따라서 함수 호출 종료와 상관없이 값이 소멸되지 않는다.

확인문제

1 지역변수와 전역변수에 대한 설명으로 옳지 않은 것을 고르시오.

① 지역변수는 선언된 함수 또는 블록 내에서만 사용할 수 있다.

② 전역변수의 지속 기간은 프로그램 실행 시작부터 끝까지이다.

③ 지역변수와 전역변수의 이름이 같을 때는 전역변수의 우선순위가 높다.

④ 전역변수는 자동으로 초깃값이 설정된다.

2 다음 빈칸에 알맞은 말을 넣으시오.

> 지역변수의 (　　　　)은 변수가 메모리에 존재하는 시간을 의미하며, 일반적으로 해당 변수가 선언된 함수의 실행 시간에 국한된다.

정답

1 ③　　2 지속 기간

하나 더 알기　전역변수와 지역변수의 이름이 같은 경우

함수 내에 같은 이름의 지역변수와 전역변수가 있을 때는 지역변수의 우선순위가 더 높다. 전역변수와 지역변수의 이름이 같으면 컴파일러에 의해 해당 함수 또는 블록 내에서 지역변수가 전역변수보다 우선시되는데, 이를 변수의 가리기(shadowing)라고 한다. 즉 지역변수가 전역변수를 가린다.

다음 코드에는 전역변수 value와 main() 함수 안에 지역변수 value가 있다. main() 함수 안에서 value를 출력하면 지역변수의 값인 100이 출력되는데, 이는 지역변수가 전역변수를 가리기 때문이다.

```
#include <stdio.h>

int value = 50;              // 전역변수 선언

int main()
{
    int value = 100;         // 지역변수가 전역변수를 가림

    printf("%d\n", value);   // 지역변숫값인 100 출력
    return 0;
}
```

8.2 변수의 지속 기간

변수는 어떻게 선언되는지에 따라 지속 기간이 결정된다. 변수의 지속 기간과 관련하여 대표적인 할당 방식은 정적 할당과 자동 할당이다.

1 정적 할당

정적 할당static duration은 프로그램의 실행 시작 시점에 메모리가 할당되고 종료 시점에 메모리에서 해제되는 방식이다. 프로그램이 실행되는 동안 변수의 값이 유지되며, 변수가 초기화되지 않았다면 해당 자료형의 기본값으로 자동 초기화된다.

다음은 전역변수 및 static 지정자로 선언된 지역변수가 사용된 정적 할당의 예이다.

```
int globalVar;              // 전역변수

void func() {               static 지정자
    static int staticVar;   // 정적 할당
}   프로그램 끝까지 변수의 값 유지
```

2 자동 할당

자동 할당automatic duration은 함수가 호출될 때 메모리가 할당되고, 함수가 반환될 때 메모리에서 해제되는 방식이다. 함수 호출마다 새로운 메모리 공간에 변수가 할당되고, 함수가 종료되면 메모리에서 해제되어 변수의 값이 사라진다. 자동 할당 방식에서는 변수의 값이 초기화되지 않으면 해당 값이 정의되지 않는다.

다음은 일반적인 지역변수를 선언하는 자동 할당의 예이다.

```
void func() {
    int autoVar;      // 지역변수가 자동 할당됨
}   함수 블록이 종료되면 변수의 값도 사라짐
```

3 저장 유형 지정자

변수를 선언할 때 저장 유형 지정자storage class specifier를 사용하여 해당 변수의 동작과 특성을 정의할 수 있다. 지역변수의 저장 유형에 따라 auto, register, volatile, static 등의 지정자를 사용할 수 있다.

auto 지정자

auto 지정자는 **자동 변수**automatic variable를 의미하며, 지역변수를 선언할 때 사용된다. 그러나 오늘날의 C 언어에서는 기본적으로 자동 할당이 되기 때문에 잘 사용하지 않으며, 따라서 auto 지정자를 생략할 수 있다. auto 지정자는 함수를 호출할 때 메모리가 할당되고, 함수가 종료될 때 메모리에서 해제된다.

예제 8-5 auto 지정자 사용하기 ex08_05.c

↳ auto 지정자를 사용하여 지역변수를 선언하고 그 값을 출력해보자.

```
#include <stdio.h>

void show() {
    auto int num = 5;      // 'int num = 5;'으로도 작성 가능
    printf("Auto Num: %d\n", num);
}

int main()
{
    show();
    return 0;
}
```

auto 지정자

```
Auto Num: 5
```

register 지정자

register 지정자는 변수를 **레지스터 변수**register variable로 선언할 때 사용되며, 이렇게 선언하면 CPU의 레지스터에 변수가 저장된다. 레지스터에 저장된 변수는 접근 속도가 빠르기 때문에, 반복문 또는 자주 사용되는 변수에 register 지정자를 적용하는 것이 좋다. 하지만 레지스터의 수가 한정적이므로 실제로 해당 변수가 레지스터에 할당되는 것은 컴파일러에 의해 결정된다.

TIP register 키워드로 선언된 변수는 CPU 레지스터에 저장될 가능성이 있기 때문에 해당 변수의 주소를 가져올 수 없다. 이러한 특징으로 인해 메모리 접근 시간이 줄어들어 프로그램의 성능이 향상될 수 있지만, 주소 연산이 불가능하다는 제약이 있다.

예제 8-6 | register 지정자 사용하기 ex08_06.c

↳ register 지정자를 사용하여 지역변수를 선언하고 반복문을 실행하여 그 값을 출력해보자.

```c
#include <stdio.h>

int main()
{
    register int i;

    for (i = 0; i < 1000000; i++) {

    }
    printf("i = %d \n", i);
    return 0;
}
```

register 지정자

빠른 반복을 위해 i를 register에 저장하도록 요청

```
i = 1000000
```

이는 register 지정자를 사용하여 성능을 최적화하려는 시도를 보여주는 예제로, 1000000번의 반복을 수행한 후 i의 최종값을 출력했다. 그러나 현대의 최적화된 컴파일러에서는 register 지정자가 필요하지 않은 경우가 많으며, 보통은 컴파일러가 자동으로 최적의 레지스터 할당을 수행한다.

volatile 지정자

volatile 지정자는 컴파일러에 의해 변수가 최적화되지 않도록 지시하는데, 이는 변수의 값이 외부에서 변경될 수 있음을 의미한다. volatile로 선언된 변수는 컴파일러가 예상하지 못한 방식으로 변경될 수 있으므로 외부 소스, 하드웨어 레지스터 또는 인터럽트에 의해 변경될 수 있는 변수를 다룰 때 사용된다.

예제 8-7 | volatile 지정자 사용하기 ex08_07.c

↳ volatile 지정자를 사용하여 지역변수를 선언하고, 변수 flag의 값이 0인 동안 대기 상태를 출력하는 프로그램을 작성해보자. 이렇게 변수를 선언하면 다른 스레드나 인터럽트 서비스 루틴(interrupt service routine, ISR)에 의해 변경될 수 있음을 컴파일러에 알린다.

```c
#include <stdio.h>

int main()
```

```c
{
    volatile int flag = 0;      // volatile 변수

    // 다른 스레드나 인터럽트 서비스 루틴이 변수 flag를 변경할 수 있다고 가정
    // flag의 값이 변경되지 않게 하는 컴파일러 최적화

    while (!flag) {
        // 대기 상태
    }

    printf("Flag is now: %d\n", flag);
    return 0;
}
```

volatile 지정자

무한 반복

실행 시 결과창에 아무것도 출력되지 않음

실제 상황에서는 외부 이벤트나 다른 코드의 일부분이 flag 값을 변경하여 반복이 종료되리라 기대하겠지만, 이 예제에서는 flag 값이 변경되지 않으므로 무한 반복된다. 이러한 코드는 다음과 같은 상황에 유용할 것이다.

- **멀티스레드 환경**: 다른 스레드가 변수 flag를 변경할 수 있을 때 이 변수의 변경을 감지해야 하는 상황
- **인터럽트 서비스 루틴**: 하드웨어 인터럽트가 발생하여 변수 flag를 변경할 수 있을 때 이를 감지해야 하는 상황
- **메모리가 매핑된 I/O**: 하드웨어 레지스터와 같은 메모리가 매핑된 I/O 장치가 변수 flag를 변경할 수 있는 상황

static 지정자

`static` 지정자를 사용하여 **정적 변수**static variable로 선언하면 변수가 초기화될 때 메모리에 할당되고, 프로그램의 실행이 종료될 때까지 유지된다. 즉 함수 블록이 종료되더라도 값이 유지된다. 초기화되지 않은 `static` 변수는 `0`으로 자동 초기화된다.

예제 8-8 | static 지정자 사용하기 ex08_08.c

↳ static 지정자로 선언된 지역변수 count의 값이 함수 호출 과정에서 유지되는 것을 보여주는 예제이다.

```c
#include <stdio.h>

void increment() {
   static int count = 0;
   count++;
   printf("Static Count: %d\n", count);
}

int main() {
   increment();
   increment();
   increment();
   return 0;
}
```

static 지정자

함수 호출 시 count 값이 1씩 증가

```
Static Count: 1
Static Count: 2
Static Count: 3
```

확인문제

1 다음 빈칸에 알맞은 말을 넣으시오.

① 변수를 선언할 때 저장 유형 지정자를 사용하여 해당 변수의 동작과 특성을 정의할 수 있다. 지역 변수의 저장 유형에 따라 (　　　　), (　　　　), (　　　　), (　　　　) 등의 지정자를 사용할 수 있다.

② (　　　　)은 프로그램의 실행 시작 시점에 메모리가 할당되고 종료 시점에 메모리에서 해제되는 방식이고, (　　　　)은 함수가 호출될 때 메모리가 할당되고 함수가 반환될 때 메모리에서 해제되는 방식이다.

정답

1 ① auto, register, volatile, static ② 정적 할당, 자동 할당

LAB 변수의 지속 시간 추정하기

변수의 지속 시간을 알아보는 프로그램을 만들려고 한다. 그러나 변수가 메모리에서 유지되는 시간을 직접 출력하는 것은 C 언어의 표준 기능으로 구현하기가 어렵기 때문에, 프로그램의 다양한 지점에서 시간을 측정하여 변수의 생성 및 소멸 시점을 대략적으로 추정해 보자.

```
전역변수가 생성된 시간 (ms): 2003
정적 지역변수와 일반 지역변수가 생성된 시간 (ms): 2024
정적 지역변수와 일반 지역변수가 소멸되기 전 시간 (ms): 4009
정적 지역변수와 일반 지역변수가 생성된 시간 (ms): 7026
정적 지역변수와 일반 지역변수가 소멸되기 전 시간 (ms): 9312
전역변수가 소멸되기 전 시간 (ms): 15064
```

조건

- 전역변수, 정적 지역변수, 일반 지역변수가 생성된 시간과 소멸되기 전 시간을 출력한다.
- 시간을 밀리초(ms) 단위로 출력한다.
- 시간을 출력하기 전 대기 시간을 설정하기 위해 `Sleep()` 함수를 사용한다.
- 윈도우 환경에서 실행되는 코드이므로 `<windows.h>` 헤더 파일을 포함한다.

문제 해결

LAB_8-1.c

```c
#include <stdio.h>
#include <time.h>
#include <windows.h>    // Sleep() 함수를 위한 헤더 파일

int globalVar;          // 전역변수 선언

void demonstrateVariableLifetime() {
    static int staticVar;    // 정적 지역변수
    int localVar = 0;        // 일반 지역변수

    printf("정적 지역변수와 일반 지역변수가 생성된 시간 (ms): %ld\n", clock());
```

프로그램 시작 후 경과한 시간을 밀리초 단위로 출력

```
    Sleep(2000);        // 2초 동안 대기

    // 변수 사용
    staticVar++;
    localVar++;

    printf("정적 지역변수와 일반 지역변수가 소멸되기 전 시간 (ms): %ld\n", clock());
    Sleep(3000);        // 다시 3초 동안 대기
}

int main() {
    Sleep(2000);        // 2초 동안 대기
    printf("전역변수가 생성된 시간 (ms): %ld\n", clock());

    demonstrateVariableLifetime();
    demonstrateVariableLifetime();

    Sleep(3000);        // 마지막으로 3초 동안 대기
    printf("전역변수가 소멸되기 전 시간 (ms): %ld\n", clock());

    return 0;
}
```

8.3 가변 매개변수 함수

1 가변 매개변수

프로그램을 작성하다 보면 매개변수 호출 시 매개변수의 개수를 정해두지 않고 다양하게 사용해야 할 때가 있다. 이러한 매개변수를 **가변 매개변수**variadic parameter라고 하는데, 이를 사용하는 대표적인 함수는 `printf()`, `scanf()`이다.

가변 매개변수 함수는 함수 호출 시 다양한 개수의 인자를 받을 수 있으며, 이를 구현하기 위해 `<stdarg.h>` 헤더 파일의 매크로와 자료형을 사용한다.

2 가변 매개변수 함수의 요소

가변 매개변수 함수를 구성하는 주요 요소는 다음과 같다.

- **...(ellipsis)**: 함수 정의에서 가변 매개변수의 시작을 나타낸다. 즉 이 기호는 해당 함수가 고정된 개수 이상의 인자를 받을 수 있음을 의미한다.
- **va_list**: 가변 매개변수 목록을 저장하기 위한 자료형으로, 가변 매개변수를 처리하는 데 사용된다.
- **va_start**: 가변 매개변수 목록의 시작을 초기화하는 매크로이다. 고정된 인자 이후부터 가변 인자를 처리할 수 있도록 설정한다.
- **va_arg**: 가변 매개변수 목록에서 다음 인자를 가져오는 매크로이다. 인자의 자료형을 명시하여 값을 가져온다.
- **va_end**: 가변 매개변수 처리가 끝났음을 나타내며, 목록을 정리하는 매크로이다. 가변 인자 처리가 완료되면 반드시 호출해야 한다.

예제 8-9 가변 매개변수가 포함된 함수 사용하기 ex08_09.c

↳ 가변 매개변수를 사용하여 정수를 합산하는 함수를 구현해보자.

```c
#include <stdio.h>
#include <stdarg.h>     // 가변 매개변수 사용 시 선언하는 헤더 파일

int sum(int num, ...) {
   va_list args;
   int total = 0;

   va_start(args, num);    // args 초기화, num 이후의 인자부터 시작

   for (int i = 0; i < num; i++) {
      total += va_arg(args, int);    // 다음 int 인자 가져오기
   }

   va_end(args);     // 가변 매개변수 목록 정리

   return total;
}

int main() {
   printf("매개변수 3,  2+3+4=%d\n", sum(3, 2,3,4));
```

가변 매개변수로 값을 받는 문법

가변 매개변수 목록을 저장하기 위한 변수

num만큼의 매개변수를 순회하면서 각 매개변수의 값을 합산

```
    printf("매개변수 2, 5+6=%d\n", sum(2, 5,6));
    printf("매개변수 10, 1+2+3+4+5+6+7+8+9+10=%d\n", sum(10, 1,2,3,4,5,6,7,8,9,10));

    return 0;
}
```

```
매개변수 3, 2+3+4=9
매개변수 2, 5+6=11
매개변수 10, 1+2+3+4+5+6+7+8+9+10=55
```

확인문제

1 대표적인 가변 매개변수 함수를 모두 고르시오.

① printf() ② srand() ③ scanf() ④ Sleep()

정답

1 ①, ③

8.4 재귀 함수

재귀 함수recursive function는 직접적 또는 간접적으로 자신을 호출하는 함수로, '되부름 함수'라고도 한다. 재귀 함수는 프로그램을 더 작은 단위로 분해하여 해결하는 방식으로 동작하며, 기본적으로 다음과 같은 두 부분으로 구성되어 있다.

- **기본 사례**base case: 재귀 함수가 더 이상 자신을 호출하지 않고 종료되는 조건
- **재귀 사례**recursive case: 함수가 자신을 다시 호출하는 조건

기본 사례가 없거나 함수가 잘못 정의되면 무한히 자신을 호출하여 스택 오버플로 오류가 발생할 수 있으므로 주의가 필요하다. 따라서 기본 사례는 재귀 함수의 종료 조건으로 작용한다.

재귀 함수를 설명할 때 흔히 사용되는 예제인 팩토리얼 계산 프로그램을 통해 재귀 함수를 좀

더 자세히 살펴보자. 팩토리얼은 1부터 n까지의 자연수를 모두 곱하는 것을 의미한다.

```
n! = n * (n-1) * (n-2) …
7! = 7 × 6 × 5 × 4 × 3 × 2 × 1
```

예제 8-10 재귀 함수를 사용하여 팩토리얼 구하기 ex08_10.c

↳ 팩토리얼을 계산하는 factorial() 재귀 함수를 선언하고 n의 팩토리얼을 계산해보자.

```c
#include <stdio.h>

// 팩토리얼을 계산하는 재귀 함수
int factorial(int n) {
    if (n <= 1) {
        return 1;                    // n이 1 이하인 경우 1을 반환
    }
    else {
        return n * factorial(n - 1);  // 재귀 호출 factorial (n-1)
    }
}
int main() {
    int number = 7;

    printf("%d! = %d\n", number, factorial(number));

    return 0;
}
```

기본 사례

재귀 호출

```
7! = 5040
```

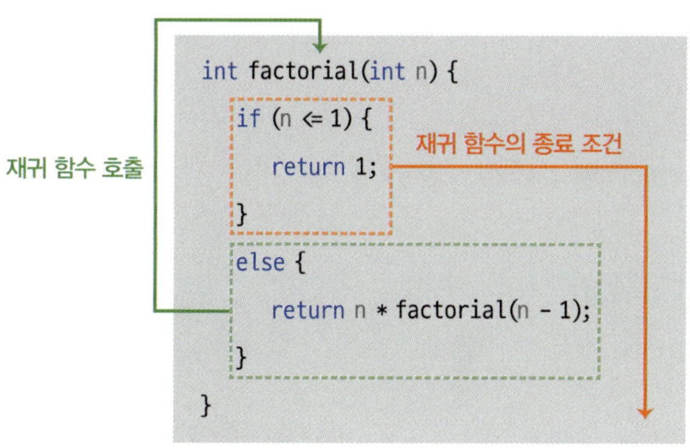

그림 8-6 재귀 함수의 동작 구조

확인문제

1 다음 빈칸에 알맞은 말을 넣으시오.

> (　　　　)는 재귀 함수가 더 이상 자신을 호출하지 않고 종료되는 조건이고, (　　　　)는 함수가 자신을 다시 호출하는 조건이다.

정답

1 기본 사례, 재귀 사례

LAB 피보나치수열의 n번째 요소 출력하기

피보나치수열은 앞의 두 수의 합이 바로 뒤의 수가 되는 수의 배열로 1, 1, 2, 3, 5, 8, 13, 21, …과 같이 증가한다. 재귀 함수의 대표적인 예인 피보나치수열의 n번째 요소를 구하는 프로그램을 작성해보자.

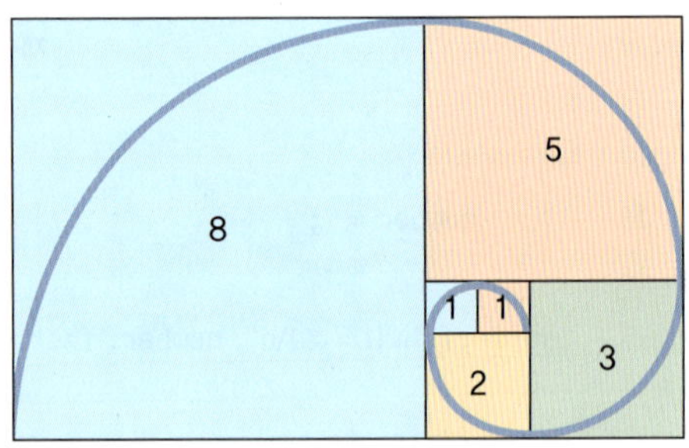


```
양의 정수를 입력하세요: 1
1번째 피보나치 수: 1
```

```
양의 정수를 입력하세요: -1
유효하지 않은 입력입니다. 0 이상의 정수를 입력해야 합니다.
```

조건

- main() 함수에서는 사용자로부터 정수를 입력받아 피보나치수열을 계산하고 출력한다.
- 피보나치수열은 다음과 같이 정의된다.

```
F(0) = 0
F(1) = 1
F(n) = F(n-1) + F(n-2) (n > 1일 때)
```

- fibonacci() 함수는 정수 n을 매개변수로 받는다. n이 1 이하이면 n을 그대로 반환하고, 그렇지 않으면 자신을 두 번

호출하여 (n-1)번째와 (n-2)번째 수의 합을 반환한다.

힌트

- 피보나치수열 함수: int fibonacci(int n)
- 재귀 함수: fibonacci(n - 1) + fibonacci(n - 2)

문제 해결 LAB_8-2.c

```c
#pragma warning(disable:4996)
#include <stdio.h>

// 피보나치수열의 n번째 수를 구하는 재귀 함수
int fibonacci(int n) {
    if (n <= 1) {
        return n;
    }
    else {
        return fibonacci(n - 1) + fibonacci(n - 2);
    }
}

int main() {
    int n;
    printf("양의 정수를 입력하세요: ");
    scanf("%d", &n);

    // 유효하지 않은 입력 처리
    if (n < 0) {
        printf("유효하지 않은 입력입니다. 0 이상의 정수를 입력해야 합니다.\n");
    }
    else {
        printf("%d번째 피보나치 수: %d\n", n, fibonacci(n));
    }

    return 0;
}
```

기본 사례: n이 0 또는 1일 때 자기 자신을 반환

재귀 함수 호출: n번째 요소는 (n-1)번째와 (n-2)번째의 합

8.5 변수와 함수의 연결

1 내부 연결

C 언어에서 **내부 연결**internal linkage은 코드의 모듈화와 데이터 은닉을 위해 주로 사용된다. 내부 연결을 가진 변수는 선언된 파일 내에서만 참조할 수 있으므로 다른 파일에서 해당 변수에 접근하지 못하여 데이터의 무결성이 유지된다. 내부 연결의 특징은 다음과 같이 정리할 수 있다.

- **파일 범위**: 내부 연결을 가진 변수는 선언된 파일 내에서만 유효하다. 다른 파일에서는 이 변수를 직접 참조할 수 없다.
- **static 지정자**: 내부 연결을 가진 변수를 선언할 때는 static 지정자를 사용한다. static 키워드는 변수의 연결성을 제한하여 파일 내에서만 접근할 수 있게 한다.
- **데이터 은닉**: 내부 연결을 통해 변수의 가시성을 제한함으로써 의도치 않은 접근을 막고 데이터의 무결성을 유지할 수 있다.

내부 연결의 예

다음 코드에서 internal01_Var.c 파일 내의 변수 internalVar는 static 지정자를 통해 내부 연결을 가진다. 이 변수는 internal01_Var.c 파일 내에서만 접근할 수 있다.

내부 연결 1 internal01_Var.c

```c
#include <stdio.h>
static int internalVar = 20;     // 내부 연결을 가진 변수

void printInternalVar() {
    printf("internalVar: %d\n", internalVar);
}
void modifyInternalVar(int value) {
    internalVar = value;
}
int main()
{
    printf("main_internalVar: %d\n", internalVar);
    internalVar = 300;
```

```
    printf("main_internalVar: %d\n", internalVar);
    return 0;
}
```

```
main_internalVar: 20
main_internalVar: 300
```

internalVar는 static 지정자를 통해 내부 연결을 가지며 초깃값이 20으로 자동 초기화된다. printInternalVar() 함수는 internalVar의 값을 출력하고, modifyInternalVar() 함수는 인자로 받은 값으로 internalVar를 수정한다. 이로써 외부 파일에서 직접 변수에 접근하지 않고, 제공된 함수를 통해 간접적으로 변수를 조작할 수 있다.

다음 코드에서는 internal02_Var.c 파일에서 변수 internalVar를 직접 참조하려고 하면 링크 오류가 발생한다. 대신 internal02_Var.c 파일에서 제공하는 printInternalVar()와 modifyInternalVar() 함수를 통해 간접적으로 변수 internalVar를 조작할 수 있다.

내부 연결 2 internal02_Var.c

```
#include <stdio.h>

// 외부 파일에서 내부 연결 변수를 직접 참조할 수 없음
// extern int internalVar; // 이렇게 하면 링크 오류 발생

extern void printInternalVar();
extern void modifyInternalVar(int value);

int main() {
    printInternalVar();        // internalVar: 20
    modifyInternalVar(50);
    printInternalVar();        // internalVar: 50
    return 0;
}
```

```
LNK2019 printInternalVarmain 함수에서 참조되는 확인할 수 없는 외부 기호
LNK2019 modifyInternalVarmain 함수에서 참조되는 확인할 수 없는 외부 기호
LNK1120 2개의 확인할 수 없는 외부 참조입니다.
```

SELF STUDY

internal02_Var.c를 단독으로 실행하면 앞의 실행 결과처럼 오류가 발생한다. 이를 해결하려면 internal01_Var.c의 10~16행을 주석으로 처리하고 속성 옵션의 [빌드에서 제외]를 해제한 후 실행한다.

2 외부 연결

C 언어에서 **외부 연결**external linkage은 변수나 함수를 소스 파일 간에 공유시키기 위한 링크 속성으로, 이는 특히 프로젝트가 여러 소스 파일로 구성된 경우에 유용하다. 변수를 외부 연결하려면 `extern` 키워드를 사용하며, 외부 연결을 사용했을 때의 특징은 다음과 같다.

- **외부 연결 함수**: 모든 함수는 기본적으로 외부 연결을 가진다. 따라서 하나의 소스 파일에서 정의된 함수가 다른 소스 파일에서 호출될 수 있다.
- **외부 연결 변수**: `extern` 키워드로 변수에 외부 연결을 부여할 수 있다. 이렇게 선언된 변수는 여러 소스 파일에서 공유될 수 있다.

외부 연결 함수의 예

[예제 8-11]과 [예제 8-12]는 ex_main.c와 ex_externalVar.c 파일로 구성되어 있으며, 전역변수 sharedVar를 두 파일에서 공유하여 사용한다.

예제 8-11 외부 연결 함수 사용하기 1 ex_main.c

↳ [예제 8-12]의 ex_externalVal.c 파일에 정의된 전역변수 sharedVar와 외부 연결 함수인 displaySharedVar()를 선언하기 위해 extern 키워드를 사용해보자.

```c
#include <stdio.h>

extern int sharedVar;           // 외부 연결 변수 사용 선언

void displaySharedVar(void);    // 외부 연결 함수 선언

int main()
{
    printf("내부 변수 sharedVar: %d\n", sharedVar);
    displaySharedVar();
    return 0;
}
```

(extern int sharedVar;) 다른 소스 파일에서 정의된 변수에 접근하기 위한 외부 연결

(displaySharedVar();) 외부에서 정의된 함수 호출

예제 8-12 외부 연결 함수 사용하기 2 ex_externalVar.c

↳ 전역변수 sharedVar를 정의하고 초깃값을 10으로 설정해보자. displaySharedVar() 함수는 sharedVar의 값을 5만큼 증가시키고 그 값을 출력한다.

```c
#include <stdio.h>

int sharedVar = 10;               // 외부 연결 변수 정의

void displaySharedVar(void) {     // 외부 연결 함수 정의
    sharedVar += 5;
    printf("외부 공유 변수: %d\n", sharedVar);
}
```

```
내부 변수 sharedVar: 10
외부 공유 변수: 15
```

정수형 변수 sharedVar는 ex_externalVar.c 파일에서 정의되었지만 extern 키워드로 ex_main.c에서 선언되었기 때문에 ex_main.c에서도 접근이 가능하다. 또한 displaySharedVar() 함수는 ex_externalVar.c 파일에서 정의되었지만 ex_main.c에서 호출될 수 있다.

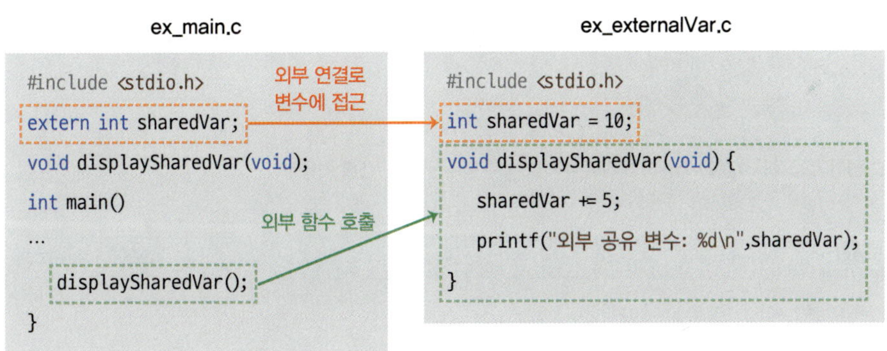

그림 8-7 외부 연결 함수의 접근 방식

이렇게 외부 연결을 사용하면 큰 프로젝트에서 여러 소스 파일에 코드를 분할하면서도 변수와 함수를 공유할 수 있다.

REAL PROJECT 사용자 계정 관리 프로그램 만들기

함수와 전역변수를 이용하여 간단한 사용자 계정 관리 프로그램을 작성해보자. 사용자에게 메뉴를 제공하고, 사용자의 선택에 따라 로그인, 로그아웃, 프로그램 종료를 처리한 실행 결과를 알려주도록 구현한다.

```
1. Login
2. Logout
3. Exit
Enter your choice: 1
Enter username: admin
Enter password: admin
Login successful.
...
```

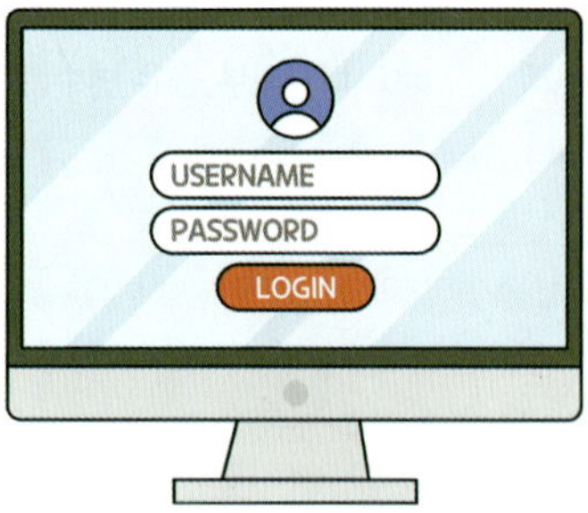

조건

- main() 함수로 사용자에게 로그인, 로그아웃, 프로그램 종료 메뉴를 제공한다.
- 사용자가 로그인이나 로그아웃을 선택할 때 현재 상태에 따라 적절한 동작을 수행하며, 프로그램 종료를 선택하기 전까지는 프로그램을 무한 반복한다.
- 이미 로그인된 상태에서 로그인을 시도하거나, 로그아웃된 상태에서 로그아웃을 시도하면 메시지를 출력한다.

힌트

- 로그인한 사용자의 이름을 저장하기 위해 문자열 복사 함수 strcpy()를 사용한다.

문제 해결 REAL_login.c

```c
#pragma warning(disable:4996)
#include <stdio.h>
#include <string.h>

int isLoggedIn = 0;
char currentUsername[100];      // 현재 로그인한 사용자 이름을 저장

void login() {
```

- #include <string.h>: 문자열 함수를 사용하기 위한 헤더 파일
- int isLoggedIn = 0;: 로그인 상태를 나타내는 전역변수(0: 로그아웃, 1: 로그인)

```c
    char username[100], password[100];    // 지역변수
    printf("Enter username: ");
    scanf("%s", username);
    printf("Enter password: ");
    scanf("%s", password);

    // 예시로 사용자 이름과 비밀번호를 'admin'으로 처리
    if (strcmp(username, "admin") == 0 && strcmp(password, "admin") == 0) {
        isLoggedIn = 1;
        strcpy(currentUsername, username);
        printf("Login successful.\n");
    }
    else {
        printf("Login failed.\n");
    }
}

void logout() {
    isLoggedIn = 0;
    printf("Logout successful.\n");
}

```

사용자 메뉴 제공

```c
int main() {
    int choice;

```

프로그램 종료 시까지 반복적으로 메뉴 제공

```c
    while (1) {
        printf("\n1. Login\n2. Logout\n3. Exit\nEnter your choice: ");
        scanf("%d", &choice);

        switch (choice) {
        case 1:
            if (!isLoggedIn) {
                login();
            }
            else {
                printf("Already logged in as %s.\n", currentUsername);
```

```
            }
            break;
        case 2:
            if (isLoggedIn) {
                logout();
            }
            else {
                printf("No user is currently logged in.\n");
            }
            break;
        case 3:
            printf("Exiting program.\n");
            return 0;
        default:
            printf("Invalid choice.\n");
        }
    }
    return 0;
}
```

요약

01 변수의 속성과 범위

❶ 변수의 속성: 함수에서 변수를 사용할 때의 기본적인 규칙은 크게 변수의 범위, 지속 기간, 연결로 구분된다.

❷ 지역변수: 함수 내부에서 선언되어 함수 내에서만 접근이 가능하다.

❸ 전역변수: 함수 외부에서 선언되어 프로그램의 어디에서나 접근이 가능하다. 일반적으로 모든 함수의 위나 아래에 선언된다.

02 변수의 지속 기간

❶ 정적 할당: 프로그램의 실행 시작 시점에 메모리가 할당되고 종료 시점에 메모리에서 해제되는 방식이다.

❷ 자동 할당: 함수가 호출될 때 메모리가 할당되고, 함수가 반환될 때 메모리에서 해제되는 방식이다.

❸ auto 지정자: 자동 변수를 의미하며, 자동 할당 방식으로 변수를 선언할 때 사용된다.

❹ register 지정자: 변수를 레지스터 변수로 선언할 때 사용된다.

❺ volatile 지정자: 컴파일러에 의해 변수가 최적화되지 않도록 지시한다.

❻ static 지정자: 변수를 정적 변수로 선언하며, 이러한 변수는 프로그램의 실행이 종료될 때까지 메모리에 유지된다.

03 가변 매개변수 함수

❶ 매개변수 호출 시 매개변수의 개수를 정해두지 않고 다양하게 사용해야 할 때가 있는데, 이러한 매개변수를 가변 매개변수라고 한다.

❷ 가변 매개변수 함수는 함수 호출 시 다양한 개수의 인자를 받을 수 있으며, 대표적인 가변 매개변수 함수는 printf()와 scanf()이다.

```
반환형 함수명(고정된 매개변수, ...) {
va_list args;                      // 가변 매개변수 목록 선언
va_start(args, 고정된 매개변수);   // 가변 매개변수 목록 초기화

// va_arg로 가변 매개변수 처리
// va_arg(args, 자료형)
```

```
va_end(args);        // 가변 매개변수 목록 정리
return 반환값;       // 필요한 경우 반환값
}
```

04 재귀 함수

❶ 직접적 또는 간접적으로 자신을 호출하는 함수로, '되부름 함수'라고도 한다.

❷ 재귀 함수는 프로그램을 더 작은 단위로 분해하여 해결하는 방식으로 동작하며, 일반적으로 기본 사례와 재귀 사례로 구성되어 있다.

```
반환형 함수명(매개변수) {
    if (기본 사례 조건) {        // 기본 사례
        return 기본값;           // 종료 조건 도달 시 반환값
    } else {                     // 재귀 호출
        // 재귀 호출을 통해 작업 수행
        return 결괏값;
    }
}
```

05 변수와 함수의 연결

❶ 내부 연결: 코드의 모듈화와 데이터 은닉을 위해 주로 사용된다.

❷ 외부 연결: 변수나 함수를 소스 파일 간에 공유시키기 위한 링크 속성을 말한다.

❸ 외부 연결 함수: 모든 함수는 기본적으로 외부 연결을 가진다. 따라서 하나의 소스 파일에서 정의된 함수가 다른 소스 파일에서 호출될 수 있다.

❹ 외부 연결 변수: extern 키워드로 변수에 외부 연결을 부여할 수 있다. 이렇게 선언된 변수는 여러 소스 파일에서 공유될 수 있다.

연습문제

01 선언된 변수와 해당 변수의 유효 범위가 바르게 짝지어진 것은 무엇인가?

① 지역변수: 파일 범위 — 전역변수: 블록 범위

② 지역변수: 블록 범위 — 전역변수: 파일 범위

③ 지역변수: 전역 범위 — 전역변수: 로컬 범위

④ 지역변수: 로컬 범위 — 전역변수: 전역 범위

02 전역변수와 정적 변수의 특징에 대한 설명으로 옳은 것은 무엇인가?

① 전역변수는 함수 내에서 정의되는 변수이고, 정적 변수는 파일 내에서 정의되는 변수이다.

② 전역변수는 상수처럼 고정된 값을 의미하고, 정적 변수는 값을 변경할 수 있는 변수를 말한다.

③ 전역변수는 모든 함수에서 접근이 가능하고, 정적 변수는 하나의 함수 내에서만 접근이 가능하다.

④ 전역변수와 정적 변수는 본질적으로 차이가 없다.

03 함수에서 다른 함수를 호출할 때 호출 스택을 사용하는 목적은 무엇인가?

① 메모리 누수를 방지하기 위함이다.

② 전역변수를 저장하기 위함이다.

③ 함수 호출 후 복귀 지점을 확인하기 위함이다.

④ 재귀함수 호출을 관리하기 위함이다.

04 변수의 지속 기간과 저장 유형 지정자에 대한 설명으로 옳은 것은 무엇인가?

① `auto` 지정자는 변수를 자동 할당 방식으로 선언하며, 기본적으로 지역변수에 사용한다.

② `register` 지정자는 변수가 항상 CPU 레지스터에 저장되도록 보장한다.

③ `volatile` 지정자는 변수가 프로그램 실행 중 변경되지 않도록 보장한다.

④ `static` 지정자는 변수를 정적 변수로 선언하지만 함수 호출이 끝나면 변수가 메모리에서 해제된다.

05 **변수와 함수의 내부 연결 및 외부 연결에 대한 설명으로 옳은 것은 무엇인가?**

① 내부 연결을 가진 함수는 다른 소스 파일에서도 호출할 수 있다.

② 외부 연결 변수를 선언하기 위해 static 키워드를 사용한다.

③ 외부 연결 함수를 통해 다른 소스 파일의 함수를 호출할 수 있다.

④ 내부 연결 변수는 extern 키워드로 선언하여 여러 소스 파일에서 공유할 수 있다.

06 **다음은 5!을 연산하는 코드이다. 빈칸에 들어갈 재귀 함수를 작성하시오.**

```
#include <stdio.h>

int factorial(int n) {
    if (n <= 1)
        return 1;
    else
        [          ]
}

int main() {
    int result = factorial(5);
    printf("Factorial of 5 is %d\n", result);

    return 0;
}
```

07 **다음은 정숫값을 역순으로 출력하는 프로그램이다. 빈칸에 들어갈 재귀 함수를 작성하시오.**

```
#include <stdio.h>

void countdown(int n) {
    if (n > 0) {
        printf("%d ", n);
        [          ]
    }
}

int main() {
```

```
    countdown(5);

    return 0;
}
```

08 다음 코드에서 함수 선언과 함수 호출을 나타내는 부분을 각각 찾으시오.

```
#include <stdio.h>
int add(int a, int b);

int main() {
    int x = 5, y = 7;
    int result = add(x, y);
    printf("Sum: %d\n", result);

    return 0;
}
int add(int a, int b) {

    return a + b;
}
```

09 다음 코드에서 전역변수와 지역변수를 나타내는 부분을 각각 찾으시오. 또한 각 변수의 실행 결과를 예측하고 그 과정을 설명하시오.

```
#include <stdio.h>

int globalVar = 10;

int main() {
    int localVar = 5;
    printf("Global Variable: %d\n", globalVar);
    printf("Local Variable: %d\n", localVar);

    return 0;
}
```

10 다음은 간단한 ATM 입출금 프로그램이다. 빈칸에 들어갈 코드를 작성하시오.

[조건]

- deposit: totalBalance에서 입금액을 더하고 '입금: %d원'을 출력한다.
- withdraw: totalBalance에서 출금액을 빼고 '출금: %d원'을 출력한다.
- withdraw는 출금액보다 커야 한다.
- 만약 출금액이 더 크면 '잔액 부족: 출금 실패'를 출력한다.

```
#pragma warning(disable:4996)
#include <stdio.h>

int totalBalance = 10000;




int getInputAmount(const char* prompt) {
    int amount;
    printf("%s을 입력하세요: ", prompt);
    scanf("%d", &amount);

    return amount;
}
int main() {
    printf("ATM 시작: 현재 잔액은 %d원\n", totalBalance);

    int depositAmount = getInputAmount("입금액");
    deposit(depositAmount);

    printf("입금 후 잔액: %d원\n", totalBalance);

    int withdrawAmount = getInputAmount("출금액");
    withdraw(withdrawAmount);

    printf("ATM 종료: 최종 잔액은 %d원\n", totalBalance);
    return 0;
}
```

11 C 언어에서 외부 연결은 변수나 함수를 소스 파일 간에 공유시키기 위한 링크 속성이다. 다음 프로그램이 실행되는 과정을 변수를 기준으로 설명하시오.

externalVar1.c

```c
#include <stdio.h>

extern int shvar;

void displayShVar(void);

int main() {
    printf("내부 변수 shvar: %d\n", shvar);
    displayShVar();
    return 0;
}
```

maincode.c

```c
#include <stdio.h>

int shvar = 100;

void displayShVar(void) {
    shvar += 15;
    printf("외부 공유 변수: %d\n", shvar);
}
```

프로그래밍 문제

01 main() 함수, 조건과 실행 결과를 참고하여 check() 함수를 작성하시오.

```
int check();     // 함수 정의 작성 부분

int main(void) {
    int success = 0;
    for (int i = 0; i < 5; i++) {
        success = check();
        if (success)
            break;
    }
    if (success) {
        printf("로그인 성공\n");
    } else {
        printf("로그인 실패\n");
    }

    return 0;
}
```

[조건]

- password를 1230으로 초기화한다.
- count가 5를 초과하면 '로그인 실패'를 출력한다.
- 사용자가 작성한 num과 password가 일치하면 1을 반환하고, 그렇지 않으면 0을 반환한다.

```
비밀번호 : 3235
다시 입력하세요.
비밀번호 : 1230
로그인 성공
```

02 1부터 사용자가 입력한 정수까지 3의 배수, 6의 배수에 해당하는 수를 합하는 프로그램을 작성하시오. 단, 재귀 함수를 이용하시오.

[조건]

- 정수를 입력받는다.
- sumOfMultiples() 함수는 1부터 사용자가 입력한 정수까지 반복하며, 해당 수가 3의 배수 또는 6의 배수인지 확인한다.
- 조건에 부합하면 해당 수를 합계에 더한다.
- 계산된 합계를 main() 함수에서 출력한다.

```
정수 입력: 100
100까지 3의 배수와 6의 배수인 숫자들의 합: 1683
```

03 거듭제곱을 수행하는 프로그램을 작성하시오. 단, 재귀 함수를 이용하시오.

```
정수 두 개 입력: 2 4
2의 4승은 16
```

04 6번 연습문제의 프로그램을 변경해보자. 재귀 함수를 사용하지 않고 팩토리얼을 계산하는 프로그램을 작성하시오.

```
정수 입력: 5
5! = 5 * 4* 3 * 2 * 1 = 120

정수 입력: 6
6! = 6 * 5 * 4* 3 * 2 * 1 = 720
```

05 하노이 탑은 3개의 기둥에 원반들을 쌓아놓고 다른 쪽으로 옮기는 게임이다. 다음과 같은 하노이 탑 프로그램을 작성하시오.

[조건]

- 정수를 입력받는다.
- 하노이 탑의 패턴은 다음과 같다.
  - 가장 큰 원반을 제외한 모든 원반(n-1개)을 두 번째 기둥으로 옮긴다.
  - 첫 번째 기둥에 있는 가장 큰 원반을 세 번째 기둥으로 옮긴다.
  - 두 번째 기둥에 있는 모든 원반을 세 번째 기둥으로 옮긴다.
- 원반의 개수를 n, 3개의 기둥을 각각 one, two, three로 설정한다.
- 기둥은 A, B, C로 나타내고 'A축 -> B축'과 같이 출력한다.
- 총 이동 횟수를 출력하는 전역변수 count를 선언하고 0으로 초기화한다.

```
원반의 개수를 입력하시오: 3
 1번 원판 ¦ A축 -> C축
 2번 원판 ¦ A축 -> B축
 1번 원판 ¦ C축 -> B축
 3번 원판 ¦ A축 -> C축
 1번 원판 ¦ B축 -> A축
 2번 원판 ¦ B축 -> C축
 1번 원판 ¦ A축 -> C축
총 이동 횟수: 7
```

06 다음과 같은 숫자 야구 프로그램을 작성하시오.

[조건]

- 0부터 9까지 중에서 각기 다른 3개의 난수를 생성하여 비밀 숫자를 생성한다.
- 비밀 숫자를 생성한 후 '컴퓨터의 숫자가 설정되었습니다.'를 출력하고, '게임을 시작합니다.'가 출력되면서 게임이 시작된다.
- 정답을 맞힐 때까지 게임이 계속 진행된다.
- 사용자로부터 0부터 9까지 중에서 3개의 숫자를 입력받는다.
- 사용자가 입력한 숫자와 컴퓨터가 설정한 비밀 숫자를 비교하여 `strike`와 `ball`을 판단한다.
  - `strike`: 사용자가 입력한 숫자와 위치가 정확히 일치하는 경우
  - `ball`: 사용자가 입력한 숫자와 일치하지만 위치가 일치하지 않는 경우
- 숫자와 위치가 모두 일치하지 않으면 아무것도 출력되지 않는다.
- 게임의 각 단계에서 사용자에게 결과를 보여준다.

  예 `0strike, 3ball!`
- `3strike`가 되면 게임을 종료한다.
- 게임이 종료되면 '축하합니다! 숫자를 맞혔습니다.'라는 메시지를 출력한다.
- 헤더 파일 〈`stdlib.h`〉와 〈`time.h`〉, `rand()` 함수를 사용한다.

```
컴퓨터의 숫자가 설정되었습니다.
게임을 시작합니다.

숫자 3개 : 3 1 7
도전 결과: 1strike, 2ball!

숫자 3개 : 3 7 1
도전 결과: 3strike, 0ball!

축하합니다! 숫자를 맞혔습니다.
```

CHAPTER 09

배열

9.1 배열의 개요

9.2 배열 선언과 초기화

9.3 배열과 함수

9.4 배열의 활용

LAB 주민등록번호 뒷자리 임의 생성하기

9.5 2차원 배열

LAB 로또 번호 맞히기

9.6 다차원 배열

LAB 객실 예약 시스템 만들기

REAL PROJECT 비밀번호 유효성 검사 프로그램 만들기

한 번 더 체크 배열의 원본을 유지하는 방법

요약

연습문제 / 프로그래밍 문제

학습목표

- C 언어에서 쓰이는 배열의 개념을 이해한다.
- 배열을 선언하고 초기화하는 방법과 함수에 전달하는 방법을 익힌다.
- 배열 응용 예제를 통해 배열에서 최댓값을 찾는 방법과 버블 정렬 구현에 대해 알아본다.
- 2차원 배열의 개념을 이해하고 초기화하는 방법과 함수에 전달하는 방법을 익힌다.
- 다차원 배열의 개념과 3차원 배열의 구조를 이해하고 선언하는 방법을 익힌다.

Preview

C 언어에서 배열은 동일한 자료형의 여러 값을 저장하기 위한 변수로, 하나의 이름으로 여러 값을 관리할 수 있는 데이터 구조이다. 이 장에서는 배열의 필요성과 중요성을 이해하고, 1차원·2차원·3차원 배열을 선언하고 초기화하는 방법, 함수의 매개변수로 전달하는 방법을 알아본다.

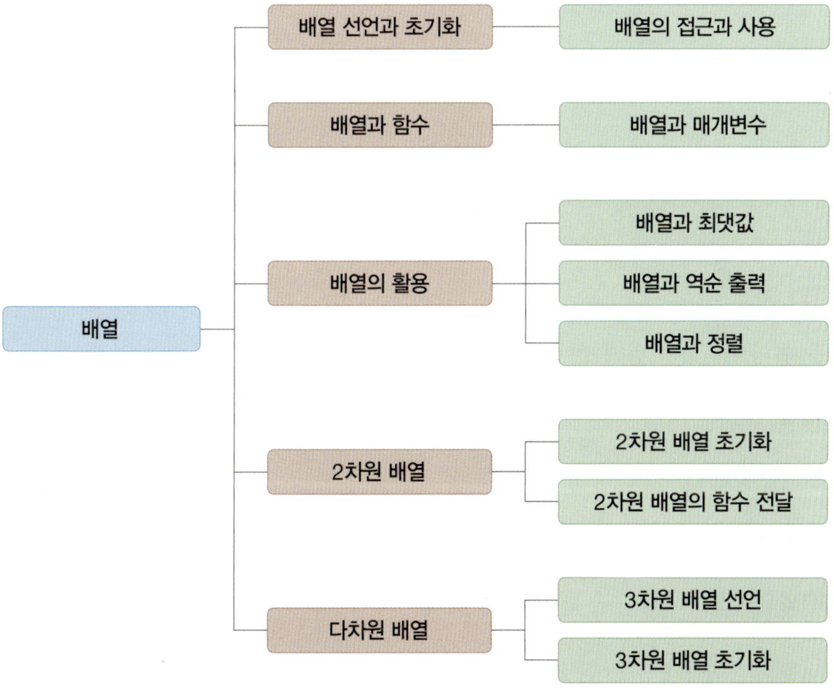

9.1 배열의 개요

1 변수와 배열

지금까지는 특정 값을 메모리에 저장할 때 변수를 사용했다. 하지만 변수는 오직 하나의 값만 저장할 수 있기 때문에 복잡한 프로그램을 작성하려면 많은 값을 한꺼번에 저장할 수 있는 공간이 필요하다.

예를 들어 우리나라 인구의 평균 나이를 구한다고 생각해보자. 다음과 같이 정수형 변수를 선언하고 나이로 초기화하면 어떻게 될까? age라는 변수에 숫자를 지정한 뒤 일일이 5,000만 개의 이상의 변수를 선언하는 것은 불가능에 가깝다.

```
int age1 = 20, age2 = 25, age3 = 12, age4 = 65, …, age? = 50000000;
```

이때 배열이라는 자료형을 사용하면 우리나라 인구의 정수형 변수를 간결하게 선언할 수 있다.

```
int age[50000000];
```

변수와 배열의 예

변수와 배열을 쉽게 이해하기 위해 주택과 아파트에 빗대어 살펴보자.

- **단독 주택**: 변수
- **아파트 단지**: 배열 전체
- **각 아파트 동**: 배열의 각 요소
- **동 번호**: 배열의 인덱스

하나의 데이터를 저장하는 변수는 한 가구가 사는 단독 주택에 비유할 수 있고, 다가구가 사는 아파트는 배열에 비유할 수 있다. 그리고 아파트 단지에서는 여러 동이 연속적으로 위치하듯이 배열에서도 여러 데이터가 메모리상에 연속적으로 위치한다. 또한 아파트 단지에서는 동 번호로 특정 동을 쉽게 찾을 수 있듯이 배열에서도 인덱스라는 번호를 사용하여 필요한 데이터를 효율적으로 찾고 관리할 수 있다.

그림 9-1 변수와 배열

2 배열의 구조

배열array은 여러 데이터를 하나의 이름으로 묶어 관리할 수 있는 데이터 구조이다. 배열을 사용하면 데이터에 대한 순차적 접근과 반복적 처리가 간단하여 다양한 데이터를 효율적으로 쉽게 관리할 수 있다. 또한 동일한 자료형의 변수들을 연속적인 메모리 공간에 저장할 때 배열을 사용하면 정수 번호로 배열 안의 각 데이터에 접근할 수 있다. int형 데이터가 10개인 배열은 다음과 같이 선언할 수 있다.

```
int score[10];      // 정수형 변수 int score 배열 선언
```

배열을 구성하는 각각의 항목을 **배열 요소**array element라고 한다. 배열 요소에는 [그림 9-2]와 같이 0~9라는 번호가 붙어 있는데, 이는 **인덱스**index라고 한다. int score[10]에서 대괄호 안의 숫자가 인덱스이며, 이 인덱스를 통해 접근한 값이 배열 요소이다. 예를 들어 score라는 배열의 요소인 각 데이터에 접근하려면 score[0], score[1], score[2], score[3], …, score[9]와 같이 대괄호 안에 인덱스를 작성하면 된다.

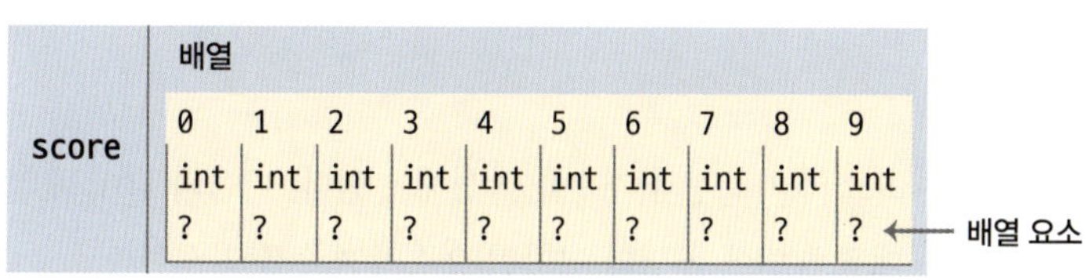

그림 9-2 정수 10개를 저장할 수 있는 배열의 구조

3 배열의 특징

배열의 기본적인 특징은 다음과 같다.

- 배열은 메모리의 연속적인 공간에 저장된다.
- 배열에 저장된 각 데이터를 요소라고 한다.
- 배열의 각 요소는 인덱스로 접근하며, 인덱스는 0부터 시작한다.
- 배열의 크기는 배열에 있는 요소의 개수를 나타낸다.
- 배열은 연관된 여러 데이터를 하나의 이름으로 묶어 관리하는 데 유용하다.

확인문제

1 다음 빈칸에 알맞은 말을 넣으시오.

> 배열을 구성하는 각각의 항목을 (①)라고 한다. (①)에는 번호가 붙어 있는데, 이를 (②)라고 한다.

정답

1 ① 배열 요소 ② 인덱스

9.2 배열 선언과 초기화

1 배열 선언

배열을 선언할 때는 배열을 구성하는 요소의 자료형과 개수를 작성해야 한다. 다음과 같이 배열 요소의 자료형에 배열명을 작성하고, 대괄호 안에 배열의 크기인 요소의 개수를 작성한다.

| Syntax | 배열 선언

```
자료형 배열명[요소 개수];
int array[array_size];
```

- **배열 요소 자료형(int)**: C 언어에서 제공하는 배열의 자료형은 int, float, char, double 등이다.
- **배열명(array)**: 배열명을 사용하여 배열을 참조한다.
- **배열의 크기(array_size)**: 배열에 몇 개의 요소를 저장할 수 있는지를 나타내는 양의 정숫값이다.

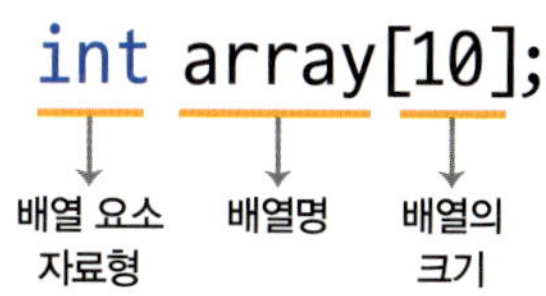

그림 9-3 배열 선언의 구조

[그림 9-3]은 array라는 정수형 배열을 선언한 것으로, 10개의 정숫값을 저장할 수 있는 공간을 가지게 된다. 이 배열은 메모리상에서 10개의 연속된 int형 공간을 할당받아 array[0]부터 array[9]까지의 인덱스를 통해 각각의 공간에 접근할 수 있다. [그림 9-4]에서 보듯이 첫 번째 요소의 인덱스는 0이고 마지막 요소의 인덱스는 9이다.

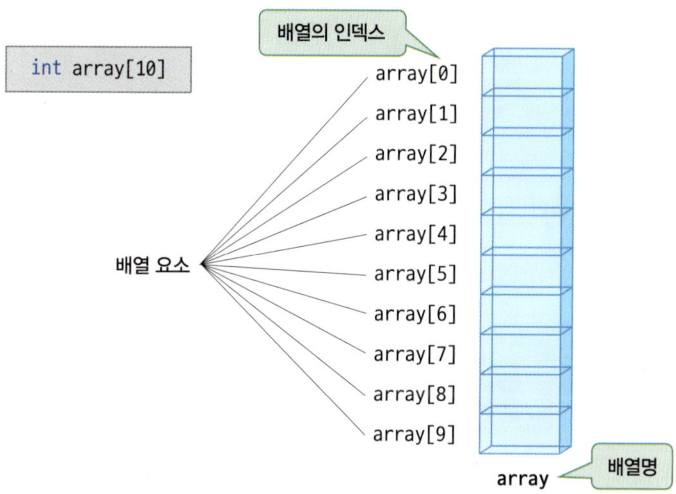

그림 9-4 배열 array의 메모리 할당

정수형이 아닌 자료형의 배열은 다음과 같이 선언한다. [그림 9-5]는 선언된 배열이 메모리에 할당된 모습을 보여준다.

```
int score[10];     // 정수형 배열 score 선언
char name[9];      // 문자형 배열 name 선언
float digit[4];    // 실수형 배열 digit 선언
double aver[5];    // 실수형 배열 aver 선언
```

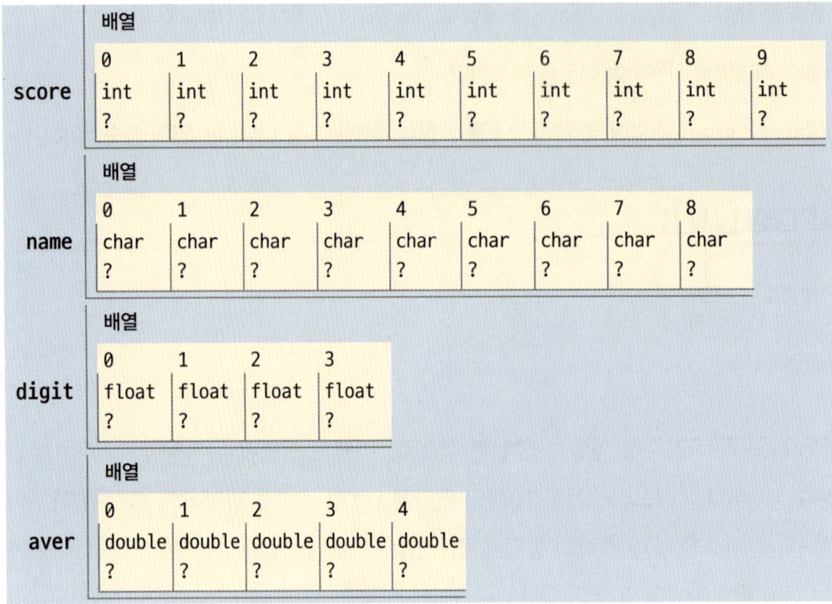

그림 9-5 다양한 자료형의 배열이 메모리에 할당된 모습

TIP 배열의 크기에는 반드시 양의 정수를 사용해야 한다. 배열의 크기에 음수, 0, 실수를 지정하면 컴파일 오류가 발생한다.

2 배열의 접근과 사용

배열 요소에 접근할 때는 인덱스를 사용한다. 예를 들어 다음은 배열 array에서 인덱스가 3인 요소에 접근하여 해당 위치에 30을 저장하는 코드이다.

```
int array[8];       // 배열 요소가 8개인 정수형 배열 선언
array[3] = 30;      // 세 번째 인덱스에 30을 저장
```

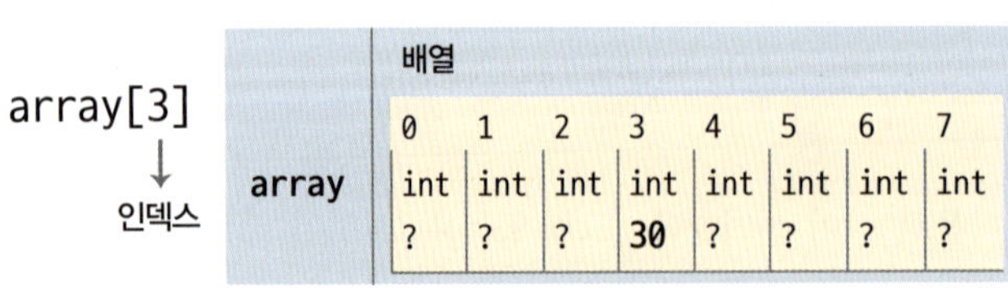

그림 9-6 인덱스로 배열에 접근하여 값을 저장

배열의 인덱스에는 변수, 상수, 수식을 사용하여 지정할 수 있다.

```c
int array[8];          // 배열 요소가 8개인 정수형 배열 선언 및 생성
int i = 1;
array[i+3] = 40;       // i+3번째 인덱스에 40을 저장
```

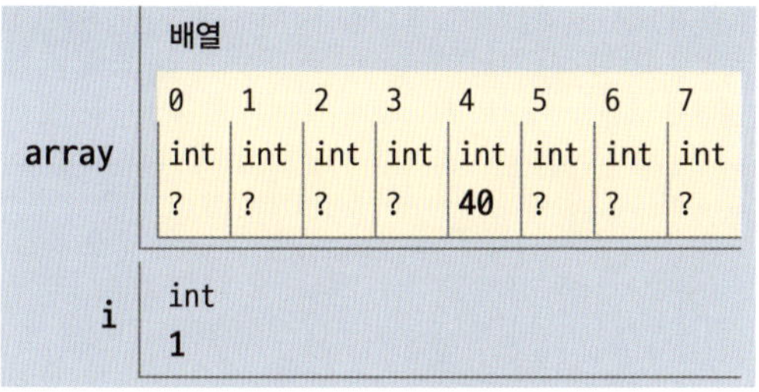

그림 9-7 수식을 인덱스로 지정하여 배열에 값을 저장

예제 9-1 배열의 인덱스를 이용하여 값 저장하기 ex09_01.c

↳ 정수형 배열을 선언하고 초기화한 후 인덱스를 이용하여 배열 요소의 값을 출력해보자.

```c
#include <stdio.h>

int main()
{
    int numbers[5];
    numbers[0] = 11;
    numbers[1] = 22;
    numbers[2] = 33;
    numbers[3] = 44;
    numbers[4] = 55;

    printf("0번 요소: %d\n", numbers[0]);
    printf("1번 요소: %d\n", numbers[1]);
    printf("2번 요소: %d\n", numbers[2]);
    printf("3번 요소: %d\n", numbers[3]);
    printf("마지막 요소: %d\n", numbers[4]);

    return 0;
}
```

정수형 배열 선언

0부터 4까지의 인덱스를 이용하여 정숫값을 초기화

```
0번 요소: 11
1번 요소: 22
2번 요소: 33
3번 요소: 44
마지막 요소: 55
```

[예제 9-1]의 6~10행에서는 number 배열의 인덱스를 이용하여 값을 초기화했다. 그리고 12~16행에서는 0부터 4까지의 인덱스 값을 반복적으로 출력한다. 따라서 배열을 처리하는 데에는 일반적으로 반복문인 for 문을 사용한다.

예제 9-2 | 배열의 인덱스에 for 문 사용하기 ex09_02.c

↳ 이번에는 for 문을 사용하여 배열 요소의 값을 출력해보자.

```c
#include <stdio.h>

int main()
{
    int scores[5];

    scores[0] = 95;
    scores[1] = 85;
    scores[2] = 100;
    scores[3] = 77;
    scores[4] = 65;

    for (int i = 0; i < 5; i++) {
        printf("%d번 요소: %d\n", i, scores[i]);
    }

    return 0;
}
```

- int scores[5]; — 정수형 배열 선언
- for (int i = 0; i < 5; i++) — 반복문으로 배열 scores의 요소 순회
- printf("%d번 요소: %d\n", i, scores[i]); — i번째 요소에 접근하여 값 출력

```
0번 요소: 95
1번 요소: 85
2번 요소: 100
3번 요소: 77
4번 요소: 65
```

[예제 9-3]과 같이 배열의 인덱스를 이용하여 배열 요소에 역순으로 접근할 수도 있다.

예제 9-3 배열 요소를 역순으로 출력하기 ex09_03.c

↳ 크기가 5인 문자형 배열 str을 선언하고 각 배열 요소에 문자를 할당한 후, for 문을 사용하여 모든 요소를 역순으로 출력해보자.

```c
#include <stdio.h>

int main()
{
    char str[5];    // 문자형 배열 선언

    str[0] = 'H';
    str[1] = 'E';
    str[2] = 'L';
    str[3] = 'L';
    str[4] = 'O';

    // 역순으로 문자 출력
    for (int i = 4; i >= 0; i--) {
        printf("%c", str[i]);
    }

    return 0;
}
```

```
OLLEH
```

배열은 마지막 요소부터 첫 번째 요소까지 역순으로 탐색하거나 처리할 수 있어, 이를 통해 배열의 데이터를 거꾸로 출력하거나 특정 조건에 따라 역순으로 연산을 수행하는 등의 작업이 가능하다. [예제 9-3]에서는 배열 str의 모든 요소를 역순으로 순회하면서 각 요소의 값을 출력하기 위해 for 문을 사용했다. i는 반복문에서 쓰이는 반복 변수로, 4부터 시작하여 0까지 변한다.

하나 더 알기 **배열과 for 문**

배열에 접근하여 값을 읽거나 쓸 때는 인덱스만 변경되는 반복 작업이 많기 때문에 for 문을 사용하는 것이 일반적이다. 배열에서 for 문을 사용할 때는 대개 반복 변수로 i를 사용하는데, 이는 'index'의 첫 글자를 딴 것이다.

배열의 인덱스 범위 초과

배열의 **인덱스 범위 초과**index out of bounds는 프로그래밍에서 흔한 오류 중 하나로, 유효한 인덱스를 벗어난 범위에 접근을 시도할 때 발생한다. 배열의 데이터는 연속된 메모리 공간에 저장되는데, 배열의 크기를 초과하여 메모리에 접근하려고 하면 예기치 않은 동작이 일어날 수 있다. 배열의 인덱스 범위를 초과하지 않으려면 인덱스의 유효 범위를 알아야 하며, 이 유효 범위는 0부터 '배열의 크기 – 1'까지이다. 예를 들어 크기가 5인 배열의 경우 인덱스의 유효 범위는 `0`, `1`, `2`, `3`, `4`이다.

```
int valid_range[5];       // valil_range의 유효 범위는 0~4
valid_range[5] = 10;      // 유효하지 않은 인덱스 범위이므로 오류 발생
```

배열의 인덱스 범위를 초과했을 때 나타나는 문제는 다음과 같다.

- **정의되지 않은 동작**: 인덱스 범위를 벗어난 메모리에 접근하면 프로그램이 예기치 않은 동작을 함으로써 비정상적으로 종료되거나 예상치 못한 결과가 출력될 수 있다.
- **데이터 손상**: 배열의 범위를 초과하여 다른 메모리 영역을 덮어쓰면 해당 메모리 영역에 저장된 데이터가 손상됨으로써 다른 변수나 프로그램의 중요한 데이터가 변경될 수 있다.
- **프로그램 충돌**: 배열의 인덱스 범위를 초과함으로써 발생한 정의되지 않은 동작으로 프로그램이 즉시 충돌하여 종료될 수 있다. 이는 운영체제가 잘못된 메모리 접근을 감지하고 프로그램을 강제로 종료하기 때문이다.
- **보안 취약점**: 배열의 범위를 벗어난 인덱스에 접근하면 버퍼 오버플로와 같은 보안 취약 문제를 초래할 수 있다.
- **디버깅의 어려움**: 배열의 인덱스 범위 초과 문제는 동일 프로그램의 다른 부분에 영향을 미쳐 오류가 발생할 수 있다. 이로 인해 문제의 원인을 추적하기 어려워 디버깅 과정이 복잡해질 수 있다.

따라서 배열에 접근할 때는 배열의 인덱스 범위 시작과 끝을 철저히 검사하여 배열의 유효한 인덱스 범위를 준수하는 것이 중요하다.

3 배열 초기화

배열도 일반 변수처럼 초기화할 수 있으나 초기화해야 하는 값이 여러 개이므로 쉼표와 중괄호를 이용해야 한다. 배열을 초기화하는 것은 배열의 각 요소에 특정 값을 할당하는 과정을 의미하며, 배열을 초기화하지 않으면 배열의 각 요소에 임의의 값이 들어갈 수 있다. 이러한 임의의

값은 예측할 수 없으므로 프로그램의 동작에 문제를 일으키게 된다. 배열을 초기화하는 문법은 다음과 같다.

| Syntax | 배열 초기화

```
자료형 배열명[요소 개수] = { 값1, 값2, 값3, …, 값n }
int array[array_size] = { 10, 20, 30, …, n}
```

배열 초기화 과정

다음은 크기가 3인 정수형 배열 arr을 선언하고, 0번째 배열 요소부터 각각을 1, 2, 3으로 초기화하는 코드이다.

```
int arr[3] = {1, 2, 3};    // 정수형 배열 arr을 1, 2, 3으로 초기화
```

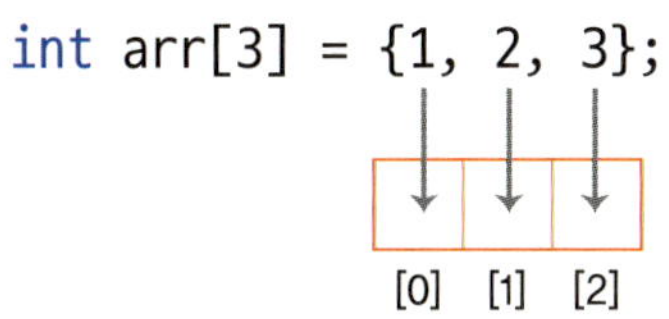

그림 9-8 배열 초기화 과정 1

만약 초깃값의 개수가 배열 요소의 개수보다 많으면 오류가 발생하므로 주의해야 한다. 배열의 모든 요소에 초깃값을 저장하는 것은 일반적인 원칙이다. 하지만 초깃값의 개수가 배열 요소의 개수보다 작은 경우에도 초기화가 가능하다.

```
int arr[5] = {1, 2,};       // 배열 요소가 5개인 배열 arr을 1, 2로 초기화
int arr[5] = {1, 2, 3};    // 배열 요소가 5개인 배열 arr을 1, 2, 3으로 초기화
```

이 두 코드는 크기가 5인 정수형 배열 arr을 선언하고 초기화하지만, `int arr[5] = {1, 2,}`의 경우 배열의 첫 번째, 두 번째 요소가 각각 1, 2로 초기화되고, 명시적으로 초기화되지 않은 나머지 배열 요소는 `0`으로 초기화된다. 결과적으로 배열은 `{1, 2, 0, 0, 0}`이 된다. 반면에 `int arr[5] = {1, 2, 3}`의 경우 배열의 첫 번째부터 세 번째 요소가 1, 2, 3으로 초기화되고, 명시적으로 초기화되지 않은 나머지 배열 요소는 `0`으로 초기화된다. 즉 명시적으로 초기화되지 않은 요소는 해당 자료형의 기본값으로 초기화된다.

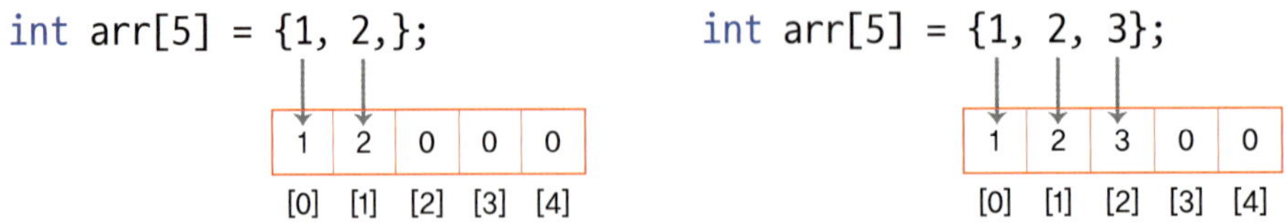

그림 9-9 배열 초기화 과정 2

배열 초기화의 원칙

배열을 초기화할 때는 배열의 크기를 명시적으로 지정하는 방법과 초기화하는 값의 개수에 따라 배열의 크기가 자동으로 결정되는 방법이 있다. 다음은 크기가 100인 정수형 배열을 선언하는 코드이다.

```
int number[100];       // 크기가 100인 정수형 배열을 선언한 후 초기화하지 않음
```

배열 요소가 100개이므로 모든 요소를 0으로 초기화하려면 중괄호 안에 0을 100번 입력해야 한다. 이럴 때 다음과 같이 작성하면 배열 요소 100개를 한 번에 0으로 초기화할 수 있다.

```
int number[100] = { 0 };      // 배열 number의 모든 요소를 0으로 초기화
```

배열을 초기화할 때 모든 요소의 값을 명시적으로 제공하지 않는 경우, 명시적으로 값이 지정되지 않은 배열 요소는 첫 번째 요소의 값으로 초기화된다. 따라서 배열 number의 모든 요소가 0으로 초기화되어 number[0]부터 number[99]까지 모든 배열 요소의 값은 0이 된다.

또 다른 예로 [그림 9-10]에서 int number[ ] = {3, 7, 12, 24, 45}는 배열의 크기를 명시적으로 지정하지 않았으나 초기화 값의 개수에 따라 배열의 크기가 자동으로 결정된다. 이 경우에는 초기화 값이 5개이므로 배열의 크기가 5이다.

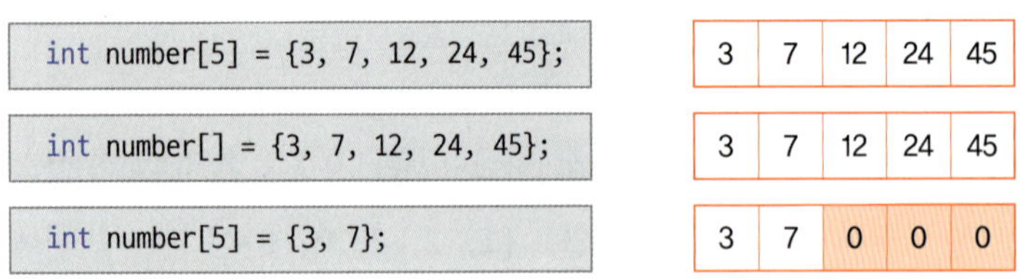

그림 9-10 배열 초기화의 원칙

예제 9-4 | 배열 초기화하기 ex09_04.c

↳ 다양한 정수형 배열을 선언하고 초기화한 후 각 배열 요소를 출력하여 비교해보자.

```
#include <stdio.h>

int main()
{
   int number1[5] = { 3, 7, 12, 24, 45 };
   int number2[] = { 3, 7, 12, 24, 45 };
   int number3[5] = { 3, 75 };
   int number4[5] = { 0 };

   for (int i = 0; i < 5; i++) {
      printf("%d ", number1[i]);
   }
   printf("\n");
   for (int i = 0; i < 5; i++) {
      printf("%d ", number2[i]);
   }
   printf("\n");
   for (int i = 0; i < 5; i++) {
      printf("%d ", number3[i]);
   }
   printf("\n");
   for (int i = 0; i < 5; i++) {
      printf("%d ", number4[i]);
   }
}
```

초기화 값의 개수에 맞게 배열의 크기가 설정됨

배열의 모든 요소를 0으로 초기화

```
3 7 12 24 45
3 7 12 24 45
3 75 0 0 0
0 0 0 0 0
```

배열의 크기

배열의 크기는 곧 배열 요소의 개수를 의미하기 때문에 배열의 전체 크기를 첫 번째 요소의 크기로 나누면 배열의 크기를 알 수 있다. 배열의 크기를 확인할 때는 sizeof 연산자를 이용한다. 예를 들어 sizeof(score)는 배열 score의 전체 크기를 바이트 단위로 반환하고, sizeof(score[0])은 첫 번째 요소의 크기를 바이트 단위로 반환한다.

다음은 sizeof 연산자를 사용하여 배열 score의 전체 용량과 배열 요소의 개수를 구하는 코드이다. 즉 배열의 전체 크기를 요소 하나의 크기로 나누면 배열 요소의 개수를 얻을 수 있다.

```
int arraySize = sizeof(score) / sizeof(score[0]);    // 배열 요소의 개수 구하기
int arrayBytes = arraySize * sizeof(int);            // 배열의 용량 구하기
```

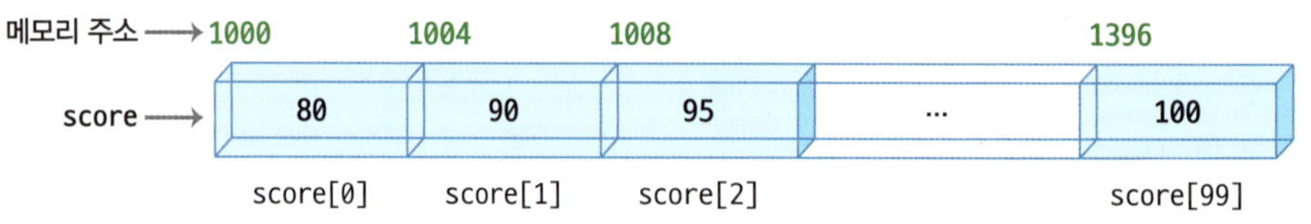

그림 9-11 배열 score의 크기 구하기

예제 9-5 배열 요소의 개수 출력하기 ex09_05.c

↳ 배열의 개수를 직접 지정하지 않고 초깃값을 선언하여 정수 배열의 크기를 결정하고, 해당 배열의 요소가 몇 개인지 출력해보자.

```c
#include <stdio.h>

int main()
{
    int arr[] = { 1, 2, 3, 6, 3, 8, 2, 2, 0, 1, 2, 3, 5,
                0, 9, 8, 7, 6, 5, 8, 4, 5, 6};

    // 배열의 전체 크기를 각 요소의 크기로 나누어 요소의 개수 계산
    int arr_size = sizeof(arr) / sizeof(arr[0]);

    printf("배열 요소의 개수: %d\n", arr_size);

    return 0;
}
```

배열을 선언한 후 여러 정숫값으로 초기화

```
배열 요소의 개수: 23
```

확인문제

1 다음은 크기가 5인 정수형 배열을 선언하고 각 요소에 해당 인덱스의 제곱값을 저장하여 그 값을 출력하는 코드이다. 빈칸에 알맞은 코드를 작성하시오.

```
#include <stdio.h>
int main() {
    int number[] = { 3, 7, 12, 24, 45 };
    size_t size = ________;     // 배열 요소의 개수 계산
                    부호 없는 정수로 0 이상의 값만 저장시키는 키워드
    printf("배열 요소의 개수: %zu\n", size);

    // 각 요소에 해당 인덱스의 제곱값을 곱하여 저장
    for (size_t i = 0; i < size; i++) {
        number[i] = number[i] * (i * i);
    }
    // 저장된 값을 출력
    for (size_t i = 0; i < size; i++) {
        printf("number[%zu] = %d\n", i, number[i]);
    }

    return 0;
}
```

정답

1 sizeof(number) / sizeof(number[0])

9.3 배열과 함수

1 배열과 함수 전달

연속된 메모리 공간에 저장되는 배열은 동일한 자료형의 여러 요소로 구성되어 있다. 이러한 배열을 함수에 전달하면 다양한 작업을 간편하게 수행할 수 있다. 예를 들어 배열의 각 요소에 대해 동일한 연산을 수행하거나 배열의 데이터를 분석 및 처리하는 작업을 효율적으로 할 수 있

다. 특히 배열의 값을 자주 출력해야 하는 경우 이를 사용자 정의 함수로 만들어 필요할 때마다 호출하면 배열을 효율적으로 처리하고 분석할 수 있다. 또한 코드의 재사용성과 가독성이 향상된다.

2 배열과 매개변수

배열 요소를 각각 함수에 전달하는 방법을 살펴보자. [그림 9-12]에서는 main() 함수에 사용된 배열 요소가 5개이고, 초기화된 배열 base의 각 요소인 base[i]를 print_square() 함수의 매개변수로 전달한다. 이때 for 문으로 배열 요소의 개수만큼 반복하여 함수를 호출한다. 호출된 print_square() 함수는 매개변수 int x로 해당 값을 전달받아 x의 값을 출력한 후 함수가 종료된다.

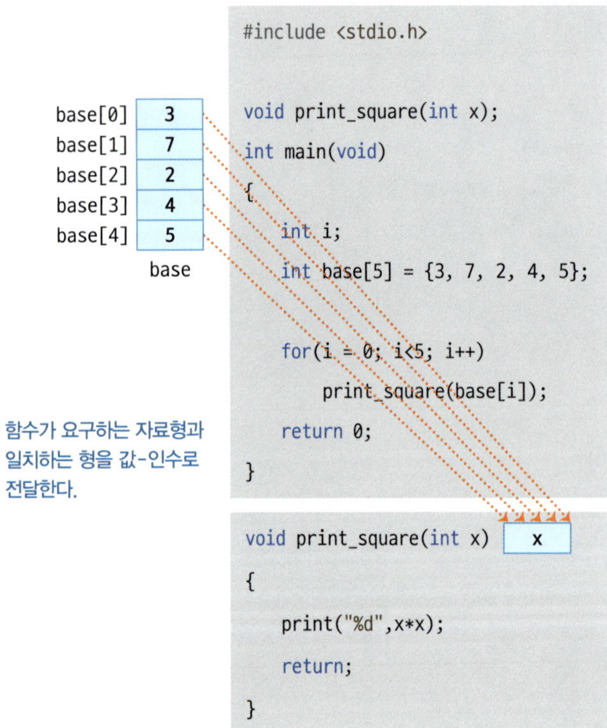

그림 9-12 배열 요소를 각각 함수에 전달하는 방법

이는 일반적인 매개변수를 이용하여 배열의 값을 함수에 전달하는 방법으로, 배열의 값을 효과적으로 전달할 수 있다. 배열 요소의 개수만큼 함수를 반복적으로 호출할 때는 배열 요소의 개수를 반드시 파악해야 한다.

예제 9-6 배열 요소를 각각 함수에 전달하기 ex09_06.c

↳ 배열 요소를 각각 제곱하여 출력해보자.

```c
#include <stdio.h>

void print_square(int x);

int main()
{
    int i;
    int base[5] = { 31, 71, 21, 41, 51 };

    for (i = 0; i < 5; i++)
        print_square(base[i]);      // 배열 base의 i번째 요소를 각각 전달

    return 0;
}

void print_square(int x)
{
    printf("%d ", x * x);
}
```

x라는 정수를 인자로 받는 함수

```
961 5041 441 1681 2601
```

배열의 모든 요소를 한꺼번에 함수에 전달할 수도 있다. [그림 9-13]과 같이 배열명을 함수의 매개변수로 사용하면 배열의 모든 요소를 전달받게 되는데, 이는 배열명이 첫 번째 요소의 주소를 가리키는 포인터로 해석되기 때문에 가능한 일이다. 이렇게 하면 배열의 크기를 계산할 필요가 없으니 효율적이다.

TIP 포인터의 개념은 10장에서 자세히 다룰 것이다.

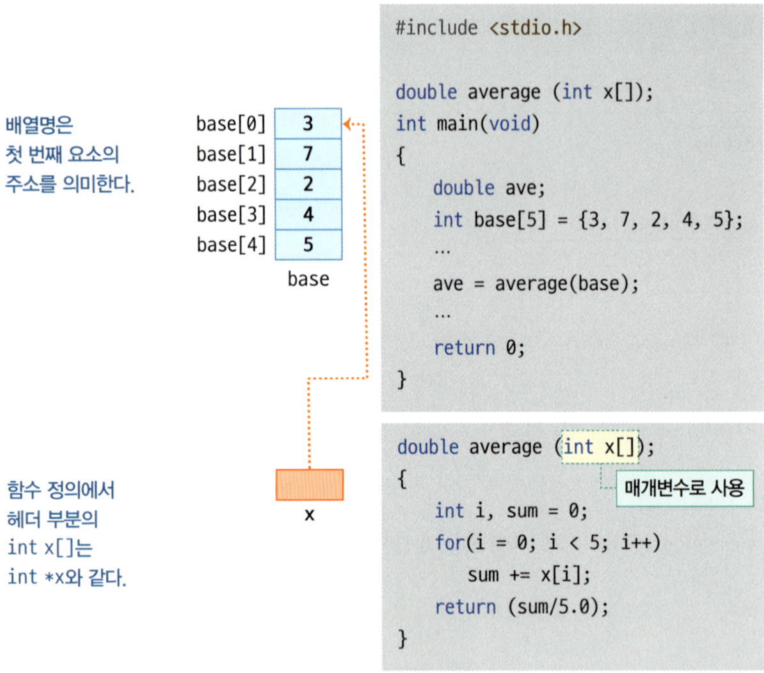

그림 9-13 배열의 모든 요소를 한 번에 함수에 전달하는 방법

예제 9-7 배열의 모든 요소를 한 번에 함수에 전달하기 1 ex09_07.c

↳ 5개의 정수로 이루어진 배열 base의 모든 요소를 average() 함수에 전달하여 합계를 구하고, 그 합계를 배열 요소의 개수로 나누어 평균값을 출력해보자.

```
#include <stdio.h>
double average (int x []);     // 배열의 평균을 계산하는 함수 선언

int main()
{
    double avg;
    int base[5] = {3, 7, 2, 4, 5};

    avg = average(base);          배열 base의 평균값을 저장
    printf("base average = %.3f\n", avg);

    return 0;
}

double average (int x[])          매개변수 x[] 값으로 base의 주소를 인자로 받음
```

```
16 {
17     int i, sum = 0;
18     for(i = 0; i < 5; i++)    // 반복문으로 배열의 모든 요소를 더함
19         sum += x[i];
20     return(sum / 5.0);
21 }
```

```
base average = 4.200
```

9행에서 average() 함수의 매개변수로 배열명 base를 사용하여 전체 배열 요소를 전달했다. 배열명은 0번째 위치 메모리의 주솟값이므로 주소 참조 형태로 전달되는데, 이렇게 하면 배열 전체가 전달되는 효과가 있다. 이후 average() 함수에서 리턴 값의 평균을 변수 avg에 저장했다.

이렇게 배열명을 이용하여 함수에 모든 요소를 전달하더라도 배열의 크기가 필요하다. 그래서 다음과 같이 배열의 크기를 계산하여 매개변수로 넘겨주어야 한다.

예제 9-8 | 배열의 모든 요소를 한 번에 함수에 전달하기 2 ex09_08.c

↳ 10개의 정수로 이루어진 배열 score의 모든 요소를 함수에 전달하여 요소의 개수를 계산하고 요소의 합계를 구하여 출력해보자.

```
#include <stdio.h>
int array_list (int*, int);

int main(void)
{
    int scores[10] = {95, 83, 75, 98, 65, 77, 90, 91};
    int array_size, total;

    // 배열의 크기를 반환하는 sizeof(배열명)
    // 배열의 전체 길이 = 배열의 크기/배열 요소의 자료형 크기
    array_size = sizeof(scores) / sizeof(int);
    total = array_list(scores, array_size);

    printf("scores 배열 요소의 개수 : %d \n", array_size);
    printf("scores 점수별 합계 : %d \n", total);

    return 0;
}
```

배열 scores의 요소 개수를 구하여 저장

매개변수로 배열명 scores와 array_size 전달

```
int array_list (int scores[], int size)
{
   int i, sum = 0;

   for(i = 0; i < size; i++)
      sum += scores[i];
   return sum;
}
```

```
scores 배열 요소의 개수 : 10
scores 점수별 합계 : 674
```

확인문제

1 다음 빈칸에 알맞은 말을 넣으시오.

(　　　　)을 함수의 매개변수로 사용하면 배열의 모든 요소를 전달받게 되는데, 이는 (　　　　)이 첫 번째 요소의 주소를 가리키는 포인터로 해석되기 때문에 가능한 일이다.

2 다음 함수를 호출하는 코드를 작성하시오. 호출하는 함수의 배열은 int ary[3] = {1,2,3}이다.

```
int array_list (int scores[], int size)
```

정답

1 배열명　2 array_list(ary);

9.4 배열의 활용

1 배열과 최댓값

정숫값으로 구성된 1차원 배열에서 가장 큰 요소를 찾는 작업은 다양한 분야에서 응용된다. 배열의 최댓값은 데이터의 범위를 파악하는 데 중요한 요인이기 때문이다. 예를 들어 시험 점수, 판매량, 웹 사이트 방문 횟수 등의 데이터에서 최댓값을 찾아내면 그 분야의 최고 성과나 가능한 최대 한계를 확인하는 데 도움이 된다. 그러므로 1차원 배열에서 가장 큰 요소를 찾는 것은 데이터 분석, 최적화, 알고리즘 설계 등 다양한 분야에서 핵심적인 작업으로 간주된다.

예제 9-9 | **배열의 최댓값 찾기** ex09_09.c

↳ findMax() 함수를 호출하여 정수형 배열의 최댓값을 찾고 그 결과를 출력해보자.

```
01 #include <stdio.h>
02
03 int findMax(int numbers[], int size) {     // 배열의 최댓값을 반환하는 함수
04     int max = numbers[0];        변수 max의 numbers[0] 값 초기화
05
06     for(int i = 1; i < size; i++) {
07         if(numbers[i] > max) {
08             max = numbers[i];
09         }
10     }
11     return max;        최댓값 max 반환
12 }
13
14 int main()
15 {
16     int numbers[10] = {10, 52, 23, 74, 15, 67, 38, 29, 40, 51};
17
18     int max_value = findMax(numbers, 10);     // 최댓값을 찾는 함수 호출
19                                 배열의 모든 요소를 한 번에 전달
20     printf("배열의 최댓값은 %d입니다.\n", max_value);
21
22     return 0;
23 }
```

```
배열의 최댓값은 74입니다.
```

6행의 for 문은 배열의 첫 번째 요소부터 마지막 요소까지 순회하면서 현재 요소가 max보다 크면 max를 현재 요소로 설정한다.

2 배열과 역순 출력

배열을 활용하여 배열 요소를 역순으로 출력할 수 있다. 배열을 역순으로 출력하는 것은 문자열을 뒤집거나 특정 조건을 충족하는 배열의 부분을 찾아내는 것과 같은 다양한 상황에 유용하다.

또한 최신 데이터가 배열의 끝에 추가되는 경우 이를 역순으로 출력하면 최신 데이터를 먼저 보여줄 수 있다.

예제 9-10 함수의 매개변수를 이용하여 배열의 역순 출력하기 ex09_10.c

↳ 최대 20개의 정수를 입력받아 배열에 저장하고 이를 역순으로 출력해보자.

```c
#pragma warning(disable:4996)
#include <stdio.h>

void numPrinted(int numbers[], int readNum);

void numPrinted(int numbers[], int readNum) {
    for (int i = readNum - 1; i >= 0; i--) {
        printf("%3d ", numbers[i]);
    }
}
int main()
{
    int readNum;
    int numbers[20];

    printf("1부터 20 사이의 정수를 입력받아 역순으로 5개씩 출력하려고 합니다!\n");
    printf("정수 개수를 입력: ");
    scanf("%d", &readNum);

    if (readNum > 20) readNum = 20;

    printf("\n입력한 정숫값 초기화: \n");
    for (int i = 0; i < readNum; i++)
        scanf("%d", &numbers[i]);

    printf("\n입력한 정수를 기준으로 역순 출력합니다.\n");
    numPrinted(numbers, readNum);

    return 0;
}
```

입력받을 정수의 개수(readNum) 요청

readNum이 20을 초과하면 20으로 조정

배열의 모든 요소를 한 번에 전달

```
1부터 20 사이의 정수를 입력받아 역순으로 출력하려고 합니다!
정수 개수를 입력: 10

입력한 정숫값 초기화:
1 2 3 4 5 6 7 8 9 10

입력한 정수를 기준으로 역순 출력합니다.
10  9  8  7  6  5  4  3  2  1
```

3 배열과 정렬

정렬sorting이란 순서가 없는 자료를 오름차순ascending 또는 내림차순descending으로 재배치하는 것을 말한다. 컴퓨터 공학 분야에서 정렬 알고리즘은 기본적이면서도 매우 중요하다. 엑셀에서 셀의 데이터를 정렬하거나 인터넷 가격 비교 사이트에서 제품을 가격순 또는 인기순으로 정렬하는 것은 모두 정렬 알고리즘이 적용된 예이다. 이러한 정렬 알고리즘 중에서 가장 간단한 버블 정렬을 살펴보자.

버블 정렬

버블 정렬bubble sort은 인접한 두 요소를 비교하여 위치를 교환하는 작업을 반복하는 방식의 정렬이다. 즉 가장 인접한 두 요소부터 가장 멀리 있는 요소까지 비교해가면서 위치를 바꾸는 작업을 반복함으로써 최댓값인 요소가 마지막 위치에 자리하게 된다. 예를 들어 '7, 4, 5, 1, 3'이 저장된 배열을 오름차순으로 정렬하는 과정을 살펴보자.

❶ 1회전

첫 번째의 7과 두 번째의 4를 비교하여 교환하고, 두 번째의 7과 세 번째의 5를 비교하여 교환한다. 이 과정을 네 번 반복하면서 숫자를 비교하면 최댓값인 7이 맨 끝에 놓이므로 다음 회전에서는 마지막의 7과 비교할 필요가 없다.

❷ 2회전

첫 번째의 4와 두 번째의 5를 비교하여 교환하지 않고, 두 번째의 5와 세 번째의 1을 비교하여 교환한다. 이 과정을 세 번 반복하면서 숫자를 비교하면 두 번째로 큰 값이 끝에서 두 번째 위치에 놓인다.

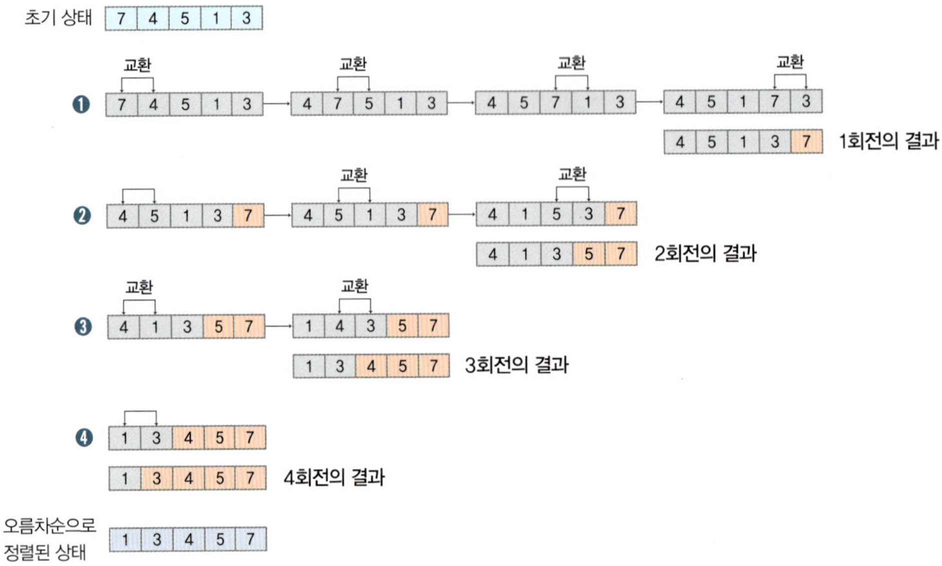

그림 9-14 버블 정렬의 원리

❸ 3회전

첫 번째의 4와 두 번째의 1을 비교하여 교환하고, 두 번째의 4와 세 번째의 3을 비교하여 교환한다. 이 과정을 두 번 반복하면서 숫자를 비교하면 세 번째로 큰 값이 끝에서 세 번째 위치에 놓인다.

❹ 4회전

첫 번째의 1과 두 번째의 3을 비교하여 교환하지 않는다.

예제 9-11 정수형 배열 정렬하기 ex09_11.c

↳ '7, 4, 5, 1, 3'으로 이루어진 배열을 정렬하여 출력해보자.

```
#include <stdio.h>

void bubbleSortAscending(int arr[], int n) {
    for (int i = 0; i < n - 1; i++) {
        for (int j = 0; j < n - i - 1; j++) {
            if (arr[j] > arr[j + 1]) {
                int temp = arr[j];
                arr[j] = arr[j + 1];
                arr[j + 1] = temp;
            }
```

- 배열을 오름차순으로 정렬하는 함수
- 정렬을 위한 전체 반복을 관리하는 for 문
- 항목을 비교하고 교환하는 for 문
- 변수의 스왑 기법을 이용한 값 교환

```
        }
    }
}
int main()
{
    int arr[] = { 7, 4, 5, 1, 3 };
    int n = sizeof(arr) / sizeof(arr[0]);

    printf("초기 상태 배열: [ ");
    for (int i = 0; i < n; i++)
        printf("%d ", arr[i]);
    printf(" ] \n");

    bubbleSortAscending(arr, n);

    printf("정렬된 배열: [ ");
    for (int i = 0; i < n; i++)
        printf("%d ", arr[i]);
    printf(" ] \n");
        return 0;
}
```

```
초기 상태 배열: [ 7 4 5 1 3  ]
정렬된 배열: [ 1 3 4 5 7  ]
```

확인문제

1 **다음은 버블 정렬 방식을 이용하여 오름차순으로 정렬하는 코드이다. 오름차순 정렬 부분을 내림차순 정렬로 수정하시오.**

```
void bubbleSortAscending(int arr[], int n) {
    for (int i = 0; i < n - 1;
        i++) {
        for (int j = 0; j < n - i - 1;
            j++) {
            if (arr[j] > arr[j + 1]) {
```

```
                int temp = arr[j];
                arr[j] = arr[j + 1];
                arr[j + 1] = temp;
            }
        }
    }
}
```

정답

1
```
if (arr[j] < arr[j + 1]) {
    int temp = arr[j];
    arr[j] = arr[j + 1];
    arr[j + 1] = temp;
}
```

LAB 주민등록번호 뒷자리 임의 생성하기

주민등록번호는 생년월일을 나타내는 여섯 자리 숫자와 성별, 지역 번호, 등록 순서, 오류 검증 번호 등을 의미하는 일곱 자리 숫자로 이루어져 있다. 주민등록번호에서 뒤의 일곱 자리 숫자를 임의로 생성하는 프로그램을 만들어보자. 이렇게 생성된 주민등록번호는 실제로 사용하려는 것이 아니라 테스트나 시뮬레이션 등의 목적으로만 사용된다.

TIP 개인 정보 유출 문제로 2020년 10월부터는 성별을 제외한 나머지 여섯 자리 모두 임의 번호로 정하도록 개정되었다.

```
출생 연도를 입력하세요 (4자리, 예: 1995): 2000
성별을 선택하세요 (1: 남성, 2: 여성): 2
지역을 선택하세요 (11: 서울, 21: 부산, 31: 인천, 41: 광주, 51: 대전): 11
2000-2024년 출생자입니다.
임의로 생성된 주민등록번호 뒷자리: 4112166
```

조건

- 입력받을 출생 연도, 성별, 지역 번호를 저장할 배열을 선언한다.
- 출생 연도 네 자리를 입력받는다.
- 성별을 1(남성) 또는 2(여성)로 선택하게 한다.

- 지역 번호를 #define 상수로 정의한다.
- 출생 연도와 성별, 지역으로 앞의 세 자리 숫자를 결정한다. 2000년 이후 출생자의 경우 남성은 3, 여성은 4로 시작하고, 1999년 이전 출생자의 경우 남성은 1, 여성은 2로 시작한다.
- 나머지 네 자리 숫자는 0부터 9999까지 무작위로 생성한다.

힌트

- 주어진 최솟값(min)과 최댓값(max) 사이의 무작위 정수를 생성할 때는 rand() 함수를 사용한다.
- 생성된 난수를 주어진 범위에 맞게 변환하여 반환한다.

문제 해결 LAB_9-1.c

```c
#pragma warning(disable:4996)
#include <stdio.h>
#include <stdlib.h>
#include <time.h>

// 지역 상수 정의(예시로 몇 가지만 나열)
#define SEOUL 11
#define BUSAN 21
#define INCHEON 31
#define GWANGJU 41
#define DAEJEON 51
#define IS_VALID_REGION(x) ((x)==SEOUL||(x)==BUSAN||(x)==INCHEON||(x)==GWANGJU||(x)==DAEJEON)

// 사용자 정의 함수 선언
int generateRandomNumber(int min, int max);

int generateRandomNumber(int min, int max) {
   return rand() % (max - min + 1) + min;
}
int main()
{
    srand(time(NULL));
    int userData[3];
    int firstDigit, randomDigits;

    randomDigits = generateRandomNumber(0, 9999);
    printf("출생 연도를 입력하세요 (4자리, 예: 1995): ");
```

- int generateRandomNumber(int min, int max); → 지정된 범위에서 난수를 생성하는 함수
- srand(time(NULL)); → 난수 생성 초기화
- int userData[3]; → 사용자 데이터를 저장하기 위한 배열 선언
- firstDigit → 주민등록번호 뒷자리의 첫 번째 숫자
- randomDigits → 주민등록번호 나머지 네 자리의 난수
- randomDigits = generateRandomNumber(0, 9999); → 0부터 9999 사이의 난수 생성

```c
    scanf("%4d", &userData[0]);

    printf("성별을 선택하세요 (1: 남성, 2: 여성): ");
    scanf("%d", &userData[1]);

    printf("지역을 선택하세요 (%d: 서울, %d: 부산, %d: 인천, %d: 광주, %d: 대전): ", SEOUL, BUSAN, INCHEON, GWANGJU, DAEJEON);
    scanf("%d", &userData[2]);

    if (userData[0] >= 2000) {
        printf("2000-2024년 출생자입니다.\n");

        if (userData[1] == 2) {
            firstDigit = 4;
        }
        else {
            firstDigit = 3;
        }
    }
    else {
        printf("1900-1999년 출생자입니다.\n");
        if (userData[1] == 2) {
            firstDigit = 2;
        }
        else {
            firstDigit = 1;
        }
    }
    printf("임의로 생성된 주민등록번호 뒷자리: %d%d%04d\n", firstDigit, IS_VALID_REGION(userData[2]) ? userData[2] : SEOUL, randomDigits);

    return 0;
}
```

출생 연도에 따른 분기

지역 번호

9.5 2차원 배열

1 2차원 배열의 개념

지금까지 다룬 1차원 배열은 인덱스 정보로 데이터를 처리하기 때문에 선형적으로 접근하고 활용한다. 하지만 데이터의 구조가 2차원이라면 1차원 배열로 처리하기에는 한계가 있기 때문에 이를 해결하는 방법으로 **2차원 배열**two dimensional array을 이용한다. [표 9-1]은 전형적인 2차원 배열을 활용하여 학생들의 성적을 정리한 표이다.

표 9-1 학생의 성적 처리

학번	출석	중간고사	기말고사	퀴즈	과제	총점
100	20	30	15	4	10	79
200	18	25	28	3	10	84
300	20	27	26	5	10	88

2차원 배열은 학생의 성적과 같은 복잡한 데이터를 직관적으로 관리하고 처리하는 데 적합하다. 이러한 2차원 배열은 n개의 1차원 배열로 구성되며, 4×4 2차원 배열은 다음과 같이 선언한다.

| Syntax | 2차원 배열 선언

```
자료형 배열명[행][열];
int table[4][4];
```

2차원 배열은 대괄호 2개를 이용하여 차원(행row과 열column)을 나타내는데, 첫 번째 대괄호 안에 행의 개수를 작성하고 두 번째 대괄호 안에 열의 개수를 작성한다. [그림 9-15]는 행이 4개, 열이 4개인 4×4 2차원 배열로, 16개의 요소가 들어갈 수 있는 변수가 메모리에 생성된다.

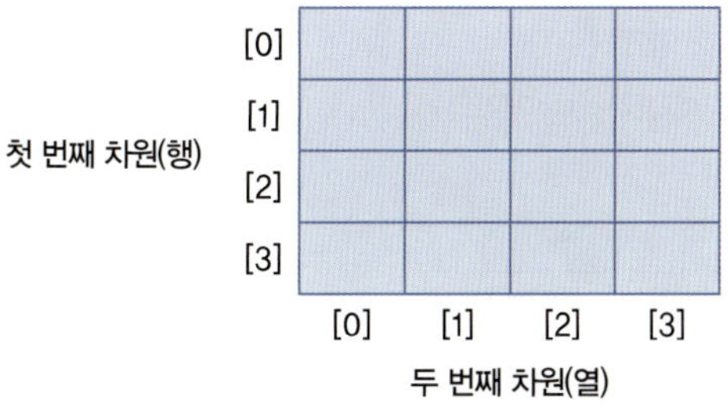

그림 9-15 4×4 2차원 배열의 구성

TIP 4×4 2차원 배열을 선언했을 때의 메모리 구성이 [그림 9-15]와 같은 표라고 생각할 수 있다. 그러나 실제로는 배열 자체가 연속적인 메모리 공간을 차지하기 때문에 메모리 구성이 표와 같은 형태가 아니다.

하나 더 알기 **2차원 배열의 메모리 구성**

2차원 배열은 1차원 배열의 연속이므로 쉼표를 사용하여 초깃값을 순서대로 나열해도 된다. 이는 실제로 [그림 9-16]과 같은 메모리 구조로 초기화된다.

```
int a[2][3] = { 10, 20, 30, 40, 50, 60 };
```

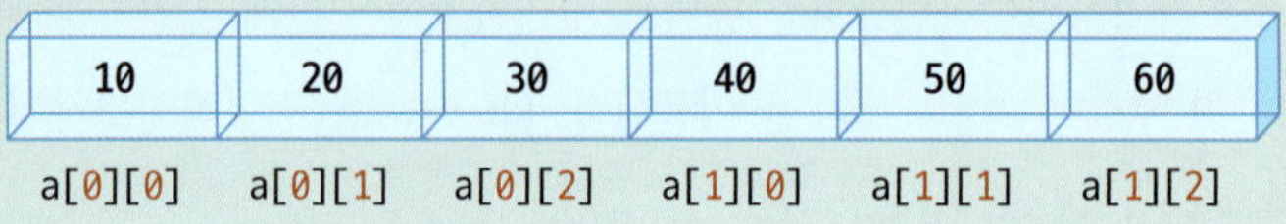

그림 9-16 2차원 배열의 메모리 구성

2 2차원 배열의 요소 참조

2차원 배열에서 하나의 요소를 참조하려면 인덱스 2개의 정보가 필요하다. 4×4 2차원 배열을 나타낸 [그림 9-17]에서 보듯이 table의 첫 번째 요소는 table[0][0]으로 참조하고, 두 번째 요소는 table[0][1], 세 번째 요소는 table[0][2], 네 번째 요소는 table[0][3]으로 참조한다. 즉 table[i][j]는 배열 table의 i번째 행, j번째 열에 있는 요소를 나타낸다. 따라서 배열 table은 행이 table[0], table[1], table[2], table[3]이고 각 행마다 [0]~[3]의 열로 구성되며, 16개의 요소가 있다. 1차원 배열과 마찬가지로 2차원 배열도 인덱스가 0부터 시작된다.

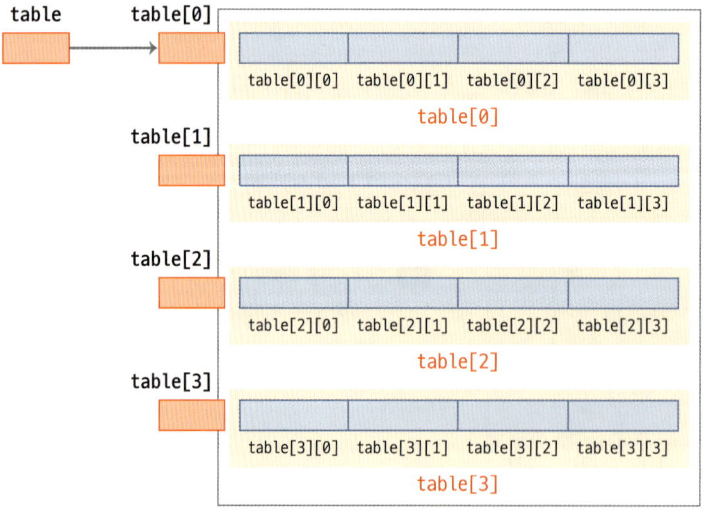

그림 9-17 4×4 2차원 배열의 요소 참조

예제 9-12 2차원 배열 선언하기 ex09_12.c

↳ 4×4 배열의 요소를 1부터 16까지의 숫자로 초기화하고 이를 2차원 표 모양으로 출력해보자.

```c
#include <stdio.h>

int main()
{
    int table[4][4];   // 2차원 배열 선언
    int num = 1;

    for (int i = 0; i < 4; i++) {   // 배열의 행을 나타내는 바깥쪽 for 문
        for (int j = 0; j < 4; j++) {   // 배열의 열을 나타내는 안쪽 for 문
            table[i][j] = num;
            num++;
        }
    }
    for (int i = 0; i < 4; i++) {   // 열의 값을 출력하기 위한 중첩 for 문
        for (int j = 0; j < 4; j++) {
            printf("%2d ", table[i][j]);   // 숫자를 두 자리로 출력
        }
        printf("\n");
    }
    return 0;
}
```

```
 1  2  3  4
 5  6  7  8
 9 10 11 12
13 14 15 16
```

3 2차원 배열 초기화

1차원 배열처럼 2차원 배열도 선언과 동시에 초기화할 수 있다. 그러나 2차원 배열을 초기화할 때는 같은 행에 속하는 초깃값들을 중괄호로 묶어야 한다. [그림 9-18]은 2차원 정수형 배열 a의 선언 및 초기화를 나타낸 것으로, 이 배열은 2개의 행과 3개의 열로 구성되고 각 요소가 `{ {10, 20, 30}, {40, 50, 60} }`으로 초기화된다.

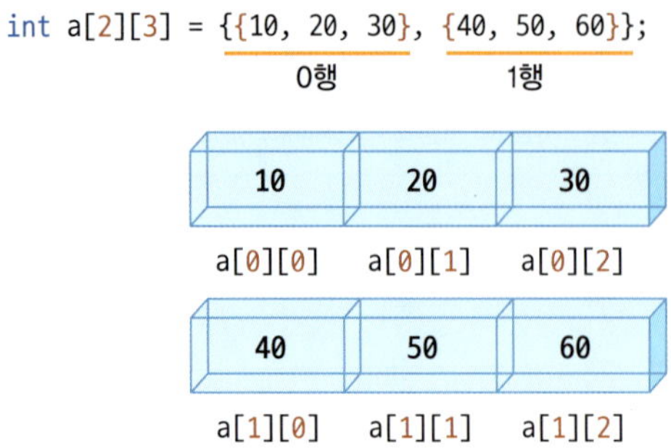

그림 9-18 2×3 2차원 배열의 초기화

[그림 9-18]과 같이 2차원 배열을 초기화할 때는 각각의 행에 중괄호를 사용하는 것이 일반적이다. 그러나 `int a[2][3] = {10,20,30,40,50,60}`처럼 중괄호를 하나만 사용해도 초기화가 가능하다. 이 경우 컴파일러가 배열의 열의 개수에 따라 초깃값을 자동으로 분류한다. 그러나 2차원 배열을 초기화할 때 행과 열의 개수와 초기홧값의 개수가 일치하지 않으면 논리적인 오류를 유발할 수 있으므로 주의해야 한다. [그림 9-19]에서 보듯이 중괄호를 묶는 방법에 따라 0으로 자동 초기화되는 위치가 다르다.

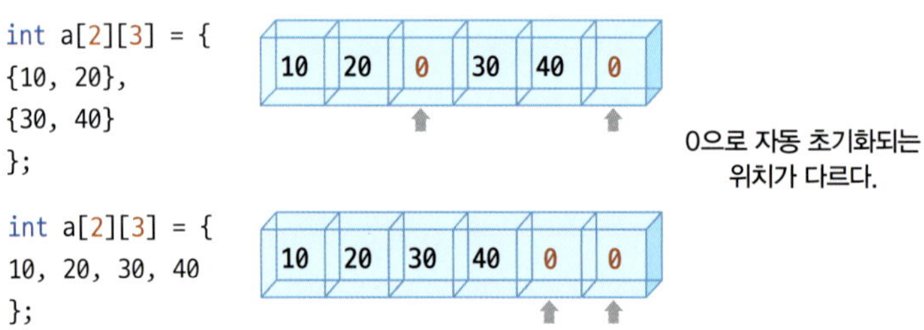

그림 9-19 2차원 배열 초기화 시 주의점

2차원 배열을 선언하는 동시에 초기화할 때 행의 개수를 지정하지 않을 수도 있다. 이러한 경우 컴파일러가 자동으로 행의 개수를 결정하지만 열의 개수는 반드시 지정해야 한다.

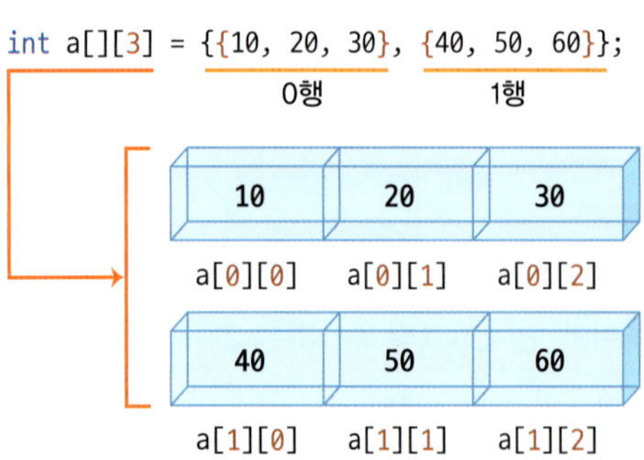

그림 9-20 2차원 배열 초기화 시 행의 개수를 지정하지 않는 경우

예제 9-13 | 2차원 배열 초기화하기 ex09_13.c

↳ 2차원 배열을 선언하고 초기화한 후 모든 요소를 인덱스와 함께 출력해보자. 이 예제를 통해 배열의 구조와 요소를 쉽게 확인할 수 있다.

```
#include <stdio.h>

int main()
{
    int a[2][3] = { {10, 20, 30},
                    {40, 50, 60}
    };
    int i, j;
    for (i = 0; i < 2; i++) {
        for (j = 0; j < 3; j++) {
            printf("[%d][%d]=%d ", i, j, a[i][j]);
        }
        printf("\n");
    }
    return 0;
}
```

2차원 정수형 배열 선언 및 초기화

배열의 첫 번째 차원인 행을 순회

배열의 두 번째 차원인 열을 순회

```
[0][0]=10 [0][1]=20 [0][2]=30
[1][0]=40 [1][1]=50 [1][2]=60
```

예제 9-14 | 2차원 배열의 요소 출력하기 ex09_14.c

↳ 3×4 2차원 정수형 배열의 요소를 입력받아 이를 출력해보자.

```
#pragma warning(disable: 4996)
#include <stdio.h>

int main()
{
    int i, j, array[3][4];
    for (i = 0; i < 3; i++) {
        for (j = 0; j < 4; j++) {
            printf("정수 입력>> ");
            scanf("%d", &array[i][j]);
```

사용자가 입력한 정수를 배열 위치에 저장

```c
        }
    }
    for (i = 0; i < 3; i++) {
        for (j = 0; j < 4; j++)
            printf("%d\t", array[i][j]);
        printf("\n");
    }
    printf("\n");

    return 0;
}
```

입력받은 정수를 3×4 형태로 출력

```
정수 입력>> 00
정수 입력>> 01
…
정수 입력>> 22
정수 입력>> 23
0    1    2    3
10   11   12   13
20   21   22   23
```

4 2차원 배열의 함수 전달

2차원 배열 역시 함수의 매개변수로 전달할 수 있다. 배열명을 함수의 매개변수로 지정하면 되고, 1차원 배열을 한 번에 전달하는 방식처럼 내부적으로 주솟값이 전달된다.

예제 9-15 | 2차원 배열을 함수로 전달하기 ex09_15.c

↳ 3×3 배열을 이용하여 학생 3명의 국어, 영어, 수학 점수를 입력받아 총점, 평균, 학점을 출력해보자.

```c
#pragma warning(disable:4996)
#include <stdio.h>

void gradePrint(int grade[3][3]) {
    int i, j, tot = 0;
    double avg = 0;
    printf("\n");
```

학생 3명의 과목 점수를 전달받는 매개변수

```
    printf(" ═══════════════════════════════════════════════\n");
    printf("                  성  적  표                    \n");
    printf(" ═══════════════════════════════════════════════\n");
    printf(" 번호    국어    영어    수학   총점    평균    학점\n");

    for (i = 0; i < 3; i++) {
        printf(" %d\t", i + 1);
        for (j = 0; j < 3; j++) {
            tot = tot + grade[i][j];
            printf(" %d \t", grade[i][j]);
        }
        avg = tot / 3;
        printf("%d\t %.2lf\t", tot, avg);
        tot = 0;
        if (avg >= 90) printf("A\n");
        else if ((avg < 90) && (avg >= 80)) printf("B\n");
        else if ((avg < 80) && (avg >= 70)) printf("C\n");
        else if ((avg < 70) && (avg >= 60)) printf("D\n");
        else printf("F\n");
    }
    printf(" ═══════════════════════════════════════════════\n");
}
int main()
{
    int i, j, tot = 0, avg = 0;
    int grade[3][3];
    for (i = 0; i < 3; i++) {
        printf("%d번째 학생의 국어, 영어, 수학 점수 입력 : ", i + 1);
        for (j = 0; j < 3; j++) {
            scanf("%d", &grade[i][j]);
        }
    }
    gradePrint(grade);

    return 0;
}
```

`int grade[3][3];` — 학생들의 점수를 저장하는 2차원 배열 선언

`gradePrint(grade);` — 2차원 배열명을 매개변수로 호출

```
1번째 학생의 국어, 영어, 수학 점수 입력 : 95 75 82
2번째 학생의 국어, 영어, 수학 점수 입력 : 65 77 89
3번째 학생의 국어, 영어, 수학 점수 입력 : 70 98 72

===============================================
                 성   적   표
===============================================
번호  국어   영어   수학   총점    평균    학점
1     95     75     82     252    84.00    B
2     65     77     89     231    77.00    C
3     70     98     72     240    80.00    B
===============================================
```

확인문제

1 2차원 배열의 요소에 접근할 때 사용하는 인덱스는 몇 개인가?

① 1개 ② 2개
③ 3개 ④ 인덱스의 개수에 상관없이 접근 가능

2 2차원 배열에서 특정 요소에 접근할 때 첫 번째 인덱스와 두 번째 인덱스는 각각 무엇을 의미하는가?

정답

1 ② 2 첫 번째 인덱스: 행, 두 번째 인덱스: 열

LAB 로또 번호 맞히기

로또 번호를 맞히는 프로그램을 작성해보자. 컴퓨터는 로또 번호를 자동으로 생성하고, 사용자는 1부터 45까지의 숫자 중에서 6개를 입력한다. 컴퓨터가 생성한 로또 번호와 사용자가 입력한 숫자를 비교하여 일치하는 것이 몇 개인지 출력한다.

```
1부터 45까지의 숫자 중 6개를 입력하세요:
숫자 1: 5
숫자 2: 12
숫자 3: 21
숫자 4: 8
숫자 5: 37
숫자 6: 19
로또 번호: 9 16 21 28 34 42
일치하는 번호 개수: 1
```

조건

- 컴퓨터가 생성한 로또 번호를 저장할 배열과 사용자가 입력한 숫자를 저장할 배열을 2차원으로 선언한다.
- 난수를 생성할 때는 srand(time(NULL)) 함수를 사용한다.
- 사용자가 1~45 범위를 벗어난 숫자를 입력하면 '잘못된 입력입니다. 1부터 45까지의 숫자 중 하나를 입력하세요.'라는 메시지를 출력한다.
- 반복문을 통해 로또 번호와 사용자가 입력한 숫자를 비교하여 일치하는 것의 개수를 계산한다.

문제 해결 LAB_9-2.c

```c
#pragma warning(disable:4996)
#include <stdio.h>
#include <stdlib.h>
#include <time.h>

int main()
{
    // 0번 행은 로또 번호, 1번 행은 사용자 번호
    int lottoNumbers[2][6];
    int i, j, temp, matchingNumbers = 0;
    int isValidInput;

    srand(time(NULL));

    // 6개의 로또 번호가 중복되지 않게 생성하는 코드
    for (i = 0; i < 6; i++) {
        do {
            lottoNumbers[0][i] = rand() % 45 + 1;
            temp = 0;
```

2차원 배열 선언

난수 생성 초기화

```c
            for (j = 0; j < i; j++) {
                if (lottoNumbers[0][i] == lottoNumbers[0][j]) {
                    temp = 1;
                    break;
                }
            }
        } while (temp == 1);
    }

    printf("1부터 45까지의 숫자 중 6개를 입력하세요:\n");

    // 사용자로부터 6개의 숫자를 입력받기 위해 6번 반복하는 for 문
    for (i = 0; i < 6; i++) {
        isValidInput = 0;

        do {
            printf("숫자 %d: ", i + 1);
            scanf("%d", &lottoNumbers[1][i]);

            if (lottoNumbers[1][i] >= 1 && lottoNumbers[1][i] <= 45) {
                isValidInput = 1;
            }
            else {
                printf("잘못된 입력입니다. 1부터 45까지의 숫자 중 하나를 입력하세요.\n");
            }
        } while (!isValidInput);
    }

    // 사용자 입력 숫자와 로또 번호를 비교하여 일치하는 숫자의 개수를 계산
    for (i = 0; i < 6; i++) {
        for (j = 0; j < 6; j++) {
            if (lottoNumbers[1][i] == lottoNumbers[0][j]) {
                matchingNumbers++;
                break;
            }
        }
    }

    printf("로또 번호: ");
```

유효한 숫자가 입력될 때까지 반복되는 do~while 루프

```c
    for (i = 0; i < 6; i++) {
        printf("%d ", lottoNumbers[0][i]);
    }
    printf("\n");
    printf("일치하는 번호 개수: %d\n", matchingNumbers);

    return 0;
}
```

9.6 다차원 배열

1 다차원 배열의 개념

다차원 배열multi-dimensional array이란 배열 요소가 또 다른 배열로 구성된 3차원 이상의 배열을 말한다. 쉽게 말해 2차원 배열이 여러 개 포함된 구조라고 생각하면 된다. 다차원 배열은 '배열의 배열의 배열…'로 구성되며, 이는 1차원 배열의 선형적 구조와 2차원 배열의 행렬 형태보다 더 복잡한 데이터 구조이다. 따라서 다차원 공간 데이터를 처리하거나 다양한 데이터 세트를 묶는 데 주로 사용된다.

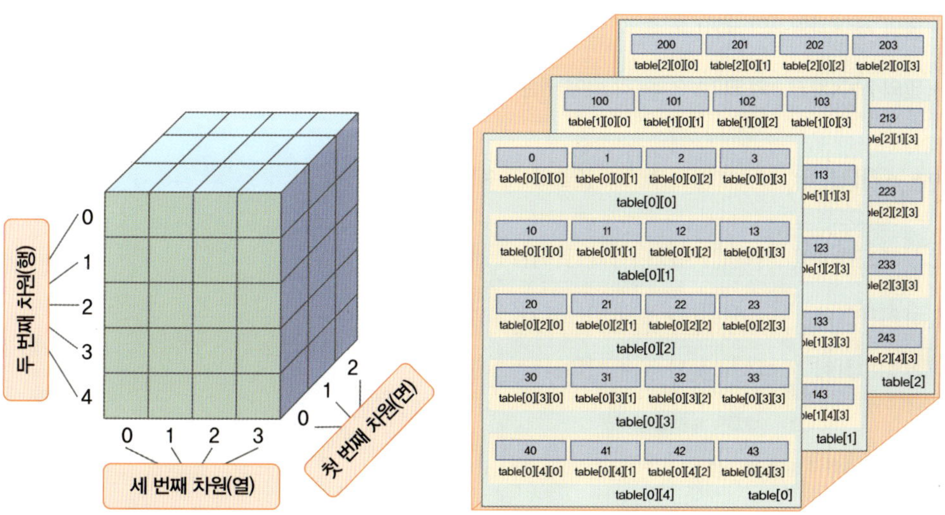

그림 9-21 다차원 배열의 개념

2 3차원 배열 선언

3차원 배열을 선언하는 형식은 다음과 같다.

| Syntax | 3차원 배열 선언

```
자료형 배열명[면][행][열];
int dim[차원 1의 크기][차원 2의 크기][차원 3의 크기];
```

- **자료형**: 배열에 저장될 요소의 자료형

  예 int, char, float, double 등(모든 자료형)

- **배열명**: 배열의 이름(첫 번째 배열 요소의 주솟값)
- **차원 1의 크기, 차원 2의 크기, 차원 3의 크기**: 해당 차원이 가진 요소의 수

다음은 3차원 정수형 배열을 선언하는 코드로, 2 × 2 × 3 = 12개의 정수를 저장할 수 있다. 각 요소에 접근하려면 3개의 인덱스를 사용해야 하는데, 예를 들어 `a[0][1][2]`는 배열의 0면 1행 2열에 있는 요소를 의미한다.

```
int dim[2][2][3];        // 각 차원의 크기가 2, 2, 3인 3차원 정수형 배열 선언
```

[그림 9-22]에 나타낸 3차원 배열에는 3개의 차원이 있으며, 각 차원의 크기는 다음과 같다.

- **면의 개수(차원 1의 크기)**: 2, 즉 배열의 첫 번째 차원인 2개의 면
- **행의 개수(차원 2의 크기)**: 2, 즉 각 면에 있는 2개의 행
- **열의 개수(차원 3의 크기)**: 3, 즉 각 행에 있는 3개의 열

```
int a[2][2][3]; == int a[면의 개수][행의 개수][열의 개수];
```

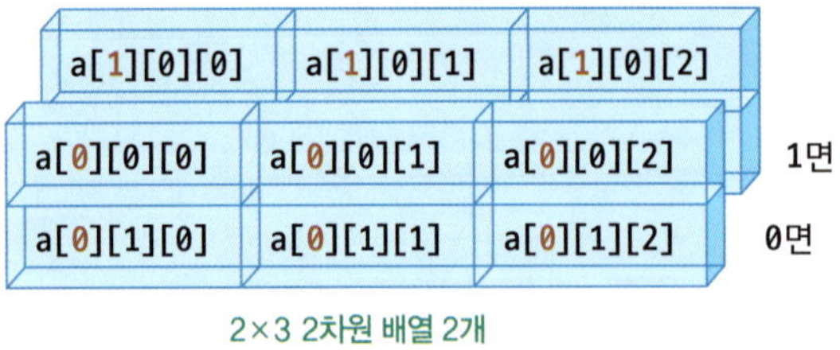

그림 9-22 3차원 배열의 구성

원래 배열은 [그림 9-23]과 같이 연속된 메모리 블록에 저장된다. 3차원 배열도 마찬가지로 모

든 요소가 일렬로 배치되고, 요소가 행 우선row-major 순서로 저장된다.

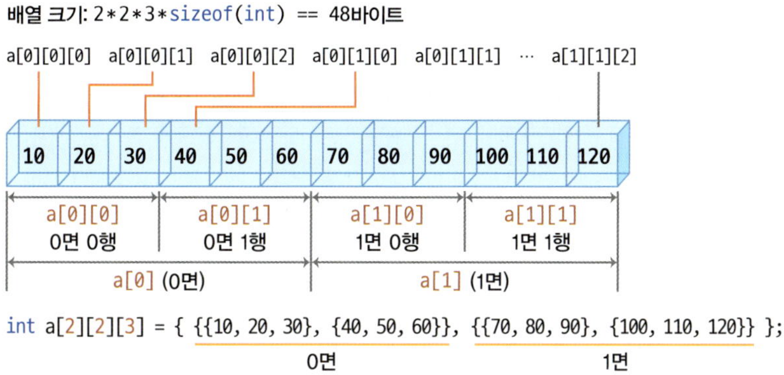

그림 9-23 3차원 배열의 메모리 구조

> **SELF STUDY**
>
> [그림 9-23]의 2×2×3 3차원 배열의 크기와 개수를 출력하는 코드를 작성하여 실행해보자.

3 3차원 배열 초기화

3차원 배열을 초기화하려면 선언할 때 직접 값을 할당한다. 다음 코드에서 myArray는 2 × 3 × 4 = 24개의 정수형 요소로 구성된 3차원 배열이며, 배열의 각 면(첫 번째 차원), 행(두 번째 차원), 열(세 번째 차원)이 중괄호로 구분된다.

```
int myArray[2][3][4] = {
    {
        {1, 2, 3, 4},
        {5, 6, 7, 8},
        {9, 10, 11, 12}
    },
    {
        {13, 14, 15, 16},
        {17, 18, 19, 20},
        {21, 22, 23, 24}
    }
};
```

3차원 배열의 요소에 접근하거나 요소를 수정할 때는 3개의 인덱스를 사용해야 하므로 보통은 중첩 반복문을 이용한다.

예제 9-16 3차원 배열 초기화하기 ex09_16.c

↳ 2면, 3행, 4열의 3차원 배열을 선언하고 초기화한 후 중첩 반복문을 사용하여 배열의 모든 요소를 출력해보자.

```c
#include <stdio.h>

int main()
{
    int myArray[2][3][4] = {
        {
            {1, 2, 3, 4},
            {5, 6, 7, 8},
            {9, 10, 11, 12}
        },
        {
            {13, 14, 15, 16},
            {17, 18, 19, 20},
            {21, 22, 23, 24}
        }
    };

    // 배열의 각 요소를 순회하며 출력
    for (int i = 0; i < 2; i++) {
        for (int j = 0; j < 3; j++) {
            for (int k = 0; k < 4; k++) {
                printf("myArray[%d][%d][%d] = %d\n", i, j, k, myArray[i][j][k]);
            }
        }
    }
    return 0;
}
```

- for (int i = 0; i < 2; i++) : 배열의 면을 순회
- for (int j = 0; j < 3; j++) : 배열의 행을 순회
- for (int k = 0; k < 4; k++) : 배열의 열을 순회

```
myArray[0][0][0] = 1
myArray[0][0][1] = 2
...
myArray[1][2][2] = 23
myArray[1][2][3] = 24
```

예제 9-17 3차원 배열 사용하기

ex09_17.c

↳ 3차원 배열을 선언하고 배열의 각 요소를 임의의 숫자로 초기화한 후 모든 요소의 값을 출력해보자.

```c
#include <stdio.h>
#include <stdlib.h>

#define FLOOR 3
#define ROW 4
#define COL 5

int main()
{
    int array[FLOOR][ROW][COL];
    int a, b, c;

    for (a = 0; a < FLOOR; a++) {
        for (b = 0; b < ROW; b++) {
            for (c = 0; c < COL; c++) {
                array[a][b][c] = rand();
            }
        }
    }
    for (a = 0; a < FLOOR; a++) {
        for (b = 0; b < ROW; b++) {
            for (c = 0; c < COL; c++) {
                printf("array[%d][%d][%d] = ", a, b, c);
                printf("%d\t", array[a][b][c]);
            }
            printf("\n");
        }
    }
    return 0;
}
```

- 3차원 배열의 면, 행, 열 크기 정의
- 3차원 정수형 배열 array 선언
- 배열 초기화, rand() 함수는 임의의 정수 생성

```
array[0][0][0] = 41  array[0][0][1] = 18467   array[0][0][2] = 6334    array[0][0][3] = 26500
array[0][0][4] = 19169
...
array[2][3][0] = 12859   array[2][3][1] = 8723    array[2][3][2] = 9741    array[2][3][3] = 27529
array[2][3][4] = 778
```

요소의 값을 초기화하기 위해 rand() 함수로 시퀀스의 난수를 생성하여 할당했다. 또한 다차원 배열의 크기(FLOOR, ROW, COL)를 변경함으로써 다른 크기의 3차원 배열을 쉽게 다룰 수 있다.

TIP 4~6행에서 #define 매크로를 사용하여 3차원 배열의 '면', '행', '열' 크기를 정의했다. #define 매크로를 사용하면 코드 내에서 배열의 크기를 간편하게 수정할 수 있다.

확인문제

1 다음 중 3차원 배열을 이루는 면, 행, 열에 대한 설명으로 옳은 것을 무엇인가?

① 면은 배열의 세로 방향을, 행은 배열의 높이를 나타낸다.

② 면은 배열의 깊이를, 열은 배열의 가로 방향을 나타낸다.

③ 면은 배열의 두께를, 열은 배열의 가로 방향을 나타낸다.

④ 면은 배열의 높이를, 열은 배열의 가로 방향을 나타낸다.

정답

1 ②

LAB 객실 예약 시스템 만들기

다차원 배열을 활용하여 호텔의 객실 예약 상태를 관리하는 프로그램을 작성해보자. 이 프로그램은 사용자에게 예약 가능한 방과 예약된 방의 현황을 알려주고 사용자가 예약할 층과 방을 선택할 수 있는 간단한 구조이다.

```
호텔 예약 상태 (0: 예약 가능, 1: 예약됨)
층 1, 방 1 상태: 예약 가능
층 1, 방 2 상태: 예약 가능
층 1, 방 3 상태: 예약 가능
층 1, 방 4 상태: 예약 가능
층 2, 방 1 상태: 예약 가능
층 2, 방 2 상태: 예약 가능
층 2, 방 3 상태: 예약 가능
층 2, 방 4 상태: 예약 가능
```

```
예약할 층을 선택하세요 (1~5): 2
예약할 방을 선택하세요 (1~4): 3
층 2, 방 3 상태를 예약하셨습니다.
다른 방도 예약하시겠습니까? (y/n): n

최종 예약 상태:
층 1, 방 1 상태: 예약 가능
층 1, 방 2 상태: 예약 가능
층 1, 방 3 상태: 예약 가능
층 1, 방 4 상태: 예약 가능
층 2, 방 1 상태: 예약 가능
층 2, 방 2 상태: 예약 가능
층 2, 방 3 상태: 예약됨
...
```

조건

- 각 호텔은 5층짜리이고 층마다 4개의 객실이 있다.
- 3차원 배열을 사용하여 호텔의 예약 상태를 관리한다.
- 사용자는 특정 층과 방의 번호를 입력하여 예약할 수 있고, 예약된 방을 다시 예약할 수 없다.
- 0은 '예약 가능' 상태, 1은 '예약됨' 상태이다.
- 사용자가 유효하지 않은 층이나 방 번호를 입력하면 오류 메시지를 출력한다.

문제 해결 LAB_9-3.c

```c
#pragma warning(disable:4996)
#include <stdio.h>

// 예약 상태를 출력하는 함수
void reservationStatus(int numHotels, int numFloors, int numRooms, int hotelStatus[1][5][4]) {
    printf("호텔 예약 상태 (0: 예약 가능, 1: 예약됨)\n");
    for (int h = 0; h < numHotels; h++) {
        for (int f = 0; f < numFloors; f++) {
            for (int r = 0; r < numRooms; r++) {
                printf("층 %d, 방 %d 상태: %s\n", f + 1, r + 1, hotelStatus[h][f][r] ? "예약됨" : "예약 가능");
            }
        }
    }
```

```
}

int main() {
    int numHotels = 1;      // 호텔 수
    int numFloors = 5;      // 각 호텔의 층수
    int numRooms = 4;       // 각 층의 방 수
    int hotelStatus[1][5][4] = { 0 };     // [호텔][층][방] 배열 초기화

    int floor, room;
    char option;

    // 초기 예약 상태 출력
    reservationStatus(numHotels, numFloors, numRooms, hotelStatus);

    // 예약받기
    do {
        // 유효한 층을 입력
        do {
            printf("\n예약할 층을 선택하세요 (1~5): ");
            scanf("%d", &floor);
            if (floor < 1 || floor > numFloors) {
                printf("잘못된 층 번호입니다. 1부터 %d까지의 값을 입력하세요.\n", numFloors);
            }
        } while (floor < 1 || floor > numFloors);

        // 유효한 방을 입력
        do {
            printf("예약할 방을 선택하세요 (1~4): ");
            scanf("%d", &room);
            if (room < 1 || room > numRooms) {
                printf("잘못된 방 번호입니다. 1부터 %d까지의 값을 입력하세요.\n", numRooms);
            }
        } while (room < 1 || room > numRooms);

        // 예약 처리
        if (
            hotelStatus[0][floor - 1][room - 1] == 0) {
            hotelStatus[0][floor - 1][room - 1] = 1;
            printf("층 %d, 방 %d 상태를 예약하셨습니다.\n", floor, room);
```

사용자가 선택한 층과 방의 예약 상태 확인

```
        }
        else {
            printf("층 %d, 방 %d은 이미 예약되었습니다.\n", floor, room);
        }

        printf("다른 방도 예약하시겠습니까? (y/n): ");
        scanf(" %c", &option);

    } while (option == 'y' || option == 'Y');

    // 최종 예약 상태 출력
    printf("\n최종 예약 상태:\n");
    reservationStatus(numHotels, numFloors, numRooms, hotelStatus);

    return 0;
}
```

REAL PROJECT 비밀번호 유효성 검사 프로그램 만들기

비밀번호 유효성 검사 프로그램은 사용자가 선택한 비밀번호가 특정 규칙과 조건을 충족하는지 확인한다. 일반적으로 길이 제한, 복잡성, 이전 비밀번호 확인, 사용된 적이 있는 단어와 패턴 방지 등으로 보안을 강화하고 비밀번호 기반 공격으로부터 사용자 계정을 보호하는 데 도움이 된다. 사용자가 입력한 비밀번호가 8자 이상이고 숫자와 특수 기호가 포함되었는지 검사하는 간단한 비밀번호 유효성 검사 프로그램을 작성해보자.

```
비밀번호를 입력하세요: hello
8자 이상이어야 합니다.
비밀번호에 숫자가 포함되어야 합니다.
비밀번호에 특수 기호가 포함되어야 합니다.
유효하지 않은 비밀번호입니다.
```

```
비밀번호를 입력하세요: annyeong!!79
유효한 비밀번호입니다.
```

조건

- 비밀번호는 8자 이상이어야 하며, 문자열의 길이를 검사할 때 `strlen()` 함수를 사용한다.
- 비밀번호에는 최소한 하나의 숫자가 포함되어야 하며, 숫자가 포함되었는지 검사할 때 `isdigit()` 함수를 사용한다.
- 비밀번호에는 알파벳과 숫자를 제외한 최소한 하나의 특수 기호가 포함되어야 하며, 특수 기호가 포함되었는지 검사할 때 `isalnum()` 함수를 사용한다.
- 입력된 비밀번호가 모든 조건을 충족하면 '**유효한 비밀번호입니다.**'를 출력하고, 그렇지 않으면 '**유효하지 않은 비밀번호입니다.**'를 출력한다.

문제 해결 REAL_password.c

```c
#pragma warning(disable:4996)
#include <stdio.h>
#include <stdbool.h>
#include <string.h>
#include <ctype.h>

// 비밀번호 길이 검사를 위한 함수
bool isPasswordLengthValid(char password[]) {
```

```c
    return strlen(password) >= 8;
}

// 비밀번호에 숫자가 포함되어 있는지 검사하는 함수
bool hasDigit(char password[]) {
    for (int i = 0; i < strlen(password); i++) {
        if (isdigit(password[i])) {
            return true;
        }
    }
    return false;
}

// 비밀번호에 특수 기호가 포함되어 있는지 검사하는 함수
bool hasSpecialChar(char password[]) {
    for (int i = 0; i < strlen(password); i++) {
        if (!isalnum(password[i])) {
            return true;
        }
    }
    return false;
}

// 비밀번호 유효성 검사 함수
bool isValidPassword(char password[]) {
    bool valid = true;

    if (!isPasswordLengthValid(password)) {
        valid = false;
        printf("8자 이상이어야 합니다.\n");
    }

    if (!hasDigit(password)) {
        valid = false;
        printf("비밀번호에 숫자가 포함되어야 합니다.\n");
    }

    if (!hasSpecialChar(password)) {
```

```c
        valid = false;
        printf("비밀번호에 특수 기호가 포함되어야 합니다.\n");
    }

    return valid;
}

int main() {
    char password[20];          // 배열로 선언

    printf("비밀번호를 입력하세요: ");
    scanf("%s", password);      // 문자열 입력

    // 비밀번호 유효성 검사
    if (isValidPassword(password)) {
        printf("유효한 비밀번호입니다.\n");
    }
    else {
        printf("유효하지 않은 비밀번호입니다.\n");
    }

    return 0;
}
```

하나 더 알기 **비밀번호 유효성 검사 프로그램에 사용된 함수**

비밀번호 유효성 검사 프로그램에서 사용한 세 가지 함수에 대해 자세히 알아보자.

- **strlen() 함수**: 문자열의 첫 번째 문자부터 null 종료 문자('\0')를 만날 때까지의 문자 수를 세어 문자열의 길이를 반환한다.

  예 `size_t length = strlen("password");`

- **isdigit() 함수**: 주어진 문자가 10진수(0~9)인지 확인하는 데 사용된다. 문자가 10진수이면 0이 아닌 정수(일반적으로 1)를 반환하고, 그렇지 않으면 0을 반환한다.

  예 `int result = isdigit('5');      // 결과는 1`

- **isalnum() 함수**: 주어진 문자가 알파벳(A~Z, a~z) 또는 10진수(0~9)인지 확인하는 데 사용된다. 문자가 알파벳 또는 10진수이면 0이 아닌 정수(일반적으로 1)를 반환하고, 그렇지 않으면 0을 반환한다.

  예 `int result = isalnum('A');      // 결과는 1`

한 번 더 ✓ 체크 배열의 원본을 유지하는 방법

C 언어에서 배열명을 함수에 전달하면 배열의 주소가 전달된다. 즉 배열명이 첫 번째 요소의 주소로 지정되므로 함수 내에서 해당 주소를 통해 배열 요소에 접근하고 수정할 수 있다.

함수 내에서 전달된 배열의 요소를 변경하면 이는 원본 배열에도 영향을 미친다. 배열이 메모리에서 연속된 공간에 할당되고 해당 메모리 공간의 주소가 함수에 전달되기 때문이다. 따라서 함수 내에서 이 주소를 사용하여 메모리에 직접 접근하고 변경하면 원본 배열의 요소도 변경되는데, 원본 배열이 변경되지 않게 하려면 다음과 같은 방법을 이용한다.

❶ 배열의 복사본 생성

함수 내에서 배열의 복사본을 만든 후 복사본을 사용하여 연산을 수행하면 원본 배열이 변경되지 않는다. 그러나 이렇게 하면 메모리 사용량이 증가하고, 큰 배열을 처리할 때 성능 저하가 발생할 수 있다.

```
void copyArray(int source[], int dest[], int size) {
    for(int i = 0; i < size; i++)
        dest[i] = source[i];
}
int main(void) {
    int original[5] = {1, 2, 3, 4, 5};
    int copied[5];
    copyArray(original, copied, 5);
}
```

❷ const 한정자 사용

함수의 매개변수로 배열을 전달할 때 const 한정자를 사용한다. 예를 들어 다음과 같이 선언하면 함수 내에서 scores의 요소 변경이 허용되지 않는다.

```
int array_list (const int scores[], int size);
```

요약

01 배열의 개요

❶ 배열: 여러 데이터를 하나의 이름으로 묶어 관리할 수 있는 데이터 구조이다.

❷ 배열을 구성하는 각각의 항목을 요소라고 하며, 요소의 개수는 배열의 크기를 나타낸다. 배열 요소에는 번호가 붙어 있는데, 이를 인덱스라고 한다.

❸ 배열의 특징: 메모리의 연속적인 공간에 저장되고, 배열의 각 요소는 인덱스로 접근한다.

02 배열 선언과 초기화

❶ 배열 선언: 자료형 **배열명[요소 개수];**

❷ 배열 요소에 접근할 때는 인덱스를 사용한다.

```
int array[8];  // 배열 요소가 8개인 정수형 배열 선언
array[3]       // 세 번째 인덱스에 30을 저장
```

03 배열과 함수

❶ 배열을 함수에 전달하면 배열의 각 요소에 대해 동일한 연산을 수행하거나 배열의 데이터를 분석 및 처리하는 작업을 효율적으로 할 수 있다.

❷ 배열과 함수의 조합은 반복적인 작업을 단순화하고 프로그램의 유지·보수를 수월하게 하는 데 큰 도움이 된다.

04 배열의 활용

❶ 배열의 최댓값은 데이터의 범위를 파악하는 데 중요한 요인이다.

❷ 정렬: 순서가 없는 자료를 오름차순 또는 내림차순으로 재배치하는 것을 말한다.

05 2차원 배열

❶ 2차원 배열: n개의 1차원 배열로 구성된다.

❷ 2차원 배열 선언: 자료형 **배열명[행][열];**

❸ 배열명을 함수의 매개변수로 지정하면 2차원 배열도 함수에 전달할 수 있다.

06 다차원 배열

❶ 다차원 배열: 또 다른 배열이 배열 요소가 되는 3차원 이상의 배열을 말한다.

❷ 3차원 배열 선언: 자료형 **배열명[면][행][열];**

연습문제

01 **배열의 각 요소에 접근하는 데에는 무엇을 사용하는가?**

① 인덱스 ② 포인터

③ 주소 ④ 값

02 **배열의 특징에 대한 설명으로 옳지 않은 것은 무엇인가?**

① 배열의 모든 요소는 메모리에 불연속적으로 저장된다.

② 배열을 선언할 때 배열의 크기가 정해지며, 이후에는 크기를 변경하기가 어렵다.

③ 인덱스를 사용하여 배열의 각 요소에 접근할 수 있다.

④ 배열 요소로 동일한 자료형의 값을 나열할 수 있다.

03 **배열 요소에 접근할 때 사용되는 인덱스의 범위는 무엇인가?**

① (배열의 크기)~0 ② 0~(배열의 크기 − 1)

③ 1~(배열의 크기) ④ −1~(배열의 크기)

04 **배열의 모든 요소를 0으로 초기화하는 코드는 무엇인가?**

① `int arr[];` ② `int arr[10] = {0};`

③ `int arr[10] = {};` ④ `int arr[10] = 0;`

05 **인덱스의 범위를 벗어난 배열 요소에 접근하려고 하면 어떤 현상이 발생하는가?**

① 배열 초기화 시 컴파일 오류가 발생한다.

② 인덱스 초과는 런타임 오류를 발생시켜 프로그램이 정상적으로 종료된다.

③ 인덱스 범위 초과로 인해 메모리 손상이나 버퍼 오버플로와 같은 보안 취약 문제를 초래할 수 있다.

④ 프로그램의 메모리 안정성을 해칠 수 있으며, 시스템의 다른 부분에 영향을 주지는 않는다.

06 **배열을 초기화하지 않으면 배열 요소가 어떻게 되는지 간략하게 설명하시오.**

07 3차원 배열 선언으로 옳지 <u>않은</u> 것을 모두 골라 바르게 고치고 그 이유를 설명하시오.

① int arr[5][3][2];　　　② int arr[0][2][3];

③ int arr[-1][2][3];　　　④ int arr[10][5][4];

[8~11] 다음은 세 학생의 국어, 영어, 수학 점수를 각각 세 변수에 입력받아 총점과 평균을 구하는 프로그램이다.

```
#pragma warning(disable:4996)
#include <stdio.h>

int main() {
   printf("3명의 국어, 영어, 수학 점수를 차례대로 입력하시오: \n");

      for (int i = 0; i < 3; i++) {
      int kor, eng, math;

      printf("%d. ", i + 1);
      scanf("%d %d %d", &kor, &eng, &math);

      printf("국어\t영어\t수학\t총점\t평균\n");

      int total = kor + eng + math;
      float avg = (float)total / 3;

      printf("%d\t%d\t%d\t%4d\t%5.2f\n", kor, eng, math, total, avg);
   }

   return 0;
}
```

```
3명의 국어, 영어, 수학 점수를 차례대로 입력하시오:
1. 89 69 88
국어  영어  수학  총점  평균
89    69    88    246   82.00
2. 58 69 48
국어  영어  수학  총점  평균
58    69    48    175   58.33
3. 69 89 34
국어  영어  수학  총점  평균
69    89    34    192   64.00
```

08 학생 수(STUDENT)와 과목 수(SUBJECT)를 각각 상수로 정의하는 코드를 작성하시오.

09 학생 수와 과목 수에 따라 점수를 저장할 2차원 배열을 선언하고, 반복문을 사용하여 학생들의 점수를 입력받아 배열에 저장하는 코드를 작성하시오.

10 총점과 평균을 계산하고 출력하는 부분에서는 for 문을 사용하여 각 학생의 점수를 합산하고, 과목 수에 따라 평균을 계산하도록 변경하여 작성하시오. 또한 출력 부분에서는 STUDENT와 SUBJECT를 사용하여 루프 횟수와 배열의 값을 참조하도록 작성하시오.

11 8, 9, 10번에서 작성한 코드를 이용하여 다음과 같은 실행 결과가 출력되도록 작성하시오.

```
3명의 국어, 영어, 수학 점수를 차례대로 입력하시오:
1. 89 69 88
2. 58 69 48
3. 69 89 34
국어  영어  수학  총점  평균
89    69    88    246   82.00
58    69    48    175   58.33
69    89    34    192   64.00
```

12 다음은 2×2 행렬을 2개 입력받아 그 곱을 구하는 프로그램이다. 실행 결과를 참고하여 코드의 빈 칸을 채우시오.

[행렬의 곱 예시]

- R -　　- C - ¦a　b¦　¦e　f¦ ¦c　d¦　¦g　i¦	───── R*C ───── ¦ (a*e + b*g) (a*f + b*i) ¦ ¦ (c*e + d*g) (c*f + d*i) ¦

```
첫 번째 행렬을 입력하시오:
3 6
7 2
두 번째 행렬을 입력하시오:
5 1
8 9

행렬의 곱 결과:
63 57
51 25
```

```
#pragma warning(disable:4996)
#include <stdio.h>
#define R 2
#define C 2

void main(void) {
    int i, j;

    int x[R][C], y[R][C], mul[R][C];

    printf("첫 번째 행렬을 입력하시오: \n");
    for (i = 0; i < R; i++)
        for (j = 0; j < C; j++)
            scanf("%d", &x[i][j]);

    printf("두 번째 행렬을 입력하시오: \n");
```

```
    for (i = 0; i < R; i++)
        for (j = 0; j < C; j++)
            scanf("%d", &y[i][j]);

    

}
```

13 다음은 한 자리 양의 정수를 5개 입력받아 내림차순으로 정렬하는 프로그램이다. 실행 결과를 참고하여 코드의 빈칸을 채우시오.

```
5개의 값을 입력하시오: 3 6 9 5 8
내림차순 정렬 결과: 9 8 6 5 3
```

```
#pragma warning(disable:4996)
#include <stdio.h>

int main(void) {
    int i, j, temp;
    int num[5] = { 0 };

    printf("5개의 값을 입력하시오: ");
    for (i = 0; i < 5; i++) {
        scanf("%d", &num[i]);
    }

    

    printf("내림차순 정렬 결과: ");
```

```
    for (i = 0; i < 5; i++) {
        printf("%d ", num[i]);
    }

    return 0;
}
```

14 다음은 5×4 행렬 각 행의 요소를 합산하고 각 열의 요소를 합산하여 출력하는 프로그램이다. 실행 결과를 참고하여 코드의 빈칸을 채우시오.

```
1   2   3   6
4   5   6   15
7   8   9   24
10  11  12  33
22  26  30  78
```

```
#include <stdio.h>

int main() {
    int i, j;
    int arr[5][4] = {
        {1, 2, 3, 0},
        {4, 5, 6, 0},
        { 7, 8, 9, 0},
        { 10, 11, 12, 0},
        {0, 0, 0 ,0}
    };

    [빈칸]
```

```
    for (i = 0; i < 5; i++) {
        for (j = 0; j < 4; j++)
            printf("%4d ", arr[i][j]);
        printf("\n");
    }
}
```

15 다음은 4×5 행렬을 선언하고 각 행의 순서에 따라 오름차순으로 숫자를 할당하는 프로그램이다. 실행 결과를 참고하여 코드의 빈칸을 채우시오.

```
 1   2   3   4   5
10   9   8   7   6
11  12  13  14  15
20  19  18  17  16
```

```
#include <stdio.h>
#define ROW 4
#define COL 5

int main() {
    int array[ROW][COL] = { 0 };
    int i, j;
    int cnt = 1;

    [                    ]
```

```
    for (i = 0; i < ROW; i++) {
        for (j = 0; j < COL; j++) {
            printf("%2d ", array[i][j]);
        }

        printf("\n");
    }

    return 0;
}
```

16 다음은 정수형 배열을 초기화하고 배열 요소에 값을 대입하여 출력하는 프로그램이다. 오류가 발생하는 부분을 찾아 바르게 수정하고 그 이유를 설명하시오.

```
#include <stdio.h>

void initializeArray() {
    if (size >= 2) {
        arr[0] = 1;
        arr[1] = 2;
        printf("배열 초기화 완료: arr[0] = %d, arr[1] = %d\n", arr[0], arr[1]);
    }
    else {
        printf("배열 크기가 너무 작습니다.\n");
    }
}
int main() {
    int arr[2];
    initializeArray();
    return 0;
}
```

17 다음은 2차원 배열의 크기를 정수로 선언하여 지정하는 프로그램이다. 배열을 초기화하는 함수와 배열을 출력하는 함수를 사용하여 프로그램을 수정하시오.

```
#include <stdio.h>
#define rows 3
#define cols 4
void main() {
    int arr[rows][cols];

    for (int i = 0; i < rows; i++) {
        for (int j = 0; j < cols; j++) {
            arr[i][j] = i * cols + j;      // 예시로 값을 대입
        }
    }
    for (int i = 0; i < rows; i++) {
        for (int j = 0; j < cols; j++) {
            printf("%d ", arr[i][j]);
        }
        printf("\n");
    }
    return 0;
}
```

프로그래밍 문제

01 **금액을 입력받아 최소한의 수량으로 잔돈을 변환하는 프로그램을 작성하시오. 단, 함수 기반의 배열 전달 방식을 이용하시오.**

```
금액 입력: 45892

잔돈 변환 결과
50000원권: 0
10000원권: 4
5000원권: 1
1000원권: 0
500원권: 1
100원권: 3
50원권: 1
10원권: 4
1원권: 2
```

02 **컴퓨터가 생성한 무작위 알파벳을 알아맞히는 프로그램을 작성하시오. 단, 함수 기반의 배열 전달 방식을 이용하시오.**

[조건]

- 알파벳 A~Z를 배열로 저장하여 출력한다.
- 컴퓨터는 A~Z 중에서 무작위로 하나를 선택한다.
- 사용자는 대문자와 소문자를 구분하지 않고 알파벳을 입력할 수 있다.
- 사용자가 알파벳 외의 숫자나 특수 문자 등을 입력하면 오류 메시지를 출력한다.
- 사용자가 알파벳을 알아맞힐 때까지 총 다섯 번의 기회가 주어진다.
- 사용자가 알파벳을 알아맞히면 축하 메시지를 출력한다.
- 사용자가 다섯 번의 기회 안에 알파벳을 알아맞히지 못하면 정답을 알려주고 아쉬움 메시지를 출력한다.

```
알파벳 배열: A B C D E F G H I J K L M N O P Q R S T U V W X Y Z
컴퓨터가 알파벳을 선택했습니다! 기회는 5번입니다.
```

```
알파벳을 입력하시오(대소문자 무관): h
틀렸습니다.
...
알파벳을 입력하시오(대소문자 무관): s
근접합니다!
아쉽습니다. 정답은 'V'였습니다.
```

03 **다차원 배열을 사용하여 3차원 공간의 좌푯값을 출력하는 프로그램을 작성하시오. 단, 함수 기반의 배열 전달 방식을 이용하시오.**

[조건]

- 3×3×3 배열의 좌표는 총 27개이며, 사용자로부터 좌푯값(x, y, z)을 입력받는다.
- 입력받은 좌푯값이 배열의 범위에 포함되면 해당 좌표를 출력하고, 범위를 벗어나면 '잘못된 좌표입니다.'를 출력한다.

```
3x3x3 공간의 각 좌표에 임의의 값을 입력합니다:
좌표 (0, 0, 0)의 값: 1
좌표 (0, 0, 1)의 값: 2
좌표 (0, 0, 2)의 값: 3
...
좌표 (2, 2, 0)의 값: 25
좌표 (2, 2, 1)의 값: 26
좌표 (2, 2, 2)의 값: 27

조회할 좌표를 입력하세요 (x y z): 1 1 2
좌표 (1, 1, 2)의 값은: 15

조회할 좌표를 입력하세요 (x y z): 3 3 3
잘못된 좌표입니다.
```

C Master

CHAPTER 10 포인터 기초

CHAPTER 11 문자와 문자열

CHAPTER 12 포인터 활용

CHAPTER 13 구조체

CHAPTER 14 파일 입출력

CHAPTER 15 전처리기

PART 03

C 언어 고급 문법

CHAPTER 10

포인터 기초

10.1 포인터의 개요

10.2 포인터와 연산

10.3 void형 포인터

10.4 포인터와 함수

10.5 포인터와 배열

LAB 배열 요소를 반전하여 출력하기

LAB 파일 전송 대역폭 계산하기

LAB 학생 성적 정렬하기

REAL PROJECT 주식 거래 프로그램 만들기

한 번 더 체크 시스템에 따른 포인터의 크기

요약

연습문제 / 프로그래밍 문제

학습목표

- C 언어에서 쓰이는 포인터의 개념을 이해한다.
- 포인터 주소와 연산자, 포인터 변수, 포인터 선언과 초기화에 대해 알아본다.
- 포인터를 이용한 연산 방법을 익힌다.
- void형 포인터의 개념을 이해한다.
- 포인터와 함수의 관계, 포인터와 배열의 관계에 대해 알아본다.

Preview

포인터는 C 언어에서 매우 중요한 개념으로, 프로그래밍 언어 중에서 C 언어는 메모리 주소를 지정하여 연산하는 대표적인 언어라고 할 수 있다. 파이썬, C#, 자바 등은 포인터를 지원하지 않으며, 포인터의 개념을 몰라도 프로그램 개발이 가능하지만, C 프로그래밍에서는 포인터를 반드시 알아야 한다. 이 장에서는 포인터의 개념을 이해하고 다양한 사용법을 익힌다.

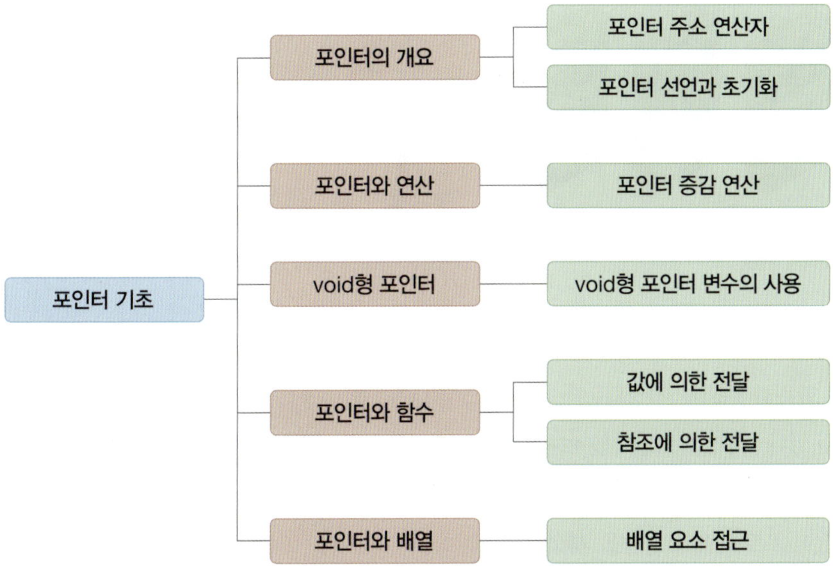

10.1 포인터의 개요

1 포인터의 개념

도서관에서 어떤 책을 찾는다고 가정해보자. 수많은 책 사이에서 무작정 책을 찾기는 어렵지만, 사서가 그 책의 정확한 위치 정보인 서가 번호를 알려준다면 쉽게 찾을 수 있다. 이때 사서가 제공한 서가 번호는 C 언어의 포인터에 비유할 수 있다. 책의 위치 정보(포인터)를 알면 해당 책에 직접 접근하여 필요한 정보를 얻을 수 있듯이, 포인터에는 데이터가 저장된 메모리의 위치, 즉 '주소'가 저장되어 있다.

그림 10-1 포인터의 개념

포인터pointer는 데이터가 저장된 메모리의 주소를 지정하는 변수를 의미한다. 컴퓨터에서 메모리는 바이트 단위로 주소가 지정되는데, 이 메모리의 주소를 이용하면 데이터를 저장하거나 값에 접근할 수 있다. 이러한 포인터를 이용하면 큰 데이터 구조를 다룰 때 데이터 전체를 이동하는 대신 해당 데이터의 주소만을 공유하거나 전달할 수 있다. 그럼으로써 메모리를 효율적으로 사용할 수 있어 프로그램의 성능을 개선하는 데 매우 유용하다. 또한 큰 데이터를 효율적으로 관리하고 프로그램의 실행 속도를 높일 수 있다. 특히 C 언어와 같은 저수준 언어에서는 메모리를 직접 관리해야 하는 경우가 많아 포인터의 역할이 매우 중요하다.

포인터를 사용하면 연결 리스트나 이진 트리와 같은 향상된 자료 구조를 형성할 수 있다. 또한 임베디드 시스템에서 메모리를 직접 조작하거나 동적 메모리를 할당할 수 있으며, 함수(9장)에서는 주소를 참조하는 호출을 구현할 수 있다.

변수의 메모리 주소

포인터를 이해하기 위해 먼저 변수의 메모리 주소를 살펴보자. [그림 10-2]에서 char형 변수 G에 저장된 문자 상수 'A'는 메모리의 특정 주소에 1바이트 크기로 저장된다. 메모리는 고유의 주소가 바이트 단위로 구성되며, 우리는 이 주소를 통해 메모리에 접근할 수 있다. 실제 메모리 주소는 보통 16진수로 표현되므로 0x00564, 0x00563, 0x00562와 같은 형태이다.

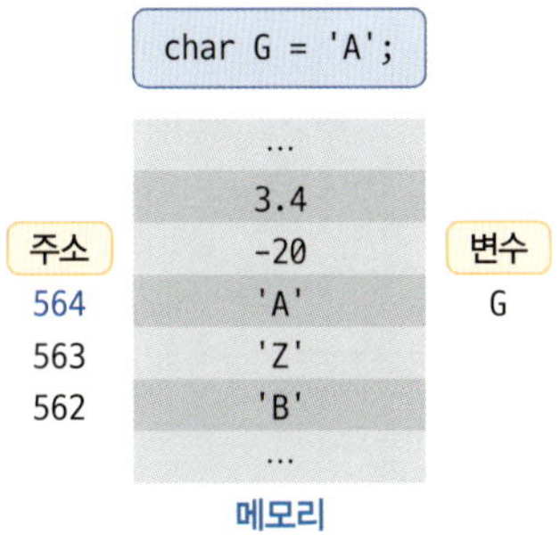

그림 10-2 메모리에 변수가 저장되는 방식

프로그램에서 변수를 선언하면 C 컴파일러가 비어 있는 메모리 공간을 확보하여 해당 변수가 차지하는 크기에 맞게 저장된다. 예를 들어 [그림 10-3]과 같이 변수 a, b, c가 선언되면 각 변수의 자료형에 맞게 메모리 공간이 확보된다. 메모리 주소는 시스템에 따라 달라질 수 있으며, 메모리 할당이 순차적으로 이루어지지 않는다. 컴파일러는 변수가 저장될 때 메모리 크기와 형식을 정의하며, 프로그램 실행 중 운영체제가 비어 있는 메모리 주소에 변수를 배치한다.

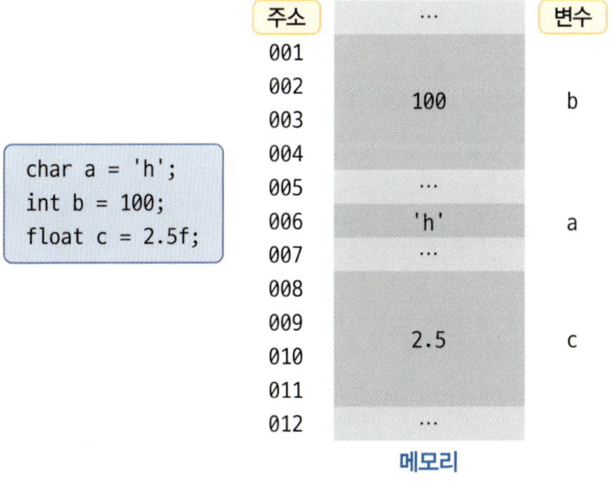

그림 10-3 변수 선언에 따른 메모리 저장 방식

TIP C 언어에서는 메모리 주소를 '포인터' 또는 '포인터 상수'라고 한다. 포인터가 가리키는 메모리 주소 자체는 변경할 수 있지만, 특정 메모리 주소에 해당하는 포인터 상수는 변경할 수 없다.

포인터 주소 연산자 &

메모리상의 주소는 어떻게 확인할 수 있을까? C 언어에서는 변수의 주소를 처리하는 연산자가 있다. scanf() 함수에서 사용한 &가 바로 주소 연산자이다. & 연산자를 이용하면 변수의 메모리 주소를 알 수 있다.

| Syntax | 주소 연산자 &

```
&변수명
&address
```

& 연산자로 변수의 메모리 주소 확인하기 address_c.c

```c
#include <stdio.h>

int main()
{
    char x = 'h';
    int y = 100;
    float z = 2.5f;

    printf("x의 메모리 주소: %p\n", &x);
    printf("y의 메모리 주소: %p\n", &y);
    printf("z의 메모리 주소: %p\n", &z);

    return 0;
}
```

```
x의 메모리 주소: 0000006F9F78FAE4
y의 메모리 주소: 0000006F9F78FB04
z의 메모리 주소: 0000006F9F78FB24
```

실행 결과는 다르게 출력됨(16진수로 출력)

2 포인터 선언과 초기화

변수의 메모리 주소를 저장하는 변수를 **포인터 변수**pointer variable라고 한다. 포인터는 다른 변수의 주소를 가리키는 특성이 있어 간접적으로 다른 변수의 값을 읽거나 수정할 수 있다. 포인터 변수를 사용하려면 다른 변수와 마찬가지로 포인터 변수를 선언해야 한다.

포인터 간접 연산자 *

포인터를 선언하려면 포인터가 가리키는 변수명 앞에 **간접 연산자**indirection operator 또는 역참조 연산자라고 불리는 *를 붙인다. 포인터 변수를 선언하는 형식은 다음과 같다.

| Syntax | 포인터 변수 선언

```
자료형 *변수명;
int *p;
```

다음은 포인터 변수를 선언하고 초기화하는 간단한 코드이다. 변수 a의 주소가 934라고 가정할 때 p = &a 연산을 실행하면 변수 a의 주소가 p에 저장된다.

```
int a = 100;    // 정수형 변수 a를 선언하고 100으로 초기화
int *p;         // 정수형 포인터 변수 p 선언
p = &a;         // 변수 a의 주소를 포인터 변수 p에 저장
```

[그림 10-4]는 포인터 변수 p가 a라는 변수를 가리키는 방식을 보여준다. 포인터 변수 p가 변수 a의 주소(934)를 물리적으로 담고 있는데, 논리적인 측면에서 보면 이는 포인터 변수 p가 변수 a를 가리키는 것이다.

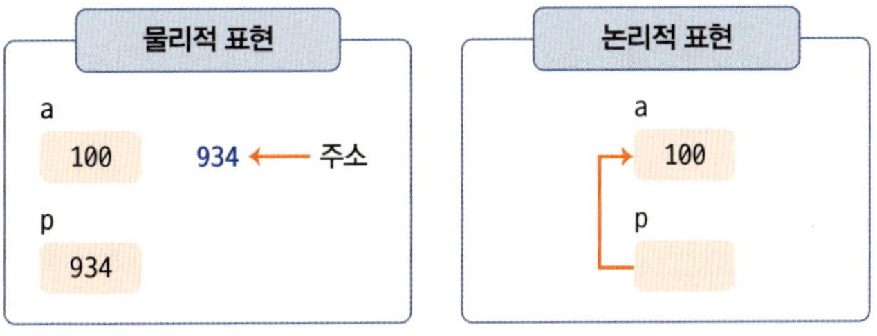

그림 10-4 포인터 변수의 물리적 표현과 논리적 표현

다음은 포인터 변수 2개를 선언하고 하나의 주소를 각 변수에 저장하는 코드이다.

```
int a = 100;    // 정수형 변수 a를 선언하고 100으로 초기화
int *p, *q;     // 정수형 포인터 변수 p, q 선언
p = &a;         // 포인터 변수 p에 변수 a의 주소 저장
q = &a;         // 포인터 변수 q에 변수 a의 주소 저장
```

변수 a의 주소가 934라고 가정할 때 p = &a와 q = &a 연산을 실행하면 변수 a의 주소가 p와 q

에 저장되어 [그림 10-5]와 같이 p, q가 동시에 변수 a를 가리킨다. 즉 변수의 주소를 가진 포인터 변수가 꼭 하나인 것은 아니며 여러 개일 수도 있다.

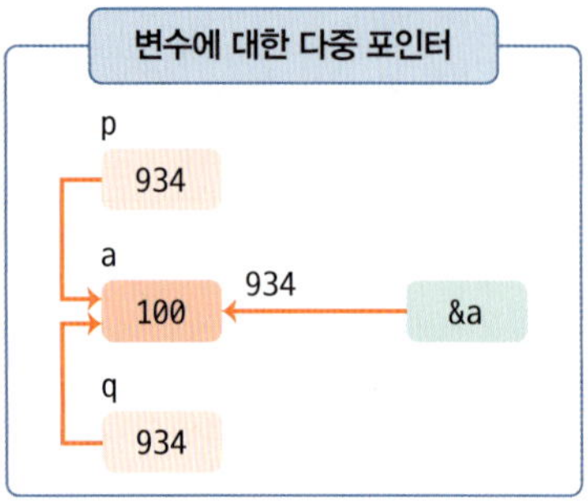

그림 10-5 다중 포인터 변수의 물리적 표현

예제 10-1 | 포인터 변수 선언하고 초기화하기 ex10_01.c

↳ 포인터 변수를 선언하고 초기화하면서 포인터와 주소 참조의 개념을 이해해보자.

```
#include <stdio.h>

int main()
{
    int value = 125;
    int *ptr;
    ptr = &value;       // ptr은 value의 주소를 가리킴

    printf("value의 값: %d\n", value);
    printf("value의 주소: %p\n", &value);
    printf("ptr이 가리키는 주소: %p\n", ptr);
    printf(*ptr이 가리키는 실제 값: %d\n", *ptr);

    return 0;
}
```

- `int *ptr;` — 정수형 변수를 가리키는 포인터 변수 선언
- `ptr = &value;` — value의 주소를 ptr에 저장
- `*ptr` — value의 값을 반환

```
value의 값: 125
value의 주소: 000000313D53F864
ptr이 가리키는 주소: 000000313D53F864
*ptr이 가리키는 실제 값: 125
```

예제 10-2 다양한 자료형의 포인터 변수 선언하고 초기화하기 ex10_02.c

↳ char형, float형, double형 변수를 가리키는 포인터 변수를 선언하고 이를 사용하여 값과 주소를 출력해보자.

```
01 #include <stdio.h>
02
03 int main()
04 {
05     char c = 'P';
06     float f = 2.15f;
07     double d = 2.15;
08     char *pc = &c;
09     float *pf = &f;     // float형 변수를 가리키는 포인터로 변경
10     double *pd = &d;   // double형 변수를 가리키는 포인터로 변경
11
12     // 포인터를 통해 각 변수의 값 출력
13     printf("c의 값: %c\n", *pc);
14     printf("f의 값: %f\n", *pf);
15     printf("d의 값: %lf\n", *pd);
16
17     // 각 변수의 메모리 주소 출력
18     printf("c의 주소: %p\n", (void*)pc);
19     printf("f의 주소: %p\n", (void*)pf);
20     printf("d의 주소: %p\n", (void*)pd);
21
22     return 0;
23 }
```

```
c의 값: P
f의 값: 2.150000
d의 값: 2.150000
c의 주소: 000000DF8CAFF824
f의 주소: 000000DF8CAFF844
d의 주소: 000000DF8CAFF868
```

8~10행에서 포인터 변수를 선언함과 동시에 주소를 할당했다. 포인터 변수를 사용할 때는 포인터 변수를 선언함과 동시에 대상 변수의 메모리 주소를 할당하는 것이 관례이다. 즉 [그림 10-6]과 같이 `int *p = &x;`은 `int *p;`과 `p = &x;`으로 표현할 수 있다.

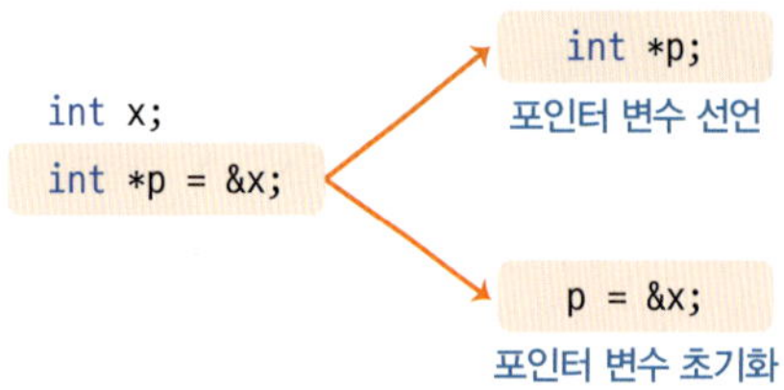

그림 10-6 포인터 변수 선언과 초기화

포인터의 다양한 자료형

포인터 변수로 제어하고 싶은 대상 변수의 자료형에 따라 포인터 변수의 자료형을 정한다. 다시 말해 char형 변수를 가리키는 포인터 변수를 선언하려면 char형 포인터 변수를 선언하고, int형 변수를 가리키는 포인터 변수를 선언하려면 int형 포인터 변수를 선언하면 된다.

| Syntax | **포인터의 자료형 지정**

```
포인터 자료형 *식별자;
type *p;
```

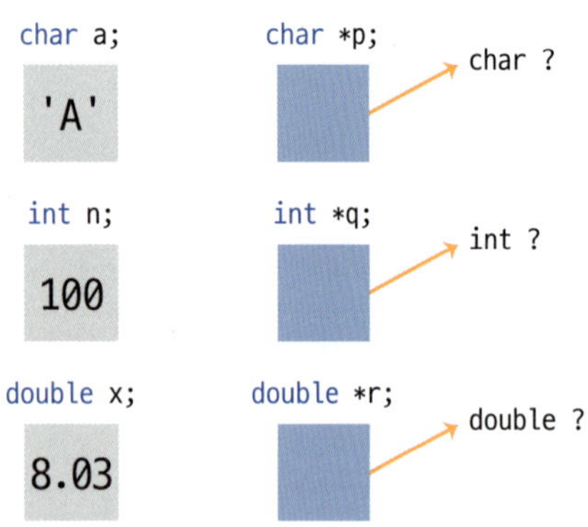

그림 10-7 다양한 자료형의 포인터 변수

그런데 왜 포인터 변수의 자료형을 지정할까? 포인터 변수는 메모리 주소를 저장하는 변수이므로 자료형에 관계없이 메모리 주소의 크기인 8바이트가 할당된다. 따라서 포인터가 가리키는 주소에서 몇 바이트를 읽어올지를 결정하기 위해 포인터 변수의 자료형을 지정하는 것이다. 컴파일러는 포인터의 자료형에 따라 해당 번지로 가서 읽어올 데이터의 크기를 정한다.

```
// 컴파일러는 다음 코드를 어떻게 처리할까?
// 즉 메모리에 몇 바이트씩 할당할까?
int *intp;
float *floatp;
double *doublep;
char *charp;
```

포인터 변수에는 항상 8바이트가 할당된다.

포인터 변수의 자료형은 포인터가 가리키는 주소에서 몇 바이트를 읽어올지 결정한다.

그림 10-8 포인터 변수의 자료형을 지정하는 이유

포인터 변수 메모리 할당 바이트 확인하기

pointer_address.c

```c
#include <stdio.h>

int main() {

    int i = 10;
    double d = 3.4;
    int* pi;
    double* pd;

    printf("변수 pi에 할당된 바이트: %d(byte)\n", sizeof(pi));
    printf("변수 pd에 할당된 바이트: %d(byte)\n", sizeof(pd));

    return 0;
}
```

```
변수 pi에 할당된 바이트: 8(byte)
변수 pd에 할당된 바이트: 8(byte)
```

하나 더 알기 **간접 연산자 *의 위치**

비주얼 스튜디오 2022로 C 프로그래밍을 하다 보면 간접 연산자가 자동으로 자료형 옆에 붙는 일이 발생할 수 있다. 그러나 일반적인 선언 위치와 의미상의 차이가 없으니 편한 대로 코드를 작성하면 된다.

```c
int *p = &a;      // 일반적인 *의 위치
int* p = &a;      // 위의 코드와 의미상 차이가 없음
int *pa, *pb;     // *가 각각 pa와 pb에 적용되어 모두 int형 포인터 변수로 선언됨
int* pa, pb;      // *가 pa에만 적용됨, pa는 int형 포인터, pb는 int형 변수
```

3 포인터의 중요성

포인터를 사용하는 이유는 다양하다. 함수의 인자로 큰 데이터를 전달할 때 주소만 전달하여 메모리 사용을 최적화할 수 있고, 함수에서 여러 값을 반환할 때 활용하거나, 동적 메모리를 할당하거나, 배열과 같은 데이터 구조를 효율적으로 관리할 때, 그리고 더 복잡한 자료 구조를 구현할 때 필수적이다. 이러한 포인터의 중요성은 다음과 같이 정리할 수 있다.

- **함수와의 상호작용**: 포인터를 사용하면 함수의 인자(매개변수)로 메모리 주소를 전달할 수 있다. 그러면 참조에 의한 호출이 가능하므로 함수가 호출된 곳에서 변수의 원래 값을 변경할 수 있다.
- **배열과의 밀접한 관계**: 배열명은 기본적으로 첫 번째 요소의 주소를 가리키는 포인터로 사용된다. 포인터 연산을 이용하면 배열 요소를 효율적으로 순회하고 접근할 수 있다.
- **문자열 처리**: C 언어에서 문자열은 문자 배열 또는 문자 포인터로 처리된다. 포인터를 사용하여 문자열을 조작하고, 문자열 사이를 이동하며, 문자열의 시작부터 끝까지 접근하는 등의 작업을 할 수 있다.
- **데이터 구조 구현**: 연결 리스트$_{\text{linked list}}$, 트리$_{\text{tree}}$, 그래프$_{\text{graph}}$와 같은 복잡한 데이터 구조는 포인터를 통해 원소 간의 연결을 표현한 것이다.
- **시스템 수준의 프로그래밍 가능**: 포인터를 사용하면 하드웨어와 직접적으로 상호작용하는 시스템 수준의 프로그래밍이 가능하다. 예를 들어 하드웨어 장치의 레지스터에 접근하거나 운영체제의 메모리 관리 기능을 직접 사용할 수 있다.

TIP 포인터는 강력한 기능이지만 잘못된 메모리 주소에 접근하거나 이미 해제된 메모리를 다시 사용하는 등의 오류를 일으킬 위험도 있다. 따라서 포인터를 올바르게 이해하고 사용하는 것이 중요하다. 최근의 인기 프로그래밍 언어에서는 포인터로 인한 오류를 막기 위해 포인터를 직접 다루는 것을 허용하지 않는다.

확인문제

1 다음 빈칸에 알맞은 말을 넣으시오.

① 포인터 변수 앞에 붙이는 간접 연산자는 (　　　　), (　　　　)라고도 불리며, 포인터 변수에 저장된 메모리 주소를 참조하여 해당 주소에 저장된 값을 반환한다.

② 32비트 운영체제에서는 포인터에 메모리 주소의 크기인 (　　　　)가 할당되고, 64비트 운영체제에서는 포인터에 메모리 주소의 크기인 (　　　　)가 할당된다.

정답

1 ① * 연산자, 역참조 연산자　② 4바이트, 8바이트

10.2 포인터와 연산

1 포인터 연산

포인터도 일반 변수처럼 연산할 수 있으며, 포인터 연산은 메모리 주소에 직접 접근하고 조작하기 위해 주로 사용된다. 변수의 메모리 주소를 저장하는 변수인 포인터의 연산 대상은 메모리 주소이다. 포인터 연산의 연산자는 +, -, ++, --이며, 포인터 연산에서는 정수만 사용할 수 있다. 포인터 연산의 핵심은 포인터가 가리키는 대상의 크기만큼 연산이 일어난다는 것이다.

다음 코드에서 변수 i의 메모리 주소를 포인터 변수 p에 할당한 후 p++로 포인터를 증가시키면 어떻게 될까? p가 가리키는 메모리 주소가 4바이트 증가한다. p가 int형 포인터라 p++는 정수형의 크기인 4바이트만큼 주솟값을 이동하기 때문이다.

```
int  i = 10;
int *p;

p = &i;
p++;       // 실제로 증가되는 대상은?
```

변수 i의 값은 10이지만, int형 변수 i의 메모리 주소가 1004번지일 때 p++ 연산은 10에 1을 더하여 11로 만드는 것이 아니라 1004번지에서 4바이트 이동하여 1008번지로 만든다. 즉 p++ 연산은 포인터 변수 p가 가리키는 메모리 주소를 해당 자료형의 크기만큼 증가시킴으로써 포인터가 이동하게 된다.

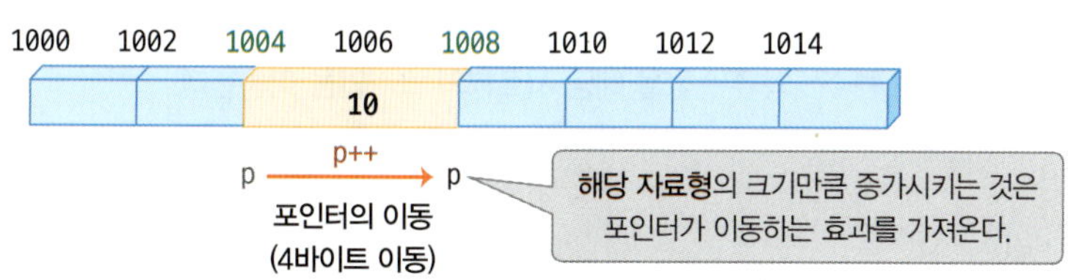

그림 10-9 포인터 증가 연산

SELF STUDY

메모리 주소의 크기는 32비트 운영체제의 경우 4바이트, 64비트 운영체제의 경우 8바이트이다. `printf("Size of pointer: %zu bytes\n", sizeof(void*))`를 32비트, 64비트 시스템에서 실행하고 결과를 확인해보자.

만약 [그림 10-10]에서처럼 변수 i가 double형일 때 p++ 연산을 수행한다면 double형의 크기가 8바이트이므로 1004번지에서 8바이트 이동하여 1012번지가 된다.

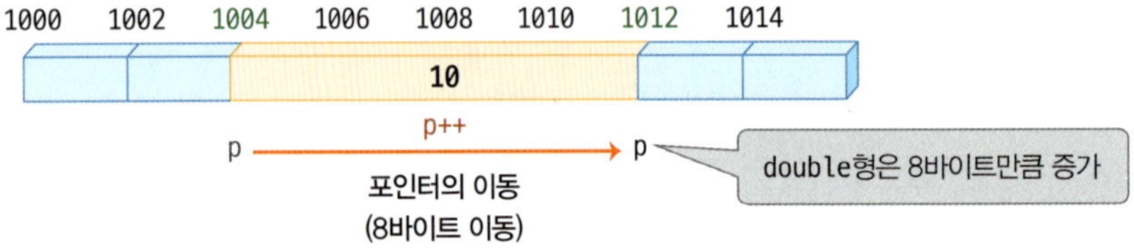

그림 10-10 double형의 포인터 증가 연산

그런데 연산자의 우선순위를 적용한다면 어떻게 될까? 예를 들어 (*p)++와 *p++를 비교하여 살펴보자.

```c
int i = 10;
int *p;

p = &i;
(*p)++;
*p++;       // 두 포인터 연산의 차이는?
```

- **(*p)++**: 포인터 변수 p가 가리키는 변수 i의 값을 10에서 11로 증가시킨다.
- ***p++**: 포인터 변수 p가 가지고 있는 변수 i의 주솟값을 해당 자료형의 크기만큼 이동한다.

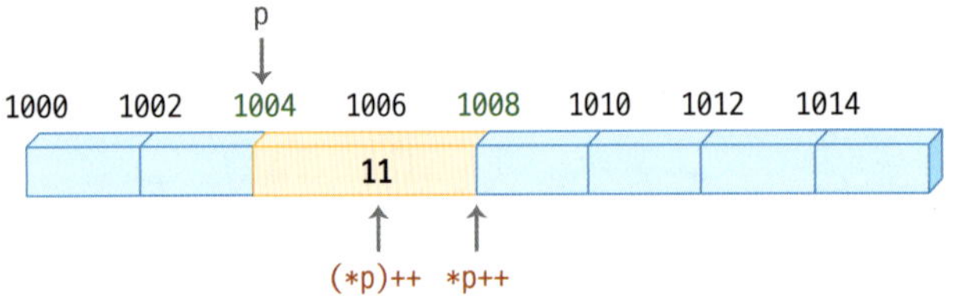

그림 10-11 (*p)++와 *p++의 비교

예제 10-3 포인터 연산 사용하기 ex10_03.c

↳ 포인터 연산에 따라 달라지는 포인터 p와 변수 i의 값을 출력해보자.

```c
#include <stdio.h>

int main()
{
    int i = 10;
    int *p;

    p = &i;   // p에 i의 주소 저장

    printf("p = %p \n", p);
    printf("(*p)++ = %d \n", (*p)++);      // 후위 증감 연산으로 i의 값 출력 후 1 증가
    printf("*p++ = %d \n", *p++);          // p가 가리키는 값 출력 후 포인터 p 증가
    printf("p++ = %p \n", p++);            // 증가된 p의 주소 출력

    return 0;
}
```

```
p = 0000004E0D59F824
(*p)++ = 10
*p++ =  11
p++ = 0000004E0D59F828
```

2 포인터 증감 연산

포인터 연산에서 증감 연산자를 활용할 때는 주의가 필요하다. 예를 들어 ***p++**와 ***++p**의 연산 결과는 전혀 다르기 때문이다.

- ***p++ 연산**: 포인터 변수 p가 가리키는 값을 가져온 뒤 p의 값을 증가시켜 다음 연산에서는 p가 메모리의 다음 위치를 가리키게 된다. 이 두 작업의 순서가 중요한데, 후위 증가 연산자가 사용되었기 때문에 p의 증가는 *p가 지정된 후에 발생한다. 즉 현재 p가 가리키는 값을 반환한 후에 p의 주소를 증가시킨다. 여기서 중요한 점은, 증가 연산이 간접 참조 연산보다 뒤에 수행되므로 *p++는 현재 p가 가리키는 값에 접근한 후 p를 다음 주소로 이동한다는 것이다.
- ***++p 연산**: 먼저 포인터 변수 p를 증가시킨 다음 증가된 p가 가리키는 값을 반환한다. 즉 포인터 p는

연산이 끝난 후 메모리의 다음 위치를 가리키게 된다. 여기서 '다음'은 포인터가 가리키는 자료형의 크기에 따라 달라진다. 만약 p가 정수형 포인터라면 p는 연산 후 다음 정수형 변수의 주소를 가리키며, 정수형의 크기인 4바이트만큼 증가한다.

표 10-1 *p++와 *++p의 차이

구분	설명
*p++	*p와 p++의 결합과 같다. *(p++)와 같은 의미이다.
*++p	++p와 *p의 결합과 같다. *(++p)와 같은 의미이다.

[표 10-2]는 포인터 변수 p가 가리키는 값, 즉 포인터가 가리키는 내용의 증가 연산을 여러 방식으로 표현한 문법을 정리한 것이다.

표 10-2 포인터 변수 p가 가리키는 값의 증가 표현식

표현식	연산 순서 및 동작
(*p)++	현재 값을 반환하고 이후 값을 증가시킨다.
(*p)+1	값을 변경하지 않고 1만큼 더한 결과를 반환한다.
*p+=1	값을 1 증가시키고 결과를 다시 저장한다.
(*p)+=1	*p+=1과 동일하다.
*p=*p+1	값을 1 더하고 결과를 저장한다.
++*p	값을 먼저 1 증가시키고 증가된 값을 반환한다.
++(*p)	++*p와 동일하며, 연산 순서를 명확히 표현한 것이다.

TIP 포인터 감소(--) 연산은 포인터 증가(++) 연산과 마찬가지로 메모리 주소를 기준으로 연산되어 주소가 감소한다.

예제 10-4 포인터 증감 연산 사용하기 1 ex10_04.c

↳ 정수형 변수 num을 선언하고, 포인터 변수 pnum을 사용하여 num 값의 변경 없이 메모리 주소를 조작해보자.

```c
#include <stdio.h>

int main()
{
    int num = 50;     // 정수형 변수 num을 50으로 초기화
    int* pnum;        // 정수형 포인터 변수 pnum 선언

    pnum = &num;      // pnum을 num의 주소로 초기화하여 pnum을 가리키도록 설정

```

```
10      printf("*(pnum) = %d \n", *(pnum));         // num의 값을 참조하여 출력
11      printf("*(pnum++) = %d \n", *(pnum++));     // pnum이 가리키는 주소를 int형 크기만큼 증가
12      printf("*(++pnum) = %d \n", *(++pnum));     // 증가된 pnum이 가리키는 값을 출력하려고 시도
13
14      return 0;
15  }
```

num을 벗어난 주소를 pnum이 가리키므로 정의되지 않은 값이 출력됨

```
*(pnum) = 50
*(pnum++) = 50
*(++pnum) = -858993460
```

출력 결과를 예측할 수 없음

12행에서 pnum의 주소를 int형 크기만큼 증가시킨 뒤 새로운 주소에서 값을 간접 참조하여 출력했다. ++pnum은 전위 증가 연산자이므로 pnum이 먼저 증가한 후 증가된 주소의 값을 참조한다. 그러나 이 코드는 정의되지 않은 동작을 일으킬 수 있다. pnum이 가리키는 주소가 변수 num의 메모리 공간 바로 다음이므로, 할당된 메모리 공간을 벗어나 할당되지 않은 메모리를 참조할 수 있기 때문이다. 따라서 실제 출력값을 예측할 수 없다.

예제 10-5 포인터 증감 연산 사용하기 2 ex10_05.c

↳ 포인터 증가 연산의 결과와 감소 연산의 결과를 비교해보자.

```c
#include <stdio.h>

int main()
{
    int num = 50;
    int* pnum;

    pnum = &num;

    printf("*(pnum) = %d \n", *(pnum));
    printf("*(pnum--) = %d \n", *(pnum--));
    printf("*(--pnum) = %d \n", *(--pnum));

    return 0;
}
```

```
*(pnum) = 50
*(pnum--) = 50
*(--pnum) = 0
```

12행의 *(--pnum)에서 전위 감소 연산자 --는 먼저 포인터 pnum의 주솟값을 감소시킨 뒤 그 주소를 참조한다. 그러나 11행의 *(pnum--)에서 후위 감소 연산자에 의해 pnum의 주솟값이 한 번 감소된 상태이므로, 12행의 결과로 pnum은 처음에 가리키던 num의 주소에서 두 번 감소된 상태가 된다. 이는 유효하지 않은 메모리 주소를 참조하는 시도로, 정의되지 않은 동작undefined behavior을 초래할 수 있다.

참고로 비주얼 스튜디오 2022에서는 스택 메모리가 디버깅 목적으로 초기화되어, 정의되지 않은 메모리 주소를 참조하더라도 값이 0으로 초기화된 메모리를 읽을 수 있다. 이로 인해 12행의 출력 결과가 0으로 나타날 수 있다.

확인문제

1 다음 빈칸에 알맞은 말을 넣으시오.

> (　　　　)은 메모리 주소에 직접 접근하고 조작하기 위해 주로 사용되며, 그 대상은 (　　　　)이다. (　　　　)는 변수의 메모리 주소를 저장하는 변수로, 특정 데이터 유형의 주소를 가리킨다.

정답

1 포인터 연산, 메모리 주소, 포인터 변수

10.3 void형 포인터

1 void형 포인터의 개념

일반 포인터 또는 **범용 포인터**generic pointer라고도 불리는 void형 포인터는 다양한 자료형의 주소를 저장할 수 있다. void형 포인터는 특정 자료형이 지정되지 않아 다양한 자료형의 메모리 주소를 가리키는 데 사용된다.

| Syntax | void형 포인터

```
자료형 없음 *식별자;
void *pointer_name;
```

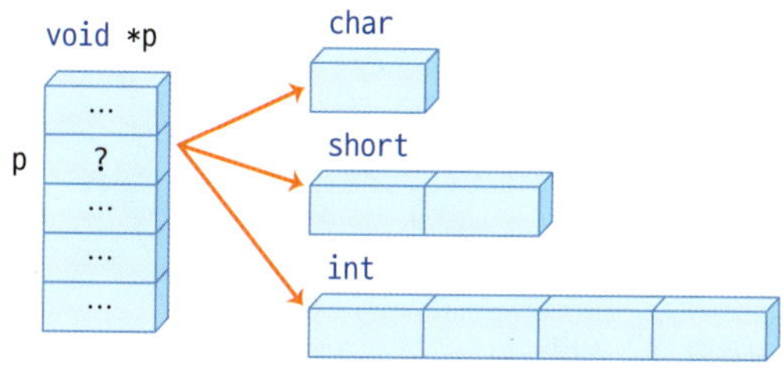

그림 10-12 void형 포인터

void형 포인터의 특징

- **정해진 유형 부재**: void형 포인터는 특정 데이터 유형에 고정되지 않으므로 int, float, char 등 다양한 자료형의 메모리 주소를 가리킬 수 있다.
- **연산 제한**: void형 포인터는 직접적으로 역참조하거나 산술 연산을 수행할 수 없다. 예를 들어 *(void*)ptr 또는 ptr++와 같은 연산이 허용되지 않는다. 포인터 연산을 수행하려면 void형 포인터를 적절한 자료형의 포인터로 형 변환을 해야 한다.
- **메모리 할당**: malloc(), calloc() 등의 메모리 할당 함수는 void*형 포인터를 반환하며, 따라서 반환된 메모리 블록을 어떤 자료형으로도 사용할 수 있다. 예를 들어 void* ptr = malloc(100)으로 100바이트의 메모리를 할당받을 수 있으며, 이 메모리는 int*, char*, float* 등으로 형 변환하여 사용할 수 있다.
- **함수 인자**: void형 포인터는 함수 인자로 널리 사용되며, 다양한 자료형의 데이터를 처리할 수 있는 함수를 작성하는 데 유용하다. 예를 들어 표준 라이브러리 함수인 qsort()와 bsearch()에 void형 포인터를 사용하면 데이터의 자료형에 관계없이 일반적인 정렬 및 검색이 가능하다.

두 가지 예시 코드를 통해 자료형과 포인터 변수, 변수 주소의 차이점을 비교해보자. 다음 코드에서는 변수에 특정 자료형을 사용하지 않아도 void*형 포인터 변수에 다양한 자료형의 주소를 저장할 수 있다.

void형 포인터 사용하기 1

void_1.c

```c
#include <stdio.h>

int main()
{
    int m_int;
    float m_float;
    double m_double;
    char m_char;
    void* mp;

    mp = &m_int;        // &m_int는 int* 자료형 주소 반환
    mp = &m_float;      // &m_float는 float* 자료형 주소 반환
    mp = &m_double;     // &m_double은 double* 자료형 주소 반환
    mp = &m_char;       // &m_char는 char* 자료형 주소 반환
}
```

m_int, m_float, m_double, m_char는 각각 int, float, double, char 자료형 변수로, void형 포인터는 이러한 변수의 주소를 저장한다. &m_int, &m_float, &m_double, &m_char는 각각 int*, float*, double*, char* 자료형의 포인터 주소를 반환한다.

void형 포인터 사용하기 2

void_2.c

```c
#include <stdio.h>

int main()
{
    int* m_int;
    float* m_float;
    double* m_double;
    char* m_char;
    void* mp;

    mp = m_int;         // m_int는 int* 자료형 포인터 변수
    mp = m_float;       // m_float는 float* 자료형 포인터 변수
    mp = m_double;      // m_double은 double* 자료형 포인터 변수
    mp = m_char;        // m_char는 char* 자료형 포인터 변수
}
```

m_int, m_float, m_double, m_char는 각각 int*, float*, double*, char* 자료형 포인터로, void형 포인터는 이러한 포인터 변수의 주소를 저장한다. m_int, m_float, m_double, m_char는 포인터 변수이며, 각기 다른 int*, float*, double*, char* 자료형을 저장하고 있다.

2 void형 포인터 변수의 사용

void형 포인터 변수에서 값을 읽을 때는 반드시 형 변환 연산자를 사용해야 한다. 다음 코드에서 (int*)mp는 mp에 들어 있는 값을 주소화하라는 의미이다. 즉 mp에 있는 값이 정수형 포인터로 변환된다.

void형 포인터에 형 변환 연산자 사용하기 void_casting.c

```
#include <stdio.h>

void main()
{
    int m_int = 15;
    double m_double = 3.1477;
    char m_char = 'M';
    void* mp;

    mp = &m_int;
    printf("m_double %d\n", *(int*)mp);

    mp = &m_double;
    printf("m_double %.1f\n", *(double*)mp);

    mp = &m_char;
    printf("m_char %c\n", *(char*)mp);
}
```

mp에 있는 값을 정수형 포인터로 변환하라는 의미

```
m_double 15
m_double 3.1
m_char M
```

예제 10-6 void*형 포인터를 다양한 자료형으로 형 변환하기

ex10_06.c

↳ void*형 포인터를 사용하여 다양한 자료형의 값을 출력하는 함수 printValue()를 구현해보자.

```
#include <stdio.h>

void printValue(void* ptr, char type) {
    switch (type) {
    case 'i':
        printf("%d\n", *(int*)ptr);     // void형 포인터를 int형 포인터로 형 변환하여 역참조
        break;
    case 'f':
        printf("%f\n", *(float*)ptr);   // void형 포인터를 float형 포인터로 형 변환하여 역참조
        break;
    case 'c':
        printf("%c\n", *(char*)ptr);    // void형 포인터를 char형 포인터로 형 변환하여 역참조
        break;
    }
}

int main()
{
    int i = 23;
    float f = 4.5;
    char c = 'z';

    printValue(&i, 'i');
    printValue(&f, 'f');
    printValue(&c, 'c');

    return 0;
}
```

```
23
4.500000
z
```

printValue() 함수에서 void* ptr 매개변수는 어떤 자료형의 주소도 받을 수 있는 void*형 포인터이다. 또한 switch 문은 매개변수 자료형의 값에 따라 분기하여 ptr을 적절한 유형의 포인터로 형 변환하고 역참조하여 값을 출력한다.

하나 더 알기 **void*형 포인터를 사용하는 이유**

void*형 포인터는 자료형의 유연성을 얻기 위해 사용한다. 하나의 함수로 다양한 자료형을 처리함으로써 코드의 중복을 피하고, 라이브러리 함수처럼 일반적인 용도로 사용할 수 있다. 하지만 잘못된 형 변환은 런타임 오류를 발생시킬 수 있으므로 포인터 변수에는 반드시 올바른 메모리 주소만 저장해야 하며, 잘못된 값이 들어가지 않도록 주의가 필요하다.

확인문제

1 다음 빈칸에 알맞은 말을 넣으시오.

void형 포인터 변수에서 값을 읽을 때는 반드시 (   )를 사용해야 한다.

2 다음 빈칸에 알맞은 코드를 넣으시오.

```
void printValue(void* ptr) {
    printf("%d\n", *(int*)ptr);
}
int main() {
    int num = 42;
    [        ] = &num;
    printValue(ptr);
    return 0;
}
```

정답

1 형 변환 연산자   2 void* ptr

10.4 포인터와 함수

1 포인터를 이용한 함수 호출

함수에 매개변수를 전달할 때는 일반적으로 **값에 의한 전달** call by value 방식과 **참조에 의한 전달** call by reference 방식을 사용하며, 포인터를 이용한 함수 호출은 참조에 의한 전달 방식의 예이다.

- **값에 의한 전달**: 함수에 변수의 값을 복사하여 전달하는 방식으로, 함수 내에서 매개변수의 값을 변경해도 호출한 곳의 변수에 영향을 주지 않는다.
- **참조에 의한 전달**: 함수에 변수의 주소를 전달하는데, 이는 주로 포인터를 통해 이루어진다. 이 방식은 함수 내에서 포인터를 사용하여 메모리의 값을 직접 변경할 수 있으므로 호출한 곳의 변수에 영향을 주게 된다.

참조에 의한 전달 방식은 함수가 호출자의 변수를 직접 수정할 수 있어 결과를 여러 개 반환하거나, 큰 데이터 구조를 복사하지 않고 효율적으로 데이터를 처리할 수 있다는 것이 장점이다.

2 값에 의한 전달

두 변수의 값을 교환하는 방법을 알아보자. 다음 코드에서는 main(), swap() 함수를 이용하여 두 변수의 값을 교환한다.

값에 의한 전달을 사용하는 swap() 함수 swap_1.c

```c
#include <stdio.h>

void swap(int, int);    // 함수 원형

int main()
{
   int a, b;
   a = 10;
   b = 20;

   printf("before swap() : a=%d, b=%d\n", a, b);    // 호출 전 a와 b의 값
   swap(a, b);     // a와 b의 값 전달
```

```
    printf("after swap() : a=%d, b=%d\n", a, b);    // 호출 후 a와 b의 값

    return 0;
}

void swap(int a, int b)
{
    int temp;

    temp = a;
    a = b;
    b = temp;

    printf("in swap() : a=%d, b=%d\n", a, b);
}
```

```
before swap() : a=10, b=20
in swap() : a=20, b=10
after swap() : a=10, b=20
```

main() 함수에서 swap(a, b)를 호출하여 swap() 함수에 a와 b의 값을 전달했지만, swap() 함수 종료 후에 변수 a와 b의 값이 교환되지 않았다. 이는 C 언어에서의 함수 호출이 기본적으로 값에 의한 전달 방식이기 때문이다. 즉 함수 호출 시 인자의 값만 복사되어 전달되므로, 함수 내에서 값을 변경해도 원본 변수 자체는 변경되지 않는다. 그러므로 main() 함수의 변수 a, b와 swap() 함수의 변수 a, b는 각기 다른 지역변수로 취급되며 서로 영향을 주지 않는다. 다시 말해 swap() 함수에서의 변경이 main() 함수의 변수에 반영되지 않는다.

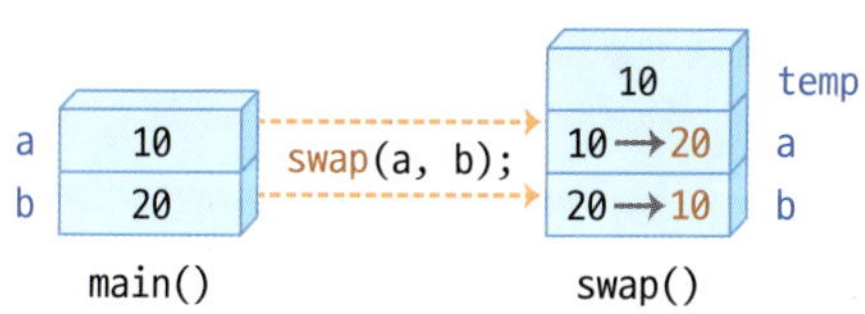

그림 10-13 값에 의한 전달 방식으로 두 변수의 값 교환

예제 10-7 값에 의한 전달 방식으로 변숫값 증가시키기 ex10_07.c

↳ increment() 함수를 정의하고 값에 의한 전달 방식으로 정수형 변수의 값을 증가시켜 출력해보자.

```
#include <stdio.h>

// 매개변수 value로 전달된 정숫값을 증가시키는 함수
void increment(int value) {
```

```
    value++;
}

int main()
{
    int num = 10;
    printf("Before increment: %d\n", num);
    increment(num);      // 함수 호출 시 num의 값 전달
    printf("After increment: %d\n", num);

    return 0;
}
```

```
Before increment: 10
After increment: 10
```

increment() 함수는 인자로 받은 변수 value의 값을 1 증가시키지만, 이와 같은 변경은 increment() 함수의 지역변수에만 영향을 미치고 main() 함수의 변수 num에는 영향을 주지 않는다. main() 함수에서 num은 10으로 초기화되며, increment() 함수가 호출될 때 num의 값이 increment() 함수의 매개변수 value로 복사된다. increment() 함수에서 변수 value가 증가되어도 이는 value의 복사본이므로 main() 함수의 변수 num에는 반영되지 않는다.

3 참조에 의한 전달

다음은 swap() 함수를 이용하여 두 변수의 값을 교환하는 코드이다.

참조에 의한 호출을 사용하는 swap() 함수 swap_2.c

```
#include <stdio.h>

void swap(int*, int*);      // 함수 원형

int main(void)
{
    int a, b;
```

```c
    a = 10;
    b = 20;

    printf("before swap() : a=%d, b=%d\n", a, b);    // 호출 전 a와 b의 값
    swap(&a, &b);     // a와 b의 주소 전달
    printf("after swap() : a=%d, b=%d\n", a, b);     // 호출 후 a와 b의 값

    return 0;
}

void swap(int* a, int* b)
{
    int temp;

    temp = *a;
    *a = *b;
    *b = temp;

    printf("in swap() : a=%d, b=%d\n", a, b);
}
```

```
before swap() : a=10, b=20
in swap() : a=-2104034140, b=-2104034108
after swap() : a=20, b=10
```

실행 결과를 보면 변수의 원본이 직접 전달되어 main() 함수와 swap() 함수에서 값이 동시에 바뀐 것을 확인할 수 있다. 참조에 의한 전달에서는 변수의 값이 복사본이 아니라 원본이 직접 전달된다. 즉 원본 변수가 전달되는 것처럼 동작하기 때문에, 호출된 함수 내에서 매개변수의 값을 변경하면 원본 변수의 값도 변경된다. 이는 변수의 메모리 주소를 사용하여 값을 전달하기 때문에 가능한 일이다.

그러나 C 언어에서 참조에 의한 전달과 같이 원본 변수의 값을 직접 전달하려면 포인터를 사용해야 한다. 포인터를 사용하면 변수의 메모리 주소를 전달하고, 함수 내에서 이 주소를 통해 원본 변수의 값을 직접 수정할 수 있다.

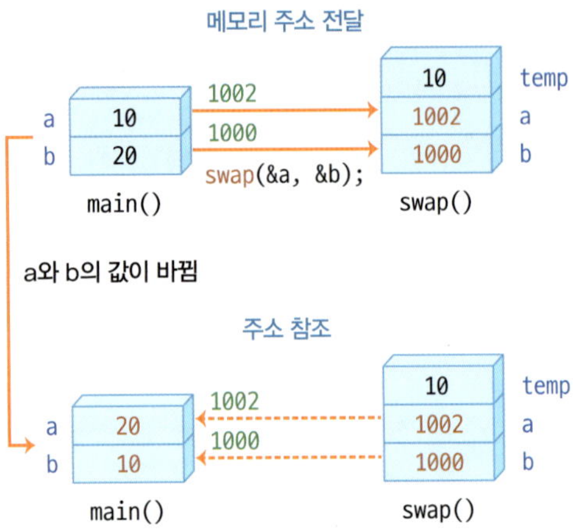

그림 10-14 참조에 의한 전달 방식으로 두 변수의 값 교환

예제 10-8 참조에 의한 전달 방식으로 변숫값 증가시키기 ex10_08.c

↳ increment() 함수를 정의하고 정수형 변수의 주소를 이용하여 값을 증가시켜 출력해보자. increment() 함수는 포인터를 매개변수로 받아 그 포인터가 가리키는 값을 증가시킨다.

```c
#include <stdio.h>

// 함수의 정의에서 포인터를 매개변수로 사용하여 정수의 값을 변경
void increment(int* value) {
    (*value)++;      // 포인터가 가리키는 값에 접근하여 값을 1 증가시킴
}

int main()
{
    int num = 10;
    printf("Before increment: %d\n", num);
    increment(&num);     // 함수 호출 시 num의 주소 전달
    printf("After increment: %d\n", num);      // num의 값이 변경됨

    return 0;
}
```

```
Before increment: 10
After increment: 11
```

increment() 함수는 변수 num의 메모리 위치를 변경하여 main() 함수에서 num의 값이 실제로 변경되게 한다.

확인문제

1 **swap() 함수는 변수 a와 b의 값을 서로 바꾸기 위해 매개변수로 전달받은 값을 직접 수정한다. 이와 같은 방식의 호출을 무엇이라고 하는가?**

2 **main() 함수에서 포인터를 사용하여 변수를 전달하는 방식은 값에 의한 전달과 비교하여 어떤 차이점이 있는가? 포인터를 사용할 때 변수의 원본을 수정할 수 있는 이유는 무엇인가?**

정답

1 참조에 의한 전달　2 포인터를 사용하면 변수의 메모리 주소가 전달되므로, 호출된 함수에서 원본 변수의 값을 직접 수정할 수 있다. 이는 변수의 메모리 주소를 이용하여 값을 전달하기 때문이다.

10.5 포인터와 배열

1 포인터와 배열의 관계

배열명은 배열의 첫 번째 주소를 나타내기 때문에 배열과 포인터는 밀접하게 연관된다. 따라서 배열은 포인터처럼 취급될 수 있으며, 포인터 연산을 사용하여 배열 요소를 순회하거나 배열의 각 요소에 접근할 수 있다.

배열명은 첫 번째 배열 요소의 주솟값을 가진 포인터 상수이다. 그러므로 배열명 a와 0번째 배열 a의 주소인 &a[0]은 같다. 배열명을 간접 참조할 때는 해당 배열의 첫 번째 요소를 간접 참조하면 된다.

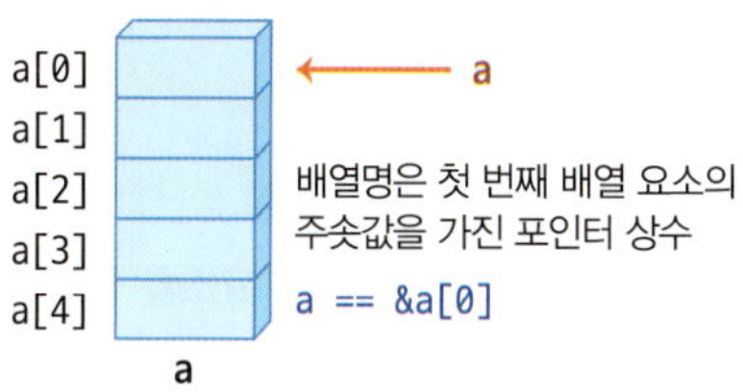

그림 10-15 배열과 포인터의 관계

다음 코드에서 배열 a는 0번 인덱스부터 4번 인덱스까지 연속적으로 초기화된다. 배열명 a는 배열의 첫 번째 요소인 a[0]의 주소를 가리키는 포인터로 사용된다. 따라서 배열명 a를 포인터처럼 사용하여 배열의 첫 번째 요소를 간접 참조할 수 있다.

배열과 포인터의 간접 참조 pointer_array_2.c

```c
#include <stdio.h>

int main()
{
    int a[5] = {2, 4, 6, 8, 22};
    printf("*a: %d, a[0]: %d", *a, a[0]);

    return 0;
}
```

배열명 a로 간접 참조

```
*a: 2, a[0]: 2
```

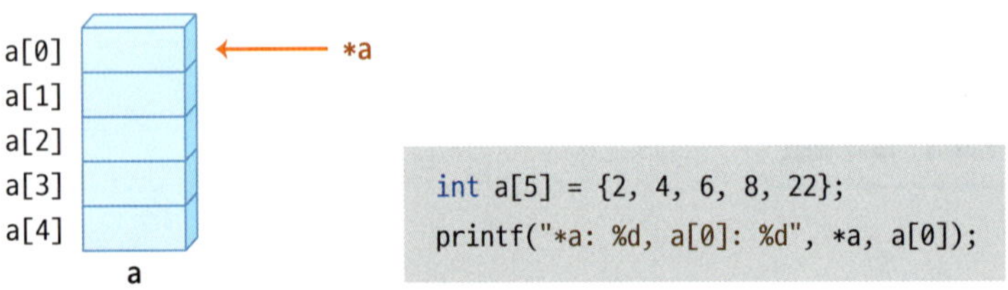

그림 10-16 배열명 간접 참조

2 포인터를 이용한 배열 요소 접근

배열명은 배열의 시작 주소를 가리키므로 배열 요소에 직접 접근할 수 있다. 배열 요소에 접근할 때 알아두어야 할 배열의 주요 개념은 다음과 같다.

- **배열명**: 첫 번째 배열 요소의 메모리 주소를 가리킨다. int a[5]에서 a는 배열의 시작 주소를 나타내므로 &a[0]과 동일한 주소를 가리킨다.
- **배열 인덱스**: 배열의 각 요소에 접근하려면 인덱스를 사용한다. a[i]는 배열 a의 i번째 요소를 의미하며, 이는 배열의 시작 주소에 i 배수의 요소 크기를 더한 메모리 주소를 가리킨다.
- **메모리 주소 계산**: 배열의 각 요소는 연속적으로 메모리에 저장되므로 a[i]를 통해 직접 접근할 수 있다. 이는 내부적으로 배열의 시작 주소에 i 배수의 요소 크기를 더한 주소를 계산하여 요소를 참조하는 방식이다.

- **배열 초기화**: int a[5] = {2, 4, 6, 8, 22}에서 a는 배열의 시작 주소를 나타내며 a[0]은 2를, a[1]은 4를 의미한다.
- **배열 요소 접근**: a[3]은 배열의 네 번째 요소인 8을 참조한다. 즉 배열의 시작 주소+(3×요소 크기)의 메모리 주소를 참조하여 값 8에 접근하는 것이다.

예제 10-9 배열과 포인터의 관계 확인하기 1 ex10_09.c

↳ 포인터 p를 사용하여 배열의 첫 번째 요소에 접근하고 배열명 a와 첫 번째 요소의 값을 출력해보자.

```
#include <stdio.h>

int main()
{
    int  a[5] = { 2, 4, 6, 8, 22 };
    int *p = a;        // 변수 a의 주소를 포인터 p에 저장
    int i = 0;

    printf("a[i]: %d \n", a[i]);
    printf("p: %d \n", *p);

    return 0;
}
```

```
a[i]: 2
p: 2
```

a[i]는 배열 a의 i번째 요소를 참조하는데, i가 0이므로 a[0]을 가리키며 그 값은 2이다. *p는 포인터 p가 가리키는 값으로, p는 배열 a의 첫 번째 요소를 가리키므로 *p는 a[0]과 같고 그 값은 2이다.

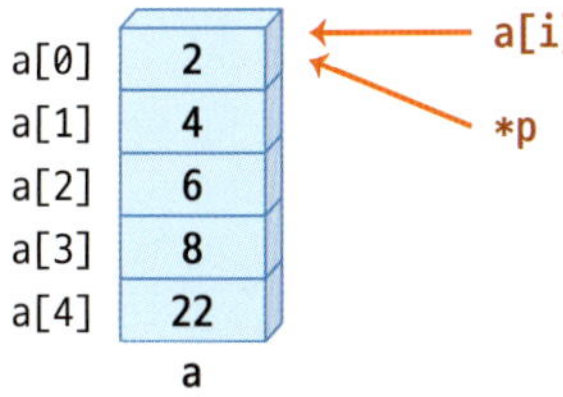


```
int a[5] = { 2, 4, 6, 8, 22 };
int *p = a;
int i = 0;
printf("%d %d", a[i], *p);
```

그림 10-17 배열명을 복사하여 간접 참조

예제 10-10 배열과 포인터의 관계 확인하기 2 ex10_10.c

↳ 배열명을 포인터처럼 사용하여 배열의 각 요소에 접근해보자.

```c
#include <stdio.h>

int main()
{
   int a[5] = {2, 4, 6, 8, 22};      // 배열 초기화
   int* ptr = a;      // 배열명 a를 포인터처럼 사용

   // 포인터를 사용하여 각 요소에 접근
   for (int i = 0; i < 5; i++) {
      printf("*(ptr + %d) = %d\n", i, *(ptr + i));
   }

   return 0;
}
```

ptr에 배열의 시작 주소를 할당하고 참조

```
*(ptr + 0) = 2
*(ptr + 1) = 4
*(ptr + 2) = 6
*(ptr + 3) = 8
*(ptr + 4) = 22
```

ptr + i, 즉 포인터 ptr에 정수 i를 더한 결과는 배열의 i번째 요소를 가리킨다. 포인터 산술 연산에 의해 ptr + i는 a[i]와 같은 주소를 가리킨다. 그런데 *(ptr + i)는 ptr + i가 가리키는 주소의 값을 역참조하여 배열의 i번째 요소의 값을 가져온다. 즉 *(ptr + i)는 a[i]와 동일한 값을 출력한다.

예제 10-11 문자열 배열과 포인터 사용하기 ex10_11.c

↳ 문자열 배열과 문자형 포인터를 사용하여 문자열을 저장하고 출력해보자.

```c
#include <stdio.h>

int main()
{
```

```c
    char str[6] = "hello";    // 문자열 배열 초기화
    char* pstr;

    pstr = str;

    printf("str: %s\n", str);         // 문자열 배열의 내용 출력
    printf("*pstr = %c\n", *pstr);    // 포인터가 가리키는 첫 번째 문자 출력
    printf("pstr = %s\n", pstr);      // 포인터가 가리키는 문자열 출력

    return 0;
}
```

문자형 포인터 변수 pstr 선언

문자열 배열의 주소를 포인터 변수에 저장

```
str: hello
*pstr = h
pstr = hello
```

배열 str은 문자열을 저장하는 데 사용되고, 포인터 pstr은 문자열에 대한 참조로 사용된다. 포인터를 통해 문자열의 첫 번째 문자에 접근하거나 전체 문자열을 출력할 수 있다.

TIP 문자열 배열의 마지막 문자는 널 문자('\0')이다. 문자열의 실제 길이는 5이지만 널 종료 문자 때문에 총 6칸의 공간이 필요하다.

확인문제

1 다음 빈칸에 알맞은 말을 넣으시오.

배열명은 첫 번째 배열 요소의 (   )를 가리킨다.

2 다음 코드에서 array는 int형 배열이고, ptr은 배열 array의 첫 번째 요소를 가리키는 포인터이다. *(ptr + 2)의 값은 얼마인가?

```c
int array[5] = {10, 20, 30, 40, 50};
int *ptr = array;
printf("%d\n", *(ptr + 2));
```

정답

1 메모리 주소   2 30

LAB 배열 요소를 반전하여 출력하기

배열을 처리할 때 포인터 연산을 이용하여 배열 요소를 정방향과 역방향으로 출력하는 프로그램을 작성해보자. 이 프로그램은 배열과 포인터를 사용하여 배열 요소를 다루는 기본적인 방법과 포인터를 통한 고급 기법을 익히는 데 유용하다.

```
Array forward :   1  2  3  4  5  6  7  8  9 10
Array backward:  10  9  8  7  6  5  4  3  2  1
```

조건

- 배열을 순방향으로 출력한 후 역방향으로 출력한다.
- 포인터를 사용하여 배열을 순회한다.
- 출력할 때 %3d 형식 지정자를 사용하여 각 요소가 최소한 3칸의 공간을 차지하게 한다.

힌트

```
pLast = ary + arySize -1;    // 배열의 마지막 요소를 가리키는 포인터

for(TSm = ary, TStart = ary + 1; TStart <= pLast; TStart++)
    if(*TStart < *TSm) TSm = TStart;
```

문제 해결 LAB_10-1.c

```
#include <stdio.h>

#define MAX_SIZE 10      // 배열의 크기 정의

int main()
{
    int ary[] = { 1, 2, 3, 4, 5, 6, 7, 8, 9, 10 };      // 배열 초기화
    int* TStart;          // 배열을 순회할 포인터
    int* TEnd;            // 배열의 끝을 가리킬 포인터

```

```
    // 배열을 정방향으로 출력
    printf("Array forward : ");
    for (TStart = ary, TEnd = ary + MAX_SIZE; TStart < TEnd; TStart++)
        printf("%3d", *TStart);     // 현재 포인터가 가리키는 값을 출력

    printf("\n");

    // 배열을 역방향으로 출력
    printf("Array backward: ");
    for (TStart = TEnd - 1; TStart >= ary; TStart--)
        printf("%3d", *TStart);     // 현재 포인터가 가리키는 값을 출력

    printf("\n");

    return 0;
}
```

LAB 파일 전송 대역폭 계산하기

파일 전송 대역폭은 파일을 전송하는 데 필요한 대역폭으로, 초당 전송되는 데이터의 양을 메가바이트(MB) 단위로 나타낸다. 여기서 대역폭은 시스템이나 네트워크가 단위 시간 동안 처리할 수 있는 데이터의 양을 의미한다. 사용자로부터 여러 파일의 크기와 전송 시간을 입력받아 파일 전송에 필요한 최소 대역폭을 계산하는 프로그램을 작성해보자.

```
전송할 파일의 개수: 4
파일 1 크기 (MB): 100
파일 1 전송 시간 (s): 10
파일 2 크기 (MB): 150
파일 2 전송 시간 (s): 15
파일 3 크기 (MB): 200
파일 3 전송 시간 (s): 20
파일 4 크기 (MB): 250
파일 4 전송 시간 (s): 25
필요한 최소 대역폭: 10.00 MB/s
```

조건

- 전송할 파일의 개수를 입력받는다.
- 파일 크기를 저장할 배열과 전송 시간을 저장할 배열을 선언한다. 각 배열의 크기는 모두 100으로 지정하고 double 형으로 선언한다. 만약 100을 초과하는 범위가 입력되면 적절한 메시지를 출력하고 프로그램을 종료한다.
- 파일 크기와 전송 시간을 입력받아 각 배열에 저장한다.
- 다음 계산식을 활용하여 대역폭을 계산하는 함수를 작성한다. 매개변수를 전달받을 때 포인터형으로 받는다.

$$\text{대역폭(MB/s)} = \frac{\text{파일 크기(MB)}}{\text{전송 시간(s)}}$$

문제 해결 LAB_10-2.c

```c
#pragma warning(disable:4996)
#include <stdio.h>

double calculateBandwidth(double* fileSizes, double* transferTimes, int numFiles);
double calculateBandwidth(double* fileSizes, double* transferTimes, int numFiles) {
    double totalSize = 0.0;
    double totalTime = 0.0;

    for (int i = 0; i < numFiles; ++i) {
        totalSize += fileSizes[i];
        totalTime += transferTimes[i];
    }
    double bandwidth = totalSize / totalTime;
    return bandwidth;
}

int main() {
    int numFiles;
    printf("전송할 파일의 개수: ");
    scanf("%d", &numFiles);

    double fileSizes[100];          // 파일 크기 배열
    double transferTimes[100];  // 전송 시간 배열

    if (numFiles > 100) {
        printf("배열 크기를 초과했습니다.\n");
        return 1;
    }

```

각 파일의 크기와 전송 시간을 누적 계산하는 for 문

파일의 개수를 입력받아 numFiles에 저장

```c
    for (int i = 0; i < numFiles; ++i) {
        printf("파일 %d 크기 (MB): ", i + 1);
        scanf("%lf", &fileSizes[i]);

        printf("파일 %d 전송 시간 (s): ", i + 1);
        scanf("%lf", &transferTimes[i]);
    }
    double bandwidth = calculateBandwidth(fileSizes, transferTimes, numFiles);
    printf("필요한 최소 대역폭: %.2lf MB/s\n", bandwidth);

    return 0;
}
```

각 파일 크기와 전송 시간을 numFiles까지 반복하며 입력받는 for 문

LAB 학생 성적 정렬하기

9장에서 버블 정렬의 개념을 배웠다. 버블 정렬을 응용하여 학생들의 성적을 정렬하는 프로그램을 작성해보자.

```
학생 수를 입력하세요. (최대 50명) : 10
1번 학생의 최종 성적을 입력하세요. : 58
2번 학생의 최종 성적을 입력하세요. : 93
...
9번 학생의 최종 성적을 입력하세요. : 38
10번 학생의 최종 성적을 입력하세요. : 5

정렬된 성적 : 5 27 38 39 40 56 58 63 88 93

최고 성적 : 93
최하 성적 : 5
```

조건

- #define 상수로 입력 가능한 최대 학생 수를 50으로 정의한다.
- 학생 수를 입력받는다. 입력 가능한 범위를 벗어난 학생 수가 입력되면 오류 메시지를 출력하고 프로그램을 종료한다.

- 각 학생의 성적을 저장할 배열을 선언하고, 입력받은 학생 수만큼 성적을 입력받아 저장한다. 해당 배열을 가리키는 포인터 변수를 생성한 후 포인터를 사용하여 배열에 접근한다.
- 성적을 정렬하는 버블 정렬 알고리즘을 수행하는 함수를 작성한다.
- 정렬된 성적과 최고 성적, 최하 성적을 출력한다.

힌트

- 버블 정렬을 구현하는 for 문을 다음과 같이 작성한다.

```
for ( (배열 크기 - 1)번 반복 ) {
    for ( 정렬되지 않은 부분에 대해 반복 ) {
        if ( 현재 요소가 다음 요소보다 크면 ) {
            // 두 요소의 값을 바꿈
        }
    }
}
```

문제 해결 LAB_10-3.c

```
#pragma warning(disable:4996)
#include <stdio.h>

#define MAX_STUDENTS 50

void bubbleSort(int* arr, int size);

void bubbleSort(int* arr, int size) {
    for (int i = 0; i < size - 1; i++) {
        for (int j = 0; j < size - i - 1; j++) {
            if (*(arr + j) > *(arr + j + 1)) {
                int temp = *(arr + j);
                *(arr + j) = *(arr + j + 1);
                *(arr + j + 1) = temp;
            }
        }
    }
}

int main() {
    int numStudents;
```

- int* arr: 함수에 전달된 gradesPointer가 가리키는 첫 번째 배열 요소가 저장된 메모리 주소
- int size: 함수에 전달된 배열의 크기

```c
    printf("학생 수를 입력하세요. (최대 50명) : ", MAX_STUDENTS);
    scanf("%d", &numStudents);

    if (numStudents > MAX_STUDENTS) {
        printf("입력 가능한 학생 수를 초과했습니다. \n");
        return 1;
    }

    int* gradesPointer;          // int형 포인터 변수 선언
    int grades[MAX_STUDENTS];    // int형 배열 grades 선언
    gradesPointer = grades;

    for (int i = 0; i < numStudents; i++) {
        printf("%d번 학생의 최종 성적을 입력하세요. : ", i + 1);
        scanf("%d", gradesPointer + i);
    }

    bubbleSort(gradesPointer, numStudents);

    printf("\n정렬된 성적 : ");
    for (int i = 0; i < numStudents; i++) {
        printf("%d ", *(gradesPointer + i));
    }
    printf("\n\n최고 성적 : %d\n", *(gradesPointer + numStudents - 1));
    printf("최하 성적 : %d\n", *gradesPointer);

    return 0;
}
```

REAL PROJECT 주식 거래 프로그램 만들기

주식을 사고파는 주식 거래에서는 투자자들 간의 수요와 공급에 의해 주가가 결정된다. 모의로 주식을 사고파는 주식 거래 프로그램을 작성해보자.

조건

- 사용자에게 다음과 같은 메뉴를 제공하여 입력받는다.

```
[메뉴]
1. 주식 매수
2. 주식 매도
3. 보유 중인 주식 조회
0. 종료
선택: 1    사용자 입력
```

- '주식 매수'를 선택하면 다음과 같은 주식 리스트를 보여주고 매수할 주식과 수량을 입력받는다. 난수를 이용하여 주식의 현재가는 조회할 때마다 변동되게 하고, 최소 주가는 음수가 될 수 없기 때문에 1.0(달러)으로 제한한다.

```
[주식 리스트]
1. 주식 101 (현재가: 50.77, 보유 수량: 0)
2. 주식 102 (현재가: 44.71, 보유 수량: 0)
3. 주식 103 (현재가: 29.86, 보유 수량: 0)
4. 주식 104 (현재가: 23.74, 보유 수량: 0)
5. 주식 105 (현재가: 10.41, 보유 수량: 0)
현재 잔고: 10000.00
매수할 주식을 선택하세요 (1부터 5까지): 1
매수할 주식 수량을 입력하세요: 30
30 주식을 성공적으로 매수하였습니다.
```

- '주식 매도'를 선택하면 다음과 같은 주식 리스트를 보여주고 매도할 주식과 수량을 입력받는다. 사용자가 보유한 주식의 수량보다 더 많은 수량을 입력하면 적절한 메시지를 출력한다. 주식을 매도한 경우 해당 주식의 가격과 수량을 곱하여 잔고에 추가한다.

```
[주식 리스트]
1. 주식 101 (현재가: 54.33, 보유 수량: 30)
2. 주식 102 (현재가: 43.54, 보유 수량: 0)
3. 주식 103 (현재가: 23.85, 보유 수량: 0)
```

```
4. 주식 104 (현재가: 25.58, 보유 수량: 0)
5. 주식 105 (현재가: 7.86, 보유 수량: 0)
현재 잔고: 8426.50
매도할 주식을 선택하세요 (1부터 5까지): 1
매도할 주식 수량을 입력하세요: 15
15 주식을 성공적으로 매도하였습니다.
```

- '보유 중인 주식 조회'를 선택하면 주식 리스트와 현재 잔고를 출력한다.

```
[주식 리스트]
1. 주식 101 (현재가: 57.12, 보유 수량: 15)
2. 주식 102 (현재가: 43.16, 보유 수량: 0)
3. 주식 103 (현재가: 28.17, 보유 수량: 0)
4. 주식 104 (현재가: 24.49, 보유 수량: 0)
5. 주식 105 (현재가: 7.30, 보유 수량: 0)
현재 잔고: 9241.45
```

- 현재 잔고를 나타내는 변수는 double형으로 선언하고 초깃값은 상수로 설정한다.
- 주식 코드를 나타내는 int형 배열, 주식의 현재가를 나타내는 double형 배열, 보유 중인 각 주식의 수량을 나타내는 int형 배열을 선언한다. 각 배열은 포인터로 함수에 전달하고, 배열의 값은 함수 내에서 업데이트된다.
- 주식 리스트를 출력하는 함수, 주식의 현재가를 업데이트하는 함수, 주식을 매수하는 함수, 주식을 매도하는 함수를 각각 작성한다.

문제 해결 REAL_stock.c

```c
#pragma warning(disable:4996)
#include <stdio.h>
#include <stdlib.h>
#include <time.h>

#define MAX_STOCKS 5
#define INITIAL_BALANCE 10000.0

void printStocks(int* stockCodes, double* stockPrices, int* stockQuantities,
                                              double balance, int numStocks) {
    printf("\n[주식 리스트]\n");
    for (int i = 0; i < numStocks; ++i) {
        printf("%d. 주식 %d (현재가: %.2lf, 보유 수량: %d)\n", i + 1, stockCodes[i],
                                              stockPrices[i], stockQuantities[i]);
```

```
    }
    printf("현재 잔고: %.2lf\n", balance);
}

void updateStockPrices(double* stockPrices, int numStocks) {
    srand((unsigned int)time(NULL));
    for (int i = 0; i < numStocks; ++i) {
        double change = (rand() % 1000) / 100.0 - 5.0;
        stockPrices[i] += change;
        if (stockPrices[i] < 1.0) {
            stockPrices[i] = 1.0;
        }
    }
}

void buyStock(double* balance, int* stockQuantities, double* stockPrices, int*
                                                        stockCodes, int numStocks) {
    int stockIndex, quantity;

    printStocks(stockCodes, stockPrices, stockQuantities, *balance, numStocks);

    printf("매수할 주식을 선택하세요 (1부터 %d까지): ", numStocks);
    scanf("%d", &stockIndex);

    if (stockIndex < 1 || stockIndex > numStocks) {
        printf("올바르지 않은 선택입니다.\n");
        return;
    }

    printf("매수할 주식 수량을 입력하세요: ");
    scanf("%d", &quantity);

    double totalPrice = stockPrices[stockIndex - 1] * quantity;
    if (*balance >= totalPrice) {
        *balance -= totalPrice;
        stockQuantities[stockIndex - 1] += quantity;
        printf("%d 주식을 성공적으로 매수하였습니다.\n", quantity);
    }
```

```
    else {
        printf("잔고가 부족하여 주식을 매수할 수 없습니다.\n");
    }
}

void sellStock(double* balance, int* stockQuantities, double* stockPrices, int* stockCodes, int numStocks) {
    int stockIndex, quantity;

    printStocks(stockCodes, stockPrices, stockQuantities, *balance, numStocks);

    printf("매도할 주식을 선택하세요 (1부터 %d까지): ", numStocks);
    scanf("%d", &stockIndex);

    if (stockIndex < 1 || stockIndex > numStocks) {
        printf("올바르지 않은 선택입니다.\n");
        return;
    }

    printf("매도할 주식 수량을 입력하세요: ");
    scanf("%d", &quantity);

    if (stockQuantities[stockIndex - 1] >= quantity) {
        *balance += stockPrices[stockIndex - 1] * quantity;
        stockQuantities[stockIndex - 1] -= quantity;
        printf("%d 주식을 성공적으로 매도하였습니다.\n", quantity);
    }
    else {
        printf("보유한 주식 수량이 부족하여 매도할 수 없습니다.\n");
    }
}

int main() {
    double balance = INITIAL_BALANCE;

    int stockCodes[MAX_STOCKS] = { 101, 102, 103, 104, 105 };
    double stockPrices[MAX_STOCKS] = { 50.0, 45.5, 30.2, 20.8, 12.4 };
    int stockQuantities[MAX_STOCKS] = { 0 };
```

```
    printf("모의 주식 거래 게임을 시작합니다. 초기 잔고: %.2lf\n", balance);

    int choice;
    do {
        updateStockPrices(stockPrices, MAX_STOCKS);
        printf("\n[메뉴]\n");
        printf("1. 주식 매수\n");
        printf("2. 주식 매도\n");
        printf("3. 보유 중인 주식 조회\n");
        printf("0. 종료\n");
        printf("선택: ");
        scanf("%d", &choice);

        switch (choice) {
        case 1:
            buyStock(&balance, stockQuantities, stockPrices, stockCodes, MAX_STOCKS);
            break;
        case 2:
            sellStock(&balance, stockQuantities, stockPrices, stockCodes, MAX_STOCKS);
            break;
        case 3:
            printStocks(stockCodes, stockPrices, stockQuantities, balance, MAX_STOCKS);
            break;
        case 0:
            printf("프로그램을 종료합니다.\n");
            break;
        default:
            printf("올바르지 않은 선택입니다. 다시 선택하세요.\n");
        }
    } while (choice != 0);

    return 0;
}
```

한 번 더 ✓ 체크 시스템에 따른 포인터의 크기

C 언어에서 사용되는 포인터의 크기는 시스템 아키텍처에 따라 다르다. 이는 메모리 주소를 저장하는 데 필요한 바이트 수로 나타내는데, 32비트 시스템에서는 4바이트, 64비트 시스템에서는 8바이트가 사용된다.

❶ 32비트 시스템

32비트 시스템에서는 메모리 주소가 32비트(4바이트) 크기이다. 이 크기로는 2^{32}개의 주소를 저장할 수 있으며, 총 4GB의 메모리 공간을 참조할 수 있다. 모든 포인터(예 `int*`, `char*`, `float*` 등)의 크기는 4바이트이다. `sizeof(int*)`는 32비트 시스템에서 4를 반환한다.

❷ 64비트 시스템

64비트 시스템에서는 메모리 주소가 64비트(8바이트) 크기이다. 이 크기로는 2^{64}개의 주소를 저장할 수 있으며, 이론적으로는 16엑사바이트(EB)까지의 메모리 공간을 참조할 수 있다. 모든 포인터(예 `int*`, `char*`, `float*` 등)는 8바이트 크기이다. `sizeof(int*)`는 64비트 시스템에서 8을 반환한다.

```
int a = 100;
printf("int 포인터 크기: %zu 바이트\n", sizeof(int*));
```

❸ 두 시스템의 메모리 효율성

32비트 시스템은 메모리 주소를 저장하는 데 4바이트만 필요하므로 메모리 사용이 효율적이지만, 4GB 이상의 메모리를 사용해야 하는 응용 프로그램에서는 제한적일 수 있다. 반면에 64비트 시스템은 더 큰 메모리 주소 공간을 사용할 수 있으므로 대규모 응용 프로그램에 적합하지만, 포인터가 8바이트로 커지기 때문에 메모리 사용량이 증가할 수 있다.

다시 말해 32비트 시스템은 메모리 주소를 저장하는 데 필요한 공간이 작고 메모리 사용이 효율적일 수 있지만 메모리 주소 공간이 제한적이다. 반면에 64비트 시스템은 더 큰 메모리 주소 공간을 제공하므로 더 많은 메모리를 사용할 수 있지만, 포인터의 크기가 2배로 커져서 메모리 사용량이 증가한다. 따라서 오늘날의 대다수 시스템은 64비트 아키텍처를 사용하여 이러한 문제를 해결하고 있다.

요약

01 포인터의 개요

❶ 포인터: 데이터가 저장된 메모리의 주소를 저장하는 변수를 의미한다.

❷ 포인터 주소 연산자 &: 변수의 메모리 주소를 확인할 때 사용하는 연산자이다.

❸ 포인터 변수: 변수의 메모리 주소를 저장하는 변수이다.

❹ 포인터 변수 선언: 포인터가 가리키는 변수명 앞에 간접 연산자 또는 역참조 연산자라고 불리는 * 를 붙인다.

02 포인터와 연산

❶ 포인터 연산의 대상은 메모리 주소이며, 포인터 연산에서는 정수만 사용할 수 있다.

❷ 포인터 연산에서는 포인터가 가리키는 대상의 크기만큼 연산이 일어난다.

❸ 포인터 연산의 연산자: +, -, ++, --

03 void형 포인터

❶ void형 포인터: 일반 포인터 또는 범용 포인터라고 불리며, 다양한 자료형의 주소를 저장할 수 있다.

❷ void형 포인터는 형 변환을 통해 실제 자료형으로 변환한 후 역참조하거나 사용할 수 있다.

04 포인터와 함수

❶ 값에 의한 전달: 함수에 변수의 값을 복사하여 전달하는 방식이다.

❷ 참조에 의한 전달: 함수에 변수의 주소를 전달하는데, 이는 주로 포인터를 통해 이루어진다.

05 포인터와 배열

❶ 배열명은 첫 번째 배열 요소의 주소를 가리키며, 포인터처럼 사용할 수 있다.

❷ 포인터 연산을 사용하여 배열의 요소를 순회하거나 배열의 각 요소에 접근할 수 있다.

연습문제

01 32비트 컴퓨터에서 포인터의 크기는 얼마인가?

① 2바이트 ② 4바이트
③ 8바이트 ④ 크기가 정해져 있지 않음

02 포인터 연산에서 포인터에 숫자 1을 더한다면 포인터의 크기가 얼마나 증가하는가?

① 1바이트 ② 2바이트
③ 4바이트 ④ 해당 포인터의 변수형 크기만큼

03 다음 중 포인터를 올바르게 사용한 것은 무엇인가?

① `int *ptr = &value;`
② `int *ptr = value;`
③ `int ptr = &value;`
④ `int ptr = value;`

04 다음 코드에서 'ptr'이 가리키는 변수의 값은 무엇인가?

```
#include <stdio.h>

int main() {
    int x = 10;
    int *ptr = &x;

    *ptr = 25;

    printf("%d", x);

    return 0;
}
```

① 10 ② 25 ③ 35 ④ 컴파일 오류

05 다중 포인터에 대한 설명으로 옳은 것은 무엇인가?

① int *ptr1 = &var, int **ptr2 = &ptr1에서 **ptr2는 정수형 변수 var의 주소를 저장한다.

② 다중 포인터는 포인터 자체를 가리키는 포인터로, 변수의 값을 직접 저장할 수 있다.

③ int var = 10, int *ptr = &var, int **ptr2 = &ptr에서 **ptr2는 var의 값을 가리킨다.

④ 다중 포인터는 2단계 포인터까지만 사용할 수 있다.

06 다음 코드의 실행 결과는 무엇인가?

```c
#include <stdio.h>

int main() {
    int arr[] = { 1, 2, 3, 4, 5 };
    int *ptr = arr;

    printf("%d", *(ptr + 2));

    return 0;
}
```

① 4 ② 3 ③ 2 ④ 1

07 double형 배열을 매개변수로 받는 함수의 헤더를 선언하는 문제이다. 다음 조건에 맞게 배열과 포인터를 사용하여 함수의 매개변수를 선언하시오.

[조건]

- 매개변수 arr을 배열로 선언한 함수 print_array()
- 매개변수 ptr을 포인터로 선언한 함수 print_pointer()

[8~11] 다음은 배열 arr의 시작 주소를 포인터 변수 ptr에 할당한 후 포인터를 사용하여 배열 요소와 메모리 주소를 출력하는 프로그램이다.

```
#include <stdio.h>

int main() {
    int arr[] = { 10, 20, 30, 40, 50 };
    int *ptr = arr;

    printf("%d\n", *ptr);
    printf("%d\n", *(ptr + 2));
    printf("%p\n", ptr + 3);

    return 0;
}
```

08 다음 코드의 실행 결과를 작성하시오.

① printf("%d\n", *ptr); ➡

② printf("%d\n", *(ptr + 2)); ➡

09 세 번째 printf() 함수로 출력되는 값을 작성하시오.

10 포인터 변수 'ptr'이 어떤 역할을 하는지 설명하시오.

11 포인터 연산에서 'ptr + 3'이 어떤 동작을 수행하는지 설명하시오.

12 다음 코드에서 포인터 변수 'ptr1', 'ptr2'의 값이 변경되는 과정을 설명하시오.

```
#include <stdio.h>

int main() {
    int number = 25;
    int *ptr1, *ptr2;

    ptr1 = &number;
    *ptr1 = 30;

    ptr2 = ptr1;
    (*ptr2)++;

    printf("%d\n", number);
    printf("%p\n", ptr1);
    printf("%p\n", ptr2);

    return 0;
}
```

13 다음은 포인터를 사용하여 정수형 변수의 값을 출력하는 코드이다. 오류가 발생하는 부분을 찾아 바르게 수정하고 그 이유를 설명하시오.

```
#include <stdio.h>

int main(void) {
    int num = 100;
    int *p = num;

    printf("%d\n", *p);

    return 0;
}
```

14 다음은 포인터를 사용하여 변수의 값을 수정하는 코드이다. 오류가 발생하는 부분을 찾아 바르게 수정하고 그 이유를 설명하시오.

```
#include <stdio.h>

int main(void) {
    int i;
    double *pd;

    pd = &i;
    *pd = 36.5;

    printf("i: %d\n", i);

    return 0;
}
```

15 다음은 이름을 입력받아 인물 정보를 출력하는 프로그램이다. 빈칸에 들어갈 코드를 작성하시오.

[조건]

- initialPerson() 함수로 이름, 나이, 키를 입력받는다.
- initialPerson() 함수는 입력받은 각각의 내용을 매개변수로 받은 포인터 변수에 저장한다.
- 입력된 이름, 나이, 키를 각각 name, age, height가 가리키는 곳에 저장한다.

```
이름, 나이, 키 입력: 홍길순 56 153.3

** 인물 정보 **
1. 이름: 홍길순
2. 나이: 56세
3. 키: 153.3cm
```

```
#pragma warning(disable:4996)
#include <stdio.h>

[                    ]

void displayPerson(const char *name, int age, float height) {}
```

```
    printf("\n** 인물 정보 **\n");
    printf("1. 이름: %s\n", name);
    printf("2. 나이: %d세\n", age);
    printf("3. 키: %.1fcm\n", height);
}

int main() {
    char name[50];
    int age;
    float height;

    initialPerson(name, &age, &height);
    displayPerson(name, age, height);

    return 0;
}
```

16 다음은 배열을 이용하여 최댓값과 최솟값을 구하는 프로그램이다. 빈칸에 들어갈 코드를 작성하시오.

```
arr[] = { -8  9  -20  21  -26  -41  45  -51  78  90 }

최댓값:  90
최솟값: -51
```

```
#include <stdio.h>

int main(void) {
    int arr[] = { -8, 9, -20, 21, -26, -41, 45, -51, 78, 90 };
    int max, min;
    int *p;

    p = arr;
    max = *arr;
    min = *arr;
```

```
    printf("arr[] = {");

    [                    ]

    printf("}\n\n");
    printf("최댓값: % d\n", max);
    printf("최솟값: % d", min);

    return 0;
}
```

17 다음은 10개의 난수를 생성하여 홀수와 짝수로 구분하는 프로그램이다. 빈칸 ⓐ, ⓑ에 들어갈 코드를 작성하시오.

```
총 10개의 난수 생성 완료
난수 중 홀수: 37 31 29 5
난수 중 짝수: 34 70 14 60 18 98
```

```
#pragma warning(disable:4996)
#include <stdio.h>
#include <stdlib.h>
#include <time.h>
#define SIZE 10

void odd(int n[]) {
    printf("난수 중 홀수: ");
    [          ⓐ          ]
    printf("\n");
}

void even(int n[]) {
    printf("난수 중 짝수: ");
```

```
    ⓑ
    printf("\n");
}

int main(void) {
    int number[SIZE];
    int i;

    srand((unsigned int)time(NULL));
    printf("총 10개의 난수 생성 완료\n");

    for (i = 0; i < SIZE; i++) {
        number[i] = rand() % 100 + 1;
    }

    odd(number);
    even(number);

    return 0;
}
```

프로그래밍 문제

01 사용자가 입력한 5개의 정수를 배열 형태로 출력하고 총합을 구하는 프로그램을 작성하시오.

[조건]

- 배열 요소를 각각 입력받는다.
- ptr에 저장된 값을 감소시키는 연산으로 배열 요소에 접근한다.
- 배열에 저장된 모든 정수를 더하여 출력한다.

```
5개의 정수 입력
arr[0]: 41
arr[1]: 6
arr[2]: 89
arr[3]: 14
arr[4]: 3

입력된 정수를 배열 형태로 출력
arr[5] = { 41, 6, 89, 14, 3 }

총합: 153
```

02 사용자가 입력한 정수의 제곱을 출력하는 프로그램을 작성하시오. 단, 포인터를 이용하시오.

```
정수 입력: 225
제곱 결과: 50625
```

03 사용자가 입력한 실수의 정수 부분과 소수점 이하 부분을 구분하여 출력하는 프로그램을 작성하시오.

[조건]

- 실수를 입력받는다.
- 포인터를 사용하여 함수 내에서 변수의 값을 수정한다.
- 입력받은 실수의 정수 부분과 소수점 이하 부분을 분리하여 출력한다.

```
숫자 입력: 2469.257566
정수 부분: 2469
실수 부분: 0.257566
```

04 **수능 응시 과목과 점수를 입력받아 총점, 평균, 최고 점수를 받은 과목을 출력하는 프로그램을 작성하시오.**

[조건]

- 과목과 점수를 입력받는다.
- 과목과 점수를 저장할 배열을 선언하고, 포인터로 배열 요소에 접근하여 값을 처리하고 출력한다.
- 포인터를 사용하여 모든 배열 요소를 순회하고 총점과 평균을 계산하여 출력한다.
- 포인터를 사용하여 배열에서 최고 점수를 찾고 해당 점수의 과목을 출력한다.

```
수능 점수 입력 (예: 국어 100)
과목 1: 국어 89
과목 2: 수학 95
과목 3: 영어 91
과목 4: 한국사 50
과목 5: 생물1 44
과목 6: 화학2 46

과목명  점수
국어     89.00
수학     95.00
영어     91.00
한국사   50.00
생물1    44.00
화학2    46.00

총점: 415.00
평균: 69.17
최고 점수를 받은 과목: 수학
```

CHAPTER 11

문자와 문자열

11.1 문자와 문자열의 개요

11.2 문자 입출력과 함수

11.3 문자열 입출력과 함수

LAB 모스 부호 변환 프로그램 만들기

LAB 팰린드롬 판별 프로그램 만들기

REAL PROJECT 수강 신청 프로그램 만들기

요약

연습문제 / 프로그래밍 문제

학습목표

- C 언어에서 쓰이는 문자와 문자열의 개념을 이해한다.
- 문자열을 초기화하는 방법을 익힌다.
- 문자열 상수와 포인터 변수의 관계를 이해한다.
- 문자 입출력과 관련된 함수의 종류를 알아본다.
- 문자열 입출력과 관련된 함수의 종류를 알아본다.

Preview

C 언어는 문자 하나를 저장할 수 있는 문자 자료형을 제공한다. 문자의 기본 구성에는 알파벳 대·소문자 52개, 0부터 9까지의 숫자 10개, 공백과 특수 문자 32개가 포함되어 있으며, 앞에서 배운 제어 문자를 합하면 총 128개이다. C 언어는 이러한 문자와 문자열을 구분하여 처리하는 것이 특징이다. 이 장에서는 문자와 문자열의 형식을 살펴보고 문자와 문자열의 활용법을 알아본다.

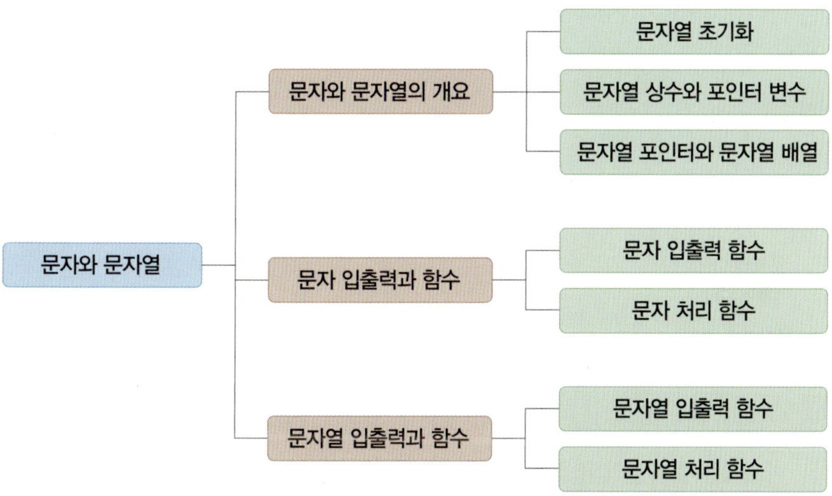

11.1 문자와 문자열의 개요

1 문자와 문자열의 개념

문자character는 하나의 문자를 의미하고 문자열string은 문자들의 집합을 의미한다. 문자는 char형으로 나타내며, 1바이트(8비트)의 메모리를 사용한다. 문자열은 일련의 문자로 구성된 데이터인데, C 언어에서는 문자열의 공식적인 자료형이 별도로 존재하지 않는다. 대신에 문자열은 문자의 배열로 표현되는데, char형의 배열로 처리된다. 또한 문자열은 큰따옴표(" ")로 감싸며, 문자열의 맨 끝에는 끝을 알리는 널 문자null character가 추가된다.

문자와 문자열의 주요 차이점을 살펴보자. 우선 문자는 단일 1바이트 값이고, 문자열은 일련의 문자에 널 문자가 추가된 배열 구조이다. 또한 문자는 단일 글자를 나타내는 데 사용되고, 문자열은 텍스트, 단어, 문장 등을 나타내는 데 사용된다.

[그림 11-1]은 이러한 차이를 간략하게 보여준다. 문자 'H'는 1바이트 공간에 저장되고, 문자열 "H"는 2바이트 공간에 저장된다. 문자열의 마지막에는 문자 '\0'이 들어가는데 이것이 바로 널 문자이다.

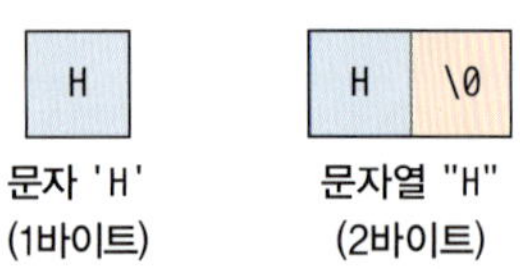

그림 11-1 문자와 문자열의 차이

"Hello"라는 문자열이 배열 형태로 저장되는 구조를 살펴보자. 하나 이상의 문자는 char형 배열로 저장되고, 마지막은 문자열의 끝을 나타내는 널 문자로 채워진다.

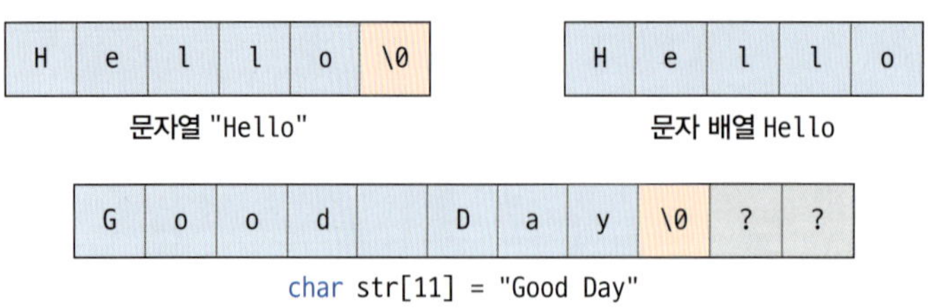

그림 11-2 문자열의 저장 구조

또한 char str[11] = "Good Day"의 경우 8개의 문자('G', 'o', 'o', 'd', ' ', 'D', 'a', 'y')와 널 문자('\0')를 위한 총 9개의 문자 공간이 필요하다. 그런데 선언된 배열 str의 공간은 11개로, 문자열 "Good Day"와 널 문자를 저장하기에 충분한 크기이며, 나머지 공간은 사용되지 않고 남아 있다.

널 문자

C 언어에서 널 문자는 '\0'으로 표현되며, 아스키코드 값 0에 해당한다. 널 문자는 문자열을 다룰 때 필수적인 요소로서 문자열의 끝을 나타내는 데 사용된다. 널 문자의 주요 역할은 다음과 같다.

- **문자열 종료 신호**: 문자의 배열로 구성된 문자열은 널 문자로 끝난다. 이 널 문자는 문자열의 끝을 나타내어 문자열이 올바르게 처리되게 한다. 예를 들어 printf() 함수는 널 문자를 만날 때까지 문자를 출력한다.
- **메모리 안전성**: 널 문자를 사용하면 문자열의 길이를 정확히 알 수 있어 버퍼 오버플로와 같은 메모리 관련 오류를 방지할 수 있다.

다음 코드의 char형 배열 str은 [그림 11-3]과 같이 메모리에 저장된다. 널 문자인 '\0' 때문에 str의 배열 요소는 11개이다.

```
char str[] = "Characters";
```

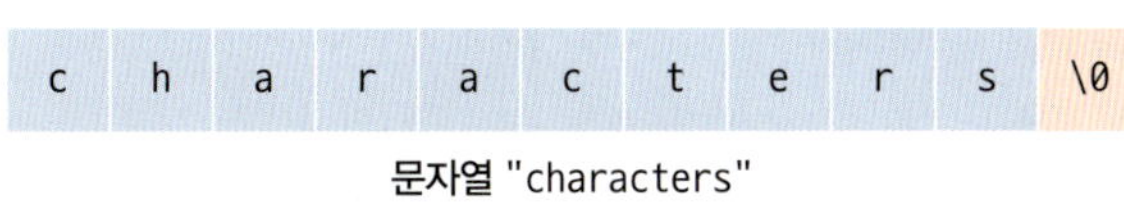

그림 11-3 문자열의 메모리 저장

위 코드와 같이 문자열 리터럴string literal을 선언할 때는 항상 널 문자의 공간을 고려해야 한다. 문자열을 수동으로 다룰 때 널 문자를 포함하지 않으면 컴파일러가 문자열의 끝을 정확히 알지 못하여 예상치 못한 결과를 초래할 수 있기 때문이다.

TIP 리터럴은 프로그램에서 고정된 값을 직접 표현하는 방법으로, 정수·실수·문자·문자열 등 다양한 형태를 의미한다.

2 문자열 초기화

문자 배열을 문자열로 초기화하려면 배열을 초기화하는 것처럼 각 배열 요소의 값을 중괄호 또는 큰따옴표로 감싼다.

문자열 리터럴을 사용한 초기화

가장 간단한 방법은 문자열 리터럴을 사용하는 것으로, 컴파일러가 자동으로 널 문자를 추가한다. 문자열 리터럴을 사용하여 초기화하는 형식을 다음과 같다.

| Syntax | 문자열 리터럴을 사용한 초기화

```
문자형 식별자[] = "문자열";
char str[] = "String";
```

str이라는 문자 배열을 선언하고 문자열 리터럴 "String"으로 초기화했다. 이 경우에 str은 7개의 문자를 저장할 수 있으며, 문자열의 끝을 나타내는 널 문자가 자동으로 추가된다. 따라서 배열이 'S', 't', 'r', 'i', 'n', 'g', '\0'으로 구성된다. 그리고 배열의 크기를 명시적으로 지정하지 않았기 때문에 컴파일러가 문자열의 길이에 맞게 자동으로 크기를 설정한다.

문자 배열로 명시적 초기화

문자 배열을 명시적으로 선언하고 초기화할 수도 있는데, 이 경우에는 널 문자를 직접 추가해야 한다. 배열의 크기를 명시적으로 지정하고 널 문자를 배열의 마지막 요소로 추가하여 초기화하는 형식은 다음과 같다.

| Syntax | 문자 배열로 명시적 초기화

```
문자형 식별자[요소 개수] = {'문자 1', '문자 2', …, '\0'};
char str[7] = {'S', 't', 'r', 'i', 'n', 'g', '\0'};
```

명시적 지정과 문자열 리터럴 사용

배열의 크기를 명시적으로 지정하면서 문자열 리터럴을 사용할 수도 있다. 이럴 때는 배열의 크기가 문자열의 길이보다 크거나 같아야 한다. 다음 코드에서 배열 str은 'S', 't', 'r', 'i', 'n', 'g', ' ', 'l', 'i', 't', 'e', 'r', 'a', 'l', '\0'과 나머지 미사용 공간으로 구성된다. 크기가 15인 배열을 선언했지만 실제로 사용되는 공간은 문자열 길이 + 1(널 문자)이다.

| Syntax | 명시적 지정과 문자열 리터럴 사용

```
char str[15] = "String literal";     // 문자열 크기 지정 배열 초기화
```

SELF STUDY

변수 str의 문자열 길이를 알고 싶다면 `printf("%s %d", str, sizeof(str))`로 확인해보자. `sizeof(str)`은 배열 str의 크기를 바이트 단위로 반환하는데, 여기서는 배열 str의 크기가 15로 지정되었으므로 `sizeof(str)`의 결과가 15이다.

문자열 복사 함수 사용

strcpy() 함수를 사용하여 빈 문자 배열에 문자열을 복사할 수 있는데, 이 경우에는 배열의 크기가 충분해야 한다. `strcpy()` 함수는 소스 문자열을 대상 배열에 복사할 때 널 문자까지 함께 복사한다. 그러면 배열 str은 소스 문자열 "World"와 동일한 내용으로 초기화된다.

TIP strcpy() 함수는 11.3절에서 자세히 살펴볼 것이다.

| Syntax | 문자열 복사 함수 사용

```
char str[6];
strcpy(str, "World");
```

예제 11-1 문자열 초기화하고 출력하기 ex11_01.c

↳ 다양한 방식으로 문자열을 초기화하고 그 결과를 출력해보자.

```
01 #pragma warning(disable:4996)
02 #include <stdio.h>
03 #include <string.h>     // 13행의 strcpy() 함수를 사용하기 위해 필요
04 
05 int main()
06 {
07     char str1[] = "c language!";        // 문자열 리터럴 초기화
08     // 문자의 배열로 초기화, 배열의 크기를 12로 명시적 지정
09     char str2[12] = {'c',' ','l','a','n','g','u','a','g','e','!'};
10     char str3[12] = "c language!";    // 문자열 배열 선언, 문자열 리터럴 초기화
11     char str4[12];          // 크기가 12인 빈 배열 선언
12 
13     strcpy(str4, "c language!");       // "c language!" 문자열을 str4에 복사
14 
15     printf("str1[] = %s \n", str1);
16     printf("str2[12] = %s \n", str2);
```

```c
    printf("str3[12] = %s \n", str3);
    printf("str4[12] = %s \n", str4);

    return 0;
}
```

```
str1[] = c language!
str2[12] = c language!
str3[12] = c language!
str4[12] = c language!
```

예제 11-2 문자열의 길이 확인하기 ex11_02.c

↳ 문자열 배열 변수인 words의 각 문자와 문자열의 길이를 출력해보자.

```c
01 #include <stdio.h>
02
03 int main()
04 {
05     char words[] = "Today is a good day.";
06     int i = 0;
07
08     while (words[i] != NULL) {      // while (words[i] != '\0')
09         printf("%c ", words[i]);
10         i++;
11     }
12     printf("\nwords 변수의 문자열 길이는 %d입니다. \n", i);
13
14     return 0;
15 }
```

```
T o d a y   i s   a   g o o d   d a y .
words 변수의 문자열 길이는 20입니다.
```

8~11행에서 배열 words의 각 문자를 순회하며 출력한다. 반복문의 조건 `words[i] != NULL`은 문자열의 끝을 확인하기 위한 것이며, NULL은 포인터에 사용되는 상수로서 문자를 비교할 때는 `'\0'`을 사용해도 된다. 따라서 `words[i]`가 널 문자가 아닐 때까지 반복되고, 이 조건이 참인 동안 문자열의 각 문자를 출력한다.

하나 더 알기 **문자열 리터럴과 문자열 상수**

문자열 리터럴과 문자열 상수는 비슷한 개념이지만 조금 차이가 있다. 문자열 리터럴은 코드 내에서 큰따옴표로 감싸 직접 표현하는 문자열로, "Hello"는 문자열 리터럴이다. 반면에 문자열 상수는 문자열 리터럴이 메모리에 저장될 때 변하지 않는 값을 의미한다. 즉 문자열 상수는 문자열 리터럴이 메모리에 저장된 형태로, 프로그램 실행 중 변경할 수 없는 문자열이다.

따라서 문자열 리터럴은 문자열 상수의 한 종류로 볼 수 있으며, 이 두 용어를 비슷한 의미로 사용하기도 한다. 하지만 문자열 리터럴은 코드에서의 표현이 강조되고, 문자열 상수는 메모리에서의 불변성이 강조되는 차이가 있다.

3 문자열 상수와 포인터 변수

문자열 리터럴이라고도 하는 문자열 상수는 큰따옴표로 감싼 문자의 시퀀스이다. 메모리의 텍스트 영역에 존재하는 문자열 상수는 프로그램이 실행하는 동안 변경될 수 없어 대부분의 C 컴파일러는 문자열 상수를 프로그램의 읽기 전용 메모리 영역에 저장한다. 따라서 이 영역의 데이터를 변경하려고 시도하면 실행 시간 오류가 발생할 수 있다.

문자 배열에 들어 있는 값은 문자열 포인터로 제어할 수 있다. char* pstr은 char형 데이터를 가리키는 포인터 pstr을 선언하는 것이다. C 언어에서 문자형 포인터는 문자열을 가리키는 데 자주 사용된다. 포인터 pstr은 문자열 리터럴의 첫 번째 문자를 가리키도록 초기화된다. 이는 pstr이 "Today is a good day"의 'T'가 저장된 주소를 보유하고 있다는 것을 의미한다.

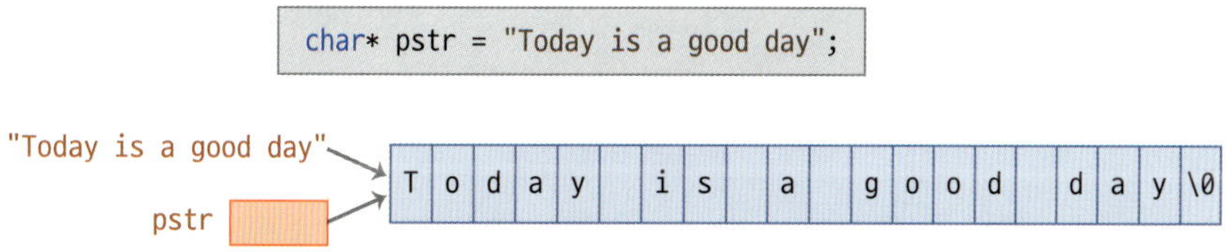

그림 11-4 포인터 변수 pstr에 문자열의 시작 주소 저장

예제 11-3 **문자열 포인터 사용하기** ex11_03.c

↳ 문자열 포인터를 사용하여 문자열과 해당 문자열의 길이를 출력해보자.

```c
#include <stdio.h>

int main() {
    char* pstr = "Today is a good day";
```

```
05
06      printf("%s\n", pstr);
07
08      int length = 0;
09      while (pstr[length] != '\0') {
10          length++;
11      }
12      printf("문자열의 길이: %d\n", length);
13
14      return 0;
15  }
```

```
Today is a good day
문자열의 길이: 19
```

9~11행에서 pstr의 각 문자를 확인하고 널 문자에 도달할 때까지 반복하며, 널 문자를 만나면 반복문을 종료한다. 변수 length는 문자열의 길이를 저장하는데, 널 문자는 문자열의 종료를 나타내는 특수 문자이므로 길이에 포함되지 않는다. 따라서 변수 length는 널 문자를 제외한 문자열의 실제 길이를 의미한다.

문자열 포인터 변수의 사용

문자열 포인터 변수에 문자열을 저장할 수 있다. [그림 11-5]에서 보듯이 char* string은 문자 배열의 시작 주소를 저장하는 포인터 변수로 문자열 "Hello"를 변수 string에 저장한다. 이는 문자열 "Hello"가 메모리에 저장된 구조에서 시작 요소인 'H'의 주솟값이 변수 string에 저장되어 가리키는 형태이므로 실제로 문자열값 자체가 변수 string에 저장되는 것은 아니다.

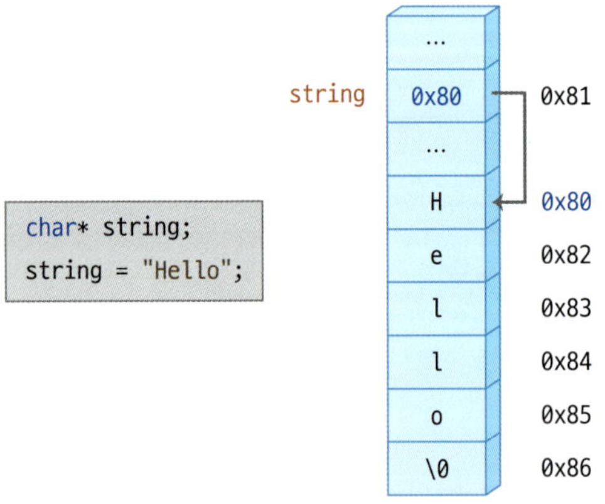

그림 11-5 문자열 포인터 변수에 문자열의 시작 주소 저장

예제 11-4 문자열 포인터 변수 사용하기 ex11_04.c

↳ 문자열을 초기화하고 포인터를 사용하여 문자열을 다른 방식으로 참조한 후 두 문자열 참조를 출력해보자.

```
01 #include <stdio.h>
02
03 int main() {
04     char arys[] = "Today is a good day";
05     char* p;
06
07     p = arys;    // 포인터 p에 배열 arys의 주소 할당
08
09     printf("arys: %s\n", arys);
10     printf("p: %s\n", p);
11
12     return 0;
13 }
```

널 문자를 만날 때까지 문자열을 출력하는 형식 지정자

```
arys: Today is a good day
p: Today is a good day
```

7행에서 포인터 p에 배열 arys의 주소를 할당했다. arys라는 배열명은 첫 번째 배열 요소의 주소를 가리키므로 p는 문자열 "Today is a good day"의 첫 번째 문자 'T'를 가리킨다.

하나 더 알기 **문자열 배열 변수와 문자열 포인터 상수 사용 시 주의점**

다음은 str1[11]의 값을 str2[11]에 대입하여 "Hello" 값을 복사하려고 시도하는 코드이다.

```
char str1[11] = "Hello";
char str2[11];
str2 = str1;    // 컴파일 오류 발생
```

str1은 11개의 요소를 가진 배열 char로 선언되고, "Hello"라는 문자열 리터럴로 초기화되었다. 문자열 "Hello"는 5개의 문자와 널 문자 '\0'을 포함하여 총 6개의 공간을 사용한다. 한편 str2는 동일한 크기의 배열 char로 선언되었지만 초기화되지 않았다. 즉 str2의 내용이 정의되지 않은 상태이므로 배열의 내용이 무엇인지 알 수 없다.

그런데 마지막의 str2 = str1은 C 언어에서 문법적으로 잘못된 코드이다. 배열명은 'l-value(좌변값)'가 아니기 때문에 배열을 다른 배열에 할당할 수 없다. 다시 말해 문자열 배열 변수명은 포인터 상수이므로 직접적인 대입이 불가능하다. 따라서 배열의 내용을 복사하려면 문자 단위로 각 요소를 개별적으로 복사하거나 strcpy(), memcpy()와 같은 표준 라이브러리 함수를 사용해야 하는데, 이에 대해서는 11.3절에서 자세히 설명하겠다.

4 문자열 포인터와 문자열 배열

C 언어에서 문자열을 다루는 방법은 두 가지이다. 문자열 포인터 *string을 사용하는 것과 문자열 배열 string[]을 사용하는 것이다. 다음 코드를 자세히 살펴보자.

```
char *string = "Hello";
char array[] = "Array";
```

- **char *string = "Hello"**: 문자열 리터럴 "Hello"를 가리키는 char형 포인터 string을 선언한 것이다. string은 메모리의 고정된 위치에 있는 문자열 "Hello"를 가리키는 포인터이다. 이 위치는 일반적으로 읽기 전용 메모리 영역에 속하므로 해당 문자열을 직접 수정할 수 없다. 그러나 포인터 string은 다른 문자열 리터럴이나 메모리 주소를 가리키도록 변경할 수 있다.
- **char array[] = "Array"**: 이는 "Array"라는 문자열을 저장하기 위한 배열을 선언한 것이다. 배열의 크기는 문자열의 길이에 널 문자를 더한 것이다. 배열은 스택에 할당되고, 문자열의 각 문자는 각 배열 요소에 복사되어 이 배열의 내용은 변경할 수 있다. array는 배열명이며, 이는 포인터처럼 다른 주소로 변경할 수 없다.

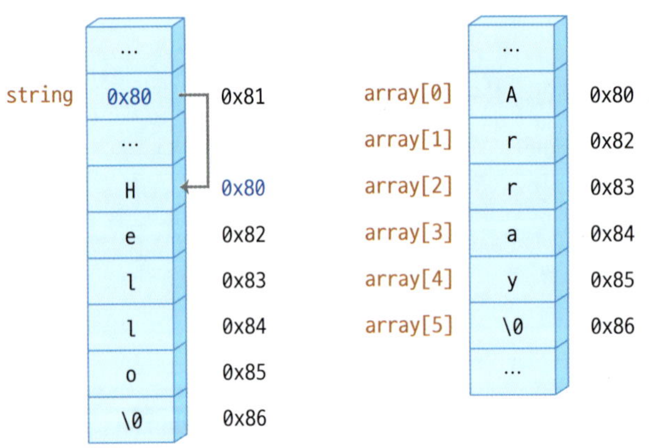

그림 11-6 *string과 string[]의 차이

요약하자면 char *string = "Hello"는 변경 불가능한 문자열 리터럴에 대한 포인터를 선언한 것이고, char array[] = "Array"는 변경 가능한 문자열을 저장하는 배열을 선언한다. 전자는 메모리가 덜 사용되지만 문자열을 바꿀 수 없고, 후자는 문자열을 바꿀 수 있지만 메모리를 더 많이 사용한다. 이 두 가지 방법의 주요 차이점을 [표 11-1]에 정리했다.

표 11-1 *string과 string[]의 주요 차이점

구분	char *string = "Hello"	char array[] = "Array"
유형	포인터	배열
저장 위치	읽기 전용 메모리 영역	스택
변경 가능성	문자열 자체는 변경 불가능	문자열 내용 변경 가능
메모리 할당	리터럴을 가리키는 포인터만을 필요로 하므로 메모리 할당이 덜 필요	널 문자를 포함한 문자열의 크기에 따라 메모리 할당 필요
용도	주소를 다른 문자열로 변경할 수 있지만 원래 문자열은 변경할 수 없음	문자열의 내용을 자유롭게 변경할 수 있음
주의 사항	포인터를 변경하면 원래 문자열에 다시 접근할 수 없음	배열의 크기는 선언 시 고정되고 이후 변경할 수 없음

확인문제

1 다음 빈칸에 알맞은 말을 넣으시오.

① C 언어에서는 문자열을 처리할 때 문자열의 끝을 나타내기 위해 (   )를 사용한다. 이는 문자열의 마지막에 자동으로 추가되며, 문자열의 끝을 알려주는 중요한 역할을 한다.

② char (   ) = "Hello"는 문자열 리터럴에 대한 읽기 전용 포인터를 선언하는 것이고, char (   ) = "Array"는 변경 가능한 문자열을 저장하는 배열을 선언하는 것이다.

정답

1 ① 널 문자 ② *string, array[]

11.2 문자 입출력과 함수

1 문자 입출력 함수

C 언어는 문자와 문자열을 입출력하는 함수를 지원한다. 먼저 문자를 입출력하는 함수에 대해 알아보자.

getchar() 함수와 putchar() 함수

getchar() 함수는 표준 입력(stdin)에서 하나의 문자를 읽고, putchar() 함수는 표준 출력(stdout)으로 하나의 문자를 출력한다. 이 두 함수의 형식은 다음과 같다.

| Syntax | getchar() 함수

```
int ch;
ch = getchar();
```

| Syntax | putchar() 함수

```
int ch;
ch = 'A';
putchar(ch);
```

getchar() 함수와 putchar() 함수를 사용하려면 <stdio.h> 헤더 파일을 선언해야 한다. 또한 getchar() 함수의 경우 반환값이 아스키코드 값으로 나올 수도 있기 때문에 반환 유형을 int형으로 작성해야 한다. getchar() 함수의 반환 유형이 int형인 주요 이유는 다음과 같다.

- **EOF 표현**: getchar() 함수는 표준 입력에서 한 문자를 읽어 반환하는데, 파일의 끝(EOF)이나 오류를 만났을 때도 이를 반환할 수 있어야 한다. EOF는 보통 −1로 정의되어 있으며, 이는 unsigned char로 표현할 수 있는 범위(0~255) 밖이다. getchar() 함수의 반환 유형으로 int형을 사용하면 EOF 값인 −1과 unsigned char 범위 내의 값을 안전하게 구별할 수 있다.
- **확장된 문자 세트 지원**: getchar() 함수가 int형을 반환하는 것은 EOF를 포함한 모든 가능한 문잣값을 처리하기 위함이다. 그러나 getchar() 함수는 다중 바이트 문자인 UTF-8과 같은 확장된 문자 세트를 직접적으로 지원하지 않으며, 이러한 문자 세트를 처리하려면 추가적인 로직이 필요하다.

C 표준에서 getchar() 함수는 EOF 또는 읽은 문자를 unsigned char로 변환한 값을 int형으로 변환하여 반환하도록 명시되어 있다. 따라서 사용자는 반환된 값을 검사하여 EOF인지 유효한 문자인지 구분할 수 있다. 다음 코드에서 이를 확인해보자.

getchar() 함수 사용하기 getchar.c

```
#include <stdio.h>

int main() {
    int ch;
```

```c

    while (1) {
        ch = getchar();

        if (ch == EOF)
            break;

        putchar(ch);
    }

    return 0;
}
```

```
A
A
B
B
C
C
^Z   EOF를 Ctrl + Z로 입력
```

위 코드는 무한 루프를 사용하여 표준 입력에서 문자를 하나씩 읽고, 읽은 문자가 EOF가 아니면 해당 문자를 표준 출력으로 출력한다. 구체적으로 `getchar()` 함수를 통해 문자를 입력받아 변수 `ch`에 저장하며, `ch`가 EOF이면 반복을 종료하고 그렇지 않으면 `putchar(ch)`를 호출하여 문자를 출력한다. 반복이 종료된 후 프로그램은 `return 0`을 반환하고 정상적으로 종료된다.

한편 사용자가 키보드로 입력한 문자는 일단 입력 버퍼라는 메모리 공간에 임시로 저장된다. `getchar()` 함수는 이 버퍼에서 문자를 하나씩 읽어와 변수 `ch`에 저장하고, `putchar()` 함수가 이 변수를 다시 출력하는 방식으로 동작한다.

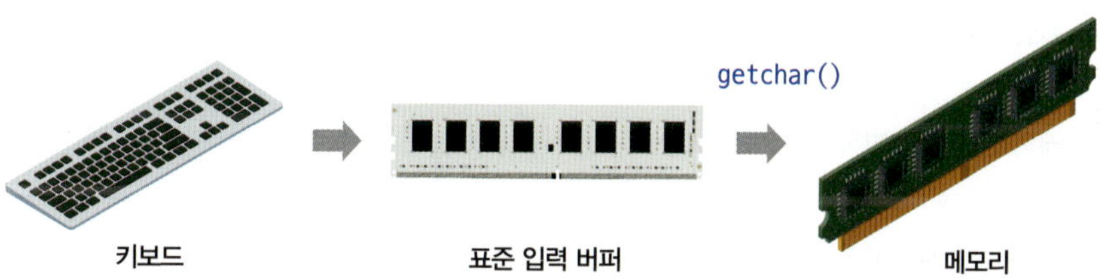

그림 11-7 getchar() 함수의 작동 과정

예제 11-5 | getchar(), putchar() 함수 사용하기 — ex11_05.c

↳ getchar() 함수를 통해 표준 입력에서 문자를 읽어들이고 putchar() 함수를 통해 표준 출력으로 문자를 출력하는 무한 루프를 EOF로 종료해보자.

```c
#include <stdio.h>

int main() {
```

```
04     int ch;
05
06     while (1) {
07         printf("\n키보드로부터 1개의 문자 입력(반복 종료:ctrl+z)>> ");
08         ch = getchar();
09
10         if (ch == EOF) {
11             break;
12         }
13         putchar(ch);
14
15         while ((ch = getchar()) != '\n' && ch != EOF) {
16             // '\n'이나 EOF를 만날 때까지 무한 루프
17         }
18     }
19
20     printf("\nEOF가 입력되어 반복 종료함");
21
22     return 0;
23 }
```

EOF가 입력되면 무한 루프 종료

버퍼에 남아 있는 줄 바꿈 문자 처리

```
키보드로부터 1개의 문자 입력(반복 종료:ctrl+z)>> a
a
키보드로부터 1개의 문자 입력(반복 종료:ctrl+z)>> d
d
키보드로부터 1개의 문자 입력(반복 종료:ctrl+z)>> ^Z

EOF가 입력되어 반복 종료함
```

Ctrl + Z

사용자가 키보드로 입력한 문자를 그대로 출력하지만, Ctrl + Z가 입력되어 EOF가 발생하면 무한 루프가 종료된다. 15행에서는 사용자가 Enter↵를 눌렀을 때 생기는 줄 바꿈 문자(\n)를 버퍼에서 제거했다. 이 무한 루프는 버퍼에서 줄 바꿈 문자를 읽을 때까지 계속해서 getchar()를 호출하여 \n을 제거하고, 만약 \n을 만나면 루프가 종료되고 다음 반복으로 넘어간다.

TIP 파일의 끝이나 입력 스트림의 끝을 나타내는 EOF는 Ctrl + D(리눅스, 맥) 또는 Ctrl + Z(윈도우)를 눌러 생성할 수 있다. 비주얼 스튜디오 2022에서 C++를 실행했을 때는 Ctrl + C를 눌러 종료한다.

_getch() 함수와 _putch() 함수

_getch() 함수는 사용자가 키보드로 입력한 문자 코드를 즉시 반환한다. 그러나 입력된 문자가 화면에 표시되지 않기 때문에 비밀번호 입력과 같은 은밀한 입력에 유용하다. 한편 _putch() 함수는 인자로 받은 단일 문자를 콘솔 창에 출력하는 함수로, putchar()와 비슷하게 동작한다. 하지만 <conio.h> 헤더 파일에 정의되어 있으며, 일반적으로 버퍼링되지 않고 즉시 실행된다.

```
int ch = _getch();
// ... 프로그램 계속 ...
```

```
_putch('A');
_putch('B');
_putch('C');
// ... 프로그램 계속 ...
```

예제 11-6 | _getch(), _putch() 함수 사용하기 ex11_06.c

↳ 사용자가 키보드로 입력한 문자를 실시간으로 화면에 출력해보자. q를 입력하면 문자를 출력하지 않은 채 프로그램이 종료되게 한다.

```
#include <stdio.h>
#include <conio.h>      // _getch(), _putch()를 사용하기 위한 헤더 파일

int main()
{
    int ch;

    printf("문자를 입력하세요. 'q'를 입력하면 프로그램이 종료됩니다.\n");

    while (1) {
        ch = _getch();      // 사용자로부터 문자를 입력받음

        if (ch == 'q') {   // 'q' 입력 시 종료
            printf("\n프로그램을 종료합니다.\n");
            break;
        }

        _putch(ch);      // 입력된 문자 출력
    }

    return 0;
}
```

```
문자를 입력하세요. 'q'를 입력하면 프로그램이 종료됩니다.
on ········ q를 입력하면 프로그램이 종료되고 q는 출력되지 않음
프로그램을 종료합니다.
```

2 문자 처리 함수

일반적인 프로그램에는 문자를 처리하는 작업이 포함되어 있다. 키보드로 입력한 문자가 알파벳 대문자인지 소문자인지 판별하거나, 대문자를 소문자로 또는 소문자를 대문자로 변경하는 경우가 많은데, C 언어에서는 이러한 작업을 편리하게 처리할 수 있는 함수를 제공한다. 이러한 문자 처리 관련 함수는 [표 11-2]와 같으며, 이를 사용하려면 `<ctype.h>` 헤더 파일을 선언해야 한다.

표 11-2 문자 처리 관련 함수

함수	유형	설명
isalpha(ch)	문자 검사 함수	ch가 알파벳(a~z, A~Z)인지 확인한다.
isupper(ch)		ch가 알파벳 대문자(A~Z)인지 확인한다.
islower(ch)		ch가 알파벳 소문자(a~z)인지 확인한다.
isdigit(ch)		ch가 숫자(0~9)인지 확인한다.
isalnum(ch)		ch가 알파벳 또는 숫자인지 확인한다.
isxdigit(ch)		ch가 16진수(0~9, a~f, A~F)에 해당하는지 확인한다.
ispunct(ch)		ch가 구두점 문자인지 확인한다. 구두점 문자는 알파벳, 숫자, 공백이 아닌 프린터블(printable, 인쇄 가능한) 문자를 말한다.
isprint(ch)		ch가 프린터블 문자인지 확인한다. 프린터블 문자에는 출력 가능한 모든 문자(알파벳, 숫자, 구두점, 공백)가 포함된다.
iscntrl(ch)		ch가 제어 문자(control character)인지 확인한다. 제어 문자에는 줄 바꿈, 탭 등이 포함된다.
isascii(ch)		ch가 아스키 문자 집합에 포함되는지 확인한다. 이 함수는 표준 C 라이브러리의 일부는 아니지만 많은 시스템에서 지원된다.
toupper(ch)	문자 변경 함수	알파벳 소문자를 대문자로 변환한다. ch가 소문자가 아닌 경우 변환되지 않는다.
tolower(ch)		알파벳 대문자를 소문자로 변환한다. ch가 대문자가 아닌 경우 변환되지 않는다.
toascii(ch)		ch를 아스키코드로 변환한다. 이 함수는 표준 C 라이브러리의 일부는 아니지만 많은 시스템에서 지원된다.

[표 11-2]의 함수는 문자의 속성을 검사하거나 변환하는 데 널리 사용되며, 특히 사용자 입력

의 유효성 검사, 데이터 파싱, 텍스트 변환 등에 유용하다.

예제 11-7 문자 검사 함수 사용하기 ex11_07.c

↳ 다양한 문자 검사 함수를 활용하여 한 문자의 속성을 확인해보자.

```
#include <stdio.h>
#include <ctype.h>

int main()
{
    char ch = 'M';     // 이 예제에서 검사할 문자
    printf("문자: %c\n", ch);

    printf("알파벳 여부: %s\n", isalpha(ch) ? "예" : "아니요");
                                                isalpha 검사
    printf("대문자 여부: %s\n", isupper(ch) ? "예" : "아니요");
                                                isupper 검사
    printf("소문자 여부: %s\n", islower(ch) ? "예" : "아니요");
                                                islower 검사
    printf("숫자 여부: %s\n", isdigit(ch) ? "예" : "아니요");
                                                isdigit 검사
    printf("알파벳 또는 숫자 여부: %s\n", isalnum(ch) ? "예" : "아니요");
                                                isalnum 검사
    printf("16진수 숫자 여부: %s\n", isxdigit(ch) ? "예" : "아니요");
                                                isxdigit 검사
    printf("구두점 문자 여부: %s\n", ispunct(ch) ? "예" : "아니요");
                                                ispunct 검사
    printf("인쇄 가능 문자 여부: %s\n", isprint(ch) ? "예" : "아니요");
                                                isprint 검사
    printf("제어 문자 여부: %s\n", iscntrl(ch) ? "예" : "아니요");
                                                iscntrl 검사
    printf("아스키 문자 여부: %s\n", isascii(ch) ? "예" : "아니요");
                                                isascii 검사
    return 0;
}
```

```
문자: M
알파벳 여부: 예
대문자 여부: 예
소문자 여부: 아니요
숫자 여부: 아니요
알파벳 또는 숫자 여부: 예
16진수 숫자 여부: 아니요
구두점 문자 여부: 아니요
인쇄 가능 문자 여부: 예
제어 문자 여부: 아니요
아스키 문자 여부: 예
```

예제 11-8 문자 변경 함수 사용하기 ex11_08.c

↳ 문자 변경 함수를 활용하여 한 문자를 변환해보자.

```c
#include <stdio.h>
#include <ctype.h>

int main()
{
   char ch = 'a';      // 이 예제에서 변환할 문자

   printf("원본 문자: %c\n", ch);

   // toupper 사용
   printf("대문자로 변환: %c\n", toupper(ch));

   // tolower 사용(원본 문자를 대문자로 변경 후 테스트)
   printf("소문자로 변환: %c\n", tolower(toupper(ch)));

   // toascii 사용
   printf("아스키코드로 변환: %d\n", toascii(ch));

   return 0;
}
```

```
원본 문자: a
대문자로 변환: A
소문자로 변환: a
아스키코드로 변환: 97
```

확인문제

1 다음 빈칸에 알맞은 말을 넣으시오.

① getchar() 함수는 표준 입력에서 한 문자를 읽어 반환하는데, 파일의 끝인 (   )나 오류를 만났을 때도 이를 반환할 수 있어야 한다.

② C 언어에서는 문자를 편리하게 처리할 수 있는 함수를 제공하며, 이러한 문자 처리 관련 함수를 사용하려면 (   ) 헤더 파일을 선언해야 한다.

정답

1 ① EOF ② <ctype.h>

11.3 문자열 입출력과 함수

1 문자열 입출력 함수

C 프로그램에서는 문자열 처리 및 입출력 코드를 자주 볼 수 있다. 문자열 입출력에 사용되는 scanf(), printf() 함수는 2장에서 다루었으니 여기서는 그 밖의 문자열 입출력 관련 함수를 알아보자.

표 11-3 문자열 입출력 관련 함수

함수	설명
gets()	표준 입력에서 문자열을 읽어들인다.
puts()	표준 출력으로 문자열을 출력하고, 출력 후 자동으로 줄 바꿈 문자를 끝에 추가한다.
fgets()	파일이나 표준 입력에서 문자열을 읽어들이는데, 지정된 크기 -1만큼 또는 줄 바꿈 문자를 만날 때까지 문자열을 읽어들인다.
fputs()	파일이나 표준 출력으로 문자열을 출력한다. 줄 바꿈 문자가 자동으로 추가되지 않는다.

gets() 함수와 puts() 함수

gets() 함수는 표준 입력에서 문자열을 받아들인다. 사용자가 입력한 모든 문자를 줄 바꿈 문자(\n)를 만날 때까지 읽어들이고, 끝에 줄 바꿈 문자 대신 널 문자를 추가한다.

| Syntax | gets() 함수

```
char str[100];
gets(str);
```

char형 사용

puts() 함수는 표준 출력으로 문자열을 출력하고, 자동으로 줄 바꿈 문자를 끝에 추가한다. 문자열을 출력할 때 puts() 함수는 printf() 함수보다 더 간결하고 안전하게 사용할 수 있다. 문자열에 포함된 형식 지정자를 해석하지 않으므로, printf() 함수와 달리 문자열 내에 % 문자가 있어도 문제가 되지 않는다.

| Syntax | puts() 함수

```
char str[] = "Hello, World!";
puts(str);
```

char형 사용

이 두 함수를 사용하려면 <stdio.h> 헤더 파일을 선언해야 한다.

```
char str[100];     // 크기가 100인 문자 배열 선언
gets(str);         // 사용자가 입력한 문자열을 배열 str에 저장
puts(str);         // 배열 str에 저장된 문자열 출력
```

예제 11-9 gets(), puts() 함수 사용하기 ex11_09.c

↳ 사용자로부터 문자열을 입력받아 이를 출력해보자. 최대 99자의 문자열을 저장할 수 있는 배열을 선언한 후 gets() 함수로 문자열을 입력받고 puts() 함수로 문자열을 출력한다.

```
#include <stdio.h>

int main()
{
    char str[100];    // 문자열을 저장할 충분한 크기의 배열 선언

    printf("Enter a string: ");
    gets(str);          // 사용자로부터 문자열을 입력받음

    printf("You entered: ");
    puts(str);          // 입력받은 문자열을 출력하고 자동으로 줄 바꿈

```

```
    return 0;
}
```

```
Enter a string: Hello C language
You entered: Hello C language
```

이 예제에서 주의할 점은, **gets()** 함수는 입력된 문자열의 길이가 배열 **str**의 크기를 초과하면 버퍼 오버플로를 일으킬 수 있다는 것이다. 이러한 이유로 **gets()** 함수는 C11 표준에서 제거되었다. 그래서 **gets()** 함수 대신 안전한 **fgets()** 함수를 사용할 것을 권장한다.

예제 11-10 | fgets() 함수 사용하기 ex11_10.c

↳ [예제 11-9]에서 사용자가 99자를 초과하여 입력하면 메모리 손상이나 예기치 않은 동작이 발생할 수 있다. 이를 피하기 위해 fgets() 함수를 사용해보자.

```
#include <stdio.h>

int main()
{
    char str[100];     // 문자열을 저장할 충분한 크기의 배열 선언

    printf("Enter a string: ");
    fgets(str, sizeof(str), stdin);     // 사용자로부터 안전하게 문자열을 입력받음
    // fgets()는 줄 바꿈 문자도 함께 저장하므로 줄 바꿈 문자를 제거할 수 있음

    str[strcspn(str, "\n")] = 0;

    printf("You entered: ");
    puts(str);     // 입력받은 문자열을 출력하고 자동으로 줄 바꿈

    return 0;
}
```

```
Enter a string: Hello C language
You entered: Hello C language
```

fgets() 함수와 fputs() 함수

fgets() 함수는 파일이나 스트림에서 문자열을 읽어들인다. 표준 입력에서는 매개변수 stdin을 사용한다.

| Syntax | fgets() 함수

```
char str[100];
fgets(str, sizeof(str), stdin);
```

fputs() 함수는 널 문자를 만나기 전까지 문자열의 모든 문자를 출력한다. 단, 자동으로 줄 바꿈 문자를 끝에 추가하지 않기 때문에 str에 포함된 문자열이 줄 바꿈 없이 그대로 출력된다.

| Syntax | fputs() 함수

```
char str[100] = "Hello, World!";
fputs(str, stdout);
```

이 두 함수를 사용하려면 <stdio.h> 헤더 파일을 선언해야 한다.

```
char str[100];
fgets(str, sizeof(str), stdin);
fputs(str, stdout);
```

TIP sizeof(str)은 문자열 배열의 크기를 나타내며, 입력받을 최대 크기를 지정할 수 있다. 예를 들어 100바이트 크기의 배열을 선언하면 최대 99자까지 입력받을 수 있고, 마지막 한 자리에는 널 문자가 저장된다. 표준 입력을 나타내는 stdin은 보통 키보드로 입력받는 데 사용되며, 표준 출력을 나타내는 stdout은 보통 콘솔 창으로 출력하는 데 사용된다.

예제 11-11 fgets(), fputs() 함수 사용하기 ex11_11.c

↳ 사용자로부터 문자열을 입력받아 이를 출력하기 위해 fgets(), fputs() 함수를 사용해보자.

```
#include <stdio.h>

int main() {
    char str[100];     // 문자열을 저장할 충분한 크기의 배열 선언

    printf("문자열 입력: ");
    fgets(str, sizeof(str), stdin);     // 사용자로부터 안전하게 문자열을 입력받음
```

```
    printf("당신이 입력한 문자열: ");
    fputs(str, stdout);      // 입력받은 문자열을 출력하고 자동으로 줄 바꿈을 하지 않음

    return 0;
}
```

```
문자열 입력: Hello C Language
당신이 입력한 문자열: Hello C Language
```

2 문자열 처리 함수

C 언어에서는 문자열 길이 계산, 문자열 복사, 문자열 비교, 문자열 연결, 문자열 검색 등의 문자열 처리 함수를 제공한다. 문자열 라이브러리 함수는 문자열을 편리하게 다룰 수 있는 다양한 기능을 제공하는 함수의 모음으로, 대개 `<string.h>` 헤더 파일에 정의되어 있다.

표 11-4 문자열 처리 관련 함수

함수	유형	설명
strlen(str1)	문자열 길이 계산	문자열 str1의 길이를 반환한다. 여기서 길이는 널 문자를 제외한 문자의 개수이다.
strcpy(str1, str2)	문자열 복사	문자열 str2를 str1에 복사한다. str1은 충분한 크기여야 하며, 널 문자도 함께 복사된다.
strncpy(str1, str2, n)		str2에서 최대 n개의 문자를 str1에 복사한다. n이 str2의 길이보다 길면 나머지 부분은 널 문자로 채워진다.
strcmp(str1, str2)	문자열 비교	문자열 str1과 str2를 비교한다. 같으면 0을, str1이 str2보다 크면 양수를, 작으면 음수를 반환한다.
strncmp(str1, str2, n)		문자열 str1과 str2를 최대 n개 문자까지만 비교한다.
strcat(str1, str2)	문자열 연결	문자열 str2를 str1의 끝에 연결한다. 이때 str1의 널 문자를 덮어쓴다.
strncat(str1, str2, n)		문자열 str2의 최대 n개 문자를 str1의 끝에 연결한다.
strchr(str1, ch)	문자열 검색	문자열 str1에서 첫 번째로 나타나는 문자 ch의 위치를 반환한다. 찾지 못하면 NULL을 반환한다.
strstr(str1, str2)		문자열 str1 내에서 부분 문자열 str2가 시작되는 첫 번째 위치를 반환한다.
char *strtok(str1, delimit)	문자열 분리	문자열 str1에서 구분자 delimit에 따라 문자열을 토큰으로 분리한다.

문자열 길이 계산

문자열의 길이를 계산하려면 strlen() 함수를 사용한다.

```
char str1[] = "backspace";
int len = strlen(str1);      // len은 9가 됨
```

문자열 복사

문자열을 복사하려면 strcpy(), strncpy() 함수를 사용한다.

```
char str1[50];
char str2[] = "backspace";
strcpy(str1, str2);          // 이제 str1에는 "backspace"가 포함됨

char str1[50];
char str2[] = "backspace";
strncpy(str1, str2, 3);      // 이제 str1에는 "bac"가 포함됨
```

문자열 비교

문자열을 비교하려면 strcmp(), strncmp() 함수를 사용한다.

```
char str1[] = "Apple";
char str2[] = "Banana";
int result = strcmp(str1, str2);          // result는 음수가 됨(Apple < Banana)

char str1[] = "Apples";
char str2[] = "Apple";
int result = strncmp(str1, str2, 5);      // result는 0이 됨(첫 5글자가 같음)
```

문자열 연결

문자열을 연결하려면 strcat(), strncat() 함수를 사용한다.

```
char str1[50] = "Hello, ";
char str2[] = "World!";
```

```c
strcat(str1, str2);          // 이제 str1에는 "Hello, World!"가 포함됨

char str1[50] = "Hello, ";
char str2[] = "World!";
strncat(str1, str2, 3);      // 이제 str1에는 "Hello, Wor"가 포함됨
```

문자열 검색

문자열에서 특정 문자를 찾으려면 strchr(), strnstr() 함수를 사용한다.

```c
char str1[] = "Hello World";
char *p = strchr(str1, 'W');              // p는 'W'의 주소를 가리킴

char str1[] = "Hello World";
char *p = strstr(str1, "World");          // p는 "World"가 시작되는 주소를 가리킴
```

문자열 분리

문자열을 분리하려면 strtok() 함수를 사용한다. 이 함수는 주어진 구분자delimiter를 기준으로 문자열을 토큰token으로 분리한다.

```c
char *strtok(char *str, const char *delimt);
```

- str: 분리하고자 하는 문자열
- delimt: 구분자로 사용할 문자들의 집합을 가리키는 문자열

예제 11-12 문자열 처리 함수 사용하기 ex11_12.c

↳ 다양한 문자열 처리 함수를 활용하여 문자열 str1, str2, str3과 문자 ch에 대한 기본적인 연산을 수행해보자.

```c
#pragma warning(disable:4996)
#include <stdio.h>
#include <string.h>

int main()
{
    char str1[20] = "Back";
    char str2[20] = "Space";
    char str3[20];
```

문자 배열 초기화 (07~09행)

```c
    char ch = 'p';
    int n = 3;

    // str1의 길이를 계산하기 위한 strlen
    int len = strlen(str1);
    printf("str1의 길이: %d\n", len);

    // str1의 내용을 str3에 복사하기 위한 strcpy
    strcpy(str3, str1);
    printf("str1을 str3에 복사: %s\n", str3);

    // str2의 첫 n개(3개) 문자를 str3에 복사하기 위한 strncpy
    strncpy(str3, str2, n);
    str3[n] = '\0';     // 널 문자 추가
    printf("str2의 첫 %d 문자를 str3에 복사: %s\n", n, str3);

    // str1("Back")과 str2("Space")를 비교하기 위한 strcmp
    printf("str1과 str2 비교: %d\n", strcmp(str1, str2));

    // str1과 str2의 첫 n개(3개) 문자를 비교하기 위한 strncmp
    printf("str1과 str2의 첫 %d 문자 비교: %d\n", n, strncmp(str1, str2, n));

    // str2("Space")를 str1("Back")의 끝에 연결하기 위한 strcat
    strcat(str1, str2);
    printf("str2를 str1에 연결: %s\n", str1);

    // str1("BackSpace")의 첫 n개(3개) 문자를 str3("Spa")에 연결하기 위한 strncat
    strncat(str3, str1, n);
    printf("str1의 첫 %d 문자를 str3에 연결: %s\n", n, str3);

    // str1에서 'p'라는 문자의 첫 번째 출현을 찾기 위한 strchr
    char* ptr_ch = strchr(str1, ch);
    printf("str1에서 '%c'의 첫 번째 출현: %s\n", ch, ptr_ch);

    // str1("BackSpace")에서 str2("Space")의 첫 번째 출현을 찾기 위한 strstr
    char* ptr_str = strstr(str1, str2);
    printf("str1에서 str2의 첫 번째 출현: %s\n", ptr_str ? ptr_str : "찾을 수 없음");
    return 0;
}
```

함수에서 사용할 n개의 문자를 나타냄

```
str1의 길이: 4
str1을 str3에 복사: Back
str2의 첫 3 문자를 str3에 복사: Spa
str1과 str2 비교: -1
str1과 str2의 첫 3 문자 비교: -1
str2를 str1에 연결: BackSpace
str1의 첫 3 문자를 str3에 연결: SpaBac
str1에서 'p'의 첫 번째 출현: pace
str1에서 str2의 첫 번째 출현: Space
```

사전상에서 str1이 str2보다 먼저 나오기 때문에 음수가 반환됨

45행에서 str1이 "BackSpace"이고 str2가 "Space"라면 strstr(str1, str2)는 "Space"의 시작 위치를 가리키는 포인터를 반환하므로 실행 결과는 "Space"이다. 만약 str1이 "BackSpace"이고 str2가 "Light"라면 strstr(str1, str2)는 NULL을 반환하므로 실행 결과는 "찾을 수 없음"이다.

예제 11-13 문자열 분리하여 출력하기 ex11_13.c

↳ 구분자를 기준으로 문자열 "Hello, World! Welcome to C programming."을 분리하여 각 단어를 한 줄씩 출력해보자.

```c
#pragma warning(disable:4996)
#include <stdio.h>
#include <string.h>

int main()
{
    char str[] = "Hello, World! Welcome to C programming.";
    const char delim[] = " ,.!";

    char* token = strtok(str, delim);

    while (token != NULL) {
        printf("%s\n", token);
        token = strtok(NULL, delim);
    }

    return 0;
}
```

공백, 쉼표, 느낌표, 마침표를 포함하는 구분자 문자열

```
Hello
World
Welcome
to
C
programming
```

10행에서 strtok() 함수를 호출하여 문자열 str을 delim에 정의된 구분자로 분리하고 첫 번째 토큰(단어)을 포인터 token에 저장했다. 이때 strtok()는 첫 번째 인자로 문자열을 받고 두 번째 인자로 구분자 목록을 받는다. 이 함수는 원본 문자열을 수정하며, 구분자가 있던 위치에 널 문자를 삽입하여 토큰 값을 분리한다.

12~15행에서는 while 루프를 사용하여 token이 NULL이 아니면 반복적으로 각 token 값을 출력한다. strtok(NULL, delim)을 호출하면 문자열의 나머지 부분에서 계속해서 token 값을 분리한다. 첫 번째 호출 이후에는 첫 번째 인자로 NULL을 전달해야 이전에 처리된 문자열의 나머지 부분에서 계속 분리 작업을 할 수 있다.

하나 더 알기 **strtok() 함수 사용 시 주의점**

- strtok() 함수는 원본 문자열을 수정한다. 구분자는 널 문자로 대체된다.
- strtok() 함수는 스레드 안전하지(thread-safe) 않으므로 멀티스레드 환경에서는 strtok_r()과 같은 대체 함수를 사용하는 것이 좋다.
- 연속된 구분자 사이에는 빈 토큰이 생성되지 않는다. 예를 들어 구분자가 연속적으로 있으면 그 사이에는 아무것도 없는 것으로 간주된다.

확인문제

1 다음 빈칸에 알맞은 말을 넣으시오.

① (   ) 함수는 표준 입력에서 문자열을 읽어들이고 (   ) 함수는 표준 출력으로 문자열을 출력한다.

② strlen(str1)은 문자열 str1의 (   )를 반환한다. 여기서 (   )는 널 문자를 제외한 문자의 개수이다.

③ strcpy(str1, str2)는 문자열 str2를 str1에 (   )한다.

정답

1 ① gets(), puts() ② 길이 ③ 복사

LAB 모스 부호 변환 프로그램 만들기

모스 부호는 신호 발생 장치로 짧은 신호(·, 점 또는 단점)와 긴 신호(–, 선 또는 장점)를 조합하여 알파벳, 숫자, 일부 특수 문자를 표기하는 방식이다. 예를 들어 'A'는 '.–'으로 나타내고 'B'는 '–...'으로 나타낸다. 알파벳으로 구성된 문장을 모스 부호로 변환하는 프로그램을 작성해보자.

```
문장을 입력하세요. >> HELLO
.... . .-.. .-.. ---
```

조건

- 알파벳 대·소문자로 이루어진 문장을 입력받는다.
- 문장을 모스 부호로 변환하는 함수를 작성한다. 각 알파벳에 대한 모스 부호는 다음과 같이 정의된 배열을 이용하여 구현한다.

```c
char* morseAlphabet[] = {
    ".-", "-...", "-.-.", "-..", ".", "..-.", "--.", "....", "..", ".---",
    "-.-", ".-..", "--", "-.", "---", ".--.", "--.-", ".-.", "...", "-",
    "..-", "...-", ".--", "-..-", "-.--", "--.."};
```

- 알파벳 이외의 문자는 무시하고 스페이스는 /로 변환한다.

힌트

- 현재 문자가 알파벳인지 확인할 때는 isalpha() 함수를 사용하고, 대문자인지 확인할 때는 isupper() 함수를 사용한다.
- isalpha() 함수는 문자가 알파벳이면 0이 아닌 값을 반환하고, 알파벳이 아니면 0을 반환한다. isupper() 함수는 문자가 알파벳 대문자이면 0이 아닌 값을 반환하고, 알파벳 소문자이면 0을 반환한다.

문제 해결 LAB_11-1.c

```c
#pragma warning(disable:4996)
#include <stdio.h>
#include <string.h>
```

```c
#include <ctype.h>

void toMorseCode(char* text) {
    char* morseAlphabet[] = {
    ".-", "-...", "-.-.", "-..", ".", "..-.", "--.", "....", "..",  ".---",
    "-.-", ".-..", "--", "-.", "---", ".--.", "--.-", ".-.", "...", "-",
    "..-", "...-", ".--", "-..-", "-.--", "--.."};

    int textLength = strlen(text);

    for (int i = 0; i < textLength; ++i) {      // 입력 문자열의 길이만큼 반복
        if (isalpha(text[i])) {
            int index;
            if (isupper(text[i])) {
                index = text[i] - 'A';
            }
            else {
                index = text[i] - 'a';
            }
            printf("%s ", morseAlphabet[index]);
        }
        else if (text[i] == ' ') {
            printf("/ ");
        }
    }
    printf("\n");
}

int main() {
    char plaintext[1000];

    printf("문장을 입력하세요. >> ");
    scanf("%[^\n]s", plaintext);

    toMorseCode(plaintext);

    return 0;
}
```

문자열을 입력받아 각 문자의 모스 부호 출력

각 문자의 모스 부호 표현을 나타내는 포인터 배열 선언

공백이면 / 출력

18행은 현재 문자(text[i])에서 A의 아스키코드 값을 뺀 값을 나타내며, 이 값은 A로부터 현재 문자가 얼마나 떨어져 있는지를 의미한다. 예를 들어 현재 문자가 A라면 index가 0이고, B라면 index가 1이다. 소문자도 이와 동일한 방법으로 계산되며, 이렇게 계산된 index 값은 모스 부호 배열(morseAlphabet[])에서 해당 알파벳에 대한 모스 부호를 가져오는 데 사용된다.

LAB 팰린드롬 판별 프로그램 만들기

'level', 'radar', 'madam'과 같이 앞에서부터 읽으나 뒤에서부터 읽으나 똑같은 단어 또는 문장을 팰린드롬palindrome이라고 한다. 팰린드롬을 판별할 때는 대문자와 소문자를 구분하지 않으며, 공백이나 구두점 등 알파벳이 아닌 문자를 무시한다. 예를 들어 'A man, a plan, a canal, Panama!'의 공백과 구두점을 무시하면 'amanaplanacanalpanama'이므로 이는 팰린드롬이다. 입력받은 문자열이 팰린드롬인지 판별하는 프로그램을 작성해보자.

```
문자열을 입력하세요: madam
입력한 문자열은 팰린드롬입니다.
```

```
문자열을 입력하세요: panan
입력한 문자열은 팰린드롬이 아닙니다.
```

조건

- 입력받은 문자열을 저장할 배열을 선언한다.
- 사용자로부터 문자열을 입력받고 줄 바꿈 문자(\n)를 제거한다.
- 입력된 문자열이 팰린드롬인지 확인하는 함수를 정의한다. 공백, 특수 문자 등을 무시하고 대·소문자 구분 없이 비교한다. 팰린드롬이 아니면 0을 반환하고 팰린드롬이면 1을 반환하도록 tolower() 함수를 사용한다.
- 조건문을 통해 팰린드롬을 판별하는 함수를 호출하여 결과를 출력한다.

힌트

- 문자열의 양 끝에서부터 중앙으로 인덱스를 이동하면서 비교하여 팰린드롬 여부를 확인하는 알고리즘은 다음과 같다.

```
while (왼쪽 인덱스 < 오른쪽 인덱스) {
    if (왼쪽 문자가 공백 또는 특수 문자) {
        왼쪽 인덱스++;
        continue;
    }
    if (오른쪽 문자가 공백 또는 특수 문자) {
        오른쪽 인덱스--;
        continue;
    }
    if (왼쪽 문자와 오른쪽 문자가 다르면) {
        return 0;       // 팰린드롬이 아님
    }
    왼쪽 인덱스++;       // 다음 문자 비교를 위해 왼쪽 인덱스를 증가시킴
    오른쪽 인덱스--;     // 다음 문자 비교를 위해 오른쪽 인덱스를 감소시킴
}
return 1;               // 팰린드롬
```

문제 해결 LAB_11-2.c

```c
#pragma warning(disable:4996)
#include <stdio.h>
#include <string.h>

int isPalindrome(char str[]);

int main() {
    char input[100];
    printf("문자열을 입력하세요: ");
    fgets(input, sizeof(input), stdin);
    input[strcspn(input, "\n")] = '\0';

    if (isPalindrome(input)) {
        printf("입력한 문자열은 팰린드롬입니다.\n");
    }
    else {
        printf("입력한 문자열은 팰린드롬이 아닙니다.\n");
    }
    return 0;
}
```

```
21
22  int isPalindrome(char str[]) {
23      int left = 0;
24      int right = strlen(str) - 1;
25
26      while (left < right) {
27          if (str[left] < 'A' || (str[left] > 'Z' && str[left] < 'a') || str[left] > 'z') {
28              left++;
29              continue;
30          }
31          if (str[right] < 'A' || (str[right] > 'Z' && str[right] < 'a') || str[right] > 'z') {
32              right--;
33              continue;
34          }
35          if (tolower(str[left]) != tolower(str[right])) {
36              return 0;       // 팰린드롬이 아님
37          }
38          left++;
39          right--;
40      }
41      return 1;               // 팰린드롬임
42  }
```

27행의 조건문을 자세히 살펴보자.

- `str[left] < 'A'`: 현재 문자가 알파벳 대문자 A보다 작을 때를 의미한다. 알파벳 대문자가 아닌 문자를 의미하며 공백, 특수 문자, 숫자가 포함된다.
- `(str[left] > 'Z' && str[left] < 'a')`: 현재 문자가 알파벳 대문자 Z보다 크고 소문자 a보다 작을 때를 의미한다. 즉 대문자와 소문자 사이의 값이지만 알파벳이 아닌 문자를 의미한다.
- `str[left] > 'z'`: 현재 문자가 알파벳 소문자 z보다 클 때를 의미한다. 알파벳 소문자를 넘어가는 문자를 의미하며 {, }, | 등의 특수 문자나 알파벳이 아닌 문자가 포함된다.

SELF STUDY

27~34행은 특수 문자, 숫자, 공백 등을 무시하고 오직 알파벳만 팰린드롬인지 비교하도록 설정한 조건문이다. 왼쪽에서 알파벳이 아닌 문자를 만나면 그 문자를 건너뛰고, 마찬가지로 오른쪽에서도 알파벳이 아닌 문자를 만나면 건너뛴다. 알파벳만 서로 비교하여 팰린드롬 여부를 판단하도록 다음 코드를 활용하여 27~34행을 변경해보자.

```
27행: if (!isalpha(str[left]))
31행: if (!isalpha(str[right]))
```

REAL PROJECT 수강 신청 프로그램 만들기

새 학기를 앞두고 대학생은 수강 신청을 하는데, 이 때 수강 가능 인원, 학점, 요일과 시간을 잘 확인하여 수강 계획을 세워야 한다. 간단한 수강 신청 프로그램을 작성해보자.

조건

- 다음과 같은 강의 목록을 제공하고 수강할 강의 번호를 입력받는다. 강의 목록을 저장하는 배열은 다차원 배열로 구현한다.

```
수강 가능한 강의 목록:
1. Computer Science 101 (Mon/Wed 10:00-11:30, 교수: Dr. Smith) - 3학점
2. Mathematics 201 (Tue/Thu 13:00-14:30, 교수: Prof. Johnson) - 3학점
3. English Literature (Mon/Wed/Fri 15:00-16:30, 교수: Dr. Williams) - 3학점
4. Physics 301 (Tue/Thu 10:00-11:30, 교수: Prof. Davis) - 3학점
5. History 101 (Mon/Fri 13:00-14:30, 교수: Dr. Brown) - 3학점
6. Chemistry 201 (Wed/Fri 15:00-16:30, 교수: Prof. Miller) - 3학점
7. Psychology 101 (Tue/Thu 15:00-16:30, 교수: Dr. Wilson) - 3학점
8. Biology 201 (Mon/Wed 13:00-14:30, 교수: Prof. Anderson) - 3학점
9. Economics 301 (Wed/Fri 10:00-11:30, 교수: Dr. Moore) - 3학점
10. Art History (Mon/Wed 15:00-16:30, 교수: Prof. Taylor) - 3학점

수강할 강의 번호를 선택하세요: 1
```

- 사용자가 수강할 강의 번호를 선택하면 다음과 같은 메시지를 출력하고 추가 수강 여부를 입력받는다.

```
현재 수강한 학점이 3학점입니다. 더 수강하시겠습니까? (y/n): y

수강할 강의 번호를 입력하세요: 2
```

- 사용자가 y 또는 Y를 입력하면 계속해서 수강할 강의 번호를 입력받고 학점을 업데이트한다. 최대 24학점까지 수강 신청이 가능하다.
- 수강 신청이 끝나면 다음과 같이 강의 목록과 총학점을 출력한다.

```
현재 수강 중인 강의 목록:
1. Computer Science 101 (Mon/Wed 10:00-11:30, 교수: Dr. Smith) - 3학점
2. Mathematics 201 (Tue/Thu 13:00-14:30, 교수: Prof. Johnson) - 3학점
3. History 101 (Mon/Wed/Fri 15:00-16:30, 교수: Dr. Williams) - 3학점
4. Physics 301 (Tue/Thu 10:00-11:30, 교수: Prof. Davis) - 3학점
5. Biology 201 (Mon/Fri 13:00-14:30, 교수: Dr. Brown) - 3학점
총학점: 15
```

문제 해결 REAL_timetable.c

```c
#pragma warning(disable:4996)
#include <stdio.h>
#include <stdlib.h>
#include <string.h>

char availableLectures[][10][50] = {
    {"Computer Science 101", "Dr. Smith", "Mon/Wed 10:00-11:30"},
    {"Mathematics 201", "Prof. Johnson", "Tue/Thu 13:00-14:30"},
    {"English Literature", "Dr. Williams", "Mon/Wed/Fri 15:00-16:30"},
    {"Physics 301", "Prof. Davis", "Tue/Thu 10:00-11:30"},
    {"History 101", "Dr. Brown", "Mon/Fri 13:00-14:30"},
    {"Chemistry 201", "Prof. Miller", "Wed/Fri 15:00-16:30"},
    {"Psychology 101", "Dr. Wilson", "Tue/Thu 15:00-16:30"},
    {"Biology 201", "Prof. Anderson", "Mon/Wed 13:00-14:30"},
    {"Economics 301", "Dr. Moore", "Wed/Fri 10:00-11:30"},
    {"Art History", "Prof. Taylor", "Mon/Wed 15:00-16:30"},
};

char* studentSchedule[8];
int currentScheduleSize = 0;
int totalCredits = 0;

// 강의 목록 출력
void printAvailableLectures() {
    char buffer[200];    // 출력을 담을 임시 버퍼
    printf("수강 가능한 강의 목록:\n");
```

```c
    for (int i = 0; i < sizeof(availableLectures) / sizeof(availableLectures[0]); ++i) {
        sprintf(buffer, "%d. %s (%s, 교수: %s) - 3학점\n", i + 1, availableLectures[i][0], availableLectures[i][2], availableLectures[i][1]);
        printf("%s", buffer);  // 버퍼를 이용한 출력
    }
}

// 수강 목록 출력
void printStudentSchedule() {
    char buffer[200];
    printf("\n현재 수강 중인 강의 목록:\n");
    for (int i = 0; i < currentScheduleSize; ++i) {
        sprintf(buffer, "%d. %s (%s, 교수: %s) - 3학점\n", i + 1, studentSchedule[i], availableLectures[i][2], availableLectures[i][1]);
        printf("%s", buffer);  // 버퍼를 이용한 출력
    }
    sprintf(buffer, "총학점: %d\n", totalCredits);
    printf("%s", buffer);
}

int main() {
    int lectureChoice;
    char continueAdding[10];
    char inputBuffer[10];

    printAvailableLectures();

    do {
        printf("\n수강할 강의 번호를 입력하세요: ");
        fgets(inputBuffer, sizeof(inputBuffer), stdin);  // 강의 번호 입력
        lectureChoice = atoi(inputBuffer);

        studentSchedule[currentScheduleSize++] = availableLectures[lectureChoice - 1][0];
        totalCredits += 3;

        if (totalCredits < 15 || (totalCredits >= 15 && totalCredits < 24)) {
```

sprintf() 함수로 버퍼에 문자열을 저장한 뒤 printf() 함수로 출력

문자열을 정수로 변환하는 함수

```
            printf("\n현재 수강한 학점이 %d학점입니다. 더 수강하시겠습니까? (y/n): ",
                                                                    totalCredits);
            fgets(continueAdding, sizeof(continueAdding), stdin);    // y 또는 n 입력
        }
    } while (totalCredits < 24 && (continueAdding[0] == 'y' || continueAdding[0] == 'Y'));

    printStudentSchedule();

    return 0;
}
```

요약

01 문자와 문자열

❶ 문자: 하나의 문자를 의미한다. 문자는 char형으로 나타내며, 1바이트(8비트)의 메모리를 사용한다.

❷ 문자열: 문자들의 집합을 의미한다. 문자열은 큰따옴표로 감싸며, 문자열의 맨 끝에는 끝을 알리는 널 문자가 추가된다.

❸ 문자열 초기화: 문자열 리터럴을 사용한 초기화, 문자 배열로 명시적 초기화, 명시적 지정과 문자열 리터럴 사용, 문자열 복사 함수 사용으로 문자열을 초기화할 수 있다.

❹ 문자열 상수: 큰따옴표로 감싼 문자의 시퀀스로, 문자열 리터럴이라고도 한다. 문자열 상수는 메모리의 텍스트 영역에 존재한다.

❺ 문자형 포인터: 문자열을 가리키는 데 자주 사용된다.

02 문자 입출력과 함수

❶ getchar() 함수: 표준 입력(stdin)에서 하나의 문자를 읽는다.

❷ putchar() 함수: 표준 출력(stdout)으로 하나의 문자를 출력한다.

❸ _getch() 함수: 사용자가 키보드로 입력한 문자 코드를 즉시 반환한다. 그러나 입력된 문자가 화면에 표시되지 않기 때문에 비밀번호 입력과 같은 은밀한 입력에 유용하다.

❹ _putch() 함수: 인자로 받은 단일 문자를 콘솔 창에 출력한다. 일반적으로 버퍼링되지 않고 즉시 실행된다.

03 문자열 입출력과 함수

❶ gets() 함수: 표준 입력에서 문자열을 읽어들인다.

❷ puts() 함수: 표준 출력으로 문자열을 출력하고, 자동으로 줄 바꿈 문자를 끝에 추가한다.

❸ fgets() 함수: 파일이나 스트림에서 문자열을 읽어들인다.

❹ fputs() 함수: 널 문자를 만나기 전까지 문자열의 모든 문자를 출력한다. 자동으로 줄 바꿈 문자를 끝에 추가하지 않는다.

연습문제

01 다음 중 문자열 상수는 무엇인가?

① 'Hello' ② "Hello"

③ 'H', 'e', 'l', 'l', 'o' ④ "H", "e", "l", "l", "o"

02 문자의 크기는 얼마인가?

① 1바이트 ② 2바이트 ③ 4바이트 ④ 8바이트

03 문자열의 끝에 표시되는 널 문자는 무엇인가?

① \n ② \t ③ \r ④ \0

04 표준 입력에서 문자열을 입력받는 함수는 무엇인가?

① gets() ② puts() ③ fgets() ④ fputs()

05 다음 코드를 실행하면 어떤 문자열이 출력되는가?

```
char str[] = "C_Master";
printf("%c\n", str[4]);
```

① M ② a ③ s ④ t

06 다음 각각의 설명에 해당하는 문자 처리 함수를 작성하시오.

① ch가 알파벳(a~z, A~Z)인지 확인한다. (　　　　)

② ch가 숫자(0~9)인지 확인한다. (　　　　)

③ 알파벳 소문자를 대문자로 변환한다. (　　　　)

④ ch를 아스키코드로 변환한다. (　　　　)

07 문자열 "C"와 "Master"가 일치하는지 검사하는 if 문을 작성하시오.

08 다음 각각의 변수에 할당되는 메모리의 합을 구하시오. 단, 64비트 컴퓨터라고 가정하시오.

```
① char str[] = "C";
② char *ptr = "Master";
③ char str[16] = "C"
④ char str[2][5] = { "C", "Master" };
```

09 다음은 사용자가 입력한 문자열을 배열에 저장하고 이를 출력하는 프로그램이다. 오류가 발생하는 부분을 찾아 바르게 수정하고 그 이유를 설명하시오.

```
#include <stdio.h>

int main() {
    char buffer[5];

    printf("문자열 입력: ");
    fgets(buffer, sizeof(buffer), stdin);

    printf("입력한 문자열: %s\n", buffer);

    return 0;
}
```

10 다음은 문자열을 배열로 초기화하고 이를 출력하는 프로그램이다. 오류가 발생하는 부분을 찾아 바르게 수정하고 그 이유를 설명하시오.

```
#include <stdio.h>

int main() {
    char str[5] = { 'H','e','l','l','o' };

    printf("String: %s\n", str);

    return 0;
}
```

11 다음은 포인터 배열에 문자열을 입력받는 프로그램이다. 오류가 발생하는 부분을 찾아 바르게 수정하고 그 이유를 설명하시오.

```
#pragma warning(disable:4996)
#include <stdio.h>

int main() {
    char *ptr[];

    scanf("%s", ptr);

    return 0;
}
```

[12~16] 다음은 사용자로부터 문자열을 입력받아 문자열에서 특정 문자를 제거하고 각 문자의 출현 횟수를 출력하는 프로그램이다.

```
#pragma warning(disable:4996)
#include <stdio.h>
#include <string.h>
#include <ctype.h>

void removeChar(char* str, char target) {
    [           ⓐ           ]
}

int main() {
    char s[200] = { 0 };
    int alpha[26] = { 0 };
    char target;
    int count = 0, i = 0;

    printf("문자열 입력: ");
    [       ⓑ       ]
```

```
    ⓒ

for (i = 0; i < 26; i++) {
    if (alpha[i] != 0)
        printf("%c : %d\n", i + 'a', alpha[i]);
    }
printf("문자 입력: ");
    ⓓ
    ⓔ
    ⓕ

    return 0;
}
```

12 문자열을 입력받을 수 있도록 빈칸 ⓑ의 코드를 작성하시오. 단, fgets() 함수를 이용하시오.

13 문자열을 입력받은 후 각 문자의 출현 횟수가 출력되도록 빈칸 ⓒ의 코드를 작성하시오.

[조건]

- fgets() 함수로 문자열을 입력받는다.
- 입력받은 문자가 알파벳인지 확인한다.
- 입력받은 알파벳 대문자를 소문자로 변환하고 출현 횟수를 계산한다.

```
문자열 입력: MounTain
a : 1
i : 1
m : 1
n : 2
o : 1
t : 1
u : 1
```

14 문자를 입력받을 수 있도록 빈칸 ⓓ의 코드를 작성하시오. 단, `scanf()` 함수를 이용하시오.

15 문자열을 입력받은 후 출현 횟수가 궁금한 문자를 입력하면 해당 문자의 출현 횟수가 출력되도록 빈칸 ⓔ의 코드를 작성하시오.

[조건]

- `fgets()` 함수로 문자열을 입력받고, `scanf()` 함수로 문자를 입력받는다.
- 입력받은 문자가 알파벳인지 확인한다.
- 입력받은 알파벳을 소문자로 변환하여 출현 횟수를 계산한다.

```
문자열 입력: Extraordinary
문자 입력: V
V의 개수: 0
```

16 문자열을 입력받은 후 특정 문자를 입력하면 그 문자가 삭제된 문자열이 출력되도록 빈칸 ⓐ, ⓕ의 코드를 작성하시오.

[조건]

- `fgets()` 함수로 문자열을 입력받고, `scanf()` 함수로 삭제할 문자를 입력받는다.
- 입력받은 문자가 알파벳인지 확인한다.
- 입력받은 알파벳을 소문자로 변환한 뒤 삭제한다.

```
문자열 입력: Account
문자 입력: c
Aount
```

프로그래밍 문제

01 **사용자가 입력한 문자열에서 공백을 제거하여 출력하는 프로그램을 작성하시오.**

[조건]

- fgets() 함수로 문자열을 입력받는다.
- 함수명은 spaces로 설정한다.
- 함수의 매개변수로 포인터를 사용한다.
- strlen() 함수로 문자열 길이를 반환한다.

```
문자열 입력: I want C Master

IwantCMaster
```

02 **사용자가 입력한 문장에 포함된 특정 단어의 개수를 세는 프로그램을 작성하시오.**

[조건]

- fgets() 함수로 문장을 입력받고, scanf() 함수로 단어를 입력받는다.
- 함수명은 count로 설정한다.
- 함수의 매개변수로 포인터를 사용한다.
- strlen() 함수로 문자열 길이를 반환한다.

```
문장 입력: The beauty of nature and the depth of the ocean are reminders of the
wonders of the world.
찾을 단어: the

"the" 4번 발견
```

[3~5] 사용자로부터 회원 아이디와 비밀번호를 입력받는 프로그램이다.

03 회원 가입 시 사용자가 입력한 회원 아이디가 기존의 아이디 목록에 있는지 확인하는 프로그램을 작성하시오.

[조건]

- 회원 아이디 목록을 배열로 미리 정의한다.
- 사용자가 입력한 아이디가 기존의 아이디 목록에 있는지 확인한다. 존재하면 '이미 존재하는 회원 아이디입니다.'를 출력하고, 존재하지 않으면 '사용 가능한 회원 아이디입니다.'를 출력한다.
- strcmp() 함수로 문자열을 비교한다.

```
회원 아이디를 입력하세요: user123
이미 존재하는 회원 아이디입니다.
회원 아이디를 입력하세요: newuser456
사용 가능한 회원 아이디입니다.
```

04 사용자로부터 비밀번호를 입력받고 이를 *로 출력하는 프로그램을 작성하시오.

[조건]

- 비밀번호 입력 길이는 최대 20으로 제한한다.
- 함수명은 GetPassword로 설정한다.
- 함수의 매개변수로 포인터를 사용한다.
- while 문으로 비밀번호 입력이 끝날 때까지 계속해서 입력받는다.
- 입력된 키가 [Enter↵]이면 입력을 종료하고 제어 문자 '\r'을 사용한다.
- 입력된 키가 [Back Space]이고 현재까지 입력된 문자의 개수가 0보다 크면 [Back Space] 키 입력을 처리하고 제어 문자 '\b'를 사용한다.
- 현재까지 입력된 문자의 개수가 최대 길이 미만이면 *를 출력한다.

```
비밀번호 입력: ***********

입력한 비밀번호: QweSdf32@@!
```

05 **4번 프로그램에서 비밀번호에 사용된 알파벳 대문자, 소문자, 숫자, 기호의 개수를 출력하는 코드를 추가로 작성하시오.**

[조건]

- 함수명은 GetPassword로 설정한다.
- 함수의 매개변수로 포인터를 사용한다.
- isupper(), islower(), isdigit() 함수를 사용한다.

```
비밀번호 입력: ***********


입력한 비밀번호: QweSdf32@@!
대문자: 2개
소문자: 4개
숫자: 2개
기호: 3개
```

CHAPTER 12

포인터 활용

12.1 이중 포인터

12.2 포인터와 배열의 응용

12.3 함수 포인터

12.4 main() 함수의 매개변수

12.5 동적 메모리 할당

LAB 투표 결과 집계 프로그램 만들기

LAB 비즈네르 암호화 프로그램 만들기

REAL PROJECT 재고 정리 시스템 만들기

한 번 더 체크 메모리 영역과 메모리 할당

요약

연습문제 / 프로그래밍 문제

학습목표

- 이중 포인터의 개념을 이해하고 활용 방법을 알아본다.
- 함수 포인터와 함수 포인터 배열의 개념을 이해한다.
- 동적 메모리 할당 함수의 종류를 파악하고 활용 방법을 알아본다.

Preview

포인터는 많은 분야에서 활용되고 있어 좀 더 자세히 살펴볼 필요가 있다. 이 장에서는 먼저 이중 포인터의 개념과 사용법을 설명하고, 포인터와 배열의 관계를 응용하여 효과적인 데이터 관리 방법을 제시한다. 그리고 함수 포인터의 개념으로 함수의 동적 호출을 다루며, `main()` 함수의 포인터 매개변수를 활용한 인자 전달 방식을 알아본다. 또한 동적 메모리 할당 함수에 대해 알아보고 메모리 관리의 중요성을 강조한다.

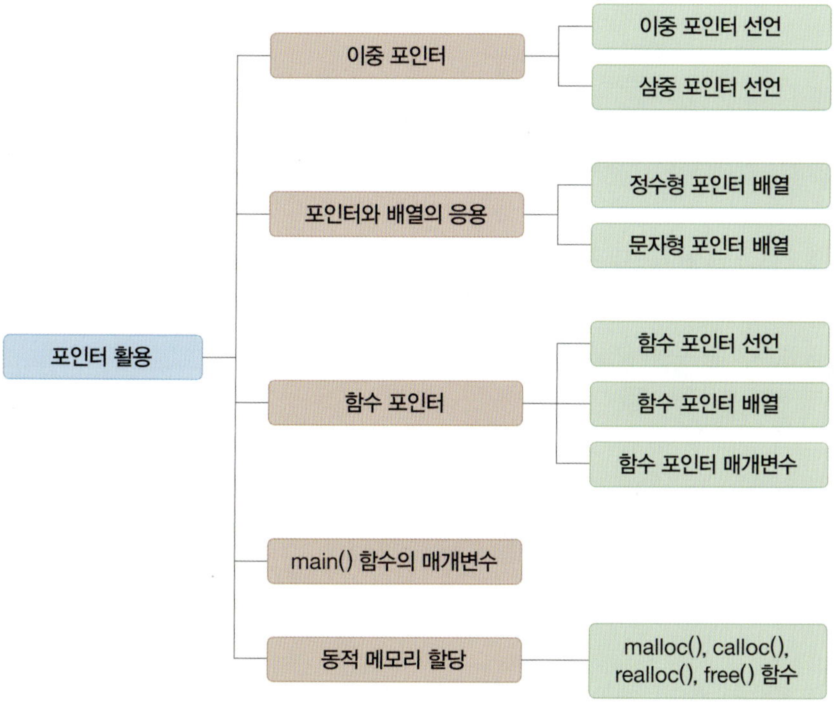

12.1 이중 포인터

1 이중 포인터의 개요

C 프로그래밍을 할 때는 함수, 배열, 문자열, 구조체 등에서 포인터를 활용한다. 10장에서 포인터에 대한 기초적인 내용을 살펴보았는데, 이 절에서는 포인터의 개념 중에서 이중 포인터에 대해 알아보자.

이중 포인터double pointer는 포인터의 포인터이다. 포인터는 변수의 주소를 저장하는 변수이고, 이중 포인터는 포인터의 주소를 저장하는 포인터로서 간접적으로 다른 변수를 가리킬 수 있다. 따라서 이중 포인터를 잘 활용하면 포인터 변수 자체를 쉽게 조작하거나 다른 함수로 전달할 수 있다. 예를 들어 다음과 같이 포인터 변수 p, q와 변수 a가 있다고 하자. p는 일반적인 포인터 변수이지만 q는 * 기호가 2개 있는 포인터 변수이다. 즉 q는 포인터의 포인터를 저장할 수 있는 변수이다.

```
int a;
int *p;     // 일반적인 포인터 변수
int **q;    // 정수형 포인터의 주소를 저장하는 이중 포인터
```

포인터를 가리키는 포인터

여기서 a는 정숫값을 저장하는 데 사용되고, p는 정수형 변수 a의 주소를 저장하는 데 사용된다. 또한 q는 정수형 포인터의 주소, 즉 포인터의 포인터를 저장하는 데 사용되는데, 이것을 포인터의 포인터 또는 이중 포인터라고 한다.

다음 코드를 추가해보자.

```
a = 100;
p = &a;     // p에 a의 주소 저장, p는 a를 가리키는 포인터
q = &p;     // q에 p의 주소 저장, q는 포인터 p를 가리키는 이중 포인터
```

p = &a는 p에 a의 주소를 저장하는 코드로, p는 a를 가리키는 포인터가 된다. 따라서 p를 통해 a의 값을 읽거나 수정할 수 있다. 그리고 q = &p는 q에 p의 주소를 저장하는 코드로, q는 포인터 p를 가리키는 이중 포인터가 된다. 이는 q를 통해 p의 값을 변경하거나, p가 가리키는 값(a의 값)을 읽거나 변경할 수 있음을 의미한다. [그림 12-1]과 같이 만약 변수 a의 주솟값이 810

이라면 포인터 변수 p는 810을 가지고, 변수 p의 주솟값인 8C8은 포인터 변수 q가 가지게 된다.

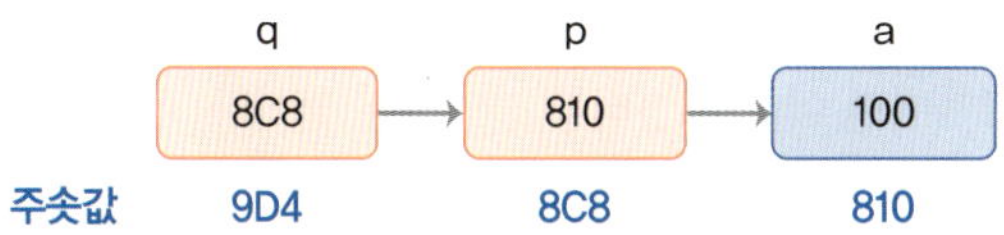

그림 12-1 이중 포인터의 개념

예제 12-1 | 이중 포인터 사용하기 ex12_01.c

↳ 포인터 p와 이중 포인터 q를 사용하여 변수 a의 값을 출력해보자.

```c
#include <stdio.h>

int main()
{
    int a;
    int *p;
    int **q;

    a = 100;
    p = &a;      // *p는 a와 같은 값인 100을 가짐
    q = &p;      // *q는 p와 같고, **q는 a와 같은 값을 가짐

    printf("a: %3d\n", a);
    printf("*p: %3d\n", *p);
    printf("**q: %3d\n", **q);

    return 0;
}
```

```
a: 100
*p: 100
**q: 100
```

하나 더 알기 이중 포인터의 필요성

- **동적 메모리 할당**: 동적으로 2차원 배열(예: 문자열 배열)을 할당할 때 이중 포인터가 사용된다. 예를 들어 문자열의 배열을 저장하는 데 사용할 수 있다.
- **함수에서의 포인터 변수 변경**: 함수에 포인터 변수를 인자로 전달하고 그 포인터가 가리키는 주소를 함수 내에서 변경해야 할 때 이중 포인터가 필요하다.
- **데이터 구조**: 연결 리스트, 트리, 그래프 등의 복잡한 데이터 구조에서 이중 포인터는 노드 간의 관계를 표현하는 데 중요한 역할을 한다.

2 이중 포인터 선언

정수형 포인터를 가리키는 이중 포인터는 다음과 같은 형식으로 선언한다. * 연산자 기호가 하나이면 일반적인 포인터를 선언하는 것이고, 2개이면 이중 포인터를 선언하는 것이다.

| Syntax | 이중 포인터 선언

```
자료형 **변수명;
int **q;
```

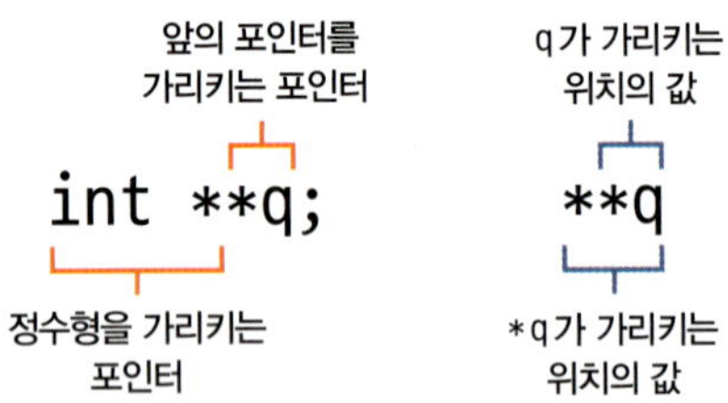

그림 12-2 이중 포인터 선언의 형식

3 삼중 포인터 선언

삼중 포인터는 이중 포인터의 주소를 저장한다. 즉 삼중 포인터는 포인터의 포인터의 포인터이다. 예를 들어 다음 코드는 포인터 변수 p, q, r과 변수 a를 선언한 것이다. 변수 a에는 정숫값이 저장되고, 정수형 포인터 p는 정수의 주소를 저장할 수 있는 변수이다. 또한 정수형 포인터의 포인터인 q는 이중 포인터로, 다른 포인터의 주소를 저장할 수 있는 변수이다. 그리고 정수형 포인터의 포인터의 포인터인 r은 삼중 포인터로, 이중 포인터의 주소가 저장된다.

```
int a;
int *p;        // 포인터 변수
int **q;       // 이중 포인터
int ***r;      // 삼중 포인터
```

다음은 이러한 변수에 값을 저장하는 코드이다.

```
p = &a;     // p에 a의 주소 저장
q = &p;     // q에 p의 주소 저장
r = &q;     // r에 q의 주소 저장
```

- **p = &a**: p는 a를 가리키는 포인터이다.
- **q = &p**: q는 p를 가리키는 이중 포인터이다. q를 사용하여 간접적으로 a에 접근할 수 있다.
- **r = &q**: r은 q를 가리키는 삼중 포인터이다. r을 사용하여 p와 a에 간접적으로 접근할 수 있다.

[그림 12-3]은 삼중 포인터의 구조를 나타낸 것으로, 포인터의 계층적 구조와 각 포인터 수준에서 메모리 주소를 어떻게 다루는지 알 수 있다.

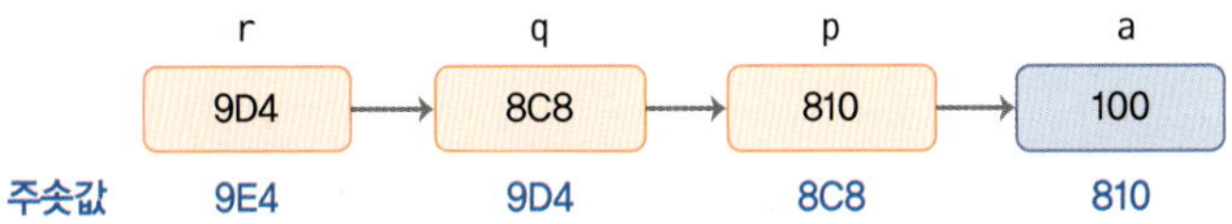

그림 12-3 삼중 포인터의 구조

예제 12-2 다중 포인터 사용하기 ex12_02.c

↳ 정수형 변수 a, 포인터 p, 이중 포인터 q, 삼중 포인터 r을 사용하여 다양한 방법으로 입력값을 출력해보자.

```c
#pragma warning(disable:4996)
#include <stdio.h>

int main()
{
    int a;       // 정수형 변수 a 선언
    int *p;      // 정수형 포인터 p 선언
    int **q;     // 정수형 이중 포인터 q 선언
    int ***r;    // 정수형 삼중 포인터 r 선언

    p = &a;      // p에 a의 주소 저장
    q = &p;      // q에 p의 주소 저장
    r = &q;      // r에 q의 주소 저장

    printf("숫자를 입력하세요: ");
    scanf("%d", &a);
    printf("입력한 숫자는: %d\n", a);

    printf("\n숫자를 입력하세요: ");
    scanf("%d", p);
    printf("입력한 숫자는: %d\n", a);

    printf("\n숫자를 입력하세요: ");
    scanf("%d", *q);
```

```
    printf("입력한 숫자는: %d\n", a);

    printf("\n숫자를 입력하세요: ");
    scanf("%d", **r);
    printf("입력한 숫자는: %d\n", a);

    return 0;
}
```

```
숫자를 입력하세요: 100
입력한 숫자는: 100

숫자를 입력하세요: 200
입력한 숫자는: 200

숫자를 입력하세요: 300
입력한 숫자는: 300

숫자를 입력하세요: 400
입력한 숫자는: 400
```

***r을 사용하여 a의 값을 변경하면 **q, *p, a에 모두 반영되는데, 이는 r, q, p가 변수 a를 간접적으로 가리키고 있기 때문이다.

하나 더 알기 **삼중 포인터의 필요성**

삼중 포인터를 올바르게 사용하지 않으면 잘못된 메모리 접근이나 메모리 누수의 위험이 커질 수 있다. 따라서 삼중 포인터를 사용할 때는 메모리 관리와 포인터 연산에 매우 주의를 기울여야 한다. 또한 코드의 가독성과 유지·보수성을 고려하여 다음과 같은 경우에만 사용하는 것이 좋다.

- **다차원 동적 배열**: 3차원 배열과 같은 복잡한 데이터 구조를 동적으로 관리할 때 삼중 포인터를 사용한다. 예를 들어 int ***arr은 3차원 정수형 배열을 동적으로 할당하고 관리하는 데 사용될 수 있다.
- **함수를 통한 이중 포인터의 수정**: 함수에 이중 포인터를 인자로 전달하고 이 이중 포인터 자체를 함수 내에서 수정하고자 할 때 삼중 포인터를 사용한다. 예를 들어 이중 포인터를 통해 할당된 메모리를 함수 내에서 재할당하거나 수정할 때 유용하다.
- **높은 수준의 데이터 관리**: 삼중 포인터는 복잡한 데이터 구조나 알고리즘에서 더 높은 수준의 추상화를 제공한다. 예를 들어 여러 개의 2차원 배열을 관리하거나 복잡한 자료 구조를 다룰 때 사용할 수 있다.

확인문제

1 다음 빈칸에 알맞은 말을 넣으시오.

① (   )는 포인터의 포인터이다. 이는 포인터의 주소를 저장하는 포인터로서 간접적으로 다른 변수를 가리킬 수 있다.

② (   )는 포인터의 포인터의 포인터로, 이중 포인터의 주소를 저장한다.

정답

1 ① 이중 포인터 ② 삼중 포인터

12.2 포인터와 배열의 응용

포인터와 배열은 매우 밀접한 관련이 있다. 포인터는 배열처럼 사용할 수 있는데, 특히 포인터가 가리키는 자료형과 배열 요소의 자료형이 일치하면 배열을 포인터 변수에 초기화하거나 대입할 수 있다. 이때 배열명이 포인터가 된다.

1 정수형 포인터 배열

정수형 포인터 배열은 다음과 같이 선언한다. 변수명 xp에 [], * 연산자가 붙어 있는데, [] 연산자의 우선순위가 * 연산자보다 높으므로 xp는 크기가 10인 정수형 포인터 배열로 선언되고, 각 배열 요소는 정수형의 주소를 저장할 수 있는 포인터가 된다.

```
int *xp[10];
```

포인터 배열 xp가 선언되면 컴파일러는 10개의 int*형 요소를 위한 공간을 메모리에 할당한다. 각 요소는 포인터이므로 시스템에 따라 4바이트 또는 8바이트의 크기를 가진다. 그리고 각 배열 요소에 정수형 변수의 주소를 저장할 수 있다. 예를 들어 `int a = 5`라는 정수형 변수가 있다면 `xp[0] = &a`와 같이 a의 주소를 첫 번째 배열 요소에 저장할 수 있다. 다음 코드는 포인터 배열의 사용을 보여주는 간단한 예시이다.

```c
int *xp[10];    // 정수형 포인터 배열 선언

// 정수형 변수 선언
int a = 1;
int b = 2;
int c = 3;

// 배열에 각 변수의 주소 저장
xp[0] = &a;
xp[1] = &b;
xp[2] = &c;
```

10개의 정수형 포인터를 담을 수 있는 배열을 `int *xp[10]`으로 선언했다. 그리고 정수형 변수 `a`, `b`, `c`를 선언하고 각각에 값 1, 2, 3을 할당한 후 `xp[0]`, `xp[1]`, `xp[2]`에 각각 `a`, `b`, `c`의 주소를 저장했다.

TIP 실제 프로그래밍 환경에서는 더 복잡한 데이터 구조나 동적 메모리 할당과 함께 정수형 포인터 배열을 사용할 수 있다.

2 문자형 포인터 배열

포인터 배열 중에서 문자형 포인터 배열도 많이 사용된다. 문자형 포인터 배열은 효율적으로 여러 개의 문자열을 저장할 수 있다. 예를 들어 3×6 2차원 배열에 문자열을 저장하려면 다음과 같이 선언한다.

```c
char strings[3][6] = {
    "Hi",
    "World",
    "CProg"
};
```

이때 문자열 중 가장 긴 문자열을 저장할 수 있도록 충분한 크기로 선언해야 한다. 하지만 이러한 방식은 짧은 문자열을 저장할 때 [그림 12-4]와 같이 메모리 공간이 낭비된다. 그러나 문자형 포인터 배열을 사용하면 각 문자열의 길이에 따라 메모리를 동적으로 할당하여 메모리를 효율적으로 관리할 수 있다. 또한 고정된 크기의 2차원 배열 대신 문자형 포인터 배열을 활용하면 각 문자열의 길이에 맞게 필요한 만큼의 메모리만 할당함으로써 메모리 낭비를 막을 수 있다.

strings	0,0 char 'H'	0,1 char 'i'	0,2 char '\0'	0,3 char '\0'	0,4 char '\0'	0,5 char '\0'
	1,0 char 'W'	1,1 char 'o'	1,2 char 'r'	1,3 char 'l'	1,4 char 'd'	1,5 char '\0'
	2,0 char 'C'	2,1 char 'P'	2,2 char 'r'	2,3 char 'o'	2,4 char 'g'	2,5 char '\0'

그림 12-4 3×6 2차원 배열의 문자열이 저장된 메모리의 구조

다음은 strings라는 문자형 포인터 배열을 선언하는 코드로, 배열 요소가 문자형 포인터이다.

```
char *strings[3] = {
    "Hi",
    "World",
    "CProg"
};
```

char *strings[3]은 크기가 3인 문자열 포인터 배열로, char형 포인터 3개를 저장할 수 있으며, 각 포인터는 문자열의 시작 주소를 가리킨다. 배열이 초기화될 때 문자열 상수 "Hi", "World", "CProg"는 메모리의 어딘가에 저장된다. 이러한 문자열 상수는 컴파일 시간에 정적으로 할당되는데, 보통 읽기 전용 메모리 영역에 위치한다. 각 문자열은 메모리의 연속된 공간에 저장되고, 각 문자열의 끝에는 널 문자('\0')가 포함되어 문자열의 끝을 나타낸다. 배열 strings 자체는 포인터를 저장하는 공간을 가지며, 각 배열 요소(strings[0], strings[1], strings[2])는 각각의 문자열 상수를 가리키는 메모리 주소를 포함한다. 이러한 방식으로 문자열을 저장하면 각 문자열의 길이가 달라도 메모리가 낭비되지 않는다.

[그림 12-5]는 스택과 힙 메모리의 차이를 나타낸 것으로, 각 요소가 어떻게 메모리의 각기 다른 위치에 저장되는지를 보여준다. main() 함수 내의 배열 strings는 스택에 저장된다. 이는 포인터 배열로, 각 포인터가 문자열의 시작 주소를 가리킨다. 그리고 힙에 저장된 문자열은 동적으로 할당된 메모리이다. 각 문자열의 각 문자는 힙에 위치하며, 이 메모리는 런타임에 할당되고 필요시 해제할 수 있다. 또한 문자열 리터럴은 읽기 전용 저장소에 저장된다. 예를 들어 "Hello", "World", "C Programming" 등의 문자열은 수정할 수 없는 메모리 영역에 저장된다.

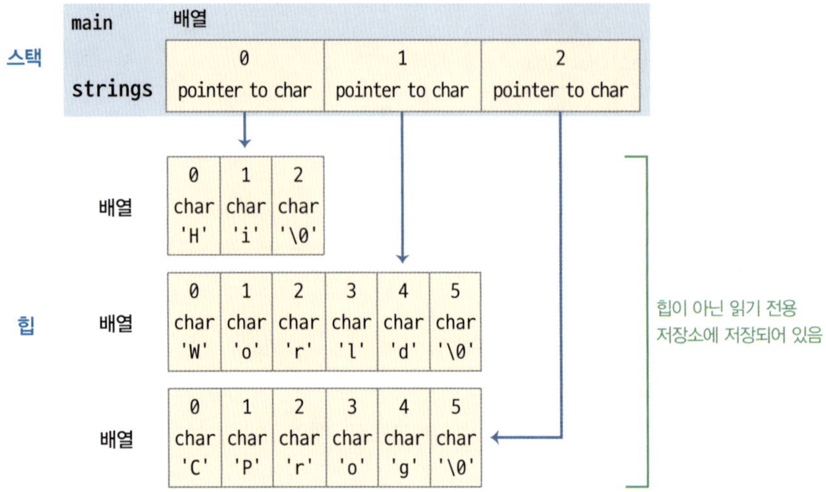

그림 12-5 포인터 배열로 문자열이 저장된 메모리의 구조

예제 12-3 문자형 포인터 배열 사용하기 ex12_03.c

↳ 문자형 포인터 배열을 사용하여 여러 개의 문자열을 저장하고 출력해보자.

```c
#include <stdio.h>

int main()
{
    char *strings[3] = {      // 문자형 포인터 배열 선언 및 초기화
        "How are you?",
        "Hello World!",
        "C language Programming."
    };

    for (int i = 0; i < 3; i++) {
        printf("%s\n", strings[i]);
    }

    return 0;
}
```

각 문자열이 읽기 전용 저장소에 위치

각 배열 요소를 순회하며 각 문자열을 출력하는 for 문

```
How are you?
Hello World!
C language Programming.
```

확인문제

1 포인터 배열로 문자열을 저장하도록 다음 코드의 첫 행을 수정하시오. 변수명은 자유롭게 명명하시오.

```
char name[4][50] = {
    "Moon SeokJae",
    "Yun ChaeYean ",
    "Kim Su Hyoun",
    "Jang SeIne"
};
```

정답

1 char *names[4];

12.3 함수 포인터

1 함수 포인터의 개요

C 언어의 중요한 개념 중 하나인 함수 포인터를 이해하려면 먼저 포인터와 함수의 기본적인 개념을 알아야 한다. **함수 포인터**는 함수를 가리키는 포인터이다. C 언어에서는 함수도 메모리 주소를 가지고 있으며, 이 주소를 이용하여 해당 함수를 호출할 수 있다. 함수 포인터를 사용하면 프로그램 실행 과정에서 어떤 함수가 호출될지 결정할 수 있어 프로그램의 유연성이 향상된다.

함수 포인터의 원리

모든 함수는 실행 파일 내에 주소를 가지고 있는데, 함수 포인터는 이 주소를 저장한다. 함수 포인터의 원리에는 자료형 선언, 할당과 호출이 있다.

- **자료형 선언**: 함수 포인터는 함수의 반환 자료형과 매개변수의 자료형에 맞게 선언되어야 한다. 예를 들어 int형을 반환하고 double형을 매개변수로 받는 함수에 대한 포인터는 int (*)(double)로 선언한다.
- **할당과 호출**: 함수 포인터에 특정 함수의 주소를 할당하고 이 포인터를 사용하여 함수를 호출할 수 있다.

[그림 12-6]은 일반 포인터 변수와 함수 포인터 변수의 작동 원리를 보여준다. 일반 포인터 변수의 경우 int *mp와 변수 m의 주소를 이용하여 가리킬 수 있으며, 자료형만 알려주면 된다. 하지만 함수 포인터의 경우 int (*fp)(int, int)와 같은 형식으로 함수를 호출하려면 포인터가 함수를 가리킨다는 것을 알려주어야 하고, 필요한 매개변수와 반환형도 알려주어야 한다.

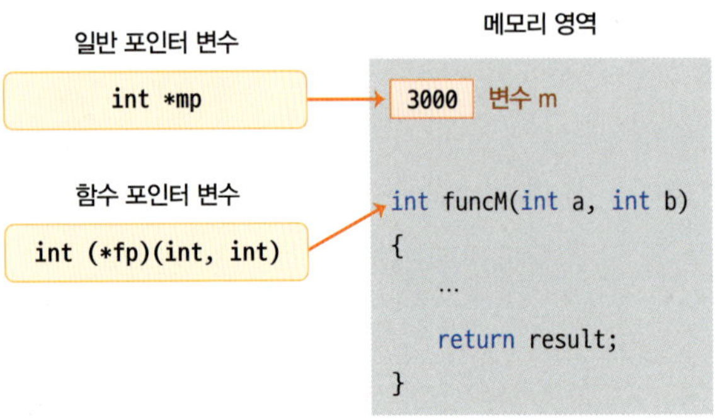

그림 12-6 일반 포인터 변수와 함수 포인터 변수의 작동 원리

TIP 함수 코드 자체도 메모리 주소를 가지므로 포인터 변수를 이용하여 함수를 가리킬 수 있다.

2 함수 포인터 선언

함수 포인터를 선언하는 형식은 다음과 같다. ❶의 fp는 2개의 int형 매개변수를 받는 함수에 대한 포인터로, 이 포인터를 통해 해당 함수의 주소를 저장하고 호출할 수 있다. 예를 들어 int add(int a, int b)라는 함수의 경우 fp는 add() 함수의 주소를 가리킬 수 있다. 즉 정수형 매개변수 2개를 가지며, 정수형을 반환하는 함수 포인터 fp를 정의한 것이다.

❷의 fp는 하나의 int형과 하나의 float형 매개변수를 받는 함수에 대한 포인터로, 이 포인터를 통해 해당 함수의 주소를 저장하고 호출할 수 있다. 예를 들어 int multiply(int a, float b)라는 함수의 경우 fp는 multiply() 함수의 주소를 가리킬 수 있다. 즉 정수형 매개변수 1개, 실수형 매개변수 1개와 정수형을 반환하는 함수 포인터 fp를 정의한 것이다.

| Syntax | 함수 포인터 선언

```
자료형 (*함수 포인터명)(매개변수 1, 매개변수 2);
❶ int (*fp)(int, int);
❷ int (*fp)(int, float);
```

❶과 ❷는 모두 함수 포인터를 정의하는 방법으로, 함수의 매개변수 자료형에 따라 다르게 정의

되고 이를 통해 다양한 함수 호출을 유연하게 처리할 수 있다. 이때 함수 포인터가 함수를 가리키게 정의하려면 다음과 같이 함수명을 포인터에 대입하면 된다.

```
// 1번 예시
   int func1(int, int);
   int (*fp1)(int, int);
   fp1 = func1;   함수 포인터 할당

// 2번 예시
   int func2(int, float);
   int (*fp2)(int, float);
   fp2 = func2;   함수 포인터 할당
```

1번 예시는 함수 포인터 fp1에 func1()의 메모리 주솟값을 대입한 것으로, fp1이 func1()을 가리킨다. 2번 예시도 fp2에 func2()의 메모리 주솟값을 대입함으로써 fp2가 func2()를 가리킨다.

TIP 함수명도 배열명과 마찬가지로 시작 메모리 주소를 나타내는 주소 상수이다.

예제 12-4 함수 포인터 사용하기

ex12_04.c

↳ 함수 포인터를 사용하여 다른 함수를 간접적으로 호출해보자.

```
#include <stdio.h>

// 덧셈을 수행하는 함수
int add(int a, int b) {
   return a + b;
}

// 제곱을 계산하는 함수
int square(int x) {
   return x * x;
}

int main() {
   // 덧셈 함수 포인터
   int (*funcPtr)(int, int) = add;
```

```
    int sum = funcPtr(3, 5);
    printf("Sum: %d\n", sum);

    // 제곱 함수 포인터
    int (*squarePtr)(int) = square;
    int squared = squarePtr(4);
    printf("Squared: %d\n", squared);

    return 0;
}
```

add() 함수 호출, 매개변수로 3과 5를 전달

square() 함수 호출, 매개변수로 4를 전달

```
Sum: 8
Squared: 16
```

3 함수 포인터 배열

C 언어는 함수 포인터를 배열로 사용하는 강력한 기능을 제공한다. 함수 포인터는 기본적으로 함수의 주소를 저장하는 변수이며, 함수 포인터 배열은 이러한 함수 포인터들의 집합으로서 각각이 다른 함수를 가리킬 수 있다. 함수 포인터 배열을 정의할 때 각 배열 요소는 특정 자료형의 함수를 가리키는 포인터가 된다.

다음은 int형을 반환하고 2개의 int형 매개변수를 받는 함수를 가리키는 포인터의 배열을 선언하는 형식이다. 이 선언은 operations라는 이름의 배열을 생성하는데, 각 배열 요소는 int형을 반환하고 2개의 int형 매개변수를 받는 함수를 가리키는 포인터이다.

| Syntax | 함수 포인터 배열 선언

```
자료형 (*함수명[요소 개수])(매개변수 1, 매개변수 2);
int (*operations[3])(int, int);
```

함수 포인터 배열을 사용하면 여러 함수를 저장하고 필요에 따라 호출할 수 있다. 이는 특히 다양한 콜백 함수callback function를 관리하거나 상태에 따라 다른 함수를 실행해야 할 때 유용하다.

예제 12-5 함수 포인터 배열 사용하기 ex12_05.c

↳ main() 함수 내에서 함수 포인터 배열을 선언하고 여러 함수를 배열에 저장한 후 함수 포인터 배열을 사용하여 각 함수를 호출하고 결과를 출력해보자.

```
#include <stdio.h>

```

```c
// 함수 선언
int add(int a, int b) {
    return a + b;
}
int subtract(int a, int b) {
    return a - b;
}
int multiply(int a, int b) {
    return a * b;
}

int main() {
    // 함수 포인터 배열 선언 및 초기화
    int (*operations[3])(int, int) = { add, subtract, multiply };

    // 각 함수 호출
    int sum = operations[0](10, 5);           // add() 함수 호출
    int difference = operations[1](10, 5);    // subtract() 함수 호출
    int product = operations[2](10, 5);       // multiply() 함수 호출

    // 결과 출력
    printf("덧셈: %d\n", sum);
    printf("뺄셈: %d\n", difference);
    printf("곱셈: %d\n", product);

    return 0;
}
```

```
덧셈: 15
뺄셈: 5
곱셈: 50
```

4 함수 포인터 매개변수

함수 포인터 매개변수는 C 언어에서 중요한 개념으로, 함수의 주소를 저장함으로써 함수명을 직접 호출하지 않고도 해당 함수를 호출할 수 있게 해주는 포인터이다. 이를 통해 특정 함수의 동작을 동적으로 결정하거나 다양한 함수 호출을 유연하게 처리할 수 있다.

함수 포인터를 매개변수로 전달하면, 호출되는 함수 내부에서 전달받은 함수 포인터를 이용하여 함수를 호출할 수 있다. 이러한 방식은 함수명을 전달하는 대신 함수 포인터를 사용하기 때문에 호출 대상 함수를 콜백callback 구현하거나 동적 함수를 호출할 때 매우 효율적이다. 함수 포

인터 매개변수는 다음과 같이 선언한다.

| Syntax | 함수 포인터 매개변수 선언

```
반환형 함수명(함수 포인터 매개변수, 기타 매개변수);
void execute(void (*func)(int*));
```

함수 포인터는 호출할 함수의 반환형과 매개변수의 자료형을 정의하여 선언한다. 예를 들어 `void (*func)(int*)`는 `int*`형 매개변수를 받고 `void`를 반환하는 함수를 가리킬 수 있다. 즉 함수 포인터를 다른 함수의 매개변수로 전달하여, 전달받은 포인터를 통해 호출 대상 함수를 실행하는 구조이다.

예제 12-6 함수 포인터 매개변수 사용하기 ex12_06.c

↳ execute() 함수가 함수 포인터를 매개변수로 받고, 전달된 함수 포인터를 통해 지정된 함수를 호출하여 변수 a의 값을 변경해보자.

```c
#include <stdio.h>

void increment(int *ptr) {
    (*ptr)++;          // 값을 1 증가시킴
}

void execute(void (*func)(int*), int *value) {
    func(value);   // 전달받은 함수 호출
}

int main() {
    int a = 10;

    // 함수 포인터 선언 및 초기화
    void (*func)(int*) = increment;

    // 함수 포인터 전달
    execute(func, &a);

    printf("a = %d\n", a);   // 출력: a = 11

    return 0;
}
```

```
a = 11
```

확인문제

1 다음 빈칸에 알맞은 말을 넣으시오.

① (   )는 함수를 가리키는 포인터이다.

② (   )은 함수 포인터들의 집합으로서 각각이 다른 함수를 가리킬 수 있다.

정답

1 ① 함수 포인터 ② 함수 포인터 배열

12.4 main() 함수의 매개변수

1 main() 함수의 매개변수 형태

main()도 함수이므로 매개변수가 존재하며, 이 매개변수는 프로그램에 전달되는 커맨드 라인 인자를 처리하는 데 사용된다. main() 함수는 일반적으로 다음 두 가지 형태의 매개변수를 가질 수 있다.

```
int argc;
char *argv[];
```

- **int argc**: 'argc'는 'argument count'의 약자로, 커맨드 라인을 통해 프로그램에 전달된 인자의 수를 나타낸다. 이 값은 항상 1 이상이며, 프로그램 자체의 이름도 하나의 인자로 계산된다. 예를 들어 커맨드 라인에서 './myprogram'만 입력하더라도 argc는 1이 된다.
- **char *argv[]**: 'argv'는 'argument values'의 약자로, 문자열 배열을 의미한다. 이 배열은 커맨드 라인 인자들의 값을 담고 있다. argv[0]은 항상 프로그램명을 나타내고 argv[1]부터 실제 인자가 시작된다. 배열의 크기는 argc와 같으며, 마지막 요소 argv[argc]는 NULL로 설정된다.

일반적인 C 프로그램은 컴파일하고 난 후 확장자 exe가 붙은 파일로 저장되고 실행되며, 이는 cmd(명령 프롬프트) 창에서 프로그램을 실행할 수 있다. 예를 들어 실행 파일명이 add.exe라면 cmd 창에 'add.exe' 또는 'add'를 입력하고 [Enter↵]를 누르면 실행된다. 간단한 예를 살펴보자. 다음 명령어를 cmd 창에서 실행하면 add 프로그램에 인자 10과 6이 전달된다.

```
c:>add 10 6
```

add 프로그램이 이러한 인자를 처리하기 위해 main() 함수의 매개변수를 사용하도록 설계되어 있다면 [그림 12-7]과 같이 해당 인자를 활용할 수 있다.

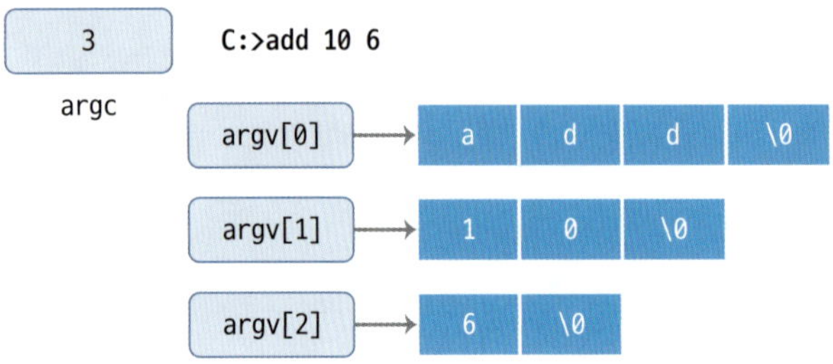

그림 12-7 argc, argv의 개념

배열 argv[]의 요소는 커맨드 라인 인자의 주소를 가지며, main() 함수에서 배열 argv[]를 통해 커맨드 라인에서 입력된 인자를 알게 된다. 그리고 문자열의 끝을 나타내는 널 문자가 자동으로 추가된다.

TIP C 드라이브의 경로는 PC마다 다르다. 일반적으로 cmd 창을 실행했을 때의 경로는 'C:₩Users₩사용자명〉'이며, 명령어 cd를 사용하여 실행 파일 위치까지 경로 이동을 해야 한다.

예제 12-7 main() 함수의 포인터 매개변수 사용하기 ex12_07.c

↳ 사용자로부터 2개의 숫자를 명령줄 인자로 입력받아 합을 계산하고 출력해보자.

```
#include <stdio.h>
#include <stdlib.h>

int main(int argc, char *argv[]) {
    // argc는 전달된 인자의 수를 확인
    // argv는 인자의 배열을 가리킴
    if (argc != 3) {
        printf("Usage: %s <number1> <number2>\n", argv[0]);
        return 1;
    }

    int num1 = atoi(argv[1]);     // 첫 번째 인자를 정수로 변환
    int num2 = atoi(argv[2]);     // 두 번째 인자를 정수로 변환

```

```c
    printf("Sum: %d\n", num1 + num2);     // 두 수의 합을 출력

    return 0;
}
```

```
c:>ex12_07 10 6
Sum: 16
```

cmd 창에서 'ex12_07 10 6'을 입력하여 [예제 12-7]을 실행하면 다음과 같은 동작이 이루어진다.

❶ 프로그램 실행

- 프로그램을 실행하면 배열 argv[]가 {"ex12_07", "10", "6"}으로 초기화된다.
- argc가 3(프로그램명을 포함한 인자의 수)으로 설정된다.

❷ argc가 3인지 확인

- argc가 3이면 조건을 충족하므로 다음 단계로 진행된다.

만약 ex12_07 10 6를 실행하면 10과 6의 합인 16이 출력될 것이다.

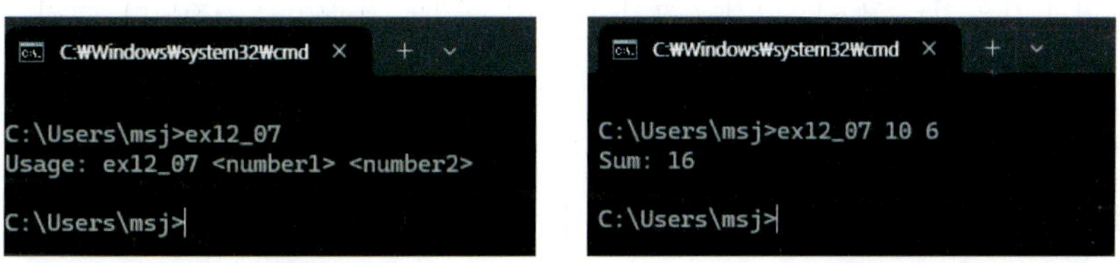

그림 12-8 [예제 12-7] 실행 화면

확인문제

1 **main() 함수는 프로그램의 진입점으로, 프로그램이 실행될 때 가장 먼저 호출된다. main() 함수는 인자를 받을 수 있으며, 이를 통해 프로그램 실행 시 명령줄 인수를 전달받을 수 있다. main() 함수의 인자를 코드로 작성하시오.**

정답

1 int main(int argc, char *argv[])

하나 더 알기 **매개변수와 인수**

매개변수와 인수는 특히 함수 호출과 관련된 중요한 개념으로, C 프로그래밍에서는 둘의 차이점을 이해하는 것이 중요하다.

- **매개변수**: 함수 내부에서 사용되는 변수로, 함수 정의에 포함된다. 매개변수는 함수가 어떤 종류의 값을 받을 수 있는지를 정의하고, 함수가 호출될 때 제공될 인수의 형식을 지정한다. 함수가 호출될 때 인수로 전달된 실제 값에 의해 매개변수의 값이 할당되는데, 예를 들어 `int add(int a, int b)`에서 매개변수는 a와 b이다. 이 함수가 `add(3, 5)`로 호출될 때 3과 5는 각각 매개변수 a와 b에 전달되는 인수이다.
- **인수**: 함수가 호출될 때 함수에 전달되는 실제 값으로, 함수 호출 시 함수의 매개변수에 대응하여 제공되는 구체적인 값이나 표현식이다. 인수는 함수의 동작을 결정하는 데 사용되며, 함수의 매개변수에 복사되거나 참조된다. 예를 들어 함수 `add(5, 3)`에서 인수는 5와 3이다.

요약하자면 매개변수는 함수의 '입력 인터페이스'를 정의하고, 인수는 그 인터페이스를 통해 전달되는 구체적인 '입력값'이다.

12.5 동적 메모리 할당

1 동적 메모리 할당의 개요

C 언어에서 배열과 같은 자료 구조는 고정된 크기이며, 이 크기는 컴파일 시 결정된다. 그러나 모든 상황에 필요한 메모리 크기를 미리 알기는 어려운데, **동적 메모리 할당**dynamic memory allocation을 사용하면 메모리를 유연하게 관리할 수 있다. 동적 메모리 할당은 프로그램 실행 중에 필요한 메모리를 할당하는 과정을 말한다. C 언어에서는 표준 라이브러리 함수인 `malloc()`, `calloc()`, `realloc()`, `free()`를 이용하여 동적 메모리 할당을 수행할 수 있으며, 이러한 함수를 사용할 때는 `<stdlib.h>` 헤더 파일을 선언해야 한다. 동적 메모리 할당에 사용되는 함수를 자세히 알아보자.

2 malloc() 함수

'malloc'은 'memory allocation'의 약자이며, **`malloc()` 함수**는 지정된 크기의 메모리 블록을 동적으로 할당하고 할당된 메모리의 시작 주소를 반환한다. 함수의 매개변수에는 필요한 메모리의 바이트 수를 지정하며, 이 바이트 수를 수용할 수 있는 크기의 메모리 블록이 할당된다. 만약 할당에 실패하면 `malloc()` 함수는 `NULL`을 반환한다.

| Syntax | malloc() 함수

```
void *malloc(size_t  size);
```

임의의 자료형을 사용하기 위해 return 자료형이 void형

malloc() 함수의 특징은 다음과 같다.

- malloc() 함수는 할당된 메모리 블록의 시작 주소를 void*형으로 반환한다. 따라서 모든 자료형을 포인터로 변환할 수 있으며, 필요시 적절한 자료형으로 변환하여 사용할 수 있다.
- malloc() 함수는 할당된 메모리를 초기화하지 않으므로, 할당된 메모리 블록에 이전 데이터가 남아 있을 수 있다. 따라서 메모리를 할당한 후에는 데이터를 안전하게 사용하기 위해 초기화하는 것이 좋다.
- 메모리가 정상적으로 할당되면 시작 주소를 반환하고, 할당에 실패하면 NULL을 반환한다. 따라서 반환값을 항상 확인하여 메모리 할당이 성공했는지 확인해야 한다.
- malloc() 함수는 할당된 메모리를 초기화하지 않으므로, 초깃값이 필요하다면 calloc() 함수를 사용하는 것이 좋다. calloc() 함수는 메모리를 할당하면서 자동으로 0으로 초기화한다.

다음 코드는 동적 메모리 할당을 안전하게 수행하는 방법으로, 메모리 할당에 실패했을 때의 적절한 처리를 보여준다. 정수를 가리키는 포인터 pInt를 선언했으며, pInt = (int *) malloc(sizeof(int))는 하나의 정수를 저장할 수 있는 메모리 블록을 동적으로 할당한다. 여기서 malloc() 함수는 요청된 메모리의 주소를 반환한다.

```
int *pInt;
pInt = (int *) malloc(sizeof(int));
```

다음 코드에서 if(!ptr = (int *) malloc(sizeof(int)))는 malloc() 함수로 정수형 크기만큼의 메모리를 할당한다. 메모리 할당에 성공하면 ptr은 할당된 메모리의 시작 주소를 가리킨다. 그러나 메모리 할당에 실패하면 malloc() 함수는 NULL을 반환하는데, 이때 ptr이 NULL이 되어 조건식이 거짓이 된다. 따라서 메모리 할당에 실패했을 때 프로그램은 exit(100)을 호출한 뒤 종료되고, 종료 상태 코드로 100을 반환한다.

```
if(!ptr = (int *) malloc(sizeof(int)))
    exit(100);        // 메모리 할당에 실패했을 때 호출

/* 메모리 할당 가능 */
```

예제 12-8 malloc() 함수 사용하기

ex12_08.c

↳ 사용자가 입력한 크기만큼의 문자열을 저장할 수 있는 메모리를 동적으로 할당하고 문자열을 출력한 뒤 해당 메모리를 해제해보자.

```c
#pragma warning(disable:4996)
#include <stdio.h>
#include <stdlib.h>

int main()
{
    char* ptr;
    int size;

    printf("메모리 크기 >> ");
    scanf("%d", &size);

    if ((ptr = (char*)malloc(size)) == NULL) {     // 메모리 할당
        printf("메모리 할당에 실패하였습니다.\n");
        exit(0);
    }
    rewind(stdin);
    printf("string >> ");

    gets(ptr);
    printf("%s\n", ptr);

    free(ptr);      // 메모리 해제

    return 0;
}
```

할당된 메모리를 시스템에 반환

```
메모리 크기 >> 15
string >> C language
C language
```

malloc() 함수를 사용하여 사용자가 지정한 크기의 메모리를 할당하고, 메모리 할당이 성공적으로 이루어졌는지 확인했다. NULL이 반환되면 메모리 할당에 실패한 것이다.

TIP 동적으로 할당된 메모리를 해제할 때 사용하는 free() 함수는 뒤에서 자세히 다룰 것이다.

3 calloc() 함수

'calloc'은 'contiguous allocation'의 약자로, **calloc() 함수**는 지정된 수의 요소에 대해 메모리를 할당하고 모든 비트를 0으로 초기화한다. 일반적으로 calloc() 함수는 배열을 위한 메모리 할당에 사용된다. calloc() 함수는 특정 크기의 요소로 이루어진 배열을 담을 수 있을 만큼 크고 연속적인 메모리 블록을 할당할 때 유용하다.

| Syntax | calloc() 함수

```
void * calloc(size_t  element-count, size_t  element-size);
```

void: 임의의 자료형을 사용하기 위해 return 자료형이 void형

calloc() 함수의 특징은 다음과 같다.

- calloc() 함수는 할당된 배열의 첫 번째 요소를 가리키는 포인터를 반환한다.
- calloc() 함수는 메모리를 초기화한다. 즉 할당된 메모리의 각 요솟값을 0으로 설정한다.
- 메모리가 할당되면 시작 주소를 반환하고, 메모리 할당에 실패하면 NULL을 반환한다.
- calloc() 함수는 메모리를 0으로 초기화하기 때문에 malloc() 함수보다 약간 느릴 수 있다.

다음 코드는 동적 메모리 할당을 안전하게 수행하는 방법으로, 메모리 할당에 실패했을 때의 적절한 처리를 보여준다. if(!ptr = (int *) calloc(200, sizeof(int)))는 200개의 정수를 저장할 수 있는 메모리를 동적으로 할당하려고 시도한다. 이때 calloc() 함수는 할당된 메모리를 0으로 초기화하며, 메모리 할당에 실패하면 NULL을 반환한다. 메모리 할당에 실패했을 때 exit(100)이 호출되어 프로그램이 종료된다.

```
if(!ptr = (int *) calloc(200, sizeof(int)))
    exit(100);      // 메모리 할당에 실패했을 때 호출

/* 메모리 할당 가능 */
```

예제 12-9 calloc() 함수 사용하기 ex12_09.c

↳ calloc() 함수를 사용하여 정수형 배열을 동적으로 할당하고 각 배열 요소를 출력해보자. calloc() 함수는 할당된 메모리를 0으로 초기화하기 때문에 초기화된 배열의 모든 요소가 0으로 설정된다.

```c
#include <stdio.h>
#include <stdlib.h>

int main() {
    int n = 5;      // 배열의 크기
    int* arr;

    // 정수형 배열에 대한 동적 메모리 할당
    arr = (int*)calloc(n, sizeof(int));
    if (arr == NULL) {
        printf("메모리 할당 실패.\n");
        return 1;      // 메모리 할당 실패 시 프로그램 종료
    }

    // 배열 초깃값 출력(calloc은 메모리를 0으로 초기화)
    printf("calloc으로 메모리 할당 후 배열 요소: ");
    for (int i = 0; i < n; i++) {
        printf("%d ", arr[i]);
    }
    printf("\n");

    for (int i = 0; i < n; i++) {      // 사용자가 원하는 값으로 배열 채우기
        arr[i] = i * 2;
    }

    printf("할당 후 배열 요소: ");
    for (int i = 0; i < n; i++) {      // 배열값 출력
        printf("%d ", arr[i]);
    }
    printf("\n");

    free(arr);      // 메모리 해제

    return 0;
}
```

```
calloc으로 메모리 할당 후 배열 요소: 0 0 0 0 0
할당 후 배열 요소: 0 2 4 6 8
```

4 realloc() 함수

'realloc'은 'reallocation'의 약자로, **realloc() 함수**는 이미 할당된 메모리의 크기를 변경한다. 즉 realloc() 함수는 필요한 경우 새로운 메모리 영역을 할당하고 기존 데이터를 복사한 후 원래 메모리를 해제한다.

| Syntax | realloc() 함수

```
void * realloc(void *pter, size_t newSize);
```

임의의 자료형을 사용하기 위해 return 자료형이 void형

realloc() 함수의 특징은 다음과 같다.

- 이전에 할당된 메모리 블록에 대한 포인터가 있다면 realloc() 함수는 이 블록 끝부분의 메모리를 제거하거나 확장함으로써 블록의 크기를 변경한다.
- 다른 할당 블록 때문에 메모리가 확장될 수 없다면 realloc() 함수는 이미 할당된 메모리를 새로 할당된 메모리 블록에 복사하고, 이전에 할당된 메모리를 삭제한다.

[그림 12-9]는 정수형 메모리 10개를 동적으로 할당한 후 정수형 메모리 15개로 재할당하는 과정을 보여준다. 포인터 ptr은 10개의 정수를 저장할 수 있는 메모리를 할당받은 것으로, 할당된 메모리는 정수 18, 55, 33, 12, 64, 1, 90, 31, 5, 77로 초기화되어 있다. 이후 ptr = (int *) realloc(ptr, 15 * sizeof(int))는 ptr이 가리키는 메모리 블록의 크기를 15개의 정수를 저장할 수 있는 크기로 확장한다. 만약 기존의 메모리 블록이 확장될 수 없으면 realloc() 함수는 기존의 메모리 블록을 새로운 크기로 재할당하며, 기존의 데이터가 새로운 메모리 위치로 복사된다. 재할당 후 기존의 10개 정수는 그대로 유지되고 나머지 5개 정수는 초기화되지 않은 상태로 남는다.

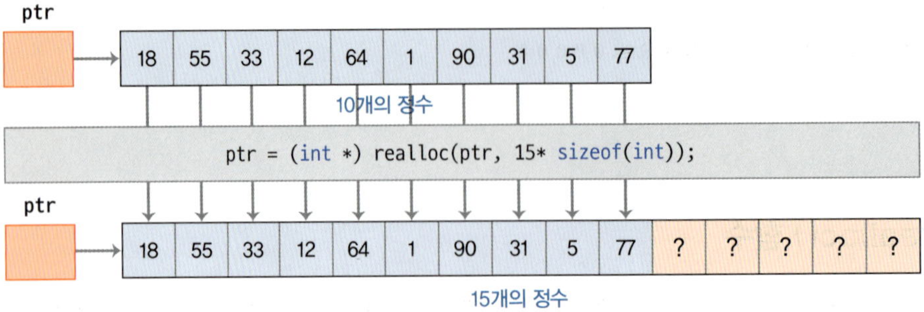

그림 12-9 realloc() 함수의 동적 메모리 할당과 재할당

예제 12-10 | realloc() 함수 사용하기 ex12_10.c

↳ malloc(), realloc() 함수를 사용하여 동적으로 메모리를 할당한 후 재할당을 수행해보자.

```
#include <stdio.h>
#include <stdlib.h>

int main() {
    int* arr;

    arr = (int*)malloc(5 * sizeof(int));     // ar[5]로 할당
    arr[4] = 1234;

    arr = (int*)realloc(arr, 10 * sizeof(int));     // ar[10]으로 재할당
    arr[9] = 5678;

    // 재할당되더라도 원래 메모리 내용 유지
    printf("arr[4]=%d, arr[9]=%d\n", arr[4], arr[9]);
    free(arr);
    return 0;
}
```

새 메모리 영역에 데이터 재할당
(원본 데이터 복사로 유지)

```
arr[4]=1234, arr[9]=5678
```

5 free() 함수

[예제 12-8]~[예제 12-10]에서는 동적으로 할당된 메모리를 해제할 때 free() 함수를 사용

했다. malloc(), calloc(), realloc() 함수를 통해 동적으로 할당된 메모리가 더 이상 필요 없을 때는 free() 함수를 호출하여 해제한다.

| Syntax | free() 함수

```
void free(void *ptr);
```

ptr은 해제할 메모리 블록의 시작 주소를 가리키는 포인터

```
int *arr = (int *) malloc(10 * sizeof(int));     // 메모리 할당
// ...배열 사용...
free(arr);     // 메모리 해제
```

free() 함수의 특징과 사용법은 다음과 같다.

- calloc() 또는 malloc() 함수로 할당된 메모리는 반드시 한 번만 free() 함수로 해제한다. 각 요소를 개별적으로 해제하면 오류가 발생한다.
- 메모리 해제가 포인터의 값을 변경하는 것은 아니다.
- 메모리가 해제된 후에도 포인터는 힙에 속한 주소를 가리킨다.
- 메모리를 해제한 후 즉시 그 포인터에 NULL을 대입하여 해당 포인터가 사용되지 않음을 표시한다.
- 프로그램 종료 시 메모리를 반드시 지울 필요는 없다. 이때는 운영체제가 모든 메모리를 해제한다.
- free() 함수를 사용한 후에는 포인터를 NULL로 설정하는 것이 좋다.

확인문제

1 다음 빈칸에 알맞은 말을 넣으시오.

C 언어에서 동적 메모리 할당을 위해 표준 라이브러리 함수 malloc(), calloc(), realloc(), free()를 사용하려면 (   ) 헤더 파일을 선언해야 한다.

정답

1 <stdlib.h>

LAB 투표 결과 집계 프로그램 만들기

사용자로부터 세 후보의 이름과 득표수를 입력받아 각 후보의 지지율과 당선자를 출력하는 프로그램을 작성해보자.

```
후보자 수를 입력하세요: 3
후보자 1의 이름을 입력하세요: 김
김 후보의 득표수를 입력하세요: 1034
후보자 2의 이름을 입력하세요: 이
이 후보의 득표수를 입력하세요: 3042
후보자 3의 이름을 입력하세요: 박
박 후보의 득표수를 입력하세요: 2044

김 후보: 16.90%
이 후보: 49.71%
박 후보: 33.40%

이 후보가 총 3042표(지지율: 49.71%)로 당선되었습니다.
```

조건

- 선거에 참여하는 후보자 수를 입력받는다.
- 후보자의 이름을 담는 문자열을 가리키는 이중 포인터를 선언하고 동적으로 메모리를 할당한다.
- 후보자의 득표수를 저장할 정수형 배열을 가리키는 포인터를 선언하고 동적으로 메모리를 할당한다.
- 후보자의 이름과 득표수를 입력받아 각 배열에 저장하며, 최다 득표자를 찾기 위해 각 후보자의 득표수를 비교하고 가장 많이 득표한 후보자의 인덱스를 저장한다.
- 각 후보자의 지지율은 다음과 같이 계산한다.
  (후보자의 득표수/전체 득표수)×100
- 메모리 누수를 방지하기 위해 프로그램 종료 전에 동적으로 할당된 메모리를 해제한다.

문제 해결 LAB_12-1.c

```c
#pragma warning(disable:4996)
#include <stdio.h>
#include <stdlib.h>
#include <string.h>

int main() {
```

```c
    int numCandidates, totalVotes = 0, maxVotes = 0, maxIndex = 0;

    printf("후보자 수를 입력하세요: ");
    scanf("%d", &numCandidates);

    char** candidates = (char**)malloc(numCandidates * sizeof(char*));
    int* votes = (int*)malloc(numCandidates * sizeof(int));

    for (int i = 0; i < numCandidates; i++) {
        candidates[i] = (char*)malloc(50 * sizeof(char));
        printf("후보자 %d의 이름을 입력하세요: ", i + 1);
        scanf("%s", candidates[i]);
        printf("%s 후보자의 득표수를 입력하세요: ", candidates[i]);
        scanf("%d", &votes[i]);
        totalVotes += votes[i];

        if (votes[i] > maxVotes) {
            maxVotes = votes[i];   // 최다 득표수 업데이트
            maxIndex = i;          // 최다 득표 후보자 인덱스 저장
        }
    }

    printf("\n");
    for (int i = 0; i < numCandidates; i++) {
        float supportPercentage = (float)votes[i] / totalVotes * 100;
        printf("%s 후보: %.2f%%\n", candidates[i], supportPercentage);
    }

    printf("\n%s 후보가 총 %d표(지지율: %.2f%%)로 당선되었습니다.\n", candidates
                    [maxIndex], maxVotes, (float)maxVotes / totalVotes * 100);

   for (int i = 0; i < numCandidates; i++) {
        free(candidates[i]);
    }
    free(candidates);
    free(votes);

    return 0;
}
```

후보자 수 입력과 동적 메모리 할당

입력 처리와 득표수 비교

LAB 비즈네르 암호화 프로그램 만들기

비즈네르Vigenere 암호는 특정 문자열을 키로 사용하는 암호화 기술로, 암호의 강도가 높아 보안성이 향상된다. 예를 들어 "KEY"라는 문자열이 키로 주어진다면 각 알파벳의 순서는 K(10), E(4), Y(24)이다. 따라서 평문의 각 문자는 순서대로 K(10), E(4), Y(24)만큼 순환하여 이동한다. 다시 말해 "HELLO"라는 평문에 "KEY"라는 키를 적용하면 각 문자는 K(10), E(4), Y(24)만큼 이동하여 "RIJVS"가 된다. 이러한 비즈네르 암호화 프로그램을 작성해보자.

```
평문을 입력하세요.: HELLO WORLD
키를 입력하세요.: KEY
암호화: RIJVS GSPVH
```

조건

- 평문, 키 값, 암호화된 평문을 저장할 배열과 포인터를 다음과 같이 선언한다.

```
char 평문[100];
char 키값[50];
char* 암호화된 평문 = NULL;
```

- 사용자로부터 평문과 키 값을 입력받는다.
- 입력된 평문과 키 값으로 암호화하는 함수를 작성한다. 매개변수는 평문, 키 값은 포인터로 전달받고, 암호화된 평문은 이중 포인터로 전달받는다. 암호화된 결과를 저장할 때는 동적 메모리 할당을 사용한다.
- 평문에는 공백이 포함될 수 있고 알파벳은 대·소문자를 구분하여 처리한다. 알파벳만 암호화하고 알파벳이 아닌 문자는 그대로 출력한다.
- 메모리 누수를 방지하기 위해 프로그램 종료 전에 동적으로 할당된 메모리를 해제한다.

힌트

- 암호화를 수행하는 반복문이 끝나면 동적으로 할당된 문자열의 끝을 나타내는 널 문자('\0')를 추가해야 한다.
  `(*암호화 결과)[문자열 길이] = '\0';`
- `(*암호화 결과)`는 암호화 결과가 가리키는 주소를 따라가서 해당 주소에 있는 메모리를 가리킨다. `[문자열 길이]`는 문자열의 마지막 위치에 널 문자를 추가하여 문자열의 끝을 표시한다. 만약 널 문자가 없다면 문자열 처리 함수가 문자열의 끝을 파악하지 못하여 오류가 발생할 수 있다.
- 문자열 길이를 계산할 때는 `strlen()` 함수를 사용한다.

문제 해결 LAB_12-2.c

```c
#pragma warning(disable:4996)
#include <stdio.h>
#include <stdlib.h>
#include <ctype.h>
#include <string.h>

void vigenereEncrypt(char* plainText, char* key, char** result) {
    int textLength = strlen(plainText);  // 평문의 길이 계산
    int keyLength = strlen(key);         // 키의 길이 계산

    *result = (char*)malloc((textLength + 1) * sizeof(char));

    // textLength만큼 평문의 각 문자를 순회
    for (int i = 0; i < textLength; ++i) {
        char currentChar = plainText[i];
        // 알파벳이 맞을 경우 해당 코드 블록 실행
        if (isalpha(currentChar)) {
            int isUpperCase = isupper(currentChar);
            int keyIndex = i % keyLength;
            char encryptedChar = isUpperCase ? 'A' + ((currentChar - 'A' + key[keyIndex]
                    - 'A') % 26) : 'a' + ((currentChar - 'a' + key[keyIndex] - 'a') % 26);
            (*result)[i] = encryptedChar;
        }
        else {
            (*result)[i] = currentChar;
        }
    }
    (*result)[textLength] = '\0';
}

int main() {
    char plainText[100];           // 평문을 저장하는 배열
    char key[50];                  // 암호화에 사용할 키를 저장하는 배열
    char* encryptedText = NULL;    // 암호화된 결과를 저장하는 문자열을 가리킴

    printf("평문을 입력하세요.: ");
    scanf("%99[^\n]", plainText);
    printf("키를 입력하세요.: ");
```

평문의 길이만큼 동적 메모리를 할당

```c
    scanf("%s", key);

    vigenereEncrypt(plainText, key, &encryptedText);

    printf("암호화: %s\n", encryptedText);

    free(encryptedText);

    return 0;
}
```

표 12-1 비즈네르 암호표

원문	a	b	c	d	e	f	j	h	i	j	k	l	m	n	o	p	q	r	s	t	u	v	w	x	y	z
1	B	C	D	E	F	G	H	I	J	K	L	M	N	O	P	Q	R	S	T	U	V	W	X	Y	Z	A
2	C	D	E	F	G	H	I	J	K	L	M	N	O	P	Q	R	S	T	U	V	W	X	Y	Z	A	B
3	D	E	F	G	H	I	J	K	L	M	N	O	P	Q	R	S	T	U	V	W	X	Y	Z	A	B	C
4	E	F	G	H	I	J	K	L	M	N	O	P	Q	R	S	T	U	V	W	X	Y	Z	A	B	C	D
5	F	G	H	I	J	K	L	M	N	O	P	Q	R	S	T	U	V	W	X	Y	Z	A	B	C	D	E
6	G	H	I	J	K	L	M	N	O	P	Q	R	S	T	U	V	W	X	Y	Z	A	B	C	D	E	F
7	H	I	J	K	L	M	N	O	P	Q	R	S	T	U	V	W	X	Y	Z	A	B	C	D	E	F	G
8	I	J	K	L	M	N	O	P	Q	R	S	T	U	V	W	X	Y	Z	A	B	C	D	E	F	G	H
9	J	K	L	M	N	O	P	Q	R	S	T	U	V	W	X	Y	Z	A	B	C	D	E	F	G	H	I
10	K	L	M	N	O	P	Q	R	S	T	U	V	W	X	Y	Z	A	B	C	D	E	F	G	H	I	J
11	L	M	N	O	P	Q	R	S	T	U	V	W	X	Y	Z	A	B	C	D	E	F	G	H	I	J	K
12	M	N	O	P	Q	R	S	T	U	V	W	X	Y	Z	A	B	C	D	E	F	G	H	I	J	K	L
13	N	O	P	Q	R	S	T	U	V	W	X	Y	Z	A	B	C	D	E	F	G	H	I	J	K	L	M
14	O	P	Q	R	S	T	U	V	W	X	Y	Z	A	B	C	D	E	F	G	H	I	J	K	L	M	N
15	P	Q	R	S	T	U	V	W	X	Y	Z	A	B	C	D	E	F	G	H	I	J	K	L	M	N	O
16	Q	R	S	T	U	V	W	X	Y	Z	A	B	C	D	E	F	G	H	I	J	K	L	M	N	O	P
17	R	S	T	U	V	W	X	Y	Z	A	B	C	D	E	F	G	H	I	J	K	L	M	N	O	P	Q
18	S	T	U	V	W	X	Y	Z	A	B	C	D	E	F	G	H	I	J	K	L	M	N	O	P	Q	R
19	T	U	V	W	X	Y	Z	A	B	C	D	E	F	G	H	I	J	K	L	M	N	O	P	Q	R	S
20	U	V	W	X	Y	Z	A	B	C	D	E	F	G	H	I	J	K	L	M	N	O	P	Q	R	S	T
21	V	W	X	Y	Z	A	B	C	D	E	F	G	H	I	J	K	L	M	N	O	P	Q	R	S	T	U
22	W	X	Y	Z	A	B	C	D	E	F	G	H	I	J	K	L	M	N	O	P	Q	R	S	T	U	V
23	X	Y	Z	A	B	C	D	E	F	G	H	I	J	K	L	M	N	O	P	Q	R	S	T	U	V	W
24	Y	Z	A	B	C	D	E	F	G	H	I	J	K	L	M	N	O	P	Q	R	S	T	U	V	W	X
25	Z	A	B	C	D	E	F	G	H	I	J	K	L	M	N	O	P	Q	R	S	T	U	V	W	X	Y
26	A	B	C	D	E	F	G	H	I	J	K	L	M	N	O	P	Q	R	S	T	U	V	W	X	Y	Z

REAL PROJECT 재고 정리 시스템 만들기

재고 정리 시스템은 보유한 상품과 자재를 실시간으로 추적·관리하는 것으로, 자동 주문 및 재고 회전율 분석을 수행하여 재고 부족 또는 과다를 방지할 수 있다. 물품의 코드, 가격, 수량을 관리하는 간단한 재고 정리 시스템을 만들어보자.

```
물품 수를 입력하세요: 2

물품 #1 정보 입력
물품 코드: 101010
가격: 3000
수량: 40
…
물품 #1 정보
물품 코드: 101010
가격: 3000.00
수량: 40
메모리 주소: 00000217D4516CD0
…
수량을 변경하시겠습니까? (y/n): y

수량을 변경할 물품의 코드를 입력하세요: 101010

새로운 수량을 입력하세요: 60

물품 #101010의 수량이 업데이트되었습니다.

수량 업데이트 후 정보

물품 #1 정보
물품 코드: 101010
가격: 3000.00
수량: 60
메모리 주소: 00000217D4516CD0
…
```

조건

- 물품의 수와 그 수만큼 물품 코드, 가격, 수량을 int형으로 입력받는다. 이때 물품 코드가 중복되지 않아야 한다.
- 입력받은 물품 정보와 물품 코드의 메모리 주소를 출력한다.
- 사용자에게 수량을 변경할지 물어보며, y 또는 Y가 입력되면 수량을 변경하는 함수를 호출하고 변경한 후 물품 정보를 모두 출력한다. 만약 n 또는 N이 입력되면 프로그램을 종료한다.
- 수량을 변경하는 함수에서는 변경할 물품 코드와 새로운 수량을 입력받는다. 입력받은 물품 코드를 찾아 해당 물품의 수량을 업데이트하고, 물품 코드를 찾을 수 없으면 적절한 메시지를 출력한다.
- 물품 정보를 출력하는 함수와 물품 수량을 업데이트하는 함수를 각각 따로 작성한다.
- 메모리 누수를 방지하기 위해 프로그램 종료 전에 동적으로 할당된 메모리를 해제한다.

문제 해결 REAL_inventory.c

```c
#pragma warning(disable:4996)
#include <stdio.h>
#include <stdlib.h>

```

물품 정보를 출력하는 함수

```c
void printItemInfo(int* codes, double* prices, int* quantities, int index) {
    printf("물품 코드: %d\n", codes[index]);
    printf("가격: %.2f\n", prices[index]);
    printf("수량: %d\n", quantities[index]);
    printf("메모리 주소: %p\n", (void*)&codes[index]);
}

```

사용자가 입력한 물품 코드의 수량을 업데이트하는 함수

```c
void updateQuantityByCode(int* codes, int* quantities, int numItems, int code,
                          int newQuantity) {
    for (int i = 0; i < numItems; ++i) {
        if (codes[i] == code) {
            quantities[i] = newQuantity;
            printf("\n물품 #%d의 수량이 업데이트되었습니다.\n", code);
            return;
        }
    }
    printf("\n물품 코드 %d를 찾을 수 없습니다.\n", code);
}

int main() {
    int numItems;
```

```
    printf("물품 수를 입력하세요: ");
    scanf("%d", &numItems);

    int* itemCodes = (int*)malloc(numItems * sizeof(int));
    double* itemPrices = (double*)malloc(numItems * sizeof(double));
    int* itemQuantities = (int*)malloc(numItems * sizeof(int));

    for (int i = 0; i < numItems; ++i) {
        printf("\n물품 #%d 정보 입력\n", i + 1);
        printf("물품 코드: ");
        scanf("%d", &itemCodes[i]);
        printf("가격: ");
        scanf("%lf", &itemPrices[i]);
        printf("수량: ");
        scanf("%d", &itemQuantities[i]);
    }

    for (int i = 0; i < numItems; ++i) {
        printf("\n물품 #%d 정보\n", i + 1);
        printItemInfo(itemCodes, itemPrices, itemQuantities, i);
    }

    char response;
    do {
        printf("\n수량을 변경하시겠습니까? (y/n): ");
        scanf(" %c", &response);

        if (response == 'y' || response == 'Y') {
            int itemCode, newQuantity;
            printf("\n수량을 변경할 물품의 코드를 입력하세요: ");
            scanf("%d", &itemCode);
            printf("\n새로운 수량을 입력하세요: ");
            scanf("%d", &newQuantity);
            updateQuantityByCode(itemCodes, itemQuantities, numItems, itemCode,
                newQuantity);
```

```
            printf("\n수량 업데이트 후 정보\n");
            for (int i = 0; i < numItems; ++i) {
                printf("\n물품 #%d 정보\n", i + 1);
                printItemInfo(itemCodes, itemPrices, itemQuantities, i);
            }
        }
        else if (response != 'n' && response != 'N') {
            printf("잘못된 입력입니다. y 또는 n을 입력해주세요.\n");
        }
    } while (response != 'n' && response != 'N');

    printf("프로그램을 종료합니다.\n");

    free(itemCodes);
    free(itemPrices);
    free(itemQuantities);
    return 0;
}
```

한 번 더 ✓ 체크 메모리 영역과 메모리 할당

❶ 정적 메모리 영역과 정적 메모리 할당

정적 메모리 영역static memory segment은 프로그램이 실행되는 동안 고정되어 있는 메모리 영역을 말한다. 정적 메모리 할당은 지역변수, 고정 크기의 배열 등에 필요하기 때문에 메모리 선언과 정의가 프로그램 소스 파일에서 이루어지며, 컴파일 시 메모리 크기가 결정되어 할당된 바이트 수가 프로그램 실행 중 바뀔 수 없다. 변수나 배열과 같은 데이터 구조의 크기 역시 실행 전에 이미 결정되고 실행 도중에 변경할 수 없다. 이러한 정적 메모리는 주로 스택이나 데이터 영역에 할당된다.

❷ 동적 메모리 영역과 동적 메모리 할당

동적 메모리 영역dynamic memory segment은 프로그램이 실행되는 동안 필요에 따라 메모리를 할당하고 해제할 수 있는 메모리 영역을 말한다. 동적 메모리는 힙 영역에 할당되며, 동적 메모리 할당 프로그램이 실행되는 동안 미리 정의된 동적 메모리 할당 함수로 메모리를 할당하고 해제한다. 이때 사용되는 동적 메모리 할당 함수는 `malloc()`, `calloc()`, `realloc()`, `free()` 등이다. 동적 메모리 할당은 프로그램 실행 중에 크기가 결정되는 데이터 구조인 연결 리스트, 동적 배열 등에 주로 사용되며, 사용자의 입력이나 파일 크기에 따라 변경되어야 하는 데이터 구조에 적합하다.

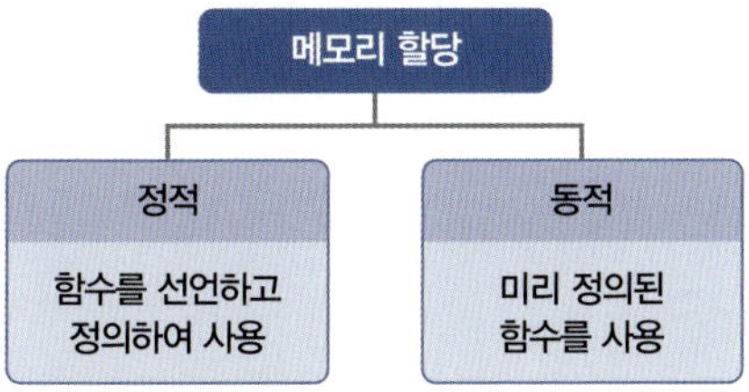

그림 12-10 메모리 할당의 종류

요약

01 이중 포인터

❶ 이중 포인터: 포인터의 주소를 저장하는 포인터로서 간접적으로 다른 변수를 가리킬 수 있다.

❷ 이중 포인터의 필요성: 동적 메모리 할당, 함수에서의 포인터 변수 변경, 데이터 구조 활용에 중요한 역할을 한다.

❸ 이중 포인터 선언의 예: `int **q;`

02 포인터와 배열의 응용

❶ 정수형 포인터 배열 선언의 예: `int *xp[10];`

❷ 문자형 포인터 배열 선언의 예: `char *strings[3][6] = { "값 1", "값 2", "값 3" };`

03 함수 포인터

❶ 함수 포인터: 함수를 가리키는 포인터이다. C 언어에서는 함수도 메모리 주소를 가지고 있으며, 이 주소를 이용하여 해당 함수를 호출할 수 있다.

❷ 함수 포인터 선언의 예: `int (*fp)(int, int);`

❸ 함수 포인터 배열: 함수 포인터들의 집합으로서 각각이 다른 함수를 가리킬 수 있다.

❹ 함수 포인터 매개변수: 함수 포인터를 매개변수로 전달하면, 호출되는 함수 내부에서 전달받은 함수 포인터를 이용하여 함수를 호출할 수 있다.

04 main() 함수의 매개변수

❶ `main()` 함수의 매개변수는 프로그램에 전달되는 커맨드 라인 인자를 처리하는 데 사용된다.

❷ `main()` 함수는 일반적으로 다음 두 가지 형태의 매개변수를 가질 수 있다.

```
int argc;
char *argv[];
```

05 동적 메모리 할당

❶ 동적 메모리 할당: 프로그램 실행 중에 필요한 메모리를 할당하는 과정을 말한다.

❷ 동적 메모리 할당 함수: `malloc()`, `calloc()`, `realloc()`, `free()` 함수를 이용하여 동적 메모리 할당을 수행할 수 있으며, 이러한 함수를 사용할 때는 `<stdlib.h>` 헤더 파일을 선언해야 한다.

연습문제

01 이중 포인터가 필요한 상황으로 옳지 않은 것은 무엇인가?

① 동적으로 문자열 배열과 같은 2차원 배열을 할당할 때 이중 포인터가 사용된다.

② 함수에 포인터 변수를 인자로 전달하고 그 포인터가 가리키는 주소를 함수 내에서 변경해야 할 때 이중 포인터가 필요하다.

③ 연결 리스트, 트리, 그래프 등의 복잡한 데이터 구조에서 이중 포인터는 노드 간의 관계를 표현하는 데 중요한 역할을 한다.

④ 복잡한 메모리 주소 연산을 피하기 위해 이중 포인터를 사용한다.

02 삼중 포인터가 필요한 상황으로 옳지 않은 것은 무엇인가?

① 다차원 동적 배열에 삼중 포인터를 사용한다.

② 함수를 통해 이중 포인터를 수정하고자 할 때 삼중 포인터를 사용한다.

③ 메모리상에서 더 높은 수준의 데이터를 관리할 때 삼중 포인터를 사용한다.

④ 일반적인 데이터 구조를 다룰 때 삼중 포인터를 사용한다.

03 함수 포인터의 원리에 해당하지 않는 것은 무엇인가?

① 함수 포인터는 프로그램 실행 중에는 어떤 함수가 실행될지 결정할 수 없다.

② 모든 함수는 실행 파일 내에 주소를 가지고 있는데, 함수 포인터는 이 주소를 저장한다.

③ 함수 포인터는 함수의 반환 자료형과 매개변수의 자료형에 맞게 선언되어야 한다.

④ 함수 포인터에 특정 함수의 주소를 할당한 후 이 포인터를 사용하여 함수를 호출할 수 있다.

04 매개변수와 인수의 차이점으로 옳지 않은 것은 무엇인가?

① 매개변수는 함수 정의에 사용되고, 인수는 함수 호출에 사용된다.

② 매개변수는 함수 내부에서 전달된 값을 처리하는 데 사용되고, 인수는 함수 호출 시에 전달된다.

③ 매개변수와 인수는 동일한 개념이다.

④ 매개변수의 개수와 형식은 함수 정의 시에 결정되고, 인수의 개수와 형식은 함수 호출 시에 전달된다.

05 다음 중 함수 포인터를 올바르게 선언한 것은 무엇인가?

① `int *(fp)(int, int);`　　② `int (*fp)(int, int);`

③ `int (fp)*(int, int);`　　④ `int (fp)(*int, *int);`

[6~8] 다음은 사용자가 입력한 행과 열을 기준으로 알파벳을 출력하는 프로그램이다.

```
#pragma warning(disable:4996)
#include <stdio.h>
#include <stdlib.h>

int main() {
    int row, col;

    printf("행 열 입력: ");
    scanf("%d %d", &row, &col);

    [          ⓐ          ]

    char alphabet = 'a' - 1;

    for (int i = 0; i < col; i++) {
        [          ⓑ          ]
        printf("\n");
    }

    [          ⓒ          ]

    return 0;
}
```

```
행 열 입력: 6 5
a b c d e f
g h i j k l
m n o p q r
s t u v w x
y z A B C D
```

06 **이중 포인터를 선언하고 메모리를 동적으로 할당하도록 빈칸 ⓐ의 코드를 작성하시오.**

[조건]

- 이중 포인터의 이름을 matrix로 설정한다.
- martix는 row 수만큼의 포인터를 가지고 있다.
- 각 포인터는 col 수만큼의 문자를 저장할 수 있는 메모리를 할당한다.

07 **matrix에 알파벳을 저장하도록 빈칸 ⓑ의 코드를 작성하시오.**

[조건]

- 이중 루프를 사용하여 matrix에 알파벳을 저장한다.
- 알파벳은 a부터 Z까지 순차적으로 저장된다.
- 행렬의 모든 요소를 출력한다.

08 **동적으로 할당된 메모리를 해제하도록 빈칸 ⓒ의 코드를 작성하시오.**

[조건]

- 동적으로 할당된 메모리를 해제하여 메모리 누수를 방지한다.
- 각 행을 나타내는 포인터 배열을 먼저 해제한다.
- 마지막에 matrix 자체를 해제한다.

09 **다음은 동적으로 할당된 메모리 공간에 값을 저장하고 출력한 후 해당 메모리를 해제하는 프로그램이다. 오류가 발생하는 부분을 찾아 바르게 수정하고 그 이유를 설명하시오.**

```
#include <stdio.h>
#include <stdlib.h>

int main() {
    int* ptr;
    *ptr = 10;
    printf("%d", *ptr);

    return 0;
}
```

10 다음은 10개의 정수를 저장할 수 있는 동적 배열을 할당하고, 메모리 할당에 실패하면 오류 메시지를 출력하는 프로그램이다. 오류가 발생하는 부분을 찾아 바르게 수정하고 그 이유를 설명하시오.

```
#include <stdio.h>
#include <stdlib.h>

int main() {
    int* dynamicArray = (int*)malloc(10 * sizeof(int));

    if (dynamicArray == NULL) {
        printf("메모리 할당 실패\n");
        return 1;
    }
    return 0;
}
```

[11~12] 다음은 직원의 이름과 급여를 입력받아 처리하는 프로그램이다.

```
#pragma warning(disable:4996)
#include <stdio.h>
#include <stdlib.h>
#include <string.h>

int main() {
    int numEmployees;
    printf("직원의 수를 입력하세요: ");
    scanf("%d", &numEmployees);

                    ⓐ

    for (int i = 0; i < numEmployees; ++i) {
        char buffer[100];
        printf("\n%d번째 직원의 이름을 입력하세요: ", i + 1);
        scanf("%s", buffer);
```

```
        employeeNames[i] = (char*)malloc((strlen(buffer) + 1) * sizeof(char));
        strcpy(employeeNames[i], buffer);

        printf("%s의 급여를 입력하세요: ", employeeNames[i]);
        scanf("%lf", &employeeSalaries[i]);
    }
    printf("\n직원 정보:\n");
    for (int i = 0; i < numEmployees; ++i) {
        printf("%d. %s - 급여: %.2f\n", i + 1, employeeNames[i], employeeSalaries[i]);
    }
    ┌─────────────────────────────┐
    │              ⓑ              │
    └─────────────────────────────┘
    for (int i = 0; i < numEmployees; ++i) {
        free(employeeNames[i]);
    }
    free(employeeNames);
    free(employeeSalaries);
    printf("\n동적으로 할당된 메모리를 해제합니다.\n");

    return 0;
}
```

```
직원의 수를 입력하세요: 2

1번째 직원의 이름을 입력하세요: John
John의 급여를 입력하세요: 5000
2번째 직원의 이름을 입력하세요: Alice
Alice의 급여를 입력하세요: 5500

직원 정보:
1. John - 급여: 5000.00
2. Alice - 급여: 5500.00

동적으로 할당된 메모리를 해제합니다.
```

11 이중 포인터를 사용하여 직원의 이름과 급여를 저장하도록 빈칸 ⓐ의 코드를 작성하시오.

[조건]

- 직원의 수를 입력받고, 그 수만큼 직원의 이름과 급여를 입력받는다.
- 이중 포인터를 사용하여 각 직원의 이름을 저장한다. 직원의 급여는 별도의 배열에 저장한다.
- 모든 입력이 완료되면 각 직원의 이름과 급여를 출력한다.

12 각 직원의 이름에 대한 동적 메모리를 해제하도록 빈칸 ⓑ의 코드를 작성하시오.

[13~14] 다음은 함수 포인터를 이용하여 sqrt() 함수를 호출하고 입력된 숫자의 제곱근을 구하는 프로그램이다.

```
#include <stdio.h>
#include <math.h>

        ⓐ

int main() {
    double number;

    sqrtPointer = sqrt;

    printf("숫자를 입력하세요: ");
    scanf("%lf", &number);

        ⓑ

    printf("%.2f의 제곱근: %.2f\n", number, result);

    return 0;
}
```

```
숫자를 입력하세요: 16
16의 제곱근: 4.00
```

13 **함수 포인터로 사용할 함수 원형을 선언하도록 빈칸 ⓐ의 코드를 작성하시오.**

[조건]

- 함수 포인터를 사용하여 sqrt() 함수를 가리키도록 설정한다.
- 실숫값을 입력받고, 함수 포인터를 통해 해당 값의 제곱근을 구한다.

14 **함수 포인터를 이용하여 제곱근을 계산하도록 빈칸 ⓑ의 코드를 작성하시오.**

15 **다음은 main() 함수의 포인터 매개변수인 argc와 argv를 이용하여 문자열을 처리하는 프로그램이다. 오류가 발생하는 부분을 찾아 바르게 수정하고 그 이유를 설명하시오.**

```
#include <stdio.h>

int main(int argc, char argv[]) {
    // 명령줄 인자의 개수 출력
    printf("입력된 문자열의 개수: %d\n\n", argc - 1);

    // 입력된 문자열을 하나씩 출력
    for (int i = 1; i < argc; i++) {
        printf("%d번째 문자열: %s\n", i, argv);
    }
    return 0;
}
```

```
> ./program apple banana cherry
입력된 문자열의 개수: 3

1번째 문자열: apple
2번째 문자열: banana
3번째 문자열: cherry
```

프로그래밍 문제

01 2차원 배열의 행과 열을 입력받아 배열의 최댓값과 배열 요소의 합을 구하는 프로그램을 작성하시오.

[조건]

- 함수명은 maxAndSum으로 설정한다.
- maxAndSum() 함수는 이중 포인터로 받아들인 2차원 배열의 행과 열의 크기, 최댓값을 저장할 포인터를 매개변수로 사용한다.
- main() 함수에서 행과 열을 가진 2차원 배열을 동적으로 할당한다.

```
행 열 입력: 2 10

배열의 최댓값: 20
배열의 합: 210
```

02 배열의 크기와 요소를 입력받아 오름차순, 내림차순으로 정렬하는 프로그램을 작성하시오.

[조건]

- 함수명은 Ascending, Descending으로 설정한다.
- 배열을 정렬하는 함수인 qsort()를 사용한다(배열 주소를 매개변수로 한다).

```
배열 크기 입력: 6
배열 요소 입력: 11 18 24 53 67 83

*오름차순 정렬*
11 18 24 53 67 83

**내림차순 정렬**
83 67 53 24 18 11
```

03 크기가 홀수인 배열을 입력받아 중간값을 삭제하고 출력하는 프로그램을 작성하시오.

[조건]

- 함수명은 `deleteMidElem`으로 설정한다(배열 주소를 매개변수로 한다).
- 배열이 비어 있거나 크기가 짝수이면 오류 메시지를 출력하고 종료한다.
- 배열에서 중간 요소를 삭제하고, 배열의 크기를 줄이기 위한 방법으로 메모리를 재할당한다.

```
배열 크기 입력: 4
홀수로 다시 입력해주세요.
배열 크기 입력: 6
홀수로 다시 입력해주세요.
배열 크기 입력: 5
*배열 요소 5개 입력*
3 6 234 997 9

중간값을 삭제한 배열 출력
3 6 997 9
```

CHAPTER 13

구조체

13.1 구조체의 개요

13.2 구조체의 활용

LAB 분수 곱셈 프로그램 만들기

13.3 구조체 배열

13.4 구조체 포인터와 함수

LAB 방사성 물질의 붕괴 비율 구하기

LAB 픽셀 번호 그림판 만들기

13.5 공용체

13.6 열거형

REAL PROJECT 와인 분류 프로그램 만들기

요약

연습문제 / 프로그래밍 문제

학습목표

- C 언어에서 쓰이는 구조체와 구조체 변수의 개념을 이해한다.
- 구조체 배열의 사용법을 익힌다.
- 구조체 포인터의 쓰임에 대해 알아본다.
- 구조체와 함수의 연계 방법을 알아본다.
- 공용체와 열거형의 개념을 이해한다.

Preview

C 언어는 다양한 자료형을 모아서 하나의 새로운 자료형처럼 활용할 수 있는 구조체를 제공한다. 이 장에서는 구조체의 개념과 사용법을 설명하고 구조체와 배열, 포인터, 함수의 연계 방법을 살펴본다. 그리고 구조체와 흡사한 공용체와 열거형에 대해 알아본다.

13.1 구조체의 개요

1 구조체의 개념

구조체struct는 사용자 정의 자료형 중 하나로, 서로 다른 자료형의 데이터를 하나로 묶는 복합 데이터 형식이라고 할 수 있다. 자료형이 같은 데이터의 집합이 배열이라면, 구조체는 서로 다른 자료형으로 이루어진 데이터의 집합이다. 쉽게 말해 배열은 책장에 비유할 수 있다. 책장에 여러 권의 책이 일렬로 꽂혀 있고, 한 책장에 같은 카테고리의 책만 정리된 것이 배열이다. 이에 반해 구조체는 여러 종류의 문서를 함께 담을 수 있는 서류 가방에 비유된다.

배열
(책장)

구조체
(서류 가방)

그림 13-1 배열과 구조체의 개념

구조체를 이해하려면 자료형을 제대로 알고 있어야 한다. 일반적으로 C 언어의 자료형은 크게 두 가지 범주로 나뉘는데, 데이터를 다루는 방식과 메모리 사용 형식에 따라 기본 자료형primitive data type과 파생 자료형derived data type으로 구분된다. 기본 자료형에는 값을 직접적으로 처리하는 방법이 사용되고, 파생 자료형에는 기본 자료형을 기반으로 더 복잡한 데이터 구조를 만들어 값을 처리하는 방법이 사용된다. 또한 기본 자료형과 파생 자료형 이외에 사용자 정의 자료형user defined data type이 있다.

표 13-1 기본 자료형, 파생 자료형, 사용자 정의 자료형의 예

구분	예
기본 자료형	int, short, long, float, double, char, bool 등
파생 자료형	배열, 포인터, 구조체, 공용체
사용자 정의 자료형	typedef, enum

2 배열과 구조체의 차이

지금까지 배운 자료형 변수는 하나의 값만 저장할 수 있는 구조라 여러 값을 저장해야 할 때는 배열을 사용하는 것이 일반적인 방식이다. 하지만 각기 다른 자료형의 데이터를 하나로 활용해야 하는 경우 기존의 자료형 변수로는 처리하기가 쉽지 않은데, 이럴 때 유용한 기법이 바로 구조체이다. 구조체는 여러 가지 자료형의 변수들을 하나의 논리적 단위로 묶기 위한 것으로, 데이터를 조직화하는 데 유용하다.

구조체에서 사용되는 각각의 변수는 **필드**field 또는 **멤버**member라고 부른다. 예를 들어 학생 성적 데이터를 처리하는 프로그램의 경우 다음과 같이 배열 변수를 선언하며, 이것의 메모리 구조는 [그림 13-2]와 같다.

```
char name[3][8];
int kor[3], eng[3], math[3];
float avg[3];
```

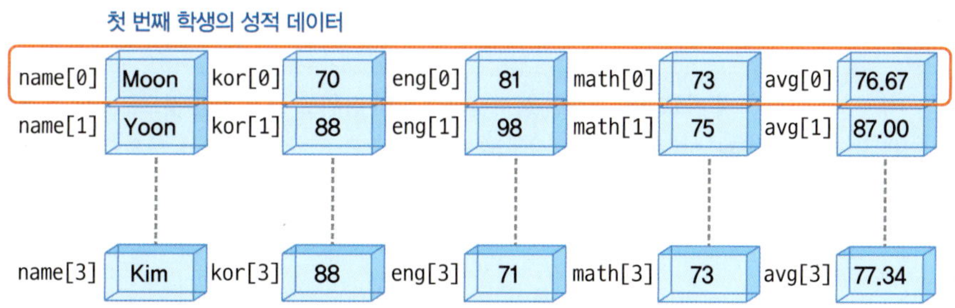

그림 13-2 배열을 이용한 학생 성적 관리 프로그램의 메모리 구조

이렇게 이름(name)과 성적(kor, eng, math, avg) 데이터를 배열로 구성하면 각기 다른 자료형을 함께 사용할 수 없어 데이터를 처리하는 데 한계가 있다. C 언어에서는 구조체를 이용하여 이 한계를 해결할 수 있다.

```
struct student {
    char name[10];
    int kor[3], eng[3], math[3];
    float avg[3];
}
```

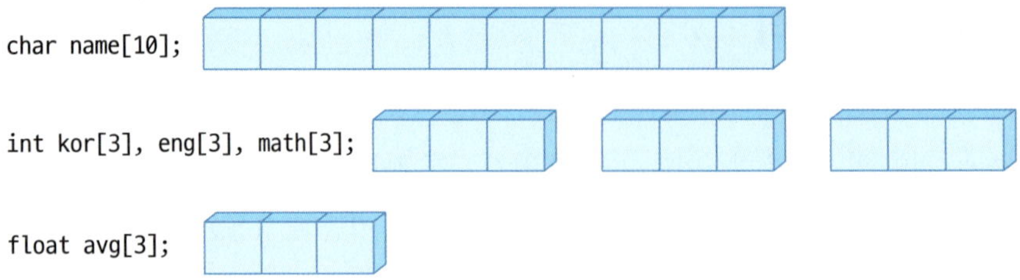

그림 13-3 구조체를 이용한 학생 성적 관리 프로그램의 메모리 구조

하나 더 알기 **변수, 배열, 구조체의 차이**

- **변수**: 여러 개의 값을 메모리에 저장하려면 그 개수만큼 변수를 할당해야 한다.
- **배열**: 여러 개의 값을 저장할 수 있지만 같은 자료형으로만 구성된다.
- **구조체**: 다양한 자료형의 변수를 묶어서 저장할 수 있다.

확인문제

1 다음 빈칸에 알맞은 말을 넣으시오.

(ⓐ)는 여러 가지 자료형의 변수들을 하나의 논리적 단위로 묶기 위한 것으로, 데이터를 조직화하고 코드의 가독성을 향상하는 데 유용하다. (ⓐ)에서 사용되는 각각의 변수는 (ⓑ) 또는 (ⓒ)라고 부른다.

정답

1 ⓐ 구조체, ⓑ 필드, ⓒ 멤버

13.2 구조체의 활용

1 구조체와 구조체 변수 선언

구조체는 `struct` 키워드를 사용하여 정의한다. 예를 들어 학생에 대한 정보를 저장하는 구조체 선언은 다음과 같이 정의하면 된다. 여기서 `Student`는 구조체의 이름이고 `name`, `id`, `gradePoints`는 각각 문자 배열, 정수, 실수 자료형 멤버이다.

| Syntax | **구조체 선언**

```
struct 구조체명 { 멤버 변수 1, 멤버 변수 2, … };
struct Student {
    char name[50];
    int id;
    float gradePoints;
};
```

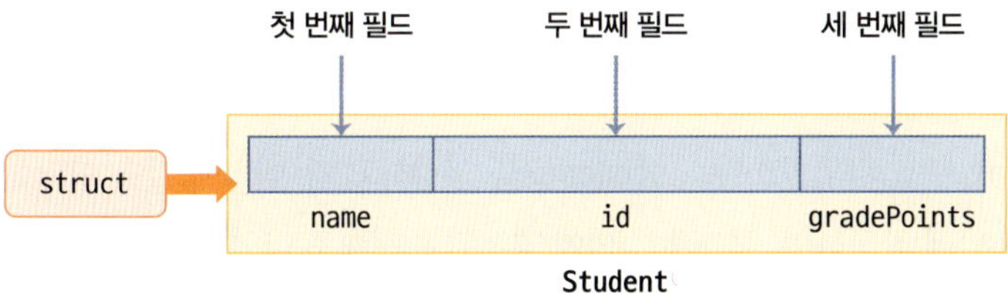

그림 13-4 Student 구조체 필드의 구성

Student 구조체를 정의하고 나면 해당 구조체의 변수를 선언할 수 있다.

| Syntax | **구조체 변수 선언**

```
struct Student {
    char name[50];
    int id;
    float gradePoints;
};
// 구조체 변수 선언
struct Student student1;
```

struct Student는 Student라는 이름의 구조체를 정의하는 부분이고, student1은 구조체 변수의 이름이다. 이 선언은 Student 구조체를 사용하여 student1이라는 새로운 변수를 생성하며, student1은 Student 구조체에 정의된 모든 속성(멤버)을 가지게 된다.

구조체 변수 초기화

다음은 Student 구조체의 인스턴스 student2를 초기화하는 문법으로, C 언어에서 구조체의 멤버에 값을 할당하는 방법 중 하나를 보여준다. 이러한 초기화 방식은 구조체를 선언하는 동시에 멤버의 초깃값을 설정하는 것이다. 이를 이해하기 위해 먼저 Student 구조체가 어떻게 정의되었는지 알아보자.

| Syntax | **구조체 변수 초기화**

```
struct Student {
    char name[50];
    int id;
    float gradePoints;
};
// 구조체 변수 초기화
struct Student student2 = {"Moon", 20240001, 88.5};
```

이렇게 초기화하면 Student 구조체의 인스턴스 student2를 생성하고 각 멤버에 값을 할당한다. 초기홧값은 중괄호({}) 안에 작성하며, 구조체 정의에 명시된 순서대로 나열한다.

- name에는 "Moon"이 할당된다.
- id에는 20240001이 할당된다.
- gradePoints에는 88.5가 할당된다.

구조체 인스턴스를 생성하는 동시에 초기화할 때 자주 사용되는 이 방법은 코드의 간결함과 명료성을 제공한다. 이러한 초기화 방식은 멤버를 정의한 순서대로 값을 할당해야 하며, 이 순서를 바꾸거나 누락할 수 없다.

2 구조체 변수의 사용법

구조체의 멤버에 접근하려면 점(.) 연산자를 사용한다. 구조체의 멤버에 접근하는 것은 구조체 내에 정의된 변수를 사용하고 조작하는 과정을 말한다. 구조체의 멤버에 접근하는 방법에는 직접 접근direct access과 포인터를 통한 접근pointer access이 있다.

구조체의 멤버에 직접 접근

구조체 인스턴스가 이미 생성되어 있으면 점 연산자를 사용하여 구조체의 멤버에 직접 접근할 수 있다. 예를 들어 다음과 같은 Student 구조체가 있다고 하자.

```c
struct Student {
    char name[50];
    int id;
    float gradePoints;
};
struct Student student1;
```

이때 student1의 각 멤버에 접근하려면 다음과 같은 문법을 사용한다.

| Syntax | 구조체의 멤버에 직접 접근

```c
구조체 변수명.멤버명
strcpy(student1.name, "Moon");    // student1의 멤버 name에 접근
student1.id = 20240001;           // student1의 멤버 id에 접근
student1.gradePoints = 88.5;      // student1의 멤버 gradePoints에 접근
```

구조체의 멤버에 포인터를 통해 접근

구조체의 포인터를 통해 구조체의 멤버에 접근하려면 화살표(->) 연산자를 사용한다. 먼저 구조체의 주소를 포인터 변수에 저장하고 이 포인터를 이용하여 멤버에 접근한다.

| Syntax | 구조체의 멤버에 포인터를 통해 접근

```c
struct Student student1;
struct Student *ptr = &student1;

strcpy(ptr->name, "Moon");    // 포인터 ptr로 student1의 멤버 name에 접근
ptr->id = 20240001;           // 포인터 ptr로 student1의 멤버 id에 접근
ptr->gradePoints = 88.5;      // 포인터 ptr로 student1의 멤버 gradePoints에 접근
```

예제 13-1 구조체를 사용하여 학생 성적 관리 프로그램 만들기 ex13_01.c

↳ Student 구조체를 사용하여 두 학생의 데이터를 묶고 접근해보자.

```c
#pragma warning(disable:4996)
#include <stdio.h>
#include <string.h>

```

```c
struct Student {         // Student 구조체 정의
    char name[50];       // 학생의 이름을 저장할 문자 배열
    int id;              // 학생의 id를 저장할 정수형 변수
    float gradePoints;   // 학생의 점수를 저장할 부동 소수점 변수
};

int main() {
    // 두 학생을 위한 구조체 변수 선언
    struct Student student1, student2;

    // 첫 번째 학생의 데이터 초기화
    strcpy(student1.name, "Moon");
    student1.id = 20240001;
    student1.gradePoints = 95.5;

    // 두 번째 학생의 데이터 초기화
    strcpy(student2.name, "Yun");
    student2.id = 20240002;
    student2.gradePoints = 88.5;

    // 첫 번째 학생의 데이터 출력
    printf("학생 1의 정보:\n");
    printf("이름: %s\n", student1.name);
    printf("ID: %d\n", student1.id);
    printf("점수: %.2f\n\n", student1.gradePoints);

    // 두 번째 학생의 데이터 출력
    printf("학생 2의 정보:\n");
    printf("이름: %s\n", student2.name);
    printf("ID: %d\n", student2.id);
    printf("점수: %.2f\n", student2.gradePoints);

    return 0;
}
```

```
학생 1의 정보:
이름: Moon
ID: 20240001
점수: 95.50

학생 2의 정보:
이름: Yun
ID: 20240002
점수: 88.50
```

예제 13-2 | 구조체를 사용하여 사용자 입력 기반의 학생 성적 관리 프로그램 만들기 ex13_02.c

↳ [예제 13-1]을 확장한 예제로, Student 구조체를 정의하여 두 학생의 정보를 초기화한 후 각각의 이름, ID, 학점을 키보드로 입력받아 출력해보자.

```c
#pragma warning(disable:4996)
#include <stdio.h>
#include <string.h>

struct Student {        // Student 구조체 정의
    char name[50];
    int id;
    float gradePoints;
};

int main() {
    // 두 학생을 위한 구조체 변수 선언
    struct Student student1, student2;
    char uname[10];       // 학생의 이름을 저장하기 위한 변수

    printf("학생1 이름: ");
    fgets(uname, sizeof(uname), stdin);
    rewind(stdin);
    strcpy(student1.name, uname);

    printf("학생1 학번: ");
    scanf("%d", &student1.id);
    printf("학생1 학점: ");
    scanf("%f", &student1.gradePoints);
    rewind(stdin);
    printf("\n");

    printf("학생2 이름: ");
    fgets(uname, sizeof(uname), stdin);
    strcpy(student2.name, uname);
    printf("학생2 학번: ");
    scanf("%d", &student2.id);
    printf("학생2 학점: ");
    scanf("%f", &student2.gradePoints);

```

```c
    // 첫 번째 학생의 데이터 출력
    printf("\n첫 번째 학생의 정보:\n");
    printf("이름: %s\n", student1.name);
    printf("ID: %d\n", student1.id);
    printf("학점: %.2f\n\n", student1.gradePoints);

    // 두 번째 학생의 데이터 출력
    printf("두 번째 학생의 정보:\n");
    printf("이름: %s\n", student2.name);
    printf("ID: %d\n", student2.id);
    printf("학점: %.2f\n", student2.gradePoints);

    return 0;
}
```

```
학생1 이름: Moon
학생1 학번: 2024010101
학생1 학점: 3.4

학생2 이름: Yun
학생2 학번: 2024010102
학생2 학점: 4.2

첫 번째 학생의 정보:
이름: Moon

ID: 2024010101
학점: 3.40

두 번째 학생의 정보:
이름: Yun

ID: 2024010102
학점: 4.20
```

구조체를 멤버 변수로 가진 구조체

구조체를 선언할 때 다른 구조체를 멤버 변수로 가질 수 있다. 구조체가 다른 구조체를 멤버 변수로 가지는 것은 한 구조체 내에서 또 다른 구조체 변수를 선언하여 사용하는 것을 의미한다. 이는 구조체를 중첩하거나, 한 구조체 내에서 다른 구조체를 참조하는 방식으로 구현할 수 있으며, 이렇게 함으로써 데이터를 세부적으로 구조화하고 복잡한 데이터 관계를 효율적으로 나타낼 수 있다. 구조체를 멤버 변수로 가지는 형식 중 첫 번째는 다음과 같다.

```
struct Date {                    // Date 구조체 선언
    int year;
    int month;
    int day;
};

struct Person {
    char name[50];
    struct Date birthdate;       // 구조체 안에 구조체가 포함된 구조
};
```

Date 구조체는 연, 월, 일 정보를 가지고 있다. 또한 Person 구조체는 사람의 이름과 Date 구조체의 birthdate를 멤버로 가지고 있어 사람의 생일을 저장할 수 있다. 이때 다음과 같이 Person 구조체를 선언할 수 있다.

```
struct Person p1;
```

그러면 Person 안에 Date 구조체가 포함되므로 다음과 같이 멤버 변수에 접근할 수 있다.

```
p1.birthdate.year = 2024;
p1.birthdate.month = 8;
p1.birthdate.day = 15;
```

다음은 Address라는 구조체를 정의하여 주소 정보를 저장하고, Employee라는 구조체에서 이름과 주소를 포인터로 참조하여 직원 정보를 저장하는 구조의 코드이다.

```c
struct Address {
    char street[100];
    char city[50];
    char state[50];
    int zipCode;
};

struct Employee {
    char name[50];
    struct Address *address;
};
```

주소 정보를 저장하는 Address 구조체는 거리(street), 도시(city), 주(state), 우편번호(zipCode) 필드를 가지고 있다. 또한 Employee 구조체는 직원의 이름과 주소 정보를 저장하는데, 여기서 주소 정보는 Address 구조체에 대한 포인터로 선언되어 있어 동적 메모리 할당을 통해 할당하거나 기존의 Address 구조체 변수를 참조할 수 있다. 이제 다음과 같이 구조체 변수를 선언한다.

```c
struct Employee emp;
struct Address addr;
```

이때 멤버 address는 Address 구조체의 포인터이므로 접근 방법이 다르다. 먼저 Address 구조체의 인스턴스 addr을 생성하고 멤버에 값을 할당한 후 emp.address에 addr의 주소를 할당한다.

```c
emp.address = &addr;
```

Employee 구조체의 멤버 address를 통해 Address 구조체의 멤버에 접근할 때는 화살표 연산자(->)를 사용한다. emp의 포인터 address가 가리키는 Address 구조체의 멤버 street에 접근하려면 emp.address->street라고 작성하면 된다.

```c
strcpy(emp.address->street, "서울시");
emp.address->zipCode = 123456;
```

예제 13-3 구조체를 사용하여 직원 정보 선언하고 저장하기 ex13_03.c

↳ 직원 정보를 저장하는 Employee 구조체와 주소 정보를 저장하는 Address 구조체를 정의하고, 사용자로부터 입력받은 직원의 이름과 주소 정보를 출력해보자.

```
#pragma warning(disable:4996)
#include <stdio.h>
#include <stdlib.h>
#include <string.h>

struct Address {          // Address 구조체 정의
    char street[100];     // 거리 이름 저장
    char city[50];        // 도시 이름 저장
    char state[50];       // 구 이름 저장
    int zipCode;          // 우편번호 저장
};
struct Employee {         // Employee 구조체 정의
    char name[50];
    struct Address* address;
};

int main() {
    // Employee 구조체와 Address 구조체의 인스턴스 생성
    struct Employee emp;
    struct Address addr;

    // 직원의 주소 정보 동적 할당 및 초기화
    emp.address = &addr;       // emp가 addr의 데이터를 참조
    // fgets() 함수를 통해 사용자로부터 정보를 입력받음
    printf("직원의 이름을 입력하세요: ");
    fgets(emp.name, 50, stdin);

    printf("거리 이름을 입력하세요: ");
    fgets(emp.address->street, 100, stdin);

    printf("도시 이름을 입력하세요: ");
    fgets(emp.address->city, 50, stdin);

    printf("구 이름을 입력하세요: ");
    fgets(emp.address->state, 50, stdin);

```

address는 Address 구조체를 가리키는 포인터

```
    printf("우편번호를 입력하세요: ");
    scanf("%d", &emp.address->zipCode);

    printf("\n입력된 직원 정보:\n");
    printf("이름: %s", emp.name);
    printf("주소: %s, %s, %s, %d\n", emp.address->street, emp.address->city,
                                     emp.address->state, emp.address->zipCode);

    return 0;
}
```

```
직원의 이름을 입력하세요: 문석재
거리 이름을 입력하세요: 천호대로
도시 이름을 입력하세요: 서울
구 이름을 입력하세요: 광진구
우편번호를 입력하세요: 134819

입력된 직원 정보:
이름: 문석재
주소: 천호대로
, 서울
, 광진구
, 134819
```

SELF STUDY

[예제 13-3]에서 주의해야 할 것이 몇 가지가 있다. 다음 내용을 살펴보고 스스로 해결해보자.

- fgets() 함수를 사용하여 문자열을 입력받을 때 문자열의 끝에 줄 바꿈 문자(\n)가 포함될 수 있으므로 이를 제거하는 코드를 추가해보자.
- scanf() 함수를 사용한 후에는 입력 버퍼를 비우는 것이 좋다. 예를 들어 scanf() 함수 이후에 getchar()를 호출하는 코드를 추가로 작성할 수 있다.
- 여기서는 동적 메모리 할당 함수가 사용되지 않았으나 실제 응용 프로그램에서는 필요시 동적 메모리 할당을 고려해야 할 수도 있다. 이에 대한 코드를 작성해보자.

구조체 변수의 대입

C 언어에서는 같은 자료형의 구조체 변수 간 대입이 가능한데, 이는 한 구조체 인스턴스의 모든

멤버 값을 다른 구조체의 인스턴스로 복사하는 것을 의미한다. 대입 방법은 C 언어의 기본 자료형 변수 간 대입과 유사하다. 구조체 변수의 대입에는 전체 복사, 깊은 복사, 얕은 복사가 있다.

- **전체 복사**full copy: 소스 구조체의 모든 멤버가 대상 구조체로 복사된다. 이는 각 멤버를 개별적으로 복사하는 것이 아니라 구조체 전체를 한 번에 복사하는 것을 의미한다.
- **깊은 복사**deep copy: int형, float형, char형 배열 등과 같은 기본 자료형의 멤버는 깊은 복사가 일어난다. 즉 메모리의 실제 값이 복사되어 소스와 대상 구조체가 독립적으로 데이터를 보유한다.
- **얕은 복사**shallow copy: 포인터 멤버가 있는 경우 포인터의 값(메모리 주소)은 복사되지만 포인터가 가리키는 데이터는 복사되지 않는데, 이를 얕은 복사라고 한다.

다음은 구조체 변수의 대입을 보여주는 간단한 예시로, person1의 모든 멤버(name, age)가 person2로 복사되어 person2는 person1과 동일한 name, age 값을 가진다.

```
struct Person {
    char name[50];
    int age;
};

struct Person person1, person2;

// person1에 데이터 할당
strcpy(person1.name, "Alice");
person1.age = 30;

// person1을 person2에 대입
person2 = person1;    // 이제 person2는 person1과 동일한 데이터를 가짐
```

하나 더 알기 **구조체 변수 대입 시 주의점**

구조체에 포인터 멤버가 있는 경우 얕은 복사가 발생한다. 이때 두 구조체는 같은 메모리 위치를 가리키므로 한 구조체에서 해당 메모리를 변경하면 다른 구조체에도 영향을 미친다. 이러한 상황에서는 깊은 복사를 수행하거나 복사를 피해야 한다.

또한 구조체의 멤버가 동적으로 할당된 메모리를 가리키는 경우에는 복사 후에 두 구조체가 같은 메모리를 공유하게 되므로 주의가 필요하다. C 언어에서 구조체 간의 대입은 매우 편리한 기능을 제공하지만, 포인터 멤버가 포함된 복잡한 구조체를 다룰 때는 메모리 관리와 데이터 공유에 주의를 기울여야 한다.

3 중첩 구조체

중첩 구조체는 복잡한 데이터 구조를 생성하는 데 사용되는 기술로, 하나의 구조체 안에 다른 구조체를 멤버로 포함하는 것을 의미한다. 중첩 구조체는 다음과 같이 선언한다.

| Syntax | 중첩 구조체 선언

```
struct Address {
    char street[50];
    char city[50];
    int zipCode;
};
struct Person {
    char name[50];
    struct Address address;    // 구조체의 중첩
};
```

여기서는 구조체 Address와 Person이 정의되었다. 다음 코드는 Address 구조체의 인스턴스를 Person 구조체 내에 중첩하여 포함하고 있다. 이러한 방법으로 Person 구조체는 각 개인의 주소 정보도 함께 저장할 수 있게 된다.

```
struct Address address;
```

구조체를 중첩하면 데이터를 논리적으로 묶을 수 있어 데이터의 구조가 명확해지고, 복잡한 데이터 모델을 효율적으로 표현할 수 있다. 예를 들어 Person 구조체의 인스턴스를 만들 때 이 인스턴스는 사람의 이름과 함께 주소 정보(거리 이름, 도시 이름, 우편번호)를 포함함으로써 주소 정보와 관련된 데이터가 Address 구조체를 통해 관리되며, 이를 Person 구조체에서 재사용할 수 있다.

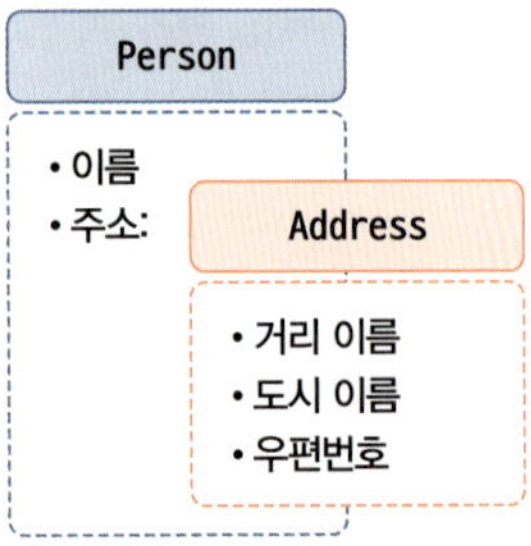

그림 13-5 중첩 구조체의 구조

예제 13-4 중첩 구조체 사용하기

ex13_04.c

↳ Address 구조체를 중첩하여 Person 구조체를 정의한 후 이를 사용하여 이름과 주소 정보를 할당하고 출력해보자.

```c
#include <stdio.h>

// 주소를 나타내는 구조체 정의
struct Address {
    char street[50];
    char city[50];
    int zipCode;
};

// 사람을 나타내는 구조체 정의
struct Person {
    char name[50];
    struct Address address;   // 구조체의 중첩
};

int main() {
    // Person 구조체의 인스턴스 생성
    struct Person person;

    // 데이터 할당
    strcpy(person.name, "Moon Seok Jae");
    strcpy(person.address.street, "Seoul City");
    strcpy(person.address.city, "Anytown");
    person.address.zipCode = 12345;

    // 데이터 출력
    printf("Name: %s\n", person.name);
    printf("Address: %s, %s, %d\n", person.address.street, person.address.city,
                                                        person.address.zipCode);

    return 0;
}
```

```
Name: Moon Seok Jae
Address: Seoul City, Anytown, 12345
```

하나 더 알기 **중첩 구조체를 선언하는 방식**

중첩 구조체를 선언하는 방식은 다음과 같이 두 가지가 있다. 코드 복잡도를 고려하여 선호하는 방식과 추천하지 않는 방식 중에서 선택한다.

선호하는 방식

```
typedef struct
{
    int month;
    int day;
    int year;
} DATE;
typedef struct
{
    int hour;
    int min;
    int sec;
} TIME;
typedef struct
{
    DATE date;
    TIME time;
} STAMP;

STAMP stamp;
```

추천하지 않는 방식

```
typedef struct
{
    struct
    {
        int month;
        int day;
        int year;
    } DATE;
    struct
    {
        int hour;
        int min;
        int sec;
    } TIME;
} STAMP;

STAMP stamp;
```

확인문제

1 다음 빈칸에 알맞은 말을 넣으시오.

① (　　　　)은 구조체 인스턴스가 이미 생성되어 있을 때 점 연산자를 사용하여 구조체의 멤버에 직접 접근하는 것이다.

② (　　　　)은 화살표 연산자를 사용하여 구조체의 포인터를 통해 멤버에 접근하는 것이다. 먼저 구조체의 주소를 포인터 변수에 저장하고 이 포인터를 이용하여 멤버에 접근한다.

2 다음 조건에 맞게 Address, Student 구조체를 선언하시오.

① Address 구조체는 다음과 같은 멤버를 가진다.

- street: 최대 50자의 문자열(도로 이름)

- city: 최대 50자의 문자열(도시 이름)
- zipCode: 정수형(우편번호)

② Student 구조체는 다음과 같은 멤버를 가진다.

- name: 최대 50자의 문자열(학생 이름)
- age: 정수형(학생 나이)
- address: Address 구조체형(주소 정보)

정답

1 ① 직접 접근 ② 포인터를 통한 접근

2
```
struct Address {
    char street[50];
    char city[50];
    int zipCode;
};
struct Student {
    char name[50];
    int age;
    struct Address address;
};
```

LAB 분수 곱셈 프로그램 만들기

2개의 분수를 입력받아 곱셈 연산을 하는 프로그램을 작성해보자. 분수의 분모와 분자는 구조체로 선언하고 약분은 하지 않는다.

```
첫 번째 분수의 분자와 분모를 입력하시오(12/6) >> 12/6
두 번째 분수의 분자와 분모를 입력하시오(3/8) >> 3/8

12/6 * 3/8 = 36/48
```

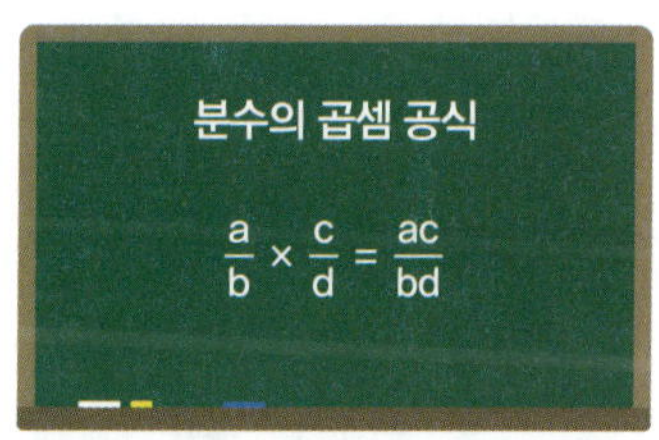

문제 해결 LAB_13-1.c

```
#pragma warning(disable:4996)
#include <stdio.h>

typedef struct {          // 2개의 정수형 멤버를 가지는 구조체 선언
    int numerator;        // 분자
    int denominator;      // 분모
} FRACTIONS;
```

```c

int main() {        // 3개의 구조체 변수 선언
    FRACTIONS fractionA;
    FRACTIONS fractionB;
    FRACTIONS resultFraction;

    // 분자와 분모를 입력받음
    printf("첫 번째 분수의 분자와 분모를 입력하시오(12/6) >> ");
    scanf("%d / %d", &fractionA.numerator, &fractionA.denominator);

    printf("두 번째 분수의 분자와 분모를 입력하시오(3/8) >> ");
    scanf("%d / %d", &fractionB.numerator, &fractionB.denominator);

    // 분자끼리, 분모끼리의 곱셈 계산
    resultFraction.numerator = fractionA.numerator * fractionB.numerator;
    resultFraction.denominator = fractionA.denominator * fractionB.denominator;

    printf("\n%d/%d * %d/%d = %d/%d \n",
        fractionA.numerator, fractionA.denominator,
        fractionB.numerator, fractionB.denominator,
        resultFraction.numerator, resultFraction.denominator);

    return 0;
}
```

입력받은 분수의 값을 저장

분수의 곱을 저장

13.3 구조체 배열

1 구조체 배열의 개요

구조체는 하나의 정보를 저장하는 구조로, 구조체 변수 하나에 해당하는 멤버 변수들에 값을 저장한다. 그러나 일반적인 정보는 자료형이 같은 여러 개의 구조체 변수를 필요로 하므로 구조체를 배열과 연계하여 사용할 수 있다. 즉 구조체 배열은 같은 자료형의 구조체 여러 개를 연속적으로 저장하는 방법이다. 이는 기본 자료형의 배열과 유사하게 작동하지만, 각 배열 요소가 구

조체 인스턴스라는 점이 다르다. 구조체 배열을 사용하면 같은 자료형의 복잡한 데이터 여러 개를 쉽게 관리할 수 있다.

2 구조체 배열 선언과 초기화

구조체 배열을 선언하는 것은 int, char, float 등 기본 자료형의 배열을 선언하는 것과 유사하지만, 구조체형을 나타내기 위해 struct 키워드를 추가한다. 예를 들어 Person 구조체가 있을 때 이 구조체의 배열은 다음과 같이 선언한다.

| Syntax | 구조체 배열 선언

```
struct Person {
    char name[50];
    int age;
};

// 구조체 배열 선언
struct Person people[5];
```

struct Person people[5]는 Person 구조체형의 5개 요소를 가진 배열 people[5]를 선언한 것으로, [그림 13-6]은 이 구조체 배열의 구조를 보여준다.

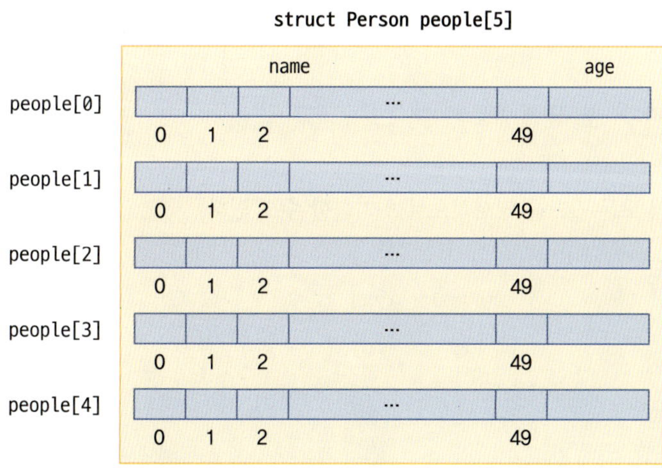

그림 13-6 구조체 배열의 구조

이는 Person 구조체 변수인 people이 배열 형태로 메모리에 할당된 구조이다. 다시 말해 Person 구조체의 배열 people[5]는 name[50]과 age라는 멤버 변수가 포함된 5개의 구조체를 연속적으로 저장한 것이다. 예를 들어 people[0]부터 people[4]까지 각각의 배열 요소가 있으며, 각 요소는 name과 age를 독립적으로 가지고 있다. people 배열에서 인덱스가 3인 요소의 값을 저장하는 코드는 다음과 같다.

```
strcpy(people[3].name, "Moon");
people[3].age = 21;
```

구조체 배열 초기화

구조체 배열도 초기화할 수 있다. 다음 코드에서 people[5]처럼 구조체 배열을 선언할 때 기본적으로 각 배열 요소가 초기화되지 않는다. 이럴 때 struct Person 구조체의 배열 people은 자동으로 초기화되지 않으며, 각 배열 요소는 정의되지 않은 값으로 채워진다. 즉 name, age 필드가 무작위 값으로 초기화될 수 있다. 만약 이 배열을 특정 값으로 초기화하고 싶다면 명시적으로 초기화해야 한다. 예를 들어 모든 Person의 name을 빈 문자열로, age를 0으로 초기화하려면 다음과 같이 작성하면 된다.

```
struct Person {
    char name[50];
    int age;
};

struct Person people[5] = {0};     // 구조체 배열 초기화
```

또한 다음과 같이 각 구조체의 모든 필드를 명시적으로 초기화할 수도 있다.

```
struct Person people[5] = {         // 구조체 배열 명시적 초기화
    {"Moon", 25},
    {"Yun", 22},
    {"Jang", 23},
    {"Kim", 21},
    {"Lee", 26}
};
```

예제 13-5 **구조체 배열 변수 사용하기** ex13_05.c

↳ Person 구조체를 정의하고, 구조체 배열을 이용하여 최대 5명의 이름과 나이를 입력받아 저장하고 출력해 보자.

```c
#pragma warning(disable:4996)
#include <stdio.h>

struct Person {       // name과 age를 필드로 가진 구조체 Person 선언
    char name[50];    // 최대 49자의 문자열을 저장할 수 있는 배열
    int age;          // 정숫값 저장
};

int main() {
    struct Person people[5];     // Person 구조체의 배열 선언
    int i;

    // 각 Person 구조체에 대한 사용자 입력
    for (i = 0; i < 5; i++) {
        printf("Person %d:\n", i + 1);

        printf("Enter name: ");
        scanf("%49s", people[i].name);

        printf("Enter age: ");
        scanf("%d", &people[i].age);
    }

    // 입력받은 구조체 배열 데이터 출력
    printf("\nPeople List:\n");
    for (i = 0; i < 5; i++) {
        printf("Person %d: Name = %s, Age = %d\n", i + 1, people[i].name, people[i].age);
    }

    return 0;
}
```

```
Person 1:
Enter name: Moon
Enter age: 25
...
Person 5:
Enter name: Kim
Enter age: 21

People List:
Person 1: Name = Moon, Age = 25
Person 2: Name = Yun, Age = 22
Person 3: Name = Jang, Age = 23
Person 4: Name = Lee, Age = 20
Person 5: Name = Kim, Age = 21
```

확인문제

1 다음 빈칸에 알맞은 말을 넣으시오.

구조체는 하나의 정보를 저장하는 구조로, 구조체 변수 하나에 해당하는 멤버 변수들에 값을 저장한다. 그러나 일반적인 정보는 자료형이 같은 여러 개의 구조체 변수를 필요로 하므로 구조체를 (　　　　)과 연계하여 사용할 수 있다.

2 다음 코드를 참고하여 Student 구조체로 세 학생의 이름과 연락처를 저장할 수 있는 구조체 배열을 선언하시오.

```
struct PhoneNumber {     // 전화번호 정보를 저장할 구조체 선언
    char name[50];       // 최대 49자의 이름을 저장할 수 있는 배열
    char number[15];     // 최대 14자의 전화번호를 저장할 수 있는 배열
};
```

정답

1 배열　　2 struct PhoneNumber PhoneNumber[3];

13.4 구조체 포인터와 함수

1 구조체를 참조하는 포인터

구조체를 포인터 변수로도 사용할 수 있는데, 이러한 포인터 변수는 구조체 자체를 가리키는 포인터를 의미한다. 이러한 방식은 함수에 구조체를 전달할 때 유용하다. 구조체를 값으로 전달하는 대신 포인터를 전달함으로써 메모리 사용을 줄이고 구조체의 내용을 함수 내에서 직접 수정할 수 있다.

다음 코드에서는 p라는 이름의 포인터 변수를 선언했는데, 이 포인터는 Person 구조체의 변수를 가리키도록 설계되었다. 그리고 포인터 p에 변수 people의 주소를 할당했다. 이제 포인터 p를 통해 people 구조체에 접근할 수 있다.

```
struct Person {
    char name[50];
    int age;
};
struct Person people = { "Moon", 25 };
struct Person *p;      // Person 구조체를 가리키는 포인터 p 선언

p = &people;           // 변수 people의 주소를 포인터 p에 할당
```

포인터로 구조체의 멤버 변수에 접근

구조체 포인터로 구조체의 멤버 변수에 접근하는 형식은 두 가지이다. (*p).name, (*p).age 또는 화살표 연산자를 사용한 p->name, p->age 형식으로 필드에 접근할 수 있다.

- **(*p).name**: 포인터 p가 가리키는 구조체의 멤버 name을 의미한다.
- **p->name**: 포인터 p가 가리키는 구조체의 멤버 name을 의미한다. (*p).name과 같다.
- ***p.name**: 연산자 우선순위에 의해 *(p.name)과 같다. 이는 구조체 p의 멤버 변수인 name이 가리키는 내용을 의미한다.
- ***p->name**: 연산자 우선순위에 의해 *(p->name)으로 해석되며, 이는 p가 가리키는 구조체의 멤버 name을 가리킨다. 즉 p가 가리키는 구조체의 name 문자열을 나타낸다.

예제 13-6 구조체 포인터 변수 사용하기 1 ex13_06.c

↳ Person 구조체를 정의하고, 구조체 인스턴스를 생성하여 초기화한 후 구조체 포인터를 사용하여 해당 인스턴스의 이름과 나이를 출력해보자.

```
#include <stdio.h>

struct Person {
    char name[50];
    int age;
};

int main() {
    // 구조체 인스턴스 생성 및 초기화
    struct Person people = { "Moon", 25 };

    // 구조체 포인터 선언 및 초기화
    struct Person* p;
    p = &people;

    // 구조체 포인터를 사용하여 정보 출력
    printf("Name: %s\n", p->name);
    printf("Age: %d\n", p->age);

    return 0;
}
```

```
Name: Moon
Age: 25
```

예제 13-7 구조체 포인터 변수 사용하기 2 ex13_07.c

↳ Person 구조체를 정의하고, 동적 메모리를 할당하여 사용자로부터 5명의 이름과 나이를 입력받아 출력한 후 할당된 메모리를 해제해보자.

```
#pragma warning(disable:4996)
#include <stdio.h>
#include <stdlib.h> // malloc(), free() 함수를 사용하기 위한 헤더 선언

```

```c
struct Person {
    char name[50];
    int age;
};

int main() {
    struct Person* people;    // 구조체 포인터 선언
    int i;

    // 5명의 Person 구조체에 대한 메모리 할당
    people = (struct Person*)malloc(5 * sizeof(struct Person));

    // 메모리 할당 실패 검사
    if (people == '\0') {
        printf("Memory allocation failed.\n");
        return 1;       // 비정상적 종료
    }
    // 각 Person 구조체에 대한 사용자 입력
    for (i = 0; i < 5; i++) {
        printf("Person %d:\n", i + 1);

        printf("Enter name: ");
        scanf("%49s", people[i].name);

        printf("Enter age: ");
        scanf("%d", &people[i].age);
    }
    // 입력받은 구조체 배열 데이터 출력
    printf("\nPeople List:\n");
    for (i = 0; i < 5; i++) {
        printf("Person %d: Name = %s, Age = %d\n", i + 1, people[i].name, people[i].age);
    }
    // 할당된 메모리 해제
    free(people);

    return 0;
}
```

```
Person 1:
Enter name: Kim
Enter age: 31
...
Person 5:
Enter name: Lee
Enter age: 28

People List:
Person 1: Name = Kim, Age = 31
...
Person 5: Name = Lee, Age = 28
```

2 구조체와 함수

구조체와 함수를 결합하면 구조체 인스턴스를 함수의 매개변수로 전달하거나 구조체 인스턴스를 반환할 수 있으며, 이는 데이터와 관련된 작업을 논리적으로 묶는 데 유용하다. 구조체는 함수의 인수 또는 반환값으로 사용할 수 있다. 이렇게 인수 또는 반환값으로 사용될 때는 값에 의한 호출 개념이 적용됨으로써 구조체의 모든 값이 복사되어 함수로 전달 및 반환된다.

구조체를 함수의 인수로 사용

구조체를 함수의 인수로 사용하는 방식은 함수가 복잡한 데이터 구조를 처리하거나 여러 데이터를 한 번에 전달할 때 유용하다. 구조체를 함수에 전달하는 방법에는 값에 의한 전달과 참조에 의한 전달이 있다. 먼저 값에 의한 전달을 살펴보자.

다음 코드에서 printPerson() 함수는 Person 구조체의 매개변수 p를 받고, printf() 함수를 사용하여 구조체 p의 name과 age를 출력한다. 이 함수는 구조체를 값으로 전달받는데, 함수에 전달되는 것은 Person 구조체의 복사본이다. 그러므로 이 함수에서 p의 멤버를 변경해도 원본 구조체에는 영향을 미치지 않는다.

updateAge() 함수 역시 Person 구조체의 매개변수 p를 받으며, 함수 내에서 p의 name을 "Yun"으로 변경하고 age를 22로 설정한다. 이 함수는 구조체를 값으로 전달받기 때문에 매개변수 p는 원본 구조체의 복사본이다. 그러므로 이 함수에서 p를 변경해도 원본 구조체에는 영향을 미치지 않는다.

구조체를 함수의 인수로 전달하기 struct_argument_1.c

```c
#include <stdio.h>

struct Person {
    char name[50];
    int age;
};
// 구조체를 값으로 전달받는 함수
void printPerson(struct Person p) {
    printf("Name: %s, Age: %d\n", p.name, p.age);
}
// 구조체를 값으로 전달받는 함수
void updateAge(struct Person p) {
    strcpy(p.name, "Yun");
    p.age = 22;
}
```

구조체의 복사본이 함수로 전달되는 형식은 다음과 같다. 함수 내에서 구조체의 값을 변경해도 원본 구조체에는 영향을 주지 않지만, 복사본을 생성하기 때문에 구조체가 큰 경우 메모리와 성능에 영향을 줄 수 있다.

```c
struct Person p1 = { "Moon", 25 };    // 구조체의 복사본 전달
printPerson(p1);
updateAge(p1);
printPerson(p1);
```

다음 코드는 구조체 포인터를 함수의 매개변수로 사용하는 방법을 보여준다. printPerson() 함수는 Person 구조체의 포인터 p를 매개변수로 받고, printf() 함수를 사용하여 p가 가리키는 구조체의 name과 age를 출력한다. 이때 구조체 포인터를 통해 해당 구조체의 멤버에 접근하기 위해 -> 연산자를 사용한다.

updateAge() 함수도 Person 구조체의 포인터 p를 매개변수로 받으며, 함수 내에서 p가 가리키는 구조체의 name을 "Yun"으로 변경하고 age를 22로 설정한다. 이 경우에는 p가 원본 구조체의 주소를 가리키기 때문에 함수가 원본 Person 구조체에 직접적인 변경을 가한다.

구조체를 함수의 인수로 참조에 의해 전달하기

struct_argument_2.c

```c
#include <stdio.h>

struct Person {
    char name[50];
    int age;
};
// 구조체 포인터를 전달받는 함수
void printPerson(struct Person* p) {
    printf("Name: %s, Age: %d\n", p->name, p->age);
}
// 구조체 포인터를 전달받는 함수
void updateAge(struct Person* p) {
    strcpy(p->name, "Yun");
    p->age = 22;
}
```

구조체 포인터를 사용하여 함수에서 구조체의 데이터를 직접 변경하는 방법은 다음과 같다. 이렇게 함으로써 메모리 사용을 최적화하고, 크기가 큰 구조체를 효율적으로 다룰 수 있다.

```c
struct Person p1 = { "Moon", 25 };
printPerson(&p1);
updateAge(&p1);      // p1의 주소 전달
printPerson(&p1);
```

예제 13-8 구조체를 함수의 인수로 전달하기 1

ex13_08.c

↳ Person 구조체를 정의하고, 구조체를 값으로 전달받아 이름과 나이를 출력하는 함수와 나이를 업데이트하는 함수를 구현해보자. 또한 main() 함수에서 구조체 인스턴스를 생성하고 해당 함수를 호출하여 정보를 출력해보자.

```c
#pragma warning(disable:4996)
#include <stdio.h>
#include <string.h>

struct Person {
    char name[50];
```

```c
    int age;
};

// 구조체를 값으로 전달받는 함수
void printPerson(struct Person p) {
    printf("Name: %s, Age: %d\n", p.name, p.age);
}

// 구조체를 값으로 전달받는 함수
void updateAge(struct Person p) {
    strcpy(p.name, "Yun");
    p.age = 22;
}

int main() {
    struct Person p1 = { "Moon", 25 };

    printPerson(p1);
    updateAge(p1);
    printPerson(p1);

    return 0;
}
```

```
Name: Moon, Age: 25
Name: Moon, Age: 25
```

updateAge() 함수는 구조체를 값으로 전달받기 때문에 원본 구조체에 영향을 미치지 않는다.

예제 13-9 구조체를 함수의 인수로 전달하기 2 ex13_09.c

↳ 이 예제의 결과는 [예제 13-8]과 같지만, 구조체를 전달하는 과정에서 구조체 포인터를 인자로 받는다는 것이 다르다.

```c
#pragma warning(disable:4996)
#include <stdio.h>
#include <string.h>

struct Person {
    char name[50];
    int age;
```

```c
};

// 구조체 포인터를 전달받는 함수
void printPerson(struct Person* p) {
    printf("Name: %s, Age: %d\n", p->name, p->age);
}

// 구조체 포인터를 전달받는 함수
void updateAge(struct Person* p) {
    strcpy(p->name, "Yun");
    p->age = 22;
}

int main() {
    struct Person p1 = { "Moon", 25 };

    printPerson(&p1);
    updateAge(&p1);
    printPerson(&p1);

    return 0;
}
```

```
Name: Moon, Age: 25
Name: Yun, Age: 22
```

[예제 13-8]과 [예제 13-9]에서는 Person 구조체를 사용하여 정보를 출력하고 업데이트하는 기능을 구현했으나 구조체를 전달하는 방식에 차이가 있다.

- [예제 13-8]의 printPerson(struct Person p)와 updateAge(struct Person p) 함수는 구조체를 값으로 전달받는다. 즉 함수 호출 시 구조체의 복사본이 만들어지며, 이 복사본에서 수행된 변경이 원본 구조체에 영향을 미치지 않는다. 따라서 updateAge() 함수에서 이름과 나이를 변경해도 p1의 값이 변경되지 않는다.
- [예제 13-9]의 printPerson(struct Person* p)와 updateAge(struct Person* p) 함수는 구조체의 포인터를 전달받는다. 이 경우에 함수는 원본 구조체의 메모리 주소를 참조하므로, 함수 내에서 구조체의 멤버를 수정하면 원본 구조체에 직접적으로 영향을 미친다. 따라서 updateAge() 함수에서 이름과 나이를 변경하면 p1의 값이 변경된다.

확인문제

1 다음 빈칸에 알맞은 말을 넣으시오.

> 구조체를 함수의 (   )로 사용하는 방식은 함수가 복잡한 데이터 구조를 처리하거나 여러 데이터를 한 번에 전달할 때 유용하다.

2 다음 두 코드에 대해 간략하게 설명하시오.

```
void updateAge(struct Person* p)
void updateAge(struct Person p)
```

정답

1 인수　　2 첫 번째 코드는 구조체의 포인터를 통해 원본 구조체를 직접 수정할 수 있는 반면, 두 번째 코드는 구조체의 복사본을 사용함으로써 원본 구조체에 영향을 주지 않고 수정한다.

LAB 방사성 물질의 붕괴 비율 구하기

방사성 물질의 붕괴 비율은 방사성 동위 원소가 자연적으로 존재하는 안정된 상태로부터 다른 원소로 변하는 과정에서 방사성 물질의 양이 감소하는 속도를 의미한다. 간단히 말해 방사성 물질의 양이 얼마나 빨리 감소하는지를 나타내는 지표로서 보통 백분율로 나타낸다. 방사성 물질의 붕괴 비율을 구하는 프로그램을 작성해보자.

```
초기 물질량을 입력하세요: 100
방사성 붕괴 상수를 입력하세요: 0.1
시간을 입력하세요: 5

붕괴 비율: 60.65%
```

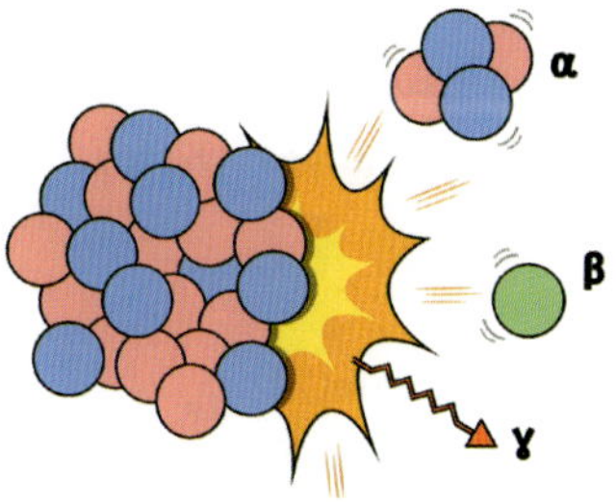

조건

- 방사성 물질의 초기 양, 방사성 붕괴 상수를 포함하는 구조체를 정의한다. 자료형은 모두 double형으로 선언한다. 방사성 물질의 초기 양은 처음의 양이고, 방사성 붕괴 상수는 방사성 물질이 일정 시간 동안 얼마나 빠르게 붕괴되는지를 나타내는 값이다.

- 구조체를 가리키는 포인터를 생성하고 동적으로 메모리를 할당한다. 메모리 누수를 방지하기 위해 프로그램 종료 전에 해당 메모리를 해제한다.
- 방사성 물질의 초기 양과 방사성 붕괴 상수를 입력받아 적절한 구조체의 멤버에 저장한다.
- 방사성 물질의 붕괴 비율을 계산하는 함수를 작성한다.
  `초기 양 * e^(-λt)`
- 계산된 붕괴 비율을 소수점 아래 둘째 자리까지 출력한다.

힌트

- 방사성 물질의 붕괴 비율을 구하는 식을 작성할 때 다음을 참고한다. 지수를 계산하는 exp() 함수는 e의 x승 값을 반환한다.
  `double 붕괴 비율 = 구조체 -> 초기 양 * exp(-구조체 -> 붕괴 상수 * 시간);`

문제 해결 LAB_13-2.c

```c
#pragma warning(disable:4996)
#include <stdio.h>
#include <stdlib.h>
#include <math.h>

// 방사성 물질 구조체 정의
typedef struct {
    double initialAmount;     // 초기 물질량
    double decayConstant;     // 붕괴 상수
} RadioactiveMaterial;

// 방사성 물질의 붕괴 비율을 계산하는 함수
double calculateDecayRate(RadioactiveMaterial* material, double time);
    double calculateDecayRate(RadioactiveMaterial* material, double time) {
    double decayRate = material->initialAmount * exp(-material->decayConstant * time);
    return decayRate;
}

int main() {
    // 동적으로 구조체 메모리 할당
    RadioactiveMaterial* material = (RadioactiveMaterial*)malloc(sizeof(RadioactiveMaterial));

    // 사용자로부터 초기 물질량과 붕괴 상수 입력받기
    printf("초기 물질량을 입력하세요: ");
    scanf("%lf", &material->initialAmount);
```

```c
    printf("방사성 붕괴 상수를 입력하세요: ");
    scanf("%lf", &material->decayConstant);

    // 사용자로부터 시간 입력받기
    double time;
    printf("시간을 입력하세요: ");
    scanf("%lf", &time);

    // 붕괴 비율 계산
    double remainingAmount = calculateDecayRate(material, time);

    // 남은 물질량을 백분율로 계산
    double decayPercentage = (remainingAmount / material->initialAmount) * 100;

    // 붕괴 비율 출력(소수점 아래 둘째 자리까지)
    printf("\n붕괴 비율: %.2f%%\n", decayPercentage);

    // 동적으로 할당된 메모리 해제
    free(material);

    return 0;
}
```

LAB 픽셀 번호 그림판 만들기

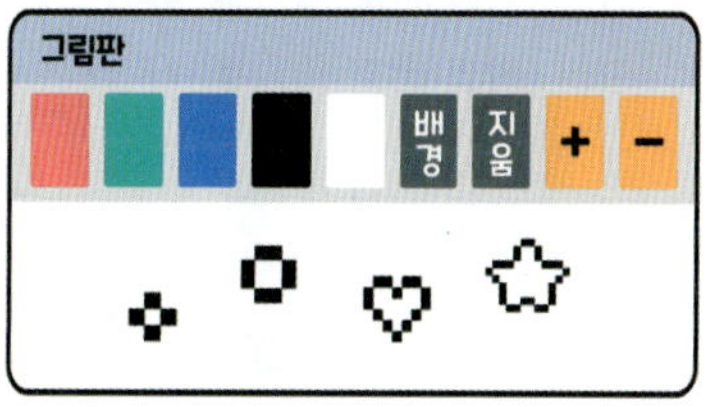

격자는 수직, 수평으로 정렬된 규칙적인 행과 열의 집합으로 나타내고, 좌표 체계를 통해 특정 위치를 참조할 수 있다. 또한 이미지의 기본 단위인 픽셀은 화면에 표시되는 작은 점을 의미한다. x, y 좌표로 지정되는 픽셀의 위치를 입력받아 별표(*)로 그림을 그리는 프로그램을 작성해보자.

```
총 입력 횟수를 입력하세요. : 15
입력 1: 그릴 픽셀 번호 입력 (1-25, 15번 남았습니다.): 1
*
입력 2: 그릴 픽셀 번호 입력 (1-25, 14번 남았습니다.): 2
* *
...
입력 15: 그릴 픽셀 번호 입력 (1-25, 1번 남았습니다.): 25
* * * * *
*       *
  *   *
    *
* * * * *
```

조건

- 격자의 너비와 높이를 각각 5로 설정하고 #define을 이용하여 상수로 정의한다.
- 격자를 표현하는 2차원 배열을 typedef 구조체로 정의한다.
- 격자를 공백 문자로 초기화하는 함수를 작성한다.
- 사용자가 입력한 픽셀 번호에 해당하는 위치에 *를 표시한다.
- 현재 그림 상태를 출력하는 함수를 작성한다.
- 총 입력 횟수를 입력받고 픽셀 번호를 좌표로 변환한다. 만약 0이 입력되면 그림 그리기를 종료한다.
- 픽셀 번호를 입력받을 때마다 입력 가능한 범위와 남은 입력 횟수를 알려준다.

힌트

- 픽셀 번호를 격자상의 행과 열로 변환하는 방법은 다음과 같다. 픽셀 번호에서 1을 뺀 값을 너비로 나누면 픽셀 번호를 격자의 너비로 나눈 몫이 계산된다. 이 몫은 픽셀 번호가 격자에서 몇 번째 행에 해당하는지를 나타낸다. 마찬가지로 픽셀 번호에서 1을 뺀 값을 너비로 나눈 나머지를 계산하면 픽셀 번호가 격자의 행에서 몇 번째 열에 해당하는지를 나타낸다.

  ```
  행 = (픽셀 번호 - 1) / 너비;
  열 = (픽셀 번호 - 1) % 너비;
  ```

문제 해결 LAB_13-3.c

```c
#pragma warning(disable:4996)
#include <stdio.h>

#define WIDTH 5
#define HEIGHT 5

```

너비와 높이를 상수로 정의

```c
typedef struct {
    char pixels[HEIGHT][WIDTH];
} Grid;

// Grid 구조체를 초기화하는 함수
void initializeGrid(Grid* grid) {
    for (int i = 0; i < HEIGHT; ++i) {
        for (int j = 0; j < WIDTH; ++j) {
            grid->pixels[i][j] = ' ';
        }
    }
}
// Grid 구조체에 저장된 픽셀 데이터를 화면에 출력하는 함수
void printGrid(Grid* grid) {
    for (int i = 0; i < HEIGHT; ++i) {
        for (int j = 0; j < WIDTH; ++j) {
            printf("%c ", grid->pixels[i][j]);
        }
        printf("\n");
    }
}
// 사용자로부터 입력받은 픽셀 번호를 이용하여 격자에 *를 그리는 함수
void drawPixels(Grid* grid, int attempts) {
    int pixelNumber;
    int attempt;
    int temp = attempts;

    for (attempt = 1; attempt <= attempts; ++attempt) {
        printf("입력 %d: 그릴 픽셀 번호 입력 (1-%d, %d번 남았습니다.): ", attempt, WIDTH * HEIGHT, temp);
        scanf("%d", &pixelNumber);

        if (pixelNumber == 0) {
            printf("그림 그리기 종료.\n");
            break;
        }
        // 입력이 범위를 벗어나면 오류 메시지 출력
        if (pixelNumber < 1 || pixelNumber > WIDTH * HEIGHT) {
            printf("잘못된 입력입니다. 1에서 %d 사이의 값을 입력하세요.\n", WIDTH * HEIGHT);
```

5×5 크기의 격자를 하나의 변수로 다룰 수 있는 구조체 선언

```
            --attempt;      // 잘못된 입력은 시도에서 제외
            continue;
        }
        // 픽셀 번호를 행과 열로 변환
        int row = (pixelNumber - 1) / WIDTH;
        int col = (pixelNumber - 1) % WIDTH;

        grid->pixels[row][col] = '*';      // 선택된 위치에 * 표시

        printGrid(grid);     // 현재 격자 출력
        temp--;      // 남은 시도 감소
    }
}

int main() {
    Grid myGrid;      // Grid 구조체 변수 myGrid 선언
    initializeGrid(&myGrid);      // initializeGrid() 함수를 호출하여 myGrid 초기화

    int totalAttempts;
    printf("총 입력 횟수를 입력하세요. : ");
    scanf("%d", &totalAttempts);

    drawPixels(&myGrid, totalAttempts);

    return 0;
}
```

13.5 공용체

1 공용체의 개요

공용체union는 각기 다른 자료형을 하나의 메모리 위치에 저장할 수 있게 해주는 특별한 자료형이다. 공용체는 구조체와 비슷해 보이지만, 구조체는 각 멤버가 자신의 고유한 메모리 공간을 가지는 반면 공용체는 모든 멤버가 동일한 메모리 위치를 공유한다는 것이 다르다.

[그림 13-7]에서 공용체의 각 멤버 변수는 메모리 시작 주소가 모두 동일하다. 따라서 union A의 경우 j의 값을 변경함으로써 i의 값을 변경할 수 있고, 마찬가지로 i의 값을 변경함으로써 j의 값을 변경할 수 있다.

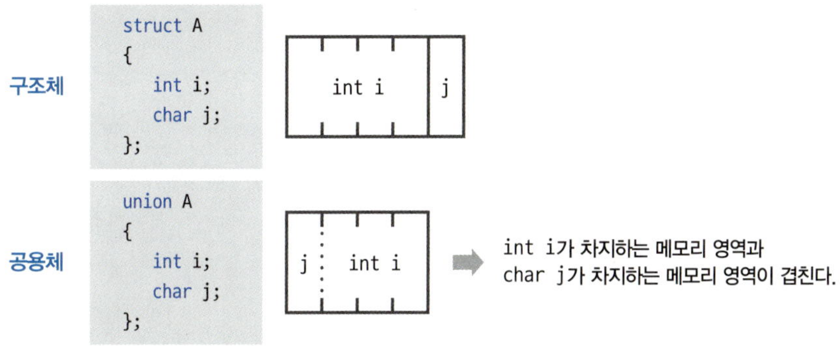

그림 13-7 구조체와 공용체의 차이

공용체는 메모리를 절약하거나 여러 가지 자료형을 같은 메모리 위치에 저장해야 할 때 유용하다. 다만 한 번에 하나의 멤버만 사용할 수 있으며, 이미 저장된 다른 멤버의 값을 새로운 값으로 덮어씌운다.

2 공용체 선언

공용체를 선언하는 형식은 구조체와 동일하나 struct 대신 union 키워드를 사용한다. 공용체를 참조하는 규칙 또한 구조체를 참조하는 것과 동일하다.

Data라는 이름의 공용체를 정의하는 형식은 다음과 같다. 이 공용체는 int형, float형, char형의 배열을 멤버로 가지고 있다. main() 함수에서는 Data 공용체의 인스턴스 data를 생성한 후 각기 다른 자료형의 값을 할당하고 출력하는데, 이때 가장 최근에 저장된 멤버의 값만이 유효하다. 이는 공용체의 모든 멤버가 동일한 메모리 위치를 공유하는 특성 때문이다.

| Syntax | 공용체 선언

```
union 공용체명 {멤버 변수 1, 멤버 변수 2, …}
union Data {
   int i;
   float f;
   char str[20];
};
```

예제 13-10 공용체의 메모리 공유 개념 이해하기 1 ex13_10.c

↳ union 키워드를 사용하여 메모리의 동일한 부분을 short형 정수와 char형 배열로 해석하는 방법을 살펴보자. 이 예제에서 정의된 UNDATA 공용체는 2개의 멤버를 가지고 있다.

```
#include<stdio.h>

union UNDATA {
    short num;           // 2바이트 크기의 정수 저장
    char chAry[2];       // 1바이트 크기의 문자 2개 저장
};

int main()
{
    union UNDATA ud;     // 공용체 ud 선언

    ud.num = 16706;      // short형으로 저장

    printf("Short: %hd\n", ud.num);
    printf("Ch[0]: %c\n", ud.chAry[0]);
    printf("Ch[1]: %c\n", ud.chAry[1]);

    return 0;
}
```

```
Short: 16706
Ch[0]: B
Ch[1]: A
```

공용체의 특성상 ud.num과 ud.chAry는 메모리의 동일한 위치를 차지한다. 따라서 ud.num에 저장된 2바이트 정숫값은 ud.chAry의 두 문자로 해석된다. 16706의 16진수 표현은 0x4142이다. 메모리에는 보통 낮은 주소에서 높은 주소로 저장되므로 'B'(0x42)가 chAry[0]에, 'A'(0x41)가 chAry[1]에 저장될 것이다.

예제 13-11 공용체의 메모리 공유 개념 이해하기 2 ex13_11.c

↳ main() 함수에서 Data 공용체의 변수 data를 선언하고, 각각의 멤버에 데이터를 저장하여 출력해보자. 이 예제에서 Data 공용체는 int형, float형, char형 배열을 멤버로 가지고 있다.

```
#include <stdio.h>

// 공용체 정의
union Data {
```

```c
    int i;
    float f;
    char str[20];
};

int main() {
    union Data data;

    // 정수 데이터 저장 및 출력
    data.i = 10;
    printf("data.i : %d\n", data.i);

    // 실수 데이터 저장 및 출력
    data.f = 220.5;
    printf("data.f : %f\n", data.f);

    // 문자열 데이터 저장 및 출력
    strcpy(data.str, "C Programming");
    printf("data.str : %s\n", data.str);

    return 0;
}
```

```
data.i : 10
data.f : 220.500000
data.str : C Programming
```

공용체의 특성상 한 번에 하나의 멤버만 사용할 수 있고, 이미 저장된 다른 멤버의 값을 새로운 값으로 덮어씌우기 때문에 마지막에 저장된 'data.str'의 값이 출력된다.

확인문제

1 다음 빈칸에 알맞은 말을 넣으시오.

> 공용체는 각기 다른 자료형을 하나의 메모리 위치에 저장할 수 있게 해주는 특별한 자료형이다. 공용체는 구조체와 비슷해 보이지만, (　　　　)는 각 멤버가 자신의 고유한 메모리 공간을 가지는 반면 (　　　　)는 모든 멤버가 동일한 메모리 위치를 공유한다는 것이 다르다.

정답

1 구조체, 공용체

13.6 열거형

1 열거형의 개요

열거형enumeration은 열거형 상수들의 집합을 정의하는 데 사용되며, 열거형을 사용하면 읽고 관리하기가 쉬운 코드를 만들 수 있다. 열거형은 **enum 키워드**를 사용하여 정의한다. 예를 들어 요일을 나타내는 열거형은 다음과 같이 정의할 수 있다.

| Syntax | 열거형 정의

```
enum 열거형명 {멤버 상수}
enum Day {
    Sunday,       // 0
    Monday,       // 1
    Tuesday,      // 2
    Wednesday,    // 3
    Thursday,     // 4
    Friday,       // 5
    Saturday      // 6
};
```

열거형 Day는 일주일의 요일을 나타내는 상수들의 집합이다. 각 요일은 enum 내에서 유일한 정숫값으로 표현된다. 각각의 항목을 자세히 살펴보자.

- **enum Day { … }**: Day라는 새로운 열거형을 정의한다. 이제 Day는 프로그램 내에서 별도의 자료형으로 사용될 수 있다.
- **Sunday, Monday, …, Saturday**: 열거형 Day 내에서 정의된 열거형 상수로, 일주일의 각 요일을 나타낸다. 열거형에서 각 멤버는 기본적으로 정수 자료형이며, 첫 번째 멤버(Sunday)에는 0이 할당되고, 그다음 멤버에는 이전 멤버의 값에서 1씩 증가된 값이 할당된다.
- **// 0, // 1, …, // 6**: 이 주석은 각 요일 상수가 어떤 정숫값인지를 나타낸다.

2 열거형의 사용법

열거형을 사용하려면 enum 키워드로 관련 상숫값을 정의한 후 열거형 변수를 선언하고 해당 변수에 열거형의 특정 멤버(상숫값)를 할당하거나 다른 열거형 변수와 비교하여 사용할 수 있다. 예를 들어 요일을 나타내기 위해 숫자 대신 열거형 Day의 멤버를 사용할 수 있다. 이 경우에 enum Day today = Wednesday와 같이 선언하고 변수 today에 Wednesday의 값을 할당한다. 이렇게 하면 코드가 더 읽기 쉽고, 오류가 발생할 가능성이 줄어들며, 프로그램의 의도를 명확히 표현할 수 있다.

예제 13-12 열거형 사용하기 ex13_12.c

↳ 신호등의 상태를 나타내는 열거형을 정의하고 상태에 따라 신호등의 동작을 출력해보자.

```
#include <stdio.h>

// 신호등의 상태를 나타내는 열거형 정의
enum TrafficLight {
    Red,
    Yellow,
    Green
};

int main() {
    // 열거형 변수 선언
    enum TrafficLight signal;

    // 신호등의 상태를 Green으로 설정
    signal = Green;

    // 현재 신호등의 상태에 따른 동작 출력
    switch (signal) {
    case Red:
        printf("Stop\n");
        break;
    case Yellow:
        printf("Caution\n");
        break;
    case Green:
```

```c
            printf("Go\n");
            break;
        default:
            printf("Unknown signal\n");
            break;
    }

    return 0;
}
```

```
Go
```

enum TrafficLight는 신호등의 세 가지 상태인 Red, Yellow, Green을 나타낸다. main() 함수에서는 열거형 TrafficLight의 변수 signal을 선언하고, 이 변수에 Green 상태를 할당했다. 그런 다음 switch 문을 사용하여 signal의 값에 따라 다른 메시지를 출력했다.

확인문제

1 다음 빈칸에 알맞은 말을 넣으시오.

> 열거형은 ( )을 정의하는 데 사용되며, 열거형을 사용하면 읽고 관리하기가 쉬운 코드를 만들 수 있다. 열거형은 ( ) 키워드를 사용하여 정의한다.

정답

1 상수들의 집합, enum

REAL PROJECT 와인 분류 프로그램 만들기

와인을 분류하는 기준은 산미, 당도, 알코올 도수 등이다. 임의로 정한 조건을 기준으로 와인을 분류하는 프로그램을 작성해보자.

[와인 분류 기준]

① 화이트 와인

- 산미: 대개 산미가 높다.
- 당도: 대부분은 드라이한 경향이지만 중간 당도나 달콤한 것도 있다.
- 알코올 도수: 일반적으로 9~13%이다.

> 산미 7.0 이상, 당도 5.0 이하, 알코올 도수 9.0~13.0이면 화이트 화인

② 레드 와인

- 산미: 화이트 와인보다 상대적으로 산미가 낮은 편이다.
- 당도: 대부분은 드라이하며, 당도가 높은 경우가 드물다.
- 알코올 도수: 일반적으로 12~15%이다.

> 산미 5.0 이하, 당도 7.0 이상, 알코올 도수 12.0~15.0이면 레드 와인

③ 로제 와인

- 산미: 화이트 와인과 레드 와인의 중간 정도이다.
- 당도: 드라이한 것부터 달콤한 것까지 다양한 스타일이 있다.
- 알코올 도수: 일반적으로 11~14%이다.

> 산미 5.0 이상 7.0 이하, 당도 0~10.0, 알코올 도수 11.0~14.0이면 로제 와인

```
와인의 산미(acidity)를 입력하세요 (0.0-10.0): 7.0
와인의 당도(sweetness)를 입력하세요 (0.0-10.0): 6.0
와인의 알코올 도수(alcohol content)를 입력하세요 (0.0-20.0): 14.0

와인 분류 결과:
로제 와인입니다.
```

조건

- 와인의 종류를 나타내는 열거형 구조체(WHITE_WINE, RED_WINE, ROSE_WINE, UNKNOWN)를 정의한다.
- 와인의 특성을 나타내는 구조체(acidity, sweetness, alcoholcontent)를 정의한다.
- 와인 분류 기준을 적용하여 와인을 분류하는 함수를 작성한다.
- 와인 분류 결과를 출력하는 함수를 작성한다. 와인 분류 조건에 맞지 않는 값이 입력되면 '**와인을 분류할 수 없습니다.**'라는 메시지를 출력한다.
- 산미와 당도는 0.0~10.0 범위의 double형으로, 알코올 도수는 0.0~20.0 범위의 double형으로 입력받는다.

문제 해결 REAL_wine.c

```
#pragma warning(disable:4996)
#include <stdio.h>
                  와인의 종류를 저장하는 구조체 정의
enum WineType {
    WHITE_WINE,     // 화이트 와인
    RED_WINE,       // 레드 와인
    ROSE_WINE,      // 로제 와인
    UNKNOWN         // 분류할 수 없는 와인
};
                  와인의 특성을 저장하는 구조체 정의
struct Wine {
    double acidity;            // 산미
    double sweetness;          // 당도
    double alcoholContent;     // 알코올 도수
    enum WineType type;        // 와인 분류 타입
};

void classifyWine(struct Wine* wine);              // 와인을 분류하는 함수
void printClassification(struct Wine* wine);       // 분류된 와인을 출력하는 함수

void classifyWine(struct Wine* wine) {
    if (wine->acidity >= 7.0 && wine->sweetness <= 5.0 && wine->alcoholContent >= 9.0
        && wine->alcoholContent <= 13.0) {
        wine->type = WHITE_WINE;
    }
    else if (wine->acidity <= 5.0 && wine->sweetness >= 7.0 && wine->alcoholContent
        >= 12.0 && wine->alcoholContent <= 15.0) {
```

```c
        wine->type = RED_WINE;
    }
    else if (wine->acidity >= 5.0 && wine->acidity <= 7.0 && wine->sweetness >= 0.0 &&
        wine->sweetness <= 10.0 && wine->alcoholContent >= 11.0 && wine->alcoholContent <=
        14.0) {
        wine->type = ROSE_WINE;
    }
    else {
        wine->type = UNKNOWN;
    }
}

void printClassification(struct Wine* wine) {
    printf("\n와인 분류 결과:\n");

    switch (wine->type) {
    case WHITE_WINE:
        printf("화이트 와인입니다.\n");
        break;
    case RED_WINE:
        printf("레드 와인입니다.\n");
        break;
    case ROSE_WINE:
        printf("로제 와인입니다.\n");
        break;
    case UNKNOWN:
        printf("와인을 분류할 수 없습니다.\n");
        break;
    }
}

int main() {
    struct Wine wine;
    do {
        printf("와인의 산미(acidity)를 입력하세요 (0.0-10.0): ");
        scanf("%lf", &wine.acidity);
```

와인 정보를 담을 구조체 변수 생성

산미, 당도, 알코올 도수 입력과 유효성 검사

```c
    } while (wine.acidity < 0.0 || wine.acidity > 10.0);
    do {
        printf("와인의 당도(sweetness)를 입력하세요 (0.0-10.0): ");
        scanf("%lf", &wine.sweetness);
    } while (wine.sweetness < 0.0 || wine.sweetness > 10.0);
    do {
        printf("와인의 알코올 도수(alcohol content)를 입력하세요 (0.0-20.0): ");
        scanf("%lf", &wine.alcoholContent);
    } while (wine.alcoholContent < 0.0 || wine.alcoholContent > 20.0);

    classifyWine(&wine);
    printClassification(&wine);

    return 0;
}
```

요약

01 구조체의 개요

❶ 구조체: 서로 다른 자료형으로 이루어진 데이터의 집합으로, 각기 다른 자료형의 변수들을 하나의 논리적 단위로 묶기 위한 것이다.

❷ 구조체에서 사용되는 각각의 변수는 필드 또는 멤버라고 부른다.

02 구조체의 활용

❶ 구조체 선언: struct 키워드를 사용하여 정의한다.

❷ 구조체의 멤버에 직접 접근: 구조체의 멤버에 접근하는 것은 구조체 내에 정의된 변수를 사용하고 조작하는 과정으로, 점(.) 연산자를 사용한다.

❸ 구조체의 멤버에 포인터를 통해 접근: 먼저 구조체의 주소를 포인터 변수에 저장하고 이 포인터를 사용하여 멤버에 접근하며, 화살표(->) 연산자를 사용한다.

❹ 중첩 구조체: 하나의 구조체 안에 다른 구조체를 멤버로 포함하는 것을 의미한다.

03 구조체 배열

❶ 구조체 배열: 같은 자료형의 구조체 여러 개를 연속적으로 저장하는 방법이다. 이는 기본 자료형의 배열과 유사하게 작동하지만, 각 배열 요소가 구조체 인스턴스라는 점이 다르다.

❷ 구조체 배열 선언: 기본 자료형의 배열을 선언하는 것과 유사하지만, 구조체형을 나타내기 위해 struct라는 키워드를 추가한다.

04 구조체 포인터와 함수

❶ 구조체를 포인터 변수로도 사용할 수 있는데, 이러한 포인터 변수는 구조체 자체를 가리키는 포인터를 의미한다. 이러한 방식은 함수에 구조체를 전달할 때 유용하다.

❷ 구조체를 함수의 인수로 사용하는 방식은 함수가 복잡한 데이터 구조를 처리하거나 여러 데이터를 한 번에 전달할 때 유용하다. 구조체를 함수에 전달하는 방법에는 값에 의한 전달과 참조에 의한 전달이 있다.

05 공용체와 열거형

❶ 공용체: 각기 다른 자료형을 하나의 메모리 위치에 저장할 수 있게 해주는 특별한 자료형으로, union 키워드를 사용하여 선언한다.

❷ 열거형: 열거형 상수들의 집합을 정의하는 데 사용되며, enum 키워드를 사용하여 정의한다.

연습문제

01 구조체에 대한 설명으로 옳은 것은 무엇인가?

① 구조체는 C 언어의 기본 자료형 중 하나이다.

② 구조체는 각기 다른 자료형의 요소를 모아놓은 자료 구조이다.

③ 구조체는 항상 동일한 자료형의 요소로 구성되어야 한다.

④ 구조체의 크기는 그 안에 있는 모든 요소의 크기를 합한 것이다.

02 구조체를 올바르게 정의한 것은 무엇인가?

① `struct Point { int x; y; };`

② `struct Point { int x; int y; };`

③ `Point { int x; int y; };`

④ `class { int x; int y; } Point;`

03 구조체 변수의 요소에 접근하는 방법으로 옳은 것은 무엇인가?

```
struct {
    char *name;
    int age;
} Person;
struct Person person;
```

① `person.name, person.age`

② `Person.name, Person.age`

③ `person->&name, person->&age`

④ `Person->name, Person->age`

04 구조체의 멤버에 접근하는 방법으로 옳은 것은 무엇인가?

```
typedef struct {
    char member[20];
    int classid;
} Memb;
Memb memb;
```

① `memb.member = "Jang";`

② `struct.memb = "Yun";`

③ `struct->memb = "Moon";`

④ `strcpy(memb.member, "Kim");`

05 **구조체로 선언된 변수 메모리의 크기에 대한 설명으로 옳은 것은 무엇인가?**

① 구조체 내 가장 큰 요소의 크기와 같다.

② 구조체 내 가장 작은 요소의 크기와 같다.

③ 구조체 내 모든 요소의 크기를 합한 것과 같다.

④ 구조체 변수의 크기는 정의된 자료형에 상관없이 동일하다.

06 **공용체에 대한 설명으로 옳지 않은 것은 무엇인가?**

① 공용체는 모든 멤버가 동시에 같은 메모리 공간을 공유한다.

② 공용체의 크기는 가장 큰 멤버의 크기와 같다.

③ 공용체의 각 멤버는 서로 다른 메모리 공간을 차지한다.

④ 공용체를 사용할 때는 한 번에 하나의 멤버에만 값을 저장할 수 있다.

07 **일주일을 나타내는 열거형 weekend를 정의하는 코드를 작성하시오.**

08 **학점을 나타내는 열거형 grade를 정의하는 코드를 작성하시오.**

09 **다음 코드는 구조체 선언 부분이 잘못되었다. 해당 부분을 찾아 바르게 수정하고 그 이유를 설명하시오.**

```
#include <stdio.h>

struct Person {
    char name;
    int age = 15;
    int date;
};
```

10 다음 코드는 main() 함수에서 구조체 멤버 변수를 사용하는 방법이 잘못되었다. 해당 부분을 찾아 바르게 수정하고 그 이유를 설명하시오.

```
#include <stdio.h>

struct Person {
    char name;
    int age;
    int date;
};
int main() {
    person.name = "고길동";
    person.age = 45;
    person.date = 1940;
}
```

11 다음 코드는 구조체 선언 부분이 잘못되었다. 해당 부분을 찾아 바르게 수정하고 그 이유를 설명하시오.

```
#include <stdio.h>
#include <string.h>

typedef struct {
    char title[30];
    int pages;
} Dictionary;
int main() {
    Dictionary dict;
    dict.title = "C language";
}
```

[12~16] 다음은 자동차의 속도와 연료를 확인하는 프로그램이다.

```
#pragma warning(disable : 4996)
#include <stdio.h>

            ⓐ

void displayCarStatus(const struct Car* car);
void accelerate(struct Car* car, int amount);
void decelerate(struct Car* car, int amount);
void refuel(struct Car* car, float amount);

int main() {
    struct Car myCar = { 0, 0.75 };
    int choice;

    do {
        printf("자동차 상태 확인 프로그램\n");
        printf("1. 속도 표시\n");
        printf("2. 가속\n");
        printf("3. 감속\n");
        printf("4. 연료 상태 표시\n");
        printf("5. 연료 충전\n");
        printf("0. 종료\n");
        printf("선택: ");
        scanf("%d", &choice);

        switch (choice) {
                ⓑ
    } while (choice != 0);

    return 0;
}

void displayCarStatus(const struct Car* car) {
    printf("\n**** 자동차 상태 ****\n");
```

```
    printf("속도: %d km/h\n", car->speed);
    printf("연료 상태: %.2f%%\n\n", car->fuel * 100);
}

void accelerate(struct Car* car, int amount) {
    [          ⓒ          ]
}

void decelerate(struct Car* car, int amount) {
    [          ⓓ          ]
}

void refuel(struct Car* car, float amount) {
    [          ⓔ          ]
}
```

자동차 상태 확인 프로그램 1. 속도 표시 2. 가속 3. 감속 4. 연료 상태 표시 5. 연료 충전 0. 종료 선택: 1 **** 자동차 상태 **** 속도: 0 km/h 연료 상태: 75.00%	자동차 상태 확인 프로그램 1. 속도 표시 2. 가속 3. 감속 4. 연료 상태 표시 5. 연료 충전 0. 종료 선택: 4 **** 자동차 상태 **** 속도: 60 km/h 연료 상태: 0.00%
자동차 상태 확인 프로그램 1. 속도 표시 2. 가속 3. 감속 4. 연료 상태 표시 5. 연료 충전	자동차 상태 확인 프로그램 1. 속도 표시 2. 가속 3. 감속 4. 연료 상태 표시 5. 연료 충전

```
0. 종료
선택: 2

가속할 양 입력: 80
가속 완료. 현재 속도: 80 km/h
---------------------------------
자동차 상태 확인 프로그램
1. 속도 표시
2. 가속
3. 감속
4. 연료 상태 표시
5. 연료 충전
0. 종료
선택: 3

감속할 양 입력: 20
감속 완료. 현재 속도: 60 km/h
```

```
0. 종료
선택: 5

충전할 양 입력: 100
연료 충전 완료. 현재 연료 상태: 100.00%
---------------------------------
자동차 상태 확인 프로그램
1. 속도 표시
2. 가속
3. 감속
4. 연료 상태 표시
5. 연료 충전
0. 종료
선택: 0
프로그램 종료
```

12 빈칸 ⓐ에 들어갈 코드를 작성하시오.

[조건]

- 자동차의 정보(속도, 연료 상태)를 담는 구조체 Car를 선언한다.

13 빈칸 ⓑ에 들어갈 코드를 작성하시오.

[조건]

- 실행 결과와 do~while 문 속의 메뉴를 보고 switch 문을 작성한다.

14 빈칸 ⓒ에 들어갈 코드를 작성하시오.

[조건]

- 가속 함수로 accelerate()를 사용한다.
- 연료가 있을 때만 가속한다.
- 1km당 0.01의 연료를 소모한다.
- if~else 문으로 연료가 부족할 때 '연료 부족!!'이라는 메시지를 출력한다.

15 빈칸 ⓓ에 들어갈 코드를 작성하시오.

[조건]

- 감속 함수로 decelerate()를 사용한다.
- 현재 속도가 0보다 작으면 속도를 0으로 설정한다.

16 빈칸 ⓔ에 들어갈 코드를 작성하시오.

[조건]

- 연료 충전 함수로 refuel()을 사용한다.
- 현재 연료가 1.0을 초과하면 연료를 1.0으로 설정한다.

[17~18] 다음은 공용체를 사용하여 세 변의 길이를 입력받아 삼각형의 종류를 출력하는 프로그램이다.

```
#pragma warning(disable:4996)
#include <stdio.h>

union Triangle {
                        ⓐ
};

                        ⓑ

int main() {
    union Triangle triangle;   // 공용체 변수 선언

    // 세 변의 길이를 입력받음
    printf("세 변의 길이 입력: ");
    scanf("%d %d %d", &triangle.sides.a, &triangle.sides.b, &triangle.sides.c);

    // 삼각형 분류
    classifyTriangle(triangle.sides.a, triangle.sides.b, triangle.sides.c);

    return 0;
}
```

```
세 변의 길이 입력: 9 8 6
입력한 삼각형: 일반 삼각형
```

17 빈칸 ⓐ에 들어갈 코드를 작성하시오.

[조건]

- 공용체를 사용하여 구조체 안에 세 변의 길이를 개별적으로 저장한다.
- 배열을 사용하여 세 변에 접근한다.

18 빈칸 ⓑ에 들어갈 코드를 작성하시오.

[조건]

- classifyTriangle() 함수를 사용하여 삼각형의 종류를 판별하고 출력한다.
- 삼각형의 종류는 정삼각형, 이등변 삼각형, 일반 삼각형으로 설정한다.

프로그래밍 문제

01 이메일을 표현하는 프로그램을 작성하시오.

[조건]

- 구조체명은 Email로 설정한다.
- 함수명은 PrintEmail, DateTime으로 설정한다.
- DateTime() 함수로 현재 날짜와 시간을 출력한다.

```
***** 이메일 정보 *****
현재 날짜와 시간: 2024-01-10 14:50:32

To: Clanguage@Master.com

제목: Hello
내용: This is a test email.
```

02 사용자가 입력한 좌표가 어느 사분면에 속하는지 출력하는 프로그램을 작성하시오.

[조건]

- 구조체명은 Point로 설정한다.
- 함수명은 getQuadrant로 설정한다.

```
점의 좌표 입력 (x y): 3 6
입력한 점은 1사분면에 속합니다.
```

03 3개의 전화번호를 입력받아 전화번호부를 생성하는 프로그램을 작성하시오.

[조건]

- #define MAX_CONTACTS를 통해 최대 연락처 개수를 3으로 초기화한다.
- 구조체명은 Contact, PhoneBook으로 설정한다.
- 함수명은 addContact, displayContacts로 설정한다.

```
*** 전화번호 등록 ***
이름 입력(공백 없이): 둘리
전화번호 입력(공백 없이): 010-1111-1111
연락처 추가 성공!

이름 입력(공백 없이): 또치
전화번호 입력(공백 없이): 010-2222-2222
연락처 추가 성공!
...

********** 전화번호부 **********
둘리   010-1111-1111
또치   010-2222-2222
희동   000-3333-3333
```

04 공용체를 사용하여 원 또는 직사각형의 넓이를 구하는 프로그램을 작성하시오.

[조건]

- Shape 공용체를 정의하고, 공용체의 멤버로 원의 반지름을 나타내는 radius, 직사각형의 가로와 세로를 나타내는 width와 height를 정의한다.
- 원 또는 직사각형을 입력받은 뒤 선택한 도형에 따라 반지름, 가로, 세로의 값을 입력받는다.
- 입력된 값을 바탕으로 원이면 원의 넓이를, 직사각형이면 직사각형의 넓이를 계산하여 출력한다.
- 공용체를 사용하여 메모리를 절약하고, 두 도형 중 하나의 정보만 저장한다.

```
도형을 선택하세요 (1: 원, 2: 직사각형): 1
반지름을 입력하세요: 5
원의 넓이는 78.54입니다.

도형을 선택하세요 (1: 원, 2: 직사각형): 2
가로와 세로를 입력하세요: 4 6
직사각형의 넓이는 24.00입니다.
```

CHAPTER 14

파일 입출력

14.1 파일의 개요

14.2 텍스트 파일 처리

LAB 간단한 메모장 만들기

LAB 데이터 압축 프로그램 만들기

14.3 이진 파일 처리

REAL PROJECT 회원 관리 프로그램 만들기

요약

연습문제 / 프로그래밍 문제

학습목표

- C 언어에서 쓰이는 파일의 개념을 이해한다.
- 파일의 구조를 이해하고 파일 처리 방법(열기, 읽기/쓰기, 닫기)을 익힌다.
- 문자, 문자열 단위 기반의 텍스트 파일 처리에 대해 알아본다.
- 이진 파일 처리에 대해 알아본다.

Preview

C 언어에서 파일 처리는 프로그램의 데이터 저장과 관리를 위한 필수적인 기능이다. 데이터를 영구적으로 저장할 수 있는 매체인 파일은 텍스트 파일과 이진 파일로 구분할 수 있다. 텍스트 파일은 사람이 읽을 수 있는 형식의 데이터로, 문자열 정보를 저장하는 데 주로 사용된다. 또한 이진 파일은 데이터가 이진 형식으로 저장되어 더 복잡한 구조를 다룰 수 있고 속도와 용량 면에서 효율적이다. 이 장에서는 이러한 파일을 열고, 읽고, 쓰는 함수에 대해 알아본다.

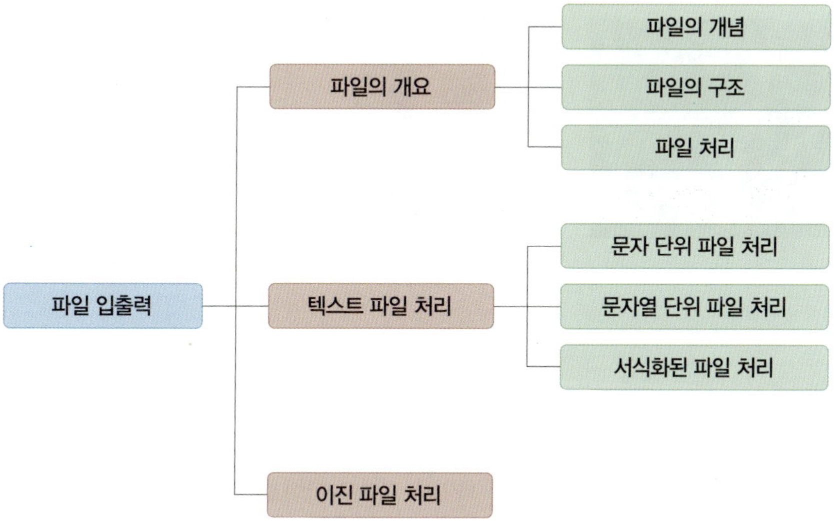

14.1 파일의 개요

1 파일의 개념

파일file은 컴퓨터 시스템에서 데이터를 저장하는 기본 단위로, 디스크·SSD·USB 등의 저장 매체에 디지털 형태로 저장되는 데이터의 집합이다. 이러한 데이터는 문서, 이미지, 음악, 프로그램 코드 등 다양한 형태를 띤다. 다양한 유형의 데이터를 파일에 영구적으로 저장하면 정보를 효율적으로 관리할 수 있고, 필요에 따라 데이터를 검색하여 사용할 수도 있다.

지금까지는 C 프로그래밍을 할 때 모든 데이터를 변수에 저장했다. 변수는 프로그램이 실행되는 동안 메모리에 존재하지만, 프로그램이 종료되면 저장된 값이 사라지므로 지속적인 메모리 장치가 아니다. 따라서 데이터를 지속적으로 저장하려면 디스크와 같은 디지털 저장 매체에 보관해야 한다.

(a) 메모리

(b) 음악 파일 확장자의 예

그림 14-1 메모리와 파일

2 파일의 구조

데이터를 파일에 저장하고 관리하기 위해 먼저 파일의 구조를 살펴보자. 대부분의 파일 시스템에서 파일은 '이름'과 '확장자'를 지정하여 관리한다. 이름은 파일을 식별하는 데 사용되고, 확장자(예 .txt, .jpg, .exe)는 파일의 유형과 연결된 프로그램을 나타낸다.

파일에는 생성 날짜, 수정 날짜, 파일 크기 등의 메타데이터가 포함되고, 이러한 정보는 파일을 관리하는 데 도움이 된다. 또한 파일의 실제 내용은 텍스트 형식 또는 이진 형식으로 저장되는데, 이는 파일의 용도에 따라 달라진다.

[그림 14-2]는 메모리에 있는 `01000001` 비트 값이 디스크에 저장되는 관계를 간략히 나타낸 것이다. 프로그램 내에서 변수, 즉 메모리에 있는 특정 값을 파일로 저장할 때 디스크에 어떻게

저장되는지를 보여준다.

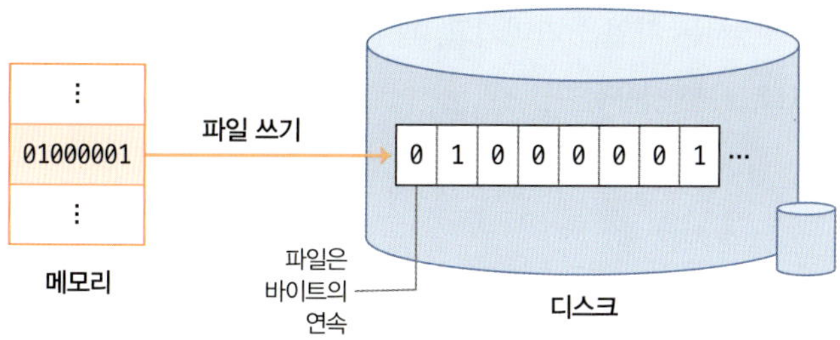

그림 14-2 메모리의 데이터와 파일 디스크의 관계

C 언어에서의 모든 입출력은 스트림stream으로 이루어진다. 즉 데이터가 하나의 연속된 바이트의 흐름 형태로 처리된다. 파일 역시 [그림 14–2]처럼 메모리에 존재하는 데이터의 바이트가 스트림으로 저장된다. 다시 말해 파일을 쓰는 경우 파일에 기록되는 내용이 바이트 단위로 연속적으로 저장된다.

하나 더 알기 **스트림**

스트림은 데이터의 흐름을 추상화한 것으로, 연속적인 일련의 데이터를 나타낸다. 일반적으로 스트림은 입력 또는 출력에 사용되며, C 언어의 표준 라이브러리에서는 스트림을 다루기 위한 `fopen()`, `fclose()`, `fread()`, `fwrite()`, `fprintf()`, `fscanf()` 함수를 제공한다.

3 파일 처리

프로그램에서 파일을 연다는 것은 파일의 데이터를 읽고 쓸 수 있게 한다는 것이며, 내부적으로는 파일과 연결된 비트 스트림을 만드는 것이다. 파일을 열어 데이터를 읽거나 쓰고 난 후에는 파일을 닫아야 한다. 파일을 활용할 때는 파일 열기→파일 읽기/쓰기→파일 닫기의 순서를 반드시 지켜야 한다.

그림 14-3 일반적인 파일 처리 순서

파일을 읽거나 쓰려면 파일을 열고, 파일 안의 데이터를 읽거나 썼다면 파일을 닫아야 하는데, 이러한 과정을 **파일 처리** file processing 라고 한다. C 언어에서 파일을 다루려면 표준 라이브러리인 `<stdio.h>`를 사용한다. 특히 C 언어에서는 파일을 가리키고, 파일을 열고 읽고 쓰고 닫는 등의 파일 조작을 위해 파일 포인터(FILE *)를 사용한다.

FILE 구조체와 파일 선언

`<stdio.h>`에 정의된 FILE 구조체는 다음과 같다.

```
typedef struct {
    int level;                  // 버퍼가 차 있거나 비어 있는 상태를 나타내는 정수
    unsigned flags;             // 파일의 상태를 나타내는 플래그
    char fd;                    // 파일 디스크립터를 저장하는 문자형 변수
    unsigned char hold;         // 버퍼가 비어 있을 때 사용할 수 있는 문자
    int bsize;                  // 버퍼의 크기를 나타내는 정수
    unsigned char *buffer;      // 데이터 전송을 위한 버퍼의 포인터
    unsigned char *curp;        // 현재 활성화된 포인터로, 버퍼 내에서의 위치
    unsigned istemp;            // 임시 파일 여부를 나타내는 변수
    short token;                // 유효성 검사를 위한 짧은 정수
} FILE;
```

FILE 구조체를 활용하려면 파일 테이블에 대해 알아야 한다. 파일 테이블은 프로그램이 외부 파일과 연결될 수 있도록 시스템이 열린 모든 파일에 대한 정보를 관리하는 데 사용된다. 그러한 정보에는 파일 핸들, 파일 상태, 포인터, 접근 권한, 참조 카운터 등이 포함된다.

C 언어에서는 파일이 표준 FILE형으로 정의되며, 이를 사용하려면 표준 입출력 헤더 파일 `<stdio.h>`를 포함하고 다음과 같이 선언한다.

| Syntax | 파일 선언

```
#include <stdio.h>
FILE *filename;     // 파일 구조체 변수 선언
```

이는 FILE 구조체를 사용하여 파일을 다루기 위한 포인터 변수를 선언한 것이다. FILE은 파일 처리를 위해 표준 라이브러리에서 미리 정의된 자료형이며, 대문자로 시작하는 것은 일반적으로 표준 라이브러리에서 정의된 형식임을 나타낸다. FILE *filename에서 *는 filename이 FILE 구조체의 주소를 가리키는 포인터임을 의미한다. FILE *filename과 파일 테이블의 연결은 [그

림 14–4]와 같다.

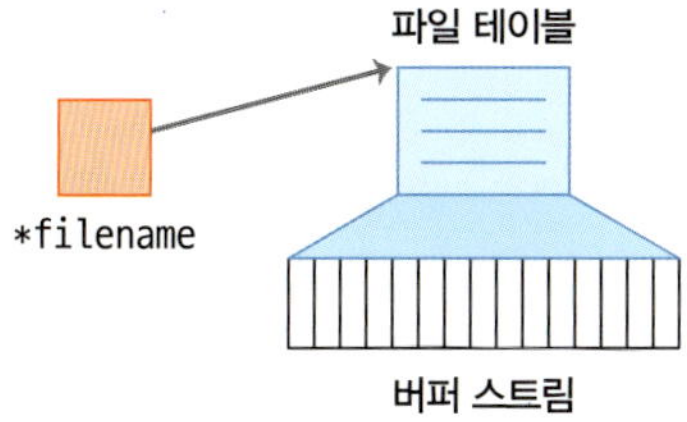

그림 14-4 FILE 구조체형 변수인 *filename과 파일 테이블의 연결

[그림 14–5]는 2개의 데이터 파일 STU.DAT와 GRADE.DAT가 프로그램에서 어떻게 처리되는지를 보여준다. 각 파일에 대한 파일 포인터 fpStudents와 fpGrades가 정의되어 있으며, 이를 통해 파일을 연결하고 접근할 수 있다.

- **fpStudents**: STU.DAT 파일을 가리키는 파일 포인터이다. fpStudents는 파일 테이블을 통해 파일을 참조하고, 버퍼 스트림을 통해 데이터를 읽거나 쓴다.
- **fpGrades**: GRADE.DAT 파일을 가리키는 파일 포인터이다. fpGrades도 파일 테이블과 버퍼 스트림을 통해 파일과 연결되어 데이터를 처리한다.

각 파일 포인터(fpStudents, fpGrades)는 해당 파일의 버퍼 스트림을 사용하여 메모리와 데이터를 주고받는다. 이러한 구조 덕분에 프로그램이 파일에 효율적으로 접근하고 데이터 입출력을 수행할 수 있다.

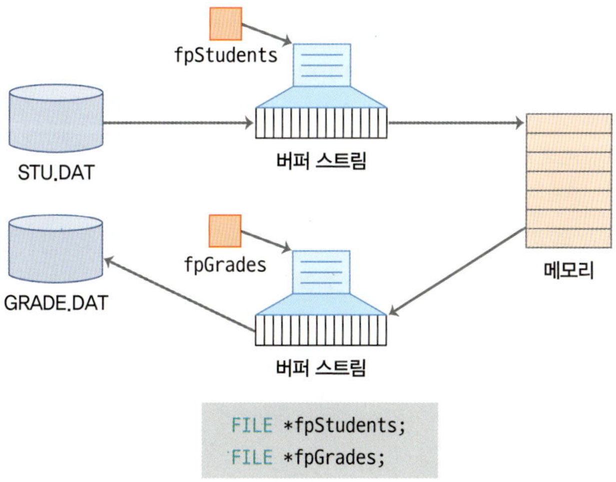

그림 14-5 FILE 구조체형을 사용하여 필요한 임의의 외부 파일 정의

파일 열기

파일을 열 때는 fopen() 함수를 사용한다. fopen() 함수는 파일의 경로와 모드(읽기, 쓰기, 추가 등)를 인자로 받으며 다음과 같이 선언한다.

| Syntax | **파일 열기**

```
FILE 구조체 *fopen(const *파일명, const *파일모드);
FILE *fopen(const char *filename, const char *mode);
```

fopen() 함수를 선언하는 문법의 요소를 자세히 살펴보자.

❶ 매개변수

- ***filename**: 열고자 하는 파일명을 나타내는 문자열이다. 상대 경로 또는 절대 경로를 사용할 수 있다.
- ***mode**: 파일 열기의 모드 옵션을 지정하는 문자열이다. 파일이 읽기 전용인지, 쓰기가 가능한지, 추가 모드인지 등을 이 모드로 결정한다.

❷ 모드 옵션

fopen() 함수의 파일 모드 옵션을 [표 14-1]에 정리했다.

표 14-1 fopen() 함수의 텍스트 파일 모드 옵션

모드	설명	특징
r	읽기 전용 모드로, 파일이 없으면 NULL을 반환한다.	쓰기 불가
w	쓰기 전용 모드로, 파일이 없으면 새 파일을 생성하고, 파일이 있으면 기존 내용을 모두 삭제하고 새로 시작한다.	읽기 불가
a	추가 모드로, 파일이 없으면 새 파일을 생성하고, 파일이 있으면 기존 파일의 끝에 추가한다.	읽기 불가
r+	기존 파일의 읽기, 쓰기가 가능하도록 파일을 연다. 파일이 없으면 NULL을 반환한다.	읽기, 쓰기 가능
w+	무조건 새 파일을 생성하고 읽기, 쓰기가 가능하도록 파일을 연다.	읽기, 쓰기 가능
a+	기존 파일의 끝에서부터 읽기, 쓰기가 가능하도록 파일을 연다. 파일이 없으면 새 파일을 생성한다.	이전 부분은 쓰기 불가

❸ 반환값

- **성공 시**: 열린 파일을 가리키는 FILE 포인터를 반환한다.
- **실패 시**: NULL을 반환한다.

❹ 사용 예

```
FILE *file = fopen("example.txt", "r");
if (file == NULL) {
    // 파일 열기 실패 처리
}
    // 파일 사용
fclose(file);    // 파일 사용 후 반드시 닫기
```

❺ 주의 사항

- **경로와 권한**: 파일 경로와 파일 시스템의 권한 설정에 주의해야 한다. 잘못된 경로를 지정하거나 권한이 없는 경우 파일 열기에 실패한다.
- **오류 처리**: NULL이 반환되면 파일 열기에 실패한 것이므로 오류를 처리해야 한다.
- **리소스 관리**: fopen() 함수로 연 파일은 사용 후 반드시 fclose() 함수로 닫아야 한다. 이렇게 함으로써 시스템 리소스를 해제하고 파일 데이터의 안전한 저장을 보장한다.

파일 닫기

fopen() 함수로 연 파일은 **fclose() 함수**로 닫는다. fclose() 함수는 열린 파일과 관련된 모든 버퍼를 정리하고, 파일에 대한 접근을 종료하며, 시스템 리소스를 해제함으로써 데이터 손실을 방지한다. fclose() 함수는 다음과 같이 사용한다.

| Syntax | 파일 닫기

```
반환형 fclose(FILE *파일명);
int fclose(FILE *stream);
```

이 문법의 요소를 자세히 살펴보자.

❶ 매개변수

- stream: 닫고자 하는 파일의 파일 포인터이다. fopen() 함수를 통해 얻은 FILE 구조체 포인터를 이용한다.

❷ 반환값

- **성공 시**: 0을 반환한다.
- **실패 시**: EOF(보통은 -1로 정의됨)를 반환한다.

❸ 사용 예

```
FILE *file = fopen("example.txt", "r");
if (file == NULL) {
    // 파일 열기 실패 처리
}

// 파일 작업 수행

if (fclose(file) == EOF) {
    // 파일 닫기 실패 처리
}
```

❹ 중요성

- **리소스 관리**: 파일을 닫지 않으면 열린 파일에 대한 파일 포인터와 관련된 시스템 리소스가 계속 점유되어 프로그램의 리소스 낭비로 이어질 수 있다. 특히 많은 파일을 열고 닫는 프로그램에서 리소스를 효율적으로 관리하려면 반드시 `fclose()` 함수를 호출하여 파일을 닫아야 한다.
- **데이터 손실 방지**: 파일 쓰기 작업을 수행할 때는 데이터가 버퍼에 임시로 저장된다. `fclose()` 함수를 호출하면 버퍼에 남아 있던 데이터가 실제 파일에 기록되므로 파일을 닫기 전에 데이터를 완전히 저장하여 손실을 방지할 수 있다.
- **파일 시스템의 일관성 유지**: 파일을 적절히 닫으면 파일 시스템의 일관성과 안정성을 유지할 수 있다. 파일을 닫지 않으면 파일 시스템에 비정상적인 상태가 발생할 수 있으며, 비정상적 종료 시 데이터가 손상될 수 있다.

❺ 주의 사항

- **파일 포인터가 유효한지 확인**: `fclose()` 함수를 호출하기 전에 파일 포인터가 NULL이 아닌지 확인해야 한다. 포인터가 NULL일 때 `fclose()` 함수를 호출하면 런타임 오류가 발생할 수 있다.
- **다중 호출 방지**: 이미 닫힌 파일을 다시 닫으려고 시도하면 오류가 발생할 수 있다. 따라서 파일 포인터를 `fclose()`로 호출한 후에 NULL로 설정하는 것이 좋다.

예제 14-1 파일 쓰기

ex14_01.c

↳ example.txt 파일을 생성한 후 "Hello, world!"라는 문자열을 파일에 쓰고 성공 메시지를 출력해보자.

```c
01 #pragma warning(disable:4996)
02 #include <stdio.h>
03
04 int main() {
05     FILE* filePtr;
06     char filename[] = "example.txt";    // 저장할 파일명을 담는 문자열
07
08     // 파일을 쓰기 모드로 열기
09     filePtr = fopen(filename, "w");
10
11     // 파일 열기에 실패했는지 확인
12     if (filePtr == NULL) {
13         printf("파일을 열 수 없습니다: %s\n", filename);
14         return 1;    // 오류 코드 반환 후 프로그램 종료
15     }
16
17     // 파일에 문자열 쓰기
18     fprintf(filePtr, "Hello, world!\n");
19
20     // 파일 닫기
21     fclose(filePtr);
22
23     printf("%s 파일에 데이터를 성공적으로 썼습니다.\n", filename);
24
25     return 0;
26 }
```

FILE형 포인터로, 파일에 대한 참조를 저장 (05행)

파일이 있으면 그 내용을 덮어쓰고, 파일이 없으면 새 파일을 생성 (09행)

```
example.txt 파일에 데이터를 성공적으로 썼습니다.
```

TIP 이 예제가 오류 없이 실행되고 나면 비주얼 스튜디오에서 현재 실행된 프로젝트 폴더 안에 example.txt 파일이 생성된다. 파일이 생성될 위치를 지정하려면 6행에 `char filename[] = "C:/myfolder/example.txt";`와 같이 경로를 작성한다.

예제 14-2 | 파일 읽기 ex14_02.c

↳ example.txt 파일을 읽어 첫 줄의 내용을 출력하고, 파일 열기 또는 읽기 실패 시 오류 메시지를 출력해보자.

```c
#pragma warning(disable:4996)
#include <stdio.h>

int main() {
    FILE* filePtr;
    char filename[] = "example.txt";     // 읽을 파일명을 담는 문자열
    char buffer[100];    // 파일 내용을 읽기 위한 버퍼

    // 파일을 읽기 모드로 열기
    filePtr = fopen(filename, "r");

    // 파일 열기에 실패했는지 확인
    if (filePtr == NULL) {
        printf("파일을 열 수 없습니다: %s\n", filename);
        return 1;     // 오류 코드 반환 후 프로그램 종료
    }

    // 파일에서 문자열 읽기
    if (fgets(buffer, 100, filePtr) != NULL) {
        printf("example.txt 파일에서 읽은 내용: %s", buffer);
    }
    else {
        printf("파일에서 읽기 실패.\n");
    }

    // 파일 닫기
    fclose(filePtr);

    return 0;
}
```

FILE형 포인터로, 파일에 대한 참조를 저장

filename에 지정된 파일명을 읽기 모드로 설정

fgets() 함수를 사용하여 파일에서 최대 100자를 읽어 buffer에 저장

```
example.txt 파일에서 읽은 내용: Hello, world!
```

하나 더 알기 **C 언어의 전형적인 파일 처리 형식**

C 언어에서 파일을 처리하는 코드의 전형적인 형식은 다음과 같다.

```
#include <stdio.h>
int main() {
    FILE *fin, *fout;        // 먼저 파일 포인터 선언
    if (fin = fopen("source.dat", "r")) == NULL)      // 작업 대상 파일 개방
    {
        … // 오류 처리 코드
    }
    if(fout = fopen("test.dat", "w")) == NULL) {
        … // 오류 처리 코드
    }

    … // 대상 파일에 대해 읽고 쓰는 작업 수행

    fclose(fin);       // 열린 파일 스트림 닫기
    fclose(fout);

    return 0;
}
```

확인문제

1 다음 빈칸에 알맞은 말을 넣으시오.

① (   ) 함수는 파일 시스템의 파일을 여는 데 사용된다.

② (   ) 함수는 파일 시스템의 열린 파일을 닫는 데 사용된다.

정답

1 ① fopen() ② fclose()

14.2 텍스트 파일 처리

텍스트 파일은 문자 또는 문자열 단위로 읽기, 쓰기가 가능하고, 텍스트 형식으로 데이터를 저장한다. 표준 입출력 라이브러리에 정의된 함수를 사용하여 텍스트 파일을 열고, 읽고, 쓰고, 닫을 수 있다.

1 문자 단위 파일 처리

텍스트 기반 파일에서 문자 단위로 파일을 처리할 때는 fgetc(), fputc() 함수를 사용한다.

| Syntax | 문자 단위 파일 처리

```
int fgetc(FILE *fp);              // fp: 대상이 되는 파일 포인터
int fputc(int ch, FILE *fp);      // ch: 파일에 기록할 문자 상수
```

fgetc() 함수는 파일 포인터 fp가 가리키는 대상 파일에서 1바이트씩 읽어 int형으로 반환한다. 하지만 오류가 발생하거나 파일의 끝을 만나면 EOF를 반환한다. 반면에 **fputc() 함수**는 파일 포인터 fp가 가리키는 대상 파일에 인자 ch로 전달된 한 문자를 기록하고, 정상적으로 저장되면 기록했던 문자를 int형으로 반환한다. 하지만 오류가 발생하면 EOF를 반환한다.

fgetc(), fputc() 함수의 기본 동작은 다음과 같다.

```
int ch;
fputc('H', fp);     // fp가 가리키는 파일에 한 문자를 기록
ch = fgetc(fp);     // fp가 가리키는 대상 파일에서 한 문자를 읽어옴
```

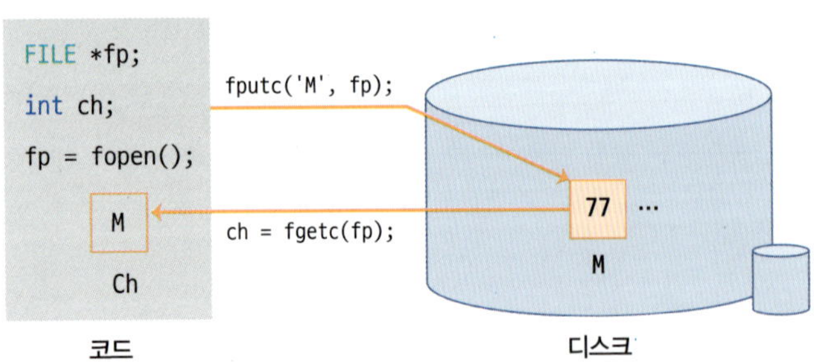

그림 14-6 fgetc(), fputc() 함수의 동작 과정

예제 14-3 텍스트 파일에서 문자 단위로 쓰기 ex14_03.c

↳ oneletter.txt 파일을 생성하고 2개의 문자를 순차적으로 텍스트 파일에 써보자.

```
#pragma warning(disable:4996)
#include <stdio.h>

int main() {
    FILE* file;                     // 파일 포인터 선언
    char ch1 = 'A', ch2 = 'B';      // 파일에 쓸 문자를 저장할 변수 초기화

    // oneletter.txt 파일을 쓰기 모드로 열기
    file = fopen("oneletter.txt", "w");
    if (file == NULL) {
        printf("파일을 열 수 없습니다.\n");
        return 1;
    }
    // 파일에 문자 쓰기
    fputc(ch1, file);
    fputc(ch2, file);

    // 파일 닫기
    fclose(file);

    printf("oneletter 파일에 문자 '%c', '%c'를 성공적으로 썼습니다.\n", ch1, ch2);
    return 0;
}
```

첫 번째 문자('A')와 두 번째 문자('B')를 파일에 쓰기

```
oneletter 파일에 문자 'A', 'B'를 성공적으로 썼습니다.
```

예제 14-4 텍스트 파일에서 문자 단위로 읽기 ex14_04.c

↳ oneletter.txt 파일에서 2개의 문자를 읽고 성공적으로 읽었는지 확인하여 결과를 출력해보자.

```
#pragma warning(disable:4996)
#include <stdio.h>

int main() {
    FILE* file;     // 파일 포인터 선언
```

```c
    char ch1, ch2;    // 파일에서 읽을 2개의 문자를 저장할 변수

    // oneletter.txt 파일을 읽기 모드로 열기
    file = fopen("oneletter.txt", "r");
    if (file == NULL) {
        printf("파일을 열 수 없습니다.\n");
        return 1;
    }
    // 파일에서 한 문자씩 읽어 ch1과 ch2에 저장
    ch1 = fgetc(file);
    ch2 = fgetc(file);

    // 파일 닫기
    fclose(file);

    // 읽은 문자 출력
    if (ch1 != EOF && ch2 != EOF) {
        printf("oneletter 파일에서 문자 '%c', '%c'를 성공적으로 읽었습니다.\n", ch1, ch2);
    }
    else {
        printf("파일에서 문자를 읽는 데 실패했습니다.\n");
    }
    return 0;
}
```

파일의 끝을 나타내는 상수

```
oneletter 파일에 문자 'A', 'B'를 성공적으로 읽었습니다.
```

파일을 열 때 읽기 전용 모드인 "r"을 사용했으며, 파일에서 문자를 읽은 후 EOF를 확인하여 파일의 끝이나 오류 여부를 판단한다. 파일이 존재하지 않으면 NULL이 반환된다.

2 문자열 단위 파일 처리

텍스트 기반 파일에서 문자열 단위로 파일을 처리할 때는 fgets(), fputs() 함수를 사용한다.

| Syntax | 문자열 단위 파일 처리

```
char *fgets(char *str, int n, FILE *fp);
// str: 파일에서 읽어들인 문자열을 저장할 공간에 대한 포인터
// n: 읽어들일 문자열의 최대 길이
// fp: 대상이 되는 파일 포인터

char *fputs(char *str, FILE *fp);
// str: 파일에 기록할 문자열
// fp: 대상이 되는 파일 포인터
```

fgets() 함수는 파일에서 문자열 단위로 입력을 수행하는 함수로, fp가 가리키는 파일을 대상으로 n개의 문자를 str이 가리키는 메모리 공간에 읽어들인다. 그러나 줄 바꿈 문자(\n)를 만나거나 파일의 끝에 도달하면 수행을 멈춘다. 반면에 **fputs() 함수**는 파일에서 문자열 단위로 출력을 수행하는 함수로, str이 가리키는 문자열을 fp가 가리키는 대상 파일에 저장한다. [그림 14-7]은 fgets(), fputs() 함수의 기본 동작을 보여준다.

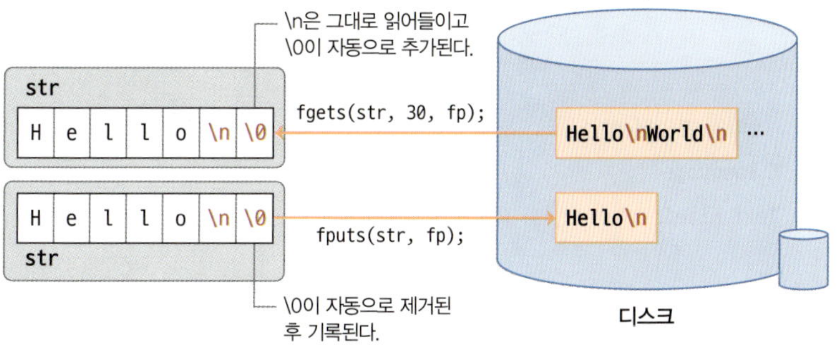

그림 14-7 fgets(), fputs() 함수의 동작 과정

fgets() 함수의 호출 과정을 자세히 살펴보자. [그림 14-8]의 데이터 파일에는 "Hello\nWorld\nGood Job\n"이라는 문자열이 저장되어 있고, 각 문자열은 \n으로 구분된다. fp는 파일 포인터를 나타내며, 파일의 현재 위치를 표시한다. fgets() 함수는 3개의 인수를 받는데, 이는 읽을 문자열을 저장할 배열인 str1, str2, str3과 읽을 최대 문자 수, 파일 포인터이다.

첫 번째 호출에서는 "Hello\n"이 str1에 저장되고, 문자열 끝에 NULL 문자가 자동으로 추가된다. 두 번째 호출에서는 "World\n"이 str2에 저장된다. 세 번째 호출에서는 "Good Job\n"이 str3에 저장된다. 네 번째 호출에서는 파일 포인터가 파일의 끝에 도달하여 더 이상 읽을 내용이 없으므로 str4에는 입력이 없다.

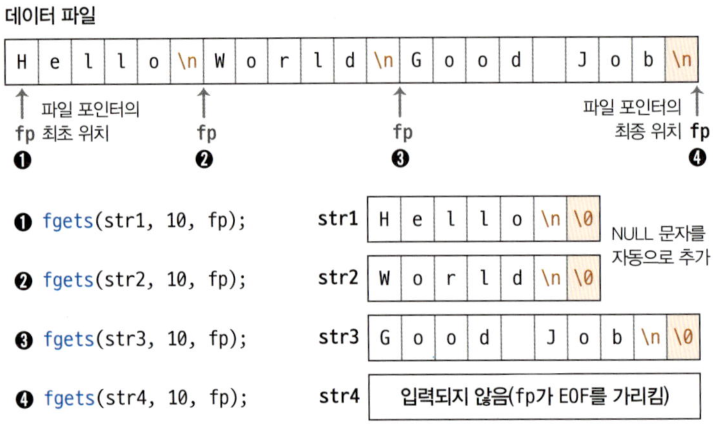

그림 14-8 fgets() 함수의 호출 과정

예제 14-5 텍스트 파일에서 문자열 단위로 쓰기 ex14_05.c

↳ twostring.txt 파일에 2개의 문자열을 쓰고 성공 메시지를 출력해보자.

```c
#pragma warning(disable:4996)
#include <stdio.h>

int main() {
    FILE* file;       // 파일 포인터 선언
    char str1[] = "C language, ";
    char str2[] = "Text File!!!";

    // twostring.txt 파일을 쓰기 모드로 열기
    file = fopen("twostring.txt", "w");
    if (file == NULL) {
        printf("파일을 열 수 없습니다.\n");
        return 1;
    }

    // 파일에 2개의 문자열 쓰기
    fprintf(file, "%s", str1);
    fprintf(file, "%s", str2);

    // 파일 닫기
    fclose(file);

```

```
    printf("twostring.txt 파일에 문자열 '%s%s'를 성공적으로 썼습니다.\n", str1, str2);
    return 0;
}
```

```
twostring.txt 파일에 문자열 'C language, Text File!!!'를 성공적으로 썼습니다.
```

예제 14-6 텍스트 파일에서 문자열 단위로 읽기 ex14_06.c

↳ twostring.txt 파일에서 문자열을 읽고 성공 메시지를 출력해보자.

```
#pragma warning(disable:4996)
#include <stdio.h>

int main() {
    FILE* file;
    char str1[150];    // 충분한 크기의 배열 선언

    // twostring.txt 파일을 읽기 모드로 열기
    file = fopen("twostring.txt", "r");
    if (file == NULL) {
        printf("파일을 열 수 없습니다.\n");
        return 1;
    }
    // 파일에서 2개의 문자열 읽기
    if (fgets(str1, sizeof(str1), file) == NULL) {
        printf("첫 번째 문자열을 읽는 데 실패했습니다.\n");
        fclose(file);
        return 1;
    }
    // 파일 닫기
    fclose(file);

    // 읽은 문자열 출력
    printf("twostring.txt 파일에서 문자열 '%s'를 성공적으로 읽었습니다.\n", str1);
    return 0;
}
```

```
twostring.txt 파일에서 문자열 'C language, Text File!!!'를 성공적으로 읽었습니다.
```

3 서식화된 파일 처리

텍스트 기반 파일에서 서식화된 단위로 파일을 처리할 때는 fscanf(), fprintf() 함수를 사용한다.

| Syntax | 서식화된 파일 처리

```
char fscanf(FILE *fp, char *format, 가변 길이 인수 리스트);
// fp: 대상 파일 포인터
// format: 서식 문자열
// 가변 길이 인수 리스트: 파일에서 읽은 데이터를 보관할 변수 목록

char fprintf(FILE *fp, char *format, 가변 길이 인수 리스트);
// fp: 대상 파일 포인터
// format: 서식 문자열
// 가변 길이 인수 리스트: 파일에 저장할 데이터를 담고 있는 변수 목록
```

fscanf() 함수는 파일을 대상으로 서식화된 입력 기능을 지원하며, 파일에서 읽어들인 항목 수를 정수로 반환한다. 반면에 **fprintf() 함수**는 파일을 대상으로 서식화된 출력 기능을 지원하며, 파일에 저장된 바이트 수를 정수로 반환한다. 여기서 '가변 길이 인수 리스트'는 fscanf() 함수의 경우 파일에서 읽은 데이터를 저장할 변수 목록을 말하고, fprintf() 함수의 경우 파일에 저장할 데이터를 담고 있는 변수 목록을 말한다.

TIP '서식화된'은 데이터가 특정한 형식이나 구조를 가지고 있음을 의미한다. 즉 데이터가 일정한 규칙이나 패턴에 따라 정리되어 있어 프로그램이 데이터를 쉽게 읽고 쓸 수 있다.

예제 14-7 | 텍스트 파일에서 서식화된 단위로 쓰기 ex14_07.c

↳ employees.txt 파일에 직원의 아이디와 나이를 서식화된 단위로 저장해보자.

```
#pragma warning(disable:4996)
#include <stdio.h>

int main() {
    FILE* file;
```

```
    int id, age;        // 파일에 작성할 직원의 아이디와 나이를 저장할 변수

    // 파일을 쓰기 모드로 열기
    file = fopen("employees.txt", "w");
    if (file == NULL) {
        printf("파일을 열 수 없습니다.\n");
        return 1;
    }

    // 직원 데이터 쓰기
    fprintf(file, "%d %d\n", 1, 30);      // 첫 번째 직원: ID = 1, 나이 = 30
    fprintf(file, "%d %d\n", 2, 35);      // 두 번째 직원: ID = 2, 나이 = 35
    fprintf(file, "%d %d\n", 3, 40);      // 세 번째 직원: ID = 3, 나이 = 40

    // 파일 닫기
    fclose(file);

    printf("employees.txt: 데이터를 성공적으로 썼습니다.\n");

    return 0;
}
```

```
employees.txt: 데이터를 성공적으로 썼습니다.
```

예제 14-8 텍스트 파일에서 서식화된 단위로 읽기 ex14_08.c

↳ employees.txt 파일에서 직원의 아이디와 나이를 읽어 출력해보자.

```
#pragma warning(disable:4996)
#include <stdio.h>

int main() {
    FILE* file;        // 파일에서 읽을 직원의 아이디와 나이를 저장할 변수
    int id, age;

    // 파일을 읽기 모드로 열기
    file = fopen("employees.txt", "r");
```

```c
    if (file == NULL) {
        printf("파일을 열 수 없습니다.\n");
        return 1;
    }

    // 파일에서 데이터 읽기
    while (fscanf(file, "%d %d", &id, &age) != EOF) {
        printf("직원 ID: %d, 나이: %d\n", id, age);
    }

    // 파일 닫기
    fclose(file);

    return 0;
}
```

```
직원 ID: 1, 나이: 30
직원 ID: 2, 나이: 35
직원 ID: 3, 나이: 40
```

확인문제

1 다음 빈칸에 알맞은 말을 넣으시오.

① fgetc() 함수는 파일 포인터 fp가 가리키는 대상 파일에서 (　　　　)를 읽어 int형으로 반환한다.

② fputc() 함수는 파일 포인터 fp가 가리키는 대상 파일에 인수 ch로 전달된 (　　　　)를 기록하고, 정상적으로 저장되면 기록했던 문자를 int형으로 반환한다.

③ 텍스트 기반 파일에서 문자열 단위로 파일을 처리할 때는 (　　　　), (　　　　) 함수를 사용한다.

④ 텍스트 기반 파일에서 서식화된 단위로 파일을 처리할 때는 (　　　　), (　　　　) 함수를 사용한다.

정답

1 ① 1바이트 ② 한 문자 ③ fgets(), fputs() ④ fscanf(), fprintf()

LAB 간단한 메모장 만들기

컴퓨터로 작업할 때 간단한 내용은 메모장을 이용하여 정리할 수 있다. 키보드로 입력받은 문자열을 StringFile.txt 파일에 저장하는 메모장 프로그램을 작성해보자.

```
## 파일을 열고 닫는 간단한 메모장 ##
StringFile.txt 파일 생성 완료
1. 문자열 입력 : Hello World
2. 입력한 문자열은 Hello World
3. 문자열 입력 : C language file
4. 추가한 문자열은 C language file
5. StringFile.txt 파일의 전체 내용을 확인하세요.
```

조건

- 문자형 배열을 선언할 때 배열 크기를 1000으로 설정한다.
- 문자열 카운터 변수를 선언할 때 정수형을 사용한다.
- FILE형 구조체를 1개 선언한다.
- test05.txt 파일을 생성한 후 키보드로 문자열을 저장한다.
- test05.txt 파일에 키보드로 문자열을 추가한다.
- test05.txt 파일의 전체 내용을 출력한다.

힌트

- 문자열을 두 번 입력받아 이를 StringFile.txt 파일에 순차적으로 저장한다.
- 첫 번째로 입력받은 문자열은 파일을 새로 만들거나 기존 파일의 내용을 지우고 저장하고, 두 번째로 입력받은 문자열은 파일의 끝에 추가한다.
- 프로그램을 실행하기 전에 파일 쓰기 권한이 있는지 확인한다.

문제 해결 LAB_14-1.c

```
#include <stdio.h>

int main(void)
{
    char sts[1000];
    int cnt;
```

```c
    FILE* foc;     // FILE형 구조체 포인터 변수 선언

    printf("## 파일을 열고 닫는 간단한 메모장 ##\n");

    errno_t err;
    err = fopen_s(&foc, "StringFile.txt", "wt");

    if (err == 0)     // 파일이 성공적으로 열렸는지 확인
    {
        printf(" StringFile.txt 파일 생성 완료 \n");
        printf(" 1. 문자열 입력 : ");
        gets_s(sts, sizeof(sts));

        printf(" 2. 입력한 문자열은 %s\n", sts);

        for (cnt = 0; sts[cnt] != NULL; cnt++)
            fputc(sts[cnt], foc);
        fclose(foc);

        err = fopen_s(&foc, "StringFile.txt", "a+t");
        printf(" 3. 문자열 입력 : ");
        gets_s(sts, sizeof(sts));

        printf(" 4. 추가한 문자열은 %s\n", sts);
        printf(" 5. StringFile.txt 파일의 전체 내용을 확인하세요.\n");

        for (cnt = 0; sts[cnt] != NULL; cnt++)
            fputc(sts[cnt], foc);

        fclose(foc);
    }
    else      // 파일 생성 실패 시 오류 메시지 출력
        printf(" save.txt 파일 생성 실패! \n");

    return 0;
}
```

StringFile.txt 파일을 쓰기 모드로 열기

문자열을 입력받음

파일을 추가 모드로 다시 열기

LAB 데이터 압축 프로그램 만들기

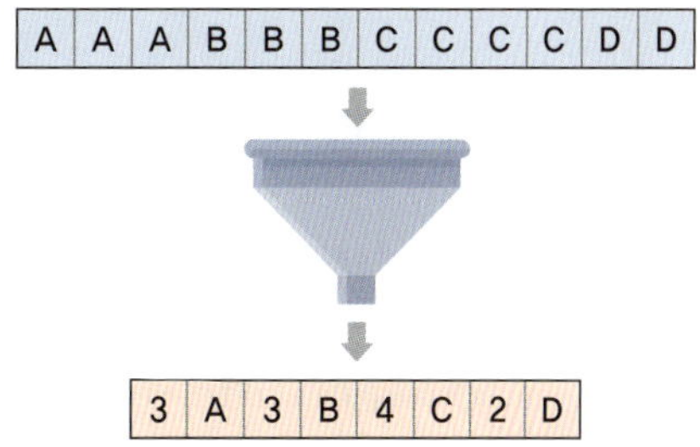

런 길이 부호화Run-Length Encoding(RLE)는 간단하면서도 효과적인 데이터 압축 알고리즘 중 하나이다. 이 알고리즘은 연속으로 나타나는 데이터의 반복을 이용하여 데이터를 압축하는 방식이다. 다시 말해 데이터를 왼쪽에서 오른쪽으로 스캔하면서 연속으로 나타나는 문자열을 찾고, 연속된 문자열의 길이(반복 횟수)를 기록한다. 그리고 원본 문자와 반복 횟수를 기록한 데이터를 새로운 형태로 만들어 압축된 데이터를 생성한다. 예를 들어 문자열 "AAABBBCCCCDD"를 RLE로 압축하면 "3A3B4C2D"가 된다. 연속으로 나타나는 문자 'A'가 세 번, 'B'가 세 번, 'C'가 네 번, 'D'가 두 번 반복되기 때문에 해당 문자와 반복 횟수를 기록하여 압축된 문자열을 생성한 것이다. 이러한 RLE를 적용하여 간단한 데이터 압축 프로그램을 작성해보자.

```
압축이 완료되었습니다. 압축된 파일: compressed_output.txt
```

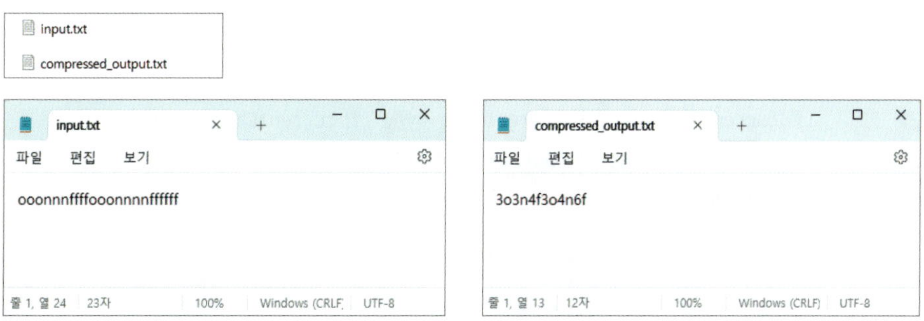

input.txt compressed_output.txt

조건

- 현재 프로그램이 실행되는 디렉터리와 동일한 위치에 텍스트 파일을 생성하고, 알파벳으로 내용을 작성하여 저장한다. 파일 처리와 문자열 처리를 수행할 때는 포인터 개념을 이용한다.
- RLE를 적용하여 파일을 압축하는 함수를 작성한다.
- `fopen()` 함수를 사용하여 입력 파일과 출력 파일을 연다.
- `fgetc()` 함수를 사용하여 파일에서 문자를 읽어온다.
- 현재 문자가 공백(`' '`, `'\t'`, `'\n'`)인 경우는 무시하고 다음 문자를 읽는다.
- 파일 처리가 끝난 후에는 `fclose()` 함수를 사용하여 파일을 닫는다.
- 압축할 텍스트 파일명은 input, 압축 후 생성될 텍스트 파일명은 compressed_output으로 지정한다.

문제 해결 LAB_14-2.c

```c
#pragma warning(disable:4996)
#include <stdio.h>
#include <stdlib.h>

void compressFile(char* inputFile, char* outputFile);

void compressFile(char* inputFile, char* outputFile) {
    FILE* inputFilePtr = fopen(inputFile, "r");
    FILE* outputFilePtr = fopen(outputFile, "w");

    if (inputFilePtr == NULL || outputFilePtr == NULL) {
        perror("파일 열기 오류");
        exit(EXIT_FAILURE);
    }

    char currentChar, nextChar;
    int count = 1;

    currentChar = fgetc(inputFilePtr);

    while (currentChar != EOF) {
        if (currentChar == ' ' || currentChar == '\t' || currentChar == '\n') {
            currentChar = fgetc(inputFilePtr);
            continue;
        }

        nextChar = fgetc(inputFilePtr);

        if (currentChar == nextChar) {
            count++;
        }
        else {
            if (count > 1) {
                fprintf(outputFilePtr, "%d%c", count, currentChar);
            }
            else {
                fprintf(outputFilePtr, "%c", currentChar);
            }
```

```c
            currentChar = nextChar;
            count = 1;
        }
    }
    fclose(inputFilePtr);
    fclose(outputFilePtr);
}

int main() {
    char* inputFileName = "input.txt";
    char* outputFileName = "compressed_output.txt";

    compressFile(inputFileName, outputFileName);
    printf("압축이 완료되었습니다. 압축된 파일: %s\n", outputFileName);

    return 0;
}
```

입력 파일명과 출력 파일명을 각각 문자열을 가리키는 포인터 변수로 정의

14.3 이진 파일 처리

1 이진 파일의 개요

이진 파일은 텍스트 파일과 대비되는 개념으로, 데이터가 0과 1의 이진 형식으로 직접 저장된다. 텍스트 파일은 문자 데이터를 저장하는 데 사용되는 반면, 이진 파일은 이미지, 오디오, 비디오, 실행 파일, 데이터베이스, 객체 파일 등 문자 이외의 데이터를 저장하는 데 사용된다. 예를 들어 정수 3000을 문자열로 변환하지 않고 이진수 형식 그대로 파일에 저장하는 구조이다.

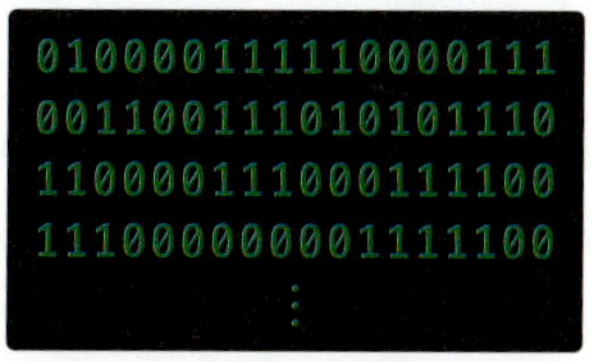

그림 14-9 이진 파일의 데이터 형식

이진 파일의 특성

이진 파일은 여러 용도에 유용하게 사용할 수 있지만 단점도 있다. 이러한 단점은 주로 이진 파일의 특성과 사용 환경에 따른 것이다.

- **가독성 부족**: 이진 파일의 가장 큰 단점은 인간이 직접 파일의 내용을 읽고 이해하기 어렵다는 것이다. 이진 파일은 텍스트 편집기로 열었을 때 의미 있는 정보를 제공하지 않으며, 특정 소프트웨어나 도구가 없으면 내용을 해석하기 어렵다.
- **플랫폼 의존성**: 이진 파일은 생성된 시스템의 특성(예 엔디언 형식, 데이터 형식의 크기)에 의존적이기 때문에 플랫폼 간의 호환성 문제를 일으킬 수 있다. 따라서 데이터를 다른 시스템으로 이전할 때 추가적인 처리를 해야 할 수도 있다.
- **디버깅과 문제 해결의 어려움**: 이진 파일에 문제가 발생했을 때 원인을 찾고 수정하기가 텍스트 파일보다 어렵다. 파일의 내용을 직접 보고 이해하기가 어렵기 때문에, 문제를 진단하고 해결하려면 특별한 도구나 디버깅 기술이 필요하다.
- **파일 형식의 복잡성**: 이진 파일은 복잡한 구조일 수도 있으며, 이를 처리하려면 해당 파일 형식에 대해 깊이 이해해야 한다. 예를 들어 이미지, 오디오 등의 파일 형식은 복잡한 헤더와 데이터 구조로 이루어졌을 수 있다.
- **데이터 손상의 위험**: 이진 파일이 손상되면 복구하기 어려울 수 있다. 텍스트 파일의 경우 일부 데이터가 손상되더라도 나머지 부분을 읽을 수 있지만, 이진 파일은 파일 구조가 손상되면 전체 파일을 읽지 못할 수도 있다.
- **보안의 위험**: 이진 파일은 악의적인 코드가 포함될 수 있고, 사용자가 내용을 쉽게 확인할 수 없기 때문에 보안 문제가 발생할 여지가 크다. 예를 들어 악성 소프트웨어가 이진 파일 형태로 숨겨져 배포될 수 있다.

2 이진 파일 처리

이진 파일은 텍스트 기반 파일과 달리 데이터를 이진 코드로 저장한다. 이진 파일의 입출력을 처리할 때는 `fread()`, `fwrite()` 함수를 사용한다.

| Syntax | 이진 파일 처리

```
size_t fread(void *buffer, size_t size, size_t n, FILE *fp);
// buffer: 파일에서 읽어들인 데이터를 저장할 버퍼를 가리키는 포인터
// size: 한 번에 읽어들일 수 있는 데이터의 바이트 수
// n: size만큼 읽어들이기 위해 지정하는 반복 횟수
// fp: 대상이 되는 파일 포인터
```

```
size_t fwrite(void *buffer, size_t size, size_t n, FILE *fp);
// buffer: 파일에 기록할 데이터가 들어 있는 버퍼를 가리키는 포인터
// size: 한 번에 기록할 수 있는 데이터의 바이트 수
// n: size만큼 쓰기 위해 지정하는 반복 횟수
// fp: 대상이 되는 파일 포인터
```

fread() 함수는 이진 모드로 파일에서 데이터를 읽은 후 실제로 읽은 데이터 블록의 개수(n)를 반환한다. 그러나 파일의 끝에 도달하면 더 이상 읽을 데이터가 없으므로 반환값이 n보다 작을 수 있다. 또한 파일 읽기 도중 오류가 발생하거나 파일이 비어 있을 경우 0이 반환된다. 한편 **fwrite() 함수**는 이진 모드로 파일에서 데이터를 쓰는 함수로, 자신이 기록한 블록의 개수를 반환한다. 이때 반환값이 n이 아니라면 기록 도중 오류가 발생한 것이다.

TIP 한 번에 기록할 수 있는 바이트의 크기를 하나의 데이터 블록으로 간주한다.

예제 14-9 | 이진 파일에 데이터 쓰기 ex14_09.c

↳ 구조체 배열을 이진 파일로 저장하는 과정을 보여주는 예제로, 직원의 아이디와 나이 정보를 저장하기 위해 구조체를 사용한다.

```
#pragma warning(disable:4996)
#include <stdio.h>
#include <stdlib.h>

// 직원 데이터를 저장할 구조체 정의
typedef struct {
    int id, age;
} Employee;

int main() {
    Employee employees[3] = {
        {1, 30},    // 첫 번째 직원: ID = 1, 나이 = 30
        {2, 35},    // 두 번째 직원: ID = 2, 나이 = 35
        {3, 40}     // 세 번째 직원: ID = 3, 나이 = 40
    };
    // 이진 파일을 쓰기 모드로 열기
    FILE* file = fopen("employees.bin", "wb");
    if (file == NULL) {
        printf("파일을 열 수 없습니다.\n");
```

```c
        return 1;
    }

    // 구조체 배열을 파일에 쓰기
    fwrite(employees, sizeof(Employee), 3, file);

    fclose(file);   // 파일 닫기
    printf("employees.bin: 이진 파일에 데이터를 성공적으로 저장했습니다.\n");

    return 0;
}
```

Employee 구조체의 크기를 나타내며, 3은 쓰고자 하는 구조체의 수

```
employees.bin: 이진 파일에 데이터를 성공적으로 저장했습니다.
```

Employee 구조체를 정의하고, 이를 배열로 사용하여 여러 직원의 데이터를 저장했다. fopen() 함수를 사용하여 employees.bin 파일을 이진 쓰기 모드("wb")로 열고, fwrite() 함수를 사용하여 구조체 배열을 파일에 썼다. 여기서 sizeof(Employee)는 각 Employee 구조체의 크기를 나타내며, 3은 쓰고자 하는 구조체의 수이다. 또한 파일 처리 작업이 끝난 후에는 fclose() 함수로 파일을 닫았다. 이 예제를 실행하면 현재 디렉터리에 employees.bin 파일이 생성되며, 이 이진 파일에는 세 직원의 데이터가 이진 형식으로 저장되어 있다.

이진 파일을 열고, 읽고, 쓰려면 fopen() 함수의 파일 모드에 옵션을 지정해야 한다. 이진 파일 모드 옵션은 [표 14-2]와 같다.

표 14-2 fopen() 함수의 이진 파일 모드 옵션

파일 모드	설명
rb, wb, ab	이진 모드로 파일을 연다. rb는 읽기 전용, wb는 쓰기 전용, ab는 추가 전용을 의미한다.
r+b, rb+	이진 모드로 파일을 연다. 기존 파일의 읽기, 쓰기가 가능하다.
w+b, wb+	이진 모드로 파일을 연다. 파일이 없으면 새 파일을 생성하고, 파일이 있으면 기존 내용을 모두 삭제하고 새로 시작한다.
a+b, ab+	이진 모드로 파일을 연다. 기존 파일의 끝에서부터 읽기, 쓰기가 가능하다.

하나 더 알기 이진 파일

이진 파일의 확장자는 .bin이다. 일반적인 메모장, 워드패드 등에서 이진 파일을 열어볼 수는 있지만 [그림 14-10]과 같이 파일 깨짐 현상이 나타난다.

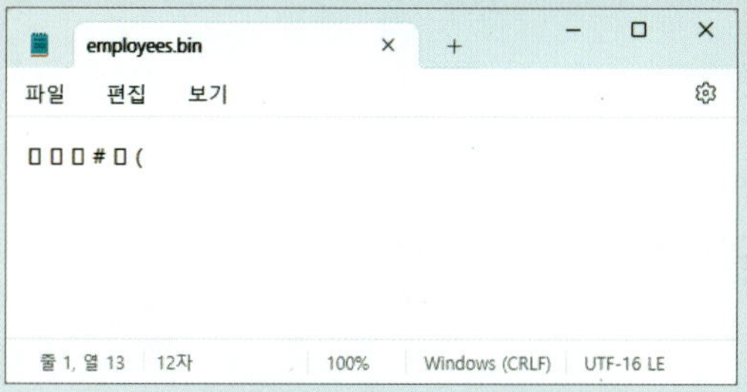

그림 14-10 이진 파일 확인의 예

예제 14-10 이진 파일에서 데이터 읽기 ex14_10.c

↳ employees.bin 파일에서 Employee 구조체 배열을 읽어들여 그 내용을 출력해보자. 이 예제는 employees.bin 파일에 Employee 구조체 데이터가 미리 저장되어 있어야 정상적으로 작동한다.

```
#pragma warning(disable:4996)
#include <stdio.h>
#include <stdlib.h>

// 직원 데이터를 저장할 구조체
typedef struct {
    int id, age;
} Employee;

int main() {
    Employee employees[3];     // 직원 데이터를 저장할 배열 선언
    // 이진 파일을 읽기 모드로 열기
    FILE* file = fopen("employees.bin", "rb");
    if (file == NULL) {
        printf("파일을 열 수 없습니다.\n");
        return 1;
    }
    // 구조체 배열을 파일에서 읽기
    size_t result = fread(employees, sizeof(Employee), 3, file);
    if (result != 3) {
        printf("파일에서 데이터를 읽는 데 실패했습니다.\n");
```

```c
        fclose(file);
        return 1;
    }

    fclose(file);       // 파일 닫기

    // 읽은 데이터 출력
    for (int i = 0; i < 3; i++) {
        printf("직원 ID: %d, 나이: %d\n", employees[i].id, employees[i].age);
    }

    return 0;
}
```

```
직원 ID: 1, 나이: 30
직원 ID: 2, 나이: 35
직원 ID: 3, 나이: 40
```

하나 더 알기 텍스트 파일에서 숫자 데이터를 읽는 것의 단점

텍스트 파일에서 숫자 데이터를 읽는 것은 비효율적인데, 이는 대개 데이터의 형식 변환 및 처리 과정에서 비롯되는 문제이다.

- 텍스트 파일에 저장된 숫자는 문자열 형태이므로 이를 사용하려면 숫자 형식으로 변환해야 한다. 이러한 변환 과정은 추가적인 연산을 필요로 하며, 특히 큰 데이터 세트를 처리할 때 많은 시간이 걸릴 수 있다.
- 텍스트 파일에서 숫자를 읽으려면 파일을 한 줄씩 읽고 각 줄에서 숫자 데이터를 파싱해야 한다. 이러한 과정은 복잡하고 오류가 발생하기 쉬운데, 파일 형식이 일관되지 않거나 예상치 못한 문자가 포함된 경우 특히 그렇다.
- 텍스트 파일에서 정수 숫자는 동일한 정보를 이진 형태로 저장하는 것보다 더 많은 메모리 공간을 차지할 수 있다. 예를 들어 숫자 1234는 이진 형태로는 몇 바이트에 불과하지만 텍스트 형태로는 4개의 문자('1', '2', '3', '4')를 필요로 한다.
- 텍스트 파일의 경우 같은 양의 데이터를 저장할 때 이진 파일보다 크기가 클 수 있다. 이러한 차이는 파일 전송 시간과 저장 공간 사용에 영향을 미치며, 특히 큰 데이터 세트의 경우 문제가 될 수 있다.
- 텍스트 파일에서 숫자를 읽는 과정은 대개 이진 파일에서 직접 숫자를 읽는 것보다 느리다. 형식 변환과 데이터 파싱 과정에 추가로 시간이 들기 때문이다.
- 텍스트 파일에서 정수 숫자는 형식 오류나 파싱 오류가 발생하기 쉽다. 숫자와 문자가 혼합된 경우, 숫자 형식이 잘못된 경우 등을 예로 들 수 있다.

확인문제

1 이진 모드에서의 읽기 전용, 쓰기 전용, 추가 전용 모드를 작성하시오.

2 이진 모드에서의 읽기/쓰기 모드를 작성하시오(이 모드는 r+, w+, a+와 동일한 의미이다).

정답

1 rb, wb, ab　　2 r+b 또는 rb+, w+b 또는 wb+, a+b 또는 ab+

REAL PROJECT 회원 관리 프로그램 만들기

구조체를 사용하여 회원 정보를 관리하고, 이진 파일을 통해 회원 데이터를 저장하는 회원 관리 프로그램을 작성해보자.

조건

- Member 구조체를 사용한다.
- 회원 정보를 관리하기 위해 member.data 이진 파일을 생성한다.
- 메뉴는 다음과 같이 구성한다.
  1. 회원 추가(addMember): 새 회원 정보를 입력받아 파일에 저장한다.
  2. 회원 목록 출력(listMembers): 저장된 모든 회원 정보를 출력한다.
  3. 회원 검색(searchMember): 아이디나 이름으로 회원을 검색하여 정보를 출력한다.
  4. 종료

```
### Member Management Program ###
1. Add Member
2. List Members
3. Search Member
4. Exit
Enter choice: 1
Enter ID: 100
Enter name: Moon
Enter email: msj@gmail.com
```

```
### Member Management Program ###
1. Add Member
2. List Members
3. Search Member
4. Exit
Enter choice: 3
Enter ID to search: 100
Member Found: 100 Moon msj@gmail.com
```

```
### Member Management Program ###
1. Add Member
2. List Members
3. Search Member
4. Exit
Enter choice: 2

Members List:
100 Moon msj@gmail.com
200 Jang9999 jang@naver.com
```

```
1. Add Member
2. List Members
3. Search Member
4. Exit
Enter choice: 4
```

문제 해결 REAL_members.c

```c
#pragma warning(disable:4996)
#include <stdio.h>
#include <stdlib.h>
#include <string.h>

typedef struct {
    int id;                 // 회원 아이디
    char name[100];         // 회원 이름
    char email[100];        // 회원 이메일
} Member;

void addMember(FILE* fp);
void listMembers(FILE* fp);
void searchMember(FILE* fp);

void addMember(FILE* fp) {
    Member member;

    rewind(stdin);
    printf("Enter ID: ");
    scanf("%d", &member.id);

    rewind(stdin);
    printf("Enter name: ");
    scanf("%s", member.name);

    rewind(stdin);
    printf("Enter email: ");
    scanf("%s", member.email);

    fseek(fp, 0, SEEK_END);
    fwrite(&member, sizeof(Member), 1, fp);
}

void listMembers(FILE* fp) {
```

```
    Member member;
    rewind(fp);
    printf("\nMembers List:\n");
    while (fread(&member, sizeof(Member), 1, fp)) {
        printf("%d %s %s\n", member.id, member.name, member.email);
    }
}

void searchMember(FILE* fp) {
    int id, found = 0;
    Member member;

    rewind(stdin);
    printf("Enter ID to search: ");
    scanf("%d", &id);

    rewind(fp);
    while (fread(&member, sizeof(Member), 1, fp)) {
        if (member.id == id) {
            printf("Member Found: %d %s %s\n", member.id, member.name, member.email);
            found = 1;
            break;
        }
    }
    if (!found) {
        printf("Member not found.\n");
    }
}

int main() {
    FILE* fp;
    int choice;

fp = fopen("d:\\members.dat", "rb+");
if (fp == NULL) {
    fp = fopen("d:\\members.dat", "wb+");
```

```
        if (fp == NULL) {
            printf("File cannot be opened.\n");
            exit(1);
        }
    }

    while (1) {
        printf("### Member Management Program ###\n");
        printf("\n1. Add Member\n2. List Members\n3. Search Member\n4. Exit\nEnter choice: ");
        rewind(stdin);
        scanf("%d", &choice);
        switch (choice) {
        case 1:
            addMember(fp);
            break;
        case 2:
            listMembers(fp);
            break;
        case 3:
            searchMember(fp);
            break;
        case 4:
            fclose(fp);
            return 0;
        default:
            printf("Invalid choice. Please try again.\n");
        }
    }
    return 0;
}
```

SELF STUDY

이 프로그램은 회원 아이디를 정수형으로만 입력받을 수 있으며, 회원 아이디가 영문으로 입력되면 메모리 주소를 반환한다. 회원 아이디를 영문으로 입력받을 수 있도록 코드를 수정해보자.

요약

01 파일의 개요

❶ 파일: 컴퓨터 시스템에서 데이터를 저장하는 기본 단위로, 디스크·SSD·USB 등의 저장 매체에 디지털 형태로 저장되는 데이터의 집합이다.

❷ 파일의 구조: 대부분의 파일 시스템에서 파일은 '이름'과 '확장자'를 지정하여 관리한다. 이름은 파일을 식별하는 데 사용되고, 확장자(예 .txt, .jpg, .exe)는 파일의 유형과 연결된 프로그램을 나타낸다.

❸ 파일 처리 순서: 파일 열기 → 파일 읽기/쓰기 → 파일 닫기

❹ 파일 처리 문법

```
FILE *filename;     // 파일 선언
FILE 구조체 *fopen(const *파일명, const *파일모드);     // 파일 열기
반환형 fclose(FILE *파일명);     // 파일 닫기
```

02 텍스트 파일 처리

❶ 텍스트 파일: 사람이 읽을 수 있는 문자로 구성된 파일이다.

❷ 텍스트 파일 모드 옵션: r 또는 r+(읽기), w 또는 w+(쓰기), a(추가)가 있다.

❸ 문자 단위 파일 처리: fgetc(), fputc() 함수를 사용한다.

❹ 문자열 단위 파일 처리: fgets(), fputs() 함수를 사용한다.

❺ 서식화된 파일 처리: fscanf(), fprintf() 함수를 사용한다.

03 이진 파일 처리

❶ 이진 파일: 텍스트 파일과 대비되는 개념으로, 데이터가 0과 1의 이진 형식으로 직접 저장된다.

❷ 이진 파일 모드 옵션: rb 또는 rb+(읽기), wb 또는 wb+(쓰기), ab(추가)가 있다.

❸ 이진 파일 처리: fread(), fwrite() 함수를 사용한다.

연습문제

01 파일 입출력에서 FILE 구조체의 포인터를 얻기 위해 사용되는 fopen(), fclose() 함수의 문법 구조에 대해 설명하시오.

02 이진 파일을 처리할 때는 fread(), fwrite() 함수를 사용한다. fread(), fwrite() 함수의 역할과 사용법에 대해 설명하시오.

03 C.txt 파일을 쓰기가 가능한 이진 모드로 열고 반환값을 fp에 대입하는 코드를 작성하시오.

04 example.txt 파일을 기존 파일에 대해서만 읽기가 가능한 이진 모드로 열고 반환값을 fp에 대입하는 코드를 작성하시오.

05 fopen() 함수에서 사용하는 파일 모드에 대한 설명으로 옳은 것을 모두 고르시오.

① r: 추가 모드로, 파일이 없으면 새 파일을 생성하고, 파일이 있으면 기존 파일의 끝에 추가한다.

② w: 쓰기 전용 모드로, 파일이 없으면 새 파일을 생성하고, 파일이 있으면 그 내용은 무시하고 처음부터 새로 쓴다.

③ r+: 기존 파일의 읽기, 쓰기가 가능하도록 파일을 연다. 파일이 없으면 NULL을 반환한다.

④ w+: 기존 파일의 끝에서부터 읽기, 쓰기가 가능하도록 파일을 연다. 파일이 없으면 새 파일을 생성한다.

06 fwrite() 함수의 매개변수에 대한 주석을 작성하시오.

```
int su_list = {1, 2, 3};
FILE *fb;
…
fwrite(su_list, sizeof(int), 3, fb);
```

① su_list

② sizeof(int)

③ 3

④ fb

07 다음 코드의 전체적인 실행 흐름 과정에 대해 설명하시오.

```
#include <stdio.h>
int main() {
    FILE* file = fopen("example.txt", "w");

    if (file == NULL) {
        perror("파일 열기 오류");
        return 1;
    }
    const char* data = "Hello, File";
    if (fprintf(file, "%s\n", data) < 0) {
        perror("파일 쓰기 오류");
    }
    else {
        printf("파일 쓰기 성공\n");
    }
    return 0;
}
```

[8~9] 다음은 파일 2개를 생성한 후 입력받는 문자를 각각 파일에 저장하고, 두 파일에 저장된 데이터가 동일한지 비교하는 프로그램이다.

```
#pragma warning(disable:4996)
#include <stdio.h>
#include <stdlib.h>
#include <string.h>

#define MAX_CHAR 100

void saveToFile(const char* filename, const char* content);
int compareFiles(const char* filename1, const char* filename2);

int main() {
    char input1[MAX_CHAR], input2[MAX_CHAR];

    printf("첫 번째 문자열을 입력하세요: ");
    fgets(input1, sizeof(input1), stdin);
    saveToFile("file1.txt", input1);

    printf("\n두 번째 문자열을 입력하세요: ");
    fgets(input2, sizeof(input2), stdin);
    saveToFile("file2.txt", input2);


    if (compareFiles("file1.txt", "file2.txt")) {
        printf("\n두 파일은 동일합니다.\n");
    }
    else {
        printf("\n두 파일은 다릅니다.\n");
    }

    return 0;
}
```

ⓐ

ⓑ

```
첫 번째 문자열을 입력하세요: 안녕
file1.txt 파일에 저장되었습니다.

두 번째 문자열을 입력하세요: 안녕
file2.txt 파일에 저장되었습니다.

두 파일은 동일합니다.
```

```
첫 번째 문자열을 입력하세요: 안녕
file1.txt 파일에 저장되었습니다.

두 번째 문자열을 입력하세요: 하세요.
file2.txt 파일에 저장되었습니다.

두 파일은 다릅니다.
```

08 빈칸 ⓐ에 들어갈 코드를 작성하시오.

[조건]

- saveToFile() 함수를 사용하여 파일에 문자열을 저장한다. 이 함수는 파일명과 저장될 내용을 매개변수로 받는다.
- 파일을 쓰기 모드로 열면 파일이 열렸을 때 해당 파일을 참조하는 포인터가 반환되는데, 이 포인터로 파일에 접근하고 데이터를 쓸 수 있다.
- fprintf() 함수를 사용하여 파일에 형식화된 문자열을 작성한다.
- 파일이 열리지 않으면 오류 메시지를 출력하고 exit(EXIT_FAILURE)를 호출하여 프로그램을 실패 상태로 종료한다.

09 빈칸 ⓑ에 들어갈 코드를 작성하시오.

[조건]

- compareFiles() 함수에서 do~while 반복문을 사용하여 두 파일을 한 문자씩 비교한다. 이 함수는 첫 번째 파일명과 두 번째 파일명을 매개변수로 받는다.
- 첫 번째 파일과 두 번째 파일을 읽기 모드로 연다. 파일이 열리지 않으면 오류 메시지를 출력하고 프로그램을 실패 상태로 종료한다.
- 두 파일에서 한 번에 한 문자씩 읽어와 비교한다. 문자가 서로 다르면 파일을 닫고, 0을 반환하여 파일 내용이 다르다는 것을 나타낸다.

10 다음은 파일에 알파벳 소문자를 입력받아 저장하고, 저장된 파일의 내용을 읽어와 대문자로 변환하는 프로그램이다. 빈칸에 들어갈 코드를 작성하시오.

```c
#pragma warning(disable:4996)
#include <stdio.h>
#include <stdlib.h>
#include <ctype.h>

#define MAX_SIZE 100

void save(char* filename);
void convert(char* input, char* output);

int main() {
    char* input = "input.txt";
```

```
    char* output = "output.txt";

    printf("알파벳 소문자를 입력하고 Ctrl + Z(Windows) 또는 Ctrl + D(Mac/Linux)를 눌러 입
력을 종료하세요.\n");

    save(input);

    convert(input, output);

    printf("\n변환된 파일의 내용이 %s에 저장되었습니다.\n", output);

    return 0;
}

void save(char* filename) {
    char ch;
    FILE* file = fopen(filename, "w");

    if (file == NULL) {
        fprintf(stderr, "파일 %s을(를) 열 수 없습니다.\n", filename);
        exit(EXIT_FAILURE);
    }

    while ((ch = getchar()) != EOF && ch != 26 && ch != 4) {
        if (islower(ch)) {
            fputc(ch, file);
        }
    }

    fclose(file);
}
```

[조건]

- 파일에서 읽어온 소문자를 대문자로 변환하기 위해 convert() 함수를 사용한다.
- 입력 파일을 읽기 모드로, 출력 파일을 쓰기 모드로 연다. 파일이 열리지 않으면 오류 메시지를 출력하고 프로그램을 종료한다.
- fgetc() 함수를 사용하여 입력 파일에서 문자를 읽어온다.
- 읽어온 문자가 파일의 끝이 아니면 toupper() 함수로 해당 문자를 대문자로 변환한 후 fputc() 함수로 출력 파일에 쓴다.

```
알파벳 소문자를 입력하고 Ctrl + Z(Windows) 또는 Ctrl + D(Mac/Linux)를 눌러 입력을 종료하세요.
abcdefg
^Z

변환된 파일의 내용이 output.txt에 저장되었습니다.
```

11 다음은 대체 단어를 입력하여 파일 안의 특정 단어를 바꾸는 프로그램이다. 빈칸에 들어갈 코드를 작성하시오.

```c
#include <stdio.h>
#include <stdlib.h>
#include <string.h>

#define MAX_FILENAME 100
#define MAX_WORD 50
#define MAX_LINE 1000

void replace(const char* filename, const char* targetWord, const char* replacementWord);

int main() {
    char filename[MAX_FILENAME];
    char targetWord[MAX_WORD];
    char replacementWord[MAX_WORD];

    printf("파일명을 입력하세요: "); scanf("%s", filename);
    printf("찾을 단어를 입력하세요: "); scanf("%s", targetWord);
    printf("대체 단어를 입력하세요: "); scanf("%s", replacementWord);
```

```c
    replace(filename, targetWord, replacementWord);

    return 0;
}
```

[조건]

- replace() 함수는 파일명, 교체 대상 단어, 대체 단어를 매개변수로 받는다.
- 원본 파일을 읽기 모드로, 대체된 내용을 저장할 새로운 파일을 쓰기 모드로 연다.
- 파일이 열리지 않으면 오류 메시지를 출력하고 프로그램을 종료한다.
- 단어를 한 줄씩 읽어오며, 현재 줄에서 교체 대상 단어가 발견되면 strstr() 함수를 사용하여 대체 단어로 바꾼다.
- 중첩 while 문을 사용하여 한 줄에서 여러 번의 교체를 수행한다.

```
파일명을 입력하세요: song.txt
찾을 단어를 입력하세요: peaches
대체 단어를 입력하세요: banana

파일 song.txt에서 'peaches'를 'banana'로 변경하는 중...

새 파일 output_song.txt에 변경된 내용이 저장되었습니다.
```

12 다음은 텍스트 파일에서 특정 단어를 입력하여 해당 단어의 개수를 세는 프로그램이다. 빈칸에 들어갈 코드를 작성하시오.

```c
#pragma warning(disable:4996)
#include <stdio.h>
#include <stdlib.h>
#include <string.h>

#define MAX_FILENAME 100
#define MAX_WORD 50
#define MAX_LINE 1000

int countWord(const char* filename, const char* targetWord);

int main() {
    char filename[MAX_FILENAME];
    char targetWord[MAX_WORD];

    printf("파일명을 입력하세요: ");
    scanf("%s", filename);

    printf("개수를 세고자 하는 단어를 입력하세요: ");
    scanf("%s", targetWord);

    int wordCount = countWord(filename, targetWord);

    printf("\n파일 %s에서 '%s'의 개수: %d\n", filename, targetWord, wordCount);

    return 0;
}
```

[조건]

- countWord() 함수는 파일명과 찾고자 하는 단어를 매개변수로 받는다.
- 파일을 읽기 모드로 연다. 파일이 열리지 않으면 오류 메시지를 출력하고 프로그램을 종료한다.
- 더 이상 읽을 줄이 없을 때까지 반복하여 한 줄씩 읽어온다.
- strstr() 함수를 사용하여 현재 줄에 대상 단어가 있는지 확인한다.
- 한 줄에 동일한 단어가 여러 번 나타나면 중복되는 단어를 무시하고 다음 탐색을 진행한다(중복된 단어가 있으면 첫 번째로 발견된 것만 센다).

```
파일명을 입력하세요: song.txt
개수를 세고자 하는 단어를 입력하세요: peaches


파일 song.txt에서 'peaches'의 개수를 세는 중...


파일 song.txt에서 'peaches'의 개수: 7
```

13 **입력 파일과 실행 결과를 참고하여 input.dat 파일을 생성하고 output.dat 파일에 저장하도록 빈칸의 코드를 작성하시오.**

```
#include <stdio.h>
#include <stdlib.h>

int main(void)
{
    int cnt, kuk, eng, mat, tot;
    char name[16];
    double avg;
    FILE* in, * out;
    errno_t err1, err2;

    err1 = fopen_s(&in, "d:\\input.dat", "r");       // 읽기 모드로 파일 열기
    err2 = fopen_s(&out, "d:\\output.dat", "w");     // 쓰기 모드로 파일 열기

[빈칸]
```

```
    puts(" 총점과 평균 계산 완료 ");
    puts(" output.dat 파일의 내용을 확인하세요.");

    fclose(in);
    fclose(out);
    return 0;
}
```

[입력 파일]

```
1. input.dat
을지문덕 88  99  78
담덕     92  83  87
강감찬   90  65  72
```

```
>> input.dat 파일을 찾았습니다.
총점과 평균 계산 완료
output.dat 파일의 내용을 확인하세요.

2. output.dat 파일 내용
===========================================
성명     ¦ 국어 ¦ 영어 ¦ 수학 ¦ 총점 ¦ 평균
-------------------------------------------
을지문덕 ¦ 88  ¦ 99  ¦ 78  ¦ 265 ¦ 88.333
담덕     ¦ 92  ¦ 83  ¦ 87  ¦ 262 ¦ 87.333
강감찬   ¦ 90  ¦ 65  ¦ 72  ¦ 227 ¦ 75.667
-------------------------------------------
```

프로그래밍 문제

[1~2] 파일의 특성과 filetest.txt 파일의 내용을 참고하여 프로그램을 작성하시오.

[파일의 특성]

- 파일은 디스크, SSD, USB 등의 저장 매체에 디지털 형태로 저장되는 데이터의 집합이다.
- 이러한 데이터는 문서, 이미지, 음악, 프로그램 코드 등 다양한 형태를 띤다.
- 파일은 데이터를 영구적으로 저장하는 방법을 제공한다.
- 사용자는 필요에 따라 데이터를 검색하고 사용할 수 있다.

[filetest.txt 파일의 내용]

```
Hello World!
This is a test file.
```

01 filetest.txt 파일의 문자 수와 단어 수를 출력하는 프로그램을 작성하시오.

```
Number of characters: 33
Number of words: 7
```

02 filetest.txt 파일을 읽어 콘솔 화면에 출력하는 프로그램을 작성하시오.

```
Hello World!
This is a test file.
```

03 다음과 같은 텍스트가 담긴 텍스트 파일을 생성하고, 텍스트를 전부 대문자로 변경하여 새로운 파일에 저장하는 프로그램을 작성하시오.

[텍스트]

```
1. A file is a set of data stored in digital form on a storage medium such as disk,
SSD, USB, etc.
2. This data can take many forms, including documents, images, music, and program
code.
3. Files provide a permanent way to store data.
4. Users can retrieve and use data as needed.
```

04 파일을 생성하고 사용자의 이름, 나이, 성별, 전화번호를 저장하는 프로그램을 작성하시오.

[조건]

- 구조체명은 UserInfo로 설정한다. 이 구조체는 이름, 나이, 성별, 전화번호로 구성된다.
- 함수명은 saveInfo로 설정한다. 이 함수는 파일명과 구조체 포인터를 매개변수로 받는다.
- FILE 포인터를 선언하고 파일을 쓰기 모드로 연다.
- 파일이 성공적으로 열렸는지 확인한다. 파일이 열리지 않으면 오류 메시지를 출력하고 프로그램을 종료한다.
- 사용자 정보를 포맷에 맞춰 파일에 쓰기 위해 fprintf() 함수를 사용한다.

```
이름을 입력하세요: 홍길동
나이를 입력하세요: 25
성별을 입력하세요 (M/F): M
전화번호를 입력하세요: 010-0000-0000
Myinfo.txt 파일에 사용자 정보가 저장되었습니다.
```

05 **파일에서 탐색할 단어를 입력하여 해당 단어의 줄 번호와 내용을 출력하는 프로그램을 작성하시오.**

[조건]

- #define을 사용하여 MAX_FILENAME을 100으로 초기화한다.
- #define을 사용하여 MAX_WORD를 50으로 초기화한다.
- #define을 사용하여 MAX_LINE을 1000으로 초기화한다.
- 함수명은 searchWord로 설정한다. 이 함수는 특정 단어를 찾고 그 단어가 포함된 줄의 번호와 내용을 출력한다.
- 파일을 읽기 모드로 연다. 파일이 열리지 않으면 오류 메시지를 출력하고 프로그램을 종료한다.
- 한 줄씩 읽어오며, strstr() 함수를 사용하여 특정 단어의 위치를 찾는다.
- 특정 단어를 발견하면 해당 줄의 번호와 내용을 출력한다.
- 각 줄의 내용을 출력할 때마다 줄 번호가 1씩 증가하는 변수를 선언한다.

```
파일명을 입력하세요: Yesterday.txt
탐색할 단어를 입력하세요: Yesterday

파일 Yesterday.txt에서 'Yesterday'를 찾는 중...

줄 번호: 1
내용: Yesterday all my troubles
줄 번호: 14
내용: Yesterday love was such an
줄 번호: 22
내용: Yesterday love was
```

06 두 파일의 내용을 합치는 프로그램을 작성하시오.

[조건]

- #define을 사용하여 MAX_LINE을 1000으로 초기화한다.
- mergeFiles() 함수를 사용하여 두 파일의 내용을 합치고 새로운 파일에 쓴다.
- FILE 포인터를 3개 선언하여 각 파일에 대한 포인터를 생성한다.
- 파일이 성공적으로 열렸는지 확인한다. 파일이 열리지 않으면 오류 메시지를 출력하고 프로그램을 종료한다.
- 2개의 입력 파일에서 한 줄씩 읽어와 새로운 파일에 쓰기를 수행한다. 이는 각 입력 파일의 내용을 순서대로 합치는 것을 의미한다.

```
첫 번째 파일명을 입력하세요: test1.txt
두 번째 파일명을 입력하세요: test2.txt
합칠 파일명을 입력하세요: mergeFiles.txt
두 파일의 내용이 mergeFiles.txt에 합쳐졌습니다.
```

07 파일을 삭제하는 프로그램을 작성하시오.

```
삭제할 파일명을 입력하세요: addtest.txt
파일 addtest.txt이(가) 성공적으로 삭제되었습니다.
```

CHAPTER 15

전처리기

15.1 전처리기의 개요

15.2 단순 매크로와 매크로 함수

15.3 조건부 컴파일 지시문

15.4 시스템 내장 매크로

15.5 분할 컴파일

LAB 간단한 수학 함수 만들기

REAL PROJECT 할인 적용 프로그램 만들기

요약

연습문제 / 프로그래밍 문제

학습목표

- C 언어에서 쓰이는 전처리기의 개념을 이해한다.
- 단순 매크로와 매크로 함수에 대해 알아보고 활용 방법을 익힌다.
- 전처리 지시문 #ifdef, #endif, #if, #else, #endif, #undef, #error, #line에 대해 알아본다.
- 시스템 내장 매크로에 대해 알아보고 활용 방법을 익힌다.
- C 언어에서의 분할 컴파일에 대해 알아본다.

Preview

C 언어에서 데이터를 분석하기 전에 준비하는 전처리기의 다양한 기능과 활용 방법을 살펴본다. 전처리기에 활용되는 단순 매크로와 매크로 함수의 차이를 이해함으로써, 복잡한 코드 작성 시 더 효율적인 작업 방법을 알 수 있다. 그리고 조건부 컴파일 지시문을 사용하여 플랫폼에 따라 다른 코드 경로를 설정하는 방법을 익히고, 시스템 내장 매크로를 활용하여 더욱 강력한 프로그램을 작성하는 데 필요한 문법을 알아본다. 또한 분할 시스템의 개념을 통해 코드를 모듈화하고 재사용성을 높이는 방법을 다룬다.

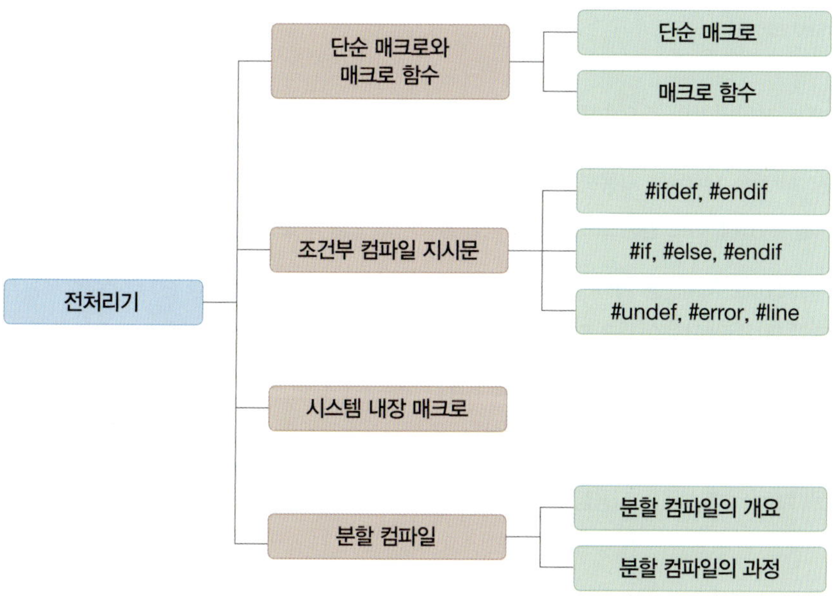

15.1 전처리기의 개요

1 전처리기의 개념

C 언어에서 전처리기preprocessor는 컴파일 과정에서 소스 코드가 실제 컴파일되기 전에 실행되는 프로그램이다. 전처리기는 소스 코드를 컴파일하기 전에 특정 명령문이나 지시문directive을 찾아내어 처리한다. 이러한 지시문은 보통 # 기호로 시작한다. 지금까지 헤더 파일을 포함하기 위해 사용했던 `#include`, `scanf()` 함수에서 발생하는 보안 경고를 일시적으로 무시하기 위한 `#pragma` 등이 바로 전처리 지시문이다.

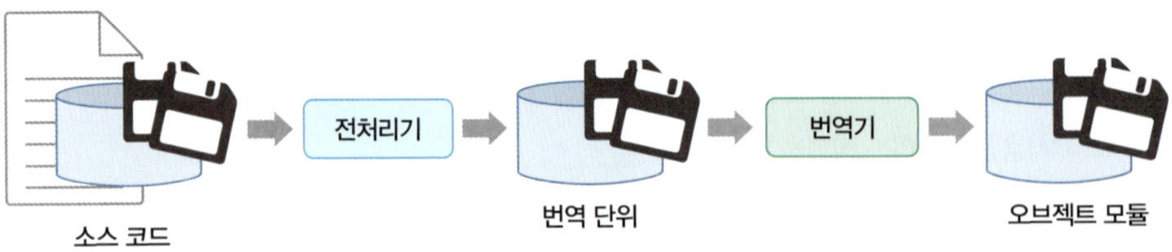

그림 15-1 전처리기의 개념

C 프로그램에서 전처리기의 주요 역할은 다음과 같다.

- **매크로 치환**: #define 지시문을 사용하여 코드 내에서 반복되는 값을 매크로로 정의하고, 이를 소스 코드에서 사용할 수 있다. 이로 인해 코드의 가독성이 높아지고 수정 시 코드의 중복이 줄어든다.
- **파일 포함**: `#include` 지시문을 사용하여 헤더 파일이나 다른 소스 파일의 내용을 현재 파일에 포함함으로써 코드의 재사용성이 높아지고 모듈화가 용이해진다.
- **조건부 컴파일**: `#if`, `#ifdef`, `#ifndef`, `#else`, `#elif`, `#endif` 등의 지시문을 사용함으로써 컴파일 시 특정 코드가 포함되거나 제외되게 할 수 있다.
- **오류 지시문**: `#error` 지시문을 사용함으로써 특정 조건이 충족되지 않을 때 컴파일 오류를 발생시킬 수 있다.
- **기타 지시문**: `#pragma` 등의 지시문을 사용하여 컴파일러에 특정 지시를 내림으로써 컴파일러에 따라 다양한 기능을 제공할 수 있다.

2 전처리 지시문

전처리 지시문은 #로 시작하는 명령어로, 전처리기에 특정 작업을 수행하도록 지시하는 역할을 한다. 예를 들어 #include는 파일을 포함하라는 지시문이고, #define은 매크로를 정의하라는 지시문이다. 전처리 지시문은 컴파일 전에 코드에 미리 적용되는 명령을 제공하여 코드의 구조와 동작을 유연하게 제어할 수 있게 한다.

표 15-1 전처리 지시문

지시문	설명	예
#define	매크로를 정의한다.	#define PI 3.14
#undef	매크로 정의를 해제한다.	#undef PI
#include	다른 파일의 내용을 포함한다.	#include <stdio.h>

#if	조건이 참이면 코드를 컴파일한다.	#if PI > 3
		printf("PI is greater than 3.\n");
		#endif

#ifdef	매크로가 정의되어 있으면 코드를 컴파일한다.	#ifdef DEBUG
		printf("Debug mode is enabled.\n");
		#endif

#ifndef	매크로가 정의되어 있지 않으면 코드를 컴파일한다.	#ifndef DEBUG
		printf("Debug mode is not enabled.\n");
		#endif

#else	#if, #ifdef, #ifndef의 조건이 거짓일 때 코드를 컴파일한다.	#ifdef DEBUG
		printf("Debug mode.\n");
		#else
		printf("Release mode.\n");
		#endif

#elif	이전 조건이 거짓이고 현재 조건이 참일 때 코드를 컴파일한다.	#if defined(DEBUG)
		printf("Debug mode.\n");
		#elif defined(RELEASE)
		printf("Release mode.\n");
		#endif

#endif	조건부 컴파일의 끝을 나타낸다.	#ifdef DEBUG
		printf("Debug mode is enabled.\n");
		#endif

#error	컴파일 시 오류 메시지를 출력한다.	#error "This version is not supported."
#line	코드의 현재 줄 번호와 파일명을 변경한다.	#line 100 "newfilename.c"
#pragma	컴파일러에 특별한 지시를 내린다.	#pragma warning(disable:4996)

하나 더 알기 **전처리 지시문 사용 시 주의점**

전처리를 정의할 때는 반드시 #로 시작하며, # 앞에는 공백 문자 외의 문자가 올 수 없다. 또한 일반적인 C 언어 구문과 다르게 취급하므로 명령어 끝에 세미콜론(;)을 붙이지 않는다. 전처리 지시문은 일반적으로 한 행에 작성하고, 두 행 이상으로 작성해야 할 때는 역슬래시(\)를 사용한다.

확인문제

1 다음 빈칸에 알맞은 말을 넣으시오.

① #define 지시자를 사용하여 코드 내에서 반복되는 값을 (　　　　)로 정의하고, 이를 소스 코드에서 사용할 수 있다. 이로 인해 코드의 가독성이 높아지고 수정 시 코드의 중복이 줄어든다.

② #include 지시자를 사용하여 (　　　　)이나 다른 소스 파일의 내용을 현재 파일에 포함함으로써 코드의 재사용성이 높아지고 모듈화가 용이해진다.

정답

1 ① 매크로 ② 헤더 파일

15.2 단순 매크로와 매크로 함수

1 단순 매크로

단순 매크로를 정의할 때는 **#define 지시문**을 사용한다. 단순 매크로는 주로 상숫값을 나타내는 데 사용되고, 매크로명을 특정 값으로 대체한다. 또한 함수처럼 인자를 받지 않으며, 컴파일 시 코드 내에서 그 값으로 치환된다.

다음은 PI, MAX라는 이름의 매크로를 정의하고 이를 각각 3.14159, 100이라는 값으로 대체하는 문법이다. 전처리기는 소스 파일에서 MAX를 검색하여 100이라는 상숫값으로 전부 변경한다.

| Syntax | #define 지시문

```
#define 이름 매크로 값
#define PI 3.14159        // 상숫값 3.14159를 PI로 대체
#define MAX_SIZE 100      // 상숫값 100을 MAX_SIZE로 대체
```

매크로 정의

```
#define MAX 100

void main()
{
    …
    for(i = 0; i < MAX; i++)
    {
        …
    }
}
```

전처리
(매크로 확장)

매크로 사용 후

```
#define MAX 100

void main()
{
    …
    for(i = 0; i < 100; i++)
    {
        …
    }
}
```

그림 15-2 전처리기의 매크로 전개 과정

숫자 상수 100을 MAX라는 기호 상수로 표시하는 이유는 다음과 같다. 첫째, 프로그램 내에서 단순한 숫자 대신 의미 있는 이름을 사용함으로써 코드의 가독성을 높일 수 있다. 둘째, 프로그램 내에서 고정된 값을 사용할 수 있다. 셋째, MAX라는 기호 상수가 코드의 여러 곳에서 사용될 때 이 값을 변경해야 하는 경우 매크로 정의 부분만 수정하면 전체 코드에 적용되므로 코드의 유지·보수가 용이하다.

다음은 매크로 상수 정의의 예이다.

```
#define MAX_STUDENT 100        // 정수형 상수 정의
#define PI 3.141592            // 실수형 상수 정의
#define TITLE "Business Control System"     // 문자열 상수 정의
#define ALERT "Insert more coins if you want to continue the game..."
#define ESC 0x1b               // ESC 키에 대한 아스키코드
#define CR 0x0d                // 캐리지 리턴
#define LF 0x0a                // 라인 피드
#define TRUE 1                 // Boolean 값 true
#define FALSE 0                // Boolean 값 false
#define EQ ==                  // 동일
#define BEGIN {                // 중괄호 시작
#define END }                  // 중괄호 끝
```

예제 15-1 **매크로를 사용하여 임금 계산 프로그램 만들기** ex15_01.c

↳ 근무 시간을 입력받아 초과 근무, 20시간 초과 근무, 기본 근무 시간에 매크로 기반의 요율을 적용하여 총급여를 출력해보자.

```c
#pragma warning(disable:4996)
#include <stdio.h>

#define MAX_RATE 5.4
#define MID_RATE 3.2
#define MIN_RATE 1.3
#define PAY_HOUR 9600

int main()
{
    int hoursWorked;
    double totalPay;

    printf("근무한 시간을 입력하세요: ");
    scanf("%d", &hoursWorked);

    if (hoursWorked > 40) {
        // 초과 근무 시간에 대해 MAX_RATE 적용
        totalPay = 40 * PAY_HOUR * MID_RATE + (hoursWorked - 40) * PAY_HOUR * MAX_RATE;
    }
    else if (hoursWorked > 20) {
        // 20시간 초과 근무 시 MID_RATE 적용
        totalPay = 20 * PAY_HOUR * MIN_RATE + (hoursWorked - 20) * PAY_HOUR * MID_RATE;
    }
    else {
        // 기본 근무 시간에 대해 MIN_RATE 적용
        totalPay = hoursWorked * PAY_HOUR * MIN_RATE;
    }
    printf("총급여는 %.2f원입니다.\n", totalPay);

    return 0;
}
```

최대 비율, 중간 비율, 최소 비율, 시급을 나타내는 매크로 정의

```
근무한 시간을 입력하세요: 8
총급여는 99840.00원입니다.

근무한 시간을 입력하세요: 20
총급여는 249600.00원입니다.
```

2 매크로 함수

매크로 함수function-like macro는 #define 지시문으로 정의되는 매크로의 한 형태로, 함수와 유사한 방식으로 사용된다. 매크로 함수는 인자를 받을 수 있으며, 이 인자는 매크로가 호출될 때 해당 위치에서 텍스트로 치환된다. 매크로 함수는 다음과 같이 정의한다.

| Syntax | **매크로 함수 정의**

```
#define 함수명(인자 리스트) (함수의 내용)
#define ADD(a, b) (a + b)
```

이는 매크로 함수 ADD()를 정의한 것으로, 이 매크로 함수는 인자 a와 b를 받아 그 합을 계산하는 식으로 이루어졌다. 매크로를 호출하면 a와 b에 전달된 인자들이 해당 위치에서 치환되어 연산이 수행된다.

매크로 함수의 구성

매크로 함수는 #define 지시문, 함수명, 인자 리스트, 함수의 내용으로 구성되어 있다. 매크로 함수를 구성할 때는 다음 사항을 주의해야 한다.

- **함수명**: 관례적으로 함수명은 대문자로 작성하여 일반 함수와 구분하는 것이 좋다.
- **인자 리스트**: 일반 함수의 형식 인자와 동일하나 자료형을 명시하지 않는다. 인자가 없을 수도 있으나 괄호를 생략할 수는 없다.
- **함수의 내용**: 함수의 몸체를 정의하는 부분으로, 괄호를 생략하면 안 된다.

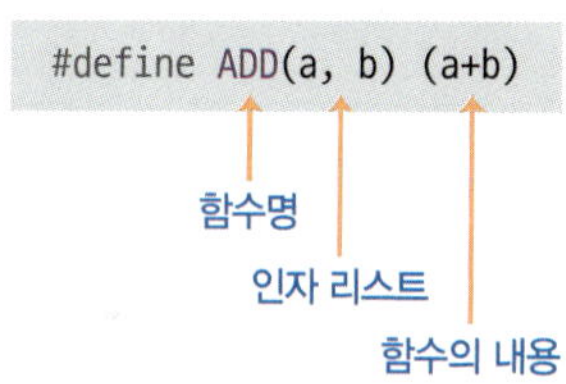

그림 15-3 매크로 함수의 구성 요소

다음은 [그림 15-3]의 매크로를 이용한 예시이다. ADD(x, y)는 x + y, 즉 5 + 10으로 확장되어 result에 15가 할당된다.

```
int x = 5, y = 10;
int result = ADD(x, y);      // result는 15가 됨
```

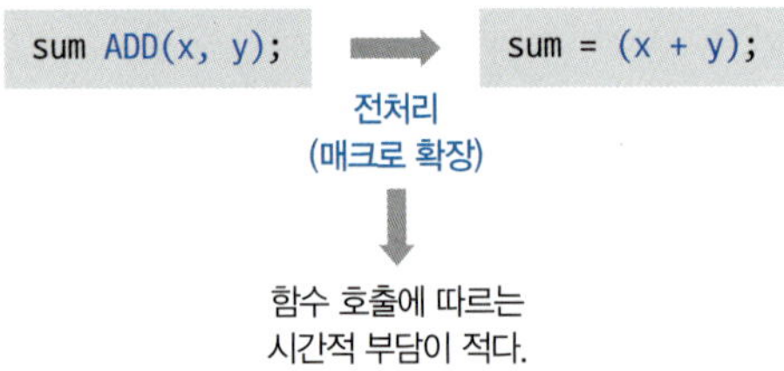

그림 15-4 ADD() 함수의 전처리 과정

매크로 함수의 장단점

- 매크로 함수는 일반 함수보다 실행 속도가 조금 빠르다.
- 매크로 함수는 매개변수와 반환값의 자료형을 정의할 필요가 없다.
- 매크로 함수는 컴파일 전에 정의된 코드로 치환한다.
- 매크로 함수가 여러 곳에서 많이 사용되면 컴파일 속도가 느려진다.
- 매크로 함수는 3~4행을 넘지 않는 간단한 함수 정의에 적합하다.

예제 15-2 매크로 함수를 사용하여 수학 연산 프로그램 만들기 ex15_02.c

↳ 2개의 정수를 입력받아 다양한 수학적 연산을 수행하고 결과를 출력해보자. 각각의 연산을 매크로로 정의한다.

```
#pragma warning(disable:4996)
#include <stdio.h>
#include <conio.h>

// 덧셈, 곱셈, 최댓값, 최솟값, 절댓값, 제곱 계산 매크로 정의
#define ADD(a,b) (a + b)                    // 덧셈 계산 매크로
#define MUL(a,b) (a * b)                    // 곱셈 계산 매크로
#define MAX(a,b) (((a)>(b)) ? (a) : (b))    // 최댓값 계산 매크로
#define MIN(a,b) (((a)<(b)) ? (a) : (b))    // 최솟값 계산 매크로
#define ABS(x) (((x)>0) ? (x) : -(x))       // 절댓값 계산 매크로
#define SQUARE(x) ((x) * (x))               // 제곱 계산 매크로

// 메시지 출력 매크로 정의
#define ERROR(msg) printf("%s\n",msg)
#define TITLE "<< 매크로 지시문이란 무엇입니까? >>\n"
#define ALERT "\n계속하려면 아무 키나 누르십시오. 종료하려면 ESC를 누르십시오."

```

ERROR, TITLE, ALERT는 메시지 출력을 위한 매크로

```
// 특수 키 값 정의
#define ESC 0x1b        // 캐리지 리턴의 아스키코드
#define CR 0x0d         // 줄 바꿈의 아스키코드
#define LF 0x0a
#define TRUE 1
#define FALSE 0

// 가독성을 높이기 위한 매크로로 기호를 대체
#define BEGIN {         // 코드 블록 시작을 나타내는 매크로
#define END }           // 코드 블록 끝을 나타내는 매크로
#define EQ ==           // '==' 연산자를 EQ로 대체하는 매크로

int main()
{
   int ch, x, y;
   printf(TITLE);
   while (TRUE)
   BEGIN
      printf("\nx와 y의 정수 입력(x , y) : ");

      scanf("%d %d", &x, &y);
      printf("ADD(x, y) = %d\n", ADD(x, y));
      printf("MUL(x, y) = %d\n", MUL(x, y));
      printf("MAX(x, y) = %d\n", MAX(x, y));
      printf("MIN(x, y) = %d\n", MIN(x, y));
      printf("ABS(x) = %d, ABS(y) = %d\n", ABS(x), ABS(y));
      printf("SQUARE(x) = %d, SQUARE(y) = %d\n", SQUARE(x), SQUARE(y));
      printf(ALERT);
      ch = getch();      // getch(): 비표준 문자 입력 함수
      if (ch EQ ESC) break;
   END
   return 0;
}
```

ESC, CR, LF, TRUE, FALSE는 특정 키 코드나 논리적 상수를 나타내는 매크로

TIP BEGIN과 END 매크로는 코드 블록의 시작과 끝을 나타낸다. 이 매크로는 중괄호를 대체하여 코드의 가독성을 높이려는 목적으로 사용되지만 C 프로그래밍에서 표준적인 방법은 아니다. 대부분의 C 프로그램에서는 중괄호로 코드 블록을 구분한다.

```
<< 매크로 지시문이란 무엇입니까? >>

x와 y의 정수 입력(x , y) : 30 20
ADD(x, y) = 50
MUL(x, y) = 600
MAX(x, y) = 30
MIN(x, y) = 20
ABS(x) = 30, ABS(y) = 20
SQUARE(x) = 900, SQUARE(y) = 400

계속하려면 아무 키나 누르십시오. 종료하려면 ESC를 누르십시오.
```

46~47행에서 사용자가 Esc 키를 누르면 루프가 종료되게 했다. Esc 키가 입력되지 않으면 루프가 계속 반복된다. ch EQ ESC는 ch == ESC와 동일한 의미이다.

하나 더 알기 **매크로 함수 사용 시 주의점**

매크로 함수는 단순한 텍스트 치환으로 작동하기 때문에 복잡한 표현식을 인자로 사용하면 예상치 못한 결과가 나올 수 있다. 예를 들어 ADD(a, b) * c의 경우 (a + b) * c로 확장되지만, ADD(a * c, b * c)의 경우 (a * c + b * c)로 확장되어 원하는 결과가 나오지 않을 수 있다. 매크로 함수는 인자의 자료형을 검사하지 않으므로 어떤 자료형의 인자든 받을 수 있지만, 이로 인해 런타임 오류가 발생할 가능성도 있다. 다음 예를 살펴보자.

```
#define MUL(a, b)(a * b)

int x=10, y=20;
printf("%d\n", MUL(x, y));          // 정확한 결과 출력: 200 == (10 * 20)
printf("%d\n", MUL(x + 10, y));     // 잘못된 결과 출력: 210 == (10 + 10 * 20)

MUL(x + 10, y) == (10 + 10 * 20)    // 연산자 우선순위에 의해 결과는 210이 됨

#define MUL(a, b) ((a) * (b))       // 매개변수는 가급적 괄호로 묶음
MUL(x + 10, y) == ((10 + 10) * 20)  // 의도했던 400이 산출됨

#define MUL (a, b) ((a) * (b))
// 오류 발생: 함수명과 인자 리스트 사이의 공백 불허
```

매크로 함수를 정의할 때 함수의 내용 전체와 내부에서 사용된 매개변수는 괄호로 묶어서 혼란을 막아야 한다. 또한 매크로 함수명과 인자 리스트의 왼쪽 괄호 사이에 공백이 있으면 안 된다. 그리고 매크로 함수명은 가급적 대문자를 사용하여 일반 함수와 구분한다.

확인문제

1 다음 빈칸에 알맞은 말을 넣으시오.

① (　　　　)은 관례적으로 대문자로 작성하여 일반 함수와 구분하는 것이 좋다.

② (　　　　)는 일반 함수의 형식 인자와 동일하나 자료형을 명시하지 않는다. 인자가 없을 수도 있으나 괄호를 생략할 수는 없다.

③ (　　　　)는 #define 지시문으로 정의되는 매크로의 한 형태이다.

정답

1 ① 매크로 함수명 ② 인자 리스트 ③ 매크로 함수

15.3 조건부 컴파일 지시문

1 조건부 컴파일 지시문의 개요

조건부 컴파일 지시문은 특정 코드 블록의 컴파일 여부를 제어하는 기능을 한다. 주로 `#ifdef`, `#ifndef`, `#if`, `#else`, `#elif`, `#endif` 등의 지시문을 사용하여 조건에 따라 코드 일부를 포함하거나 제외할 수 있다. 조건부 컴파일 지시문의 주요 특징은 다음과 같다.

- **선택적 코드 포함**: 특정 조건이 참일 때만 코드 블록을 컴파일함으로써 디버깅, 플랫폼별 코드 작성, 기능 활성화/비활성화가 가능하다.
- **매크로 정의**: #define을 사용하여 매크로를 정의하고, 이 매크로가 정의되어 있는지에 따라 코드 블록을 포함할 수 있다. 예를 들어 특정 라이브러리나 기능이 필요할 때 매크로를 정의하고, 해당 매크로가 정의되어 있을 때만 관련 코드를 컴파일하도록 설정할 수 있다.
- **코드의 가독성과 유지·보수성 향상**: 조건부 컴파일을 사용하여 여러 플랫폼 또는 환경에 맞게 코드를 분리함으로써 가독성을 높이고 쉽게 유지·보수할 수 있다.

2 #ifdef, #endif

#ifdef와 #endif는 조건부 컴파일을 제어하는 전처리 지시문이다. #ifdef와 #endif를 사용하면 특정 조건에서만 코드 일부분을 컴파일할 수 있다. #ifdef는 주어진 매크로가 정의되어 있는지 확인하며, 매크로가 정의되어 있으면 #if와 #endif 사이에 있는 모든 코드를 컴파일한다. 만약 매크로가 정의되어 있지 않으면 코드가 컴파일되지 않음으로써 실행되지 않는다.

'ifdef'는 'if defined'의 약자로, #ifdef는 뒤에 오는 심벌이 정의되어 있는지를 검사한다. 만약 해당 심벌이 정의되어 있으면 #ifdef와 #endif 사이의 코드가 컴파일된다. 예를 들어 #ifdef DEBUG는 DEBUG라는 심벌이 정의되어 있을 때만 코드를 컴파일한다.

#endif는 #ifdef, #ifndef, #if로 시작하는 조건부 컴파일 블록의 끝을 나타낸다. 모든 #ifdef 또는 #ifndef 지시문은 #endif 지시문으로 종결되어야 한다.

| Syntax | #ifdef, #endif를 사용한 조건부 컴파일

```
#define DEBUG
#ifdef DEBUG
    // 이 조건부 컴파일 블록 안의 printf() 함수는 DEBUG 매크로가 정의되어 있을 때만 컴파일됨
    printf("디버그 모드에서만 보이는 메시지\n");
#endif
```

다음은 디버깅 모드에서 가장 많이 사용되는 부분을 출력하는 코드이다. DEBUG가 정의되어 있을 때만 특정 메시지를 출력하기 위해 #ifdef 지시문을 사용했다.

```
#define DEBUG        ← DEBUG 심벌 정의
int main() {
#ifdef DEBUG         ← DEBUG가 정의되어 있을 때만 그 내부의 코드를 컴파일
    printf("디버그 모드에서만 보이는 메시지\n");
#endif
    printf("프로그램 실행 중\n");
    return 0;
}
```

위의 코드에서 첫 번째 줄(#define DEBUG)을 주석으로 처리하면 DEBUG 심벌이 정의되지 않기 때문에 #ifdef DEBUG 블록 내부의 코드가 컴파일되지 않는다. 따라서 '**프로그램 실행 중**'이라는 메시지만 출력된다.

예제 15-3 조건부 컴파일 사용하기 1

ex15_03.c

↳ PRINT_CHARS 매크로가 정의되어 있을 때만 두 문자를 출력하는 기능을 활성화하고, 매크로가 정의되어 있지 않으면 해당 기능이 비활성화되었음을 알리는 메시지를 출력해보자.

```c
#pragma warning(disable:4996)
#include <stdio.h>

// PRINT_CHARS 심벌을 정의하면 문자 출력 기능이 활성화됨
#define PRINT_CHARS

// 두 문자를 입력받아서 출력하는 함수
#ifdef PRINT_CHARS      // PRINT_CHARS 매크로 정의
void printTwoChars(char ch1, char ch2) {
    printf("입력된 두 문자: %c, %c\n", ch1, ch2);
}
#endif

int main()
{
    char a, b;

    printf("두 문자를 입력하세요: ");
    scanf("%c %c", &a, &b);

#ifdef PRINT_CHARS
    printTwoChars(a, b);
#else
    printf("문자 출력 기능이 비활성화되어 있습니다.\n");
#endif

    return 0;
}
```

심벌을 정의하거나 주석 처리하여 코드 실행

printTwoChars() 함수는 PRINT_CHARS 매크로가 정의된 경우에만 컴파일됨

```
#define PRINT_CHARS를 적용할 때

두 문자를 입력하세요: A B
입력된 두 문자: A, B
```

```
#define PRINT_CHARS를 적용하지 않을 때

두 문자를 입력하세요: A B
문자 출력 기능이 비활성화되어 있습니다.
```

printTwoChars() 함수는 2개의 문자 인자를 받아 콘솔 화면에 출력한다. 그런데 PRINT_CHARS가 정의되어 있으면 입력받은 문자를 printTwoChars() 함수를 통해 출력하고, PRINT_CHARS가 정의되어 있지 않으면 '**문자 출력 기능이 비활성화되어 있습니다.**'라는 메시지를 출력한다.

3 #if, #else, #endif

#if, #else, #endif는 조건부 컴파일을 위해 사용하는 전처리 지시문으로, 코드의 특정 부분이 컴파일되는 조건을 정의할 수 있다. 이는 컴파일 시간에 결정되며, 프로그램의 실행 시간 동작과는 별개이다. 조건은 상수 수식이어야 하고 관계 연산자와 논리 연산자를 사용할 수 있다. #if, #else, #endif의 사용 문법은 다음과 같다.

| Syntax | **#if, #else, #endif를 사용한 조건부 컴파일**

```
#define LEVEL 2          // LEVEL이라는 매크로를 2로 정의

#if LEVEL == 1           // LEVEL이 1이면 아래 코드 실행
    printf("lever 1\n");
#elif LEVEL == 2         // LEVEL이 2이면 아래 코드 실행
    printf("lever 2\n");
#else                    // 위의 조건이 모두 거짓이면 아래 코드 실행
    printf("lever ..\n");
#endif
```

이는 LEVEL이라는 매크로를 2로 정의하는 문법으로서 #if, #elif, #else, #endif 지시문을 사용하여 LEVEL 값에 맞는 조건부 컴파일 블록의 코드를 실행한다. 이 조건부 컴파일의 로직은 다음과 같다.

- **#if**: 뒤에 오는 조건이 참이면 해당 코드 블록이 컴파일된다. 조건은 상수 표현식이어야 하고, 런타임 값에 의존할 수 없다.

  예 #if LEVEL == 1은 LEVEL이 1일 때만 해당 블록을 컴파일한다.

- **#else**: #if 또는 #elif 조건이 거짓이면 해당 코드 블록이 컴파일된다. #else는 선택적이며 #if나 #elif 뒤에 위치할 수 있다.

- **#endif**: #if, #elif, #else 블록의 끝을 나타낸다. 모든 #if 지시문은 반드시 #endif로 종료되어야 한다.

예제 15-4 | 조건부 컴파일 사용하기 2 ex15_04.c

↳ ENABLE_SQUARE_FUNCTION 매크로가 정의된 경우에만 숫자의 제곱을 계산하는 함수를 활성화하여 제곱값을 출력해보자.

```c
#pragma warning(disable:4996)
#include <stdio.h>

// ENABLE_SQUARE_FUNCTION 심벌을 정의하여 제곱 계산 기능을 활성화하거나 비활성화할 수 있음
#define ENABLE_SQUARE_FUNCTION 1

#if ENABLE_SQUARE_FUNCTION
// 숫자의 제곱을 계산하는 함수
int square(int num) {
    return num * num;
}
#endif

int main() {
    int number, result;

    printf("숫자를 입력하세요: ");
    scanf("%d", &number);

#if ENABLE_SQUARE_FUNCTION
    result = square(number);
    printf("입력한 숫자의 제곱: %d\n", result);
#else
    printf("제곱 계산 기능이 비활성화되어 있습니다.\n");
#endif

    return 0;
}
```

1로 설정하면 활성화, 0으로 설정하면 비활성화

#define ENABLE_SQUARE_FUNCTION 1을 적용할 때

```
숫자를 입력하세요: 15
입력한 숫자의 제곱: 225
```

#define ENABLE_SQUARE_FUNCTION 1을 적용하지 않을 때

```
숫자를 입력하세요: 15
제곱 계산 기능이 비활성화되어 있습니다.
```

하나 더 알기 **조건부 컴파일 지시문의 문법 비교**

조건부 컴파일 지시문의 문법을 비교하여 살펴보자.

```
#if 상수식 1
    실행 문장 영역 1
#elif 상수식 2
    실행 문장 영역 2
…
#else
    실행 문장 영역 n
#endif
```

```
#ifdef 매크로
    실행 문장 영역 1
#elif 상수식 2
    실행 문장 영역 2
#else
    실행 문장 영역 n
#endif
```

```
#ifndef 매크로
    실행 문장 영역 1
#elif 상수식 2
    실행 문장 영역 2
#else
    실행 문장 영역 n
#endif
```

중괄호를 사용하지 않기 때문에 #endif 지시문은 생략할 수 없으며, 복합 연산자 사용이 제한될 수 있다. #ifdef와 #ifndef는 각각 #if defined(매크로)와 #if !defined(매크로)로 대체할 수 있다.

4 #undef, #error, #line

코드의 컴파일 과정을 제어하는 데에는 #undef, #error, #line이 사용된다.

| Syntax | #undef, #error, #line을 사용한 조건부 컴파일

```
#define PI 3.14
#undef PI        // 이제 PI 매크로는 더 이상 정의되지 않음

#if !defined(__GNUC__)
#error "이 코드는 GCC에서만 컴파일됩니다."
#endif

#line 100 "새파일.c"
// 여기부터 줄 번호가 100으로 시작하고 파일명이 '새파일.c'로 간주됨
```

각각의 지시문은 다음과 같은 목적으로 활용된다.

- **#undef**: 이전에 정의된 매크로를 제거한다. 특정 매크로를 더 이상 사용하지 않을 때 이를 명시적으로 제거함으로써 잠재적인 충돌을 방지할 수 있다.
- **#error**: 오류 메시지를 발생시키고 컴파일을 중단하라고 컴파일러에 지시한다. 조건부 컴파일에서 특

정 조건이 충족되지 않았을 때 개발자에게 경고하거나 컴파일을 중단하는 데 사용된다.

- **#line**: 현재 줄 번호와 파일명을 변경하라고 컴파일러에 지시한다. 디버깅 정보를 조작하거나 생성된 소스 코드에서 오류 메시지의 위치를 제어할 때 주로 사용된다.

이러한 지시문은 소스 코드의 특정 부분에 대한 컴파일러의 행동을 제어하고, 코드의 컴파일 과정에 대한 세밀한 제어를 가능하게 한다. 이는 복잡한 프로젝트에서 매우 유용하지만, 남용하면 코드의 가독성과 유지·보수가 어려워질 수 있다.

예제 15-5 조건부 컴파일 사용하기 3 ex15_05.c

↳ 매크로 PI를 정의하여 사용한 뒤 #undef로 제거하고 #error로 강제로 오류를 발생시키며, #line으로 새로운 파일명과 줄 번호를 설정하여 출력해보자.

```c
#pragma warning(disable:4996)
#include <stdio.h>

#define PI 3.14159    // PI라는 매크로로 3.14159를 정의

int main() {
    printf("PI의 값: %f\n", PI);

// PI 매크로 제거
#undef PI

// #undef 후 PI를 사용하려고 하면 컴파일 오류가 발생함
// printf("PI의 값: %f\n", PI);

// 컴파일 오류를 강제로 발생시킴
#error "이 코드는 여기서 중단됩니다."

// #line을 사용하여 파일명과 줄 번호 변경
#line 100 "newfile.c"
    printf("이 메시지는 newfile.c의 100번째 줄에서 출력됩니다.\n");

    return 0;
}
```

#undef PI: #undef PI 이후 PI를 사용하려고 하면 컴파일러가 PI를 인식하지 못함

#error: 오류 메시지를 표시하고 컴파일을 중단하도록 컴파일러에 지시

#line: 이후 코드가 newfile.c의 100번째 줄에서 시작된 것처럼 컴파일러에 지시

```
// 아래 코드를 주석 처리했을 때
#error "이 코드는 여기서 중단"


PI의 값: 3.141590
이 메시지는 newfile.c의 100번째 줄에서 출력됩니다.
```

```
// 아래 코드를 주석 처리하지 않았을 때
#error "이 코드는 여기서 중단"


컴파일 오류 발생
```

이 예제에는 #error 지시문이 포함되어 있기 때문에 코드를 컴파일하려고 시도하면 중단된다. #line 지시문은 자동으로 생성된 코드나 고급 디버깅 시나리오에서 주로 사용되며, 실제 소스 코드에서는 필요하지 않을 수 있다. 그리고 #undef를 사용한 후 해당 매크로를 참조하려고 하면 오류가 발생한다. 주석으로 처리된 printf 문은 #undef를 사용한 후 PI를 참조하려고 할 때 발생할 수 있는 컴파일 오류를 보여준다.

확인문제

1 **#if 전처리 지시문을 사용하여 DEBUG가 10일 때만 'C language'가 출력되는 코드를 작성하시오.**

2 **#if를 사용하여 DEBUG가 10이거나 20일 때만 'C Compile'이 출력되는 코드를 작성하시오.**

정답

1
```
#define DEBUG 10
int main() {
   #if DEBUG == 10
      printf("C language\n");
   #endif
   return 0;
}
```

2
```
#define DEBUG 10  // 또는 20
int main() {
   #if DEBUG == 10 || DEBUG == 20
      printf("C Compile\n");
   #endif
   return 0;
}
```

15.4 시스템 내장 매크로

시스템 내장 매크로system-defined macro는 컴파일러에 의해 자동으로 정의되는 특별한 매크로이다. 이러한 매크로는 프로그램의 소스 코드, 날짜, 시간, 파일명, 줄 번호 등에 대한 정보를 제공하며, 이를 통해 컴파일 시점의 다양한 정보에 접근할 수 있다.

표 15-2 시스템 내장 매크로

매크로	설명
`__STDC__`	컴파일러의 ANSI C 표준 준수 여부(1이면 준수)
`__FILE__`	현재 컴파일되고 있는 파일명
`__LINE__`	현재 컴파일되고 있는 프로그램의 줄 번호
`__DATA__`	컴파일 날짜(월,일,년)
`__TIME__`	컴파일이 시작된 시간(시:분:초)
`__TIMESTAMP__`	컴파일이 시작된 날짜와 시간

시스템 내장 매크로는 디버깅, 로깅, 자동화된 소스 코드 정보 표시 등에 유용하게 사용된다. 예를 들어 오류 메시지에 파일명과 줄 번호를 포함할 때 `__FILE__`과 `__LINE__` 매크로를 사용하면 개발자는 오류가 발생한 코드의 위치를 빠르게 파악할 수 있다. 내장 매크로는 컴파일러마다 약간의 차이가 있을 수 있으므로 사용하는 컴파일러의 문서를 확인하는 것이 좋다.

예제 15-6 시스템 내장 매크로 사용하기 1 ex15_06.c

↳ 시스템 내장 매크로를 사용하여 컴파일 정보를 출력하고, `#line`을 사용하여 소스 코드의 일부에 대한 파일명과 줄 번호를 변경하도록 컴파일러에 지시해보자.

```c
#pragma warning(disable:4996)
#include <stdio.h>

int main() {
    printf("Compile Information: %s, line: %d, on %s, at %s\n",
        __FILE__, __LINE__, __DATE__, __TIME__);

#line 1000 "seethis.c"
    printf("Changed compile Information\n");
```

```c
10     printf("Compile Information: %s, line: %d, on %s, at %s\n",
11         __FILE__, __LINE__, __DATE__, __TIME__);
12
13     return 0;
14 }
```

```
Compile Information: C:\CBookCode\CBookCode\ex15_06.c, line: 6, on Nov 29 2024, at 16:37:42
Changed compile Information
Compile Information: seethis.c, line: 1002, on Nov 29 2024, at 16:37:42
```

5~6행에서 현재 소스 파일명(__FILE__), 코드가 있는 줄 번호(__LINE__), 컴파일 날짜(__DATE__), 컴파일 시간(__TIME__)을 출력했는데, 이 정보에는 프로그램이 컴파일된 시점의 정보가 반영된다. 이후 #line 지시문은 코드의 줄 번호를 1000으로 설정하고 파일명을 seethis.c로 변경한다. 이는 자동으로 생성된 코드에서 주로 사용되며, 디버깅 시 파일명과 줄 번호를 조정할 때 유용하다.

예제 15-7 시스템 내장 매크로 사용하기 2 ex15_07.c

↳ 컴파일 시점의 날짜, 시간, 파일명, 현재 줄 번호를 출력하고, ANSI C 표준 준수 여부에 따라 적절한 메시지를 출력해보자.

```c
#include <stdio.h>

int main() {
    printf("현재 컴파일되고 있는 날짜 : %s\n", __DATE__);
    printf("현재 컴파일되고 있는 시간 : %s\n", __TIME__);
    printf("현재 컴파일되고 있는 날짜와 시간 : %s\n", __TIMESTAMP__);
    printf("파일명 : %s\n", __FILE__);
    printf("현재 라인 : %d\n", __LINE__);

#ifdef __STDC__
    printf("현재 컴파일러는 ANSI 표준\n");
#else
    printf("현재 컴파일러는 ANSI C 표준의 확장\n");
#endif

```

- __DATE__: 프로그램이 컴파일된 날짜를 문자열로 반환
- __TIME__: 프로그램이 컴파일된 시간을 문자열로 반환
- __TIMESTAMP__: 매크로는 프로그램이 컴파일된 정확한 날짜와 시간을 문자열로 반환
- __FILE__: 현재 소스 파일명을 나타냄
- __LINE__: 현재 코드가 있는 행 번호를 나타냄

```
16      return 0;
17  }
```

```
현재 컴파일되고 있는 날짜 : Nov 29 2024
현재 컴파일되고 있는 시간 : 16:38:27
현재 컴파일되고 있는 날짜와 시간 : Fri Nov 29 16:38:26 2024
파일명 : C:\Users\MS-MSJ\Desktop\CBookCode\CBookCode\ex15_07.c
현재 라인 : 8
현재 컴파일러는 ANSI C 표준의 확장
```

10행의 __STDC__ 매크로는 현재 컴파일러가 ANSI C 표준을 준수하고 있는지 확인한다. 이 조건부 컴파일 블록은 __STDC__가 정의되어 있으면 **'현재 컴파일러는 ANSI 표준'**을 출력하고, 정의되어 있지 않으면 **'현재 컴파일러는 ANSI C 표준의 확장'**을 출력한다.

확인문제

1 다음 빈칸에 알맞은 말을 넣으시오.

(   )는 컴파일러에 의해 자동으로 정의되는 특별한 매크로이다.

2 시스템 내장 매크로의 종류를 나열하고 간략하게 설명하시오.

정답

1 시스템 내장 매크로

2 __FILE__: 현재 컴파일되고 있는 소스 파일명
__LINE__: 현재 컴파일되고 있는 프로그램의 행 번호
__DATA__: 컴파일 날짜(월,일,년)
__TIME__: 컴파일이 시작된 시간(시:분:초)
__TIMESTAMP__: 컴파일이 시작된 날짜와 시간

15.5 분할 컴파일

1 분할 컴파일의 개요

분할 컴파일separate compilation은 프로그램의 여러 부분을 별도의 파일로 나누어 컴파일한 후 이를 연결하여 하나의 실행 파일을 만드는 과정을 말한다. 이렇게 하면 크고 복잡한 프로그램을 쉽게 관리하고 개발 효율성을 높일 수 있다.

분할 컴파일의 구성 요소는 크게 세 가지이다. 첫째는 헤더 파일(.h)로, 여기에는 함수 선언, 매크로, 자료형 정의 등이 포함되고 소스 파일 간에 공유되는 정보가 담긴다. 둘째는 실제 함수 정의와 프로그램 로직이 들어 있는 소스 파일(.c)이다. 셋째는 링커로, 이는 각각 컴파일된 소스 파일들을 결합하여 실행 가능한 파일을 생성한다.

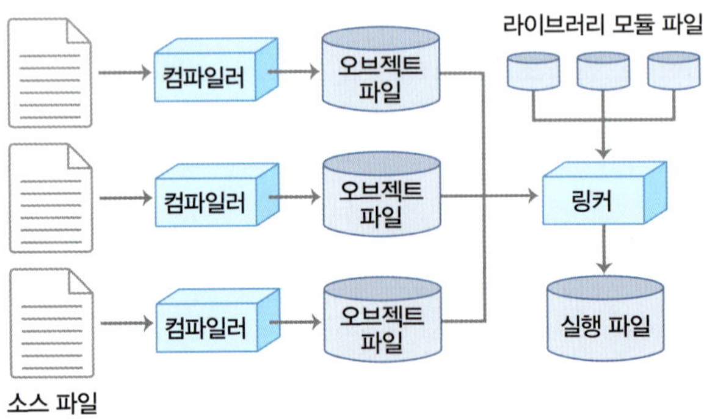

그림 15-5 분할 컴파일 환경

2 분할 컴파일의 과정

파일 준비

분할 컴파일을 이해하기 위해 간단한 예제를 살펴보자. math_functions.h 헤더 파일과 소스 파일 main.c 등 총 3개의 파일로 분할된 예제이다.

❶ math_functions.h 헤더 파일

```
#pragma once    // 헤더 파일이 프로그램 내에서 한 번만 포함되게 함
int add(int a, int b);
int subtract(int a, int b);
```

❷ math_functions.c 파일

```c
#include "math_functions.h"

int add(int a, int b) {
    return a + b;
}
int subtract(int a, int b) {
    return a - b;
}
```

❸ main.c 파일

```c
#include <stdio.h>
#include "math_functions.h"

int main() {
    int result1 = add(10, 5);
    int result2 = subtract(10, 5);

    printf("10 + 5 = %d\n", result1);
    printf("10 - 5 = %d\n", result2);
    return 0;
}
```

컴파일 및 링크

먼저 math_functions.c와 main.c를 각각 컴파일한 후 컴파일된 오브젝트 파일들을 연결하여 하나의 실행 파일을 생성한다. 이러한 방식은 코드의 재사용성을 높이고, 유지·보수를 용이하게 하며, 개발 과정에서 효율성을 향상한다. 또한 큰 프로젝트의 경우 컴파일 시간을 단축할 수 있다.

다음은 분할 컴파일을 보여주는 예제이다. 여기서는 함수 선언을 math_functions.h 헤더 파일에, 함수 정의를 math_functions.c에, 프로그램 실행 부분을 main.c에 분리하여 작성했다.

분할 컴파일 1에서 `#pragma once`는 헤더 가드 역할을 함으로써 헤더 파일이 여러 번 포함되는 것을 방지한다. 또한 `add()`, `subtract()` 함수 선언을 포함함으로써 다른 파일에서도 이 함수를 사용할 수 있게 한다.

분할 컴파일 1 math_functions.h

```
#pragma once        // 헤더 파일이 프로그램 내에서 한 번만 포함되게 함
int add(int a, int b);
int subtract(int a, int b);
```

TIP #pragma once는 비주얼 스튜디오 2022에서 헤더 파일 생성 시 자동으로 생성되는 코드이다. 이는 헤더 파일이 프로그램 내에서 한 번만 포함되게 하는 전처리 지시문으로, 프로그램의 컴파일 시간을 단축시키고 헤더 파일의 중복 포함으로 인한 오류를 막을 수 있다.

분할 컴파일 2에서는 math_functions.h 헤더 파일을 포함함으로써 선언된 함수에 대해 정의했다. add() 함수는 두 정수를 더한 값을 반환하고, subtract() 함수는 두 정수의 뺀 값을 반환하도록 구성했다.

분할 컴파일 2 math_functions.c

```
#include "math_functions.h"

int add(int a, int b) {
    return a + b;
}
int subtract(int a, int b) {
    return a - b;
}
```

math_functions.h라는 헤더 파일을 포함하려고 시도하지만 실제로 해당 헤더 파일의 내용과 위치가 명시되어 있지 않아 이 코드만으로는 헤더 파일의 존재 여부나 내용을 알 수 없음

분할 컴파일 3에서는 math_functions.h를 포함함으로써 add(), subtract() 함수를 사용할 수 있게 했다. main() 함수에서는 add(), subtract() 함수를 호출하여 결과를 출력한다.

분할 컴파일 3 main.c

```
#include <stdio.h>
#include "math_functions.h"

int main() {
    int result1 = add(10, 5);
    int result2 = subtract(10, 5);

```

```c
    printf("10 + 5 = %d\n", result1);
    printf("10 - 5 = %d\n", result2);

    return 0;
}
```

```
10 + 5 = 15
10 - 5 = 5
```

main.c 파일에서 math_functions.h 헤더 파일을 포함하여 `add()`, `subtract()` 함수를 사용하려고 시도했다. 그런데 math_functions.h가 여러 파일에 포함될 수 있기 때문에 중복 포함을 방지해야 하며, 이를 위해 math_functions.h에는 `#pragma once` 지시문이 포함되어 있다. 이 지시문은 헤더 파일이 프로그램 내에서 한 번만 포함되게 한다.

헤더 파일이 중복 포함되는 것을 방지하려면 헤더 가드를 사용한다. 헤더 가드는 해당 헤더 파일이 이미 포함되었는지 확인하며, 일반적으로 다음과 같이 작성한다.

```c
#ifndef MATH_FUNCTIONS_H        // 헤더 가드 시작
#define MATH_FUNCTIONS_H

int add(int a, int b);
int subtract(int a, int b);

#endif // MATH_FUNCTIONS_H      // 헤더 가드 끝
```

확인문제

1 다음 빈칸에 알맞은 말을 넣으시오.

> (   )는 비주얼 스튜디오 2022에서 헤더 파일 생성 시 자동으로 생성되는 코드이다. 이는 헤더 파일이 프로그램 내에서 한 번만 포함되게 하기 위한 전처리 지시문으로, 헤더 파일의 중복 포함으로 인한 오류를 막을 수 있다.

정답

1 #pragma once

하나 더 알기 프로젝트에서 헤더 파일을 생성하는 위치

비주얼 스튜디오 2022에서 C 언어 프로젝트를 개발할 때 헤더 파일(.h)의 생성 위치는 기본적으로 프로젝트의 소스 파일 구조와 설정에 따라 다를 수 있다. 그러나 새로운 헤더 파일을 생성할 때는 일반적으로 다음 단계를 따른다.

1. [헤더 파일]-[추가]-[새 항목]을 선택한다. 새 항목을 추가할 때 헤더 파일(.h)을 프로젝트의 특정 폴더에 배치할 수 있다. 일반적으로 헤더 파일은 프로젝트 디렉터리 내의 'Header Files' 폴더 또는 관련 소스 파일(.c)이 위치한 동일 폴더에 두는 것이 좋다. 그러면 구성의 일관성을 유지하고 파일을 쉽게 찾을 수 있다.

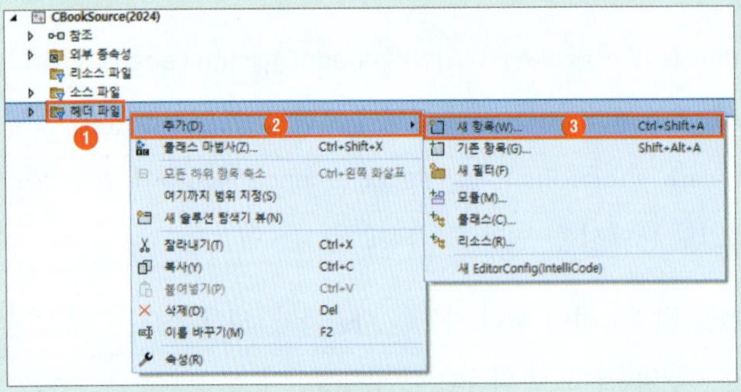

2. 파일명을 입력하고 헤더 파일을 추가하면 비주얼 스튜디오는 지정된 위치에 새로운 헤더 파일을 생성한다. 이 파일은 솔루션 탐색기에서 확인할 수 있으며, 코드를 직접 입력하거나 다른 헤더 파일의 내용을 포함할 수 있다.

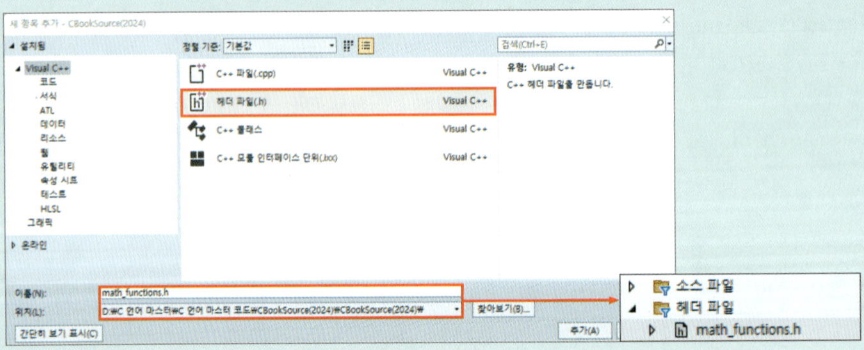

LAB 간단한 수학 함수 만들기

전처리기와 헤더 파일을 사용하여 간단한 수학 라이브러리를 구현해보자. 먼저 'math_utils.h'라는 이름의 헤더 파일을 생성하여 몇 가지 수학 함수를 정의한 다음 메인 프로그램에서 이 헤더 파일을 포함하여 함수를 사용하는 방식으로 구현한다.

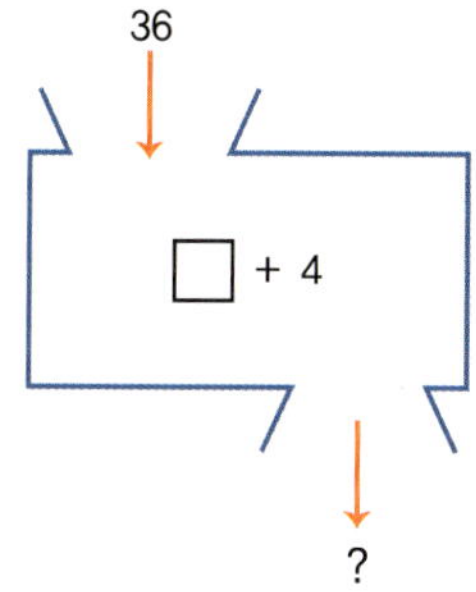


```
Max of 10 and 20 is 20
Min of 10 and 20 is 10
Square of 10 is 100
Square of 20 is 400
```

힌트

- math_utils.h 헤더 파일을 생성하고, 두 수의 최댓값과 최솟값을 구하는 함수, 제곱을 계산하는 함수를 정의한다.
- 메인 프로그램 'main.c'를 작성하여 math_utils.h 헤더 파일의 함수를 사용한다.

문제 해결 | math_utils.h 헤더 파일 생성 math_utils.h

```c
#pragma once

// math_utils.h
#ifndef MATH_UTILS_H
#define MATH_UTILS_H

// 최댓값을 반환하는 함수
int max(int a, int b)
{
    return (a > b) ? a : b;
}

// 최솟값을 반환하는 함수
int min(int a, int b)
{
    return (a < b) ? a : b;
}

// 제곱을 계산하는 함수
```

```
20 int square(int x)
21 {
22     return x * x;
23 }
24
25 #endif    // MATH_UTILS_H
```

문제 해결 | math_utils_main.c 파일 생성 LAB_15-1.c

```
#include <stdio.h>
#include "math_utils.h"

int main()
{
    int x = 10, y = 20;

    // 최댓값과 최솟값 계산
    printf("Max of %d and %d is %d\n", x, y, max(x, y));
    printf("Min of %d and %d is %d\n", x, y, min(x, y));

    // 제곱 계산
    printf("Square of %d is %d\n", x, square(x));
    printf("Square of %d is %d\n", y, square(y));

    return 0;
}
```

math_utils.h 헤더 파일 포함

하나 더 알기 **#ifndef MATH_UTILS_H, #define MATH_UTILS_H 지시문**

math_utils.h 헤더 파일을 생성하는 코드의 4행에서 #ifndef MATH_UTILS_H 지시문을 사용했다. 'ifndef'는 'if not defined'의 약자로, MATH_UTILS_H라는 매크로가 정의되어 있지 않은 경우를 검사한다. 따라서 4행이 처음 실행될 때 MATH_UTILS_H라는 이름의 매크로가 컴파일러에 의해 정의되지 않은 상태라면 이후의 코드가 실행된다.

5행의 #define MATH_UTILS_H 지시문은 MATH_UTILS_H라는 이름의 매크로를 정의하여 헤더 파일이 중복 포함되는 것을 방지한다. 따라서 이후 이 파일이 다시 포함되려고 할 때는 MATH_UTILS_H가 이미 정의된 상태이므로 #ifndef 조건이 거짓이 된다.

REAL PROJECT 할인 적용 프로그램 만들기

새로 문을 연 온라인 쇼핑몰에서 첫 구매 고객에게 할인 쿠폰(HALFOFF는 50%, QUARTEROFF는 25%)을 제공하는 이벤트를 진행한다. 상품 가격과 쿠폰 코드를 입력받고 쿠폰의 종류에 따라 할인을 적용하는 프로그램을 작성해보자.

```
상품의 가격을 입력하세요: 149000
사용할 쿠폰 코드를 입력하세요: HALFOFF
할인된 가격: 74500.00
```

```
상품의 가격을 입력하세요: 149000
사용할 쿠폰 코드를 입력하세요: ALLOFF
오류: 잘못된 쿠폰 코드입니다.
```

```
상품의 가격을 입력하세요: 98000
사용할 쿠폰 코드를 입력하세요: QUARTEROFF
할인된 가격: 73500.00
```

조건

- 헤더 파일을 생성한 후 전처리기를 사용하여 쿠폰 코드와 할인율을 매크로로 정의하고, 메인 프로그램에서 이를 포함하여 이용한다.
- 입력된 쿠폰 코드에 따라 해당 할인율을 적용하여 할인 가격을 반환하는 사용자 정의 함수를 작성한다. 잘못된 쿠폰 코드가 입력되면 적절한 오류 메시지를 출력하고 -1을 반환한다.
- 문자열의 각 문자를 아스키코드 값으로 비교하는 strcmp() 함수를 사용하여 쿠폰 코드를 비교한다.

```
int strcmp( 비교할 첫 번째 문자열, 비교할 두 번째 문자열 );
```

이렇게 두 문자열을 비교하여 같으면 0을 반환하고, 다르면 사전상의 순서에 따라 다음과 같이 반환한다.
-첫 번째 문자열이 두 번째 문자열보다 사전상의 순서가 앞이면 음숫값을 반환한다.
-첫 번째 문자열이 두 번째 문자열보다 사전상의 순서가 뒤이면 양숫값을 반환한다.

- main 코드에서는 사용자로부터 상품 가격과 할인 쿠폰 코드를 입력받는다.

문제 해결 | coupon.h 헤더 파일 생성 coupon.h

```c
#pragma once

#ifndef COUPON_H
#define COUPON_H

#define HALFOFF "HALFOFF"
#define QUARTEROFF "QUARTEROFF"
#define HALFOFF_DISCOUNT 0.5
#define QUARTEROFF_DISCOUNT 0.25

double apply_coupon(const char* coupon_code, double original_price);

#endif    /* COUPON_H */
```

문제 해결 | REAL_coupon_main.c 파일 생성 REAL_coupon_main.c

```c
#pragma warning(disable:4996)
#include <string.h>
#include <stdio.h>
#include "coupon.h"

double apply_coupon(const char* coupon_code, double original_price) {
    double discounted_price = original_price;

    if (strcmp(coupon_code, HALFOFF) == 0) {
        discounted_price *= (1.0 - HALFOFF_DISCOUNT);
    }
    else if (strcmp(coupon_code, QUARTEROFF) == 0) {
        discounted_price *= (1.0 - QUARTEROFF_DISCOUNT);
    }
    else {
        printf("오류: 잘못된 쿠폰 코드입니다.\n");
        return -1.0;
    }
    return discounted_price;
```

```c
}

int main() {
    double original_price;
    char coupon_code[20];

    printf("상품의 가격을 입력하세요: ");
    scanf("%lf", &original_price);

    printf("사용할 쿠폰 코드를 입력하세요: ");
    scanf("%s", coupon_code);

    double discounted_price = apply_coupon(coupon_code, original_price);
    if (discounted_price != -1.0) {
        printf("할인된 가격: %.2f\n", discounted_price);
    }

    return 0;
}
```

요약

01 전처리기의 개요

❶ 전처리기: 컴파일 과정에서 소스 코드가 실제 컴파일되기 전에 실행되는 프로그램이다. 전처리기는 소스 코드를 컴파일하기 전에 특정 명령문이나 지시문을 찾아내어 처리한다.

❷ 전처리기의 주요 역할은 매크로 치환, 파일 포함, 조건부 컴파일 등이며, 또한 오류 지시문과 기타 지시문을 사용하여 프로그램을 제어한다.

02 단순 매크로와 매크로 함수

❶ 단순 매크로: #define 지시문을 사용하여 정의한다. 주로 상숫값을 나타내는 데 사용되고, 매크로명을 특정 값으로 대체한다. 또한 함수처럼 인자를 받지 않으며, 컴파일 시 코드 내에서 그 값으로 치환된다.

❷ 매크로 함수: #define 지시문으로 정의되는 매크로의 한 형태로, 함수와 유사한 방식으로 사용된다. 매크로 함수는 인자를 받을 수 있으며, 이 인자는 매크로가 호출될 때 해당 위치에서 텍스트로 치환된다.

❸ 매크로 함수 정의

```
#define 함수명(인자 리스트) (함수의 내용)
#define ADD(a, b) (a + b)
```

03 조건부 컴파일 지시문

❶ 조건부 컴파일 지시문: 특정 코드 블록의 컴파일 여부를 제어하는 기능을 한다.

❷ 조건부 컴파일 지시문은 #ifdef, #ifndef, #if, #else, #elif, #endif 등이다.

04 시스템 내장 매크로

❶ 시스템 내장 매크로: 컴파일러에 의해 자동으로 정의되는 특별한 매크로이다.

❷ 시스템 내장 매크로는 프로그램의 소스 코드, 날짜, 시간, 파일명, 줄 번호 등에 대한 정보를 제공하며, 이를 통해 컴파일 시점의 다양한 정보에 접근할 수 있다.

05 분할 컴파일

❶ 분할 컴파일: 프로그램의 여러 부분을 별도의 파일로 나누어 컴파일한 후 이를 연결하여 하나의 실행 파일을 만드는 과정을 말한다.

❷ 분할 컴파일은 크게 헤더 파일, 소스 파일, 링커로 구성된다.

연습문제

01 **전처리 지시문에 해당하지 않는 것은 무엇인가?**

① #define ② #return ③ #pragma ④ #error

02 **전처리 지시문을 바르게 정의한 것은 무엇인가?**

① #define RATE 3.256 ② #line 3.256 "RATE.c";

③ #define RATE 3.256; ④ #if RATE 3.256

03 **전처리 지시문 #ifdef와 #endif의 사용 목적은 무엇인가?**

① 함수의 반환값을 설정하기 위해 사용한다.

② 코드를 주석으로 처리하기 위해 사용한다.

③ 조건부 컴파일을 위해 사용한다.

④ 매크로를 정의하기 위해 사용한다.

04 **전처리에 대한 설명으로 옳지 않은 것은 무엇인가?**

① #define 지시문을 사용하여 매크로를 정의할 수 있다.

② #include 지시문을 사용하여 다른 파일의 내용을 현재 파일에 포함할 수 있다.

③ #if, #endif 지시문을 사용하여 코드의 일부를 조건적으로 컴파일할 수 있다.

④ #undef 지시문은 정의된 매크로를 삭제할 수 없다.

05 **전처리 지시문을 사용하여 #define MAX 100으로 매크로를 정의한 후 MAX의 값을 출력했을 때의 실행 결과를 작성하시오.**

06 **전처리 지시문 #include <file.h>와 #include "file.h"의 차이점을 설명하시오.**

07 다음은 PI 값을 미리 정의하여 출력하는 프로그램이다. 오류가 발생하는 부분을 찾아 바르게 수정하고 그 이유를 설명하시오.

```
#include <stdio.h>
#define PI = 3.14

int main() {
    printf("PI: %f\n", PI);
    return 0;
}
```

08 다음은 매크로를 사용하여 제곱을 계산하는 프로그램이다. 오류가 발생하는 부분을 찾아 바르게 수정하고 그 이유를 설명하시오.

```
#include <stdio.h>
#define SQUARE(x) x * x

int main() {
    int result = SQUARE(3 + 2);
    printf("Result: %d\n", result);
    return 0;
}
```

09 다음은 MAX라는 매크로를 정의하고 #undef 지시문을 사용하여 정의를 제거한 후 MAX의 값을 출력하려고 시도하는 프로그램이다. 오류가 발생하는 부분을 찾아 바르게 수정하고 그 이유를 설명하시오.

```
#include <stdio.h>
#define MAX 100

int main() {
#undef MAX
    printf("MAX: %d\n", MAX);
    return 0;
}
```

10 전처리 지시문을 사용하여 NUM이 100 이상일 때만 'NUM은 100보다 큽니다.'를 출력하는 매크로를 작성하시오.

11 전처리 지시문을 사용하여 VALUE가 정의된 경우 VALUE를 두 배로 늘리는 매크로를 작성하시오.

12 전처리 지시문을 사용하여 두 수 a와 b의 최댓값을 반환하는 매크로 MAX(a, b)를 작성하시오.

13 전처리 지시문을 사용하여 숫자 x가 짝수인지 홀수인지 판단하여 짝수이면 1을 반환하고 홀수이면 0을 반환하는 매크로 IS_EVEN(x)를 작성하시오.

[14~16] 다음 코드를 살펴보고 문제에 답하시오.

```
#include <stdio.h>

unsigned long long factorial(int n)
{
    unsigned long long result = 1;
    int i;

    for (i = 1; i <= n; i++) {
        printf("result = %llu\n", result); ---- ⓐ
        result *= i;
    }
    return result;
}

int main() {
    int number = 5;
    unsigned long long fact = factorial(number);
    printf("%d의 Factorial의 값: %llu\n", number, fact);
    return 0;
}
```

14 DEBUG가 정의되었을 때 ⓐ에서 함수명과 함께 result 값을 출력하도록 코드를 수정하시오. 단, 전처리 지시문 #ifdef와 __FUNCTION__을 사용하시오.

```
[factorial] result = 1
[factorial] result = 2
[factorial] result = 6
[factorial] result = 24
[factorial] result = 120
5의 Factorial의 값: 120
```

15 코드의 현재 행 번호가 함께 출력되도록 ⓐ를 수정하시오.

```
result = 1 at line 9
result = 1 at line 9
result = 2 at line 9
result = 6 at line 9
result = 24 at line 9
5의 Factorial의 값: 120
```

16 ⓐ의 printf() 함수를 주석으로 처리하도록 코드를 수정하시오. 단, 전처리 지시문 #if를 사용하시오.

```
5의 Factorial의 값: 120
```

프로그래밍 문제

01 5개의 정수를 입력받아 중간값을 구하는 프로그램을 작성하시오.

[조건]

- 5개의 정수를 입력받고 그중에서 중간값을 출력한다.
- 매크로 GET_MID(a, b, c, x, y)는 5개의 정수(a, b, c, x, y)를 받아 중간값(5개 중 세 번째로 큰 값)을 반환한다.
- 중간값을 찾기 위해 각 정수의 순서를 비교하여 정렬해야 한다. 정렬된 순서의 가운데에 있는 값이 중간값이다.

```
5개의 정수를 입력하세요: 5 48 25 35 15
중간값은: 25
```

02 1부터 15까지의 정수를 입력받아 해당 정수만큼 별표(*)를 이동하는 프로그램을 작성하시오.

[조건]

- 초기 상태는 000000000000000*이며 *의 위치는 배열의 마지막인 15번이다. 이를 매크로로 정의한다.
- 정수(0~15)와 방향(왼쪽 또는 오른쪽)을 입력받는다.
- 방향에 따라 *를 배열 내에서 왼쪽 또는 오른쪽으로 이동하고, 이동한 후의 배열 상태를 출력한다.
- *가 배열의 범위를 벗어나면 안 된다.
- 입력값을 바탕으로 *를 이동한 후 결과를 출력하기 전에 사용자가 입력값을 확인하게 한다.

```
초기 상태: 000000000000000*
이동할 칸 수 (0~15): 6
이동 방향 (l: 왼쪽, r: 오른쪽): l

입력한 값 확인 => 칸 수: 6, 방향: l
이대로 이동할까요? (y/n): y
이동 후 상태: 000000000*000000
```

03 **비밀번호로 사용할 문자열을 입력받아 해당 문자열을 암호화·복호화하는 프로그램을 작성하시오.**

[조건]

- 입력받은 문자열을 암호화하고, 암호화된 문자열을 복호화한 결과를 출력한다.
- 암호화: 각 문자를 아스키코드 값으로 변환하고, 매크로 ENCRYPT(c)를 사용하여 문자 c의 아스키코드 값에 3을 더한다.
- 복호화: 암호화된 문자열의 각 문자에서 아스키코드 값을 3만큼 감소시켜 원래 문자로 복원한다. 이를 위해 매크로 DECRYPT(c)를 사용하여 해당 문자 c의 아스키코드 값에서 3을 뺀다.
- 문자 처리: 암호화·복호화는 문자열의 각 문자를 개별적으로 처리해야 한다. 즉 문자열의 모든 문자에 대해 암호화·복호화를 반복 실행하여 전체 문자열이 처리되도록 구현한다.
- 매크로를 사용하여 암호화·복호화 로직을 정의한다.

```
비밀번호로 사용할 문자열을 입력하세요: claunagemaster

**암호화를 시작합니다.**
암호화된 문자열: fodxqdjhpdvwhu

**복호화를 시작합니다.**
복호화된 문자열: claunagemaster
```

04 **문자열과 변환 모드를 입력받아 문자열을 변환하는 프로그램을 작성하시오. 단, 조건부 컴파일 매크로를 정의하시오.**

[조건]

- 입력받는 문자열의 최대 길이는 100자로 설정한다.
- 변환 모드는 대문자 변환을 위한 U와 소문자 변환을 위한 L로 설정한다.
- 변환 모드가 잘못 입력되면 오류 메시지를 출력한다.

```
문자열을 입력하세요 (최대 100자): Hello World
변환 모드를 입력하세요 (U 또는 L): U
최종 문자열: HELLO WORLD

문자열을 입력하세요 (최대 100자): Hello World
변환 모드를 입력하세요 (U 또는 L): L
최종 문자열: hello world
```

05 **연도와 월을 입력받아 해당 달력을 출력하는 프로그램을 작성하시오. 단, 시스템 매크로를 정의하시오.**

[조건]

- 연도(year)와 월(month)을 입력받는다.
- month는 1~12의 정숫값이어야 하며, 범위를 벗어나는 값이 입력되면 오류 메시지를 출력한다.
- y가 윤년인지 확인하는 매크로 IS_LEAP_YEAR(y)를 정의한다.

```
#define IS_LEAP_YEAR(y) ((y % 4 == 0 && y % 100 != 0) || (y % 400 == 0))
```

- 일요일부터 시작하여 날짜와 요일이 올바르게 정렬된 달력을 출력한다.
- 윤년인지, 그리고 2월의 경우 윤달인지 평달인지도 알려준다.
- 윤년은 4로 나누어떨어지고 100으로 나누어떨어지지 않거나, 400으로 나누어떨어지는 해이다.

```
연도를 입력하세요: 2000
월을 입력하세요 (1~12): 2

입력하신 2000년은 윤년입니다.
입력하신 2000년 2월은 윤달입니다.

** 2000년 2월 달력 **
 SUN MON TUE WED THU FRI SAT
           1   2   3   4   5
   6   7   8   9  10  11  12
  13  14  15  16  17  18  19
  20  21  22  23  24  25  26
  27  28  29
```

기호

- 439
_getch() 함수 499
_putch() 함수 499
-- 439
__FILE__ 711
__LINE__ 711
__STDC__ 713
! 160
; 058
* 433
& 072, 168
& 연산자 432
&& 159
# 695
#define 지시문 123, 696
#else 706
#endif 704, 706
#error 708
#if 706
#ifdef 704
#include 055, 694
#line 708
#pragma 694
#undef 708
^ 168
+ 439
++ 439
<< 169
= 150
>> 169
| 168
|| 159
~ 167
\0 486
%d 065
%f 066

숫자

2진수 025, 117
2차원 배열 391
3차원 배열 402
8진수 116
10진수 116
16진수 116

A

AND 연산자 159
argument 288
arithmetic operator 147
array 365
array element 365
ascending 385
ASCII(American Standard Code for Information Interchange) 114
assembly language 026
assignment operator 150
auto 지정자 333
automatic duration 332
automatic variable 333

B

base case 340
binary number 025
bitwise operator 167
break 문 214, 259
bubble sort 385
build 044

C

C++ 026
C 언어 029

call by reference 327, 450
call by value 327, 450
calloc() 함수 555
camel case 098
character 486
character constant 121
character data type 113
Clang 035
column 391
comiler 026
comment 058
compile 026
complement 181
compound assignment operator 151
conditional operator 161
conditional statement 192
const 명령어 124
constant 115
continue 문 261
control statement 192

D

data segment 323
data type 100
debugging 033
delimiter 509
derived data type 582
descending 385
design 031
Dev C++ 035
directive 694
do~while 문 242
double 110
double형 상수 120
double pointer 534
dynamic memory allocation 552
dynamic memory segment 569

E

enum 키워드 622
enumeration 622
EOF 240
escape sequence 063
explicit conversion 127
exponential notation 118
expression 146
extern 키워드 346
external linkage 346

F

fclose() 함수 647
fgetc() 함수 652
fgets() 함수 506, 655
field 583
file 642
FILE 구조체 644
file processing 644
float 110
float형 상수 119
floating-point constant 117
floating-point system 110
float type 110
fopen() 함수 646
for 문 247
format specifier 061
fprintf() 함수 658
fputc() 함수 652
fputs() 함수 506, 655
fread() 함수 667
free() 함수 558
fscanf() 함수 658
function 055, 280

functional programming language 028
function body 284
function-like macro 699
function name 284
function prototype 286
fwrite() 함수 667

G

GCC 035
generic pointer 444
getchar() 함수 496
gets() 함수 503
global variable 327
goto 문 266

H

hardware 024
header file 055
heap segment 323
high-level language 026

I

if~else 문 198
if~else if~else 문 201
implementation 032
implicit conversion 127
increment and decrement operator 153
index 365
index out of bounds 372
indirection operator 433
int 102
integer constant 116
integer type 102
Integrated Development Environment (IDE) 035
internal linkage 344
interpreter 026
int main() 056
iteration structure 194

J

Java 026
JavaScript 027

L

link 033
local variable 323
logical operation 159
long 102
long double 110
long long 102
low-level language 025

M

machine language 025
main() 함수 055
maintenance 032
malloc() 함수 552
member 583
module 282
multi-dimensional array 401

N

NOT 연산자 160
null character 486

O

object-oriented programming language 027
operand 146
operator 146
OR 연산자 159
overflow 106

P

palindrome 515
parameter variable 284
pointer 430
pointer variable 432
postfix increment and decrement operator 154
prefix increment and decrement operator 154
preprocessor 694
pretest loop 235
prime number 305
primitive data type 582
printf() 함수 060
procedural programming language 027
program 024
programmer 024
programming 024
programming language 025
project 040
putchar() 함수 496
puts() 함수 504
Python 026

R

RAM 094
rand() 함수 295
Random Access Memory 094
random number 295
realloc() 함수 557
recursive case 340
recursive function 340
register 지정자 333
register variable 333
relational operator 162
repetitive statement 193, 234
requirements analysis 031
return 문 057
return type 284
rollover 108
row 391
Ruby 027
Run-Length Encoding(RLE) 663

S

scanf() 함수 071
selection structure 194
separate compilation 714
sequential structure 193
short 102
signed 키워드 105
signed char 113
sizeof 연산자 104
snake case 098
solution 039
sorting 385
srand() 함수 297
stack segment 323
standard library function 294
static 지정자 335
static duration 332
static memory segment 569
static variable 335
storage class specifier 332
strcat() 함수 508
strchr() 함수 509
strcmp() 함수 508
strcpy() 함수 489, 508
stream 643
string 486
strlen() 함수 508
strncat() 함수 508
strncmp() 함수 508
strncpy() 함수 508

strnstr() 함수 509
strtok() 함수 509
struct 582
struct 키워드 584
switch case 문 212
symbolic constant 122
system-defined macro 711

T

ternary operator 161
test 032
token 509
two dimensional array 391
type cast 127
type conversion 126

U

underflow 108
Unified Modeling Language(UML) 031
union 618
union 키워드 619
unsigned 키워드 106
unsigned char 113
upper snake case 098
user defined data type 582
user-defined function 284

V

variable 094
variable duration 322
variable linkage 322
variable scope 322
variadic parameter 338
Vigenere 562
void형 포인터 444
volatile 지정자 334

W

while 문 235

ㄱ

가변 매개변수 338
간접 연산자 433
값에 의한 전달 450
값에 의한 호출 327
객체지향 프로그래밍 언어 027
고급 언어 026
공용체 618
관계 연산자 162
구분자 509
구조체 582
구조체 배열 600
구현 032
기계어 025
기본 사례 340
기본 자료형 582
기호 상수 122

ㄴ

난수 295
내림차순 385
내부 연결 322, 344
널 문자 486
논리 연산자 159

ㄷ

다중 for 문 250
다중 if~else 문 201
다차원 배열 401
단순 매크로 696
단순 if 문 195
대문자 스네이크 표기법 098
대입 연산자 150
데이터 영역 323

동적 메모리 영역 ········ 569
동적 메모리 할당 ········ 552
디버깅 ········ 033

ㄹ

라이프니츠 공식 ········ 275
런 길이 부호화 ········ 663
레지스터 변수 ········ 333
롤오버 ········ 108
루비 ········ 027
링크 ········ 033

ㅁ

마이크로소프트 비주얼 C++ ········ 035
매개변수 ········ 284, 552
매크로 함수 ········ 699
멤버 ········ 583
명시적 형 변환 ········ 127
모듈 ········ 282
모듈화 ········ 282
문자 ········ 486
문자열 ········ 486
문자열 리터럴 ········ 491
문자열 상수 ········ 491
문자형 ········ 113
문자형 상수 ········ 121

ㅂ

반복 구조 ········ 194
반복문 ········ 193, 234
반환형 ········ 284
배열 ········ 365
배열 요소 ········ 365
버블 정렬 ········ 385
범용 포인터 ········ 444
변수 ········ 094
변수명 ········ 097
변수의 범위 ········ 322
변수의 연결 ········ 322
변수의 지속 기간 ········ 322
보수 ········ 181
복합 대입 연산자 ········ 151
부동 소수점 방식 ········ 110
분할 컴파일 ········ 714
비주얼 스튜디오 2022 ········ 035
비즈네르 ········ 562
비트 논리곱 연산자 ········ 168
비트 논리합 연산자 ········ 168
비트 배타적 논리합 ········ 168
비트 보수 연산자 ········ 167
비트 시프트 연산자 ········ 169
비트 연산자 ········ 167
비트 이동 연산자 ········ 169
빌드 ········ 044

ㅅ

사용자 정의 자료형 ········ 582
사용자 정의 함수 ········ 284
산술 연산자 ········ 147
삼중 포인터 ········ 536
삼항 연산자 ········ 161
상수 ········ 115
선택 구조 ········ 194
설계 ········ 031
세미콜론 ········ 058
소수 ········ 305
소스 코드 ········ 056
솔루션 ········ 039
수식 ········ 146
수학 함수 ········ 300
수행 전 검사 루프 ········ 235
순열 ········ 275
순차 구조 ········ 193
스네이크 표기법 ········ 098

스택 영역 323
스트림 643
시스템 내장 매크로 711
실수 출력 형식 지정자 066
실수형 110
실수형 상수 117

ㅇ

아스키 114
아스키코드 표 136
어셈블리어 026
언더플로 108
역참조 연산자 171
연산자 146
열 391
열거형 622
오름차순 385
오버플로 106
오브젝트 파일 034
외부 연결 322, 346
요구 사항 분석 031
유지·보수 032
이스케이프 시퀀스 063
이중 포인터 534, 536
이진 파일 665
인덱스 365
인덱스 범위 초과 372
인수 288, 552
인자 288
인자 리스트 699
인터프리터 026
일반 포인터 444

ㅈ

자동 변수 333
자동 지속 기간 322
자동 할당 332
자동 형 변환 127
자료형 100
자료형 변환 126
자바 026
자바스크립트 027
재귀 사례 340
재귀 함수 340
저급 언어 025
저장 유형 지정자 332
전역변수 327
전위 증감 연산자 154
전처리기 055, 694
절차적 프로그래밍 언어 027
점(.) 연산자 586
정렬 385
정수 출력 형식 지정자 065
정수형 102
정수형 상수 116
정적 메모리 영역 569
정적 변수 335
정적 지속 기간 322
정적 할당 332
제어문 192
조건문 192
조건부 컴파일 지시문 703
조건 연산자 161
주석 058
주소 연산자 171, 432
주소 참조 연산자 171
중첩 구조체 596
중첩 if 문 205
증감 연산자 153
지수 형식 118
지시문 694
지역변수 323

ㅊ

참조에 의한 전달 ··· 450
참조에 의한 호출 ··· 327

ㅋ

카멜 표기법 ··· 098
컴파일 ··· 026
컴파일러 ··· 026
클랭 ··· 035

ㅌ

테스트 ··· 032
토큰 ··· 509
통합 개발 환경 ··· 035

ㅍ

파생 자료형 ··· 582
파이썬 ··· 026
파일 ··· 642
파일 처리 ··· 644
팰린드롬 ··· 515
포인터 ··· 430
포인터 변수 ··· 432
포인터 연산 ··· 439
포인터 증감 연산 ··· 441
표준 라이브러리 함수 ··· 294
프로그래머 ··· 024
프로그래밍 ··· 024
프로그래밍 언어 ··· 025
프로그램 ··· 024
프로젝트 ··· 040
피보나치수열 ··· 342
피연산자 ··· 146
필드 ··· 583

ㅎ

하드웨어 ··· 024
할당 연산자 ··· 150
함수 ··· 055, 280
함수명 ··· 284
함수 몸체 ··· 284
함수 선언 ··· 286
함수 원형 ··· 286
함수 포인터 ··· 543
함수형 프로그래밍 언어 ··· 028
함수 호출 ··· 286
행 ··· 391
헤더 파일 ··· 055
형 변환 연산자 ··· 127
형식 지정자 ··· 061
화살표 연산자 ··· 605
후위 증감 연산자 ··· 154
힙 영역 ··· 323